ATLAS ZUR KIRCHENGESCHICHTE

ATLAS ZUR KIRCHEN-GESCHICHTE

DIE CHRISTLICHEN KIRCHEN IN GESCHICHTE UND GEGENWART

257 mehrfarbige Karten und
schematische Darstellungen
Kommentare
Ausführliches Register

Herausgegeben von
HUBERT JEDIN
KENNETH SCOTT LATOURETTE
JOCHEN MARTIN

Unter Mitwirkung zahlreicher Fachgelehrter

bearbeitet von
JOCHEN MARTIN

HERDER

Freiburg · Basel · Rom · Wien

Aktualisierte Neuausgabe

Bearbeitet und herausgegeben von
JOCHEN MARTIN

Kartographische Bearbeitung der Erstausgabe
HANS E. F. QUAST

Kartenzeichnung
Georg Schiffner, Kartographie, Lahr
A. Pensky, Kartographische Anstalt, Karlsruhe
Kartographisches Büro Karl-F. Harig, Ober-Ramstadt

Umschlagfotos:

1	2	3
4	5	6

1 Herder Archiv, 2 KNA-Bild, 3 Herder Archiv,
4 Herder Archiv, 5 Misereor, 6 KNA-Bild

Dritte Auflage der aktualisierten Neuausgabe

Offset-Reproduktionen
H. W. F. Müller KG, Denzlingen/Baden

Herstellung
Freiburger Graphische Betriebe 1988

ISBN 3-451-20869-5

VORWORT ZUR AKTUALISIERTEN NEUAUSGABE

Die Erstausgabe des „Atlas zur Kirchengeschichte" ist von den Benutzern sehr freundlich aufgenommen worden und hat auch von seiten der Kritik fast nur Zustimmung erfahren. Das gibt dem Herausgeber und dem Verlag den Mut, eine aktualisierte Neuausgabe vorzulegen.

Der „Atlas zur Kirchengeschichte" stellt die christlichen Kirchen sowohl in der Vergangenheit als auch in der Gegenwart dar. Beide Teile haben Veränderungen erfahren.

Im historischen Teil wurden in dieser aktualisierten Neuausgabe alle bekannt gewordenen Fehler korrigiert (z. B. die Schreibweise und Lokalisierung von Orten). Darüber hinaus wurden auch neue Lokalisierungen berücksichtigt, wie sie z. B. in der Tabula Imperii Byzantini oder im Tübinger Atlas des Vorderen Orients vorgenommen worden sind (z. B. Karten 20–21). Ohne den Anspruch auf Vollständigkeit zu erheben, wurden in verschiedenen Kommentaren wichtige Neuerscheinungen ergänzt. Sie sind jeweils als „Nachtrag" kenntlich gemacht und werden vom Bearbeiter verantwortet.

Die größte Veränderung gegenüber der Erstausgabe erfuhr der Gegenwartsteil. Alle Karten zur Gegenwartssituation der Kirchen wurden völlig neu bearbeitet und auf den neuesten Stand gebracht. Das gilt teilweise auch für die Schemata zur Organisation verschiedener Kirchen und des Ökumenischen Rates der Kirchen (Kartenteil S. 118–119; 136–137; 152) sowie zu den interkirchlichen Unionen (Kartenteil S. 149). Auch die zugehörigen Kommentare und die darin enthaltenen zusätzlichen Informationen wurden überprüft und überarbeitet.

Jeder wird verstehen, daß es auch im Rahmen einer aktualisierten Ausgabe nicht möglich war, alle Wünsche zu berücksichtigen, die in den Besprechungen der Erstausgabe geäußert worden sind. Anregungen, die die Konzeption von Karten betreffen, wie z. B. die Darstellung Nordeuropas oder jener Bewegungen in der Reformation, die sich nicht unter die Überschrift „obrigkeitliche Einführung" fassen lassen, müssen einer eventuellen späteren Neubearbeitung vorbehalten bleiben.

Insgesamt handelt es sich bei der aktualisierten Neuausgabe im Hinblick auf den historischen Teil um eine korrigierte und ergänzte Fassung der Erstausgabe des Atlas, im Hinblick auf den Gegenwartsteil um eine völlige Überarbeitung.

Jochen Martin

VORWORT ZUR ERSTAUSGABE

Auch wer nicht undankbar vergißt, welche Hilfe ihm der „Atlas zur Kirchengeschichte" von K. Heussi – H. Mulert (Tübingen [3]1937), der „Atlas du Monde chrétien" von A. Freitag – J.-M. Lory (Brüssel 1959) und spezielle kirchenhistorische Kartenwerke geleistet haben und noch leisten, der weiß darum, daß ein universaler Atlas zur Kirchengeschichte, der den heutigen Forschungsstand verarbeitet, ein dringendes Desiderat ist, sowohl für die historischen Wissenschaften wie für die verschiedenen Formen der Katechese.
Vor langer Zeit hat es deshalb eine französisch-deutsche Historikerkommission unternommen, einen solchen Atlas vorzubereiten. Im Rahmen dieses Planes ist der „Kirchenhistorische Atlas von Österreich" von Ernst Bernleithner (Wien 1966) erschienen.
Der hier vorgelegte Atlas sollte ursprünglich nach dem von mir gemeinsam mit Prof. O. Köhler aufgestellten Plan nur ein überbrückendes Hilfsmittel werden. Die Initiative des Redactors und Mitherausgebers Jochen Martin (Universität Konstanz) und der Mut des Verlages Herder (Freiburg – Basel – Wien) zu einer subventionslosen kostspieligen Investition führten aber bald erheblich über diesen Plan hinaus – wie weit, mag der Benutzer dieses Atlas selbst ermessen. Herausgeber und Verlag hoffen, daß er sich beim wissenschaftlichen wie beim praktischen Gebrauch bewähren wird.
Es war ein Glück für dieses Unternehmen, daß der Missionshistoriker Kenneth Scott Latourette (Yale University) noch maßgeblich bei der Planung mitwirken konnte. Wir gedenken des bedeutenden Gelehrten nach Abschluß dieser Arbeit in Dankbarkeit. Er hat durch Anregungen zu dem von Jochen Martin entwickelten Kartenplan wesentlich dazu beigetragen, den ökumenischen Horizont dieses Atlas zu sichern.
Der Kundige weiß, was es mit einem historischen Atlas, zumal wenn er ins Detail gehen will, auf sich hat. Kann man in der literarisch-historischen Darstellung manches noch in der Schwebe eines Ausdruckes lassen – der Atlas muß sich eindeutig stellen und den Sachverhalt größerer Zeiträume für das jeweilige Schnittdatum der einzelnen Karten bestimmen. Diese allgemeinen Probleme häufen sich angesichts der Lage in der kirchenhistorischen Kartographie. So war es eine Grundbedingung, daß für die Karten Spezialgelehrte, bisweilen für eine einzige Karte mehrere, herangezogen werden mußten. Ihnen allen sei auch an dieser Stelle gedankt.
Die Kommentare zu den Karten stellen den geschichtlichen Zusammenhang her und weisen die Quellen und die Literatur zur kartographischen Darstellung nach.
Der Atlas führt bis in die Gegenwart, insbesondere auch in den Schemata, mit denen Verfassung und Verwaltung der Kirchen vorgeführt werden.
Bei der Wahl der kartographischen Mittel kam es darauf an, Übersichtlichkeit und Lesbarkeit mit ästhetischen Gesichtspunkten zu verbinden. Was hier vorgelegt wird, ist die verdienstvolle Leistung von Hans Quast und seinen Mitarbeitern.
Allen, die diesen Atlas in den vielen Phasen vom ersten Entwurf bis zum Druck zustande gebracht haben, insbesondere aber Dr. Jochen Martin, ohne dessen konzentrierte und präzise, von großer wissenschaftlicher Verantwortung getragene Arbeit er nicht vorstellbar ist, gebührt ein Wort herzlichen Dankes.

Hubert Jedin

INHALTSVERZEICHNIS

Verzeichnis der Karten und schematischen Darstellungen

HINWEISE ZUR BENUTZUNG

Der vorliegende Atlas wurde von vornherein als ökumenischer Atlas geplant, als Atlas ferner, in dem die gängige Europazentrik historischer Atlanten vermieden werden sollte. Beide Zielvorstellungen konnten nur durch die Aufnahme einer großen Zahl ganz neuer Kartenthemen verwirklicht werden. Daß diese Schritte in völliges Neuland nicht überall gleich erfolgreich waren, weiß ich nur zu gut. Aber auch wenn solche Karten noch nicht allen wissenschaftlichen Anforderungen genügen, können sie doch viele Probleme anschaulich machen und vielleicht auch die weitere Forschung anregen; denn nichts offenbart Lücken in der Forschung deutlicher als der Zwang, Tausende von Einzelinformationen schwarz auf weiß festzuhalten.

Für den Plan des Atlas stellten sich, die oben genannten Zielvorstellungen vorausgesetzt, zwei Hauptfragen: welche **Themen** *müssen* in einem kirchengeschichtlichen Werk unbedingt dargestellt werden? und: welche Themen *können* aufgrund des heutigen Forschungsstandes dargestellt werden? Für die Antwort auf die erste Frage ergaben sich aus der Anlage des Atlas von vornherein einige Einschränkungen: da es sich nicht um einen Atlas auf Landesebene, sondern um einen allgemeinen historischen Atlas handelt, konnten verschiedene Themen, wenn überhaupt, nur exemplarisch behandelt werden (z. B. Patrozinien, einzelne Kirchenprovinzen); auch bei allgemeinen Themen mußten wir uns häufig auf exemplarische Auswahl beschränken (z. B. bei den Ordenskarten und den Reformkongregationen); ferner mußten wir darauf achten, bei der Darstellung gleicher Themenkreise möglichst verschiedene Gesichtspunkte zur Geltung zu bringen (so wechseln bei den Karten zur frühneuzeitlichen Mission Karten der Ordensniederlassungen in den entsprechenden Gebieten mit solchen zu den Missionsstationen der Orden und anderen zur frühen Pfarrorganisation ab). Trotz dieser fast selbstverständlichen Einschränkungen blieb natürlich auch ein Spielraum subjektiver Auswahl. Über diesen hinaus ergeben sich Fragen aus dem Stand der Forschung. So sind etwa in der Missionsliteratur die weiblichen Orden und Ordenszweige noch nicht genügend berücksichtigt. Auch die Themen könnten hier und da leicht modifiziert werden (so scheint mir z. B. das Schnittjahr 1000 für die westliche Kirche zwar der mitteleuropäischen, nicht aber der spanischen, süditalienischen und ungarischen Kirchengeschichte zu entsprechen). Insgesamt hoffe ich aber, daß sich die Berechtigung der gewählten Themen am Nutzen des Atlas für die konkrete historische Arbeit erweist.

Zu den Themen, die sich heute noch nicht angemessen kartographisch darstellen lassen, gehört z. B. das frühe Mönchtum Palästinas, das in der Geschichte des Mönchtums einen wichtigen Platz einnimmt. Hierher gehören aber auch Karten und Kartogramme mit religionssoziologischen Themen, die ursprünglich für diesen Atlas geplant waren, sich aber dann als undurchführbar erwiesen. Einen gewissen Ersatz dafür bieten die — ja auch erstmals in dieser Form vorgelegten — Schemata mit den Verfassungen verschiedener Kirchen.

Die **Anordnung** der Karten im Atlas folgt in lockerer Form dem chronologischen Ablauf. Technische Gründe, vor allem der Wechsel von vier- und zweifarbigen Formen, zwangen hin und wieder dazu, die strikte zeitliche Abfolge der Karten zu durchbrechen.

Die **Gestaltung** der Karten folgt aus sachlichen Gründen keinem einheitlichen System. Anders als in einem Atlas zur politischen Geschichte, in dem etwa ein bestimmtes Land immer die gleiche Farbe erhalten kann, mußten hier die Farben jeweils für verschiedene Sachaussagen verwendet werden. Ebenso erwies sich ein einheitliches Zeichensystem nicht als sinnvoll: hätten wir etwa als einheitliches Bistumszeichen das übliche ♁ festgelegt, so wäre in manchen Karten (z. B. 20 und 21) der Raum viel zu knapp geworden. Wir mußten also je nach der Menge und der Unterschiedlichkeit der anfallenden Zeichen variieren und haben deshalb den einzelnen Karten, soweit nötig, ausführliche Legenden beigegeben.

Vielleicht wird manchen Leser verwundern, daß wir bestimmte, heute üblich gewordene Formen kartographischer Darstellung in diesem Atlas nicht oder kaum verwenden. Da etwa durchsichtige Deckblätter die Lesbarkeit des Hauptblattes wesentlich erschwerten, scheint uns, daß die Lösung, die wir z. B. bei den Plänen antiker oder mittelalterlicher Städte angewandt haben — nämlich Unterlegung der modernen Stadtbilder in einem hellen Farbton —, klarer ist als jedes Deckblattverfahren.

Ferner haben wir fast ganz auf Pfeile und Ähnliches zur Darstellung von Vorgängen verzichtet, weil damit meistens nur unklare und globale Vorstellungen vermittelt werden. Die Dynamik in den Karten dieses Atlas wird dargestellt durch Reihen von Karten, die das gleiche Thema zu verschiedenen Schnittdaten behandeln (so die allgemeinen Karten zur Kirchenorganisation) oder durch Zeichensysteme, die den chronologischen Ablauf verdeutlichen.

Die **Kommentare** sind dazu gedacht, die Darstellung der Karten zu begründen und die Kartenthemen zu erläutern; in einzelnen Fällen geben sie auch wichtige Ergänzungen, die sich auf der Karte selbst nicht unterbringen ließen. Daß sie im einzelnen recht unterschiedlich geraten sind, hat wiederum oft sachliche Gründe: wenn eine Karte auf einer oder wenigen Quellen basiert, kann der Kommentar ausführlich auf interpretatorische Fragen eingehen; wenn aber, wie es meistens der Fall ist, die Quellen weit gestreut sind, läßt sich die Kartendarstellung nicht mehr im Rahmen eines kurzen Kommentars im einzelnen quellenmäßig begründen. Hier werden dann von selbst Sachausführungen zum Kartenthema größeren Raum einnehmen. Die größere Länge einiger Kommentare erklärt sich daraus, daß Themen wie das Abendländische Schisma (Karte 66) oder die häretischen Bewegungen des Hochmittelalters (Karte 57) in der kartographischen Darstellung zuleicht Mißverständnissen ausgesetzt sind, wenn sie nicht im einzelnen erläutert werden.

Auf jeden Fall sollten die Kommentare immer zum Kartenlesen hinzugezogen werden, denn sie enthalten häufig Ergänzungen der jeweiligen Kartenlegende und sind deshalb zum Verständnis unentbehrlich. Dort finden sich auch einige Korrekturzusätze.

Die **Namensformen** und **-schreibweisen**, sowohl für die Geschichte wie für die Gegenwart, sind bekanntlich ein Problem auch in der Literatur. Die Forderung der Konsequenz ist leichter gestellt als befolgt, zumal bei einer großen Zahl von Mitarbeitern. Wir sind uns solcher Mängel durchaus bewußt. Immerhin hat manches, das auf den ersten Blick als Ungereimtheit aussieht, doch Methode, wie man bei näherem Zusehen erkennen kann. Die heutigen Ortsbezeichnungen sind nach folgenden Prinzipien eingetragen:

1) Für alle Länder mit lateinischem Alphabet werden — ausgenommen die Ländernamen — jeweils die landesüblichen offiziellen Namensformen verwendet.

2) Für alle Namen, die transkribiert werden müssen, werden den fremden Lautwerten angepaßte Formen, möglichst ohne diakritische Zeichen, verwendet. Bei Orten dieser Kategorie, die gängige deutsche Bezeichnungen haben, werden diese gebraucht (also z. B. Kairo statt El Qahira, Moskau statt Moskwa usw.).

3) Ländernamen und Herrschaftsbezeichnungen werden in deutscher Form gegeben.

Im einzelnen entstehen Schwierigkeiten bei der Umschrift vor allem bei Namen aus dem arabischen Bereich. Dem Leser werden — weniger in den Karten, als vielmehr im Register — drei verschiedene Formen der Umschrift arabischer Namen begegnen: eine deutsche, eine englische und eine französische. Diese Unterschiedlichkeit war Absicht: wir haben im Register z. B. die heutigen Namen aller antiken Bischofssitze in Nordafrika wiedergegeben. Man findet diese Namen heute großenteils nur in französischen Spezialatlanten zur Archäologie der nordafrikanischen Gebiete oder auf französischen Militärkarten. Es hätte deshalb wenig Sinn gehabt, die Umschrift einzudeutschen oder die englische Form zu wählen, zumal auch die laufenden wissenschaftlichen Publikationen zu den antiken Städten Nordafrikas zum allergrößten Teil aus dem französischen Sprachbereich stammen, einschließlich der für die Lokalisierung von Orten besonders wichtigen Inschriftenpublikationen.

Ähnliches wie für Frankreich und Nordafrika gilt — jedenfalls auf kartographischem Gebiet — für England und Palästina. Wir sind also bei der Wahl der Umschriftenformen pragmatisch vorgegangen. Ein wichtiger Gesichtspunkt war dabei, daß der Leser die gewählten Formen in Spezialatlanten wiederfinden kann. Daß dennoch Kompromisse hingenommen wurden, wird vielleicht der nicht so übelnehmen, der das wahre Gewirr von Namensformen auch in wissenschaftlichen Publikationen einmal kennengelernt hat.

Historische Namen sind im Atlas durchweg für die Antike, im Falle des byzantinischen Reiches auch über den Zeitraum der Antike hinaus, verwendet. Antike griechische Namen erscheinen in latinisierter Form, da diese für die meisten Benutzer die geläufigste sein dürfte. Nicht latinisiert sind Klosternamen, so daß es kein Versehen ist, wenn in ein und derselben Karte neben latinisierten Ortsnamen griechische Klosternamen stehen. Für die Zeit seit dem Mittelalter bieten die meisten Karten ohne Rücksicht auf historische Veränderungen die heutigen Namen, wobei historische Formen ins Register aufgenommen sind. Wir haben uns aus zwei Gründen für dieses Verfahren entschieden: Zum ersten erleichtert es dem Benutzer die Orientierung. Dieses Argument gilt nicht — wie man vielleicht glauben könnte — in der gleichen Form auch für die Antike: bei weitem die meisten antiken Städte Nordafrikas und Kleinasiens z. B. sind unter ihrem antiken Namen bekannter als unter ihrem modernen (wenn sie überhaupt eine Tradition bis zur Moderne hin haben). Zum zweiten kommen mittelalterliche Städte und vor allem Klöster in den Quellen unter sehr verschiedenen Namen vor, so daß die Entscheidung für einen Namen sehr schwierig wäre.

Das gewählte Verfahren bedeutet u. a., daß etwa in den Karten zu den mittelalterlichen Orden die Namen für das Elsaß normalerweise in französischer, die für Böhmen normalerweise in tschechischer Form erscheinen usw. Der Leser findet aber im Register, z. T. auch in den Karten selbst, Parallelformen angegeben. Einige Autoren haben aus Gründen, die ich respektieren mußte, auch für die Kartendarstellung auf „historisch richtigen" Namen bestanden. Auch in diesen Fällen sind aber im Register die modernen Formen genannt.

Zum Schluß bleibt mir noch, allen Mitarbeitern sehr herzlich zu danken. Bei weitem nicht alle, die mir durch ihren Rat und Informationen geholfen haben, sind im Mitarbeiterverzeichnis aufgeführt. Auch hier kann ich nur einige nennen und bitte die übrigen, sich in den Dank mit eingeschlossen zu wissen. J. Wollasch hat mir bei der Planung des Mittelalter-Teiles viele wertvolle Hinweise gegeben. W. Müller-Römheld vom Ökumenischen Rat der Kirchen hat mich jederzeit bei der Materialbeschaffung für die Darstellung der protestantischen Kirchen unterstützt. H. Tüchle hat einen großen Teil der Kartenkorrekturen mitgelesen und mich vor manchen Fehlern bewahrt. Konstanzer Studenten und Mitarbeiter aus dem Verlag haben unermüdlich bei der Erstellung des Registers mitgewirkt. Mein größter Dank gebührt jedoch meinem Kollegen H. Rüthing, der nicht nur die Korrekturen der Kommentare und vieler Karten mitgelesen, sondern mir auch bei der letzten großen „Durststrecke" in der Fertigstellung des Atlas in jeder nur erdenkbaren Weise geholfen hat.

Jochen Martin

VERZEICHNIS DER MITARBEITER

Kartenentwürfe oder Beiträge zu Kartenentwürfen wurden zur Verfügung gestellt von (in Klammern die Nummern der entsprechenden Karten):

Angenendt, A., Münster (25C)
Angerer, J., Dr., OSB, Eibenstein/Thaya (67)
Anschütz, H., Dr., Brilon (38B)
Avi-Yonah, M., Prof. Dr., Jerusalem (1, 42B)
Böing, G., Dr., Freiburg (33)
Böckenförde, W., Domkapitular, Limburg (136, 137)
Bonaventura a Mehr OFMCap, Rom-Karlsruhe (79)
Bourguet du, P., SJ, Paris (11)
Bovini, G., Prof. Dr., Ravenna (17A)
Burkhardt, J., Tübingen (73, 93)
Canivet, P., Prof. Dr., Montreal (12B)
Dörrer, F., Dr., Innsbruck (46, 96)
Duft, J., Prof. Dr., St. Gallen (35B)
Elm, K., Dr., Freiburg (56A)
Engels, O., Dr., Fürstenfeldbruck (50, 60B, 66)
Fearns, J., Dr., Konstanz (56B, 65)
Fellenberg gen. Reinold, J., Dr., Bonn (28)
Fiey, J. M., OP, Bagdad (5, 10A, 26)
Haaß, R., Dr., Köln (41A)
Hage, W., Dr., Marburg (27, 63)
Hanson, R. P. C., Bischof, D. D., Fivemiletown (19)
Hauck, K., Prof. Dr., Münster (25D)
Hecht, W., Dr., Rottweil (39, 45A und C, 55B)
Hellmann, M., Prof. Dr., Münster (62)
Jacob, E. G., Dr., Berlin (85)
Jakobs, H., Prof. Dr., Köln (48A)
Janin, R., Prof. Dr., AA, Paris (41B)
Janssen, K., Freiburg (32, 71, 98/99, 103–105)
Köhler, H. J., Tübingen (92)
Kötting, B., Prof. Dr., Münster (18)
Kurze, W., Dr., Rom (49)
Lacko, M., Prof. Dr., SJ, Rom (125, 130, 131, 132A, 133B, 134, 135, 138, 139)
Lambert, M. D., Bristol (57, 69B)
Liebrich, I., Freiburg (47, 48B)
Link, Ch., Prof. Dr., Erlangen (118, 119)
Loedding, W., OP, Pingtung-Kaoshu (85, 89)
Lohrum, M., OP (59, 70)
Luijk, B. A. L. van, Dr., OSA, Nijmegen (70, 84B, 86)
Meer, van der, F., Prof. Dr., Lent bei Nijmegen (52, 53)
Mehrgardt, D., Konstanz (2, 4/5)
Moreau, M. Th., Issy les Moulineaux (11)
Morris, J., Dr., London (19)
Münch, P., Tübingen (74, 75, 76, 77, 92)
Nabe-v. Schönberg, I., Marburg (26, 38A)
Nowak, B., Köln (41A)
Oexle, O. G., Dr., Münster (34)
Payne, E. A., Dr., Pitsford (124)
Péano, P., OFM, Quaracchi-Firenze (58)
Phelan, J. L., Prof. Dr., Madison, Wisconsin (90)
Prinz, F., Prof. Dr., Saarbrücken (14, 25A–C, 34A, 37)
Promper, W., Dr., Münster (85)
Rüthing, H., Dr., Konstanz (51, 64, 68)
Schlolaut, O., Marburg (30, 44B, 55A, 81)
Schmid, K., Prof. Dr., Münster (34)
Schmitt, Cl., OFM, Quaracchi-Firenze (58)
Scott, E., Gaustad (88, 100, 101)
Siegwart, J., Prof. Dr., OP, Fribourg (50)
Smolitsch, I., Dr., Berlin (110, 133A)
Stoodt, D., Prof. Dr., Herborn (115)
Szilas, L., SJ, Rom (78, 89)
Ter-Poghossian, OMech, Wien (9A)
Testini, P., Prof. Dr., Rom (16)
Tietz, G., Haigerloch (91)
Torsy, J., Dr., Köln (41A)
Uhlenbrock, M., OSB, Gerleve (25D)
Volk, P., Dr., OSB, Maria Laach (67)
Waldmüller, L., München (29B)
Zeeden, E. W., Prof. Dr., Tübingen (73, 74, 75, 76, 77, 80C, 82, 83, 92, 93)
Zender, M., Prof. Dr., Bonn (28)
Ziegler, A., Prof. Dr., München (29B)

QUELLENNACHWEISE

Die Erlaubnis zum Abdruck oder zur Benutzung von Karten erteilten: American Geographical Society, New York (vgl. Karte 87); Arts et Métiers Graphiques, Paris (vgl. Karte 15 C); Barnes & Noble, Inc., New York (vgl. Karte 87); E. J. Brill, Leiden, durch Vermittlung von Herrn Dr. I. Smolitsch, Berlin (vgl. Karte 110); Benediktiner-Abtei Chevetogne (vgl. Karte 45); Prof. Dr. R. Draguet, Herausgeber des Corpus Scriptorum Christianorum Orientalium, Louvain-Héverlé (vgl. Karte 9 B); Elsevier, Amsterdam-Brüssel (vgl. Karten 52/53); Sir Kenneth Grubb, C.M.G., LL.D., Downton, Salisbury (vgl. Karten 116/117, 120, 122/123, 126/127, 128/129); Harper & Row Publishers, New York (vgl. Karten 88 und 100/101); Institut Français d'Archéologie, Beyrouth (vgl. Karten 12 A und 15 B); Missionsdruckerei St. Gabriel, Mödling (vgl. Karten 140–147); R. Oldenbourg-Verlag, München-Wien, durch Vermittlung von Herrn Prof. Dr. F. Prinz (vgl. Karten 14, 25, 37); Ordnance Survey, Dublin (vgl. Karte 19); Ordnance Survey, Southampton (vgl. Karte 19); Prof. Dr. J. L. Phelan und die Regents of the University of Wisconsin, Madison, Wisconsin (vgl. Karte 90); Princeton University Press, Princeton (vgl. Karten 43 und 72); L. Schwann, Düsseldorf (vgl. Karte 35 A); Society for Promoting Christian Knowledge, London (vgl. Karte 114); The Bruce Publishing Company, New York (vgl. Karte 102); Vandenhoeck und Ruprecht, Göttingen (vgl. Karte 95); Walter de Gruyter & Co., Berlin (vgl. Karte 34).

VERZEICHNIS DER ABKÜRZUNGEN IN DEN KARTEN UND KOMMENTAREN

Abh(h).	Abhandlung(en)
allg.	allgemein
bes.	besonders
Bd Bde	Band, Bände
Bm.	Bistum
BMV	Beatae Mariae Virginis
byz.	byzantinisch
Diöz.	Diözese
dt.	deutsch
Ebm.	Erzbistum
Ftm.	Fürstentum
Gft.	Grafschaft
H.	Herrschaft
Hdb.	Handbuch
hist.	historisch
hsl.	handschriftlich
Hs(s).	Handschrift(en)
Htm.	Herzogtum
Jb.	Jahrbuch
Jh(h).	Jahrhundert(e)
Kftm.	Kurfürstentum
KG	Kirchengeschichte
Kgr.	Königreich
Kl.	Klasse
Komm.	Kommentar
Lit.	Literatur
MA	Mittelalter
Ms(s).	Manuskript(e)
S.	Sankt, Sankta, Saint, Sainte, Santo, Santa, San usw.
Schr.	Schriften
Vorb.	Vorbereitung
Zschr.	Zeitschrift

Abgekürzt zitierte Werke:

AFH = Archivum Franciscanum Historicum (Florenz-Quaracchi 1908ff).

AFP = Archivum Fratrum Praedicatorum (Rom 1931ff).

Beck = H.-G. Beck, Kirche und theologische Literatur im byzantinischen Reich: Handbuch der Altertumswissenschaft XII. 2.1 (München 1959).

Bihlmeyer-Tüchle = K. Bihlmeyer - H. Tüchle, Kirchengeschichte, 3 Bde (Paderborn ^{18}1967ff).

CSCO = Corpus scriptorum christianorum orientalium (Paris 1903ff).

CSEL = Corpus scriptorum ecclesiasticorum latinorum (Wien 1866ff).

DACL = Dictionnaire d'archéologie chrétienne et de liturgie, hrsg. von F. Cabrol - H. Leclercq (Paris 1924ff).

DHGE = Dictionnaire d'histoire et de géographie ecclésiastique, hrsg. von A. Baudrillart u. a. (Paris 1912ff).

DThC = Dictionnaire de théologie catholique, hrsg. von A. Vacant und E. Mangenot, fortges. von É. Amann (Paris 1930ff).

EKL = Evangelisches Kirchenlexikon. Kirchlich-theologisches Handwörterbuch, hrsg. von H. Brunotte - O. Weber (Göttingen 1955ff).

Heussi-Mulert = K. Heussi - H. Mulert, Atlas zur Kirchengeschichte (Tübingen ^{3}1937).

HJ = Historisches Jahrbuch der Görres-Gesellschaft (Köln 1880ff, München-Freiburg 1950ff).

HMC = Handbook Member Churches. World Council of Churches, hrsg. von A. J. Van der Bent (Genf 1985).

Jedin = Handbuch der Kirchengeschichte, hrsg. von H. Jedin (Freiburg 1962ff).

LCK = J. Gründler, Lexikon der christlichen Kirchen und Sekten unter Berücksichtigung der Missionsgesellschaften und zwischenkirchlichen Organisationen, 2 Bde (Wien - Freiburg - Basel 1961).

LThK^{2} = Lexikon für Theologie und Kirche, hrsg. von J. Höfer - K. Rahner, 10 Bde (Freiburg ^{2}1957–65).

Meer-Mohrmann = F. van der Meer - Chr. Mohrmann, Bildatlas der frühchristlichen Welt (Gütersloh 1959).

Pieper = C. Pieper, Atlas orbis christiani antiqui (Düsseldorf 1931).

RAC = Reallexikon für Antike und Christentum, hrsg. von Th. Klauser (Stuttgart 1950ff).

RGG^{3} = Die Religion in Geschichte und Gegenwart, hrsg. von K. Galling, 6 Bde (Tübingen ^{3}1956–62).

RHE = Revue d'histoire ecclésiastique (Löwen 1900ff).

SM = Studien und Mitteilungen zur Geschichte des Benediktinerordens und seiner Zweige (München 1880ff, seit 1911 NF).

TAVO = Tübinger Atlas des Vorderen Orients (Wiesbaden 1977ff).

TIB = Tabula Imperii Byzantini, hrsg. von H. Hunger (Wien 1976ff).

WCE = World Christian Encyclopedia, hrsg. von D. B. Barrett (Oxford 1982).

WCH = World Christian Handbook 1968, hrsg. von H. Wakelin Coxill - K. Grubb (London 1967).

WKL = Weltkirchenlexikon, hrsg. von F. Littell - H. H. Walz (Stuttgart 1960).

1: Palästina zur Zeit Jesu

Autor: J. Martin unter Benutzung der Karten von H. Eising im Neuen Herder Handatlas (Freiburg 1966) S. 62 und von H. Haag im LThK^2 Bd VII vor Sp. 1361. Wichtige Korrekturhinweise werden M. Avi-Yonah verdankt.

Die Wichtigkeit klarer geographischer Vorstellungen für das Verständnis des Neuen Testaments und dessen zeitgeschichtlicher Umgebung ist längst erkannt. Palästina gehört deshalb zu den geographisch und archäologisch besonders intensiv erforschten Gebieten, was sich auch in einer Reihe guter historischer Karten und biblischer Atlanten niedergeschlagen hat. Eine Karte Palästinas zur Zeit Jesu bietet deshalb heute keine allzu großen Probleme. Jede solcher Karten beruht auf zwei Quellengruppen: a) den Ergebnissen archäologischer Forschungen, die insbesondere für die Identifizierung und Lokalisierung von Orten und Städten, aber auch – etwa durch Funde von Inschriften und Meilensteinen – für die Festlegung der territorialen Grenzen wichtig sind; b) literarischen Quellen verschiedener Art (Neues Testament, antike Historiker und Geographen, Itinerarien). Beide Quellengruppen stehen in einem Wechselverhältnis zueinander: literarische Nachrichten regen die archäologische Forschung an und tragen zur Interpretation ihrer Ergebnisse bei; umgekehrt haben diese schon oft literarische Nachrichten bestätigt oder erhellt.

Die in die Karte gemachten Eintragungen bedürfen keiner näheren Begründung; die politischen Verhältnisse Palästinas haben deutliche Spuren im Neuen Testament hinterlassen und können deshalb auch in einer kirchenhistorischen Karte nicht fehlen. Einige Erläuterungen sind jedoch zu den Aufenthaltsorten Jesu nötig: Verschiedentlich wird im NT gesagt, daß Jesus in der Gegend von oder bei einer Stadt gewesen ist (Caesarea Philippi, Bethphage, Magdala [dazu noch unten]) – die in solchem Zusammenhang genannten Städte sind zu den Aufenthaltsorten Jesu gerechnet. – Es ist unsicher, ob das Matth. 15, 39 genannte Magadan mit Magdala identisch ist. – Schwierig zu entscheiden ist, ob es sich bei den Berichten Matth. 8, 28, Mark. 5, 1 und Luk. 8, 26.37 um Gadara, Gerasa oder Gergesa handelt. Gerasa kommt m. E. kaum in Frage, da die geographische Beschreibung in den zitierten Stellen darauf nicht zutrifft. Gergesa ist nur in einigen Handschriften genannt. Am wahrscheinlichsten scheint mir Gadara zu sein, das deshalb rot (mit Fragezeichen) gegeben wurde, während die beiden anderen Städte blau (mit Fragezeichen) erscheinen. – Emmaus ist nur in blauer Farbe gegeben, da der Wirklichkeitsgehalt der Berichte über den nachösterlichen Jesus ein anderer ist als der über den vorösterlichen Jesus.

Die Städte der Decapolis waren freie Städte, sind also den als solchen markierten Gaza und Ascalon gleichzusetzen.

Die in der Karte gebrauchten Namensformen sind – entsprechend dem Prinzip des Atlas für den gesamten östlichen Bereich – latinisiert. War der Gebrauch dieser auf die Vulgata zurückgehenden Formen bis vor kurzem in Palästina-Karten und Bibelatlanten noch allgemein üblich, so setzt sich heute immer mehr eine direkt am Hebräischen orientierte Umschrift durch. Die deutsche Ausgabe der Jerusalemer Bibel etwa transkribiert sajin mit s, chet mit ch (im Anlaut mit h), zade mit z, koph mit k, schin mit sch, taw mit t. Das ergibt in einer Reihe von Fällen Abweichungen von den in unserer Karte gebrauchten Formen; einige seien im folgenden als Beispiele zusammengestellt:

Jerusalemer Bibel	*Karte*
Betsaida	Bethsaida
Nazaret	Nazareth
Kedesch	Cadasa
Bet-Schan	Beth-San
Aschtarot	Astaroth
Betlehem	Bethlehem
Bet-Schemesch	Bethsemes

Quellen und Literatur: Das Wichtigste ist knapp zusammengestellt in den LThK-Artikeln ‚Biblische Archäologie' und ‚Palästina' von H. Haag und ‚Biblische Geographie' von A. Strobel. Zu den dort genannten Kartenwerken ist zu ergänzen: M. Avi-Yonah, Map of Roman Palestine (Jerusalem [2]1949); Oxford Bible Atlas, ed. H. G. May – R. W. Hamilton – G. N. S. Hunt (London 1962); die englische Ausgabe des Atlas of Israel (Amsterdam 1970).

J. Martin

Nachtrag: A. Ohler, Israel. Volk und Land (Stuttgart 1979); O. Keel – M. Küchler – J. Ch. Kehlinger, Orte und Landschaften der Bibel, 2 Bde (Zürich u. a. 1982–84).

2: Die christlichen Gemeinden des 1. und 2. Jahrhunderts

Autoren: D. Mehrgardt – J. Martin

Die Karte nimmt alle Orte und Landschaften auf, in denen Gemeindegründungen oder mindestens Missionstätigkeiten bezeugt sind. Wichtigste zeitgenössische Quellen sind für das 1. Jh. das *Neue Testament* und der *Clemensbrief*, für das 2. Jh. die *Briefe* des Ignatius von Antiochia, der *Hirte des Hermas* und vereinzelte *Martyrerakten*. Dazu kommen spätere Kirchenschriftsteller und Chroniken (bes. Eusebius, Clemens von Alexandria, *Chronik von Edessa*), Martyrerberichte sowie Quellen kirchenrechtlicher Art *(Apostolische Konstitutionen)* (die *Chronik von Arbela* wurde nicht berücksichtigt, da ihre Angaben kritischer Prüfung nicht standhalten).

Zumindest für das 2. Jh. dürfen wesentlich mehr Gemeinden angenommen werden, als auf der Karte dargestellt sind. So läßt sich beispielsweise für Ägypten außer Alexandria keine bestimmte Gemeinde feststellen, doch müssen um die Wende zum 3. Jh. bereits im ganzen Lande Christen gewesen sein, was neben literarischen Zeugnissen auch paläographisch datierbare Papyrusfunde beweisen. Ebenso dürften in Afrika im Jahre 200 weit mehr christliche Gemeinden bestanden haben, als wir namentlich kennen (auf einer Synode in Carthago, die um 220 stattfand, waren 70 Bischöfe vertreten). Für andere Gebiete vgl. z. B. den Bericht über den Osterfeststreit bei Eusebius, KG V 26ff.

Die Reisen des Paulus sind nach den Angaben der *Apostelgeschichte* eingetragen. Dabei wurde z. T. stark schematisiert, weil die Angaben oft nicht ausreichen, um sichere Routen festzulegen. So ist z. B. völlig ungewiß, welchen Weg Paulus auf der 3. Reise von Mazedonien nach Griechenland nahm, welche Orte er dort besuchte und auf welchem Weg er zurückkehrte – die Linienführung in der Karte markiert deshalb in diesem Fall nur den Besuch in Griechenland, nicht aber einen genauen Weg.

Bei der Eintragung der Grenzen des römischen Reiches sind Armenien, Assyrien und Mesopotamien, die unter Trajan kurze Zeit für Rom gewonnen wurden, nicht berücksichtigt.

Quellen: Vgl. oben im Text. Die wichtigsten Ausgaben finden sich unter den entsprechenden Artikeln des LThK. – **Literatur:** A. v. Harnack, Die Mission und Ausbreitung des Christentums in den ersten 3 Jhh., 2 Bde (Leipzig [4]1924, Neudr. 1966); Städte-, Länder- und Landschaftsartikel in DACL, DHGE, LThK², RAC. Weitere Spezialliteratur und geographische Grundlagen in den Kommentaren zu den Karten 9–10 und 20–24; vgl. auch die Karten 4–5.

D. Mehrgardt – J. Martin

3: Frühchristliche Gemeindeordnungen

Autor: J. Martin

Die Themen der Schemata sind in der Forschung teilweise stark umstritten, wobei in den Forschungsergebnissen jeweils deutlich der konfessionelle Standpunkt eines Autors durchscheint. In den vorliegenden Schemata wurde versucht, die Aussagen der Bibel sowie die Schriften des Ignatius und Hippolyt als historische Dokumente zu interpretieren. Von dieser Grundposition aus kann es keinen Zweifel daran geben, daß die Struktur der Gemeinde ebenso „geworden" ist wie die anderer Institutionen. Im übrigen haben auch die alten Gemeinden selbst nichts von einer klaren Festlegung der Gemeindeordnung durch Aussagen oder Anordnungen Jesu gewußt: In den Schriften des NT und bei den Apostolischen Vätern begegnen sehr unterschiedliche Formen der Verfaßtheit der Gemeinden. Anders als die paulinischen Gemeinden hatte z. B. die Jerusalemer Gemeinde schon sehr früh eine klare hierarchische Gliederung mit monarchischer Spitze. Weitere zentrale Fragen in der theologischen Diskussion, wie die, ob es ein von Jesus eingesetztes Amt als solches gegeben hat oder ob die Amtsträger von allem Anfang an geweiht worden sind, sollen und können durch die Schemata nicht beantwortet werden.

Das Verhältnis des Paulus zu seinen Gemeinden gehört zu den kontroversesten Themen der Forschung zum frühen Christentum. Die im Schema – das übrigens die Informationen der Paulusbriefe und der Apostelgeschichte zusammenzieht – bezogene Position erkennt zwar ein besonderes Autoritätsverhältnis zwischen Paulus und den von ihm gegründeten Gemeinden an, verzichtet jedoch auf eine juristische oder quasi-juristische Interpretation dieses Verhältnisses. Durch Paulus war noch wenig festgelegt: sein Beispiel konnte nach verschiedenen Seiten hin ausgelegt werden – was ja auch bis heute geschieht.

Die beiden anderen Schemata sind weniger problematisch. Ignatius hat immer wieder Unterordnung unter den Bischof gefordert, doch hat er diese Forderung nie mit dem Argument einer von Gott gesetzten Kirchenordnung, sondern immer nur entweder mit der geistlichen Qualität der einzelnen Bischöfe oder mit spekulativen Betrachtungen (z. B. Vergleiche mit den göttlichen Personen) begründet. Es ist wohl kein Zufall, daß der Schritt zur ersten voll ausgearbeiteten und theologisch ausführlich begründeten Gemeindeverfassung in Rom geschieht, das ja auch schon am Ende des 1. Jh. im *Clemensbrief* die Theorie einer festen, „gottgesetzten" Strukturierung des Gottesvolkes vertreten hatte.

Quellen: Neben dem NT die 7 Ignatius-Briefe, ed. J. A. Fischer: Schriften des Urchristentums, 1. Tl. (Darmstadt 1966); Hippolyte de Rome, La Tradition Apostolique, ed. B. Botte: Sources Chrétiennes II (Paris ²1968).
Literatur: Die Literatur ist kaum überschaubar. Ich zitiere hier nur zusammenfassende Werke, die für die verschiedenen Konfessionen repräsentativ sind: G. Dix, The Ministry in the Early Church: The Apostolic Ministry (London 1947) (anglikanisch); T. W. Manson, The Church's Ministry (1948) (kongregationalistisch); H. v. Campenhausen, Kirchliches Amt und geistliche Vollmacht in den ersten 3 Jhh. (Tübingen 1953) (lutherisch); J. Colson, Les fonctions ecclésiales aux deux premiers siècles (Brügge – Paris 1956) (katholisch). In den beiden neuesten Handbüchern zur KG von evangelischer und katholischer Seite kann man eine gewisse Annäherung der Standpunkte wahrnehmen: L. Goppelt, Die apostolische und nachapostolische Zeit: Die Kirche in ihrer Geschichte, hrsg. von K. D. Schmidt – E. Wolf, Bd I A (Göttingen ²o. J); K. Baus, Von der Urgemeinde zur frühchristlichen Großkirche: Hdb. der Kirchengeschichte, hrsg. von H. Jedin, Bd I (Freiburg 1963).

J. Martin

4 und 5: Die christlichen Gemeinden bis 325

Autor: D. Mehrgardt (Korrekturen für Assyrien und Persis durch J. M. Fiey).

Die Karten verzeichnen nicht nur Bistümer oder Orte, die später Bistümer geworden sind, sondern auch sonstige Orte, in denen Christen bis 325 bezeugt sind. Zuverlässigste Quellen sind die Unterschriftenlisten der bis 325 abgehaltenen Konzilien und Synoden – die Orte, deren Bischöfe an diesen Versammlungen teilgenommen haben, sind deshalb in der Karte besonders markiert. Eine weitere große Quellengruppe bilden *Martyrerakten* und *-berichte;* bei der Benutzung dieser Quellen waren Ermessensentscheidungen nicht zu umgehen, da bei weitem noch nicht alle Fälle quellenkritisch genügend untersucht sind. Die *Bischofslisten,* die besonders für viele Bistümer Galliens und Italiens überliefert sind, erlauben teilweise durch Rückrechnung von sicher datierbaren Bischöfen sehr wahrscheinliche Aussagen, doch bleiben auch hier Unsicherheiten, da man immer nur mittlere Regierungszeiten in Rechnung setzen kann. Schließlich sind als – wenn auch für diese Epoche weniger wichtige – Quellen Kirchenhistoriker und -schriftsteller zu nennen, während Monumente und Inschriften kaum ins Gewicht fallen. Für Ägypten bietet das *Breviarium* des Meletius von Lycopolis, in dem er die von ihm eingesetzten Bischöfe nennt, reichhaltige Informationen (vgl. Karte 6B). – Die Namensformen in Gallien sind, obwohl um 325 teilweise noch andere Formen vorherrschend waren, an die der Karte 22 angeglichen.

Die zur Zeit des Konzils von Nicaea schon vorhandene kirchliche Organisation ist in der Karte noch nicht berücksichtigt. Can. 4 von Nicaea zeigt, daß die Kirche im Osten ihre Organisation schon weitgehend an die staatliche (diokletianische) Ordnung angepaßt hatte. Den Bischöfen der staatlichen Metropolen wird das Recht der Bestätigung bei Bischofswahlen eingeräumt. Im gesamten Westen gab es dagegen um diese Zeit noch keine Metropolitanorganisation (vgl. dazu Kommentar zu Karte 8). – Italien und Ägypten waren bis zu Diokletian hin nicht in Provinzen eingeteilt. In Nicaea wurde den Sitzen von Rom und Alexandria zugestanden, daß sie trotz der diokletianischen Neuorganisation der Provinzen ihre Metropolitanrechte auch weiterhin über ganz Italien und Ägypten ausüben konnten. Ebenso erhielt der Sitz von Antiochia nicht näher bestimmte Vorrechte.

Quellen: *Synoden und Konzilien: Carthago:* H. v. Soden, Sententiae LXXXVII episcoporum. Das Protokoll der Synode von Karthago vom 1. Sept. 256: Nachr. der Ges. der Wiss. zu Göttingen (1909). – *Elvira:* J. Gaudemet: DHGE 15 (1963) 317–348. – *Rom:* H. v. Soden, Urkunden zur Entstehungsgeschichte des Donatismus: Kleine Texte für Vorlesungen und Übungen, hrsg. von H. Lietzmann, 122 (1913) Nr. 13. – *Arles:* Acta et symbola conciliorum quae saeculo IV habitae sunt, hrsg. von E. J. Jonkers (Leiden 1954); Concilia Galliae a. 314 ad a. 506, ed. C. Munier: Corpus Christianorum, ser. Latina 148 (Turnhout 1963). – *Nicaea:* E. Honigmann, La liste originale des Pères de Nicée: Byzantion 14 (1939) 17–76; ders., The Original Lists of the Members of the Council of Nicaea, the Robber-Synod and the Council of Chalcedon: Byzantion 16 (1944) 20–80. – Das *Breviarium* des Meletius bei Athanasius, Apologia secunda 71, 6, ed. H.-G. Opitz, Athanasius Werke II/1 (Berlin 1938). – Zu den übrigen Quellen vgl. das grundlegende Werk von A. v. Harnack, Die Mission und Ausbreitung des Christentums in den ersten 3 Jhh., 2 Bde (Leipzig ⁴1924, Neudr. 1966). – Die Martyrerberichte und Bischofslisten für Gallien und Italien sind ausführlich untersucht in den zu den Karten 22 und 23 genannten Werken von Duchesne und Lanzoni. – **Literatur:** *Allg.:* Neben dem Werk von Harnack vgl. H. Achelis, Das Christentum in den ersten 3 Jhh. (Leipzig ²1925); K. S. Latourette, A History of the Expansion of Christianity, I: The First Five Centuries (New York 1937). – Heranzuziehen sind ferner die Landschafts- und Ortsartikel im DHGE, im LThK² und im RAC (dort auch Artikel Christentum, Ausbreitung). Für die Literatur zu den einzelnen Ländern vgl. die Kommentare zu den Karten 9–10 und 20–24, außerdem H. Friedrich, Die Anfänge des Christentums und die ersten Kirchengründungen in römischen Niederlassungen im Gebiet des Nieder- und Mittelrheins und der Mosel: Bonner Jbb. 131 (1936) 10ff; Christianity in Britain 300–700, ed. R. P. C. Hanson – M. Barley (Leicester 1968), bes. 37–49. Schon vorhandene Karten: Außer den Karten in der zitierten Literatur (bes. bei Harnack) finden sich Karten bei Heussi-Mulert, Meer-Mohrmann und Pieper.

J. Martin – D. Mehrgardt

Nachtrag: W. H. C. Frend, The Rise of Christianity (London 1984). – Karten finden sich jetzt auch in TAVO B VI 1 und 2; in der Karte B VI 1 wird auch die staatliche Organisation in diokletianisch-konstantinischer Zeit dargestellt.

6: Theologische und kirchenpolitische Auseinandersetzungen des 4. Jahrhunderts

Autor: J. Martin

Die theologischen Auseinandersetzungen des 4. Jh. gingen vor allem um den Arianismus und ihm verwandte theologische Richtungen. Obwohl auf dem Konzil von Nicaea (325) alle Bischöfe bis auf zwei die Verurteilung der Lehre des Arius unterschrieben, gelang erst mehr als 50 Jahre später auf dem 2. Ökumenischen Konzil von Konstantinopel (381) die endgültige Beilegung des Konflikts. Zwischen beiden Konzilien lagen heftige Kämpfe, in deren Zentrum lange Zeit der Hauptgegner des Arianismus und Bischof von Alexandria, Athanasius, stand.

Einer Karte zu diesen Auseinandersetzungen stellen sich vor allem zwei Schwierigkeiten entgegen: einmal haben die Inhaber vieler Bistümer im genannten Zeitraum ihren dogmatischen Standpunkt mehrfach gewechselt, und war eine Reihe von Bistümern zeitweise doppelt – d. h. von einem Orthodoxen und einem Arianer – besetzt; zum anderen läßt sich kein vollständiger Eindruck von den Kräfteverhältnissen gewinnen, da die Kirchenhistoriker und Athanasius immer wieder nur die bekannten Arianer nennen und wir von einer Reihe von Synoden, zu denen Arianer zusammenkamen, entweder gar keine Präsenz- und Subskriptionslisten besitzen oder nur solche, die zwar die Namen der Bischöfe, aber nicht ihre Bistümer nennen.

Der ersten Schwierigkeit versucht die Karte so zu begegnen, daß fast alle Eintragungen sich auf bestimmte Zeiträume beziehen und nur ganz wenige Bistümer ohne nähere Spezifizierung als arianisch gekennzeichnet sind. Auf der Synode von Sardica nahmen die arianisierenden Orientalen, die 335 in Tyrus Athanasius abgesetzt und 341 in Antiochia mehrere Glaubenssymbole formuliert hatten, nicht mehr an den Sitzungen teil, als die Mehrheit Athanasius und andere abgesetzte Bischöfe nicht von den Beratungen ausschloß. Die Unterschriften des erhaltenen Synodalbriefes der Orientalen (deren Auszug nach Philippopolis von verschiedenen Forschern bezweifelt wird) bilden die Grundlage der Eintragungen in die Karte für 342/343. – Besonders seit den 50er Jahren des 4. Jh. spaltete sich der Arianismus in verschiedene Gruppen auf, die sich teilweise untereinander heftig bekämpften. In Seleucia 359 wurden verschiedene Anomöer, an ihrer Spitze Acacius von Caesarea, von Semiarianern abgesetzt. Ihre Namen und Sitze kennen wir aus den Unterschriften einer Glaubensformel, die sie in Seleucia verfaßten. – Die „Partei" der Zukunft wurden um 360 die Homöusianer (Semiarianer), deren wachsende Stärke schließlich auch die Versöhnung mit der Orthodoxie ermöglichte. Gerade im Hinblick auf diese Gruppe dürften die Eintragungen in die Karte am unvollständigsten sein, da wir über ihre Namen und Sitze nur sporadische Nachrichten (vor allem des Athanasius und der antiken Kirchenhistoriker) besitzen.

Die Berichte über Synoden der Homöusianer und deren Teilnehmerzahlen lassen darauf schließen, daß die Sitze der Homöusianer seit 360 ein Mehrfaches der in die Karte eingetragenen ausmachten und es sich bei diesen letzteren im wesentlichen um die Bistümer der Führer der Homöusianer handelt.

Die zweite Schwierigkeit, von der oben gesprochen wurde, läßt sich demnach nur durch eine *reservatio mentalis* des Betrachters beheben: Die Karte ist nicht in jedem Fall für die Kräfteverhältnisse repräsentativ, zeigt aber doch wohl zutreffend die Zentren der Verbreitung der verschiedenen Formen des Arianismus, der im übrigen zwar Ausstrahlungen in den Westen hatte, insgesamt aber eine Erscheinung der östlichen und illyrischen Kirche war.

Die Meletianische Partei in Ägypten, deren Bistümer auf einer Nebenkarte genannt sind, hat von ihrem Ursprung her nichts mit dem Arianismus gemein. Da sie aber aufgrund der Eigenmächtigkeit des Meletius bei der Einsetzung von Bischöfen von Anfang an im Gegensatz zum Bischof von Alexandria stand, wurde sie bes. im Kampf gegen Athanasius ein natürlicher Verbündeter der Arianer.

Die Differenzierung der kirchlichen Sprengel in Metropolen und Bistümer, die sich im 4. Jh. vollzog, ist auf der Karte nicht berücksichtigt (vgl. die Karten 8 und 20–24).

Quellen: Liste der Orientalen in Sardica: S. Hilarii Episcopi Pictaviensis Opera, ed. A. Feder: CSEL 65 (1916) 74–78, dazu E. Honigmann, On Some Members of the Council of Serdica in 342–3 A.D.; ders., Patristic Studies: Studi e Testi 173 (Città del Vaticano 1953) 28–31 (mit weiterer Literatur). – Liste der Acacianer in Seleucia: Mansi III 321–324. – Die Quellen zur homöusianischen Partei bei J. Gummerus, Die homöusianische Partei bis zum Tode des Konstantius (Leipzig 1900). – Die Namen der von Meletius eingesetzten Bischöfe sind aus dem sog. Breviarium des Meletius bekannt, das Athanasius, Apologia secunda 71, 6 zitiert: Athanasius Werke, hrsg. v. H.-G. Opitz, Bd II/1 (Berlin 1938).

J. Martin

7: Donatistische und katholische Bischofssitze in Nordafrika im Jahre 411

Autor: J. Martin

Im Jahre 411 kamen die donatistischen und katholischen Bischöfe Nordafrikas zu einer Konferenz (einer Art „Religionsgespräch") vor dem römischen Statthalter Marcellinus in Carthago zusammen. Beide Seiten wollten auf der Konferenz, die für die Zukunft des Donatismus entscheidende Bedeutung haben sollte, mit dem größtmöglichen Aufgebot erscheinen; beide Seiten haben deshalb noch kurz vor der Konferenz eine Reihe oft sehr kleiner Orte zu Bistümern erhoben, so daß die geographische Ausbreitung des Donatismus, wie sie sich auf der Karte darstellt, den Höchststand der Ausbreitung der Donatisten überhaupt bezeichnen dürfte.

Der Bericht über die Konferenz, die *Gesta Collationis Carthaginensis,* bildet die Grundlage der Karte. Zu Beginn der Verhandlungen wurden zunächst alle anwesenden katholischen, dann die donatistischen Bischöfe aufgerufen. Die katholischen Bischöfe wurden jeweils von ihren gegnerischen Kollegen bestätigt, falls es solche an ihrem Sitz gab. Aufgrund dieses umständlichen Vorgehens ist die kirchliche Situation für die Orte, aus denen Bischöfe der katholischen Kirche in Carthago anwesend waren, bis auf einige Ausnahmen (Lücken im Text, Krankheitsfälle, zu spät ankommende Bischöfe) klar. Die Prozedur beim Aufruf der donatistischen Bischöfe war kürzer: diese wurden nicht mehr von der Gegenseite bestätigt; falls sie an ihrem Ort keinen katholischen Gegenbischof hatten, sollten sie aber ausdrücklich darauf hinweisen. Angesichts dieser Aufforderung ist es wahrscheinlich, daß überall dort, wo nicht auf das Fehlen eines Gegenbischofs hingewiesen wird, katholische Bischöfe vorhanden waren, doch läßt sich das nicht mit letzter Sicherheit behaupten; die Fälle sind deshalb in der Karte als Zweifelsfälle notiert. – Um der Einheitlichkeit der Quellengrundlage willen sind einige wenige donatistische Bistümer, die nicht in Carthago vertreten waren, von denen wir aber durch Augustinus (der an dem Gespräch in Carthago teilnahm) und Optatus wissen, nicht in die Karte eingetragen, zumal es bei der damaligen starken Fluktuation durchaus sein kann, daß sie im Jahre 411 tatsächlich nicht bestanden. Anwesend waren in Carthago 286 katholische und 279 donatistische Bischöfe; von den katholischen Bistümern sind knapp die Hälfte, von den donatistischen etwas über die Hälfte in der Karte verzeichnet. Die übrigen lassen sich entweder nicht identifizieren oder nicht lokalisieren. Die Schwierigkeiten der Identifizierung sind für Afrika besonders groß, da es einige häufig vorkommende Namensformen gibt (z. B. *Aquae, Castellum*) und differenzierende Zusätze zu diesen Formen nicht immer gemacht werden. Um die Karte nicht mit Fragezeichen zu überlasten, wurden einige Orte weggelassen, die Mesnage (s. u.) nur mit Vorbehalten in seine Karten eingetragen hat (dafür sind andere inzwischen sicher lokalisierte hinzugekommen).

Quellen und Literatur: *Für die kirchliche Situation:* Gesta Collationis Carthaginensis: Migne, Patrologia Latina XI 1223–1420. – *Für die geographische Situation* wurde als Grundkarte benutzt: P. Salama, Réseau routier de l'Afrique romaine: ders., Les voies romaines de l'Afrique du Nord (Alger 1951) (mit Verz. aller bisher identifizierten Orte in Nordafrika). – *Für die Identifizierung der einzelnen Bischofssitze:* J. Mesnage, L'Afrique chrétienne (Paris 1912); H. Jaubert, Anciens évêchés et ruines chrétiennes de la Numidie et de la Sitifienne: Recueil des notices et mémoires de la société archéologique du departement de Constantine 46 (1912) 1–218; M. Martin – F. Logeart, Les vestiges du christianisme antique dans la Numidie centrale (Alger 1942). – *Schon vorhandene Karten:* W. H. C. Frend, The Donatist Church (Oxford 1952) am Schluß des Buches; vgl. dazu jedoch die Kritik bei E. Tengström, Donatisten und Katholiken: Studia Graeca et Latina Gothoburgensia 18 (1964) 146–156. Heranzuziehen sind außerdem die allgemeinen Karten zu den nordafrikanischen Bischofssitzen bei Mesnage (s. o.) und Pieper.

J. Martin

8: Kirchliche Organisation und antiorthodoxe Bewegungen in der Kirche bis zur Mitte des 5. Jahrhunderts

Autor: J. Martin

Die Karte stellt durch die großen Farbflächen die Patriarchate dar, wie sie endgültig durch das Konzil von Chalcedon (451) festgelegt wurden. Neu gegenüber der ebenfalls in der Karte markierten Regelung von 381 war, daß jetzt die Gebiete der drei ehemaligen Obermetropolen Heraclea, Ephesus und Caesarea zum Patriarchat Konstantinopel zusammengefaßt und das Patriarchat Jerusalem neu gebildet wurden.

Die Metropolitanorganisation für den gesamten östlichen Bereich läßt sich aus den Subskriptionslisten des Konzils von Chalcedon ablesen, da zunächst alle Metropoliten unterschrieben. Die schon 451 bestehenden Autokephalen blieben in der Karte unberücksichtigt, dagegen sind die Ehrenmetropolen (Nicaea, Chalcedon, Berytus) eingetragen. Im Patriarchat Alexandria und in dem Teil Afrikas, der zum römischen Patriarchat gehörte, gab es keine feste Metropolitanorganisation (vgl. die Kommentare zu den Karten 10 B und 24). In Italien waren Mailand im 4., Ravenna und Aquileia im 5. Jh. zu Metropolen aufgestiegen. Die Metropolitanorganisation in Gallien entstand Ende des 4. und Anfang des 5. Jh. Zwar hören wir über einige der für Gallien eingetragenen Metropolen in der 1. Hälfte des 5. Jh. nichts, doch da die gesamte gallische Kirchenordnung auf der theodosianischen Gliederung des Reiches aufruht (vgl. Karte 22 mit Kommentar), muß die Bildung der Metropolen um 450 im wesentlichen abgeschlossen gewesen sein. Das gleiche gilt auch für Spanien.

Zusätzlich zur kirchlichen Organisation sind in der Karte Gebiete besonders gekennzeichnet, die von arianischen Völkerschaften beherrscht wurden. Diese bildeten jeweils eine dünne Oberschicht – die einheimische Bevölkerung hielt größtenteils am orthodoxen Christentum fest.

Auf dem Konzil von Ephesus (431) ging es um Nestorius und dessen Lehren. Die Mehrheit des Konzils unter Führung des Patriarchen von

Alexandria, Cyrillus, verurteilte noch vor der Ankunft der Orientalen Nestorius und einige seiner Anhänger. Die Orientalen hielten nach ihrer Ankunft ein eigenes *Conciliabulum* ab und verurteilten nun Cyrillus. In die Karte eingetragen wurden alle Bistümer, deren Inhaber entweder an der Synodalberatung der Orientalen teilnahmen oder von der Mehrheit des Konzils verurteilt wurden.

Mit dem Kampf gegen Dioskur, den Nachfolger Cyrillus' als Patriarch von Alexandria, beginnt die eigentliche Auseinandersetzung mit dem Monophysitismus. Dioskur setzte auf der „Räubersynode" von Ephesus (449) die Rehabilitierung des Eutyches durch, in Chalcedon wurde er mit seinen Anhängern abgesetzt. Das wurde von entscheidender Bedeutung für die Bildung einer eigenständigen koptischen Kirche (vgl. Karte 10B). – Unter den Anhängern Dioskurs sind die Bischöfe nicht in die Karte eingetragen, die zwar mit Dioskur an der „Räubersynode" teilnahmen, in Chalcedon aber zur orthodoxen Mehrheit übergingen.

Quellen: *Zur Kirchenorganisation:* Vgl. die zu den Karten 20–24 angegebenen Quellen und Literatur (dort auch die Ausgaben der Akten von Chalcedon). – Zu den arianischen Völkerschaften: L. Schmidt, Geschichte der deutschen Stämme, I: Die Ostgermanen (München [2]1934); K. D. Schmidt, Die Bekehrung der Germanen zum Christentum (Göttingen 1939); H. E. Giesecke, Die Ostgermanen und der Arianismus (Leipzig 1939); J. A. Jungmann: Zschr. für Kathol. Theologie 69 (1947) 36–69; Ch. Courtois, Les Vandales et l'Afrique (Paris 1955); G. B. Picotti, I Goti in occidente (Spoleto 1956); E. A. Thompson: Latomus 21 (1962) 505–519 794–810. – Die Namen der in Ephesus Verurteilten bzw. der Teilnehmer an der Synode der Orientalen in Acta Conciliorum oecumenicorum, ed. Ed. Schwartz, Tom. I, Vol. I pars 3 (Berlin – Leipzig 1927) 12–13 24–25 26–27, pars 5 (1927) 14–15 123–124. Die Quellen zur „Räubersynode" in der Actio I von Chalcedon: ebd. Tom. II, Vol. II, pars I (Berlin – Leipzig 1933); E. Honigmann, The Original Lists of the Members of the Council of Nicaea, the Robber-Synod and the Council of Chalcedon: Byzantion 16 (1944) 20–80.

J. Martin

9 A: Die armenische Kirche bis 607

Autor: P. Ter-Poghossian

Wahrscheinlich wurde schon im 2. Jh. – u. a. durch römische Soldaten – der Boden für das Christentum in Armenien bereitet. Die offizielle Bekehrung Armeniens erfolgte durch Gregor den Erleuchter am Beginn des 4. Jh. Gregors Sohn und Mitarbeiter Aristakes nahm am Konzil von Nicaea (325) teil. – Die Trennung der armenischen von der byzantinischen Kirche ist nicht das Ergebnis einer klar bestimmbaren Einzelaktion, sondern eines längerdauernden Prozesses, in dem nicht zuletzt auch theologische Mißverständnisse eine große Rolle spielten. Das Ende dieses Prozesses, d. h. die endgültige Herausbildung einer eigenständigen armenischen Nationalkirche, wird in der Forschung unterschiedlich angesetzt: Geben die einen – wie z. B. Sarkissian – das Ende der 1. Dekade des 6. Jh. an, so hat sich für andere – z. B. Mécérian – der endgültige Bruch erst auf der 2. Synode von Dvin (um 554) mit der Verurteilung des Chalcedonense und des Tomus Leonis vollzogen.

Über die Organisation der armenischen Kirche geben für das 4. Jh. nur erzählende Quellen, für die Zeit seit um 450 (Synode von Artaschat) besonders die Teilnehmerlisten der armenischen Synoden Auskunft. Die meisten Bischöfe waren, wie die Namen der Bistümer zeigen, früher Hausprälaten der Fürstentümer, deren Aussterben dann zur Errichtung der Bistümer auf dem jeweiligen Gebiet führte. Die Karte geht von den für die Zeit der 2. Synode von Dvin bezeugten Bistümern aus und ergänzt diese Liste durch die Bistümer, die auf den Synoden vor- und nachher bis 604/607 genannt sind. – Zur weiteren Geschichte der armenischen Kirche vgl. die Karten 31, 55 und 130.

Quellen: Zur Synode von Artaschat: Elische, Geschichte, hrsg. von der sowjet.-armen. Akad. d. Wiss. (Erewan 1957) 27–28; Lazar von Parbi, Geschichte von Armenien (Tiflis 1904) 44–45. – Zu den übrigen Synoden: Buch der Briefe (Tiflis 1901) 41–42 70 73 146 149. – **Literatur:** H. Gelzer, Die Anfänge der armenischen Kirche: Sitzungsber. d. Akad. d. Wiss. Leipzig 47 (1895) 109–174; J. Markwart, Die Entstehung der armenischen Bistümer: Orientalia christiana 27/2 (1932); L. S. Kogyan, L'Église arménienne (Beyrouth 1961); J. Mécérian, Histoire et institutions de l'église arménienne: Recherches publ. sous la direction de l'Institut des lettres Orientales de Beyrouth (Beyrouth o. J.); K. Sarkissian, The Council of Chalcedon and the Armenian Church (London 1965); A. S. Atiya, A History of Eastern Christianity (London 1968).

J. Martin

9 B: Die Verbreitung des Monophysitismus im Orient um 512 bis 518

Autor: Die Karte wurde (mit formalen Modifikationen) entnommen dem Werk von *E. Honigmann,* Évêques et évêchés monophysites d'Asie antérieure au VIe siècle: CSCO 127 Subs. II (Louvain 1951). Bevor Jacobus Baradai († 578) die später nach ihm benannte jakobitische (syrisch-monophysitische) Kirche endgültig organisierte, erreichte der Monophysitismus (vgl. auch Karte 8) im Orient unter dem Patriarchen Severus von Antiochia einen Höhepunkt seiner Entwicklung. Unter dem Schutz Kaiser Anastasius' I. konnte Severus von 512 bis 518 (Tod Kaiser Anastasius') in seinem Patriarchat und über dessen Grenzen hinaus unbehindert für den Monophysitismus wirken, so daß nur eine Minderheit der Bistümer des Patriarchats orthodox blieb (diese Bistümer sind aus Gründen der Übersichtlichkeit nicht in die Karte eingetragen; sie finden sich in den Originalkarten von Honigmann, können aber auch durch einen Vergleich mit Karte 21 dieses Atlas leicht festgestellt werden – die weitaus meisten der bis um 600 gegründeten Bistümer existierten auch schon 512–518). 518 mußte Severus fliehen, 536 wurde er in Konstantinopel verurteilt.

Hauptquellen für die Eintragungen in die Karte sind die Schriften des Severus, vor allem seine umfangreiche Korrespondenz. Im einzelnen vgl. dazu das oben zitierte Buch von Honigmann. Zur weiteren Geschichte der syrisch-monophysitischen Kirche vgl. die Karten 26, 27 und 130.

Literatur: Vgl. oben unter Autor, ferner J. Lebon, Le monophysisme sévérien (Louvain 1909); R. Devreesse, Le patriarcat d'Antioche depuis la paix de l'église jusqu'à la conquête arabe (Paris 1945).

J. Martin

Nachtrag: A. Grillmeier – H. Bacht (Hrsg.), Das Konzil von Chalkedon, 3 Bde (Würzburg [3]1963) (mit Studien von J. Lebon, A. van Roey).

10 A: Die persische Kirche im Jahre 497

Autoren: J. M. Fiey – J. Martin

Die Konsolidierung einer eigenständigen persischen Kirche gehört sowohl in den Zusammenhang der theologischen Auseinandersetzungen des 5. Jh. (vgl. Karte 8) als auch in den des politischen Gegensatzes zwischen den Sassaniden und dem Römerreich. Die offizielle Annahme des Nestorianismus durch die persische Kirche gegen Ende des 5. Jh. scheint jedenfalls stark politisch mitbedingt gewesen zu sein, wofür auch spricht, daß der persische Nestorianismus der Frühphase von verschiedenen Autoren in orthodoxem Sinn interpretiert werden kann.

Die Karte stellt die persische Kirche kurz nach der Annahme des Nestorianismus dar. Im Jahre 497 fand eine gutbesuchte Synode statt, deren Akten uns erhalten sind. Aufgenommen wurden aber nicht nur die Bistümer, die in diesen Akten genannt sind, sondern auch die, die zwar nicht 497, aber vorher und nachher auf Synoden bezeugt sind. Als nicht lokalisierbare Bistümer fehlen auf der Karte Tahal, Barhis (im Süden der Adiabene?) und B. Rahimai (im Süden Armeniens?).

Quellen: J. B. Chabot, Synodicon Orientale (Paris 1902). – **Literatur:** J. M. Fiey, Assyrie chrétienne, 3 Bde: Recherches, publ. sous la direction de l'Inst. de lettres orientales de Beyrouth, Bd XXII–XXIII, XLII (Beyrouth 1965–68) (auch Diskussion der topograph. Fragen); ders., L'Élam, la première des Métropoles ecclésiastiques syriennes orientales: Melto 2 (1969) 221–267 (wird fortgesetzt); ders., Diocèses syriens orientaux du Golfe Persique: Mémorial Mgr. Gabriel Khouri-Sarkis (1898–1968) (Louvain 1969) 177–219. – Vgl. außerdem: E. Tisserant: DThC 11 (1931) 157–323; A. R. Vine, The Nestorian Churches (London 1937); G. Dauvillier, Les provinces chaldéennes de l'extérieur au moyen âge: Mélanges Cavallera (Paris 1951) 261–316; N. Pigulevskaja, Les villes de l'état iranien aux époques parthe et sassanide: École Pratique des Hautes Études – Sorbonne, Documents et recherches ... VI (Paris - Mouton - La Haye 1963); B. Spuler, Die Morgenländischen Kirchen: Hdb. der Orientalistik, 1. Abt., Bd VIII/2 (Leiden - Köln 1964).

J. Martin

10 B: Das Patriarchat von Alexandria (Die koptische Kirche)

Autor: J. Martin

Die ägyptische Kirche hat neben dem Patriarchat von Antiochia die aktivste Rolle in den theologischen und kirchenpolitischen Auseinandersetzungen des 4. und 5. Jh. (vgl. Karten 6 und 8) gespielt. Sie hatte in ihrer Reihe Arianer und entschiedene Gegner des Arianismus (Athanasius), das gleiche gilt für ihr Verhältnis zum Monophysitismus. Wenn nach dem Chalcedonense (451) die ägyptische Kirche weitgehend monophysitisch wurde und sich selbständig machte, so lag das wohl nicht zuletzt daran, daß die in Chalcedon mit der Verurteilung des Monophysitismus verfügte Absetzung des Patriarchen von Alexandria, Dioskur, auch nationale Reaktionen hervorrief.

Die in der Karte dargestellten Bistümer des Patriarchats von Alexandria haben zum größten Teil schon im 4. Jh. bestanden. Wir besitzen zwar keine frühen Notizen der ägyptischen Kirche – der von manchen Autoren bis an den Beginn des 7. Jh. hinaufdatierte *Thronus Alexandrinus* ist von E. Honigmann endgültig als frühneuzeitliches Werk entlarvt worden –, können aber aufgrund anderer Quellen die ägyptische Bistumsorganisation recht gut rekonstruieren. Diese Quellen sind: das *Breviarium* des Meletius von Lycopolis († nach 325) (vgl. Karte 6 B); die Subskriptionslisten des Konzils von Nicaea (vgl. Karte 5); ein Dokument der Acacianer auf der Synode von Seleucia (359; vgl. Karte 6); der Synodalbrief der 362 von Athanasius abgehaltenen Synode; die 3 erhaltenen Osterfestbriefe des Patriarchen Theophilus von Alexandria († um 412), in denen er jeweils die von ihm eingesetzten Bischöfe nannte; die Berichte und Unterschriftenlisten zu den Konzilien von Ephesus 431 und 449 und Chalcedon 451 (vgl. Karte 8), schließlich ein Brief, in dem die ägyptischen Bischöfe Kaiser Leon I. den Tod des Patriarchen Proterius (457) anzeigten.

Im Unterschied zum Patriarchat Konstantinopel unterstanden die ägyptischen Bischöfe alle direkt dem Patriarchen. Es gab zwar Kirchenprovinzen, die den staatlichen Provinzen entsprachen; die Bischöfe der staatlichen Metropolen übten aber keine Jurisdiktionsgewalt über die anderen Bischöfe ihrer Provinz aus.

Quellen: Vgl. oben im Text. Die Quellen sind bereits alle bei M. Le Quien, Oriens Christianus II (Paris 1740, Neudr. Graz 1958) verarbeitet. Editionen der Quellen sind in den Kommentaren zu den Karten 6 und 8 bereits genannt. Die Osterfestbriefe des Theophilus sind von Hieronymus übersetzt und mit dessen Briefen im CSEL 55 Nr. 96, 98 und 100 ediert. Der Synodalbrief der Synode von 362 findet sich bei Mansi III 345–356. – **Literatur:** E. R. Hardy, Christian Egypt (New York 1952); M. Cramer, Das Christl.-koptische Ägypten. Einst und heute (Wiesbaden 1959); E. Honigmann, La valeur historique du ‚Thronos Alexandrinus': ders., Trois mémoires posthumes d'histoire et de géographie de l'orient chrétien: Subsidia Hagiographica 35 (Bruxelles 1961) 125–207; B. Spuler, Die Morgenländischen Kirchen (vgl. unter 10 A); M. Roncaglia, Der Ursprung der koptischen Kirche: Kyrios 6 (1966); A. S. Atiya, A History of Eastern Christianity (London 1968).

J. Martin

Nachtrag: Karte: TAVO B VI 15.

11: Das ägyptische Mönchtum vom 4. bis zum 9. Jahrhundert

Autor: M. Th. Moreau (unter der Leitung von P. du Bourguet)

Ägypten ist das Ursprungsland des Mönchtums. Nachdem schon Antonius Eremitenkolonien initiiert hatte, gründete Pachomius († um 347) die ersten Klöster und vereinigte sie zu einem regelrechten Klosterverband. Seine Schüler setzten seine Tätigkeit fort. Von Ägypten breitete sich das Coenobitentum über Palästina, Syrien (vgl. Karte 12 A), Kleinasien und Armenien aus. Die meisten auf der Karte verzeichneten Klöster lassen sich nicht einem bestimmten Gründer zuweisen. Außer den 5 eingetragenen Gründungen des Pachomius sind noch 4 weitere Gründungen von ihm bekannt, aber nicht identifiziert. Auf Schenute geht das Kloster D. el Abiad (bei Sohag) zurück. Im Apollo-Kloster in Bawit sind eine beträchtliche Zahl von Malereien und zwei dekorierte Kirchen gefunden worden. – Obwohl die Klöster im allgemeinen frühe Gründungsdaten haben und bis auf das 4. oder 5. Jahrhundert zurückgehen können, stammt der gegenwärtige Zustand der meisten ägyptischen Klöster aus der Zeit zwischen dem 9. und dem 14. Jahrhundert. Als Klöster bestehen heute noch Mar Antonios und Mar Bulos nahe dem Roten Meer, die Klöster des Wadi Natrun (D. Abu Maqar, D. Suriani, D. Amba Bschoi, D. Baramus) sowie D. el Meharraq.

Quellen und Literatur: *Antike Autoren:* Les vies coptes de St. Pachôme et de ses premiers successeurs, frz. Übers. v. L. Th. Lefort (Louvain 1943). – *Reiseberichte:* Abu Salih: The Churches and Monasteries of Egypt and Some Neighbouring Countries. Attributed to Abu Salih, armen. und engl. v. B. T. A. Evetts mit Anm. von A. J. Butler (Oxford 1894–95) (im Appendix Makrizi, The Churches and Monasteries of Egypt); J. M. Vansleb, Nouvelle relation en forme de journal d'un voyage fait en Égypte en 1672 et 1673 (Paris 1677); C. Sicard, in: Lettres édifiantes et curieuses: Mémoires du Levant V (Paris 1780) 1 ff; E. Pococke, A Description of the East (London 1743); W. de Bock, Matériaux pour servir à l'Archéologie de l'Égypte chrétienne (St. Petersburg 1901); Johann Georg Herzog zu Sachsen, Neueste Streifzüge durch die Kirchen und Klöster Ägyptens (Leipzig – Berlin 1931). – *Ausgrabungen:* J. Clédat, Le monastère et la nécropole de Baouit: Mémoires de l'Institut français d'Archéologie orientale (Le Caire 1904–16); A. Guillaumont, Histoire du site de Kellia d'après les documents écrits (erscheint in den Berichten zur Grabung, die in Kellia vom Institut Français d'Archéologie du Caire unter der Leitung von F. Daumas durchgeführt werden); H. E. Winlock - W. E. Crum - E. White, The Monastery of Epiphanus: Egyptian Expedition Publications (New York 1926). – *Führer:* K. Baedeker, Egypt and the Sudan (London 1929). – *Monographien:* E. Amelineau, Géographie de l'Égypte chrétienne (Paris 1893); S. Clark, Christian Antiquities in the Nile Valley. A Contribution towards the Study of Ancient Churches (Oxford 1912); M. Jullien, L'Égypte: Les Missions Catholiques 35 (1903) 188–284.

M. Th. Moreau

Nachtrag: Karte: TAVO B VI 15.

12 A: Nordsyrische Klöster bis zum Ausgang der Antike

Autor: Die Karte wurde entnommen *G. Tchalenko,* Villages antiques de la Syrie du Nord II: Inst. Franç. d'Archéologie de Beyrouth, Bibliothèque archéologique et historique 50 (Paris 1953) Pl. CLIII (Erläuterungen auf Pl. CLII) (vgl. auch die Karten am Ende von Bd III, aus denen einige Ergänzungen übernommen wurden). Die Kategorie von „vermuteten Klöstern", die im wesentlichen mit Deir oder dessen modernen Abwandlungen beginnende Namen betrifft, wurde in der vorliegenden Karte nicht berücksichtigt.

Nach dem Konzil von Chalcedon ging der größte Teil des nordsyrischen Mönchtums zum Monophysitismus über (vgl. Kommentar zu 12 B und Karte 38). Wir besitzen eine reichhaltige Quelle für die Verbreitung des monophysitischen Mönchtums in Nordsyrien in der 2. Hälfte des 6. Jh. in der Korrespondenz, die 567 und 569 zwischen den Monophysiten Nordsyriens und denen von Konstantinopel ausgetauscht wurde. In diesen Briefen, die neben den archäologischen Forschungen die Hauptquelle für die Karte bilden, werden 80 Klöster genannt. Andere zur Verfügung stehende Quellen (vgl. dazu besonders W. Wright, Catalogue of the Syriac Manuscripts in the British Museum [London 1871–72]) wurden bisher nicht mit der gleichen Methodik ausgewertet wie die 4 Monophysitenbriefe, so daß sich vor allem über die Zahl der im 6. Jh. noch existierenden orthodoxen Klöster nichts Sicheres aussagen läßt.

Literatur: Neben dem oben unter Autor zitierten II. Bd von Tchalenko sind auch die Bde I und III desselben Werkes heranzuziehen. Weitere Literatur im folgenden Kommentar.

12 B: Die von Theodoretus von Cyrrhus (444) genannten Klöster

Autor: P. Canivet

Theodorets *Philotheos Historia* (444) bildet die Hauptquelle für die Geschichte des nordsyrischen Mönchtums vor dem Konzil von Chalcedon (451); sie wird ergänzt durch seine Kirchengeschichte (449) und seine Korrespondenz; Texte antiker Geographen und spätere Kirchenschriftsteller tragen zur Erhellung dieser Quellen bei.

Die monastische Geographie beruht auf der Zuordnung der Einsiedeleien und Klöster (diese in der Nähe der großen Kommunikationsachsen) zu den Regionen der Osrhoene, Euphratensis (und des Gebietes um Cyrrhus), Antiochene, Chalcidene, Apamene, Cilicia und Phoenicia, deren Grenzen sich im allg. durch den Umfang bestimmen, den am Anfang des 5. Jh. rund um das Patriarchat Antiochia die Metropolen Apamea und Hierapolis sowie die Bistümer Cyrrhus, Beroea, Chalcis und Rhosus hatten. Die Klöster haben zu dieser Zeit bereits ihre eigene Hierarchie, während die Anachoreten mehr und mehr unter die durch Chorbischöfe und Periodeuten ausgeübte bischöfliche Kontrolle kommen.

Die Klöster bilden Familien, die sich vom selben Gründer herleiten. So unterscheidet man die Gruppe des Julianus Saba in Gallaba (Dschellab) in der Osrhoene (zwischen 317 und 325), die des Publius in Zeugma (Balkis) in der Euphratensis, deren Einfluß die Entwicklung der Klöster in der Antiochene bestimmt hat: Gindarus (Genderes), Teleda (Tell Ade) und seine Filialen (1. Hälfte des 4. Jh.), die Klöster des Marosas und Marianus am Fuß des Coryphus-Berges (Scheikh Barokot). Es ist wenig wahrscheinlich, daß es in Antiochia selbst und auf dem von Einsiedeleien bedeckten Berg Silpius eigentliche Klöster gegeben hat, aber auf den Vorbergen des Amanus, die die Orontes-Ebene beherrschen, befanden sich die beiden (noch nicht identifizierten) Klöster des Abrahames (2. Hälfte des 4. Jh.), die in Beziehung zu den Einsiedeleien von Imma (Yeni Schehir) und des Paratomus (?) standen. Für die Chalcidene zeigt Theodoret nur 1–2 Klöster und 2–3 Einsiedeleien an, jedoch ohne jeden topographischen oder toponymen Hinweis. Von den Klöstern der Chalcidene hängen in der Apamene die beiden Klöster von Nikertai (unter Valens) – wo Theodoret Mönch war – und deren zahlreiche Filialen ab. Mit Ausnahme von Seleucobelus (Dschisr esch Schugur) sind alle anonym. Sie sind bemerkenswert wegen ihrer Treue zum Konzil von Chalcedon, während das übrige syrische Mönchtum zum Monophysitismus überging. Im Gebiet von Cyrrhus zählt man drei Klöster: in Cyrrhus selbst nahe dem „Grab des Propheten", in der

Nähe von Tillima und in den Bergen bei Asikhas; doch Theodoret weist vor allem auf die verstreuten Einsiedeleien im Gebirge oder der Ebene von Azaz hin. In Cilicia gab es das Kloster des Theodosius im Süden von Rhosus, in Phoenicia ein Kloster in einer unbestimmten libanesischen Stadt (zweifellos bei Emesa) und eine Einsiedelei nahe bei Gabala.

Theodoret gibt manchmal nur den Namen einer Region, doch im allg. bezeichnet er die monastischen Stätten durch ihre Namen oder lokalisiert sie im Verhältnis zu bekannten Punkten. Einige Namen und die Klöster, die damit verbunden sind, sind sicher identifiziert (Teleda, Gindarus); häufiger sind die Ortsnamen identifiziert, nicht aber die Klöster (Telanissus/Tellneschin = Deir Siman; Seleucobelus = Dschisr esch Schugur; Niara). Einigen Ortsnamen sind von Theodoret geographische Koordinaten beigegeben (Nikertai 120 Meilen von Cyrrhus, 75 von Antiochia, 3 von Apamea), die dank archäologischen Forschungen mehr oder weniger wahrscheinliche Lokalisierungen ermöglichen (Kloster des Theodosius in Kale bei Rhosus). Einige z. T. durch Namen bezeichnete Stätten, die ehemals an einen christlichen Kult geknüpft waren (Aszeten-Gräber), sind unter den Orten zu suchen, die „wehli" besitzen (Omerus = Amaranli?, Scheikh Rih = Kitta?, Durakli = Targala?, Einsiedelei des Jacobus = Scheikh Khoros?). Man kann sich auch, um Einsiedeleien wiederzufinden, von den heidnischen Kultstätten leiten lassen (Maron am Parsa Dadsch?, Thalalaeus = 20 Stadien von Gabala/Dschebele) und, um Klöster zu erkennen, von Ruinen von Gebäuden, die aus dem Ende des 5. und dem Anfang des 6. Jh. stammen und deren Lage den Angaben der Philotheos Historia entspricht: z. B. Turmanin, El Breidsch, Atme, Deir Ahschan, Batabu; einige Identifizierungen beruhen allein auf philologischen Beziehungen zwischen Namen (Asicha = Saktsche Gözu; Rhabaina = Raban; Sisa = Islahiye).

Es erscheint bisher unmöglich, Lokalisierungen für die Orte des Gebietes um Cyrrhus vorzuschlagen: Tillima, Rhama, Nimuza (sie haben sicher in den Bergen gelegen), ebenso für Marato, das im Süden von Rhosus und Raz en Khanzir an der Küste gelegen zu haben scheint.

Quellen: Theodoretus, Philotheos Historia: Migne, Patrologia Graeca 82, 1283–1496 (vgl. H. Lietzmann, Das Leben des Heiligen Symeon Stylites: TU XXXII/4 [1908]); Histoire Ecclésiastique, ed. L. Parmentier – F. Scheidweiler: GCS XLII (1954); Korrespondenz, ed. Y. Azéma I–III (1955–66). – **Literatur:** *Zu den Quellen:* St. Schiwietz, Das morgenländische Mönchtum III (1938); P. Peeters, Le tréfonds oriental de l'hagiographie byzantine (Bruxelles 1950); E. Honigmann, Patristic Studies: Studi e Testi 173 (Città del Vaticano 1953); A. J. Festugière, Antioche païenne et chrétienne, Libanius, Chrysostome et les moines de Syrie (Paris 1959); P. Canivet, Théodoret et le monachisme syrien avant le concile de Chalcedoine: Théologie de la vie monastique (Paris 1961) 241–282. – *Archäologie:* G. Parthey – M. Pinder, Itinerarium Antonii Augusti et Hierosolymitanum (Berlin 1848); O. F. von Richter, Wallfahrten im Morgenlande (Berlin 1882); K. Miller, Itineraria Romana (Stuttgart 1916, Neudr. Roma 1964); H. C. Butler, Early churches in Syria IVth–Vth cent., ed. u. kompl. von E. Baldwin Smith (Princeton 1929); J. Lassus, Sanctuaires Chrétiens de Syrie (Paris 1947); DACL XV/2 (1953) s. v. Syrie; G. Tchalenko, Villages Antiques de la Syrie du Nord. Le massif du Bélus à l'époque romaine I–II (Paris 1953), III (ebd. 1958). – *Zum Limes und zu den Grenzen der Regionen:* R. Mouterde – A. Poidebard, Le limes du Chalcis: Bibl. archéol. et hist. 38 (Paris 1945); H. Seyrig: Tchalenko (s. o.) III 12–13. – *Topographie und Toponymie:* E. Honigmann, Nordsyrische Klöster in vorarabischer Zeit: Zschr. für Semitistik u. verwandte Gebiete 1 (1922) 15–33 (Neudr. 1967); E. Littmann, Zur Topographie der Antiochene u. Apamene: ebd. 163–195; E. Honigmann, Histor. Topographie von Nordsyrien im Altertum: Zschr. des Deutschen Palästina-Vereins 46 (1923); R. Dussaud, Topographie historique de la Syrie antique et médiévale (Paris 1927). – *Monographien: Zu Antiochia:* G. Downey, An History of Antioch in Syria (Princeton 1961). – *Zu Cyrrhus:* E. Frézouls, Recherches historiques et archéologiques sur la ville de Cyrrhus: Annales Archéologiques Syriennes IV–V (1954–55) 88–128. – *Zum Kloster des hl. Theodosius:* P. Canivet: Analecta Bollandiana 83 (1965) 351–356; ders.: Byzantion 38 (1968) 5–17. – *Zu Nikertai;* E. Honigmann, Évêques et évêchés monophysites d'Asie antérieure au VIe siècle: CSCO 127 Subs. II (Louvain 1951) 60–62; P. Canivet – M. T. Fortuna: Annales Archéologiques arabes Syriennes 18 (1969) 37–54.

P. Canivet

13: Die Konzilien und Synoden der alten Kirche

Autor: J. Martin

Die Karte stellt die Konzilien und Synoden von den Anfängen bis 600 dar. Dabei mußte eine Auswahl vorgenommen werden, die sich von folgenden Gesichtspunkten leiten ließ: a) aufgenommen wurden alle in der Tradition der römisch-katholischen Kirche als ökumenisch anerkannten Konzilien; b) aufgenommen wurden ferner alle Synoden, die vom Teilnehmerkreis her allgemeinen Charakter haben, also – zumindest der Einladung nach – entweder die Bischöfe der Gesamtkirche oder wenigstens die des gesamten Westens bzw. des gesamten Ostens umfassen (Beispiele: Seleucia und Ariminum 359); Ermessensentscheidungen waren in der Einordnung nicht zu umgehen, da z. T. die Berichte über die Synoden die entscheidenden Fragen offenlassen (fehlende Teilnehmerlisten oder Listen ohne Angabe der Sitze), andererseits außer dem Teilnehmerkreis keine klaren Kriterien für die Einordnung zur Verfügung stehen (die kaiserliche Einberufung kann nicht als Kriterium genommen werden, da sie sich teilweise auch auf Synoden lokalen Charakters erstreckt hat; desgleichen versagt die Bezeichnung eines Konzils als *plenarium* durch die antiken Historiker, denn auch Landes- oder Nationalkonzilien wurden als Plenarkonzilien charakterisiert); c) aufgenommen wurde schließlich der größte Teil der Synoden, die die Vertreter mehr als einer Kirchenprovinz vereinigten. Unter diese Kategorie fallen auch die Plenarkonzilien etwa der afrikanischen oder alexandrinischen Kirche und die Nationalkonzilien etwa der westgotischen Kirche. Der Übergang zur Kategorie b) ist, insbesondere für den östlichen Bereich, fließend. Leitender Gesichtspunkt für die Auswahl innerhalb der Kategorie c) war, alle die Synoden einzutragen, die theologische oder dogmatische Aussagen machten oder wichtige disziplinarische *Canones* verabschiedeten. Dagegen blieben Synoden unberücksichtigt, die sich mit rein lokalen Dingen (z. B. Anklagen gegen einen Bischof oder Presbyter) befaßten oder von denen nichts als das (ungefähre) Datum bekannt ist.

Nicht berücksichtigt wurden auch – außer in ganz wenigen eigens markierten Fällen – die zahlreichen Provinzialsynoden, und das nicht nur aus technischen Gründen: das Konzil von Nicaea forderte die Abhaltung von jährlich 2 Synoden in jeder Kirchenprovinz. Obwohl diese Forderung wahrscheinlich nicht annähernd eingehalten wurde – das zeigt allein schon ihre dauernde Wiederholung in den *Canones* zahlreicher Synoden –, muß man doch mit wesentlich mehr Provinzialsynoden rechnen, als uns überliefert sind, so daß eine Darstellung der überlieferten Provinzialsynoden vielleicht nicht einmal ein repräsentatives Bild ergäbe. In diesem Zusammenhang ist ein Wort zu den für Rom eingetragenen Synoden nötig: es ist so gut wie sicher, daß ein Teil dieser Synoden nach den eben explizierten Kriterien unter die Provinzialsynoden fällt, obwohl sich eine Unterscheidung im einzelnen nicht durchführen läßt, da wir über die Teilnehmer in der Regel ungenügend unterrichtet sind (deshalb wurde hier auf eine besondere Markierung verzichtet). Da aber der Bischof v. Rom durch die meisten dieser Synoden entweder auf eigene Initiative oder auf konkrete Anfragen hin auf Vorgänge in der Gesamtkirche reagierte und diese Reaktion auch dort beachtet und in Rechnung gezogen wurde, wo man einen Primat Roms nicht anerkannte, unterscheiden sich diese Synoden grundlegend von anderen Provinzialsynoden und rechtfertigt sich von daher ihre Eintragung.

Auf andere Grenzfälle kann hier nur exemplarisch eingegangen werden: So sind die Berichte über den Osterfeststreit zu knapp, um sicher zu entscheiden, ob es sich bei den dort genannten – und in die Karte eingetragenen – Synoden schon um Synoden im späteren Sinn handelt. – Die römische Versammlung von 313 wird von einigen Forschern (bes. H. U. Instinsky) nicht als Synode, sondern als Gerichtsverfahren interpretiert – eine Position, die in der Karte nicht akzeptiert wurde.

Auf der Karte sind nicht verzeichnet die Synoden der persischen (später nestorianischen) Kirche (vgl. Karte 10), die im 5. Jh. ihre Unabhängigkeit gegenüber der Gesamtkirche erklärte, sowie die Konzilien der armenischen Kirche, die sich um die Mitte des 6. Jh. als eigene Kirche konstituierte (vgl. Karte 9A).

Quellen und Literatur: Grundlage für die Zusammenstellung der Karte war Ch. J. Hefele – H. Leclercq, Histoire des Conciles, Bd. I–III (Paris 1907–10). Zur Korrektur, bes. in Datierungsfragen, wurden vor allem die Ortsartikel in DHGE, DThC, LThK² und RAC benutzt, ferner Beck 44–55 sowie die Concilia Galliae, 2 Bde, ed. C. Munier: Corpus Christianorum, ser. Latina 148 (Turnhout 1963). Vgl. auch die Literatur zu den Karten 20–24.

J. Martin

14: Das westliche Mönchtum der Antike

A: Martin von Tours: Die Verbreitung seines Kultes im spätantiken Gallien und im Frankenreich von ca. 370 bis ca. 740
B: Lérins: Sein Einfluß in Gallien und im Frankenreich (410–740)
C: Saint-Maurice im Wallis: Seine Wirkung in Gallien und im Frankenreich (5. Jh. – 754)

Autor: F. Prinz: Die Karten sind dem Buch des Autors „Frühes Mönchtum im Frankenreich" (Verlag Oldenbourg, München–Wien 1965) entnommen.

Martin von Tours (†397) war der erste Klostergründer Galliens. Schon zu seinen Lebzeiten erlangte er in großen Teilen Galliens und auch der übrigen antiken Welt hohen Ruhm. Dennoch beschränkte sich nach seinem Tod seine Nachwirkung zunächst auf Westgallien und vereinzelte Fälle in Spanien. Das änderte sich erst, als Martin seit dem Ende des 5. Jh. zum merowingischen Reichsheiligen wurde und anschließend auch die Karolinger ihn als Hausheiligen übernahmen und seinen Kult förderten. Die Verbreitung des Martinskultes wurde so zu einem Indiz für den politischen Einfluß der fränkischen Königsmacht.

Zu dieser allgemeinen Aussage gibt es eine wichtige Ausnahme: Die Karte zu den Martinspatrozinien hat einen blinden Fleck im Rhônegebiet, der sich durch die politischen Verhältnisse nicht erklären läßt. Der Grund dafür ist vielmehr, daß das Rhônegebiet (und einige angrenzende Gebiete) zum Ausstrahlungsbereich eines eigenständigen monastischen Zentrums gehörten: Lérins. Das von ihm ausgehende „Rhônemönchtum" unterschied sich deutlich vom martinisch geprägten Mönchtum, es war straffer organisiert und regularisiert, wies direkte östliche Einflüsse auf, ferner sind viele Lérins-Schüler durch starke politische Aktivität gekennzeichnet. Als Gründe dafür werden angegeben die stärkere römische Durchdringung der Provence sowie die aristokratische Herkunft vieler Mönche von Lérins.

Das 515 vom burgundischen König Sigismund gegründete St-Maurice im Wallis (Agaunum) gehört in den Zusammenhang des Rhônemönchtums. Bestanden schon vor der Gründung des Klosters Beziehungen zwischen Lérins und dem immer stärker aufblühenden wallisischen Wallfahrtsort, so deckte sich auch der Ausstrahlungsbereich des Klosters, das den ewigen Psalmengesang – die *laus perennis* – von Konstantinopel übernahm, mit dem des Rhônemönchtums.

Die Quellenbasis der Kartendarstellungen ist weit verzweigt und kann hier nicht im einzelnen aufgeführt werden. Besonders hervorgehoben seien die Viten der großen Klostergründer, Passiones sowie Gregor von Tours. Im einzelnen vgl. das angeführte Buch von F. Prinz.

In die Karte der Martinspatrozinien wurden nur Orte aufgenommen, deren Patrozinien für die Frühzeit bezeugt sind. Orte, die zwar früh genannt sind, deren Patrozinien aber erst später bezeugt sind, wurden nicht berücksichtigt.

Für die weitere Entwicklung des Mönchtums im Frankenreich vgl. die Karten 25 34 35 und 37.

Literatur: Vgl. oben unter Autor sowie die Angaben zu Karte 37.

Zusammengestellt nach dem Buch von F. Prinz

15: Das Christentum in antiken Städten

Autoren: Der Plan von Iustiniana Prima beruht auf *A. Grabar,* Les Monuments de Tsaritchin Grad et Iustiniana Prima: Cahiers Archéologiques 3 (1948) 49–63; vgl. *Vl. R. Petković,* Les fouilles de Tsaritchin Grad: ebd. 40–48. – Der Plan von Telanissus stammt aus *G. Tchalenko,* Villages antiques de la Syrie du Nord, Bd II: Inst. Français d'Archéologie de Beyrouth, Bibliothèque archéologique et historique 50 (Paris 1953) Pl. CCVIII und CCIX. – Der Plan von Hippo ist entnommen *E. Marec,* Monuments chrétiens d'Hippone (Arts et métiers graphiques, Paris 1958) am Ende des Buches (der Plan stammt von *E. Stewski*).

Die Karten 15–17 sollen wichtige christliche Zentren der Antike und dabei gleichzeitig bestimmte Typen der „Christianisierung der antiken Stadt" (F. Deichmann) vorstellen. Weitere teilweise auch noch für die Antike relevante Pläne bieten die Karten 40–42.

Kaiser Iustinian machte seinen Geburtsort Tauresium unter dem neuen Namen Iustiniana Prima zur autokephalen Metropole mehrerer Provinzen (vgl. Karte 20). Die Stadt wurde ganz neu angelegt, die christlichen Bauten nahmen von vornherein einen zentralen Platz im Bauplan ein.

Telanissus (Deir Siman) bietet ein Beispiel für einen antiken Wallfahrtsort, der nie zur Stadt aufgestiegen ist. Hervorgerufen wurde die Wallfahrt durch Symeon den Styliten, der in Qalaṭ Siman bei Telanissus auf einer Säule gelebt hatte († 459). Schon in der 2. Hälfte des 5. Jh. entstand in Qalat Siman ein großes Symeon-Heiligtum mit einer bedeutenden Kirche, während sich in Telanissus Pilgerquartiere und 3 Klöster ansiedelten.

Hippo, die Stadt Augustins, weist ein zusammenhängendes „christliches Viertel" auf mit einer großen Basilika, die schon vor Augustin existierte und wohl die Kathedrale der Stadt war, ferner eine Reihe von Annexen. Aus noch älterer Zeit stammt die fünfschiffige Kirche, die man östlich vom Komplex der großen Basilika gefunden hat. – Da das christliche Viertel mitten in einer Villengegend entstand und nicht weit vom Forum entfernt war, gehört Hippo zu dem vor allem im Osten verbreiteten Typ von Städten, in denen das Christentum von Anfang an das Zentrum eroberte (vgl. Kommentar zu Karte 17).

Quellen: Vgl. oben unter Autoren. Allgemeine Lit. bei Karte 17.

J. Martin

16: Das christliche Rom der Antike

Autor: J. Martin

Die christliche Archäologie Roms spiegelt in besonderer Weise den Weg der christlichen Gemeinden in der Antike wider. Vor dem Ende der Verfolgungen war die Errichtung spezifisch christlicher Bauten unmöglich. Den Ersatz für Kulträume bildeten die sog. *domus ecclesiae* (Hauskirchen), d. h. Profanbauten oder Räume in Profanbauten, die von Privatpersonen für gottesdienstliche oder Gemeindezwecke zur Verfügung gestellt wurden. Von den über den Eingängen der Häuser angebrachten Inschriften mit den Namen der Eigentümer – den *tituli* – leitet sich vielleicht die Bezeichnung der alten Pfarrkirchen Roms her. Nach dem Ende der Verfolgungen konnte die Gemeinde mit der Errichtung spezifischer Kultstätten beginnen. Zunächst – besonders in der konstantinischen Zeit – wurden noch weitere *tituli* gegründet, deren Zahl im 5. und 6. Jh. um 25 betrug. Die alten Hauskirchen wurden durch neue Bauten ersetzt, während die neuen *tituli* wohl von vornherein öffentliche Basiliken waren. – Unser Wissen über die Zahl und die Namen der *tituli* basiert auf den Unterschriftenlisten römischer Synoden sowie den Angaben der 1. Redaktion des *Liber Pontificalis* (1. Hälfte des 6. Jh.). Ob ein *titulus* schon in der Verfolgungszeit als Hauskirche existierte, läßt sich meistens nur durch archäologische Untersuchungen unter den späteren Bauten erweisen!

Neben den *tituli* wurde eine große Zahl von Kirchen an den Gräbern der Märtyrer erbaut. Schon in der konstantinischen Zeit wurde Rom mit einem ganzen Ring dieser Coemeterialkirchen umgeben (S. Petri, S. Pauli, S. Sebastiani, Marcellini et Petri, S. Laurentii, Agnetis; die neuentdeckte konstantinische Basilika am Tor de'Schiavi gehört wohl auch in diese Kategorie). Sie lagen alle außerhalb der Stadt, da innerhalb der Mauern keine Toten bestattet werden durften. – Wichtigste Quellen für die Kirchen der frührömischen Zeit sind die Grabungsergebnisse – für spätere Jhh. kommen auch hier Erwähnungen in literarischen Quellen, insbesondere im *Liber Pontificalis,* hinzu.

Die Coemeterien umfassen sowohl die unterirdischen Katakomben als auch überirdische Begräbnisstätten. Oft entsprachen – wie auch die Karte zeigt – den Katakomben überirdische Begräbnisstätten. Wurden die Christen zunächst zusammen mit den Heiden bestattet, so bürgerten sich seit dem 2. Jh. eigene christliche Coemeterien ein und wurde schließlich die Trennung von der Kirche strikt gefordert. Die ältesten Teile der Coemeterien – fast ausschließlich Familiengräber – reichen bis ins 2. Jh. hinauf. Von der Gemeinde selbst sind Coemeterien wahrscheinlich erst seit dem 4. Jh. angelegt worden.

Über die römischen Klöster der Antike ist wenig bekannt. Der *Liber Pontificalis* weist durch lapidare Notizen die Gründung der Klöster ad Lunam (Lokalisierung unbekannt), In Catacumbas, SS. Johannis et Pauli beim Vatikan und S. Stephani beim Lateran dem 5. Jh. zu. Für das 6. Jh. fließen die Quellen reichlicher, da die Korrespondenz und die Dialoge Gregors d. Gr. viele Informationen bieten. Vereinzelt kommen auch Inschriften hinzu.

Quellen und Literatur: Das Material zu den *tituli* ist zusammengestellt bei J. P. Kirsch, Die römischen Titel-Kirchen im Altertum (Paderborn 1918). Die literarischen Quellen zu den Kirchen finden sich bei Ch. Huelsen, Le Chiese di Roma nel Medioevo (Firenze 1927) (mit Karten) und bei M. Armellini, Le Chiese di Roma dal sec. IV al XIX, 2 Bde, ed. C. Cecchelli (Roma 1942). Eine Bestandsaufnahme der archäologischen Forschungsergebnisse bietet R. Krautheimer, Corpus Basilicarum Christianarum Romae (Città del Vaticano 1937–62) (noch nicht abgeschlossen). Vgl. ferner R. Vielliard, Recherches sur les origines de la Rome chrétienne (Roma 1959); G. Matthiae, Le Chiese di Roma dal IV al X secolo (Bologna 1962). – Die Coemeterien sind zusammenfassend behandelt bei P. Testini, Le catacombe e gli antichi cimiteri cristiani in Roma: Roma cristiana II (Bologna 1966). Die Quellen zu den Klöstern sind bequem zugänglich bei G. Ferrari, Early Roman Monasteries: Studi di Antichità cristiana 23 (Città del Vaticano 1957).

J. Martin

17: Das Christentum in antiken Städten

Autoren: Ravenna: *G. Bovini;* Gerasa: Der Plan ist entnommen dem Werk von *C. Kraeling,* Gerasa, City of the Decapolis (New Haven, American School of Oriental Research, Conn. 1938); Salona: Der Plan ist entnommen dem Werk Recherches à Salone, hrsg. v. *E. Dygve* (Kopenhagen, Imprimerie de l'Université 1928); Mailand: Der Plan gibt den heutigen Stand der Forma Urbis Mediolani wieder (vgl. die Literatur unten).

Die „Christianisierung der antiken Stadt" (F. W. Deichmann) weist zwei Grundtypen auf: Wohl in der Mehrzahl der Fälle (im Westen fast ausschließlich, aber auch im Osten) siedelt sich das Christentum zunächst am Rand oder außerhalb der Städte an, wobei es infolge der wachsenden Bedeutung des Christentums nicht selten zur Bildung neuer städtischer Schwerpunkte um die Kirchen kommt. Beim zweiten Typ, der vor allem im Osten und in Afrika vorkommt, dringt das Christentum sofort in das Zentrum der Städte ein (Gerasa) (vgl. auch Hippo auf Karte 15). Als Gründe für den ersten Typ nennt F. W. Deichmann „die außerhalb der Mauern liegenden Friedhöfe und Gedenkstätten mit dort errichteten Martyrien"; ferner hätten die Stadtzentren „keinen Platz für kirchliche Gründungen" geboten; schließlich hätten auch Momente wie „die Lage in unmittelbarer Nähe von schon aufgelassenen Heiligtümern" eine Rolle gespielt. Diese Erklärungen können nur dann befriedigen, wenn Typ 2 als Ausnahme betrachtet und jeder einzelne Fall gesondert erklärt werden kann. Die weite Verbreitung von Typ 2 (vgl. D. Claude, s. u.) spricht gegen eine solche Theorie. Zwei andere Erklärungsmöglichkeiten bieten sich an, die hier allerdings nur als Hypothesen vorgeschlagen werden können: a) Deichmanns Argument, die Stadtzentren hätten keinen Platz für kirchliche Gründungen geboten, gilt zunächst für jede Stadt; es erhält erst dann differenzierende Bedeutung, wenn man zusätzlich fragt, ob es in einzelnen Reichsteilen für die Kirche grundsätzlich leichter gewesen ist als in anderen, in den Stadtzentren Grund und Boden für ihre Kultstätten zu erlangen (z. B. aufgrund unterschiedlicher Rechtslage oder Rechtsauslegung in bezug auf heidnische Kultstätten usw.); b) ferner könnte eine Rolle gespielt haben, daß im Osten die Anlehnung der Kirche an politische Formen und Theorien viel ausgeprägter war als im Westen (vgl. dazu z. B. die Arbeiten von F. Dvornik) und deshalb die städtischen Zentren für die Christen hier große Bedeutung hatten.

Zur Datierung der in den Plänen aufgeführten Kirchen: In Ravenna gehören dem 5. Jh. an der Dom, das Baptisterium Neonianum, S. Agata (im 6. Jh. vollendet), die Basilika Johannes' des Evangelisten, das Mausoleum der Galla Placidia, S. Croce und S. Francesco (= Basilica Apostolorum); die übrigen Monumente gehören ins 6. Jh. – In Gerasa gehören bis auf die Kathedrale (um 365?), die Prophetenkirche (464-465), die Theodoros-Kirche (494 begonnen) und die Genesios-Kirche (611) alle kirchlichen Bauwerke dem 6. Jh. an, und zwar vornehmlich der Zeit zwischen 526 und 556. – Von den Kirchen Salonas wurden die städtische Basilika und die Basilika der 5 Märtyrer im 4. Jh. erbaut, die Basilika in der Form eines Kreuzes Ende 5./Anfang 6. Jh., alle übrigen im 5. Jh. – Mailand verdankt Ambrosius (374-397) S. Tecla (= Basilica Salvatoris), die Apostel- und die Jungfrauen-Basilika. S. Lorenzo entstand zwischen 355 und 372.

Die Annexe zu den beiden Doppelkirchenanlagen in Gerasa und Salona sind nur vereinfacht markiert. Obwohl es sich dabei weitgehend um christliche Bauten handelt, sind sie nicht in Schwarz gegeben, da sich im einzelnen christliche und vorchristliche Bauelemente durchdringen.

Literatur: *Allgemein:* F. W. Deichmann, Art. „Christianisierung der antiken Stadt": RAC II (Stuttgart 1954) 1237–1241; G. Kretschmar, Der Standort der Kirchengebäude als städtebauliches und geistesgeschichtliches Problem in Antike und Mittelalter: Kirchenbau und Ökumene, Evangelische Kirchenbautagung in Hamburg 1961 (Hamburg 1962) 128–170; D. Claude, Die byzantinische Stadt im 6. Jh.: Byzantinisches Archiv 13 (München 1969). – *Zu Ravenna:* F. W. Deichmann, Frühchristliche Bauten und Mosaiken von Ravenna (München 1958); R. Farioli, Ravenna paleocristiana scomparsa (Ravenna 1961); G. de Angelis d'Ossat, Studi Ravennati (Ravenna 1962); G. Bovini, Storia e architettura degli edifici paleocristiani di culto di Ravenna (Bologna 1964); ders., Die Kirchen von Ravenna (München 1965); G. A. Mansuelli, Geografia e storia di Ravenna antica: Corsi di Cultura sull'arte Ravennate e Bizantino, 5.–17. März 1967 (Ravenna 1967) 157–190. – *Zu Gerasa:* vgl. oben. – *Zu Salona:* E. Dygve, A History of Salonitan Christianity (Oslo u. a. 1951); E. Ceci, I monumenti cristiani di Salona (Milano 1963). – *Zu Mailand:* Storia di Milano I (Milano 1953); G. Traversi, Architettura paleocristiana milanese (Milano 1964).

J. Martin

18: Die Wallfahrtsorte der Antike und des Mittelalters

Autor: B. Kötting

Die vorkonstantinische Zeit kennt nur schwache Ansätze für eine Wallfahrt zu den Gedächtnisstätten Christi. Nach Konstantin verstärkt sich die Pilgerfahrt nach Palästina, zumal die wichtigsten „Theophanie"stätten durch prachtvolle Kirchen ausgezeichnet wurden. Die Verehrung der Martyrer als der „Sieger über den Teufel" hatte die Wirkung, daß die echte oder vermeintliche Grabstätte bedeutender Blutzeugen von vielen Pilgern aufgesucht wurde. Das Motiv für die „Bedeutung" des Heiligen läßt sich oft nicht mehr erkennen. Nach dem Beginn der Reliquienübertragung und -teilung (2. Hälfte des 4. Jh., vgl. Karte 28) kam es zu Filiationen (z. B. Barcelona [Eulalia] abhängig von Mérida). Namentlich die Reliquien aus dem Heiligen Land (Kreuzsplitter, Heiliger Rock, Kleider Mariens usw.) wurden wallfahrtsbegründend.

Seit der Mitte des 5. Jh. entfaltet sich die Bilderverehrung. Die zögernde Zustimmung der kirchlichen Leitung erkennt man daran, daß z. B. die ersten Bilder Christi als *Acheiropoiiten* (nicht von Menschenhand gefertigt) auftauchen. Besonders die Entstehung der Marienwallfahrtsorte geht mit der Bilderverehrung parallel (früheste Bilder: „Schwarze Madonna" [Hohes Lied: „Schön, aber schwarz"]), da man von Maria keine Körper-, wohl aber Berührungsreliquien (Kleider) kannte. Berühmte Bilder Christi (Kruzifixe) gaben ebenfalls Anlaß zu Wallfahrten.

Der Realismus im eucharistischen Kult (seit dem 12. Jh.) rief die Pilgerfahrten zu blutenden Hostien und Blutreliquien ins Leben. Seit dem 16. Jh. machen die Marienwallfahrten den überwiegenden Anteil an neuen großen Kultzentren aus. – Zu allen Jahrhunderten (vom 4. Jh. bis heute) haben Erscheinungen (Theophanien, Angelophanien [Michael], Mariophanien) Wallfahrten begründet, im letzten Jh. fast ausschließlich.

An und für sich gibt es im Altertum, Mittelalter und in der Neuzeit eine breite Diffusion der Wallfahrtszentren und damit auch der Pilgerwege. Das Heilige Land steht an erster Stelle für alle christlichen Kirchen, Rom ebenso für die lateinische Kirche und seit dem 16. Jh. für die gesamtkatholische. Die Übernahme der Wallfahrt in die Sühne- und Strafordnung des Mittelalters hob die Wallfahrt ins Heilige Land, nach Rom und (seit den Kreuzzügen) nach Santiago in Westspanien als besonders bedeutsam heraus. Pilgerstraßen mit Zeugnissen der Verehrung (Reliquienniederlagen, Stiftungen, Kirchenpatronate usw.) geben heute noch darüber Auskunft. – Welche Orte man im einzelnen in eine Karte der Wallfahrten einträgt, wird bis zu einem gewissen Grad stets eine Frage des Ermessens bleiben, da die Bedeutung eines Pilgertreffpunktes von verschiedenen Faktoren abhängig ist.

Literatur: St. Beissel, Wallfahrten zu unserer Lieben Frau in Legende und Geschichte (Freiburg 1913); H. Leclercq, Pèlerinages aux lieux saints: DACL 14 (1939) 40–176; R. Kriss – L. Rettenbeck, Wallfahrtsorte Europas (München 1950); B. Kötting, Peregrinatio religiosa (Münster 1950); R. Roussel, Les pèlerinages à travers les siècles (Paris 1954); R. Oursel, Les pèlerins du Moyen-Age (Paris 1963); B. Kötting, Wallfahrt: LThK² X (1965) 942–946. – *Zu den Pilgerwegen:* A. Palmieri, I pellegrinaggi russi in Terra Santa: Bessarione 8 (1900) 571–605; L. Schürenberg, Die Bedeutung der Pilgerstraßen für die westfälische Architektur: Die Heimat 9 (1927); L. Vásquez de Parga – J. M. Lacarra – J. Uria Riu, Las peregrinaciones a Santiago de Compostela (Madrid 1948–49) (mit Karten, die als Vorlage für den Eintrag der Straßen nach Santiago dienten); O. Springer, Medieval Pilgrim Routs from Scandinavia to Rome: Medieval Studies 12 (1950).

B. Kötting

19: Das Christentum auf den Britischen Inseln bis zum 9. Jh.

Autoren: Für England und Schottland wurden – mit einigen Korrekturen – die Bistumssitze und Klöster aus der Karte des British Ordnance Survey „Britain in the Dark Ages" (Chessington ²1966) übernommen (Based upon the Ordnance Survey Map with the sanction of the Controller of Her Britannic Majesty's Stationery Office, Crown Copyright reserved). Für Irland wurde eine Auswahl der frühen keltischen Gründungen getroffen, die auf der „Map of Monastic Ireland" des Ordnance Survey, Dublin (Dublin 1959) verzeichnet sind. Wichtige Hinweise gaben R. P. C. Hanson und J. Morris.

Die Karte behandelt den Zeitraum vom 5. bis zum 9. Jh.: die Missionierung Irlands beginnt im 5. Jh., in England gab es schon früher Christen (vgl. Karte 4), doch wurde das Christentum zum großen Teil durch den Einfall der Angeln und Sachsen im 5. Jh. zerstört bzw. durch den Aufschwung des Mönchtums im 6. Jh. umgewandelt. Für das ganze britische Gebiet markieren dann die Normanneneinfälle des 9. und 10. Jh. einen tiefen Einschnitt.

Die Karten des Ordnance Survey geben keine Einzelbelege für ihre Eintragungen. Obwohl für einige Klöster aufgrund verschiedener Indizien Zweifel hinsichtlich ihres Alters bestehen, wurden sie nicht mit einem Fragezeichen versehen, da es nicht möglich war, alle Eintragungen des Ordnance Survey anhand der Quellen zu überprüfen. Als solche kommen in Betracht Diplomata, Kirchenhistoriker, Lebensbeschreibungen der Missionare und Heiligen, Annalen der Kirchen und Klöster sowie Landesannalen.

Bei den in England eingetragenen Bistümern ist zu beachten, daß es bis zum letzten Drittel des 7. Jh. keine festen Sitze gab. Die Bischöfe waren Bischöfe bestimmter Völker oder Teilvölker. – Die irische Kirche wurde im 6. Jh. rein monastisch. Die eingetragenen Bistümer wurden sämtlich vor dieser Zeit gegründet. Danach gab es bis zum 12. Jh. zwar Bischöfe, aber nur wenige Bistümer mit einem festumrissenen territorialen Jurisdiktionsbereich.

Quellen: Vgl. oben im Text; eine gute Zusammenstellung bei D. Knowles, The Monastic Order in England (Cambridge [2]1966) 727–732; für die Auswahl der irischen Klöster war hilfreich J. F. Kenney, The Sources for the Early History of Ireland: Ecclesiastical Review (New York 1966). – A. W. Haddan – W. Stubbs, Councils and Ecclesiastical Documents relating to Great Britain and Ireland (Oxford 1869–79); H. Scott, Fasti Ecclesiae Scoticanae, 8 Bde ([2]1915–50). – **Literatur**: J. Ryan, Irish Monasticism. Origins and Early Development (Dublin 1931); J. A. Duke, The Columban Church (1932); L. Gougaud, Christianity in Celtic Lands (London 1932); D. Knowles, The Religious Houses of Medieval England (London 1939); E. G. Brown, The Settlements of Early Saints in Wales (Cardiff 1954); H. G. Leask, Irish Churches and Monastic Buildings (Dundalk 1955); D. A. Easson, The Medieval Religious Houses of Scotland (1957); St. Cruden, The Early Christian and Pictish Monuments of Scotland (Edinburgh 1957); C. N. Johns, The Celtic Monasteries of North Wales: TCHS 21 (1960); J. H. S. Burleigh, A Church History of Scotland (London – New York – Toronto 1960); N. K. Chadwick, Celtic Britain (London 1963); M. u. L. de Paor, Early Christian Ireland (London [4]1964) (mit umfangreicher Literatur); J. Morris, The Dates of Celtic Saints: Journal of Theological Studies 17 (1966) 342–391; K. Hughes, The Church in Early Irish Society (London 1966); R. P. C. Hanson, St. Patrick (Oxford 1968) (mit Angabe der vorhergehenden umfangreichen Literatur). – Außerdem sind heranzuziehen zahlreiche Artikel von P. Grosjean in den Analecta Bollandiana, passim.

J. Martin

20 und 21: Die östliche Kirche bis um 600

Autor: J. Martin

Die Karten stellen die Patriarchate Konstantinopel, Antiochia und Jerusalem dar, ferner das durch Justinian geschaffene autokephale Erzbistum Iustiniana Prima, die seit 451 endgültig autokephale Kirche von Zypern sowie schließlich den illyrischen Anteil des römischen Patriarchats, der im 8. Jh. an Konstantinopel kam (vgl. Karte 30). Aufgenommen wurden alle Bistümer, die bis um 600 gegründet wurden (die *Notitia Antiochena* wurde mit Honigmann u.a. gegen Devreesse als Dokument des 6. Jh. interpretiert), soweit sie sich identifizieren und lokalisieren lassen. Bistümer, die nach 325 (vgl. Karten 4–5) nicht mehr bezeugt sind, wurden weggelassen; dagegen wurden die Zusammenlegung und der Untergang von Bistümern im 5. und 6. Jh. nicht berücksichtigt, da sich die entsprechenden Daten nicht immer sicher ausmachen lassen und vor allem in einigen Fällen sogar unklar ist, ob ein Bistum vor oder kurz nach 600 untergegangen ist. Die wenigen Fälle dieser Kategorie würden jedoch das Bild der Karten an keiner Stelle wesentlich verändern. – Außerhalb des Kartenausschnittes liegen am Südwestrand des Schwarzen Meeres die Eparchie Lazice mit der Metropole Phasis, im Norden des Schwarzen Meeres das autokephale Cherson (Sebastopol) und die ebenfalls schon in der Liste des Epiphanius (vgl. unten) als autokephal bezeugten Bosporus (Kertsch) und Nicopsis.

Die Einteilung der kirchlichen Sprengel in Metropolen, autokephale Erzbistümer und Bistümer trifft in dieser Form nur für das Patriarchat Konstantinopel zu. Zwischen Metropolen mit Suffraganen und solchen ohne Suffragane (z. B. Chalcedon) wurde nicht unterschieden. Die vier autokephalen Metropolen (Berytus, Cyrrhus, Emesa, Laodicea) sowie die sieben Synkelloi (Anasartha, Beroea, Chalcis, Gabala, Gabbula, Paltus, Seleucia Pieria) des Patriarchats Antiochia wurden mit dem Zeichen für autokephale Erzbistümer eingetragen, da sie diesen rangmäßig entsprachen (vgl. E. Chrysos [s. u.] 182).

Die Metropolitangliederung im Osten ist fast ausnahmslos in engem Anschluß an die staatliche Gliederung entstanden; da aber in den Fällen, in denen staatliche Provinzen zusammengelegt wurden, die alten kirchlichen Verbände normalerweise erhalten blieben, gibt die Karte nicht überall den Stand der staatlichen Einteilung um 600 wieder (so wurde die Provinz Honorias von Justinian mit Paphlagonia vereinigt – trotzdem blieb Claudiopolis kirchliche Metropole). – Der Metropolitanverband von Hierapolis (553 erstmals als Metropole bezeugt) in der Phrygia Pacatiana wurde nicht eingetragen, da es für die Zeit vor 600 keine Listen der Suffragane gibt; bei Epiphanius und in späteren Notitien werden als Suffragane Attuda, Dionysopolis und Mosyne genannt (neben weiteren, die nicht in die Karte eingetragen sind). – In Cappadocia gehörten zum Verband von Caesarea Thermae, Nyssa und Camuliana, ferner Theodosiopolis in Armenien, zum Verband von Tyana Cybistra, Faustinopolis und Sasima, zum Verband von Mocissus schließlich Nazianzus, Colonia, Parnassus und Doara. – Auf die Darstellung der Straßen wurde in den beiden Karten verzichtet, weil sie bei der Dichte der Bistümer die Situation nur verwirrt hätte.

Eingeklammerte Zeichen in den Karten stehen für Landschafts- oder Stammesbistümer. – Die Fragezeichen in den Karten beziehen sich auf die Lokalisierung. – Die verschiedenen Farben der Karten 20 und 21 erklären sich aus technischen Gründen (Karte 21 steht in einer vierfarbigen Form).

Quellen und Literatur: M. Le Quien, Oriens christianus, 3 Bde (Paris 1740, Neudr. Graz 1958) (heute in vielen Punkten ergänzungs- und korrekturbedürftig, aber bisher noch nicht ersetzt). – Die wichtigsten Quellen sind Präsenz- und Subskriptionslisten von Konzilien und Synoden. Besonders wichtig sind für das 5. und 6. Jh. die Listen der Konzilien von Chalcedon (451) und Konstantinopel (553). Vgl. dazu Acta Conciliorum Oecumenicorum, ed. Ed. Schwartz, II (Berlin 1933–38); E. Honigmann, The Original Lists of the Members of the Council of Nicaea, the Robber-Synod and the Council of Chalcedon: Byzantion 16 (1944) 20–80; E. Chrysos, Die Bischofslisten des V. ökumenischen Konzils (553): Antiquitas Reihe 1 Bd 14 (Bonn 1966). Zu den übrigen erhaltenen Akten vgl. H.-G. Beck, Kirche und theologische Literatur im byzantinischen Reich: Byzantinisches Hdb. II/1 (München 1959) 38–55. – Eine weitere wichtige Quellengruppe bilden die Notitiae episcopatuum. Für das Patriarchat Antiochia ist eine Notitia erhalten, deren Archetyp sich auf die 2. Hälfte des 6. Jh. zurückführen läßt (ed. E. Honigmann: Byzantion 25 [1925] 60–88). Dieser Zeitansatz wurde bestritten von R. Devreesse in seinem – im übrigen für das Patriarchat Antiochia grundlegenden – Werk Le Patriarcat d'Antioche depuis la paix de l'église jusqu'à la conquête arabe (Paris 1945); dazu vgl. E. Honigmann, Le Patriarcat d'Antioche: Traditio 5 (1947) 135–161. – Die erste erhaltene Liste für das Patriarchat Konstantinopel ist die des Ps.-Epiphanius aus dem 7. Jh. (ed. H. Gelzer, Ungedruckte und ungenügend veröffentlichte Texte der Notitiae episcopatuum: Abhh. der Bayer. Akad. der Wiss., Phil.-Hist. Kl. 21 [1901] 534–542), doch läßt sich aus ihr eine Ur-Klesis erschließen; vgl. H. Gerland, Die Genesis der Notitiae episcopatuum (Chalkedon 1931). – Zum Patriarchat Jerusalem, dessen Bistümer bis um 600 sämtlich aus Synodal- und Konzilsakten bekannt sind, vgl. A. Alt, Die Bistümer der alten Kirche Palästinas: Palästina-Jb. 29 (1933) 67–88; R. Devreesse, Les anciens évêchés de Palestine: Mémorial Lagrange (Paris 1940). – Weitere Literatur auch zu den hier nicht genannten Gebieten, bei Beck, aaO. 148–200. – *Zur Geographie der dargestellten Gebiete*: Hier können nur einige Hinweise gegeben werden. Allgemein sind vor allem heranzuziehen die Zeitschriften Anatolian Studies, Byzantion, Byzantinische Zschr., Revue des études byzantines; die Artikel in Pauly-Wissowas Realencyklopädie der klassischen Altertumswissenschaften und im DHGE; ferner Grabungs- und Inschriftenpublikationen, von den letzteren besonders die Monumenta Asiae Minoris Antiqua. Für den gesamten östlichen Bereich vgl. ferner A. H. M. Jones, The Cities of the Eastern Roman Provinces (Oxford 1937); Le Synekdèmos d'Hiéroklès et l'opuscule géographique de Georges de Chypre, ed. E. Honigmann: Corpus Bruxellense Historiae Byzantinae: Forma Imperii Byzantini – fasc. I (Bruxelles 1939). – Außerdem für Griechenland: A. Philippson – E. Kirsten, Die griechischen Landschaften, 4 Bde (Frankfurt 1950–59). – Für Kleinasien: Heranzuziehen sind vor allem die zahlreichen Arbeiten von L. Robert, besonders dessen Villes d'Asie Mineure (Paris [2]1962) (mit weiterer Lit. und Angabe von Kartenwerken); W. M. Calder – G. E. Bean, A Classical Map of Asia Minor (London 1958). – Für den Ostteil des byzantinischen Reiches: E. Honigmann, Die Ostgrenze des byz. Reiches: A. A. Vasiliev, Byzance et les Arabes, Bd III: Corpus Bruxellense Historiae Byzantinae 3 (Bruxelles 1961); L. Dillemann, Haute Mésopotamie orientale et pays adjacents: Inst. Français d'Archéologie de Beyrouth, Bibl. archéol. et histor. 72 (Paris 1962). – Für Syrien: R. Dussaud, Topographie historique de la Syrie antique et médiévale (Paris 1927); G. Tchalenko, Villages antiques de la Syrie du Nord, 3 Bde: Inst. Français d'Archéologie de Beyrouth, Bibl. archéol. et histor. 50 (Paris 1953–58). – Für Palästina: M. Avi-Yonah, Map of Roman Palestine ([3]1949); Atlas of Israel, hebräische Ausg. (Jerusalem 1956–64), engl. Ausg. (Jerusalem – Amsterdam 1970). – Weitere Hinweise, außer in den genannten Werken, bei E. Kirsten, Die griechische Polis als historisch-geographisches Problem des Mittelmeerraumes: Colloquium Geographicum 5 (Bonn 1956); G. Franz, Historische Kartographie (Hannover [2]1962).

J. Martin

Nachtrag: W. M. Ramsay, The Historical Geography of Asia Minor (London 1890); heranzuziehen sind jetzt durchgehend die Karten in TAVO und TIB.

22–23: Die westliche Kirche bis um 600

Autor: J. Martin

Die Karten stellen das Patriarchat Rom dar, und zwar etwa bis zu der Linie im Osten, an der die lateinisch-griechische Sprachgrenze verlief. Bis zum 8. Jh. ging das Patriarchat Rom über diese Grenze hinaus und umfaßte auch das Illyricum (vgl. Karte 20). In die Karten aufgenommen wurden – wie bei Nr. 20-21 – alle bis 600 gegründeten Bistümer, sofern sie nach 325 (vgl. Karten 4-5) bezeugt sind. Auch hier geben die Karten also nicht genau den Stand von 600 wieder, da Bistümer, die vor 600 untergegangen sind oder transferiert wurden, nicht besonders markiert sind; aber auch hier würde die Berücksichtigung dieser Kategorie für Spanien und Gallien gar nicht ins Gewicht fallen, während für Italien in einer Reihe von Einzelfällen nicht genau gesagt werden kann, ob ein Bistum den Langobardeneinfall ohne Kontinuitätsbruch überstand oder nicht (vgl. auch unten zu den Alpenländern).

Für Spanien und Gallien beruht die Karte fast ausschließlich auf den Akten, bes. den Präsenz- und Subskriptionslisten der westgotischen bzw. gallischen Synoden (vgl. Karte 13). Durch den Übertritt der Westgoten vom Arianismus zum Katholizismus im Jahre 589 wurde die Lage der Kirche im Westgotenreich wesentlich gebessert. Mit dem im gleichen Jahre abgehaltenen Nationalkonzil in Toledo begann eine Reihe großer Synoden, in der 2. Hälfte des 6. und am Anfang des 7. Jh. wurden mehrere neue Bistümer geschaffen und die Metropolitangliederung reorganisiert. Genaues Stichjahr der Karte für Spanien ist 610, das Datum des 2. Konzils von Toledo; erst seit diesem Zeitpunkt war Toledo Metropole der gesamten Carthaginensis.

Auch in Gallien fand nach den Eroberungen der Merowinger und der Taufe Chlodwigs (498/499) eine ganze Anzahl von Provinzial- und Nationalsynoden statt (vgl. Karte 13). Für die Kenntnis der gallischen Bistümer und der Kirchenorganisation am wichtigsten sind die von Agde (Agatho, 506), Orléans (Aurelianis, 511, 538, 541, 549), Epao (517), Paris (Parisius, 573) und Metz (Mettis, 585). – Die Namensformen der gallischen Städte sind für die Provence und das Rhône-Gebiet noch mit denen der Römerzeit identisch, in den übrigen Gebieten haben sie sich meistens seit dem 4. Jh. geändert. Gewählt wurden die Formen, die in den Konzilssubskriptionen am häufigsten vorkommen und die im übrigen auch mit den sonst gebräuchlichen Formen des 6. Jh. übereinstimmen, wenn man von den Kasusendungen absieht. Was diese betrifft, so stehen häufig für ein und dieselbe Stadt Nominativ- neben Akkusativ- und Ablativformen. Die Karte spiegelt diese Verschiedenheiten wider; es wurde nicht versucht, die Namengebung nach einem den Quellen nicht angemessenen einheitlichen Prinzip vorzunehmen.

Für Italien sind zwar auch die Konzilslisten eine wichtige Quellengruppe, doch müssen hier stärker als für die bisher besprochenen Gebiete auch lokale Traditionen (z. B. Bischofslisten) herangezogen werden, die von Lanzoni (vgl. unten) kritisch gesichtet worden sind. Viele Informationen bieten ferner die Briefe und Dialoge Gregors d. Großen. Die meisten Bistümer wurden im 4. und 5. Jh. gegründet. Die Völkerwanderung brachte zwar schwere Verwüstungen, aber keinen eigentlichen Kontinuitätsbruch; ebenso lebten Katholiken und arianische Ostgoten friedlich nebeneinander. Erst der Langobardeneinfall (568) hat das kirchliche Leben in Italien empfindlich getroffen.

Die Bistümer der Alpenländer und des Alpenvorlandes (Rätien, Noricum, Pannonien) sind uns ebenfalls nur teilweise durch Synodalberichte bekannt (Synoden von Sardica, Aquileia, Grado, Mediolanum). Für das 5. Jh. gibt die Vita Severini für Noricum wichtige Hinweise. Für Carnuntum kann aufgrund einer wahrscheinlich aus dem 4. Jh. stammenden, aber nicht eindeutigen Inschrift ein Bistum nur vermutet werden. Ebenso kennen wir keine Bischöfe von Augusta Vindelicum (Augsburg) und Savaria (Szombathely, Steinamanger) – die Bistümer können nur aufgrund von Indizien erschlossen werden. – Gemäß den oben angeführten Prinzipien der Karte ist der Verlust des Alpenvorlandes an die Alemannen in der 2. Hälfte des 5. Jh. nicht berücksichtigt. Man weiß z. B. nicht, ob das Bistum Augusta Vindelicum (Augsburg) den Alemanneneinfall überstanden hat.

Die kirchliche Organisation Dalmatiens schließlich geht aus zwei 530 und 533 in Salona abgehaltenen Synoden hervor, an denen im übrigen auch der Bischof von Siscia teilnahm. Es ist demnach möglich, daß die kirchliche Provinz Dalmatien im Norden über die – in der Karte gegebenen – Grenzen der staatlichen Provinz hinausreichte und die Pannonia Savia einschloß.

Die Kenntnis darüber, welche Bistümer zu einer Kirchenprovinz gehörten, verdanken wir entweder Synoden, die sich direkt mit dem Thema der kirchlichen Organisation eines Gebietes befaßten, oder – und das vor allem – den zahlreichen Provinzialsynoden, von denen Nachrichten überliefert sind. Die Linienführung der Kirchenprovinzgrenzen lehnt sich häufig an die politischen Einheiten an, wobei aber zu bedenken ist, daß im kirchlichen Bereich einmal geschaffene Einheiten oft spätere politische Veränderungen überdauern. Das hat dazu geführt, daß es gerade im Westen im Mittelalter und in der frühen Neuzeit viele Metropolitanverbände gab, die nicht den Staatsgrenzen entsprachen und deren Angleichung an die staatliche Organisation erst unter großer Mühe erreicht werden konnte (vgl. Karten 80, 96 und 97). Für die vorliegenden Karten bedeutet das z. B., daß die kirchliche Organisation Galliens um 600 nicht etwa der politischen Aufteilung des Frankenreichs entspricht, sondern noch genau die politische Gliederung unter Theodosius widerspiegelt:

Kirchenprovinz Beturigis (Bourges)	=	Aquitania I
Kirchenprovinz Burdigala (Bordeaux)	=	Aquitania II
Kirchenprovinz Elusa(Eauze)	=	Novempopulana
Kirchenprovinz Lugdunum (Lyon)	=	Lugdunensis I
Kirchenprovinz Rotomagus (Rouen)	=	Lugdunensis II
Kirchenprovinz Turones (Tours)	=	Lugdunensis III
Kirchenprovinz Senones (Sens)	=	Senonia
Kirchenprovinz Augusta Treverorum (Trier)	=	Belgica I
Kirchenprovinz Remis (Reims)	=	Belgica II
Kirchenprovinz Vesontio (Besançon)	=	Maxima Sequanorum

Die einzigen Ausnahmen für Gallien liegen bezeichnenderweise im Südosten, wo alte Vorrechte von Arelate (Arles) und Vienna (Vienne) im Spiel waren. In der Kirchenprovinz Arles wurden die Alpes Maritimae, die Narbonensis II, der Südteil der Viennensis und der Westteil der Narbonensis I zusammengefaßt, während unter Vienne die Alpes Graiae, der Nordteil der Viennensis und der Nordostteil der Narbonensis I standen. Die Kirchenprovinz Narbo war mit der Narbonensis I unter Abzug der genannten Teile identisch. Ähnliche Verhältnisse wie für Gallien lassen sich auch für Spanien und Italien aufzeigen, von einzelnen, jeweils besonders begründbaren Ausnahmen abgesehen.

Quellen und Literatur: Allgemein sind heranzuziehen die Orts- und Länderartikel des DHGE, LThK² und RAC, wo – bes. in den Bistumsartikeln – auch Spezialliteratur genannt ist. Im folgenden können nur zusammenfassende Werke zitiert werden. – Die Synoden der westgotischen Kirche bei Mansi, Bde IX–X; H. Leclercq, L'Espagne chrétienne (Paris 1906); Z. García Villada, Historia Eclesiástica de España, 3 Bde (Madrid 1929–36); E. A. Thompson: Latomus 21 (1962) 505–519 794–810; K. Schäferdiek, Die Kirche in den Reichen der Westgoten und Suewen bis zur Errichtung der westgotischen katholischen Staatskirche (Berlin 1967). – Zu Frankreich: Concilia Galliae a. 314 – a. 506 u. a. 511 – a. 695, 2 Bde: Corpus Christianorum, Series Latina CXLVIII–CXLVIIIA (Turnhout 1963); L. Duchesne, Fastes Épiscopaux de l'ancienne Gaule, 3 Bde (Paris ²1907–15); E. Griffe, La Gaule Chrétienne à l'époque Romaine, 3 Bde (Paris 1964–66). – Zu Italien: F. Lanzoni, Le diocesi d'Italia dalle origini al principio del secolo VII (an. 604), 2 Bde: Studi e Testi 35 (Faenza 1927). – Zu den Alpen- und Donauländern: J. Zeiller, Les origines chrétiennes dans les provinces danubiennes de l'empire Romain (Paris 1918); H. Tüchle, KG Schwabens I (Stuttgart 1950); R. Noll, Frühes Christentum in Österreich (Wien 1954); H. Büttner – I. Müller, Frühes Christentum im Schweizerischen Alpenraum (Einsiedeln 1968). – Zu Dalmatien: J. Lučić: DHGE 14 (1960) 28–38 (mit weiterer Literatur). – Die Frage der geographischen Grundlagen ist für die vorliegenden Karten nicht so schwierig, da die meisten Orte auch heute noch bestehen und auf jedem modernen Atlas leicht zu finden sind. Vgl. jedoch – auch zu den Straßen – die ausgezeichneten Karten in den verschiedenen Bänden des Corpus Inscriptionum Latinarum; für Frankreich ferner A. Lognon, Géographie de la Gaule au VIe siècle (Paris 1878); A. Mirot, Manuel de Géographie historique de la France, 2 Bde (Paris ²1948–50); A. Douzat, Les Noms de Lieux. Origine et évolution (Paris 1951); ders. – Ch. Rostaing, Dictionnaire des noms de lieux de France (Paris 1963). – Zu Italien: R. Thomson, The Italic Regions (Rom 1966). – Für die Alpenländer: E. Howald – E. Meyer, Die römische Schweiz (Zürich o. J. [1940]); F. Ertl, Topographia Norici (Kremsmünster 1965). – Zu Dalmatien: G. Alföldy, Bevölkerung und Gesellschaft der römischen Provinz Dalmatien (Budapest 1965). – Zu den Straßen gibt es sehr viele Einzeluntersuchungen. Vgl. die oben angegebene geographische Literatur, ferner K. Miller, Itineraria Romana (Stuttgart 1916, Neudr. Roma 1964). Der Artikel viae in Pauly-Wissowas Realencyklopädie steht leider noch aus.

J. Martin

24: Die afrikanische Kirche bis um 600

Autor: J. Martin

Die Karte beruht auf den gleichen Prinzipien wie die Karten 20–23; eingetragen wurden die bis 600 gegründeten Bistümer; unberücksichtigt blieben die Bistümer, die nach 325 (vgl. Karte 4) nicht mehr bezeugt sind, sowie die Orte, die *nur* donatistische Bischöfe hatten (vgl. Karte 7). – Die afrikanische Kirche zählte im 5. und 6. Jh. sicher mindestens doppelt so viele Bistümer als die ca. 250 auf der Karte verzeichneten. Die übrigen lassen sich nicht identifizieren oder lokalisieren (vgl. Kommentar zu Karte 7). Wie die Kirche in anderen Gebieten war auch die afrikanische Kirche in Kirchenprovinzen eingeteilt, doch gab es neben dem Primat von Carthago keine festen Metropolen: Die *prima sedes* jeder Provinz wurde jeweils nach der Anciennität der Bischöfe festgelegt. – Die auf der Karte gegebene Provinzeinteilung entspricht dem Stand des 5. Jh. Um 600 gehörte die Mauretania Sitifensis zu Numidia und war die Mauretania Caesariensis in Mauretania prima umbenannt.

429 bis 533 stand Nordafrika unter der Herrschaft der arianischen Vandalen, doch konnte die Kirche diese Zeit verhältnismäßig gut überstehen. Erst die arabische Eroberung im 7. Jh. (vgl. Karte 43) brachte fast allen afrikanischen Bistümern den Untergang.

Hauptquelle für die afrikanischen Bistümer sind neben den Teilnehmer- und Unterschriftenlisten der afrikanischen Synoden *Notitiae,* die – nach Provinzen geordnet – für das Jahr 484 die bestehenden Bistümer verzeichnen.

Quellen und Literatur: Vgl. Kommentar zu Karte 7. Im dort genannten Werk von Mesnage sind für jedes Bistum die Quellennachweise angegeben.

J. Martin

25: Die iroschottische, angelsächsische und fränkische Mission

A und B: Irische und irisch beeinflußte Klöster 590 – ca. 730

Autor: F. Prinz. Die Karte wurde nach den Karten VII A und VII B aus dem Buch des Autors Frühes Mönchtum im Frankenreich (R. Oldenbourg Verlag, München – Wien 1965) zusammengestellt. Das Itinerar Kolumbans wurde nach Vita Columbani und der Vita S. Galli eingetragen.

Die Karte schließt sich chronologisch an die Darstellungen auf S. 14 an. Mit der Ankunft Kolumbans und seiner Gefährten in Gallien (letztes Drittel des 6. Jh.) erhielt das gallo-fränkische Mönchtum entscheidende neue Impulse. Der Einfluß Kolumbans wirkte sich nicht nur direkt über seine Gründung Luxeuil aus – die Karte macht deutlich, daß die Zahl der Filiationen Luxeuils sogar verhältnismäßig klein ist –, sondern vor allem über seine Verbindung mit dem Pariser Hof. Die Unterstützung durch die merowingischen Könige bewirkte, daß das kolumbanische Mönchtum viele Förderer in Bischöfen erhielt, „die vor und neben ihrem geistlichen Amte hohe Funktionen am merowingischen Hofe in Paris einnahmen" (Prinz). In den alten Zentralbereich des Rhônemönchtums (vgl. Karte 14) sind die Iren kaum vorgedrungen; im nördlichen Burgund erlangten sie dagegen durch die Verbindung Luxeuils mit austrasischen Adligen großen Einfluß.

Quellen und Literatur: Mélanges Columbaniens: Actes du Congrès International de Luxeuil 1950 (Paris - Luxeuil 1950); G. Schreiber, Irland im deutschen und abendländischen Sakralraum (Köln 1956); F. Prinz, Frühes Mönchtum im Frankenreich (München - Wien 1965) (mit Quellen und weiterer Literatur). Die wichtigsten Quellen zum irischen Mönchtum sind außerdem bequem zusammengestellt bei J. F. Kenney, The Sources for the Early History of Ireland: Ecclesiastical (New York 1929, Neudr. 1966), Kap. VI. – Vgl. auch die Literatur zu Karte 37.

J. Martin
(unter Benutzung des Buches von F. Prinz)

C: Das missionarische Werk Willibrords, Winfrid-Bonifatius' und Pirmins

Autoren: Die Missionsgebiete Willibrords und Bonifatius' sowie die Angaben zu den Bistümern sind nach der Karte von *F. Prinz* im Ausstellungskatalog: „Werdendes Abendland an Rhein und Ruhr" (Essen 1956), S. 147, eingetragen, die Angaben zu den Klostergründungen nach Karte VII C des oben unter A und B genannten Buches von F. Prinz. Für Pirmin wurde außerdem die Arbeit von *A. Angenendt* (vgl. unten) benutzt.

Mit Willibrord und Winfrid-Bonifatius erreichte die angelsächsische Mission, die Wilfrith von York 678–679 unter den Friesen begonnen hatte, ihren Höhepunkt. Die Tätigkeit des Bonifatius umfaßte nicht nur die Mission bei den Friesen, in Thüringen und in Hessen, sondern vor allem auch die Reorganisation der fränkischen Kirche und der bayerischen Bistümer. Der durch Bonifatius inaugurierte Neuaufstieg der fränkischen Kirche unter römischer Observanz ging mit dem politischen Aufschwung des Frankenreiches unter den Karolingern Hand in Hand.

Gleichzeitig mit Bonifatius wirkte Pirmin († 753) im Südwesten Deutschlands. Die wohl erst um die Mitte des 9. Jh.s entstandene Vita weiß nur ungenau von Klöstern Pirmins. Sie nennt 10 Namen. Reichenau, Murbach und Hornbach sind durch Zeugnisse außerhalb der Vita als pirminische Gründungen gesichert; bei Schuttern und Gengenbach ist der pirminische Ursprung wahrscheinlich. Marmoutiers, Neuwiller und Wissembourg wurden von Pirmin reformiert.

Quellen und Literatur: Vgl. oben unter Autoren und im Text, ferner: C. Wampach, Sankt Willibrord. Sein Leben und Lebenswerk (Fulda ²1954); Th. Schieffer, Winfrid-Bonifatius und die christliche Grundlegung Europas (Freiburg 1954); A. Angenendt, Monachi peregrini. Studien zu Pirmin und den monastischen Vorstellungen des frühen Mittelalters: Münstersche Mittelalter-Schriften VI (München 1970).

J. Martin

Nachtrag: H. Löwe, Pirmin, Willibrord und Bonifatius, in: Settimane di studio ... XIV (Spoleto 1967) 217–261.

D: Die Missionsgebiete der Liudgeriden und die Errichtung der sächsischen Missionsbistümer

Autoren: Die Missionsgebiete und die Route der Liudgeriden sind nach der Karte von *K. Hauck – L. Kerssen:* Kunst und Kultur im Weserraum 800–1600, Bd I (1966) nach S. 120 eingetragen. Für die Klöster stellte *M. Uhlenbrock* eine Liste zusammen. Wichtige Hinweise gab K. Hauck.

In der 2. Hälfte des 8. Jh. begann die fränkische Kirche aus eigener Initiative zu missionieren. Unter den Missionaren nahmen die Utrechter Geistlichen Liudger, der 1. Bischof und Organisator der Diözese Münster, und dessen Bruder Hildegrim, der 1. Bischof der später nach Halberstadt verlegten Diözese Osterwiek, eine hervorragende Stellung ein. – Genaue Gründungsdaten der Klöster anzugeben ist äußerst schwierig. Nicht für alle eingetragenen Klöster ist die Existenz vor 840 absolut gesichert. Die „Missionsklöster" dienten ausgesprochen der Missionierung und wurden später, wie z. B. 834 für Meppen beurkundet, aufgelöst oder anderen Klöstern inkorporiert (z. B. Meppen von Corvey). – Auf die Eintragung von „Missionsstützpunkten" wurde verzichtet, weil sie sich kaum angemessen erfassen lassen. Vgl. dazu besser die Karte der Reliquientranslationen (Nr. 28).

Quellen und Literatur: Vgl. oben unter Autoren, ferner S. Liudger. Festschrift zum 1150. Todestag (Essen – Werden 1959). – Zu den Klöstern: L. Schmitz-Kallenberg, Monasticon Westfaliae (Münster 1909); M. Uhlenbrock, Die Klöster in Sachsen unter den Karolingern (Diss. Münster, in Vorbereitung). – Zu den Bistümern vgl. die einzelnen Artikel im LThK².

J. Martin
(unter Benutzung von Mitteilungen von M. Uhlenbrock)

26: Nestorianer und Jakobiten in Vorderasien vom 9. bis zum 12. Jahrhundert

Autoren: Für die Jakobiten: *I. Nabe – v. Schönberg*; für die Nestorianer: *J. M. Fiey – J. Martin*

Zu den Jakobiten:

Im Anschluß an seine Kirchengeschichte gibt der syrische Patriarch Michael I. eine Bischofs- und Bistumsliste für die Zeit von ca. 800 bis gegen Ende seiner Regierungszeit 1199. Diese Liste bildet die Grundlage der Karte. Da sich die Angaben vor allem auf den westlichen Jurisdiktionsbereich des Patriarchen beziehen, bleiben manche Bistümer und Bischöfe aus dem Bereich des Metropoliten von Tagrit, des Oberhauptes der Jakobiten im ehemaligen Perserreich, unerwähnt. Dieser bekam in der zweiten Hälfte des 11. Jh. den Titel ‚Maphrian', war aber schon in den vorhergehenden Jhh. fast völlig unabhängig vom Patriarchen von Antiochien. – Wir finden ergänzende Angaben in der Kirchenchronik des Maphrians Bar Hebraeus (1226-86) und in einigen kleineren Chroniken, die von J. S. Assemani und M. Le Quien verarbeitet wurden. Allerdings erhalten wir durch das vorhandene Material besonders vom Osten nur ein skizzenhaftes Bild der damaligen kirchlichen Verhältnisse. Manche Orte werden nur einmal genannt, während sie vermutlich für längere Zeit einen Bischof hatten. Dennoch wird aus den erhaltenen Nachrichten ersichtlich, daß die syrisch-jakobitische Kirche im Mittelalter ausdehnungsmäßig eine Blüte erlebte. Sie konnte unter der Herrschaft der Abbasiden-Khalifen ihre Stellung festigen, ja bis ca. 1000 noch vergrößern. Erst danach nimmt ihre Ausdehnung im Osten und Westen ab, und es ist den Bistümern nach eine Konzentration auf den Raum Ostanatoliens festzustellen.

Quellen: *Für die kirchliche Situation und die Identifizierung der einzelnen Bischofssitze:* J. S. Assemani, Bibliotheca Orientalis Clementino-Vaticana, 4 Bde (Roma 1719–28), bes. Bd II; M. Le Quien, Oriens Christianus, 3 Bde (Paris 1740, Neudr. Graz 1958), Bd II; Michael Syrus: Chronique de Michel le Syrien, patriarche jacobite d'Antioche (1166-99), éditée et traduite en français par J. B. Chabot, 4 Bde (Paris 1899-1910, Neudr. Bruxelles 1963), bes. Bd III. – Ferner folgende die ältere Literatur zitierende Arbeiten: E. Honigmann, Le Couvent de Barsaumā et le Patriarcat Jacobite d'Antioche et de Syrie: CSCO 146 (Louvain 1954); P. Kawerau, Die jakobitische Kirche im Zeitalter der syrischen Renaissance (Berlin [2]1960); J. M. Fiey, Assyrie chrétienne, 3 Bde (Beyrouth 1965–68); W. Hage, Die syrisch-jakobitische Kirche in frühislamischer Zeit (Wiesbaden 1966).

I. Nabe – v. Schönberg

Zu den Nestorianern:

Die Quellensituation für die nestorianischen Bistümer ist noch ungünstiger als die für die jakobitischen: die Quellen sind verstreuter, zusammenfassende Listen oder Chroniken existieren nicht. Für die Ausgangssituation um 800 sind besonders wichtig die Briefe des Patriarchen Timotheos I. (780-823) sowie die Schriften des Thomas von Marga. Über den Stand um 900 geben Notizen des Metropoliten Elias von Damascus Auskunft. An das Ende der dargestellten Epoche gehört die arabische *Geschichte der Patriarchen des Orients* von Mari ibn Sulaiman (12. Jh.), die im 14. Jh. von Amr ibn Matta und Sliwa ibn Yohannan fortgesetzt wurde. Dazu kommen auch hier viele Einzelmitteilungen, über die man sich am besten anhand des oben zitierten Werkes von Fiey ein Bild machen kann.

Die Karte schließt nicht direkt an die der nestorianischen Bistümer im Jahre 497 (Nr. 10 A) an: Bistümer, die nach 497 gegründet wurden und vor 800 wieder untergingen, sind nicht berücksichtigt, doch handelt es sich hierbei nur um wenige Ausnahmefälle. Was die chronologische Einordnung der Bistümer angeht, so bedeutet die Kategorie „zwischen 9. und 12. Jh. bezeugt" nicht, daß ein Bistum von ca 800 bis um 1200 bestanden hat. In diese Kategorie wurden vielmehr auch Bistümer eingeordnet, die im 10. Jh. gegründet wurden bzw. die im 11. Jh. untergingen. Entscheidend für die Einordnung ist also die Bezeugung vor und nach 1000.

Die Karte macht deutlich, daß die Lage der Nestorianischen Kirche im Euphrat-Tigris-Gebiet während der ganzen Epoche verhältnismäßig stabil blieb. Größere Verluste waren nur im Gebiet des Persischen Golfes zu verzeichnen, an dessen Südwestseite die Nestorianer auch schon im 7. Jh. verschiedene Bistümer eingebüßt hatten.

Zur Geschichte der Jakobiten und Nestorianer in den östlich an den Kartenausschnitt anschließenden Gebieten vgl. Karte 27.

Quellen: Zu den Ausgaben des Thomas von Marga und Timotheos vgl. die entsprechenden LThK-Artikel; Elias von Damascus ist ediert in dem oben zitierten Werk von Assemani, Bd II; die genannten arabischen Schriftsteller sind mit lateinischer Übersetzung herausgegeben von F. Gismondi (Roma 1899). – **Literatur:** Neben den oben genannten Arbeiten von M. de Quien (ebenfalls Bd II) und J. M. Fiey vgl. ders.: L'Orient Syrien 9 (1964) 189–232, ferner die zu Karte 10A angegebene Literatur.

J. Martin

27: Das orientalische Christentum in Asien bis zum 14. Jh.

Autor: W. Hage

Kunde über das hier verzeichnete Christentum geben vor allem christlich-orientalische Chronisten (Bischofslisten), arabische Geographen, chinesische Geschichtsschreiber, abendländische Reisende und archäologische (u. a. literarische) Überreste. Ihnen zufolge erlebte das Christentum Mittel-und Ostasiens seine Blüte vom 12. bis 14. Jh. (frühere Jhh. sind besonders angegeben), gehörte überwiegend der nestorianischen Kirche an und fand seine Anhänger – abgesehen von Kaufleuten, Missionaren und Hierarchen syrischer und persischer Herkunft – vorwiegend im (die politische Macht tragenden) turko-tatarischen Volkstum. Das monophysitische Christentum fand dagegen offenbar kaum, das chalcedonensische nur in den westlichen Gebieten Eingang in die Bevölkerung Mittelasiens; es wurde von zeitweilig im Lande weilenden Mönchen, von Gefangenen oder ganzen Söldnertruppen (Alanen) getragen. – Einige Metropolien der Nestorianer waren (zeitweilig) durch Personalunion miteinander verbunden: Märw-Nischapur (13./14. Jh.), Samarqand-Turkestan (13. Jh.), Kaschgar-Navekath (14. Jh.), Almalygh-Tangut (13. Jh.), Chanbalyq-Almalygh (14. Jh.), China(Sin)-Chanbalyq (13. Jh.), China(Katai)-Öngüt (13. Jh.), Sianfu-China(Sin) (8. Jh.). Bistümer und Metropolien eines Volksstammes oder Gebietes erscheinen da, wo der Hierarch keinen festen Sitz hatte oder dieser unbekannt ist; vielleicht residierte der Metropolit von Tangut in Ninghsia und der Bischof der Hephthaliten in Badhges (Gebiet nördlich von Herat). Der melkitische Katholikos von „Romagyris" (unter der Jurisdiktion des Patriarchats Antiochia) residierte zunächst in Taschkent, dann in Nischapur. Durch den Fremdenhaß der Ming-Dynastie in China (seit 1368), den Übertritt der Chane der mongolischen Teilreiche zum Islam und die Kriegszüge Timurs ging das Christentum Mittel-und Ostasiens bis zum Beginn des 15. Jh. zugrunde. – Allein das seit dem 4. Jh. (oder früher?) durch syrische Kaufleute verbreitete und unter den Einheimischen verwurzelte Christentum Indiens überlebte. Es bildete eine Provinz der nestorianischen Kirche, bis es unter dem Einfluß der portugiesischen Entdecker mit Rom uniert wurde (Synode von Diamper 1599). Die innere Struktur dieser Kirchenprovinz (Bistümer?) liegt im Dunkel; die Hierarchen wechselten offenbar mehrfach ihren Sitz. – Auf Vermutungen oder unsicheren Quellenbelegen fußende Angaben sind mit einem Fragezeichen versehen.

Quellen: Für Mittel- und Ostasien (unter Benutzung der älteren Literatur): A. C. Moule, Christians in China before the Year 1550 (London 1930); F. Drake, Nestorian Monasteries of the T'ang Dynasty and the Site of the Discovery of the Nestorian Tablet: Monumenta Serica 2 (1936–37) 293–340; K. S. Latourette, A History of the Expansion of Christianity, Bd II (New York–London 1938); J. Foster, The Church of the T'ang Dynasty (London 1939); G. Messina, Il cristianesimo tra Turchi, Cinesi e Mongoli: La Civiltà cattolica 96 (1945) 90–102 290–301; J. Dauvillier, Les provinces chaldéennes „de l'extérieur" au moyen âge: Mélanges au F. Cavallera (Toulouse 1948) 260–316; ders., Byzantins d'Asie Centrale et d'Extrême-Orient au moyen âge: Revue des études byzantines 11 (1953) 62–87; ders., L'expansion de l'église syrienne en Asie Centrale et en Extrême-Orient: L'Orient Syrien 1 (1956) 76–87; Y. Saeki, The Nestorian Documents and Relics in China (Tokio [2]1951); B. Spuler, Die morgenländischen Kirchen (Leiden–Köln 1964); K. Enoki, The Nestorian Christianism in China in Mediaeval Time According to Recent Historical and Archaeological Researches: L'Oriente Cristiano nella storia della civiltà (Roma 1964) 45–81; Y. Ch'ên, Western and Central Asians in China under the Mongols, their Transformation into Chinese (Los Angeles 1966); I. P. Petruševskij, K istorii christianstva v Srednej Azii: Palestinskij Sbornik 15 (1966) 141–147. – Für Indien ferner: E. Tisserant, Eastern Christianity in India (London–New York–Toronto 1957); G. M. Moraes, A History of Christianity in India (Bombay 1964); P. J. Podipara, Die Thomas-Christen (Würzburg 1966). – Für die Handelsstraßen: A. Herrmann, Die alten Seidenstraßen zwischen China und Syrien (Berlin 1910). – Schon vorhandene Karte (abgesehen von den Skizzen in älteren Arbeiten und in der hier verzeichneten Literatur): A. Herrmann, An Historical Atlas of China, New Edition (Edinburgh 1966) 37 (Angaben über Bistümer zum Teil unzutreffend).

W. Hage

28: Reliquientranslationen zwischen 600 und 1200

Autoren: M. Zender–J. Fellenberg gen. Reinold

Die Karte bringt die historisch bedeutsamen und kultwirksamen Translationen, die in der Zeit zwischen 600 und 1200 n. Ch. aus Rom, Italien, dem Westfrankenreich und von anderwärts nach Orten im Gebiet des mittelalterlichen Reiches durchgeführt wurden oder die innerhalb dieses Reiches von einem Ort zu einem anderen stattfanden. Berücksichtigt sind die Übertragungen von *corpora,* selbst wenn sich später herausstellte, daß es sich nur um wenige Gebeine – oft nur um kleine Teile – handelte, dann von *capita, ossa,* von *brachium, manus* usw.

Im allgemeinen ist auf der Karte nur ein Heiliger genannt. Kamen Reliquien eines zweiten und dritten dazu, so heißt es meist „u. a.", es sei denn, es handelt sich um eine Heiligengruppe wie Petrus und Marcellinus oder Marius–Habakuk–Audifax. Kleinere Reliquien wurden nur berücksichtigt, wenn eine größere Anzahl von verschiedenen Heiligen in einem Akt übertragen wurde (Fulda, Quedlinburg, Metz).

Eingetragen sind alle Translationen, auch die legendären, da auch sie eine historische Aussage machen und im Mittelalter, zum Teil bis in die Gegenwart, den Kult bestimmten und bestimmen. Offenkundig unrichtige und oft schon im Mittelalter diskutierte und bestrittene Nachrichten von Translationen sind meist dadurch gekennzeichnet, daß das zugehörige Zeichen auf der Karte am endgültigen Ruheort in Klammern gesetzt ist. Bei jedem Kultort sind regelmäßig (mit wenigen Ausnahmen) Ortsname, Heiligenname und Translationsjahr angegeben, ferner beim größten Teil der Orte durch ein diakritisches Zeichen die Herkunft der Reliquien und der ursprüngliche Ruheort; da es wegen der Fülle der Karte nicht möglich war, Verbindungslinien zu ziehen, werden die Herkunftsorte bei den Translationen, die sich zwischen Orten im Kartenausschnitt vollzogen, durch eine Aufstellung am Schluß dieses Kommentars ergänzt.

Die Entscheidung, ob eine Nachricht zu berücksichtigen sei, mag im Einzelfalle subjektiv gefällt sein; im ganzen aber glauben wir, ein der Wirklichkeit nahekommendes Bild dieser für Kirche und Volk bedeutsamen Bewegung zu geben.

Quellen und Literatur: Grundlage für die Erstellung der Karte war eine genaue Durchsicht aller Bände der MGH. Benutzt wurden neben den kirchlichen und Heiligenlexika vor allem kult- und patroziniengeschichtliche Arbeiten, wie die von G. Schreiber, W. Stüwer, H. Tüchle, G. Zimmermann u. a., einschlägige allgemeine geschichtliche und kirchengeschichtliche Untersuchungen, wie die von E. Ewig, A. Hauck, E. de Moreau, U. Berlière, F. Prinz, und speziell dem Reliquienkult gewidmete Beiträge, wie die von S. Beissel, Fr. Falk, W. Hotzelt, B. Kötting und E. A. Stückelberg. Vgl. Einzeltitel im LThK², vor allem unter den Stichworten Heiligenverehrung, Patron, Reliquien.

Die nicht durch Zeichen angegebenen Herkunftsorte der Reliquien:

Übertragen nach	Übertragen von	Heiliger
Admont	Salzburg	Chrysanth u. a., Hermes
Admont	Salzburg	Paternianus
Andenne	Nivelles	Gertrud
Attigny	Eichstätt	Walburg
Augsburg	Reichenau	hl. Kreuz
Augsburg	Epfach, zw. Landsberg und Schongau	Wikterp
Bleidenstadt	Mainz-Kastel	Ferrucius
Boke	Cambrai	Landolin
Braunschweig	Trier	Auctor
Brugge	Reims	Donatian
Bruxelles	Ham b. Vilvorde	Gudula
Cambrai	Pommereuil-Candri	Maxellande
Commercy	Köln	Pantaleon
Corvey	Magdeburg	Justin
Corvey	Aachen	Stephanus
Dendermonde	Dickelvenne	Christiana
Dietkirchen	Kobern	Lubentius
Dortmund	Köln	Reinold
Egmont	Noordwijk	Jeron
Eichstätt	Heidenheim	Walburg
Einsiedeln	Augsburg	Digna
Einsiedeln	Zürich	Felix, Regula
Einsiedeln	Reichenau	Meinrad
Ellwangen	Langres	Meleusippus Eleusippes Mamertus
Épinal	Metz	Goërius
Epoy	Aussonne	Sindulf
Erfurt	Utrecht	Eoban u. a.
Euren	Trier	Numerian
Flavigny	Verdun	Firmin
Fontenelle	Hautmont	Ansbert
Freiburg	Lüttich	Lambert
Freising	Mais b. Meran	Corbinian
Furnes	Eichstätt	Walburg
Genf	Solothurn	Victor
Gent	Münsterbilsen	Amalberga
Gent	Boulogne od. Harlebeke	Bertulfus
Gent	Fontenelle	Ansbert
Gent	Wintershoven	Landoald u. a.
Gent	Fontenelle	versch. Rel.
Gent	Holthem	Livinus
Gent	Lotryck	Pharaldis
Gent-Mont Blandin	Fontenelle	Wandregisel
Gerpinnes	Villers-la-Poterie	Rolende
Goslar	Maastricht	Servatius
Goslar	Trier	Valerius
Gottesgnaden	Xanten	Victor u. Theb.
Halberstadt	Chalon, Metz	Stephanus
Halle	Magdeburg	Alexander u. a., Felix
Harzburg	Aachen	Anastasius u. a. Speus, Simeon
Hatton Châtel	Verdun	Hll. v. Verdun
Heiligenstadt	Mainz	Auraeus, Justina
Helmershausen	Trier	Modoald
Hersfeld	Fritzlar	Wigbert
Ichtershausen	Hildesheim	Godehard
Kempten/Allgäu	Metz	Hildegard
Kl. Neustadt/Main	Nivelles	Gertrud
Kobern	Trier	Matthias
Koblenz	Karden	Kastor
Koblenz	Remüs-Chur	Florin
Köln	Tongeren	Evergislus
Köln	Toul	Eliphius u. a.
Köln	Malmedy	Agilolf
Köln–Kunibert	Sachsen	Ewalde
Kraków	S. Florian	Florian
Laye	Metz	Chlodulf
Lièges	Maubeuge	Madalberta
Liessies	Fesseau	Etho
Lille	Seclin b. Lille	Eubert
Lüttich	Huy	Domitianus
Lyon	S. Maurice	Amor Viator
Magdeburg	Cambrai	Rothad u. a., Theoderich
Magdeburg	Cambrai	Theodoricus
Magdeburg	Xanten	Victor u. Theb.
Marbach	Lyon	Irenäus
Marmoutier	Metz	Auctor
Minden	Augsburg	Ulrich, Unschuld. Kinder
Monheim	Eichstätt	Walburg
Mons/Belgien	Lembeck	Veron
Montbéliard	Dampierre	Maimbert
Mouzon	Gruyères	Arnulf
Moyenmoutier	Trier	Bonifatius
Namur	Mainz	Alban
Neumünster	Metz	Terentius
Neuwiller	Metz	Adelphus
Niederhaslach	Straßburg	Florentius
Ninove	Kornelimünster	Cornelius
Odernheim/b. Worms	Metz	Rufus u. a., Lambathinus
Ottobeuren	Bischofszell	Theodor
Paderborn	Würzburg	Kilian
Passau	Altötting	Maximilian
Passau	Obermais/b. Meran	Valentin
Praha	Gnesen	Adalbert
Praha	Gnesen	Gaudentius
Praha	Tetin	Ludmilla
Praha	Corvey	Vitus
Prémontré	Köln	Gereon
Prüm	Aachen	Cosmas
Quedlinburg	Maastricht	Servatius
Rasdorf	Fulda	Caecilia u. a.
Regensburg	Langres	Speozippus u. a.
Reichenau	Schaennis	hl. Kreuz
Reichenau	Konstanz	Pelagius, Petronella, Petrus
Reichenau	Schännis/Zurzach	Hl. Blut
S. Blasien	Rheinau	Blasius
S. Gallen	Augsburg	Magnus
S. Gallen	Reichenau	Othmar
S. Hubert	Lüttich	Hubert
S. Pölten	Tegernsee	Hippolyt
S. Trond	Köln	Gereon
Salzburg	Worms	Amandus
Schaffhausen	Trier	Constans
Senones	Metz	Simeon
Siegburg	Dijon	Benignus
Siegburg	S. Maurice	Vitalis
Siegburg	Eichstätt	Walburg
Stade	Ratzeburg	Ansversus
Steinfeld	Karden	Potentius
Susteren	Utrecht	Gregor
Taben	Trier	Quiriak
Tholey	Piesport/Mosel	Kuno
Tholey	Verdun	Maurus, Salvinus, Araton
Tiel	Eichstätt	Walburg
Trier	Zürich	Felix, Regula
Tronchiennes	Merendre b. Gent	Gerulf
Utrecht	Dockum	Eoban
Verdun	Commercy	Pantaleon
Vergaville	Luxeuil	Eustasius
Weingarten	Graubünden	Gaudentius
Winnoksbergen	Wormhoudt	Winocus
Wintershoven	Bilsen	Landrada
Wissembourg	Ören b. Trier	Irmina

M. Zender – J. Fellenberg gen. Reinold

29 A: Die nubische Kirche im Mittelalter

Autor: J. Martin

Die Anfänge des Christentums in Nubien gehen für den äußersten Norden schon auf das 4. Jh. zurück: Für diese Zeit sind Christen auf der Insel Philae bezeugt. Die Mission des übrigen Nubien vollzog sich im 6. Jh., wobei Monophysiten und Orthodoxe miteinander rivalisierten.

Über die nubische Kirchenorganisation sind wir sehr schlecht unterrichtet. Die frühesten Einzelerwähnungen nubischer Bischöfe stammen aus dem 9. Jh. (ausgenommen Philae). Ein von J. M. Vansleb ediertes arabisches Verzeichnis, dessen Entstehungszeit ich nicht feststellen konnte, nennt neben den Bischofssitzen von Aksum (Äthiopien) auch die der nubischen Länder; für Alobadia und die Maccurritae sind sie bis auf das nicht identifizierte Suenkur (= Schangar?) in die Karte eingetragen; von den sechs für Alodia genannten Sitzen ist bisher kein einziger sicher identifiziert.

Für die Eintragung der Kirchen, deren Kenntnis ausschließlich auf Reiseberichten und modernen archäologischen Untersuchungen beruht, wurde das Inventarium von U. Monneret de Villard (s. u.) zugrunde gelegt. Weitere christliche Reste, z. B. Friedhöfe, finden sich auch noch in anderen Orten als den in der Karte verzeichneten.

Quellen und Literatur: S. Clark, Christian Antiquities in the Nile Valley (Oxford 1912); J. Kraus, Die Anfänge des Christentums in Nubien: Missionswiss. Studien, NR 2 (Mödling 1931) (mit Karten); U. Monneret de Villard, La Nubia Medioevale, 4 Bde (Le Caire 1935–57), bes. Bd I (Inventario); ders., Storia della Nubia cristiana: Orientalia Christiana Analecta 118 (Roma 1938) (mit Karten). – Eine gute historische Karte zu den nubischen Völkerschaften findet sich bei J. Marquart, Die Benin-Sammlung des Reichsmuseums für Völkerkunde in Leiden (Leiden 1913) am Schluß des Buches.

J. Martin

29 B: Die frühe Slawenmission

Autoren: L. Waldmüller - A. W. Ziegler

Den ersten Missionsversuch bei den Slawen hat wohl Kaiser Heraclius (610–647) unternommen, der zu den Kroaten Missionare aus Rom oder der westlichen Kirche kommen ließ. Vermutlich haben die Christen, die in Sirmium nach der Eroberung dieser Stadt durch die Awaren/Slawen 582 und in Pécs zurückgeblieben waren, das Christentum den Neuzugewanderten verkündet. Ca. 630 missionierte der Apostel der Belgier Amandus (†679) bei den Slawen. Der Salzburger Bischof Virgil (†784) sandte auf Bitten des im Chiemseekloster erzogenen Slawenfürsten Chetimar den Chorbischof Modestus zu den Slawen in Karantanien; Modestus gründete in Maria-Saal und S. Peter im Holz Kirchen. Der bayerische Herzog Tassilo III. (748–788, †794) trieb eine selbständige Ostpolitik; er bestätigte 769 die vom Scharnitzkloster in Klais aus erfolgte Gründung von Innichen im Hochpustertal, eines Missionsklosters für die Slawen, gründete 777 Kremsmünster, das von Niederaltaich aus besiedelt wurde. Nach den Awarensiegen Karls d. Gr. 791 und 796 war der Weg frei für die Ostmission, für Salzburg (unter Erzbischof Arn, †821) und Aquileia, deren Zuständigkeit Karl 811 durch die Drau abgrenzte. Im 8. Jh. evangelisierte das Kloster S. Giovanni al Timavo bei Aquileia unter den benachbarten Slawen. Im 9./10. Jh. missionierte und kolonisierte das Bistum Freising in Oberkärnten und donauabwärts, Regensburg (S. Emmeram) in Böhmen, an der Donau und am Plattensee, Passau in Ufernoricum und Oberpannonien; unter den Missionsklöstern werden u. a. Mondsee (gegr. vor 748) und Niederaltaich (von Reichenau aus besiedelt) genannt. Einen Höhepunkt bedeutet das Werk der aus Thessalonice stammenden Brüder Konstantin (Cyrill, †869) und Method (†885), die von 863 ab in Mähren und Pannonien predigten; sie waren vom byzantinischen Kaiser auf Bitten des Mährenfürsten abgesandt, begaben sich zum Papst nach Rom, der 870 Method zum Erzbischof der wiedererrichteten Metropolie Sirmium und zu seinem Legaten für die Slawenmission in Pannonien und Mähren ernannte. Im Konflikt mit den bayerischen Missionaren Salzburgs, die schon vor den Slawenlehrern unter den Slawen das Evangelium verbreitet hatten, wurde Method gefangengesetzt und als Eindringling zur Verbannung (wahrscheinlich in Ellwangen) verurteilt, aber durch Vermittlung des Papstes freigelassen. Es war ein Konflikt der bayerischen mit der byzantinisch-römischen Mission und des ostfränkischen Reichskirchenrechtes mit dem universalen kanonischen Recht Roms. 864 nahm der Bulgarenfürst Boris in Konstantinopel die Taufe an. Bulgarische und russische Autoren setzen die erste Mission der Slawenlehrer und die Anfänge der von ihnen geschaffenen slawischen Schrift und Literatur nach Mazedonien, vor ihre Tätigkeit in Mähren und Pannonien.

Quellen: Die Quellenangaben sind weit verstreut und können hier nicht einzeln vermerkt werden; nur die Schriften zu den Slawenlehrern seien genannt: H. Löwe, Der Streit um Methodius: Kölner Hefte, Hist. Reihe 2 (Köln 1948); F. Grivec - F. Tomšič, Constantinus et Methodius Thessalonicenses. Fontes (Zagreb 1960). – **Ausgewählte Literatur:** A. W. Ziegler, Der Slawenapostel Methodius im Schwabenlande: Dillingen und Schwaben (Festschr. Dillingen 1949) 169–189; ders., Die Frühzeit des Christentums in Bayern: Bayer. Frömmigkeit, Ausstellung ... Euchar. Kongreß 1960, Stadtmuseum München (München 1960) 51–55; ders., Religion, Kirche und Staat, Bd I (München 1969) 59f 178 190 194–197 241; F. Zagiba, Die baier. Slavenmission und ihre Fortsetzung durch Kyrill und Method: Jb. für die Gesch. Osteuropas, NF 9 (1961) 1–56 (ebd. 247–276 von dems. ein Forschungsbericht); Z. R. Dittrich, Christianity in Great Moravia (Groningen 1962); Cyrillo-Methodiana. Zur Frühgeschichte des Christentums bei den Slaven 863–1963, hrsg. von M. Hellmann – R. Olesch – B. Stasiewski – F. Zagiba (Köln - Graz 1964); Th. v. Bogyay, Kontinuitätsprobleme im karolingischen Unterpannonien: Das östliche Mitteleuropa in Geschichte und Gegenwart. Acta Congressus historiae Slavicae Salisburgensis ... anno 1963 celebrati (Wiesbaden 1966) 62–68; Großmähren und die christl. Mission bei den Slawen, Katalog d. Ausstellung der Tschechoslowak. Akad. d. Wiss. 1966 Wien (Graz 1966) (Aufsätze v. Mitscha-Märhheim, Koller, Zagiba, Cibulka u. a.); F. Mayer, Causa Methodii. Vortrag auf dem III. Congr. Internat. Hist. et Philolog. Slavicae Salisburgo-Ratisbonensis, 1970 (im Druck); L. Waldmüller, Die ersten Begegnungen der Slaven mit dem Christentum und den christl. Völkern (in Vorbereitung).

L. Waldmüller - A. W. Ziegler

30 und 31: Die byzantinische Kirche um 1025

Autoren: J. Martin - O. Schlolaut (für bulgarische Kirche)

Die Karten stellen den Stand der byzantinischen Kirche zur Zeit ihrer größten Ausdehnung dar. Beide Karten schließen an die Karten zur östlichen Kirche um 600 (Nr. 20–21) an und markieren durch verschiedene Farben, was gegenüber der Zeit um 600 konstant geblieben ist und was sich verändert hat. Grundlage für die Eintragungen innerhalb des Patriarchats Konstantinopel sind die *Notitiae episcopatuum* der byzantinischen Kirche, insbesondere die Notitia Parthey (vgl. unten) III, die um 1050 anzusetzen ist. Sie mußte im Hinblick sowohl auf ihre Zuverlässigkeit als auch auf das Stichdatum der Karten laufend mit anderen Listen und sonstigen historischen Nachrichten verglichen werden.

Karte 31 bringt eine Gesamtdarstellung der byzantinischen Kirche, wobei – außer im armenischen Raum – nur die Metropolen und autokephalen Erzbistümer berücksichtigt werden. Die fehlende Einzeldarstellung für den kleinasiatischen Raum rechtfertigt sich deshalb, weil hier die Bistumsorganisation seit der Zeit um 600 erstaunlich konstant geblieben ist: es gibt ganze Metropolitanverbände, in denen sich bis auf einzelne in der Karte verzeichnete Rangerhöhungen nichts verändert hat. – Dagegen war die Kirchenorganisation in Armenien, auf dem Balkan und in Süditalien großen Wandlungen unterworfen. In Armenien, das auf der Gesamtkarte mitberücksichtigt ist, kam es infolge der byzantinischen Eroberungen seit dem 10. Jh. zur Gründung zahlreicher neuer Bistümer und einiger Kirchenprovinzen, wobei die Verhältnisse jeweils sehr schnell wechselten. Die Karte geht für Armenien etwas über das Schnittdatum 1025 hinaus und kennzeichnet den Stand, der sich um 1040 herausgebildet hatte. Bald danach gingen Teile der byzantinischen Eroberungen wieder verloren.

Der Balkanraum erlebte seit dem 7. Jh. die Slaweneinbrüche, im 8. Jh. (das genaue Datum ist umstritten: 732–733?, 752–757?) wurden das Illyricum und Süditalien an das Patriarchat Konstantinopel angeschlossen. Auch die Kontinuität der schon vor 600 bestehenden, also in der Karte schwarz eingetragenen Sprengel wurde in vielen Fällen durchbrochen: Kreta stand bis zum 9. Jh. unter der Herrschaft des Islam (vgl. Karte 43) – danach wurden die antiken Bistümer fast alle wiedererrichtet; vermutlich haben auch die meisten griechischen und Balkanbistümer, die im 9.–11. Jh. – vielfach unter neuem Namen (z. B. Lamia = Zetunium, Lychnidus = Ochrida, Heraclea = Butelis) – wieder auftauchen, die Slaweneinbrüche, die ihren Höhepunkt um die Mitte des 8. Jh. erreichten, nicht ohne Unterbrechung ihrer Kontinuität überstanden.

Die sizilischen Bistümer bestanden zum Zeitpunkt der Karte nur nominell, da die Insel vom Islam beherrscht war (vgl. Karte 43). Zusammen mit den süditalienischen Bistümern schieden sie im Laufe des 11. Jh. aus dem byzantinischen Kirchenverband aus (normannische Eroberung; päpstliches Lehen seit 1059). Schon um die Wende vom 10. zum 11. Jh. ging der byzantinische Einfluß in Süditalien zurück. In einer Bulle Johannes' XV. von 994 werden dem Erzbischof von Salerno u. a. die Bistümer Acerenza (Acheruntia), Bisignano (Bisunianum) und Cosenza (Constantia) unterstellt. Zumindest für Acerenza war diese Unterstellung effektiv, denn für 1024 ist ein lateinischer Bischof bezeugt. – Sitz von Locri war seit dem 8. Jh. Gerace, doch wird Locri weiter in den Notitien geführt. – In Rossano soll es bereits Ende des 10. Jh. Erzbischöfe gegeben haben, doch ist der erste erst 1089 bezeugt (vgl. LThK^2 IX 50); in den griechischen Notitien ist Rossano ebenso Bistum wie Panormus (Palermo), wo die Normannen bei ihrem Einrücken einen Erzbischof vorgefunden haben sollen. – Bova und Oppidum sind nie in den Notitien genannt, durch andere Quellen aber gut bezeugt. In den Gebieten südlich der Donau kam es zur Bildung des Bulgarenreiches (Errichtung des festen Standlagers Pliska 679), dessen Christianisierung durch die Massenverschleppung byzantinischer Gefangener unter Chan Krum (802–814) vorbereitet wurde. Die offizielle Christianisierung erfolgte 864–865 unter Boris (853–888) nach einem Angriff durch Byzanz unter Kaiser Michael III. In der Folgezeit suchte die bulgarische Politik eine selbständige Kirchenhierarchie zu erlangen und wandte sich dabei bald nach Rom, bald nach Konstantinopel, bis 870 nach der Verweigerung eines Erzbistums durch Rom die endgültige Hinwendung nach Byzanz erfolgte. Zar Simeon gelang die Errichtung eines eigenständigen Patriarchats (Preslav 926), das wieder aufgehoben wurde, als Ostbulgarien 972 byzantinische Provinz wurde. Das Oberhaupt der bulgarischen Kirche verlegte seine Residenz zunächst von Preslav nach Dristra, dann nach Stradica (Sofija), schließlich nach Westbulgarien (Vidin, dann Prespa/Insel Ail). Als Zar Samuil (972–1014) sich in Westbulgarien behaupten und sein Gebiet sogar wieder bis zum Schwarzen Meer ausdehnen konnte, verlegte er 976 das wiedererrichtete Patriarchat nach Ochrida. – Nach dem Untergang des 1. Bulgarischen Reiches erkannte Kaiser Basileios II. der „Bulgarentöter" die Autokephalie des Erzbistums Ochrida an, dessen Gebiet jedoch in der Folgezeit durch die alten Metropolen Thessalonice, Larissa, Naupactus und Dyrrhachium wieder erheblich eingeschränkt wurde.

Die religiös enthusiastische Aufstandsbewegung der walachischen Celniks Peter und Asen führte 1187 zum 2. Bulgarischen Reich. Staatliche und kirchliche Hauptstadt wurde Tŭrnovo. Nach der lateinischen Eroberung Konstantinopels 1204 kam es unter Zar Kalojan (1204 von einem Kardinallegaten gekrönt) zu einer losen Union mit Rom, die allenfalls bis 1235 dauerte, als das Patriarchat Tŭrnovo durch den Patriarchen des byzantinischen Nachfolgestaates Nicaea als autokephal anerkannt wurde. Die beiden bulgarischen Teilstaaten von Tŭrnovo und Vidin wurden in den Jahren 1393 bzw. 1396 von den osmanischen Türken erobert. Mit dieser Eroberung erlosch auch das Patriarchat. – Die eingetragenen Klöster waren in der Türkenzeit nationale Zentren des Bulgarentums.

Quellen und Literatur: *Bistumsverzeichnisse:* Hieroclis Synecdemus et Notitiae episcopatuum, ed. G. Parthey (Berlin 1866, Nachdr. Amsterdam 1967); H. Gelzer, Ungedruckte und wenig bekannte Bistümerverzeichnisse der orientalischen Kirchen: Byzantin. Zschr. 2 (1893) 22–72; ders., Ungedruckte und ungenügend veröffentl. Texte der Notitiae episcopatuum: Abhh. der Bayer. Akad. d. Wiss., Phil.-Hist. Kl. 21 (1901) 529–641. – Zu den Notitien vgl. neben den Anmerkungen der Herausgeber bes. Beck 148–200. – Für Armenien war unentbehrlich E. Honigmann, Die Ostgrenze des byzantinischen Reiches, in: A. A. Vasiliev, Byzance et les Arabes: Corpus Bruxellense Historiae Byzantinae 3 (Bruxelles 1961). – Für die thrakische Diözese ist heranzuziehen R. Janin, La hiérarchie ecclésiastique dans la diocèse de Thrace: Revue des études byzantines 17 (1959) 136–149; für Süditalien vgl. L. R. Menager, La byzantinisation religieuse de l'Italie méridionale (IXe-XIIe siècles) et la politique monastique des Normands d'Italie: Revue d'histoire ecclésiastique 53 (1958) 747–774, 54 (1959) 5–40. – Zu Bulgarien I. Snegarov, Geschichte des Erzbistums Ochrida (Istorija na Ochridskata archiepiskopija), 2 Bde (Sofija 1914–31); N. S. Deržavin, Geschichte Bulgariens (Istorija na Bulgarija), Bd II (Sofija 1947) (mit 9 Karten); D. Kosev (Hrsg.), Geschichte Bulgariens (Istorija na Bulgarija) (Sofija 1961). – Für die Lokalisierung vgl. neben der angegebenen Literatur noch die Hinweise zu den Karten 20–21.

J. Martin – O. Schlolaut

32: Die westliche Kirche um 1000

Autor: K. Janssen – J. Martin

Jedes Stichdatum hat, wenn es sich auf die Organisation der gesamten westlichen Kirche bezieht, Vor- und Nachteile. Günstig ist das Stichdatum 1000 für Mitteleuropa, wo der Ausbau der kirchlichen Organisation im 10. Jh. einen ersten Abschluß erfahren hat, ungünstig dagegen für Ungarn, wo kurz nach 1000 eine neue Kirchenorganisation entstand, ungünstig auch für Süditalien, wo im 10.–11. Jh. die kirchliche Gliederung völlig reorganisiert wurde.

Die Karte baut auf den Karten zur westlichen Kirche bis um 600 (Nr. 22 und 23) auf. Alles, was gegenüber dem auf diesen Karten dargestellten Stand konstant geblieben ist, erscheint in Schwarz. Alle Veränderungen – und zwar sowohl Bistumsneugründungen wie auch Bistumsverlegungen und Rangerhöhungen – erscheinen in der Zweitfarbe. Unmöglich war es, die untergegangenen Bistümer eigens zu markieren. Ebenfalls aus Platzmangel konnten nicht alle Zeichen beschriftet werden; die Namen der schwarzen Zeichen können den Bezugskarten 19, 22 und 23 entnommen werden. Bistümer, die nach 600 gegründet wurden, aber vor 1000 wieder untergegangen sind, blieben unberücksichtigt.

Eingetragen wurde jeweils der Sitz eines Bistums, der nicht unbedingt mit dem namengebenden Ort des betreffenden Bistums identisch zu sein braucht. Bei vereinigten Bistümern erscheint nur ein Sitz auf der Karte.

Einige Bemerkungen zu einzelnen Ländern: In Irland gab es um 1000 kaum Bistümer im festländischen Sinn (vgl. Kommentar zur Karte 19). Dennoch wurden die alten, vor der Umbildung der irischen Kirche in eine Mönchskirche entstandenen Bistümer aufgenommen; sie sollen daran erinnern, daß es in Irland Bischöfe gab, wenn auch nur wenige einen territorial bestimmten Jurisdiktionsbereich hatten. – Auf der Iberischen Halbinsel hatte die Reconquista kurz vor 1000 einen Rückschlag erlitten. Die Bistümer Salamanca, Zamora, Orense, Braga, Porto, Lamego, Viseu und Coimbra waren im 9. und 10. Jh. schon wiedererrichtet worden, kurz vor 1000 aber wieder untergegangen – sie sind deshalb auf der Karte nicht berücksichtigt (vgl. dazu Karte 60 B).

Korrekturzusatz: Durch ein Versehen ist das Bistum Oldenburg *in Holstein* bei Oldenburg in Oldenburg eingetragen.

Quellen und Literatur: Vgl. Die Kommentare zu den Karten 19, 22, 23, 25 B, 46 und 60 B. Die Zusammenstellung der Bistümer bei P. Gams, Series episcoporum ecclesiae catholicae (Regensburg 1873), Suppl. (ebd. 1879) ist unzureichend. Besonders hilfreich für die Zusammenstellung der Karte waren die historischen Karten und die Länder-, Landschafts- und Bistumsartikel des LThK², soweit sie die historische Entwicklung verzeichnen. Bei den genannten Artikeln auch weitere Literatur.

K. Janssen – J. Martin

33: Der Kirchenstaat

Autoren: Grundlage für die Darstellungen waren die Karten des LThK² (Bd VI nach Sp. 256) von *G. Böing.* Ratschläge für Ergänzungen und Modifikationen gaben *H. Fuhrmann* und *H. Tüchle.*

Einzelkarten zur Geschichte des Kirchenstaates können immer nur kleine Epochen behandeln, denn bis zum 15. Jh. gab es – das Gebiet des *Patrimonium Petri* ausgenommen – keine Kontinuität in der Herrschaftsausübung der Päpste. Daraus erklären sich die 4 Teilkarten, die signifikante Abschnitte in der Geschichte des Kirchenstaates festhalten wollen.

Die kartographische Darstellung insbesondere der beiden ersten Phasen (Anfänge, Rekuperationen Innozenz' III.) birgt einige kaum lösbare Probleme. Sieht man einmal von der Quellenlage ab, so bleiben vor allem zwei Schwierigkeiten: einmal die des Gegensatzes zwischen Anspruch und Wirklichkeit, zum anderen die, daß eine flächenmäßige Darstellung bestimmte Sachverhalte verschleiert. Der „Kirchenstaat" setzt sich anfangs aus vielen kleinen Patrimonia zusammen, die zudem, wenn sie einmal geschenkt waren, oft nur zögernd oder gar nicht herausgegeben wurden. Das gilt z.B. für die Pentapolis, aber auch für die Schenkungen Karls d. Gr. nach 787. Im einzelnen läßt sich dieser Sachverhalt kartographisch nicht darstellen, da es sowohl an vollständigen Informationen fehlt als auch eines sehr großen Kartenmaßstabes bedürfte, um nicht ein völlig verworrenes Bild zu erhalten. Die flächenmäßige Darstellung ist also für die Frühzeit eine Hilfskonstruktion – sie bedeutet nicht, daß der „Kirchenstaat" in seinen Anfängen schon wie ein moderner Territorialstaat aussah.

Der Gegensatz zwischen den Ansprüchen des Papstes und deren Realisierung ist auch für die Karte der Rekuperationen Innozenz' III. zu beachten. Die Karte faßt sowohl die Gebiete zusammen, die 1197 und während des Pontifikats Innozenz' III. fest erworben wurden (Ancona, Spoleto, Radicofani), als auch die, auf die Ansprüche des Papstes zwar anerkannt wurden, deren Besitz aber zunächst prekär blieb (Romagna, Bologna, Pentapolis).

Für die beiden letzten Teilkarten ist die kartographische Darstellung weniger problematisch. Unter Julius II. (1503–13) erreichte der Kirchenstaat seine größte Ausdehnung. Zugleich begann man jetzt, das noch auf der Karte sichtbare Nebeneinander einer Reihe von Einzelherrschaften abzubauen und den Kirchenstaat straff zu zentralisieren. Die letzten Lehen liefen in der 1. Hälfte des 17. Jh. aus und durften nicht mehr vergeben werden. – Parma und Piacenza blieben bis zu Paul III. (1534–49), Modena und Reggio bis 1597 beim Kirchenstaat, der dann in dieser verkleinerten Form bis zur französischen Eroberung Italiens (Karte D) bestand (Avignon und Venaissin wurden 1791 von Frankreich besetzt). In der Karte D sind nicht sämtliche Etappen der französischen Herrschaft in Italien berücksichtigt (z. B. nicht die Cisalpinische Republik als Vorgängerin des Königreiches Italien). Auf dem Wiener Kongreß wurde der Kirchenstaat praktisch in seinen alten Grenzen wiederhergestellt (vgl. Karte C mit D) und bestand so bis 1860; seitdem im wesentlichen auf das alte Kerngebiet des *Patrimonium Petri* beschränkt, fiel auch dieses zehn Jahre später dem neugebildeten italienischen Einheitsstaat zum Opfer.

Quellen und Literatur: Die Quellen zur Entstehung des Kirchenstaates sind zusammengestellt von J. Haller, Die Quellen zur Geschichte der Entstehung des Kirchenstaates (Leipzig – Berlin 1907). Für die Zeit seit dem Ende des 12. Jh. ist wichtig P. Fabre – L. Duchesne, Liber Censuum, 3 Bde (Paris 1889-1952). Insgesamt vgl. A. Theiner, Codex diplomaticus Dominii temporalis S. Sedis, 3 Bde (Roma 1861-62), ferner die Angaben in der Literatur. – Heranzuziehen sind alle Papstgeschichten (Pastor, Schmidlin, Caspar, Haller, Seppelt-Schwaiger) sowie die Handbücher zur Kirchengeschichte, außerdem besonders: L. Duchesne, Les premiers temps de l'État Pontifical (Paris ⁴1912); F. Hayward, Le dernier siècle de la Rome pontificale 1769–1870, 2 Bde (Paris 1927–28); W. Ullmann, The Growth of Papal Government in the Middle Ages (London ³1965). Vgl. ferner die einzelnen Papstartikel und den Artikel Kirchenstaat (von H. Tüchle) im LThK² mit weiterer Literatur.

J. Martin

Nachtrag: A. Esch, Bonifaz IX. und der Kirchenstaat (Tübingen 1969).

34: A. Der Gebetsbund von Attigny (760–762)
B. Reichenauer Gebetsverbrüderung mit geistlichen Gemeinschaften

Autoren: *K. Schmid - O. G. Oexle.* Die Karten wurden zuerst veröffentlicht: Frühmittelalterliche Studien, hrsg. von K. Hauck, Bd I (Berlin, Walter de Gruyter & Co., 1967), vor S. 407.

Auf der Synode von Attigny (wohl 762) setzten 44 geistliche Würdenträger „durch ein Dekret fest, jeder von ihnen solle im Falle des Todes eines Vertragspartners für diesen 100 Psalter und 100 Messen singen lassen und 30 Messen persönlich lesen". Dieser Gebets- oder „Totenbund", der in seinen Teilnehmern die „Formation der fränkischen Reichskirche" spiegelt, ist zugleich kennzeichnend für die Bedeutung der Verbrüderungsbewegung im fränkischen Reich, in der „die das Mittelalter bestimmende Gesellschaft" „als eine religiös geprägte Gemeinschaft" erscheint.

Aufschluß über die Verbrüderungsbewegung gibt eine eigene Quellengattung: Es handelt sich dabei einmal um liturgische Bücher, in die zum Gedächtnis während der Messe oder des Stundengebetes Namen eingetragen wurden, zum anderen um eigens angelegte *Memorialbücher.* Das bedeutendste erhaltene Zeugnis dieser Gattung ist das Gedenkbuch der Abtei Reichenau, das um 826 angelegt wurde. Der Stand der Gebetsverbrüderung um 826 läßt sich bequem aus den *capitula* ablesen, einem Inhaltsverzeichnis, das 52 Klöster und 4 Domstifter nennt. Eine historische Analyse der im Gedenkbuch enthaltenen Konventslisten ergibt, daß verschiedene von ihnen schon aus der Zeit des Gebetsbundes von Attigny stammen. Das Gedenkbuch wurde laufend ergänzt, so daß sich auch die späteren Stadien der Reichenauer Gebetsverbrüderung daraus ablesen lassen. Es ist noch nicht genau erforscht, inwieweit die Ausdehnung der Reichenauer Gebetsverbrüderung nach 843 mit dem Zerfall des Karolingerreiches in Zusammenhang steht. Bestimmte Schwerpunkte (z. B. um Lyon) der nach 826 geknüpften Verbindungen gehen aus der Karte auf den ersten Blick hervor. Ebenso wird deutlich, daß seit dem 10. Jh. „der Raum des ostfränkisch-deutschen Reiches mehr und mehr den Rahmen der Reichenauer Gebetsverbrüderungen bildete". Insgesamt nahm mit dem Karolingerreich auch die Kraft der Klosterverbrüderung ab und machte der neuen „Form des mehr an die Person gebundenen Totengedächtnisses" Platz.

Quellen: Concilium Attiniacense 762, vel 760–762: MGH Conc. II 1 S. 72f; MHG Libri confraternitatum Sancti Galli, Augiensis, Fabariensis, ed. P. Piper (1884). – **Literatur:** K. Schmid – J. Wollasch, Die Gemeinschaft der Lebenden und Verstorbenen in Zeugnissen des Mittelalters: Frühmittelalterliche Studien, hrsg. von K. Hauck, Bd I (1967) 365–405, daraus für die vorliegende Karte bes. K. Schmid, Probleme der Erforschung frühmittelalterliche(r) Gedenkbücher: S. 366–389 (mit weiterer Literatur).

Zusammengestellt nach den obengenannten Arbeiten (Zitate ebenfalls daraus)

Nachtrag: K. Schmid – J. Wollasch (Hrsg.), Memoria. Der geschichtliche Zeugniswert des liturgischen Gedenkens im Mittelalter (München 1984).

35 A: Schenkungen und Privilegien Karls des Großen (768–814)

Autor: F. Prinz. Die Karte und der folgende Text wurden übernommen aus Karl der Große. Persönlichkeit und Geschichte Bd I (Düsseldorf, Verlag L. Schwann, 1966).

Das Kartenbild veranschaulicht, daß die Schenkungen und Privilegien Karls für Kirchen und Klöster nicht nach Zufall oder Laune erfolgten, sondern bestimmten politischen Absichten des Herrschers entsprachen. Das karolingische Kerngebiet zwischen Maas, Rhein und Main tritt als Häufungszentrum hervor; in diesem Raum finden sich auch drei dem Herrscherhause nahestehende und von Karl mehrfach dotierte Klöster: Echternach, Prüm und Lorsch. Wenn der Kaiser das politisch-monastische Zellensystem des Abtes Fulrad von S. Denis, das weit in den elsässisch-alemannischen Raum ausgriff, unterstützte, dann treten schon an diesem Beispiel seine staatlich-organisatorischen Absichten zutage. Noch deutlicher werden sie, wenn man die am reichsten bedachten Klöster: Hersfeld und Fulda, ins Auge faßt, die beide in hohem Maße im staatlichen Interesse an der Sachsenmission tätig waren. Auch im Fall der bayerischen Klöster Niederaltaich und S. Emmeram in Regensburg wird deren Missionsarbeit im Osten der Anlaß für die Besitzübertragungen gewesen sein, mag auch Bayern nicht zu den Gebieten gehören, denen Karl besondere kirchliche Förderung zuteil werden ließ. In Italien sind es die personell fränkisch bestimmten Klöster S. Vincenzo am Volturno, Farfa und Nonantola, ferner die Kirche von Aquileia, die sich vorzugsweise der kaiserlichen Gunst erfreuen konnten; auch hier stand die Befestigung des fränkischen Einflusses im Vordergrund. Im Frankenreich südlich der Loire ist es hingegen die Gruppe der Reformklöster Benedikts von Aniane, die Karl durch Schenkungen und Privilegien förderte, so etwa Aniane selbst, ferner Gellone, Cormery, Saint Savin-sur-Gartempe, Lagrasse, Saint Polycarpe und Caunes. Aquitanien-Septimanien und vor allem die Gebiete östlich des Rheins sind auch jene Räume kirchlich-organisatorischer und kolonisatorischer Arbeit, in denen der Kaiser durch den Rechtsakt der Traditio, mit dem die bisherigen Klosterherren ihre Eigentumsrechte an ihn abtraten oder abtreten mußten, wie in Bayern nach 788, und ferner durch den mit der Traditio verbundenen Königsschutz helfend und sichernd eingriff und auf diese Weise sein besonderes herrscherliches Interesse demonstrierte. Schenkungen, Privilegierungen und Traditio erweisen sich somit als Mittel zur politisch-herrschaftlich-kirchlichen Erfassung von Räumen, an deren Ausbau und Festigung Karl besonders gelegen sein mußte.

Literatur: Vgl. das oben zitierte Werk, besonders den Beitrag von J. Semmler in Bd II.

F. Prinz

35 B: Der karolingische Klosterplan in der Stiftsbibliothek St. Gallen

Autor: Der Plan ist eine schematisierte Neuzeichnung der Faksimile-Ausgabe des S. Galler Klosterplanes (Historischer Verein des Kantons S. Gallen, 1952).

Dieses „document capital dans l'histoire" (R. Fawtier), das 112 × 77 Zentimeter mißt, besteht aus fünf zusammengenähten Blättern von Kalbspergament, die im frühen 9. Jahrhundert mit roten Strichen bezeichnet und von zwei Händen beschriftet worden sind. Der Sinn des Planes wird durch die siebenzeilige Widmung, die über dem Friedhof steht (auf dem Plan Nr. 31), erschlossen: „Haec tibi, dulcissime fili Cozberte, de positione officinarum paucis exemplata direxi, quibus sollertiam exerceas tuam ..." (Ich habe dir, liebster Sohn Gozbert, diese bescheidene Kopie der Anordnung der Klostergebäulichkeiten gesandt, damit du daran deine Geschicklichkeit übest ...).

Empfänger war also der Abt Gozbert in S. Gallen (816-837), der im Jahr 830 den Neubau der Basilika begann. Absender war höchstwahrscheinlich Heito, Bischof von Basel und Abt der Reichenau (vgl. W. Horn: Studien 103-127). Jedenfalls ergibt sich aus der paläographischen Untersuchung, daß der Plan um 820 in der Abtei Reichenau beschriftet worden ist (vgl. B. Bischoff: Studien 67-78).

Reichenau ist wohl die Schriftheimat, nicht aber der eigentliche Entstehungsort des Klosterplanes. Denn dieses in seiner S. Gallischen Bibliotheksheimat verbliebene „Exemplar" wurde neuestens aus philologischen und technischen Gründen als eine Kopie erkannt, und zwar als die damals auf der Reichenau durchgepauste, einzige erhaltene Kopie eines nicht mehr bestehenden, aber gleichfalls karolingischen Originals (vgl. B. Bischoff und W. Horn: Studien 68 und 79–102). Jenes verschollene Original dürfte ein vorbildliches „exemplum" gewesen sein, vielleicht ein Reichsplan, der die Idealanlage des karolingischen Musterklosters vorschrieb. Eine solche schematisch gezeichnete Idea konnte dem Mittelalter als reale Bauvorlage dienen, was ausgeführte Bauten wahrscheinlich machen (vgl. J. Duft: Studien 43-49). Jedenfalls weisen die Maßangaben in der Plankirche auf Verwirklichung hin, wenn auch gerade diesbezüglich ein bis heute noch nicht endgültig geklärter Widerspruch zwischen der Zeichnung und den Maßinschriften besteht (vgl. J. Duft 49-53).

Was von diesem Plan, der eine typisch mittelalterliche Mischung abstrakter Idee und trotzdem praktischer Ausführbarkeit darstellt, in S. Gallen baulich verwirklicht wurde, ist noch unbekannt, obwohl der Baugrund und das Umgelände für eine solche Anlage theoretisch ausgereicht hätten (vgl. H. Edelmann: Studien S. 279-289). Ein Vergleich mit monastischen Quellen ergibt weitgehende Übereinstimmung einer solchen Planung mit dem konkreten Klosterleben der Karolingerzeit im Sinn der Reformen Benedikts von Aniane (vgl. W. Hafner: Studien 177-192).

Literatur: Studien zum S. Galler Klosterplan, hrsg. von J. Duft (S. Gallen 1962, Nachdr. 1964).

J. Duft (entnommen dem Begleittext zur Faksimile-Ausg. des Klosterplanes)

Nachtrag: W. Horn – E. Born, The Plan of St. Gall. A Study of the Architecture and Economy of, and Life in a Paradigmatic Carolingean Monastery, 3 Bde (Berkeley – Los Angeles – London 1979); K. Hecht, Der St. Galler Klosterplan (Sigmaringen 1983).

36: Die Verfassung der byzantinischen Kirche im 10. Jahrhundert

Zusammenstellung: J. Martin

Das Schema beruht – bis in einzelne Formulierungen hinein – auf der Darstellung, die Beck S. 60–140 von der Verfassung der Byzantinischen Kirche gegeben hat. Das 10. Jh. wurde als Betrachtungszeitraum gewählt, weil zu dieser Zeit der Umwandlungsprozeß, den fast alle frühbyzantinischen Institutionen durchmachten, im wesentlichen abgeschlossen war und sich die Formen herausgebildet hatten, die in den meisten Fällen auch für die spätbyzantinische Zeit Gültigkeit hatten.

Wie jede schematische Darstellung ist auch dieses Schema eine Vereinfachung; es stellt die Regelfälle dar, von denen es oft genug Ausnahmen gegeben hat. Als Beispiel sei nur erwähnt die Bestellung der Patriarchen, bei der die Kaiser nicht selten von der im Schema genannten Regel abwichen. Zum anderen konnte, um die Darstellung nicht zu verwirren, im Schema nur ein Ausschnitt aus der Verfassung der Byzantinischen Kirche geboten werden. Einige Informationen seien deshalb hier nachgetragen: Die Weihe des Patriarchen vollzog, falls der Patriarch nicht vorher Bischof gewesen war, der Metropolit von Heraclea als Leiter des Metropolitanverbandes, zu dem ursprünglich Konstantinopel gehört hatte. Von den zahlreichen Patriarchal- bzw. Bischofsämtern sind im Schema die sog. 1. Pentade berücksichtigt, ferner der Archidiakonat als in der frühbyzantinischen Zeit herausragendes Amt sowie die *Ekdikoi,* deren Leiter in der spätbyzantinischen Zeit zur 1. Pentade gezählt wurde. Die Verantwortlichkeit für Kirchen bzw. Klöster scheint teilweise zwischen dem Sakkelarios und dem Sakkeliu gewechselt zu haben. Weitere wichtige Ämter waren die der Apokrisiare (Nuntien) und des Periodeutes, der wahrscheinlich den Gottesdienst auf dem Land versah. – Die Funktionen des Patriarchen sind deshalb nicht eingetragen, weil ihre Ausübung immer stark von der Persönlichkeit der einzelnen Patriarchen abhing und wahrscheinlich in vielen Fällen an die Zusammenarbeit mit der *Endemusa* gebunden war. Neben der Ernennung der Metropoliten und autokephalen Erzbischöfe stand den Patriarchen die Weihe des Chrisam und das Recht des Stauropegs (Gründung von Patriarchalklöstern) zu. Die Bischöfe waren, wie im Westen, die autorisierten Lehrer und Richter der Gemeinde.

Quellen und Literatur: Vgl. oben im Text. Beck gibt S. 140–147 auch einen zusammenfassenden Überblick über die Quellen des Kirchenrechts.

J. Martin

37: Das Mönchtum im Frankenreich, in Bayern und in Oberitalien bis 768 (788)

Autoren: Für das Frankenreich und Bayern ist die Karte eine Kompilation der Karten VI, X, XI und XII A–C aus dem Werk von *F. Prinz,* Frühes Mönchtum im Frankenreich (R. Oldenbourg-Verlag, München – Wien 1965). – Für Italien: *J. Martin.*

Die Karte will einen Gesamtüberblick über das frühmittelalterliche Mönchtum im Frankenreich, in Bayern und in Oberitalien vermitteln. Die Themen der Karten 14 und 25 werden dabei in gewisser Weise zusammengefaßt und weitergeführt.

Die Einteilung der Klostergründungen im fränkischen Bereich in drei auch geistig unterscheidbare Zeitabschnitte bringt das zonenweise Vordringen der monastischen Kultur aus dem Erhaltungsgebiet städtisch-antiken Lebens nach Norden und Osten zum Ausdruck. Die erste Phase umfaßt das altgallische Mönchtum sowohl in seiner martinischen Prägung als auch in der orientalisch beeinflußten Form des Rhône-Mönchtums. In der zweiten Phase, deren Repräsentanten Kolumban und Amandus sind, dringt das von den Iren geprägte Mönchtum (vgl. Karte 25 A) im Zuge des beginnenden Landesausbaus nach Norden und Nordosten vor. Die Klostergründungen entfernen sich meist vom Bannkreis städtischer Kultur, der germanische Adel ist sowohl als Gründer wie auch im Mönchsgewand immer stärker an dieser ursprünglich antik-christlichen Lebensform beteiligt. Zugleich gewinnt, aus Italien über Lérins ins Frankenreich kommend, die *Regula S. Benedicti* über andere ältere Mönchsregeln die Oberhand, bis sie schließlich im 8. Jh. die Regel schlechthin ist. Die 3. Phase schließlich, deren Repräsentanten Willibrord und Bonifatius sind (vgl. Karte 25 B), ist durch das Vordringen in heidnisch-germanisches Gebiet unter dem Schutze der fränkischen Staatsgewalt gekennzeichnet.

Die Verbindung zwischen staatlicher Macht und Mönchtum manifestiert sich am deutlichsten in den Klöstern, die von Mitgliedern der Herrscherhäuser gegründet oder dotiert worden sind (die Karte verzeichnet nur die erste Kategorie). Die Gründungen der Merowinger und Karolinger sind jeweils signifikant für die Reichweite ihrer politischen Macht, wobei besonders interessant ist, daß es im Rhein-Maas-Gebiet „schon sehr früh einen kirchenpolitischen (und damit auch politischen!) Kernraum karolingischer Macht gegeben haben muß, der für die merowingische Staatsgewalt mehr oder weniger undurchdringlich war". Eine Parallelerscheinung zeigt sich in Bayern – sie verweist zugleich auf den Zusammenhang, der zwischen den Klostergründungen Bayerns und des fränkischen Reichs besteht. In Westbayern gibt es bis auf das fragliche Thierhaupten keine Gründungen der Agilulfinger. Hier war vielmehr der westbayerische Adel tätig, der in enger Verbindung zu den Karolingern stand, so daß man von einer westbayerisch-fränkischen Klosterpolitik sprechen kann. Im Gegenzug dazu gründeten die Agilulfinger im Ostteil des Herzogtums eine Reihe von Klöstern, was wiederum ein Indiz dafür ist, daß sie sich hier einen Kernraum der Macht aufzubauen suchten.

Eine engere Verbindung zwischen Oberitalien und dem fränkischen Reich, die sich dann ebenfalls deutlich in der Klosterpolitik manifestieren sollte, wurde erst in der auf den Darstellungszeitraum der Karte folgenden Epoche geschaffen (vgl. für den Anfang dieser Epoche schon die Karte der Schenkungen und Privilegien Karls auf S. 35), wobei die Frankenherrscher häufig in die Rechte und Pflichten der Langobardenkönige gegenüber den Klöstern eintraten. Das kirchliche und insbesondere das klösterliche Leben Italiens hatte im 6. Jh. durch den Einfall der Langobarden einen einschneidenden Kontinuitätsbruch erlitten. Kaum ein Kloster überstand den Einfall, 577 wurde das berühmte Montecassino zerstört. Doch schon Anfang des 7. Jh. begann das Bekehrungswerk unter den Langobarden, das bis zum Ende des Jh. im wesentlichen abgeschlossen war. Die Folge davon war nicht nur das Wiedererstehen der alten großen Abteien (Montecassino 717, Farfa um 705), sondern auch die Gründung vieler neuer Klöster, wobei auch hier die langobardischen Herrscherhäuser aktiv mitwirkten. In der Karte sind nur die Klöster besonders markiert, bei deren Gründung Mitglieder der Herrscherhäuser die direkte Initiative hatten. Die Tätigkeit der Langobardenherrscher würde noch deutlicher, wenn man auch die Klöster bezeichnete, die mit königlicher Unterstützung (etwa durch Überlassung von Grund und Boden) zustande kamen (so Bobbio, Monte Amiata, Fainano, Nonantola). Ein großer Teil der übrigen Klostergründungen geschah durch – z. T. mit den Königshäusern verwandte – Herrscher einzelner Teilgebiete.

Die Karte ist für den langobardischen Teil nicht ganz vollständig, da es nicht möglich war, alle in den Quellen und in der Literatur genannten Klöster sicher zu lokalisieren; die für die Geschichte des Mönchtums bedeutsamen Klöster sind jedoch alle eingetragen.

Als Ergänzung der Legende ist nachzutragen, daß schwarze Fragezeichen Unsicherheit des Zeitansatzes, blaue Fragezeichen Unsicherheit in bezug auf die Gründung durch ein bestimmtes Herrscherhaus bedeuten.

Quellen und Literatur: *Für das Frankenreich und Bayern:* A. Beaunier – J. M. Besse, Abbayes et prieurés de l'ancienne France, 10 Bde (Paris 1908ff); A. Hauck, KG Deutschlands, Bde I–II (Leipzig – Berlin ^{8}1954); E. Lesne, Histoire de la propriété ecclésiastique en France, Bde I, II, V (Paris 1910–40); L. Ueding, Geschichte der Klöstergründungen der frühen Merowingerzeit (Berlin 1935); R. Aigrain, Le monachisme occidentale: Fliche-Martin, Histoire de l'Église V (Paris 1938) 505–542; P. Lehmann, Erforschung des Mittelalters, 5 Bde (Leipzig – Stuttgart 1941–60); R. Bauerreiss, KG Bayerns, 5 Bde (S. Ottilien 1949–55), Bd I (^{2}1958); Il monachesimo nell'alto medioevo e la formazione della civiltà occidentale (Spoleto 1957); P. Riché, Éducation et culture dans l'occident barbare. VI–VIII siècle (Paris 1962); F. Prinz, Frühes Mönchtum im Frankenreich (München – Wien 1965) (mit weiterer Lit.). – *Für das Langobardenreich:* Wichtigste Quelle ist L. Schiaparelli, Codice diplomatico langobardo I–II (Roma 1929–33). – H. Grasshoff, Fränkisch-langobardisches Klosterwesen in Italien (Göttingen 1907); K. Voigt, Die königlichen Eigenklöster im Langobardenreiche (Gotha 1909); Ph. Schmitz, Geschichte des Benediktinerordens I (Einsiedeln – Zürich 1947); G. Penco, Storia del monachesimo in Italia dalle origini alla fine del Medio Evo (o. O. u. J. [1962]) (mit weiterer Lit.).

J. Martin (für das Frankenreich und Bayern unter Benutzung des Buches und brieflicher Mitteilungen von F. Prinz)

38: Das jakobitische Mönchtum des Mittelalters

Autoren: Karte A: I. Nabe-v. Schönberg
Karte B (Tur Abdin): H. Anschütz

Die Karte der syrisch-jakobitischen Klöster kann nur etwa die Hälfte der Klöster zeigen, die es zwischen 800 und 1150 im dargestellten Gebiet gegeben hat, da Angaben über die Lage einzelner Klöster meist nur beiläufig von den Chronisten dieser Zeit gemacht werden. Die meisten Notizen und vertrauenswürdigen Lokalisationen finden wir in der KG des Patriarchen Michael I. (1166–99), der seinen Jurisdiktionsbereich durch häufige Reisen wohl recht gut kannte. Leider sind auch seine Hinweise oft recht pauschal und ungenau; Klöster mit der Bezeichnung „bei jener Stadt" – z. B. Edessa – liegen oft in weitem Umkreis von ihr, so daß eine sichere Ortsangabe heute kaum noch möglich ist, es sei denn archäologische Untersuchungen oder Inschriften ermöglichten eine Identifikation der Klosterruinen.

Nur sehr großen und bedeutenden Klöstern dieser Zeit wird in den Chroniken auch hinsichtlich ihrer genauen Lage ein breiter Raum gewidmet. So wissen wir viel über das Kloster Bar Sauma in der Nähe von Melitene, über Mar Mattai bei Mossul und Qartamin im Tur Abdin (letzteres wird auch heute noch von Mönchen bewohnt). Als Klosterneubauten entstanden um das Jahr 1000 die Klöster Pesquin, Bar Gagai und Sergishjeh neben vielen kleineren im Gebiet von Melitene, das damals unter byzantinischer Herrschaft war – im muslimischen Bereich war ein Neubau von Kirchen und Klöstern prinzipiell verboten. So hören wir aus dieser Zeit höchstens von Restaurierungen oder Erweiterungen, aber auch von zahlreichen Verwüstungen und Plünderungen durch türkische und armenische Streifzüge, denen die Klöster meist wehrlos ausgesetzt waren. Allerdings halfen sich manche größere Klöster durch den Bau von starken Mauern und Befestigungsanlagen, deren Umfang und Größe wir zum Teil auch heute noch in den zahlreichen Ruinen bewundern können.

Die Klöster, die sich nicht lokalisieren lassen, sind im folgenden aufgeführt:

Abadhar
Abid Abdun
Abu'l-hauri
Aluk
Mar Amalina
Argula
Aschud
Mar Asia
Atu
Baitaja
Bar Buschir
Mar Bar Sauma
Bekennerkloster
Bet Hanisch
Bet Qenaja s. Klöster von Zabar
Bir Qum
Bukre (Tur Abdin)
Mar Daniel
Mar Elisa – Eliaskloster bei Samosata?
Ezron
Kloster der Fremden
Gaschum
Gubba-Baraja
Habib
Bar Hadbeschabba
Hala
Harsaphta
Haschrai – Qaschrai (Tur Abdin)
Hesna Hamusa
Hur Ebar (Tur Abdin)
Mar Joseph
Kanuschia
Kasliud
Kepha de Arzanie
Mar Mama
Maqrona
Mar Markus
Masora
Maurikios
Meriba
Muttergotteskloster s. Natapha
Muttergotteskloster (bei Gudpai)
Nahra de Qalliniqos
Natapha – Muttergotteskloster (Tur Abdin)
Nulabon
Perrin
Pesilta
Mar Petrus
Mar Phargisia
Phinehas
Qainan de Hadet
Qaisa Abia
Qaleph
Qaqosin
Qarirait
Qaschrai s. Haschrai
Raphin
Romanus
Mar Saba
Sabe
Samite
Samnug
Sarmin
Sarzaq
Sasarani
Seban
Mar Sena
Sergishjeh
Mar Severus
Siagta
Mar Simeon (Tur Abdin)
Souqin
Tarel
Tellal
Tell Patriq
Theodotus (Tur Abdin)
Klöster von Zabar – Bet Qenaje (5 Klöster in der Gegend um Melitene)
Zarnuqa

Außerhalb des Kartenausschnittes liegt das Kloster der Syrer (Ägypten; vgl. D. Suriani auf S. 11 B2).

Quellen und Literatur: J. S. Assemani, Dissertatio de monophysitis: Bibliotheca Orientalis Clementino-Vaticana, Bd II (Roma 1721) 1–162; W. Wright, Catalogue of the Syriac Manuscripts in the British Museum (London 1870–72); E. Sachau, Die Handschriftenverzeichnisse der königlichen Bibliothek zu Berlin. Verzeichnis der syrischen Hss. 23, 1. und 2. Abtlg. (Berlin 1899); Michael der Syrer: Chronique de Michel le Syrien, patriarche jacobite d'Antioche 1166–1199. Éditée pour la première fois dans le texte original et traduite en français par J.-B. Chabot (Paris 1899–1910, Neudr. Bruxelles 1963); H. Pognon, Inscriptions sémitiques de la Syrie, de la Mésopotamie et de la région de Mossoul (Paris 1907–08); E. Honigmann, Nordsyrische Klöster in vorarabischer Zeit: Zschr. für Semitistik 1 (1922) 15–33; ders., Le Couvent de Barsaumā et le Patriarcat Jacobite d'Antioche et de Syrie: CSCO 146 (Louvain 1954); P. Krüger, Das syrisch-monophysitische Mönchtum im Tur-Ab(h)din von seinen Anfängen bis zur Mitte des 12. Jh., Teil 1 (Diss. Münster 1937), Teil 2: Orientalia Christiana Periodica 4 (1938) 5–46; G. Tchalenko, Villages Antiques de la Syrie du Nord, 3 Bde (Paris 1953–58); J. M. Fiey, Assyrie chrétienne, 3 Bde (Beyrouth 1965–68); ders., Balad et le Beth Arabâyé irakien: Orient Syrien 9 (1964) 189–232.

I. Nabe – v. Schönberg

Die Karte zum Tur Abdin war ursprünglich als völlig selbständige Karte geplant, in der für die Namengebung die Bezeichnungen der syrischen Christen zugrunde gelegt worden waren. Daraus erklären sich die Unterschiede zwischen den Karten A und B in der Namengebung. Die Karte basiert ganz auf den Forschungen von Krüger (vgl. in der Literatur oben), der jedoch teilweise andere Namensformen verwendet. Sie sind im folgenden den in der Karte gebrauchten gegenübergestellt.

Krüger	*Karte*
Aha	Mar Aho
Azazael	Mar Izzozoyel
Bassus	Mar Bossus
Cyriacus	Mar Kuryakos
Dada	Mar Dodo
Dometius	Mar Dimet
Georg	Mar Giwargis
Habsusjat(h)a	Mar Loozor
Ja'qob(h)	Mar Jakub
Johannan	Mar Juhannan
Malka	Mar Malke
Kaphar Sema	Mar Serbil
El-Mokhr	Mar Zoche
Samuel	Mar Schmuel
Sarbil	Mar Scharbel
Selib(h)a	Der Salip
Sergius und Bacchus	Mar Sarkis Bakus
Stephanus	Mar Estefanus

J. Martin

39: Klöster im byzantinischen Reich

Autor: W. Hecht

Die monastische Bewegung hat während der ganzen byzantinischen Geschichte eine große Rolle gespielt. Seit der frühbyzantinischen Zeit waren die Klöster Zentren des religiösen und geistigen Geschehens und beeinflußten auch das politische Leben in Byzanz maßgeblich. Zwischen dem Kaiser, seiner Familie und den Großen des Reiches und auf der anderen Seite den Klöstern bestanden bis zum Fall Konstantinopels immer Beziehungen vielfältigster Art.

Wenn zu beobachten ist, daß die Schwerpunkte des mönchischen Lebens im byzantinischen Reich sich oft in der Nähe von größeren Städten befinden, so wird man im weiteren Raum um Konstantinopel einen Ballungsraum klösterlicher Niederlassungen erwarten. Tatsächlich bevorzugten die orthodoxen Mönche und Asketen in allen Jahrhunderten der byzantinischen Geschichte die Ufer des Bosporus und die Gestade und Inseln der Propontis für ihre Klöster und Lauren. 14000 Koinobiten lebten nach dem Zeugnis des russischen Erzbischofs Antonius von Nowgorod allein zwischen Konstantinopel und dem Schwarzen Meer. Während dagegen das nicht so städtereiche Thrakien verhältnismäßig wenige Klöster von einiger Bedeutung aufzuweisen hat, gehörte Bithynien zu den klosterfreudigsten Gegenden des Reiches. Kann dabei der Auxentiosberg bei Chalkedon eigentlich noch zum Einzugsgebiet Konstantinopels gezählt werden, so ist der Ulu-Dagh, der bithynische Olymp im Süden von Bursa, das Zentrum des Mönchtums für die Gebiete südlich des Marmara-Meeres. Hier sind Lauren und Klöster in einer Dichte anzutreffen, wie wir sie nur noch auf dem Athos und dem Latmos-Berg bei Milet wiederfinden. Daß das kleinasiatische Mönchtum seit der Ikonoklasmuskrise und wieder unter den Herrschern von Nikaia besondere Höhepunkte seiner Entwicklung erlebte, ist ebenso bekannt wie die Tatsache, daß das Vordringen der Türken im 11. Jh. eine schwere Bedrohung, im 14. Jh. den Niedergang des monastischen Lebens in der östlichen Reichshälfte bedeutete. Anhand der Viten hervorragender Vertreter des kleinasiatischen Mönchtums läßt sich zeigen, daß sich das geographische Schwergewicht des mönchischen Lebens im byzantinischen Bereich aus dem genannten Grund immer mehr in die europäische Reichshälfte mit dem Kristallisationspunkt Athos (vgl. Karte 45B) und der neuen mönchischen Provinz Serbien (vgl. Karte 55A) verlagerte.

Quellen: Grundlagen für die vorliegenden Karten sind die Nennungen der einzelnen Klöster in den Werken der wichtigeren byzantinischen Historiker und Literaten sowie Quellen rechtsgeschichtlicher Natur, wie sie vor allem in Form der Typika für verschiedene Klöster vorliegen. Unentbehrlich war die Zusammenstellung der bedeutenderen Klöster bei Beck,

207ff. Für die Ufer des Bosporus und die Gegend zwischen Chalkedon und Nikomedien boten die dem Werk von R. Janin, Constantinople byzantine. Développement urbain et répertoire topographique (Paris ²1964), beigegebenen Karten eine wertvolle Hilfe. Über den bithynischen Olymp als Zentrum des mönchischen Lebens orientiert – mit Kartenmaterial – B. Menthon, Une terre de légende, L'Olympe de Bithynie (Paris 1935).

W. Hecht

40: Rom bis um 1000

Autor: J. Martin

Die Karte schließt an die Darstellung auf S. 16 an, berücksichtigt aber nur den Bereich innerhalb der Mauern. Der Stand um 600 ist in schwarzer Färbung gegeben, spätere Gründungen werden in blauer und roter Farbe erfaßt. In jedem Fall handelt es sich bei den chronologischen Einordnungen der Karte um die Gründungsdaten, nicht also um die Ausführung von Neu- oder Umbauten usw. Im übrigen ist man bei der chronologischen Einordnung häufig allein auf die erste Nennung einer kirchlichen Einrichtung angewiesen. Daß dieses Datum normalerweise nicht mit dem Gründungsdatum identisch ist und deshalb manche Kirchen oder Klöster älter sein können, als sie im Plan eingeordnet sind, versteht sich von selbst.

Zur Epoche bis um 800 ist in der Karte der ganze Pontifikat Leos III. (795–816) gerechnet, zu dem besonders viele Nachrichten über Kirchen und Klöster überliefert sind (vgl. unten). Diese Epoche ist die große Zeit der Diakonien, Einrichtungen, die der „caritativen Unterstützung der Armen" (Frutaz) dienten und zu denen jeweils auch eine Kirche gehörte. Ebenso wurde in dieser Zeit eine große Anzahl von Klöstern gegründet, von denen der Plan jedoch nur einen Teil zeigt, da sich viele nicht lokalisieren lassen.

Schon seit der Verlegung der Hauptstadt des Römerreiches von Rom nach Konstantinopel war die städtische Bedeutung Roms zurückgegangen. Dies und mehrfache Plünderungen hatten dazu geführt, daß auch die Bevölkerung stark abnahm, eine Entwicklung, die sich dann in der Lage der seit 600 neugegründeten Kirchen widerspiegelt. Deutlich ist eine Konzentration auf die Innenstadt und ganz besonders auf das Gebiet um das Marsfeld und um S. Peter zu beobachten, während die Klöster aus verständlichen Gründen noch weiter gestreut bleiben. Auch die Kirchen der folgenden Epoche befinden sich mit einer Ausnahme im Tiber- und Vatikangebiet. Insgesamt nimmt jetzt die Gründung neuer Kirchen und Klöster ab, was nicht verwundert, wenn man sich klarmacht, daß der größte Teil dieser Epoche in das *saeculum obscurum* fällt. Erst mit dem 11. Jh. setzte wieder ein Neubeginn größeren Ausmaßes ein.

Es wurde versucht, alle Kirchen, Klöster und Diakonien in die Karte einzutragen, die bis um 1000 bezeugt sind und die sich lokalisieren lassen. Die Titelkirchen sind hier nicht mehr eigens markiert (vgl. dazu Karte 16). Was die Quellen betrifft, so sind neben den archäologischen Funden besonders wichtig frühe Kataloge: An erster Stelle sind die Kap. 69–81 aus der Biographie Leos III. im *Liber Pontificalis* zu nennen, in denen von den Wohltaten des Papstes gegenüber Kirchen, Klöstern und Diakonien die Rede ist. Der vor 682 entstandene *Catalogus Salisburgensis* enthält die Namen von 21 Kirchen, während der auf eine Arbeit des 8./9. Jh. zurückgehende *Anonymus Einsidlensis* 61 Namen bringt (vgl. zu diesen und anderen Katalogen Huelsen [Kommentar zur Karte 16] I–XXV und 3–123).

Quellen und Literatur: Vgl. die Angaben zu Karte 16, dazu Codice Topografico della Città di Roma, a cura di R. Valentini – G. Zucchetti: Fonti per la storia d'Italia 81, 88, 90, 91 (Roma 1940–1953): A. P. Frutaz, Diakonie: LThK² III 324f (mit weiterer Lit.).

J. Martin

41: Das Christentum in mittelalterlichen Städten

A. Köln

Autor: Die Karte basiert auf dem Plan von *R. Haaß* im LThK² Bd VI nach Sp. 384. Korrekturen zur Lage verschiedener Kirchen und Klöster sowie Nachträge zu den Orden der Klöster trugen B. Nowak und J. Torsy bei.

Wenn Köln und Athen in diesem Atlas neben den großen Zentren der Christenheit dargestellt werden, dann ist das rein exemplarisch zu verstehen. Man hätte auch andere Städte auswählen können, doch bieten Köln und Athen – das eine durch seinen kirchlichen Rang, beide durch ihre kulturelle Bedeutung und kirchenbauliche Entwicklung – besonders gute Beispiele für das Christentum in mittelalterlichen Städten.

Die um 12 v. Chr. entstandene Siedlung der Ubier und spätere Veteranenkolonie *(Colonia Claudia Ara Agrippinensium)* erlebte ihre erste große Blütezeit als Metropole der Germania inferior. Das Christentum kam spätestens im 3. Jh. nach Köln, der erste Bischof ist auf den Synoden von Rom 313 und Arles 314 bezeugt. Schon früh sind auch Kirchen nachweisbar: die älteste Bischofskirche ist zwar bis heute nicht identifiziert, doch gehen die späteren Stiftskirchen S. Gereon, S. Severin und S. Ursula als Coemeterialkirchen auf das 4. Jh. zurück. Die Gründung der übrigen Stiftskirchen erfolgte vom Frühmittelalter bis um die Mitte des 11. Jh. (S. Kunibert im 7. Jh., S. Maria im Capitol um 700, S. Cäcilia 9. Jh., S. Andreas 953/965, S. Aposteln 965 [Kollegiatstift nach 1021], S. Maria ad gradus 1059, S. Georg 1056/75). Die Anfangsstadien der Pfarrorganisation werden im 9./10. Jh. mit den Kirchen S. Alban, S. Johannes Baptist, S. Kolumba, S. Laurenz, S. Maria Ablaß, S. Peter und S. Maria Lyskirchen sichtbar, doch ging die Neugründung von Pfarrkirchen während des ganzen Mittelalters weiter. Als kirchliche Metropole (seit Ende des 8. Jh.; besonders folgenreich für die Stadt war die Wirksamkeit des Erzbischofs Bruno I. [953–965], des Bruders Ottos d. Gr.) und infolge seiner wachsenden wirtschaftlichen und kulturellen Bedeutung war Köln auch Anziehungspunkt für die verschiedensten Orden: Im 10. Jh. erhielt Köln 2 Benediktinerklöster (S. Pantaleon um 957, etwas später wurde die Stiftskirche Groß-S. Martin in ein Benediktinerkloster umgewandelt). Benediktinerinnen ließen sich kurz nach 1141 (S. Mauritius) und 1178 (Makkabäer) in Köln nieder, das 1313 als Augustinerinnenkloster gegründete S. Agatha nahm 1459 die Benediktinerregel an. Die Zisterzienserinnenklöster Marienspiegel und Mariengarten stammen aus den Jahren 1215 bzw. um 1220, die Weißen Frauen von S. Maria Magdalena kamen 1229. Nach der Gründung der Bettelorden hielten auch diese schnell in Köln Einzug: die Dominikaner 1221, die Franziskaner 1222, die Karmeliten 1256, die Augustinereremiten 1264; die Dominikanerinnen um 1257, die Franziskanerinnen 1307. Als letzte der mittelalterlichen Orden gründeten Niederlassungen die Kartäuser (1334) und die Brüder vom gemeinsamen Leben (1402).

Die Karte gibt den Stand des späten Mittelalters wieder. Von den zahlreichen Beginen-Konventen sind nur die berücksichtigt, die sich (meist im 15. Jh.) zu Frauenklöstern entwickelt haben.

Quellen und Literatur: Die Quellen sind verarbeitet: Die Kunstdenkmäler der Stadt Köln, hrsg. von P. Clemen, Bd II, 3. Abt.: Die ehemaligen Kirchen, Klöster, Hospitäler und Schulbauten der Stadt Köln (Düsseldorf 1937). – Vgl. ferner: H. Keussen, Topographie der Stadt Köln im Mittelalter, 2 Bde (Bonn 1910); H. Vogts, Köln im Spiegel seiner Kunst (Köln 1950); A. Stelzmann, Illustrierte Geschichte der Stadt Köln (Köln 1958); Schriften zur Kölner Topographie, hrsg. von R. Steimel, Bd I: O. Doppelfeld, Über die wunderbare Größe Kölns (Köln-Zollstock 1961), Bd II: Unvergängliches Köln einst und heute (ebd. 1960).

J. Martin nach R. Haaß im LThK² VI 383f und 386–388.

B. Das byzantinische Konstantinopel

Autor: R. Janin

Die große Geschichte des nach der Tradition 658 von Siedlern aus Megara gegründeten Konstantinopel begann, als Kaiser Konstantin es 325 unter dem Namen *Nova Roma* zur Hauptstadt des Reiches machte. Der Umfang der Stadt wurde verdoppelt, nach dem Muster Roms wurde sie in 14 Regionen eingeteilt. Dazu kamen noch 2 Gebiete außerhalb der konstantinischen Stadt, die *Blachernen* und *Sykai* (heute Galata): so stellt sich Konstantinopel in einem offiziellen Verzeichnis von um 430 dar: *Urbs Constantinopolitana Nova Roma,* ed. O. Seeck: Notitia Dignitatum (Berlin 1865) 227–243.

Die für das staatliche und kirchliche Leben nötigen Gebäude mußten nun vervielfacht werden. Die von Rom zur Etablierung der Verwaltung herbeigerufenen Funktionäre nutzten die Stunde, um sich große Häuser zu bauen, von denen viele den neuen Vierteln ihren Namen gegeben haben. Hesychios von Milet in seiner *Patria* (6. Jh.) und andere spätere Patriographen wie Pseudo-Kodinos haben entsprechende Listen zusammengestellt. Th. Preger hat die drei wichtigsten Schriften zu diesem Thema veröffentlicht: *Scriptores originum Constantinopolitanarum* I (Leipzig 1901), II–III (ebd. 1908). Ihre Mitteilungen haben nicht den gleichen Wert wie die der Chronisten und Historiker (Eusebios im 4. Jh., Sokrates und Sozomenos im 5. Jh. usw.). Besonders an diesen Autoren kann man die Entwicklung des kaiserlichen Palastes und den ununterbrochenen Bau von Kirchen und Klöstern ablesen. Die größten Bauherren waren Konstantin und Konstantios im 4. Jh., der Ökonom der Hagia Sophia Markian († 450), die Kaiserin Pulcheria im 5. Jh., Juliana Anikia, Nachkommin Theodosius' d. Gr., im 5./6. Jh. und vor allem Justinian, der das ganze Reich mit neuen Bauwerken bedeckte (dazu besonders Prokop, De aedificiis), später Theophilos und Basileios Makedon (zu beiden vgl. bes. Theophanes Contin.). Das Zeremonienbuch Konstantins VII. Porphyrogennetos (10. Jh.) gibt Aufschluß über die verschwenderischen Bauten und die offiziellen zivilen und religiösen Zeremonien.

Über die ersten Kirchen von Byzanz sind wir nur schlecht unterrichtet, da die Patriographen das Thema ohne jede kritische Einstellung behandelten. Als Gregor von Nazianz im Herbst 379 nach Konstantinopel kam, fand er nur eine orthodoxe Kirche vor, Anastasia (Sokrates V 77; Sozomenos VII 5). Die offizielle Notiz von 430 nennt nur 12 Kirchen für die 14 Regionen; Sokrates und Sozomenos erwähnen noch andere, die den Novatianern gehörten.

Für das 4. Jh. ist die Existenz der Hagia Sophia und Hagia Irene bezeugt. Vom 5. Jh. an entstehen die großen Basiliken H. Ioannes Baptistes (463), die Theotokos der Blachernen und die der Kaiserin Pulcheria zugeschriebene Chalkoprateia (= H. Maria an der Cisterna Basilika), ferner die Kirchen der Juliana Anicia auf dem 4. Hügel (H. Polyeuktos, H. Euphemia, H. Stephanos). Auf Justinian gehen der grandiose Neubau der H. Sophia sowie H. Sergios und Bakchos u. a. zurück. Die Chora-Kirche stammt aus der gleichen Epoche. Im 6. Jh. gab es zahlreiche Klöster in der Stadt, die sich vor allem in wenig bevölkerten Stadtteilen ansiedelten. Basileios Makedon erneuerte H. Diomedes, erbaute die Nea im Palast und restaurierte H. Michael (Sosthenion). Die Komnenen erbauten sich einen neuen Palast oberhalb der Blachernen und gründeten das Pantepoptes- und Pantokrator-Kloster sowie die Theotokos Eleousa und die Theotokos Kecharitomene. Die Palaiologen können schließlich das Pammakaristos-Kloster und H. Demetrios für sich beanspruchen. – Die Kirchen in Galata sind bis auf H. Irene lateinische Gründungen.

Literatur: R. Janin, Constantinople byzantine (Paris ²1969); ders., Les églises et les monastères: La Géographie ecclésiastique de l'empire byzantin, Bd III (Paris ²1969), beide Werke mit Quellen und weiterer Literatur.

R. Janin

42: Das Christentum in mittelalterlichen Städten

A: Athen

Autor: J. Martin

Von der großen geschichtlichen Vergangenheit Athens blieb, was die politische Bedeutung betrifft, in der römischen Kaiserzeit wenig übrig. Es wurde zu einer Provinzstadt, was sich auch darin äußerte, daß es erst im 9. Jh. (869) zur kirchlichen Metropole aufstieg. Dennoch dauerte sein alter geistiger Ruhm weiter und bewirkte, daß es immer wieder das Interesse auf sich zog und verschwenderisch mit Bauten ausgestattet wurde. Auf dem kirchlichen Sektor war hier – wie an vielen anderen Orten – Justinian, der die athenische Akademie schloß, besonders tätig; ein großer Teil der antiken Kirchen, von denen viele antike Tempel abgelöst haben, geht auf seine Regierungszeit zurück. Eine genaue Chronologie aller antiken Kirchen Athens ist besonders schwierig, weil – gerade infolge des Absinkens der Bedeutung Athens – literarische Quellen weitgehend fehlen.

An der Situation der Stadt änderte sich auch in der folgenden Epoche nichts, obwohl sie, wie oben erwähnt, 869 zur kirchlichen Metropole aufstieg. Vom Bulgareneinfall 995 blieb sie verschont. Seit dem 11. Jh. setzte wiederum eine Bautätigkeit auf kirchlichem Gebiet ein, und Athen hat einige besonders schöne Beispiele byzantinischer Kirchenbaukunst hervorgebracht. Zu nennen sind vor allem Kapnikarea (11./12. Jh.) und die Panagia Gorgoepekoos (= Kleine Metropolis, 12. Jh.). Schon im 9. Jh. dürfte die Kirche H. Theodoroi gegründet worden sein – sie wurde im 11. Jh. umgebaut. In der Zeit der Frankokratie (1204–1458) gab es kaum noch Neugründungen von Kirchen, doch können wir den Stil der Kreuzfahrer an einigen Um- und Neubauten erkennen (z. B. Prophetes Elias, Metamorphosis tou Soteros).

Im Plan bedeuten Klammern um einen Namen, daß es sich um den heutigen Namen handelt und der alte Name unbekannt ist.

Quellen und Literatur: A. Xyngopulos, Byzantinische und türkische Denkmäler von Athen. Inventar der byzantinischen Denkmäler (Heureterion) II (Athenai 1929); H. Megaw, The Chronology of Some Middle Byzantine Churches: Annual of the British School of Athens 32 (1931/32) 90–130; F. W. Deichmann, Frühchristliche Kirchen in antiken Heiligtümern: Archäologisches Jb. 54 (1939) 105–136; K. Mires, Hai ekklesiai ton palaion Athenon (Athenai 1940); M. Chatzidakes, Byzantine Athens (Athenai 1958); J. Travlos, Poleodomike Exelixis ton Athenon (Athenai 1960) (mit Plänen, die hier weitgehend zugrunde gelegt wurden); A. Frank, The Middle Ages in the Athenian Agora (Princeton 1961).

J. Martin

B: Jerusalem

Autor: J. Martin. Korrekturhinweise gab M. Avi-Yonah.

Die religiöse Bedeutung, die Jerusalem für das Judentum hatte, wurde zunächst in das Christentum übernommen: als Urgemeinde wurde es die Mutterkirche aller übrigen Kirchen, doch nahmen diese Ansätze ein jähes Ende, als die Stadt im Jahre 70 von den Römern dem Erdboden gleichgemacht wurde. Als *Colonia Aelia Capitolina* von Hadrian im 2. Jh. neugegründet, konnte die Stadt zunächst nicht an die alte Tradition anknüpfen und wurde einfaches Bistum unter der Metropole Caesarea. Schon in Nicaea erhielt es jedoch wieder den Ehrenvorrang einer Obermetropole, bis in Chalcedon 451 das Patriarchat Jerusalem errichtet wurde (vgl. Karten 8 und 21). Bis zum Arabereinfall im 7. Jh. war nun Jerusalem ein kirchliches Zentrum ersten Ranges: mit dem im Osten an die Stadt angrenzenden Ölberg zusammen wurde es Mittelpunkt des palästinensischen Mönchtums und Ziel vieler Pilgerreisen in den Orient.

Alles dies spiegelt sich in den kirchlichen Bauwerken Jerusalems, doch können die im Plan dargestellten Bauten nur einen schwachen Abglanz von dem vermitteln, was es bis zum Beginn des 7. Jh. in Jerusalem gegeben haben muß. Unser Wissen über die bauliche Entwicklung Jerusalems in vorarabischer Zeit beruht auf Quellen sehr verschiedener Art. Zu den Kirchenhistorikern (Euseb, Theodoret, Sokrates, Sozomenos u. a.) kommen Viten der Heiligen und Klostergründer (z. B. Petros d. Iberers, die Sabas-Vita des Kyrillos von Scythopolis), Pilgerberichte (auch Hieronymus bietet in seinen Briefen wichtige Mitteilungen) und Prokops De aedificiis (für die Bauten Justinians). Eine Quelle besonderer Art ist schließlich die Mosaikkarte von Madaba, die auch ein Schaubild Jerusalems enthält. Alle diese Zeugnisse müssen mit den Ergebnissen der Archäologie zusammengenommen werden, die in Jerusalem besonders intensiv betrieben wurde und wird.

Nach Vincent-Abel (s. u.) ergibt sich für die kirchlichen Bauten Jerusalems folgende Chronologie: Die Grabeskirche und Eleona auf dem Ölberg sind konstantinisch; dem 4. Jh. gehören ferner an die Sion-Kirche (Cenaculum), die Himmelfahrtskirche auf dem Ölberg, die Gethsemani-Kirche und S. Jacobus im Cedron-Tal; außerdem die Gründungen der Melania der Älteren; an der Wende vom 4. zum 5. Jh. liegen das Kloster und Hospiz Passarions, im 5. Jh. wurden gegründet die Probatica, S. Stephanus, die Siloe-Kirche, S. Sophia, S. Johannes Baptistes, die Grab-Mariens-Kirche, S. Menas, S. Sabas. Von Justinian restauriert und wahrscheinlich ebenfalls im 5. Jh. gegründet wurden S. Thalaleus, S. Gregorious (Lokalisierung unbekannt), das Iberer-Kloster und S. Maria auf dem Ölberg. Im 6. Jh. wurde schließlich S. Maria Nova erbaut.

Durch die arabische Eroberung sowie durch Erdbeben wurden viele christliche Bauwerke zerstört, die jedoch teilweise schon während der arabischen Zeit wieder aufgebaut werden konnten. Dazu kamen als Neugründungen dieser Zeit das Benediktinerkloster S. Maria Latina, das kurz nach 800 vor allem für die Unterstützung der Pilger errichtet und mit Schutzrechten Karls d. Gr. ausgestattet wurde, im 11. Jh. die Benediktinerinnen von S. Maria Magna (zunächst S. Maria Magdalena gen.). Die Gründungszeit des Armenierklosters S. Jacobus ist nicht genau festzustellen, es gehört aber auch in die arabische Zeit.

Mit der Ankunft der Kreuzfahrer 1099 begann eine rege Bautätigkeit, die nicht nur die im Plan verzeichneten Neugründungen umfaßte, sondern auch viele im Plan nicht eigens markierte Neu- und Umbauten kirchlicher Gebäude aus früheren Jahrhunderten. Der Felsendom stammt nicht aus der Kreuzfahrerzeit, wurde aber erst jetzt als Kirche benutzt und ist deshalb rot gegeben. Hauptquelle für diese Epoche sind neben den Chronisten der Kreuzzüge wiederum Pilgerberichte, aber auch urkundliches Material.

Quellen und Literatur: Grundlegend ist H. Vincent – F. M. Abel, Jérusalem, Bd II: Jérusalem nouvelle (Paris 1914–26). Ferner: C. Enlart, Les Monuments des Croisés dans le Royaume de Jérusalem, 2 Bde (Paris 1925–28); M. Avi-Yonah, The Madaba Mosaic Map (Jerusalem 1954); J. T. Milik, La topographie de Jérusalem vers la fin de l'époque byzantine: Mélanges de l'Université St. Joseph, Beyrouth 37/7 (1961) 127–189. – Für die Klöster sind die Nachrichten gesammelt bei S. Vailhé, Répertoire alphabétique des monastères de Palestine: Revue de l'Orient chrétien, 1e sér. 4 (1899) 512–542, 5 (1900) 19–48 272–292.

J. Martin

43: Der Islam bis zum Beginn der Kreuzzüge

Autor: Die Karte wurde zusammengestellt aus mehreren Karten des Atlas of Islamic History von *H. W. Hazard,* compiled by H. W. Hazard and H. L. Cooke, Jr.: Princeton Oriental Studies 12 (Copyright 1951 by Princeton University Press).

Daß eine Karte zum Vordringen des Islam in einen Atlas zur Kirchengeschichte gehört, bedarf kaum einer Begründung: sie rechtfertigt sich nicht nur aus der das ganze christliche Abendland umfassenden Kreuzzugsbewegung, sondern ist auch unerläßlich für das Verständnis der Kirchengeschichte in Kleinasien und im Vorderen Orient, in Nordafrika und auf der Iberischen Halbinsel.

Das Verhalten der Eroberer gegenüber dem Christentum differierte gebiets- und dynastieweise sowie im Hinblick auf die verschiedenen Kirchen. Auf der Iberischen Halbinsel kam es – bis auf den Norden – zu einer längeren Unterbrechung der Kontinuität der Bistümer, bis sie im Zuge der Reconquista (vgl. Karte 60 B) wiedererrichtet oder neue gegründet wurden. – Den schwersten Schlag erlitt das Christentum wohl in Nordafrika, dessen ehemals römische Provinzen an die 600 Bistümer gezählt hatten (vgl. Karte 24), von denen so gut wie nichts übrigblieb. – Die koptische Kirche in Ägypten hatte ein wechselhaftes Schicksal. Es gab Perioden der Toleranz und solche der Verfolgung, in denen vor allem wirtschaftlicher Druck auf die Christen ausgeübt wurde. Insgesamt kann man einen ständigen zahlenmäßigen Rückgang der Kirche bis zum 19. Jh. feststellen. – Über die Situation der orthodoxen Kirchen des Nahen Ostens während der Herrschaft des Islam sind wir sehr schlecht unterrichtet (vgl. zum Stand um 600 Karte 21). Die Patriarchate Jerusalem und Antiochia bestanden weiter, und ebenso werden die meisten Bistümer in den Notizen noch weitergeführt: ihre Existenz scheint jedoch zum großen Teil rein nominell gewesen zu sein. Welche Bistümer bei der Ankunft der Kreuzfahrer tatsächlich noch bestanden, läßt sich nicht sicher ausmachen. – Die jakobitische und nestorianische Kirche im Nahen und Mittleren Osten überstanden zwar den Araber-einfall auch nicht ohne Verluste (man vergleiche für das nordsyrische Mönchtum nur die Karten 12 und 38 miteinander), doch konnten sie sich später verhältnismäßig ungestört entwickeln und sogar eine erstaunliche missionarische Aktivität entfalten (vgl. die Karten 26–27). Ähnlich war die armenische Kirche (vgl. Karte 9 A) zunächst starkem Druck ausgesetzt, den sie jedoch infolge der starken Verbindung von Glaube und Volkstum relativ gut überstand; als Ende des 9. Jh. eine neue tolerantere islamische Dynastie zur Herrschaft kam, erlebte die Kirche sogar einen neuen Aufschwung. – Das orthodoxe Kleinasien geriet erst gegen Ende der dargestellten Epoche – und auch hier teilweise zunächst nur vorübergehend – durch die Eroberung der Seldschuken in den Bannkreis islamischer Macht. In der Folgezeit sollte sich hier jedoch mit dem Osmanischen Reich ein neues Machtzentrum des Islam bilden (vgl. Karte 72).

Literatur: Vgl. die Literatur zu den genannten Karten. Weiteres ist bei H. E. Mayer, Bibliographie zur Geschichte der Kreuzzüge (Hannover [2]1965) bequem zusammengestellt.

J. Martin

44 A: Die mittelalterliche Kirche in Böhmen und Ungarn

Autor: Die Karte ist – mit einigen Modifikationen und Ergänzungen – übernommen aus LThK[2] Bd X vor Sp. 353.
Zum Gebiet des späteren Ungarn in der Antike vgl. die Karten 20 und 23. Im 8. und 9. Jh. kreuzten sich hier von Rom, Byzanz und den bayrischen Bistümern ausgehende Missionsinitiativen (vgl. die Karten 29 B und 46 mit Kommentaren).

Die Geschichte des eigentlichen Ungarn begann, als die Magyaren 896 das mittlere Donaubecken besetzten. Die Anfänge des Christentums in diesen Gebieten wurden zerstört. Erst in der 2. Hälfte des 10. Jh. setzten wieder Missionsbemühungen sowohl von Byzanz als auch von der westlichen Kirche her ein, deren Einfluß schließlich überwog. Stephan I., der im Jahre 1000 vom Papst die Königskrone erhielt, hat die Christianisierung Ungarns entscheidend vorangetrieben und zugleich die ungarische Kirche durch die Gründung von Bistümern und Klöstern organisiert. Die in der Karte eingetragenen Gründungsdaten der auf Stephan zurückgehenden Bistümer sind in der Literatur stark kontrovers und können deshalb nicht mehr als gewisse Leitdaten sein. Nitra wurde schon im 9. Jh. gegründet (vgl. Karte 29 B) und von Stephan wiedererrichtet. Das Bistum Transsylvania (Alba Julia) wird Stephan zugeschrieben, obwohl der erste Bischof erst Anfang des 12. Jh. nachweisbar ist. – Noch im 11. Jh. dehnte Ungarn seinen Einflußbereich durch die Eroberung Kroatiens nach Südwesten aus. 1091 gründete König Ladislaus das Bistum Agram (Zagreb), das auf der Karte zu ergänzen ist. Es wurde im 12. Jh. zusammen mit Csanád, Oradea (Großwardein) und Transsylvania (Alba Julia) der neuerrichteten Metropole Kalocsa unterstellt.

Böhmen gehörte vor der Gründung des Bistums Prag (973) zum Bistum Regensburg, das hier auch missionierte. In Mähren wirkten neben Missionaren aus Salzburg und Passau auch die Brüder Kyrillos und Methodios. Ein eigener Bischof für Mähren ist schon im 10. Jh. bezeugt – seit 1063 wurde Olmütz fester Bischofssitz. 1344 wurde Prag zur Metropole erhoben mit den Suffraganen Olmütz (Olomouc) und dem neugegründeten Leitomischl (Litomyšl).

Zu den mittelalterlichen Ordensniederlassungen in Ungarn, Böhmen und Mähren vgl. die Karten 51–54 und 58–59. Ergänzend sind in der vorliegenden Karte die königlichen Stifter dargestellt, die nicht nur in religiöser, sondern vor allem auch in politischer und rechtlicher Beziehung in Ungarn eine wichtige Rolle spielten.

Literatur: Vgl. die Literatur zu den im Text genannten Karten, ferner die Bistumsartikel des LThK[2] sowie die Artikel Böhmen (von F. Seibt) und Ungarn I (von L. Mezey) im gleichen Werk (mit reichhaltigen weiteren Literaturangaben).

J. Martin

44 B: Die Kirche im Kiewer Rußland (von der Einführung des Christentums bis zur Zerstörung Kiews [989–1240])

Autor: O. Schlolaut

Der erste russische Staat hat sich allmählich seit der Mitte des 9. Jh. entlang des Handelsweges zwischen den Warägern und den Griechen gebildet, bis er schließlich mit dem Eintritt in die Familie der christlichen Völker feste Gestalt annahm. Die offizielle Annahme des Christentums erfolgte unter Wladimir d. Hl. (978–1015), der im Herbst 989 in Cherson (Korsun) auf der Krim durch den griechischen Bischof der Stadt die Taufe empfing. Der byzantinische Kaiser sandte ihm die nötigen Metropoliten, Bischöfe und Priester.

Die kirchliche Einteilung Rußlands in der vormongolischen Periode steht in enger Wechselbeziehung zu seiner Einteilung in Teilfürstentümer, besonders auf der Grundlage der Erbteilung, die Jaroslaw († 1054) für seine fünf Söhne vorgenommen hatte. Welche Bistümer in Wladimirs Zeit gegründet wurden, ist unbekannt, doch kann man neben der Metropolie Kiew folgende annehmen: Tschernigow, Belgorod, Wladimir in Wolhynien, Nowgorod (seit 1165 Erzbistum), Rostow, zu denen wahrscheinlich noch zu zählen sind: Turow, Polock, Tmutarakan. Später kamen hinzu: Perejaslawl, Jurew (Dorpat), Smolensk (1137), Galitsch (spätestens 1165), Rjasan (zwischen 1187 und 1207), Wladimir an der Kljasma (1214), Peremyschl (1220), Ugrowsk (kurz vor der mongolischen Eroberung). Wenig bezeugt ist ein Bistum von Kanew (Mitte des 12. Jh.). Im Bemühen, auch in kirchlicher Hinsicht nicht mehr von Kiew abhängig zu sein, versuchte Andrej Bogoljubskij († 1175) vergeblich, das Bistum seines Landes, des alten Teilfürstentums Rostow-Susdal, zur Metropolie erheben zu lassen.

Mit der Zerstörung Kiews durch die Mongolen im Dezember 1240 fand der Kiewer Staat sein Ende. In Südrußland bildete sich das Mongolenreich der Goldenen Horde, in dessen Hauptstadt Saraj 1261 ein russisches Bistum errichtet wurde. Die Metropoliten von Kiew verließen die Stadt Kiew im Jahre 1299 und verlegten ihre Residenz in das Gebiet des alten Teilfürstentums von Rostow-Susdal, 1326 in die Stadt Moskau (erste Befestigung des „Kreml" durch Jurij Dolgorukji im Jahre 1156).

Besondere Bedeutung für die Ausprägung eines eigenständigen russischen Christentums hatte das Entstehen des russischen Mönchtums. Die Anfänge liegen im Dunkeln, Verbindungen zu den wichtigsten alten Zentren des Mönchtums sind wahrscheinlich. Erst von Jaroslaw (1019–54) berichtet die Chronik unter dem Jahr 1037, daß er in Kiew zwei Klöster gründete: das des hl. Georg für Männer und das der hl. Irene für Frauen. Insgesamt gibt es Nachrichten über etwa siebzig Klöster, die vom 11. bis Mitte des 13. Jh. gegründet wurden. Es sind vornehmlich Fürsten-(Ktitor-)Stiftungen. In allen Hauptstädten der Teilfürstentümer entstanden Männer- und Frauenklöster. Einige Klöster sind auch von Bischöfen gegründet. Entscheidend für das Leben in den russischen Klöstern war die Wirksamkeit des hl. Feodosij, des dritten Abtes (seit 1062) des Kiewer Höhlenklosters. Das Höhlen-(Petscherskij-)Kloster war kein Ktitor-Kloster, es hatte sich allmählich um Einsiedlerhöhlen außerhalb der Stadt gebildet. Durch die Einführung der Koinobia-Regel des Studionklosters durch Feodosij und dessen eigenes vorbildliches asketisches Leben wurde das Höhlenkloster zum Vorbild aller anderen altrussischen Klöster.

Die Klöster lagen entlang den großen Handels- und Wasserwegen, in den Städten am Dnjepr, in und bei Kiew, Nowgorod und Smolensk. Mitte des 12. Jh. liegen wohl die Anfänge der Klosterkolonisation nördlich der Wolga. Die Stadt Wologda z. B. (erstmals erwähnt unter dem Jahr 1147) erscheint als eine Siedlung neben einem vom hl. Gerasim gegründeten Einöd-Kloster. Die Umgebung von Wologda und das Gebiet um Beloozero werden die bevorzugten Gegenden für die Errichtung von Einsiedeleien. Seit 1169 besteht das Pantelejmon-Kloster als Hauptkloster der Russen auf dem Athos.

Literatur (Auswahl): Makarij (Metropolit von Moskau, Michail Petrovič Bulgakov), Istorija russkoj cerkvi, Bde I–III (Sanktpeterburg ³1888–1889); E. Golubinskij, Istorija russkoj cerkvi, 2 Tl.e (Moskva ²1901–1904); G. Laehr, Die Anfänge des russischen Reiches. Politische Geschichte im 9. und 10. Jh.: Historische Studien, hrsg. von E. Ebering, Heft 189 (Berlin 1930); N. de Baumgarten, Chronologie ecclésiastique des Terres russes du Xe au XIIIe siècle: Orientalia christiana 17/1 Num. 58 (Roma 1931); G. Vernadsky, Kievan Russia (New Haven 1948); A. M. Ammann, Abriß der ostslawischen Kirchengeschichte (Wien 1950); I. Smolitsch, Russisches Mönchtum. Entstehung, Entwicklung und Wesen. 988–1917: Das östliche Christentum, hrsg. von H. Biedermann, NF Heft 10/11 (Würzburg 1953); A. W. Bunin, Geschichte des russischen Städtebaus bis zum 19. Jh. (Berlin 1961); Sovetskaja istoričeskaja enciklopedija. Glavnyj redaktor E. M. Žukov, bisher 12 Bde (Moskau 1961 ff); G. Stökl, Russische Geschichte von den Anfängen bis zur Gegenwart (Stuttgart 1962); L. Müller, Zum Problem des hierarchischen Status und der jurisdiktionellen Abhängigkeit der russischen Kirche vor 1039: Osteuropa und der deutsche Osten. Beiträge aus Forschungsarbeiten und Vorträgen der Hochschulen des Landes Nordrhein-Westfalen, Reihe 3. Westfälische Wilhelms-Universität zu Münster, Buch 6 (Köln-Braunsfeld o. J.); P. Kawerau, Geschichte der mittelalterlichen Kirche (Marburg 1967); ders., Arabische Quellen zur Christianisierung Rußlands: Osteuropastudien der Hochschulen des Landes Hessen, Reihe 2. Marburger Abhandlungen zur Geschichte und Kultur Osteuropas Bd 7 (Wiesbaden 1967).

O. Schlolaut

45 A: Basilianerklöster in Unteritalien und Sizilien

Autor: W. Hecht

Zu den bevorzugten Landschaften des griechischen Mönchtums gehörten Unteritalien und Sizilien. Als nach dem Arabersturm an der Ostgrenze des Rhomäerreiches viele byzantinische Flüchtlinge aus Syrien und Palästina in Sizilien und Kalabrien eine neue Heimat suchten, fand mit ihnen das basilianische Mönchtum dort Eingang. Zur Zeit der ikonoklastischen Kaiser nahm es einen bemerkenswerten Aufschwung, da diese am Westrand des Reiches ihr Programm nur mit großer Zurückhaltung zu verwirklichen suchten.Nach der Periode des Bilderstreites breiteten sich die Basilianer von Kalabrien nach Norden aus. Die Schwächung der politischen Position des byzantinischen Reiches in Italien wirkte sich kaum nachteilig für die Basilianermönche aus. Auf der anderen Seite fanden die byzantinischen Rückeroberungsversuche des 11. und 12. Jh. gerade in den Gebieten den stärksten Rückhalt, in welchen die Klöster und Lauren der griechischen Mönche in besonderer Dichte auftraten. Trotzdem ist festzuhalten, daß die Blüte des griechischen Mönchtums mit der Glanzzeit des sizilianischen Normannenreiches zusammenfällt, das Byzanz stets als seinen Todfeind betrachtete.

Die wichtigsten Zentren in dieser byzantinischen Klosterprovinz waren ohne Zweifel S. Salvatore in Messina, von dem Verbindungslinien zum Sinai hinüberführen, ferner die Abtei von Rossano und S. Nicola di Casole, das zu einem bedeutenden geistigen Umschlageplatz von abendländischer und byzantinischer Kultur wurde. Weiter im Norden muß auf die griechischen Klöster in Rom (vgl. auch Karte 40) und seiner Umgebung, hier besonders auf Grottaferrata, hingewiesen werden. Insgesamt wird man mit ein paar hundert klösterlichen Niederlassungen der Orthodoxen in Italien zu rechnen haben, von denen immerhin über 250 Klöster – etwa ein Fünftel davon auf Sizilien – quellenmäßig gesichert sind.

Der Bedeutung des monastischen Lebens der Griechen in Italien kann man nur damit voll gerecht werden, daß man hier den Ursprung wesentlicher Impulse sieht, welche die Kultur der Renaissance heraufgeführt haben.

Quellen: In der vorliegenden Karte sind im wesentlichen jene Klöster berücksichtigt, über welche Monographien vorliegen, vgl. M. Petta, Saggio bibliografico sui monasteri Basiliani d'Italia: Bollettino della Badia Greca di Grottaferrata. Nuova serie 5 (1951) 46–76. Ferner wurden solche klösterlichen Niederlassungen in die Karte aufgenommen, die in der politischen Entwicklung oder der Geistesgeschichte eine größere Rolle spielten. Literatur über das basilianische Mönchtum und einzelne Klöster findet sich bei Beck 227 ff; L. R. Ménager, La „byzantinisation" religieuse de l'Italie méridionale (IXe–XIIe siècles) et la politique monastique des Normands d'Italie: RHE 53 (1958) 747–774, 54 (1959) 5–40. Die eingetragenen politischen Grenzen – nach G. Ostrogorsky, Geschichte des byzantinischen Staates (München ³1963) – sollen auf die politische Funktion des basilianischen Mönchtums bis zum Beginn der Stauferzeit hinweisen.

W. Hecht

45 B: Die Athosklöster

Autor: Die Karte wurde dem Werk Millennium du Mont Athos, hrsg. von der Benediktinerabtei Chevetogne, 2 Bde (Chevetogne 1965) entnommen.

Bis zum Ende des 10. Jh. gehörte der Athos nicht zu den großen Zentren des byzantinischen Mönchtums, die etwa auf dem bithynischen Olymp oder im Latmus-Gebiet bei Milet lagen (vgl. Karte 39). Der Aufstieg des Athos begann, als im 9./10. Jh eine Verfassung für die bis dahin ausschließlich eremitisch oder in Form lockerer Anachoretensiedlungen lebenden Mönche des Athos geschaffen und seit der Mitte des 10. Jh. Coenobitenklöster gegründet wurden. Den größten Einfluß unter ihnen erreichte die 963 entstandene Megisti Lavra (Megiste Laura), andere Klöster des 10. Jh. waren Vatopedi, Iviron und Xeropotamou, im 11. Jh. folgten u. a. Xenophontos, Docheiariou, Esphigmenou, Konstamonitou, Karakaliou. In der von Kaiser Johannes I. Tzimiskes (969 bis 976) der Mönchssiedlung gegebenen Verfassung erhielt die coenobitische Lebensform auf dem Athos schon einen festen Platz und konnte sich in der ersten Blüteperiode des Heiligen Berges, die etwa bis zum Ende des 11. Jh. reichte, kräftig entfalten. Das 12. Jh. brachte mit der Gründung des Serbenklosters Chilandarion und des Bulgarenklosters Zographon (beide sind als kleinere griechische Klöster schon im 11. Jh. bezeugt) neue Elemente in die Mönchssiedlung.

Die Quellen und die Literatur sind ausführlich im oben zitierten Werk verarbeitet. Knappe Überblicke, die auch für die Formulierung dieses Kommentars herangezogen wurden, geben Beck 218–222 und K. Baus: LThK² Bd I 1008–10.

J. Martin

46: Die Kirchenprovinz Salzburg im Mittelalter

Autor: F. Dörrer

Die Kirche im bajuwarischen Stammesgebiet entbehrte einer eigenen Metropole, bis 798 Salzburg zum Erzbistum erhoben wurde. Anfänglich umfaßte die „bayerische" Kirchenprovinz 6 Diözesen: Salzburg, Freising, Regensburg und Passau, welche vier Bistümer nach älteren Vorstufen 739 vom hl. Bonifatius definitiv errichtet und abgegrenzt worden waren, dazu im damals noch stark rätoromanischen, von Bajuwaren nur durchsiedelten und beherrschten, später „Tirol" genannten Alpengebiet das schon vor 580 erwähnte Bistum Säben, das einst der Metropole Aquileia unterstanden war und dessen Residenz um 990 nach Brixen verlegt wurde, schließlich an der Grenze gegen die Alemannen das vermutlich kleine, infolge Quellenarmut nicht genau bestimmbare Bistum Neuburg (Residenz N. auf der Staffelseeinsel oder N. an der Donau?). Es wurde bald nach 800 dem Bistum Augsburg (Kirchenprovinz Mainz) angegliedert und schied somit früh aus der Kirchenprovinz Salzburg aus. Deren das bajuwarische Kernland weit überragende, hauptsächlich von Salzburg, Passau und Regensburg trotz mehrfacher Rückschläge gemeisterte Aufgabe war die Ostmission. Die Gebiete nördlich der Donau, Böhmen, Mähren und die Westslowakei waren für die Kirche völliges Neuland, wogegen in den einstigen norischen und pannonischen Provinzen des Römerreiches (heute Süd- und Ostösterreich südlich der Donau, Westungarn, Slowenien) bereits in der Spätantike sogar Bistümer bestanden hatten, aber dann durch viele Wellen heidnischer Völker, zuletzt der Awaren und der bis über den Alpenhauptkamm und zur Enns vorgedrungenen Slawen vernichtet worden waren. In Karantanien missionierte Salzburg schon Mitte des

8. Jh., Pannonien fiel ihm durch Karls d. Gr. Awarensieg zu (vgl. Karte 29 B). Noch während des Krieges war zwischen den Metropoliten von Salzburg und Aquileia die Teilung des Missionslandes entlang der Drau vereinbart worden (795), welche Grenze Kaiser Karl 811 bekräftigte und bis 1786 blieb. Mitte und Süden der Alpen und die anschließende Ebene wuchsen Salzburg als unmittelbares Diözesangebiet zu (Kirchweihen und Besitz bis zum Plattensee und Fünfkirchen bezeugt), wogegen donauabwärts Passau wirkte (zwischen Wienerwald und Raab konkurrierten zeitweilig beide). Nordöstlichster erwiesener Stützpunkt war Nitra in der Slowakei, wo um 830 der Salzburger Erzbischof eine Kirche und für die 880 der Papst einen deutschen Bischof weihte. Doch die Entscheidung Roms zugunsten einer autochthonen slawischen Hierarchie für Pannonien und Mähren (Method 869 Erzbischof „von Sirmium") begrenzte und beschnitt erstmals das Ostwirken der bayerischen Bistümer. Dem Ungarnvorstoß nach Westen fielen um 900 außer jener kurzlebigen slawischen Kirchenprovinz auch heute österreichische Gebiete der Kirchenprovinz Salzburg zum Opfer. Nach dem Lechfeldsieg 955 erneuerten Passau und Salzburg ihr Missionswirken, dessen Erfolg jedoch schon kurz nach 1000 die Errichtung einer eigenen ungarischen Hierarchie und damit den endgültigen Verlust Ungarns (einschließlich des heutigen Burgenlandes) für die Kirchenprovinz Salzburg zeitigte. Böhmen und Mähren waren schon 973 mit Gründung des Bistums Prag, das der Metropole Mainz unterstellt wurde, endgültig aus der Kirchenprovinz Salzburg ausgeschieden, die somit um 1000 ihre bis ins 18. Jh. gültige Außengrenze erhielt. Die auch nach diesen Verlusten riesige Ausdehnung der Diözesen Salzburg und Passau erheischte zunehmende Untergliederung und Einsetzung von Hilfsbischöfen. Nach dem mißglückten Versuch mit Chorbischöfen (Maria Saal) gründeten die Erzbischöfe 1072-1225 vier kirchen- und staatsrechtlich sonderbare Eigenbistümer (Gurk, Chiemsee, Seckau, Lavant), deren Oberhirten zugleich als Diözesanbischöfe in ihren eigenen kleinen Sprengeln und als Hilfsbischöfe in der umschließenden Erzdiözese zu wirken hatten. Zu Quasidiözesen innerhalb dieser wurden gewisse, mit räumlich geschlossenen oder ausgedehnten Inkorporationsgebieten begabte Stifte und Orden (Berchtesgaden – Augustiner-Chorherren, S. Lambrecht – Benediktiner, sog. Millstätter Distrikt – Jesuiten), doch glückte dies nur Berchtesgaden schon im Mittelalter. Bemühungen um eigene Bistümer für die österreichischen Länder seit dem frühen 13. Jh. zeitigten erst unter Kaiser Friedrich III., dem die Gründung der exemten Bistümer Laibach (1462, Hauptgebiet im Patriarchat Aquileia), Wien und Wiener Neustadt (beide 1469) gelang, einen kleinen Erfolg. Doch minderten deren winzige Diözesangebiete die Kirchenprovinz Salzburg fast nicht. Erst das 18. Jh. brachte deren völlige Umwandlung (siehe Karte 96 B). Aus ihr sind schließlich 9 heutige Kirchenprovinzen und vergleichbare Kirchengebiete (Kirchenprovinzen Salzburg, Wien, München, Prag, Olmütz, Gran, Trient; Slowakei und Slowenien derzeit noch ohne Metropolen) ganz oder großenteils hervorgegangen.

Literatur: Im LThK² unter den einzelnen Bistums- u. Ländernamen ausgewiesene kirchen- und diözesangeschichtl. Lit. – Schon vorhandene Karten: Kirchenkarte des Hist. Atlas der österr. Alpenländer, II. Abt. (Wien 1951) (mit vielen Erläuterungsbänden); E. Lendl, Salzburg-Atlas (Salzburg 1955); E. Bernleithner, Kirchenhistorischer Atlas von Österreich (Wien 1966) (mit Verzeichnis weiterer Lit. und Karten); F. Dörrer, zahlreiche Karten von Teilgebieten in Aufsätzen seit 1953 (s. bei Karte 96 B), Karte Salzburg in LThK² Bd IX).

F. Dörrer

47: Die Klosterreform von Cluny

Autor: I. Liebrich

In einer kritischen Würdigung der Arbeit von K. Hallinger über das Reichsmönchtum im 10., 11. und 12. Jh. forderte Th. Schieffer, und mit ihm später G. Tellenbach, „Paralleluntersuchungen über das Werden des Cluniazenserverbandes". Unsere Kenntnisse über seine Ausbreitung beruhen bislang auf Untersuchungen spätmittelalterlicher Quellen, wie den Generalkapiteln und den Visitationsprotokollen, die naturgemäß über das historische Wachsen des Verbandes nichts aussagen. Die systematische Durcharbeitung der zeitgenössischen Quellen aus den großen Reformepochen der burgundischen Abtei ist noch immer an der außerordentlichen Materialfülle gescheitert; trotz der genauen Erforschung zahlreicher Reformvorgänge, ja ganzer Cluniazenserprovinzen liegt keine historische Arbeit vor, die befriedigen könnte. „Die innere Gliederung" des Verbandes ist noch wenig erforscht, immer noch herrscht Unklarheit darüber, welche Klöster man dem *ordo cluniacensis* zuzurechnen hat, wie Reform, *ordo cluniacensis* und Verband sich zueinander verhalten. Der Versuch K. Hallingers, die monastische Zugehörigkeit eindeutig zu entscheiden, ist mit Vorbehalten aufgenommen worden, da seine Filiationsmethode Quellen ganz unterschiedlicher Art zu einer wissenschaftlich abstrakten Aussage einebnet.

Das hochmittelalterliche Reformmönchtum dachte in seinen Anfängen nicht in Verbänden, womit die Eigenständigkeit der verschiedenen Zentren nicht geleugnet werden soll. Eine Untersuchung des *ordo cluniacensis* muß sich beim heutigen Forschungsstand zunächst damit bescheiden, von einer quellenmäßig sicheren Basis aus eine möglichst umfassende Aufstellung aller Abteien und Priorate zu erreichen, die der burgundischen Abtei im rechtlichen Sinne unterstanden (insofern ist der Titel unserer Karte „Die Klosterreform von Cluny" etwas zu weit gefaßt). Da Cluny von seiner Gründung an unter dem besonderen Schutz der Päpste stand, lag es nahe, die päpstlichen Besitzbestätigungen für Cluny zur Grundlage einer solchen Aufstellung zu machen, die anders als die späten Visitationsprotokolle auch das Wachsen der Gemeinschaft widerspiegeln (die Anregung dazu erhielt ich von meinem Lehrer Dr. J. Wollasch). – Wir haben uns, um vom Methodischen her eine klare und überprüfbare Aussage machen zu können, auf die Auswertung der Besitzbestätigungen beschränkt, müssen aber ausdrücklich betonen, daß diese Aufstellung keineswegs alle uns bekannten Cluniazenserpriorate erfaßt. Die Cluny angeschlossenen Abteien blickten oft auf eine viel ältere Geschichte zurück als die Mutterabtei, waren ihrerseits päpstliche Klöster und entfalteten, wie auch zahlreiche größere und kleinere Priorate – man denke nur an die englischen Besitzungen von La Charité –, eine eigene Reformtätigkeit und Besitzpolitik. Die päpstlichen Besitzbestätigungen für diese Dependancen Clunys hätten also eigene Skizzen erforderlich gemacht, was den Rahmen unseres Kartenwerkes gesprengt hätte. Andererseits verzeichnen die für Cluny als Empfänger ausgestellten Bullen in vielen Fällen auch solche Klöster, die zur Zeit der Abfassung oder später der unmittelbaren Leitung eines der cluniazensischen Häuser unterstanden; sie sind – soweit sie sich identifizieren ließen – unterschiedslos in unsere Karte aufgenommen worden.

Da die Äbte von Cluny die Bestätigung ihrer Privilegien oft erst Jahre nach ihrem Amtsantritt einholten, kann eine Untersuchung, die auf diesen Urkunden basiert, nicht exakt erfassen, unter welchem Abt die einzelnen Dependancen gegründet bzw. angegliedert worden sind. Die erste umfassende Besitzbestätigung erfolgte überhaupt erst 998–999 (Jaffé-Loewenfeld 3896) unter Abt Odilo. Von da ausgehend, sucht unsere Einteilung in vier Epochen den für die Ausbreitung des Cluniazenserverbandes wichtigsten Abschnitt herauszuarbeiten: das Abbatiat Hugos des Großen. Die Einschnitte im einzelnen sind angesetzt unter 1) Abt Odilo: 998–999 (Jaffé-Loewenfeld 3896); 2) Abt Hugo: 6. März 1058 (Jaffé-Loewenfeld 4385); 3) Abt Pontius: 16. Oktober 1109 (Jaffé-Loewenfeld 6241). Als obere zeitliche Grenze haben wir das Pontifikat Innozenz' III. gewählt, da mit ihm die päpstlichen Reformversuche des Cluniazenserverbandes einsetzen und schon das letzte Drittel des 12. Jh. keinen wesentlichen Zuwachs mehr verzeichnet.

Die Bezeichnungen der cluniazensischen Dependancen in den Quellen wechseln. Wir haben sie in drei Kategorien zusammengefaßt: Abteien *(abbatia)*, Priorate *(cella, prioratus, monasterium, oboedientia, cellula)* und *ecclesiae.* Viele dieser *ecclesiae* sind, wie z. B. im Maconnais, Eigenkirchen des Klosters, in zahlreichen Fällen aber bezeichnen sie nachweislich Priorate bzw. sind Priorate aus ihnen hervorgegangen. (Wir haben in der Karte die Bezeichnung der Quellen beibehalten.)

Nachtrag zur Karte:

Drei spanische Klöster (= Priorate nach 1109) ließen sich nicht genau lokalisieren: Entrepeñas (Prov. Palencia), Valverde (Diöz. Lugo), Villaverde (Diöz. Astorga). Einige *ecclesiae* und Priorate sind beim Druck übersehen worden bzw. ließen sich wegen der Kartendichte im letzten Korrekturverfahren nicht mehr einfügen: *ecclesiae bis 998:* Lacenas (Rhône), Liergues (Rhône), Maringues (Puy-de-Dôme), S. Georges-de-Reneins (Rhône), S. Victor-sur-Rhins (Loire); *ecclesiae 1058–1109:* Cormède (Puy-de-Dôme), Monteignet (Allier), S. Amand (com. Maitres d'Astières, Puy-de-Dôme), S. Christophe-la-Montagne (Rhône), S. Hippolyte (com. Bonnay, Saône-et-Loire); ferner für die Zeit nach 1109 die Priorate Brery (Jura) und S. Pierre de Jouhe (Jura) sowie die *ecclesiae* Armix (Ain) und Frébuhans (Jura).

Nicht identifizieren ließen sich die Priorate: *für die Zeit bis 998:* cella Mizoscum (Diöz. Viviers), cella Oiadellis (Diöz. Autun); *1058–1109:* Chaberors (?), Esalas (?), S. Majoli de Castemola (Diöz. Pavia), monasterium S. Pauli in Valle olei (Vallosiae) (Diöz. Narbonne, Dependance von Moissac), obedientia quae dicitur Villa (Diöz. Nevers), obedientia

Vultulina (Valtelina) (Dependance von Pontida, Prov. Como) (?); *nach 1109:* obedientia de Asturia (Spanien), obedientia Cavaniacensis (Dependance von Baume), Mediana (Oberitalien), monasterium S. Joannis de Bosco (in Burgundia), obedientia de Sinziciaco (Dependance von Baume).

Von den *Ecclesiae* waren etwa 35 nicht zu identifizieren; die Zahl ist deshalb etwas unbestimmt, weil nicht feststeht, ob die eine oder andere *ecclesia* mit bereits identifizierten Häusern identisch ist (die Angaben beschränken sich oft nur auf Patrozinien).

Quellen und Literatur: Die Urkunden sind ediert in Bullarium sacri ordinis cluniacensis, éd. Petrus Simon (Lugduni 1680); Bibliotheca Cluniacensis, éd. M. Marrier – A. Quercetanus (Lutetiae Parisiorum 1614); Ergänzungen bei Aug. Bernard – A. Bruel, Recueil des chartes de l'abbaye de Cluny, 6 Bde: Collection des Documents inédits (1876–1903). – Die Identifizierungen basieren auf den Arbeiten von G. de Valous, Le monachisme clunisien des origines au XVe siècle, 2 Bde (Paris 1935) und Le domaine de l'abbaye de Cluny au Xe et XIe siècle (1923). Für die oberitalienischen Priorate haben wir die Diss. (mschr.) von E. Guffanti, I monasteri cluniacensi nell'attuale Lombardia (Milano 1965) benutzt. Abgesehen von zahlreichen Einzelarbeiten, die wir hier nicht aufführen können (die ältere Lit. findet sich in dem Cluny-Artikel von G. de Valous: DHGE 13, 38–174), haben wir bes. herangezogen die einschlägigen Bände des Dictionnaire topographique de la France und der Pouillés de France (in den Recueils des historiens de Gaules et de la France) sowie den Index zur Edition der Statuts, chapitres généraux et visites de l'ordre de Cluny von G. Charvin, Bd I (1965). – Karten zur Reform von Cluny finden sich im Atlas zur KG von K. Heussi – H. Mulert ([3]1937); bei S. Berthelier, L'expansion de l'ordre de Cluny et ses rapports avec l'histoire politique et économique de X[e] au XIIe siècle: Révue Archéologique, 6e ser., 11 (1938) 319–326; in A Cluny. Congrès scientifique (Dijon 1950) 188; die jüngste Arbeit stammt von H. Jakobs, Die Klosterreformen von Gorze, Cluny und S. Victor in Marseille bis etwa 1150: Großer Historischer Weltatlas, II. Tl.: MA, hrsg. vom Bayerischen Schulbuchverlag (München 1970) 80. – Zu den oben angedeuteten Forschungsproblemen des Reformmönchtums vgl. K. Hallinger, Gorze – Kluny. Studien zu den monastischen Lebensformen und Gegensätzen im Hoch-MA, 2 Bde (Rom 1950–51); Th. Schieffer, Cluniazensische oder gorzische Reformbewegung?: Archiv für mittelrheinische KG 4 (1952) 24–44; G. Tellenbach, Zur Erforschung Clunys und der Cluniazenser. Einführung zu Neue Forschungen über Cluny und die Cluniazenser (Freiburg 1959) 3–16; C. Violante, Il monachesimo cluniacense di fronte al mondo politico ed ecclesiastico: Spiritualità Cluniacense: Convegni del Centro di Studi sulla Spiritualità medievale II (Todi 1960) 153–242; J. Wollasch, Mönchtum des Mittelalters zwischen Kirche und Welt (München 1973).

I. Liebrich

Nachtrag: H. Richter (Hrsg.), Cluny. Beiträge zur Gestalt und Wirkung der cluniazensischen Reform (Darmstadt 1975).

48 A: Die Jungcluniazenser in Deutschland

Autor: H. Jakobs

Von Kassius Hallinger wurden jene von Cluny beeinflußten Reformgruppen Jungcluniazenser genannt, die sich auf dem Gebiet des hochmittelalterlichen Deutschen Reiches im 11. u. 12. Jh. entfaltet haben: die Reformen von S. Bénigne in Dijon über Fruttuaria (Piemont) nach Siegburg und S. Blasien (um 1070), sodann die Reform Hirsaus, das auf dem Höhepunkt der ersten Phase des Investiturstreites (1077/79) zu Cluny selber in Kontakt getreten war. Die Übernahme cluniazensischer Mönchsgewohnheiten auf das Reichsgebiet ist im Zusammenhang der allgemeinen Kirchenreform und der Fürstenopposition gegen den deutschen König zu sehen. Die Siegburger Reform war von vornherein vom Kölner Erzbischof Anno II. als eine bischöfliche Klosterreform konzipiert, während bei Sanblasianern und Hirsauern anfangs der Typ des Dynastenklosters die Bewegung trug. Insgesamt gesehen, ist aber diese Clunisierungswelle in Deutschland nach und nach beinahe zur Hälfte von der bischöflichen Klosterpolitik absorbiert worden. Die Karte handelt von der Ausbreitung der beiden Reformrichtungen über Siegburg/S. Blasien und Hirsau in Deutschland bis um die Mitte des 12. Jh. Wissenschaftlich aufgearbeitet wurde diese Bewegung durch die am Schluß genannten Werke.

Reformüberschneidung oder -ablösung ist in der Karte durch 2 Zeichen angedeutet. Um das Kartenbild zu entlasten, wird hier eine Zusammenstellung der Klöster in Filiationsgruppen gegeben; in Klammern stehen jeweils die Tochterklöster der vorgenannten Abtei:

Siegburger Reform

Siegburg: Hirzenach, Remagen, Oberpleis, Nonnenwerth, Fürstenberg, Zülpich, Stockum, Millen, Tüddern, S. Pantaleon in Köln (S. Moritz in Minden, S. Ursula in Köln, Königsdorf, S. Mauritius in Köln); Saalfeld (Coburg, Probstzella); Grafschaft (Belecke); Huisburg, Iburg, Brauweiler (Dacia, Groß-S.-Martin in Köln); Sinsheim, Mönchen-Gladbach (Buchholz, S. Quirin-Neuß, Neuwerk); Deutz, S. Paul-Utrecht (Hohorst); Flechtdorf, Mondsee, Waldsassen, Weltenburg, Burtscheid, Gronau, Weerselo.

Sanblasianer Reform

S. Blasien: Ochsenhausen, Weitenau, Bernau (Fahr), Wislikofen, Bürgeln, Sitzenkirch, Trub, Muri (Engelberg), Göttweig (S. Lambrecht [Maria Hof, Lind, Aflenz, Altenburg, Mosnitz], Garsten [Gleink], Vornbach, Seitenstetten, Lambach); Wiblingen, Donauwörth, Erlach, Stein, Ensdorf, Ettenheimmünster, S. Walburg, Sulzburg, Fultenbach, Lüneburg, S. Leonhard, Maursmünster (Sindelsberg, S. Quirin).

Hirsauer Reform

Hirsau: Schönrain, Reichenbach, Alspach, Mönchsrot, Schaffhausen (Wagenhausen, Grafenhausen, Langenau, Lippoldsberg, Benediktbeuren, Rommersdorf, Lippорn, Schönau); Hasungen, S. Georgen (Ottobeuren, Amtenhausen, Lixheim, S. Marx, Hugshofen, S. Ulrich und Afra–Augsburg, Admont [Seeon, Melk, S. Peter–Salzburg, S. Georgen am Längsee, Attel, Prühl, S. Emmeram–Regensburg, Weihenstephan, Bergen, Odilienberg], Gengenbach, Mallersdorf, Friedenweiler, Graufthal, Widersdorf, S. Johann, Urspring, Eitting, Rippoldsau, Ramsen); Petershausen (Rheinau, Mehrerau–Bregenz, Kastl [Reichenbach], Neresheim [Auhausen], Fischingen); Reinhardsbrunn, Zwiefalten (Kladrau, Elchingen), S. Peter–Erfurt, Komburg (Lorch), S. Peter auf dem Schwarzwald (Herzogenbuchsee), Blaubeuren, S. Paul (Arnoldstein) Millstatt, Rosazzo, Corvey (Pegau, Lausick, Oldisleben, Reinsdorf, S. Michael–Hildesheim, Marienmünster, Bürgel, Goseck, Homburg, Kemnade, Schkölen, Bursfelde [S. Ägidien–Braunschweig]); Weingarten, Isny, Berge (Ballenstedt, Ammensleben, Nienburg, Königslutter, Stolp); Scheyern, Gottesau, Pfäfers, Paulinzelle, Lorsch, Aura, Prüfening (Banz, Asbach, Münchsmünster, Biburg); Michelsberg–Bamberg (Theres, S. Fides–Bamberg, Ensdorf, Deggingen, Fulda); Bosau, Alpirsbach, Odenheim, Breitenau, Beinwil, Ahausen, Amorbach, Schwarzach a. Rh., Mettlach, Schwarzach a. Main, Kentheim.

Literatur: J. Semmler, Die Klosterreform von Siegburg. Ihre Ausbreitung und ihr Reformprogramm im 11. und 12. Jh.: Rheinisches Archiv 53 (Bonn 1959); H. Jakobs, Die Hirsauer. Ihre Ausbreitung und Rechtsstellung im Zeitalter des Investiturstreites: Kölner Historische Abhandlungen Bd 4 (Köln – Graz 1961); ders., Der Adel in der Klosterreform von S. Blasien: Kölner Historische Abhandlungen Bd 16 (Köln – Graz 1968).

H. Jakobs

48 B: Die Klosterreform von S. Bénigne (Dijon)

Autor: I. Liebrich

Solange die Forschung über die gegenseitige Beeinflussung und Durchdringung der verschiedenen Reformkreise kein klares Bild erarbeitet hat, lassen sich die monastischen Reformen des Hochmittelalters nur von den einzelnen Ausgangsorten her darstellen (vgl. auch den Kommentar zu Karte 47). Deshalb wurde in der vorliegenden Karte die Reform von S. Bénigne auf den Kreis der Gemeinschaften eingegrenzt, die der von Cluny herkommende Abt Wilhelm von Volpiano (990–1031) selbst geleitet hat bzw. in die eine Reformgruppe aus dem Konvent von Dijon eingeführt und (oder) einer seiner Schüler zum Abt eingesetzt worden ist. Das weitere Ausstrahlen der Reform in Oberitalien, in der Normandie und in Lothringen mußte unberücksichtigt bleiben, da diese Reformen wieder von eigenen Kräften getragen wurden, die politisch wie monastisch verschiedene Wege gegangen sind. – Bliebe der Blick auf die Reformzeit eingeschränkt, so müßte ein falsches und ungenügendes Bild des Beziehungsfeldes unseres Klosters entstehen. Die Gebetsverbrüderungen des Dijoner Klosters, wie sie ein Codex aus dem 12. Jh. (Bibl. municipale de Dijon, Ms. 634) aufbewahrt, zeigen, daß die engen Beziehungen aus der Reformzeit nicht selten gänzlich wieder abbrachen, daß das Kloster andererseits aber sehr bald und ohne Rücksicht auf die monastische Formung mit anderen, auch jüngeren Gemeinschaften in Verbindung getreten ist. – Zum unmittelbaren Einflußbereich eines Klosters gehören seine Priorate. Von den 25 in der Bulle Calixts II. vom 29. Oktober 1124 (Jaffé-Loewenfeld 7169) aufgeführten Dependancen waren 7, möglicherweise auch 10, schon in der Reformzeit beim Kloster: S. Amâtre, Sexfontaines, S. Blin, S. Étienne de Beaune, Salmaise, Palleau, Vosnon, Montigny (?), Silmont (?), Jussey (?).

Quellen: E. Bougaud – J. Garnier, Chronique de l'abbaye de Saint-Bénigne de Dijon: Analecta Divionensia, Bd IX (Dijon 1875), bes. 130–185; Raoul Glaber, Les cinq livres de ses Histoires (900–1040), éd. M. Prou (Paris 1886) (Collection de textes); Rodulfus Glaber, Vita S. Guilelmi abbatis S. Benigni Divionensis: Migne, Patrologia Latina 142, 697–720; G. Chevrier – M. Chaume, Chartes et documents de Saint-Bénigne de Dijon, Bd II (990–1124) (Dijon 1943) (Analecta Burgundica). – Der Text der Verbrüderungen findet sich in Bibl. municipale Dijon Ms. 634 fol. 123v–125v. – Die Bulle Calixts II. (Jaffé-Loewenfeld 7165) ist abgedruckt in E. Pérard, Recueil de plusieurs pièces curieuses servant à l'histoire de Bourgogne (Paris 1664). – **Literatur:** E. Sackur, Die Cluniacenser in ihrer kirchlichen und allgemeingeschichtlichen Wirksamkeit bis zur Mitte des 11. Jh., 2 Bde (Halle 1892–94); K. Hallinger, Gorze – Kluny. Studien zu den monastischen Lebensformen und Gegensätzen im Hoch-MA, 2 Bde (Rom 1950–51); J. Marilier, Guillaume de Volpiano: Catholicisme 5 (1958) 384f (mit Lit.); zuletzt H. H. Kaminsky, Zur Gründung von Fruttuaria durch den Abt Wilhelm von Dijon: Zschr. für KG 77 (1966) 238–267; eine eigene Arbeit über die Gebetsverbrüderungen von S. Bénigne ist in Vorbereitung.

I. Liebrich

49: Die Entwicklung der Klosterverbände von Camaldoli und Vallombrosa

Autor: W. Kurze

Die Eremitage **Camaldoli** gründete (der hl.) Romuald in den Jahren 1023–26. Trotz eindrucksvoller Belege für den hohen Stand geistigen Lebens in den ersten Jahrzehnten ihres Bestehens erhielt die Eremitenkolonie erst 1072 durch den Ausbau der 1059 geschenkten Kirche S. Pietro in Cerreto zum Kloster und 1073 durch die Übertragung der Abbadia Adelmo die Möglichkeit, über den Rahmen Camaldolis hinaus zu wirken. Die Urkunde Papst Paschals II. (23. März 1105) zählt schon 13 Camaldoli gehörige Klöster auf. In der 1. Hälfte des 12. Jh. erhöht sich diese Zahl noch beträchtlich. Bemerkenswert ist die straffe Organisation des Klosterverbandes und die strenge Aufsicht, die der Prior von Camaldoli über das geistige Leben der einzelnen Eremitagen und Klöster führte. Verfallserscheinungen bemerkt man dann gegen Mitte des Jh. In der 2. Hälfte des 12. Jh. werden nur noch wenige Klöster Camaldoli übertragen. Die große spirituelle Kraft der Camaldolenser, wie wir sie aus der vorhergehenden Periode kannten, war erloschen. – Die spätmittelalterliche Entwicklung hat andere Wurzeln und bleibt hier unberücksichtigt.

Das fast ganz auf strenge Formung des geistigen Lebens in den Eremitagen und Klöstern ausgerichtete Interesse der Camaldolenser wurde nur in engem topographischem Rahmen wirksam. Viel größere Strahlkraft entwickelten die **Vallombrosaner,** die in militanter Weise auf seiten des Reformpapsttums in die politischen Vorgänge Italiens eingriffen. Grund zu dieser Haltung legte schon Johannes Gualbertus, der das Kloster Vallombrosa auf einem ihm im Jahre 1039 geschenkten Besitz baute. Bis zu seinem Tode († 1073) konnte er noch 4 weitere Klöster gründen und 3 ihm übertragene ältere Abteien reformieren. Schon Johannes sorgte für den engen Zusammenschluß aller Anstalten in einem Klosterverband. Auch für Vallombrosa endete die Epoche großer Wirksamkeit etwa in der Mitte des 12. Jh., nur strahlten seine Ideen weit über den engen Rahmen Toscanas nach Oberitalien aus.

Als Grundlage für die Karten dienten – mit einigen Korrekturen – die Listen der von den Päpsten in ihren Urkunden Camaldoli und Vallombrosa bestätigten Klöster; vgl. P. Kehr, Italia pontificia III (1908), Etruria 171ff. 83ff.

Quellen: *Camaldoli:* J. B. Mittarelli – A. Costadoni, Annales Camaldulenses ordinis Sancti Benedicti, 9 Bde (1755-73); Regesta chartarum Italiae 2 (1907), 5 (1909), 13 (1914), 14 (1928) = Regesto di Camaldoli I, II, hrsg. von L. Schiaparelli – F. Baldasseroni, III, IV, hrsg. von E. Lasinio. – **Literatur:** D. A. Pagnani, Storia dei Benedettini Camaldolesi (1949); G. M. Cacciamani, Atlante storico-geografico camaldolese (Camaldoli 1963); G. Tabacco, Romualdo di Ravenna e gli inizi dell'eremitismo camaldolese: L'eremitismo in occidente nei secoli XI e XII, Atti della II settimana internazionale di studio, Mendola 1962 (Milano 1965); W. Kurze, Zur Geschichte Camaldolis im Zeitalter der Reform: Il monachesimo e la riforma ecclesiastica (1049–1122): ebd. IV settimana 1968 (im Druck).
Quellen: *Vallombrosa:* (F. Nardi), Bullarium Vallumbrosanum (Florentiae 1729). – **Literatur:** N. Vasaturo, L'espansione della congregazione vallombrosana fino alla metà del secolo XII: Rivista di storia della chiesa in Italia 16 (1962) 456ff.

W. Kurze

50: Die regulierten Chorherren bis 1250

Autoren: Grundlage war die Karte des LThK² (Bd II nach Sp. 1084) von *R. Forgeur,* die von *O. Engels* und *J. Siegwart* ergänzt und korrigiert wurde.

Die Augustiner-Chorherren lassen sich als Orden sehr schwer von ähnlichen und verwandten unterscheiden. Das Wort „Augustiner" meint sogar eher die Augustiner-Eremiten, die im 13. Jh. aufkamen. Vom 8. Jh. bis zum 11. Jh. gab es immer wieder Reformkanoniker, die sich zuerst (vor allem bis zur Mitte des 10. Jh.) von monastischen Idealen inspirieren ließen. Seit dem 10. und 11. Jh. begannen Kanoniker immer mehr, ein gemeinsames Leben mit äußerer Tätigkeit in Schule und Seelsorge zu verbinden. Diese Entwicklung wurde von den Regularkanonikern, die Gelübde ablegten, rückgängig gemacht und ging bei den Säkularkanonikern seit etwa 1060 und vor allem seit 1123 in die Richtung einer Verweltlichung. Seit dem Auftauchen der Augustinusregel als strikter Norm einer Stiftsobservanz in St. Dionysius in Reims (spätestens 1067 unter Erzbischof Gervasius [1055–67]) lag der Akzent der Reformkanoniker ein halbes Jh. stärker auf dem zönobitischen oder gar eremitischen und streng asketischen Leben, dem Zölibat und der *vita apostolica* im Sinne des Verzichts auf alles persönliche Eigentum. Das äußere Apostolat war damals meistens Sache der Stiftsvorsteher und weniger Ausnahmen bei den Regulierten. Wenige Jahre nach dem Wormser Konkordat von 1122 wandten sich fast alle Augustiner-Chorherren, auch die Prämonstratenser, immer mehr der Seelsorge zu, bis im 13. Jh. die Bettelorden ihnen an vielen Orten diese Aufgabe abnahmen.

Regularkanoniker mit strengster Armut gab es schon vor dem Auftauchen der Augustinusregel (vgl. LThK² I 1151: Avignon, St. Rufus, Jahr 1139). Die Regel fügte in solchen Fällen nur die Autorität des Kirchenvaters zu einer schon bestehenden Institution hinzu. Sicher ist jedenfalls, daß die Einführung der Augustinischen Regel auch die drei Gelübde mit sich brachte, auch wenn in der Profeßformel oft nur der Gehorsam ausdrücklich erwähnt wurde. Wir nennen alle jene Chorherren des 11. Jh. Regularkanoniker, die sich selber *regulares* nannten (z. B. die Bamberger Domherren im Jahre 1162), auch wenn sie die Augustinusregel nicht kannten oder nicht als Norm betrachteten. Das Wort *regularis* konnte sich im 11. Jh. auch auf die Aachener Regel von 816 beziehen. Augustiner-Chorherren aber sind jene, bei denen die Augustinusregel ausdrücklich erwähnt wurde oder, wo wir mit guten Gründen vermuten dürfen, diese Regel sei bereits verbreitet, so um 1090 im Westen bis zum Rheinland, seit dem Wormser Konkordat auch in ganz Deutschland. Wo nach 1067 ausdrücklich eine Profeß, ein Gelübde, ein Gehorsamseid gegenüber dem Stiftsvorsteher erwähnt werden, wo Formeln wie *sine proprio vivere, vita communis et regularis* usw. vorkommen, da schließen wir auf Augustiner-Chorherren.

Schwieriger ist es dann, diese im 12. Jh. von den anderen kanonikalen Religiosen zu unterscheiden, z. B. von den Prämonstratensern, den kanonikalen Ritterorden (z. B. Rittern vom Hl. Grab, Kreuzherren), den ältesten Predigerbrüdern, die die Patres (Priester) einfach *canonici* nannten, und von mehreren Spitalbrüderkongregationen.

Praktisch befolgen wir hier den Weg, die ganz kleinen Kongregationen (z. B. Marbach, Springiersbach) unter die selbständigen Stifte einzureihen, ohne auf die Gruppierung zu achten, und die Stifte, die am Anfang noch eine gewisse Selbständigkeit besaßen, auch hierher zu rechnen, selbst wenn sie einem Ritterorden angehörten (z. B. Denkendorf dem Orden vom Hl. Grab). Die großen zentralisierten Orden werden aber hier ausgenommen (Prämonstratenser, Ritterorden nach der Zentralisierung). Die Grenzfälle bleiben umstritten. So blieb das Stift S. Luzi in Chur bis 1160 unter bischöflicher Jurisdiktion. Wir zählen es aber zu den Prämonstratensern seit der Gründung (vor 1150) wegen bestimmter für die Prämonstratenser typischer Privilegien (Freiheit vom Neubruchzehnten) und wegen vermutlich prämonstratensischer Observanz seit dem Beginn. Bei anderen Kirchen reichen die Quellen nicht aus, um sie von weltlichen Stiften oder gar von Klöstern der Augustiner-Eremiten zu unterscheiden. Weil Manegold von Lautenbach eine Zeitlang im Stift Lautenbach lebte, bevor er das Augustiner-Chorherrenstift Marbach gründete, gilt oft Lautenbach als Regularstift, obwohl es dafür keine eindeutigen Zeugnisse gibt und obwohl dort, wo die Quellen eindeutig reden, Lautenbach ein Säkularstift, d. h. ein Stift ohne Gelübde und mit weitmaschigem Gemeinschaftsleben (Gemeinsamkeit von Beten, Essen und Schlafen im gleichen Raum mit der Tendenz, dieses Gemeinsame aufzulösen), war; vgl. Ch. Haby, Stift Lautenbach: Alsatia monastica II (Kevelaer 1958) (bes. 39–58 als Augustiner-Chorherrenstift beschrieben). – Neben den in der Karte markierten Reformgruppen und -verbänden ist noch die Marbacher Gruppe zu nennen, zu der Backnang, S. Leonhard in Basel, Goldbach, Oelenberg, Hördt, S. Trinitas in Straßburg, S. Arbogast bei Straßburg, S. Märgen, Kreuzlingen, Ittingen, Zürichberg, vielleicht auch Beuron gehören.

Die Darstellung der Karte beschränkt sich auf Mitteleuropa, da für die meisten übrigen Gebiete wegen der oben genannten Schwierigkeiten eine fundierte Kartierung noch nicht möglich ist.

Quellen und Literatur: *Grundlegend:* A. Hauck, Kirchengeschichte Deutschlands III–IV (Leipzig 1906–13) (Stiftslisten); L. H. Cottineau, Répertoire topo-bibliographique des abbayes et prieurés, 2 Bde (Mâcon 1935); N. Backmund, Monasticon Praemonstratense, 3 Bde (Straubing 1949ff); wichtig sind auch die Kunstführer zu den einzelnen Stiften. – *Allge-*

meines: Ch. Dereine, Chanoines: DHGE XII 353–405; ders., Vie commune, règle de S. Augustin et chanoines réguliers au XIe siècle: RHE 41 (1946) 356–406; Canonicorum regularium Sodalitates (Vorau 1954); F. J. Schmale, Kanonie, Seelsorge, Eigenkirche: HJ 87 (1959) 38–63; Ch. Giroud, L'ordre des chanoines réguliers de Saint-Augustin et ses diverses formes de régime interne. Essai de synthèse historicojuridique (Diss. Lateran. Martigny 1961); La vita comune del clero nei secoli XI e XII. Atti della Settimana di studio, Mendola settembre 1959, 2 Bde: Pubblicazioni dell'Università cattolica del S. Cuore ser. 3, scienze storiche 2 (= Miscellanea del Centro di Studi medioevali 3) (Milano 1962) (grundlegend). – *Regionale Untersuchungen:* S. Brunner, Ein Chorherrenbuch (Wien–Würzburg 1883); J. Wirges, Die Anfänge der Augustiner-Chorherren . . . (Betzdorf 1928); S. Reicke, Das deutsche Spital und sein Recht im MA: Kirchenrechtliche Abhh. 111–114 (Stuttgart 1932); R. Bauerreiß, KG Bayerns, 5 Bde (S. Ottilien 1949–55); J. C. Dickinson, The Origins of the Austin Canons and their Introduction into England (London 1950); J. Choux, Recherches sur le diocèse de Toul au temps de la réforme grégorienne. L'épiscopat de Pipon (1069–1110): Recueil de documents sur l'histoire de Lorraine (Nancy 1952); Ch. Dereine, Les chanoines réguliers au diocèse de Liège avant saint Norbert: Mémoires de l'Académie royale de Belgique 47/1 (Bruxelles 1952); ders., La réforme canoniale en Rhénanie (1075–1150): Mémorial d'un voyage d'études de la Société nationale des antiquaires de France en Rhénanie (1951) (Paris 1953) 235–240; J. Mois, Das Stift Rottenbuch in der Kirchenreform des 11.–12. Jh. (München 1953); G.-G. Mérsseman, Die Reform der Salzburger Augustinerstifte 1218: Zschr. für schweizer. KG 48 (1954) 81–95; M. Barth, Hdb. der elsässischen Kirchen: Archives de l'Église d'Alsace 22–24 (NS 11–13) (1960–63); F. Pauly, Springiersbach:TTS 13 (Trier 1962); J. Siegwart, Die Chorherren- und Chorfrauengemeinschaften in der deutschsprachigen Schweiz vom 6. Jh. bis 1160: Studia Friburgensia NF 30 (Freiburg/Schweiz 1962); ders., Die Consuetudines des Augustinerchorherrenstiftes Marbach im Elsaß (12. Jh.): Spicilegium Friburgense 10 (Freiburg/Schweiz 1965); J. J. Bauer, Sankt Peter zu Ager: Spanische Forschungen, Gesammelte Aufsätze 19 (1962) 99–113; ders., Die vita canonica in den katalanischen Kollegiatkirchen im 10. und 11. Jh.: ebd. 21 (1963) 54–82; O. Engels, Episkopat und Kanonie im mittelalterlichen Katalonien: ebd. 21 (1963) 83–135; N. Backmund, Die Chorherren und ihre Stifte in Bayern. Mit einem Beitrag von A. Mischlewski (Passau 1966); H. Dubled, Recherches sur les chanoines réguliers de saint Augustin au diocèse de Strasbourg: Archives de l'Église d'Alsace 32 (NS 16) (1967–68) 5–52. – *Verschiedenes:* J. Becquet, La bibliothèque des chanoines réguliers d'Aureil en Limousin au XIIIe siècle: Bulletin de la Société archéologique et historique des Limousin 92 (1965) 107–134; J. Obersteiner: Carinthia I 156 (1966) 593–634 (Gurker Domkapitel und -stift); F. Pagnitz, Quellenkundliches zu den mittelalterlichen Domen und zum Domkloster in Salzburg: Mitt. der Gesellschaft für Salzburger Landeskunde 108 (1968) 21–156.

J. Siegwart

51: Die Ausbreitung der Kartäuser bis 1500

Autor: H. Rüthing

Aus der 1084 von Bruno von Köln in der Chartreuse gegründeten Niederlassung entwickelte sich allmählich ein Orden, der stärker als andere mittelalterliche Orden darauf gesehen hat, daß die Gründung von neuen Konventen stets einer strengen Kontrolle unterworfen blieb. Jede Neugründung bedurfte, um vollberechtigtes Mitglied des Ordens zu werden, der Zustimmung des Generalkapitels, die erst einige Jahre nach der Gründung erteilt wurde (Inkorporation). Dadurch hat die zentrale Ordensleitung immer einen genauen Überblick über die Zahl ihrer Konvente behalten. Auf jedem der seit 1155 jährlich tagenden Generalkapitel mußten die Prioren der einzelnen Kartausen ihren Rücktritt anbieten; somit wurde jedes Jahr über jedes einzelne Haus diskutiert. Ferner mußten jährlich für die verschiedenen Provinzen Visitatoren bestimmt werden, deren genaue Berichte dem Generalprior übersandt wurden. Diese strenge Kontrolle über alle Konvente hat ausreichend archivalisches Material zusammenfließen lassen, um einen sehr genauen Überblick über die Ausbreitung des Kartäuserordens gewinnen zu können. – Da ein modernes, wissenschaftlichen Ansprüchen genügendes „Monasticon" des Kartäuserordens fehlt, mußte für diese Karte auf ältere Zusammenstellungen zurückgegriffen werden. Im Jahre 1509/10 wurde unter dem Ordensgeneral François du Puy für die große Statutenausgabe von 1510 eine nach Provinzen geordnete offizielle Liste aller damals bestehenden Konvente angefertigt. Diese Zusammenstellung liegt neben Verzeichnissen für einzelne Ordensprovinzen dieser Karte zugrunde. Zur Feststellung der bis 1500 untergegangenen Konvente und der an einen anderen Orden übergegangenen Häuser sowie zur Fixierung der Gründungszeit wurden neben zahlreichen Spezialuntersuchungen die großen Ordensgeschichten herangezogen. Die bis heute umfangreichsten und die zuverlässigsten Unterlagen liefert der Kartäuser Charles Le Couteulx. Seine im 17. Jh. verfaßten *Annales ordinis Cartusiensis* beruhen auf dem archivalischen Material der Grande-Chartreuse und auf Archivalien und Chroniken, die er sich aus den einzelnen Kartausen hat zusenden lassen. Die *Annales ordinis Cartusiensis* bringen sorgfältige Angaben über Zahl, Gründungszeit und Lage aller bis 1429 errichteten Kartausen. Le Couteulx' Angaben sind genauer als die der meisten neueren Werke und der schon vorhandenen Karten (s. u.), die vielfach korrigiert werden mußten. – Als Gründungsdatum ist nicht das Jahr der Inkorporation angenommen, sondern das Jahr, in dem die Stiftungsurkunde ausgestellt wurde, oder – wo das nicht der Fall war – das Jahr, in dem sich die ersten Mönche niederließen. Die Provinzeinteilungen und -bezeichnungen beruhen auf den offiziellen Angaben von 1509/10; sie gelten auch für das Jahr 1500. Die Namengebung der Kartausen konnte nicht nach einem starren Prinzip gehandhabt werden. Jedes Kloster hatte einen lateinischen Namen, der sich zum gängigen Klosternamen entwickelte, wenn das Kloster *in eremo* lag, wie das in den beiden ersten Jhh. der Ordensgeschichte meistens der Fall war (z. B. Mons Dei – Mont Dieu). Befand sich eine Kartause in oder nahe bei einer Stadt, was seit etwa 1300 immer häufiger vorkam, oder lag eine sonst bekannte Orts- oder Flurbezeichnung vor, so konnte deren Name in der Praxis oft die Eigenbezeichnung des Klosters verdrängen (z. B. Lex Mariae – Marienehe – Rostock). Bei der Nomenklatur waren Ermessensentscheidungen nicht zu umgehen; durchweg sind die in der Praxis des Ordens und in der Literatur geläufigeren Bezeichnungen gewählt worden.

Quellen und Literatur: Statuta ordinis Cartusiensis a domino Guigone priore Cartusiae edita (Basel 1510) (am Schluß des Bandes eine Zusammenstellung aller damals bestehenden Kartausen); C. Le Couteulx, Annales ordinis Cartusiensis ab anno 1084 usque ad annum 1429, 8 Bde (Montreuil 1887–91); F.-A. Lefebvre, Saint Bruno et l'Ordre des Chartreux, 2 Bde (Paris 1883) (enthält im 2. Band, S. 189–379, eine flüchtig gearbeitete und nicht immer fehlerfreie Zusammenstellung sämtlicher Kartausen); Maisons de l'Ordre des Chartreux. Vues et notices, 4 Bde (Montreuil – Tournai – Parkminster 1913–19) (mit nach Ordensprovinzen geordneten Karten; in vielen Einzelheiten ungenau). – *Schon vorhandene Karten:* Hilarion Bonière, Carte géographique des Maisons de l'Ordre des Chartreux depuis sa Fondation jusques à l'Année 1785 (1785). – Hierauf stützen sich die Karten in Maisons de l'Ordre des Chartreux (s. o.) und die Karte von H. M. Sommer im LThK^2 VII nach Spalte 1208. Die Karte von Sommer enthält genauere Angaben über Gründung und Auflösung der Kartausen. – Von den lokalen Karten ist wichtig: B. Bligny, L'Église et les Ordres religieux dans le Royaume de Bourgogne aux XIe et XIIe siècles (Grenoble 1960) Karte 5 (verzeichnet die Kartausen des Königreiches Burgund bis 1200).

H. Rüthing

Nachtrag: A. Gruys, Cartusiana. Un instrument heuristique, 2 Bde und Suppl. (Paris 1976–78).

52 und 53: Die Klostergründungen der Zisterzienser

Autor: K. Janssen. Für die zeitliche Gliederung und einige Lokalisierungsfragen wurde benutzt: *F. van der Meer,* Atlas de l'ordre cistercien (Elsevier, Amsterdam – Bruxelles 1965).

Für einen Überblick über die am Ende des Mittelalters mehr als 700 Abteien des Zisterzienserordens bieten sich zwei Quellengruppen an. 1. Schon bald nachdem das 1098 von Robert von Molesme gegründete Cîteaux die ersten Tochterklöster gegründet hatte, erwiesen sich regelmäßige Äbtekapitel als notwendig. Ein großer Teil der Beschlüsse der Kapitel ist erhalten. Seit dem Ende des 12. Jh. nehmen in diesen Generalkapitelsbeschlüssen Entscheide für und über einzelne Konvente einen immer größeren Raum ein, so daß sich aus ihnen zumindest für die Zeit nach 1200 eine – wenn auch lückenhafte – Liste der Abteien zusammenstellen läßt. 2. Um die vorhandenen Lücken zu schließen und genauere Auskünfte über die gut 500 vor 1200 neu gegründeten oder dem Zisterzienserorden beigetretenen Konvente und ihre Entstehungs- bzw. Aufnahmezeit zu bekommen, sind die sog. „catalogi abbatiarum" heranzuziehen. Diese Listen, die sämtliche Abteien des Ordens verzeichnen sollten, wurden seit dem Ende des 12. Jh. im Auftrag des Generalkapitels geführt. Seit 1218 fiel dem Cantor von Cîteaux diese Aufgabe zu, die zunächst einen sehr praktischen Zweck verfolgte: Die Rangfolge der Äbte auf dem Generalkapitel bestimmte sich nach den Gründungsdaten ihrer Klöster. Außerdem sollten die Kataloge dem Generalkapitel den Überblick und damit die Kontrolle über die ständig wachsende Zahl der Klöster gewährleisten. Aus dem Mittelalter sind etwa zehn solche Kataloge erhalten; die Reihe setzt sich in der Neuzeit fort. Der älteste Katalog stammt aus der Zeit kurz nach 1200; er enthält Angaben über Tag und Jahr der Gründung. Spätere Kataloge fügen dem Angaben über die „Genealogie" (d. h. die Filiationsverhältnisse) und über die Lage der Konvente (Land, Diözese) hinzu, um Verwechslungen zu vermeiden, die wegen der Namensgleichheit oder -ähnlichkeit vieler Konvente immer wieder vorkamen und schon die Generalkapitel des frühen 13. Jh. irritierten. Obwohl diese Kataloge, die nicht nur in Cîteaux vorhanden waren, authentischen und offiziellen Charakter haben sollten, sind sie nicht frei von Fehlern: viele Klöster fehlen, andere sind zwei- oder dreimal aufgenommen, Nonnenklöster sind bei den Männerkonventen mitgezählt, Gründungsdaten falsch wiedergegeben usw. Dennoch bleiben die Kataloge die wichtigste Grundlage für jedes zisterziensische Monasticon. Über den Ursprung und die Existenz vieler Abteien sind wir nur durch sie unterrichtet. Durch einen Vergleich der einzelnen Kataloge, wie ihn

Janauschek vorgenommen hat (s. u.), lassen sich die meisten Fehler korrigieren. Zieht man die reiche Überlieferung einzelner Klöster und die wissenschaftliche Literatur hinzu, läßt sich mit einiger Sicherheit sagen, daß die in die Karte aufgenommenen Konvente dem Zisterzienserorden dauernd als vollberechtigte Mitglieder im Status einer Abtei angehörten. Priorate, Kollegien, Grangien und ähnliche Niederlassungen sind nicht berücksichtigt.

Außerhalb der erwähnten Quellen finden sich – auch in der Literatur – zahlreiche Hinweise auf Konvente, die dem Zisterzienserorden angehört haben sollen, aber weder in den Beschlüssen des Generalkapitels noch in den Katalogen des Ordens erwähnt werden. Obwohl diese Hinweise z. T. Papsturkunden entstammen, ist nicht sicher zu entscheiden, ob die Konvente als Zisterzienserabteien anzusehen sind. Sie werden in der Karte nicht verzeichnet. Auch die zahlreichen Klöster, die den Zisterziensern zur Reform übergeben wurden, jedoch – wenn überhaupt – nur kurzfristig zisterziensische Gewohnheiten annahmen, sind nicht aufgenommen. Ebensowenig wurden die Konvente berücksichtigt, die über das Stadium der Planung und die ersten Anfänge nicht hinauskamen. Die Niederlassungen der dem Zisterzienserorden rechtlich unterstellten oder ihm eng verbundene Ritterorden von Calatrava, Alcántara, Montesa und Avis sind nicht verzeichnet.

Der Zisterzienserorden hat auf lokale Verwaltungsgliederungen verzichtet. Wichtigstes Organisationsprinzip ist das Filiationsgesetz, das bei grundsätzlicher Autonomie aller Klöster dem Mutterkloster gewisse Visitations- und Aufsichtsrechte über das Tochterkloster sicherte. Dadurch gewannen Cîteaux und seine vier ältesten Töchter, die Primarabteien La Ferté, Pontigny, Clairvaux und Morimond, besondere Bedeutung. Die Karte differenziert deshalb – wie der Orden selbst – nach den von diesen Klöstern ausgehenden Filiationsreihen („lineae"). „Umfiliationen", die vorkamen, wenn ein Kloster von den Mönchen verlassen und später neu errichtet wurde, sind nicht berücksichtigt.

Quellen und Literatur: Die „catalogi abbatiarum" sind kritisch verarbeitet in: L. Janauschek, Originum Cisterciensium tomus I (Wien 1877, Neudr. Ridgewood N. J. 1964); die Generalkapitelsbeschlüsse sind veröffentlicht von J.-M. Canivez, Statuta capitulorum generalium Ordinis Cisterciensis ab anno 1116 ad annum 1786, 8 Bde: Bibliothèque de la Revue d'Histoire Ecclésiastique 9–14 B (Louvain 1933–41). – Schon vorhandene Karten (in Auswahl): F. van der Meer, Atlas de l'Ordre Cistercien (Amsterdam – Bruxelles 1965) (verzeichnet auch Priorate, Kollegien, in Auswahl Grangien und Nonnenklöster); Großer historischer Weltatlas, Bd II, hrsg. vom Bayerischen Schulbuch-Verlag (München 1970) S. 81 (H.-M. Klinkenberg).

H. Rüthing

Nachtrag: M. Cocheril – E. Manning, Dictionnaire des Monastères Cisterciens (Rochefort 1976–79).

54: Die Ausbreitung der Prämonstratenser bis 1300

Autor: Grundlage war die Karte im LThK² (Bd VIII nach Sp. 584) von *N. Backmund*

Die Prämonstratenser haben wie die ähnlich straff zentralisierten Orden der Zisterzienser und Kartäuser bereits wenige Jahre nach der Gründung ihres Mutterklosters Prémontré durch Norbert von Xanten (1120) jährliche Generalkapitel eingeführt. Da die Beschlüsse dieser Kapitel zum größten Teil verloren sind, scheiden sie als Grundlage für eine umfassende Zusammenstellung der Häuser der Prämonstratenser aus. Die Karte geht deshalb von den Klosterkatalogen aus, die seit dem frühen 13. Jh. offiziell im Auftrag des Generalkapitels oder als Privatarbeiten angefertigt wurden. Der älteste erhaltene Katalog wurde vor 1240 angelegt, der umfassendste ist ein Verzeichnis vom Jahre 1320 aus der Abtei Tongerloo. Diese und die anderen Kataloge sind, was die Zahl und die Art der Konvente, deren Zugehörigkeit zu den Zirkarien, die Paternitätsverhältnisse usw. angeht, oft ungenau und fehlerhaft. Sie müssen durch andere, meist lokale Quellen ergänzt und korrigiert werden. Dabei bleiben zahlreiche Unsicherheiten bestehen, besonders für die Zeit vor 1200. Lücken in der Karte sind beim jetzigen Stand der Forschung nicht auszuschließen.

Die Karte umfaßt nicht alle Niederlassungen der Prämonstratenser. Aufgenommen sind zunächst alle Männerklöster im Range von Abteien oder ihnen gleichberechtigte Propsteien. Priorate, meist Konvente minderen Rechts und von einer Abtei bzw. Propstei abhängig, sind nur dann verzeichnet, wenn man nachweisen oder vermuten kann, daß sie wenigstens zeitweise als *prioratus sui iuris* eine größere Unabhängigkeit erreichten: Behaune, Cill na Manach, Krzyzanowice, Loch Uachtair, S. Elisabeth, Straßburg. Die meisten Konvente der 1. Hälfte des 12. Jh. wurden als Doppelklöster gegründet. Nur wenige behielten diesen Status bis zum Ende des Mittelalters bei, da die Doppelklöster bereits 1140 von der Ordensleitung offiziell verboten wurden. Zwar wurden auch nach 1140 noch Doppelklöster errichtet, doch setzte gleichzeitig eine Bewegung ein, Männer- und Frauenkonvente zu trennen: entweder verließen die Chorherren das Haus, oder die Nonnen wurden ausgesiedelt. Viele Doppelklöster wurden auf diese Weise zu Nonnenklöstern. Nur ein Teil von ihnen ist in die Karte aufgenommen; sie wurden nicht besonders gekennzeichnet. Der Autor versucht, folgendes Kriterium für die Auswahl der aus Doppelklöstern entstandenen Nonnenklöster anzuwenden: er verzeichnet nur diejenigen Klöster, bei denen zur Zeit der Gründung der männliche Konvent mehr Mitglieder hatte als der Nonnenkonvent. Alle anderen Nonnenklöster, Priorate und prioratsähnliche inkorporierte Pfarreien sind nicht aufgeführt, auch wenn sie in den mittelalterlichen Katalogen genannt werden.

Die Karte gibt nicht den Stand des Prämonstratenserordens um 1300 wieder, sondern verzeichnet die bis dahin erfolgten Gründungen (bzw. die Aufnahme schon bestehender Klöster und Stifte); d. h., der Verlust oder die Aufgabe von Konventen vor 1300 wird nicht vermerkt.

Die Prämonstratenser haben seit der 2. Hälfte des 12. Jh. eine sich immer weiter differenzierende lokale Gliederung ihres Ordens geschaffen. Diese Gliederung in Zirkarien ist als eines der wichtigsten Organisationsprinzipien des Ordens in der Karte vermerkt. Die Karte versucht, die bis in die Neuzeit nahezu unverändert gültige Neuordnung der Zirkarien von ca. 1290 zu berücksichtigen; sie lehnt sich an den Tongerlooer Katalog von 1320 an. Dazu ist anzumerken, daß die vormals getrennten Zirkarien *Suevia* und *Bavaria* zu diesem Zeitpunkt bereits als eine Zirkarie gelten. Wegen der auch hier unsicheren Quellenlage muß offenbleiben, ob alle als Zirkarien in die Karte eingezeichneten Klostergruppen tatsächlich als vollausgebaute Zirkarien mit *Circatores* an der Spitze gelten können. Das trifft besonders für kleine und entlegene Zirkarien, wie z. B. die *Circaria Slaviae,* zu, deren Konvente möglicherweise dem Ordensgeneral direkt unterstanden und von anderen Zirkarien mitverwaltet wurden; im Tongerlooer Katalog werden sie deshalb auch als Konvente *in Slavia* bezeichnet. Ähnliches gilt für die m. W. erst in Darstellungen der Neuzeit auftauchende *Circaria Livoniae,* deren Konvente Riga und Mežotne in den mittelalterlichen Katalogen den Zirkarien *Polonia* oder *Slavia* zugerechnet werden. Nicht ganz deutlich ist auch die Situation einiger Konvente in Irland, Schottland, Norwegen und im Vorderen Orient, die im Katalog von Tongerloo keiner Zirkarie, sondern nur einem Gebiet zugewiesen sind. – Bei den Niederlassungen in Börglum, Brandenburg, Havelberg, Litomyšl, Magdeburg, Ratzeburg und Riga handelt es sich um die jeweiligen Domkapitel, die dem Orden inkorporiert waren.

Quellen und Literatur: Die mittelalterlichen Klosterlisten sind kritisch ediert von N. Backmund, Monasticon Praemonstratense, 3 Bde (Bd. I 1–2 Straubing ²1983, III 1960), hier Bd. III 365–451. Die von F. Petit, La spiritualité des Prémontrés aux XIIe et XIIIe siècles (Paris 1947) 283–286, publizierte Liste ist eine von J. Le Paige, Bibliotheca Ordinis Praemonstratensis (Paris 1633), übernommene Kompilation verschiedener Kataloge. – Neben der grundlegenden Arbeit von Backmund (s. o.) ist heranzuziehen R. van Waefelghem, Répertoire des sources imprimées et manuscrites relatives à l'histoire et à la liturgie des monastères de l'Ordre de Prémontré (Bruxelles 1930). – Schon vorhandene Karten: Backmund Bd I–III, nach Zirkarien geordnet und alle Niederlassungen (auch Nonnenklöster und Priorate) umfassend; Großer historischer Weltatlas, Bd II, hrsg. v. Bayerischen Schulbuch-Verlag (München 1970) zu S. 81 (von H.-M. Klinkenberg).

H. Rüthing

55A: Das serbische Patriarchat Peć

Autor: O. Schlolaut

Serbien liegt inmitten des Gebietes, in dem sich seit dem 9. Jh. der Kampf zwischen byzantinischem und westlichem Christentum zutrug, so daß dort die kirchliche Abhängigkeit von Ostrom keineswegs selbstverständlich war. Noch im 12. Jh. lehnten sich einzelne Lokalfürsten der Zeta vorübergehend an Rom an und förderten die von den dalmatinischen Bistümern getragene westliche Mission. – Erst unter der Dynastie der Nemanjiden (1167–1371) erfolgte nach anfänglichem, politisch bedingtem Schwanken (1217 Krönung Stefans II., des „Erstgekrönten", durch einen päpstlichen Legaten) durch die Gründung einer serbischen Nationalkirche 1219 die endgültige Hinwendung zur Orthodoxie. Ihr Organisator war Rastko – als Mönch Sava –, ein Sohn Stefan Nemanjas. Seine bischöfliche Weihe und die Anerkennung als Erzbischof einer autokephalen Kirche der Serben erhielt er vom byzantinischen Patriarchen 1219 in Nicaea (nicht, wie Le Quien II 321 meint, vom lateinischen Patriarchen in Konstantinopel). Bei der Organisation der serbischen Kirche ergaben sich natürlicherweise Differenzen mit dem autokephalen Erzbistum Ohrid. Folgende Bistümer hat der hl. Sava mit Sicherheit der Jurisdiktion seiner Kirche unterstellt: Zeta, Ras, Hosno Hum, Toplica, Budimlja, Dabar, Moravica. Die Bischöfe residierten in Klöstern ihrer Diözese. Der Erzbischof residierte im Kloster Žiča, wo auch die Krönungskirche der serbischen Könige war. 1235 wurde P e ć ständiger Sitz des Erzbischofs, während jedoch der Regierungssitz häufig wechselte. Mit der Ausdehnung des serbischen Reiches erweiterte sich auch der kirchliche Jurisdiktionsbereich; hinzu kamen die Diözesen Lipljan oder Gračanica, Braničevo, Mačva, Skoplje, Belgrad.

Die weiteste Ausdehnung erlangt Serbien unter Stefan Dušan (1331–55). Bevor sich Stefan zum „Zaren der Serben und Rhomaier" proklamieren lassen konnte, mußte er das Oberhaupt seiner Kirche zum Patriarchen erheben lassen. Dies geschah auf einer Reichsversammlung in der neuen Hauptstadt Skoplje am 9. April 1346 (im Beisein u. a. des Erzbischofs von Ohrid und des Patriarchen von Tŭrnovo). Die innere Organisation des Patriarchats Peć ist uns nicht bekannt; fest steht nur, daß 1347 oder 1348 auch das Bistum von Skoplje zum Protothronos erhoben wurde. Erst 1375 wurde (nach vorherigem Bann) das serbische Patriarchat von Konstantinopel anerkannt.

Nach der verlorenen Schlacht auf dem Amselfelde (Kosovo-polje) am 20. Juni 1389 wurde Serbien türkischer Vasallenstaat. 1459 wurde auf Betreiben der Griechen in Konstantinopel das Patriarchat aufgehoben und die serbische Kirche dem (griechischen) Erzbistum Ohrid unterstellt. 1557 aber konnte auf Betreiben eines Großvezirs serbischer Herkunft, Mehmed Sokolović, das Patriarchat Peć wieder errichtet werden. 1766 wurde es vom Sultan wieder aufgehoben und dem Erzbistum Prizren und damit mittelbar dem Patriarchen in Konstantinopel unterstellt.

Seit Anfang des 18. Jh. besteht ein serbisches Patriarchat in Karlovac in Syrmien. – Einen besonderen Platz nimmt die seit 1485 in Cetinje, der Hauptstadt Montenegros, bestehende Metropolitie ein. In dem unzugänglichen Hochland hatten die dortigen Hierarchen seit 1516 – praktisch von den Türken unabhängig – zugleich die weltliche Macht inne.

Literatur: C. Jireček, Der Großvezier Mehmed Sokolović und die serbischen Patriarchen Makarij und Antonij: Archiv für slavische Philologie 9 (1886) 291–297; ders., Geschichte der Serben, 2 Bde (Gotha 1911, Neudr. Amsterdam 1967); ders., Staat und Gesellschaft im mittelalterlichen Serbien. Studien zur Kulturgeschichte des 13.–15. Jh.: Denkschriften der Kaiserlichen Akademie der Wissenschaften in Wien, Phil.-hist. Kl., Bde 56, 2. 3 – 58, 2 – 64, 2 (Wien 1912); H. Ruvarac, Nochmals Mehmed Sokolović und die serbischen Patriarchen: Archiv für slavische Philologie 10 (1887) 43–53; St. Stanojević, Istorija srpskoga naroda. Drugo izdanje, popravleno i popunjeno (Beograd 1910); ders., Istorija srpskog naroda u srednjem veku. Knj. 1: O izvorima (Beograd 1937); St. Novaković, Zakonski spomenici srpskih država srednjega veka (Beograd 1912); V. Marković, Pravoslavno monaštvo i manastiri u srednjevekovnoj Srbiji (Sremski Karlovci 1920); A. Hudal, Die serbisch-orthodoxe Nationalkirche: Beiträge zur Erforschung der orthodoxen Kirchen 1 (Graz – Leipzig 1922); J. Matl, Der heilige Sava als Begründer der serbischen Nationalkirche. Seine Leistung und Bedeutung für den Kulturaufbau Europas: Kyrios 2 (1937) 23–37; M. A. Purković, Srpski episkopi i mitropoliti srednjeg veka (Skoplje 1938); V. R. Petković, Pregled crkvenich spomenika kroz povesnicu srpskog naroda (Beograd 1950); O. D. Mandić, Bosna i Hercegovina. Povjesno-kritička istraživanja. Svezak prvi: Državna i vjerska pripadnost sredovječne Bosne i Hercegovine. S 9 kartografisih crteža: Hrvatski povjesni institut. Knj. 3 (Chikago/Ill. 1960); Dj. Slijepčević, Istorija srpske pravoslavne crkve. Knjiga 1: Od Pokrštavanja Srba do kraja XVIII veka (München 1962); S. Ćircović, Istorija srednjovekovne Bosanske države (Beograd 1964); St. Clissold (ed.), A. Short History of Yugoslavia from Early Times to 1966 (Cambridge 1966); Istorija Crne Gore. Knjiga prva: Od najstarijich vremena do kraja XII vijeka (Titograd 1967).

O. Schlolaut

55B: Die armenische Kirche zur Zeit des Konzils von Rom-Gla (1179)

Autor: W. Hecht

Der byzantinische Kaiser Manuel I. Komnenos ist für die universalistischen Tendenzen seiner Außenpolitik bekannt. Ähnlich gelagerte Ziele verfolgte dieser Herrscher auch auf dem Gebiet der Religionspolitik. So war er bestrebt, auch mit den monophysitischen Armeniern ins Gespräch zu kommen und nach Möglichkeit eine Kirchenunion von Orthodoxen und Monophysiten zu erreichen. Die diesbezüglichen Verhandlungen führten so weit, daß der armenische Katholikos Gregor IV. Dhega (1173–93) an Ostern 1179 bei einem Konzil in Rom-Gla den Vertretern der armenischen Gesamtkirche die Frage der Kirchenunion mit den Griechen zur Diskussion unterbreiten konnte. Wegen der Wichtigkeit der anstehenden Fragen hatten sich die meisten armenischen „Bischöfe" und die Repräsentanten derjenigen monophysitischen Konvente, deren Vorsteher gleichfalls episkopale Würde zukam, am Sitz des Katholikos eingefunden. So konnten 33 armenische Bischöfe die Anwesenheitsliste der Synodalakten unterzeichnen. Aus dem Briefwechsel, den vor allem die Gegner einer Kirchenunion nach Abschluß der Beratungen in Rom-Gla mit dem Patriarchat führten, läßt sich die armenische Bischofsliste unmittelbar vor der Spaltung der armenischen Kirche und vor der Entstehung des Königreiches Kleinarmenien auf annähernde Vollständigkeit bringen. – Besonders seit der seldschukischen Invasion in Kleinasien verbreiteten sich die armenischen Christen im ganzen byzantinischen Reich. Die dabei entstandenen wichtigsten Armeniergemeinden tauchen immer wieder in den Quellen zur byzantinischen Geschichte der Komnenenzeit auf.

Quellen und Literatur: Die vorliegende Karte wurde aufgrund der Angaben von P. Tekeyan, Controverses christologiques en Arméno-Cilicie dans la seconde moitié du XIIe siècle (1165–1198): Orientalia Christiana Analecta 124 (Rom 1939) 35ff, über das Konzil von 1179 in Rom-Gla gezeichnet. Wertvolle Dienste bei der Identifizierung einzelner Ortsnamen leisteten S. Der Nersessian, Armenia and the Byzantine Empire (Cambridge 1947) und, vor allem für die armenischen Klöster, J. Mécérian, Histoire et institutions de l'église arménienne: Recherches publiées sous la direction de l'Institut des Lettres Orientales de Beyrouth XXX (Beyrouth o. J.) 235ff. Die politischen Grenzen entsprechen mit dem Stand und ungefähren Verlauf von etwa 1180 den Angaben bei G. Ostrogorsky, Geschichte des byzantinischen Staates (München [3]1963), und R. Grousset, Histoire des croisades II (Paris 1935), sowie eigenen Feststellungen.

W. Hecht

56 A: Der Sackbrüderorden

Autor: K. Elm

Der Sackbrüderorden *(Ordo de Poenitentia Jesu Christi)* wurde in den vierziger Jahren des 13. Jh. auf dem Mont Fenouillet bei Hyères (Dep. Var) von Raimund Attanulfi (Athénoux), einem Schüler des Hugo von Digne, gegründet. In den Anfängen war seine Spiritualität durch die Verbindung von eremitischer Bußgesinnung und franziskanischem Armutseifer geprägt. Seit ca. 1255 traten in Anpassung an das Vorbild der Dominikaner Studium und Seelsorge in den Vordergrund. Zusammen mit anderen kleineren Bettelorden wurde der Sackbrüderorden aufgrund der 23. Konstitution des II. Konzils von Lyon (1274) aufgehoben. Er zählte damals, wie vor allem R. W. Emery in mühevoller Kleinarbeit aus weitverstreuter urkundlicher Überlieferung ermittelt hat, mindestens 112 vornehmlich in West- und Südeuropa beheimatete Niederlassungen, von denen ein Teil nach 1274 vorübergehend oder dauernd an die größeren Bettelorden fiel und so zu ihrer schnellen Ausbreitung beitrug. Die kurze Geschichte des Ordens verdient vor allem deswegen Beachtung, weil sie deutlich macht, wie stark im 13. Jh. der mendikantische Armutsgedanke auch außerhalb der bekannteren Bettelorden gemeinschaftsbildend wirkte.

Literatur: R. W. Emery, The Friars of the Sack: Speculum 18 (1943) 323–334; ders., A Note of the Friars of the Sack: ebd. 35 (1960) 591–595; G. M. Giacomozzi, L'Ordine della Penitenza di Gesù Cristo: Scrinium historiale II (Rom 1962); K. Elm, Ausbreitung, Wirksamkeit und Aufhebung des provençalischen Sackbrüderordens in Mitteleuropa: Fancia 1 (1971).

K. Elm

56B: Die Waldenser 1177–1277

Autor: J. Fearns

Die Karte basiert auf einer Untersuchung aller gedruckten Quellen vom III. Laterankonzil (1179) bis zu den polemischen Schriften der 2. Hälfte des 13. Jh. (Stephan von Bourbon, Anonymus von Passau u. a.). Informationen aus spätmittelalterlichen Quellen über die frühere Periode wurden nicht berücksichtigt. Ebenfalls unbeachtet blieben alle Aussagen der Quellen über die *Pauperes Christi* und andere zur Kirche zurückgekehrten waldensischen Gruppen.

Die Karte stellt lediglich den Versuch dar, den jetzigen Stand der Forschung festzuhalten. Es erhebt sich freilich die Frage, wieweit die auf der Karte gezeigte Streuung der tatsächlichen Verbreitung der Waldenser entspricht. Zum gegenwärtigen Zeitpunkt kann keine völlig befriedigende Antwort gegeben werden. Es ist jedoch aus verschiedenen Gründen wahrscheinlich, daß die hohe Dichte in Südwestfrankreich die Wirklichkeit widerspiegelt, während die Zusammenballung in Österreich um 1266 eher auf eine ungleichmäßige Überlieferung bzw. Erschließung der Quellen im deutschsprachigen Raum zurückzuführen ist. Das noch unerschlossene handschriftliche Material (vor allem die Inquisitionsprotokolle mit ihren wertvollen Angaben über die Herkunft und die Missionsgebiete der waldensischen Prediger) verspricht für diese und andere Gebiete eine Erweiterung und Verschärfung des hier gebotenen Bildes vom ersten Jh. der Waldenserbewegung.

Vorlagen: Folgende drei Werke enthalten Waldenserkarten: Y. Dossat, Les vaudois méridionaux d'après les documents de l'Inquisition: Cahiers de Fanjeaux 2 (1967) 207ff; M. Nickson, The Pseudo-Reineriustreatise: Archives d'histoire doctrinale et littéraire du Moyen-âge 34 (1967) 255ff; K.-V. Selge, Die ersten Waldenser, 2 Bde (Berlin 1967). – **Quellen**: Ein großer Teil der Quellen bis 1218 ist abgedruckt in G. Gonnet, Enchiridion Fontium Valdensium I (Torre Pelice 1958). Einen guten Überblick über den gesamten Quellenbestand bietet G. Gonnet, Le Confessioni di fede Valdesi prima della Reforma (Torino 1967). – **Literatur**: Für Werke vor 1950 siehe A. Armand-Hugon – G. Gonnet, Bibliografia Valdese (Torre Pelice 1950); für die neueste Literatur am besten den Forschungsbericht von K.-V. Selge, Die Erforschung der mittelalterlichen Waldensergeschichte: Theologische Rundschau 33 (1968) 281–343, bes. 320ff. Neben den oben erwähnten Werken von Dossat, Selge, Nickson und Gonnet siehe auch C. Thouzellier, Catharisme et Valdéisme en Languedoc (Paris ²1969).

J. Fearns

57: Häretische Bewegungen im Hochmittelalter

Autor: M. D. Lambert

A: Bogumilen, Paulikianer und westliche Häresien ca. 970–1100

Die Karte stellt summarisch die westeuropäische Häresie von ca. 970 bis 1100 und die gleichzeitige Verbreitung der Bogumilen und Paulikianer im Byzantinischen Reich und seinen Grenzländern dar. In ihr wird die Hypothese vertreten, daß der erneute Ausbruch der westlichen Häresie im 11. Jh. nicht nur von westeuropäischen Faktoren, sondern auch vom byzantinischen Dualismus abhängig war. Sechs häretische Episoden im Westen sind als *protodualistisch* charakterisiert, d. h. als Verbindung zwischen dem spontanen Verlangen nach Aszese und einer stärker spirituell ausgerichteten Lebensweise im Westen und einer dualistischen Mission aus dem Osten (sei es durch die Bogumilen selbst oder über Vermittler). Der Terminus *protodualistisch* unterscheidet diese Gruppen mit kurzer Lebensdauer von den katharischen Kirchen des 12. und 13. Jh., die aus einer ähnlichen Verbindung hervorgingen, aber die Kraft hatten, länger als eine Generation zu bestehen. Direkte Beweise für die Anwesenheit der Bogumilen in Westeuropa im 11. Jh. gibt es nicht. Die Hypothese beruht auf einem Vergleich zwischen dogmatischen Merkmalen des östlichen Dualismus und einigen der westlichen häretischen Episoden.

Literatur: Untersuchung der Quellen und weitere Lit. bei M. D. Lambert, Medieval Heresies (New York 1971). – Zur Methode dogmatischer Vergleiche J. Fearns, Peter von Bruis und die religiöse Bewegung des 12. Jh.: Archiv für Kulturgeschichte 48 (1966) 311–355. – Die neueste Darlegung eines anderen Standpunktes bei J. B. Russell, Dissent and Reform in the Early Middle Ages (Berkeley – Los Angeles 1965). – Zu den östlichen Häresien: D. Obolensky, The Bogomils (Cambridge 1948); N. Garsoïan, The Paulician Heresy (Paris – The Hague 1967). – Der Autor dankt J. Fearns (Univ. Konstanz) und J. B. Russell (University of California) für ihre Hilfe.

B: Die katharischen Bistümer und die Verbreitung des „Schismas" von Osten nach Westen

Quellen: a) Akten des katharischen Konzils von Saint-Félix-de-Caraman (= Act. Fel.), das wahrscheinlich 1167 abgehalten wurde: ed. G. Besse, Histoire des ducs, marquis et comtes de Narbonne (Paris 1660) 483–486; ed. A. Dondaine: Miscellanea Mercati V = Studi e Testi 125 (Città del Vaticano 1946) 324–355 (mit Analyse); ed. E. Griffe, Les débuts de l'aventure cathare en Languedoc (1140–1190) Appendix 77–83. – Die Authentizität wird angegriffen von L. de Lacger: RHE 29 (1933) 314f; Y. Dossat: Bulletin philologique et historique du comité des travaux historiques et scientifiques années 1955 et 1956 (Paris 1957) 339–347; ders. (zur Frage der Milinguii): Cathares en Languedoc: Cahiers de Fanjeaux (= CR) III (Toulouse 1968) 201–214. – Informationen, die aus dieser Quelle allein kommen, bleiben zweifelhaft. Vgl. unten unter Anmerkungen zu Melnik, Milinguii, Act. Fel. – b) De Heresi Catharorum in Lombardia (= DHC) von einem anonymen lombardischen Katholiken vor 1214–15, ed. A. Dondaine: Acta Fratrum Praedicatorum (= AFP) 280–312. – c) Summa de Catharis et Pauperibus de Lugduno vom Dominikaner-Inquisitor Rainier Sacconi 1250, ed. Martène-Durand: Thesaurus Novus Anecdotorum V (Paris 1717) 1761–1776; ed. A. Dondaine, Liber de Duobus Principiis (Roma 1939) 64–78; nach einem neuen Manuskript ed. D. Kniewald, Vjerodostojnost latinskih izvora o bosanskim krstjanima: Rad Jugoslavenske akademije znanosti i umjetnosti 270 (1949) 104ff, als Buch (Zagreb 1949). – d) Tractatus de Hereticis (= TDH) vom Dominikaner-Inquisitor Anselm von Alexandria, kurz nach 1266, ed. A. Dondaine: AFP 20 (1950) 234–324. – **Literatur**: A. Borst, Die Katharer: Schriften der MGH XII (Stuttgart 1953) 96–102 202–213 231–239; R. Manselli, L'Eresia del Male (Napoli 1963); C. Thouzellier, Catharisme et Valdéisme en Languedoc (Paris 1966) 196; Cathares en Languedoc: CF III (Toulouse 1968) (Symposion). – Zur italienischen Hierarchie grundlegend: A. Dondaine in den zitierten Artikeln AFP 19 (1949), 20 (1950); E. Dupré-Theseider: CF III 299–316. – Zur Hierarchie der Languedoc gibt es kein Dondaine vergleichbares Werk; vgl. J. Guiraud, Histoire de l'Inquisition au moyen âge, 2 Bde (Paris 1935–38) (mit Kenntnis der Inquisitions-Manuskripte, aber nicht immer zuverlässig). – Zum Balkan und den byzantinischen Kirchen: ältere Lit. bei D. Obolensky, The Bogomils (Cambridge 1948), bes. 151–167; vgl. noch unten.

Anmerkungen: Die Zahlen der *perfecti* sind nach Sacconi eingetragen. – *Nord-Frankreich:* Mont-Aimé, vermuteter Bischofssitz des 12. Jh., *episcopus Francie* (TDH); soll den radikalen Dualismus unter dem Einfluß von Niketas in S. Félix angenommen haben (Act. Fel.). – *Languedoc:* Die Diözesen waren territorial umschrieben. Alle sollen den radikalen Dualismus (ordo von Drugonthia) bei der Ankunft des Niketas angenommen haben (Act. Fel.). Später bestanden gemäßigter Dualismus (Thouzellier [s. o.] 228 und Y. Dossat: CF III 77–79) und doktrinäre Zwistigkeiten (A. Dondaine: AFP 29 [1959] 228–276), doch konnten sie die Einheit nicht zerstören. – Albi (Act. Fel.) war wahrscheinlich der 1. Bischofssitz (doch vgl. M. Becamel: CF III 238f); Agen, Carcassonne, Toulouse wurden Bistümer zur Zeit von Niketas' Besuch (Act. Fel.), Razès 1225 (vgl. Borst [s. o.] 234). Zur Identität der in Act. Fel. genannten *Eccl. Aranensis* mit Agen *(Eccl. Agensis)* vgl. Y. Dossat: Bulletin Philologique (s. o.); ders.: Annales du Midi 63 (1951) 77–78; C. Thouzellier (s. o.) 14 Anm. 7. – *Italien:* Ursprünglich bestand ein Bistum für die Lombardei, die Toscana und die Mark von Treviso (DHC); weitere Bistümer entstanden infolge der von Niketas hervorgerufenen Auseinandersetzungen um die Gültigkeit des *consolamentum.* Alle Bistümer basierten auf dem Glauben von Anhängern, außer in Mittelitalien, wo die Diözesen territorial umschrieben waren. Die für die Bistümer eingetragenen *ordines* (oder ihr Glauben: radikaler oder gemäßigter Dualismus) wechselten teilweise. Gegen 1250 näherten sie sich stärker einander an (Sacconi), doch gab es keine Einheit (Feindschaft bes. zw. Concorezzo u. Desenzano). – *Balkanraum und Byz. Reich:* Die eingetragenen Bistümer markieren keinen präzisen Ort; sie basierten mehr auf der Persönlichkeit von Führern, die herumzogen (vgl. J. Fine jr.: Speculum 61 [1966] 526–529). Bulgaria und Drugonthia waren die Mutterkirchen aller anderen (Sacconi). – Bulgaria war in Sacconis Zeit ein Bistum in Mazedonien (= West-Bulgaria); vgl. B. Primov: Études historiques à l'occasion du XIe congrès international des sciences historiques – Stockholm Août 1960 (Sofija 1960) 79–102; dessen Urteil ist von der Hypothese Obolenskys (s. o.) beeinflußt, daß das Bogomilentum im bulgarischen Mazedonien seinen Ursprung habe; so auch D. Angelov: Byzantino-Slavica 10 (1949) 303–312, dagegen I. Dujčev: Medioevo Bizantino-Slavo I: Storia e Letteratura 102 (Roma 1965) 251–282; vgl. E. Werner: Studi Medievali III ser. 3 (1962) 249–279; ders., Gnosisforschung und Balkandualismus: Studia z dziejów kultury i ideologii poświecone ewie maleczyńskiej (Wrocław – Warszawa 1968) 43–62. – Die lateinische Kirche Konstantinopels soll während des 4. Kreuzzugs entstanden sein (TDH, vgl. Primov [s. o.]). Die griechische Kirche unterschied sich von den Anhängern der Kirchen von Bulgaria und Drugonthia *(Graeci manichaei)*; vgl. A. Dondaine: AFP 29 (1959) 228–276. Beide Kirchen waren wahrscheinlich radikal dualistisch. – Drugonthia, ursprünglich Dragovitsa = Paulikianische Gemeinschaft in Thrakien, die radikal dualistisch war (Obolensky [s. o.]; vgl. auch Primov [s. o.]). Oder es handelte sich um Paulikianer, die – um Bogumilen vermehrt – sich unter Kaiser Manuel zum radikalen Dualismus hinwendeten (vgl. D. Angelov, Bogomilstwoto w Bulgarija [Sofija 1961] mit Werner: Studi Medievali [s. o.]). Drugonthia ist vielleicht vom Fluß Dragovitsa nahe Philippopolis in Thrakien, einem traditionellen paulikianischen Zentrum, abgeleitet. – Melnik, im Struma-Tal, ist eine mögliche Identifizierung für *eccl. Melenguiae* (Act. Fel.; vgl. Obolensky [s. o.]). – Milinguii, slawischer Stamm im Süden der Peloponnes, halb unabhängig unter Byzanz und dem Kreuzfahrer-Fürstentum von Achaia, im 10. Jh. zum Christentum bekehrt. Dossat: CF III 201–214, argumentiert gegen den Bogumilismus der Milinguii, dagegen Griffe (s. o.). – Philadelphia, *Philadelphia in Romania* (Sacconi), *eccl. Romanae* (Act. Fel.). Romania war zu Sacconis Zeit das lateinische Kaiserreich von Konstantinopel (Obolensky [s. o.] 159f.). – Sclavonia = Dalmatien und Bosnien; im 12. Jh. Katharer Dalmatiens (Act. Fel.: *eccl. Dalmatiae),* die im 13. Jh. allmählich durch Verfolgungen nach Bosnien verdrängt wurden; vgl. S. Čirkovič, Die bosnische Kirche: L'Oriente cristiano nella storia della civiltà: Accademia nazionale dei Lincei 361 (Roma 1964) 554 Anm. 17; J. Šidak: Zbornik Filozofskog fakulteta u Zagrebu III (1955) 11–40 (deutsche Inhaltsangabe S. 40). Um die Mitte des 13. Jh. war die Staatskirche Bosniens häretisch; vgl. J. Šidak: Historijski Zbornik 7 (1954) 129–142 (deutsche Inhaltsangabe S. 142); Das Problem des Bogumilismus in Bosnien: Relazioni del X Congresso internazionale di scienze storiche Roma 4.–11. Sett. 1955. VII: Riassunti delle comunicazioni (Firenze 1955) 213–215. In Dalmatien handelte es sich um gemäßigten Dualismus, die bosnische Kirche wurde offenbar radikal (vgl. Čirkovič [s. o.]). Die italienischen Anhänger des *ordo* von Sclavonia befanden sich hinsichtlich der Lehre auf einer mittleren Position zwischen Desenzano und Concorezzo.

Das katharische Konzil von Mosio wurde 1178, das von Pieusse 1225 gehalten. Die Authentizität der Act. Fel. und damit des Konzils von Saint-Félix-de-Caraman (heutiges Saint-Félix-de-Lauragais), 1167 unter Niketas abgehalten, wird bezweifelt; vgl. A. Borsts (s. o.) Verteidigung S. 11 Anm. 26. Die Datierung stammt von Dondaine; die Alternative 1172 ist möglich.

C: Das Kernland der Katharer in Südfrankreich

Die Karte stellt drei Elemente der katharischen Organisation in den ländlichen Gebieten des Lauragais dar, das innerhalb des von den katharischen Bistümern Albi, Carcassonne und Toulouse gebildeten „Ketzerdreiecks" lag. Durch seine ausgezeichnete Analyse des Ms. 609 der Stadtbücherei von Toulouse, das über die Ergebnisse der Untersuchungen des Bernard de Caux und Jean de Saint Pierre (1245–46) berichtet, hat Y. Dossat (Les crises [s. o.]) gezeigt, daß dies um die Mitte des 13. Jh. das Herzland des Katharismus war. Zu Einzelheiten aller der Orte, in denen bei der genannten Untersuchung Häresie entdeckt wurde, vgl. die Karte Dossats S. 228f und seine Tabelle der Urteile S. 258f. – Eine umfassendere Liste der Diakone als die in die Karte eingetragene gibt J. Guiraud, Histoire de l'Inquisition I (Paris 1935) 211–227 270, aber da Guiraud nicht immer zuverlässig ist, wurde nur die von Y. Dossat korrigierte Version in CF III 26 herangezogen. Die Informationen beruhen auf Inquisitionsberichten, hauptsächlich denen in der Sammlung Doat, beziehen sich also auf das 13. Jh. – Die Häuser der *perfectae* sind nach G. Koch, Frauenfrage und Ketzertum im Mittelalter (Berlin 1962) eingetragen. Sie waren um die Mitte des 13. Jh.

angesichts der Verfolgungen untergegangen. Quelle für sie sind wiederum die Inquisitionsberichte, bes. Bd. 21–24 der Sammlung Doat. *Castrum dorna* (Koch [s. o.] 54) wurde nicht aufgenommen, da das Original von männlichen Häretikern spricht. Es ist nicht immer möglich, in den Quellen zwischen ständigen Häusern der *perfectae* und zufälligen Versammlungen zu unterscheiden. – Die Karte ist als erster Überblick über die Häresie in einem Teil der Languedoc am Vorabend ihrer Ausrottung zu betrachten. Sie behandelt weder das von der Häresie viel weniger tangierte Gebiet nahe der Mittelmeerküste noch den Raum, der unter dem Einfluß des kathar. Bistums von Agen stand. Die Häresie weiter im Süden, am Rande der Pyrenäen, blühte bes. an der Wende vom 13. zum 14. Jh. und ging auf die Anstrengungen des Pierre Autier, eines Notars von Aix, zurück.

D. Die Katharer in Nord- und Mittelitalien im 13. Jh.

Die Diakonien sind nach TDH 324, die Orte mit Häresien nach A. Borst (s. o.) eingetragen (dort auch weitere Lit.). Verona war ein Zufluchtsort für Katharer aus Nordfrankreich. Eine umfassendere Darstellung mit einigen Modifikationen gibt R. Manselli (s. o.). – Die Karte ist ein erster Versuch, die Nachrichten über katharische Zentren im Zusammenhang darzustellen. Es läßt sich nicht immer sauber unterscheiden zwischen dauerhaften Zentren und Städten, die zwar wiederholt, aber nur oberflächlich vom Katharismus berührt wurden. Die Daten der Vernichtung der katharischen Gemeinschaften findet man bei R. Manselli (s. o.) Kap. XI. Wirksame Verfolgungen begannen erst nach dem Machtanstieg Karls von Anjou in Italien; bis dahin konnten die italienischen Gemeinschaften den verfolgten Katharern der Languedoc, deren Hierarchie nach Italien floh, Zuflucht gewähren. Die Zufluchtsorte sind nach E. Dupré-Theseider (s. o.) eingetragen. Süditalien nahm Katharer auf, aber die Quellen sind spärlich. Nachrichten über Katharer in Sizilien betreffen vielleicht nur das Königreich. – Ein halblegendarischer Bericht über den Ursprung der italienischen Katharer findet sich in TDH: die Tradition ihrer Herkunft aus Nordfrankreich mag korrekt sein, aber andere Details sind verdächtig. M. D. Lambert

58: Die Ausbreitung der Franziskaner bis 1300

Autoren: P. Péano – Cl. Schmitt

Die Karte verzeichnet alle Gründungen des 1. Ordens bis 1300, mit Ausnahme der italienischen Gründungen, die sich aus Raumgründen nicht unterbringen ließen. Für Italien ist jeweils nur der Vorort einer Kustodie genannt und dazu die Zahl der in dieser Kustodie bis 1300 gegründeten Konvente gesetzt. Die Namen dieser Konvente werden am Schluß dieses Kommentars aufgeführt. Zur Markierung der besonderen Darstellungsweise und der Fülle der Konvente ist Italien grau eingefärbt.

Der 1209 gegründete Franziskanerorden nahm eine schnelle Entwicklung. Auf dem Generalkapitel von Portiuncula (1217) wurde er in die 10 Provinzen Toscana, Marche, Milano, Terra di Lavoro, Puglia, Calabria, Teutonia, Francia, Parisiensis, Provence und Spanien – Portugal geteilt und diesen noch Terra Sancta hinzugefügt. Das Generalkapitel von 1219 fügte Aquitania, das von 1223 England hinzu, so daß der Orden beim Tod des hl. Franciscus 13 Provinzen umfaßte. Unter dem Generalat des Jean Parenti (1227–32) wurden die Provinzen Irland, Saxonia, Aragón und Castilla eingerichtet. Nachdem unter dem Generalat des Elias von Cortona die Zahl der Provinzen auf 72 erhöht werden sollte (Anspielung auf die Jünger Christi; vgl. Thomas d'Eccleston, De adventu Fratrum Minorum in Angliam, ed. A. G. Little [Manchester 1951] 41), reduzierte das Generalkapitel von Rom (1239) die Zahl auf 32 (vgl. Golubovich [s. u.] 239–240), denen auf dem Generalkapital von Pisa (1263) noch Bologna und Romania (oder Graecia) hinzugefügt wurden. Die Zahl von 34 Provinzen blieb während des 13. und 14. Jh. konstant. Die Liste von 1263 verzeichnet 104 Kustodien mit 651 Konventen, die von 1282 175 Kustodien mit 1271 Konventen.

Zu den Provinzen Romania und Terra Sancta vgl. Karte 61, zu den östlichen Vikariaten Axia und Tharsis Karte 63.

Die Konvente Italiens, die nicht in die Karte aufgenommen wurden, sind (die Vororte der Kustodien in kursiv):

Provinz S. Francesco:
Assisi: S. Francesco, S. Chiara, Porziuncula, Carceri, S. Damiano, Spello, Bettona, Bastia, Rocca S. Angelo. – *Perugia:* Perugia Monteripido, Farneto, Civitella Benazzone, Isola del Lago, Agello, Corciano, Cibotollo, Marsciano, Deruta, Monte Giove, Preggio. – *Valle Spoletana:* Spoleto, Foligno, Trevi, Giano dell'Umbria, Montefalco, Bevagna, Brogliano, Monte Luco. – *Gubbio:* Gualdo Tadino, Nocera Umbra, Costacciaro, Caprignone. – *Città di Castello:* Borgo San Sepolcro, Citerna, Cerbaiolo, Montone, Fratta Tadina. – *Todi:* Acquasparta, Amelia, Lugnano in Teverina, Alviano, Romita Arnolfo, Pantanelli, Montaione, Canale. – *Narni:* Terni, San Gemini, Arrone, Stroncone, Calvi dell'Umbria, Piediluco. – *Norcia:* Valle di Nera, Cascia, Cerreto, Monte S. Martino, Visso, Ospedale S. Lazaro, S. Maria Maddalena. – *Monteleone:* Leonessa, Posta, Montereale, Arquata, Amatrice, Monticelli, Accumoli.

Provinz Toscana:
Firenze: Prato, Figline Valdarno, Borgo S. Lorenzo, Bosco (Scarperia), Barberino, Castelfiorentino. – *Siena:* S. Gimignano, Poggibonsi, Volterra, Colle di Val d'Elsa, Asciano. – *Pisa:* Vicopisano, Pontremoli, Sarzana. – *Lucca:* Pistoia, S. Miniato, Pescia, Fucecchio, Carmignano. – *Arezzo:* La Verna, Cortona, Castiglione, Lucignano, Poppi, Ganghereto. – *Chiusi:* Città della Pieve, Montepulciano, Cetona, Montalcino, Radicofani, Piano, Pienza, Colombaro, S. Quirico d'Orcia, Sarteano, S. Processo. – *Massa:* Grosseto, Castiglione della Pescaia, Montieri, Piombino, Suvereto.

Provinz Milano:
Milano: Lodi, Pozzolo, Gallarate, Saronno. – *Monza:* Vemercate, Oreno, Desio, Mariano, Cantù. – *Brescia:* Valcamonica, Garignano, Bergamo, Crema. – *Como:* Varese, Lugano, Locarno. – *Vercelli:* Biella, Novara, Ivrea, Aosta.

Provinz Bologna:
Bologna: Vergnana, Riccardina, Pianoro, Crespellano, Confortino, Calderara di Reno, Ronchi, S. Giovanni in Persiceto. – *Ferrara:* Modena, Carpi, Fanano, Mirandola, Reggio Emilia, Montefalcone. – *Parma:* Borgo S. Donnino (Parma), Cremona, Casalmaggiore, Piacenza, Bobbio. – *Ravenna:* Faenza, Lugo, Montereggio, Bagnacavallo, Imola. – *Forlì:* Cesena, Santarcangelo di Romagna, Rimini, Villa di Verrucchio, Longiano, Bertinoro, Meldola, Castrocaro, Monte Paolo.

Provinz Marche:
Ascoli Piceno: Offida, Montefiore dell'Aso, Montalto delle Marche, Montefalcone Appennino, Castignano, Venarotta, Ripatransone, Poggio Canoso, Acquaviva, S. Vittoria in Mantenano, Cossignano, Arquata del Tronto. – *Fermo:* Monterubbiano, Falerone, Montottone, Monsampietro, Montegranaro, S. Elpidio, Massa Fermana, Amandola, Montegiorgio, Mogliano, S. Angelo in Pontano, Sarnano, Montoemo, Penna S. Giovanni, Arcevia. – *Camerino:* Tolentino, Civitanova Marche, Montelupone, Serrapetrona, S. Severino, Macerata, Potenza Picena, Pievebovigliana, Morrovalle. – *Ancona:* Tornasano, Camerano, Castelfidardo Sirolo, Recanati, Treia, Cingoli, Forano, Osimo, Castignano. – *Iesi:* Fabriano, Sassoferrato, Serra dei Conti, Ostra-Vetere, Senigallia, Montabbodio (heute Ostra), Serra S. Quirico, Staffolo, Apiro, Matelica. – *Fano:* Pesaro, Fossombrone, Mondavio, Pergola, Corinaldo, Fratte, Saltara. – *Urbino:* Cagli, S. Angeli in Vado, Lunano, Urbania, Mercatello sul Metauro, Sassocorvaro, S. Leo, S. Marino.

Provinz Roma:
Roma: S. Francesco a Ripa, Araceli (beide Rom), Campagnano di Roma, Monte Compatri, Civita Castellana, Sutri. – *Viterbo:* Toscanella, Montefiascone, Montalto di Castro, Orte. – *Orvieto:* Bagnorea, Bolsena, Acquapendente, Proceno, Pitigliano. – *Rieti:* Tarano, Toffia, Monteleone, Rocca Sinibalda, Longone Sabino, Radicario, Poggio Bustone, Fonte Colombo, Greccio. – *Tivoli:* Vicovaro, Roviano, Civitella S. Paolo, Subiaco, Carsoli. – *Anagni:* Piglio, Alatri, Ferentino, Valmontone, Zagarolo, Sonnino. – *Velletri:* Albano Laziale, Nettuno, Sermoneta, Sezze, Piperno, Terracina.

Provinz Genova:
Genova (2 Konvente): Chiavari, Sestri Ponente, Genova–Albaro, Chiapella, Savona, Cairo. – *Pavia:* Voghera, Tortona. – *Alessandria:* Casale, Acqui, Valenza del Po, Cassine. – *Torino:* Chieri, Moncalieri, Pinerolo, Suza, Rivarolo Canavese, Avigliana. – *Asti:* Moncalvo, Alba, Cortemilia. – *Albenga:* Noli, Ventimiglia, Ceva, Mondovì, Cuneo, Fossano.

Marca Trevigiana:
Padova: Monselice, Curtarolo, Bovolenta, Montagnana, S. Orsola, Piove di Sacco, Este, Rovigo, Lendinara, Vicenza, Bassano, Lonigo, Angarano. – *Venezia:* S. Maria Gloriosa ai Frari, S. Francesco in Contrada (del Deserto), S. Francesco alle Vigne (alle Venezia), Chioggia, Treviso, Conegliano, Asolo, Belluno, Feltre. – *Verona:* Cologna Veneta, Somma campagna, Mantova, Serravalle a Po, Trento, Riva. – *Cividale del Friuli:* Udine, Gemona del Friuli, Polcenigo, Portogruaro, Castello di Porpetto, Gorizia (Görz).

Provinz Sicilia:
Messina: Taormina, Patti, Catania, Randazzo. – *Palermo:* Termini Imerese, Cefalù, Castelbuono. – *Siracuse:* Lentini, Noto, Ragusa, Caltagirone, Vizzini. – *Agrigento:* Naro, Terranova, Piazza, Castro Giovanni, Polizzi Generosa. – *Trapani:* Marsala, Salemi, Mazara, Alcamo.

Provinz S. Angelo:
Civita Campomanaro: Guglionesi, Termoli, Procina, Vasto d'Amone, Monteodorisio. – *Campobasso:* Isernia, Boiano, Venafro, Agnone, Pianisi. – *Lucera:* S. Severo, Foggia, Troia, Ascoli-Satriano, Casalnuovo (Manduria), Corneto. – *Monte S. Angelo* (Monte Gargano): Manfredonia, Vieste, S. Giovanni Rotondo, Peschici, Rodi Garganico, Ischitella, Cagnano-Varano.

Provinz Puglia:
Barletta: Andria, Canosa di Puglia, Venosa, Malfi. – *Bari:* Bitonto, Biseglie, Trani, Corato, Giovinazzo, Molfetta. – *Matera:* Monte Peloso (heute Irsinia), Tricarico, Gravina in Puglia. – *Taranto:* Oria, Ostuni, Monopoli, Gioia del Colle. – *Brindisi:* Lecce, Otranto, Alessano, Nardo.

Provinz Calabria:
Reggio Calabria: Gerace, Tropeja, Seminara, Monte Leone. – *Cotronei:* Catanzaro, Squillace, Nicastro. – *Castrovillari:* S. Marco Argentano, Coriliano, Scala. – *Cosenza:* Bisignano, Amantea, Martirano.

Provinz Penna:
L'Aquila: Fontecchio, Castelvecchio Subequo, Ofena, Sulmona, Popoli. – *Penne:* Loreto Aprutino, Catignano, Manopello, Alanno. – *Chieti:* Francavilla al Mare, Ortona a Mare, Lan-

ciano, Palena, Guardiagrele, Buchianico, Pescara. – *Atri:* Valle S. Giovanni (Stadteil von Teramo), Cellino Attanasio, Silvi, Città S. Angelo, Montesilvano. – *Teramo:* S. Giusta di Montorio al Vomano, Campli, Civitella del Tronto, Controguerra, S. Omero, Giulanova, Morro d'Oro. – *Pescina:* Avezzano, Tagliacozzo, Balsorano, Celeno, Corvaro.

Provinz Terra di Lavoro:
Napoli: S. Lorenzo, S. Chiara, S. Marianuova (Napoli), Aversa, Capua, Teano, Sessa Aurunca, Carinola, Mignano, Monte Lungo, Maddaloni. – *Salerno:* Amalfi, Ravello, Sarno, Nocera, Sorrento, Castellammare di Stabia. – *Potenza:* Muro Lucano, Saponara (heute Grumento Nova), Marsico, Eboli, Auletta, Agropoli, Diano (?), Montella. – *Benevento:* S. Agata dei Goti, Cerreto, Avellino, Mirabella, Ariano Irpino, Montefusco. – *S. Germano* (bei Cassino): Alvito, Vicalvi, Arpino, Sora, Ceprano, Aquino, Gaeta, Maranola.

Literatur: *Allgemein:* C. Eubel, Provinciale vetustissimum (Quaracchi 1892), vgl. auch Bullarium Franciscanum V (Roma 1898) 579–604; G. Golubovich, Series Provinciarum Ordinis Fratrum Minorum Saec. XIII–XIV: Archivum Franciscanum Historicum (= AFH) 1 (1908) 1–22; ders., Biblioteca Bio-Bibliografica della Terra Santa e dell'oriente Francescano II (Quaracchi 1913) 214–259; L. Wadding, Annales Minorum I–V (Quaracchi 1931) (für die Jahre 1226–1300); D. Cresi, Statistica dell'Ordine Minoritico all'anno 1282: AFH 56 (1963) 157–162. – *Zu einzelnen Ländern: Deutschland – Österreich:* V. Greiderer, Germania Franciscana, 2 Bde (Innsbruck 1777–81); G. E. Friess, Geschichte der Österreichischen Minoritenprovinzen: Archiv für Österreichische Geschichte 44 (1882) 81–245; C. Eubel, Geschichte der Oberdeutschen (Straßburger) Minoritenprovinz (Würzburg 1886); L. Lemmens, Niedersächsische Franziskanerklöster im Mittelalter (Hildesheim 1896); P. Schlager, Beiträge zur Geschichte der Kölnischen Franziskaner-Ordensprovinz im Mittelalter (Köln 1904); ders., Verzeichnis der Klöster der Sächsischen Franziskaner-Ordensprovinzen: Franziskanische Studien 1 (1914) 230–242. – *Dacia:* S. Halberg – R. Norberg, O. Odenius, Franciskanska Ämbets – och Konventssigill fråu Sveriges Medeltid: Kirkohistorisk Årsskrift 61 (1964) 50–85. – *Slawische Länder:* D. Fabianich, Storia dei Frati Minori dai primordi della loro istituzione in Dalmazia e Bosnia I (Zara 1863). – J. Jelecic, Kultura i Bosanski Franjevci (Sarajevo 1912); *Ungarn:* G. P. Szabó, Ferencrendiek a Magyar tortenelemben (Budapest 1921) 199–377. – *Frankreich:* A. de Sérent, Géographie de la Province de France, 1217–1792: La France Franciscaine 1 (1912) 91–135; ders., Géographie de la province de Provence: ebd. 2 (1913) 118–149: H. Lemaître, Géographie historique des établissements de l'Ordre de saint François: Revue d'Histoire Franciscaine 3 (1926) 510–574 (Aquitanien), 4 (1927) 445–514 (Burgund), 6 (1929) 229–353 (Touraine); R. W. Emery, The Friars in Medieval France, A Catalogue of French Mendicant Convents, 1200–1550 (New York – London 1962). – *Hibernia:* M. O. Cleirigh, Elenchi conventuum in Hibernia fundatorum et series Ministrorum: AFH 25 (1932) 349–377. – *Italien:* N. Papini, L'Etruria Francescana ... (Siena 1787); A. Casini, Francescanesimo Ligure (Genova 1901); P. M. Sevesi, Saggio storico-critico sull'origine, progresso e vincende dell'alma Provincia Minoritica di Milano (Brescia 1906); P. M. Sevesi, Almae Minoriticae ... Medilanensis ... Primordia (Genova 1909); B. da Carasco, La Provincia Francescana di Genova (Genova 1909); D. M. Sparacio, Siciliensis Provinciae Ordinis Minorum Conventualium Conspectus historicus (Romae 1925); G. D'Agostino, San Francesco e i Francescani negli Abruzzi, Bd. II–III (Lanciano 1925–27); A. Chiappini, L'Abruzzo Francescano nel secolo XIII: Rassegna di storia et d'Arte d'Abruzzo e Molise 2 (1926) 97–146; Pou y Marty, Conspectus trium Ordinum Religiosorum S. P. N. Francisci (Romae 1929); A. Primaldo Coco, Saggio di storia francescana di Calabria (Taranto 1931); T. Spimpolo, Storia dei Frati Minori della Provincia Veneta de San Francesco, I (Vicenza 1933); F. A. Benoffi, La Toscana seraphica (Roma 1936); G. Leanti, L'Ordine Francescano in Sicilia nei secoli XIII e XIV: Miscellanea Franciscana 37 (1937) 547–574; A. Talamonti, Cronistoria dei Fratri Minori della Provincia Lauretana delle Marche, I (Sassoferrato 1938); A. Casini, Cento Conventi. Contributi alla storia della Provincia Francescana Ligure (Genova 1950); A. Sartori, La Provincia del Santo dei Frati Minori Conventuali. Notizie storiche (Padova 1958); Ch. Martini, Francescanesimo nel Sannio e nell'Irpina (Benevento 1961); I. M. Bastianini, Brevis conspectus seraphicae provinciae Umbriae (Perusiae 1964); D. Forte, Testimonianze Francescane nella Puglia Dauna (San Severo 1967); G. d'Andrea, I Frati Minori Napoletani nel loro sviluppo storico (Napoli 1967); H. Sbaralea, Provincia Bononiensis Ordinis Minorum Conventualium S. Francisci (Quaracchi). – *Spanien:* A. de Saldes, La Orden Franciscana en el antiguo reino de Aragón. Colección diplomática: Rev. Est. Franc. 1 (1908), 2,3,4 passim; A. López, La Provincia de España de los Frailes Minores (Santiago 1915); P. Sanahuya, Historia de la Seráfica Provincia de Cataluña (Barcelona [1959]).

P. Péano – Cl. Schmitt

59: Die Ausbreitung der Dominikaner bis 1500

Autor: M. Lohrum

Im Jahre 1500 bestanden folgende Provinzen (die Reihenfolge entspricht der Rangfolge auf dem Generalkapitel): Hispania, Tolosana, Francia, Lombardia Inferior, Romana, Regnum, Hungaria, Teutonia, Anglia, Polonia, Dacia, Aragonia, Terra Sancta (vgl. dazu Karte 61), Bohemia, Provincia, Lombardia Superior, Saxonia, Dalmatia, Trinacria, Portugallia, Scotia, Hibernia, ferner die Societas Fratrum Peregrinantium (vgl. dazu die Karten 61 und 63). Die Kongregationen, observante wie konventuale, wurden nicht eigens markiert (vgl. zu den Observanten-Kongregationen Karte 70). Es sind nur Konvente aufgeführt, d. h. Ordensniederlassungen, die mindestens 12 Religiosen zählten und vom Generalkapitel anerkannt waren. Die Gründungsdaten der Konvente, besonders im 13. Jh., lassen sich oft nur annähernd bestimmen. Der Hauptgrund dafür ist wohl in der Armut zu suchen, weil die Konvente keine Besitzungen hatten und so entsprechende Dokumente fehlen. Zwischen der Gründung und der Anerkennung durch das Generalkapitel, die die Rangfolge in den überlieferten Klosterverzeichnissen festlegt, liegt oft ein Zeitraum von einigen Jahren. Von manchen Konventen ist weder das Gründungsjahr noch die Bestätigung bekannt, sondern nur die erste Erwähnung, weil in den Generalkapitelsakten oft der Name des Konventes fehlt. Vor dem Stichjahr 1500 waren schon verschiedene der aufgeführten Konvente durch Hussitenkriege, Tatareneinfälle und das Vordringen des Islam untergegangen.

Literatur: *Für den ganzen Orden:* J. Quétif – J. Echard, Scriptores Ordinis Praedicatorum, 2 Bde (Paris 1719–21), 3 Suppl.-Bde (ebd. 1721–23), fortgesetzt von R. Coulon (Paris 1909 ff); Analecta Sacri Ordinis Praedicatorum (Roma 1892 ff) I–IV; A. Walz, Compendium historiae Ordinis Praedicatorum (Roma ²1948). – *Einzelne Provinzen:* L. Sutter, Die Dominikanerklöster auf dem Gebiete der heutigen deutschen Schweiz im 13. Jh. (Luzern 1893); C. Douais, Acta capitulorum provincialium O. P. (Toulouse 1894); Quellen und Forschungen zur Geschichte des Dominikanerordens in Deutschland (Leipzig 1907 ff), Bd I und IV; N. Pfeiffer, Die ungarische Dominikanerprovinz von ihrer Gründung 1221 bis zur Tatarenverwüstung 1241–42 (Zürich 1913); B. Altaner, Die Dominikanermissionen des 13. Jh. (Habelschwerdt 1924); Monumenta ordinis Fratrum Praedicatorum historica, ed. B. M. Reichert (Roma 1896–1904, Forts. Paris 1931 ff) XVII und XXIV; Archivum Fratrum Praedicatorum (Roma 1931 ff) IV und XXVI; R. Loenertz, La Société des Frères Pérégrinants (Roma 1937); O. J. Woroniecki, Sw. Jacek Ordrowaz (Katowice 1947); J. Gallén, La Province de Dacie de l'Ordre des Frères Prêcheurs (Helsingfors 1946); W. A. Hinnebusch, The Early English Friars Preachers (Roma 1951); J. Kloczowski, Dominikanie Polscy na Slasku w XIII–XIX wieku (Lublin 1956); M. M. de Los Hoyos, Registro documental-dominicano español, 3 Bde (Madrid – Valladolid 1961–63). – *Karten:* Archivum Fratrum Praedicatorum (s. o.) XXVI; Enciclopedia Cattolica, Sp. 1748; J. Gallén (s. o.); Los Hoyos (s. o.); LThK², Bd X nach Spalte 1376; Monumenta ... (s. o.) XXIV.

M. Lohrum

60 A: Die Wege der Kreuzfahrer und die lateinischen Staaten

Autor: *J. Martin.* Für die Eintragung der Kreuzzugswege wurde die Karte von *A. Waas* im LThK² (Bd VI vor Sp. 385) zugrunde gelegt.

In die Karte eingetragen wurden neben den lateinischen Staaten auch die byzantinischen Restreiche von Nicaea und Trapezunt, das Kgr. Armenien und das Einflußgebiet der Assassinen, das eine gewisse Pufferzone zwischen den Kreuzfahrerstaaten und den Ajjubiden-Reichen bildete.

Die Karte deckt einen Zeitraum von $1^1/_2$ Jhh. Das ist für die Eintragung der Kreuzzugswege nicht problematisch, kann aber im Hinblick auf die lateinischen Staaten leicht einen falschen Eindruck vermitteln. Die Karte stellt hier keinen Zustand dar, der in dieser Form einmal Wirklichkeit gewesen wäre, sondern eine zeitliche Abfolge: Als 1204 das Lateinische Kaiserreich von Romania gebildet und die Byzantiner auf die Restreiche von Nicaea und Trapezunt beschränkt wurden, hatten die lateinischen Staaten im Vorderen Orient ihren Höhepunkt bereits überschritten.

Eine zweite Schwierigkeit der kartographischen Darstellung ist, daß sie, wenn man nicht mehrere Karten nebeneinander stellt, nur einen statischen Eindruck von der Ausdehnung der lateinischen Staaten vermitteln kann; in Wirklichkeit gab es keine festen Grenzen; diese waren vielmehr infolge von Neu- und Rückeroberungen dauernd in Bewegung. Die Karte zeigt nur die größte Ausdehnung der lateinischen Staaten, wie sie etwa zwischen 1130 und dem 2. Kreuzzug von 1147–49 erreicht wurde.

Als erste lateinische Staaten wurden Edessa (1098) und Antiochien (1098/99) errichtet. Mit beiden Gründungen, besonders aber mit der von Antiochien, wurde ein wichtiges päpstliches Ziel der Kreuzzüge praktisch schon unmöglich gemacht: die Union mit der byzantinischen Kirche und die Zusammenarbeit mit Byzanz bei der Wiedereroberung der Heiligen Stätten. Auf Edessa wie Antiochien machte das Byzantinische Reich Ansprüche geltend. Nahm es die von der Bevölkerung ausgehende Einsetzung Balduins, des späteren Königs von Jerusalem, in Edessa noch hin, so versagte es nach der Usurpation Antiochiens durch Bohemund den Kreuzfahrern jede Hilfe.

Das Kgr. Jerusalem wurde 1099 nach der Einnahme der Stadt durch die Kreuzfahrer gegründet. Als letzter lateinischer Staat entstand die Gft. Tripolis im Zeichen machtpolitischer Spannungen zwischen dem Kgr. Jerusalem und dem Ftm. Antiochien, das das Gebiet der späteren Gft. Tripolis als seine Einflußsphäre betrachtete. Es gelang König Balduin I. von Jerusalem, das zwischen 1103 und 1109 (Fall von Tripolis) vom Grafen Raimund von S. Gilles und dessen Sohn Bertram eroberte Gebiet zu einer Art Lehen des Kgr. Jerusalem zu machen.

Das Schicksal aller genannten Staaten verlief in der Folgezeit weitgehend parallel: sie erreichten, wie oben erwähnt, in den 40er Jahren des 12. Jh. den Höchststand ihrer Ausbreitung und konnten – mit Ausnahme von Edessa und Antiochien – diesen Stand im wesentlichen bis 1187 halten. Die Stadt Edessa ging schon 1144 verloren, die übrige Gft. und die östlichen Teile von Antiochien 1149. Saladin eroberte schließlich 1187–89 alle lateinischen Staaten für den Islam zurück. Seit 1191 (3. Kreuzzug) setzten Neueroberungen durch die Kreuzfahrer ein, doch gelang es den Lateinern auch im 13. Jh. nicht, jemals wieder den vorherigen Stand zu erreichen. Viele ihrer Eroberungen führten nur ein ephemeres Dasein, bis 1291 mit dem Fall von Akkon die Lateinerherrschaft im Vorderen Orient unwiderruflich zu Ende war.

Eine besondere Bedeutung gewann gerade durch die Verluste an Saladin Zypern für die Kreuzfahrer. 1191 durch Richard Löwenherz von den Byzantinern erobert, verkaufte es der englische König an die Templer, die es nach einem Aufstand an Guy von Lusignan weiterverkauften (1192). Die Herrschaft der Lusignans bestand bis 1489; im Herbst 1197 erhielt der Nachfolger Guys von Heinrich VI. die Königskrone. Im 13. Jh. war Zypern der wichtigste Ausgangs- und Rückzugspunkt aller Unternehmungen der Kreuzfahrer.

Im letzten Drittel des 11. Jh. kamen Armenier auf der Flucht vor türkischen Eroberern nach Cilicien und bildeten dort kleinere Herrschaften. Im Laufe des 12. Jh. versuchte das Geschlecht der Rupeniden, sich eine eigene Machtposition gegen Byzanz aufzubauen, und koalierte dabei häufig mit den Kreuzfahrern. Trotz einiger schwerer Rückschläge (1137/38 und 1158 Besetzung Ciliciens durch byzantinische Truppen) stieg die Macht der Rupeniden ständig. Endpunkt dieser Entwicklung war, daß Leon II. 1198 von Heinrich VI. die Königskrone empfing. Gleichzeitig wurde eine Union zwischen der armenischen Kirche und Rom geschlossen, was der Papst als Voraussetzung für die Königskrönung Leons gefordert hatte (vgl. auch Karte 61).

Das Lateinische Kaiserreich Romania entstand nach der Eroberung Konstantinopels durch Kreuzfahrer im Jahre 1204. Die Führer des größten Teils der Teilnehmer am 4. Kreuzzug und Venedig waren auf ein Angebot des griechischen Kaisersohnes Alexius eingegangen, für ihn und seinen abgesetzten Vater Isaak Angelus den byzantinischen Thron zurückzuerobern. Alexius hatte dafür den Kreuzfahrern und Venedig hohe Geldsummen und Hilfe gegen die Sarazenen versprochen. Im Juli 1203 wurde die Stadt erstmals den Kreuzfahrern übergeben. Isaak Angelus und Alexius wurden als Herrscher eingesetzt, waren bei den Griechen aber von vornherein durch die Verbindung zu den verhaßten Lateinern diskreditiert; schon im Februar 1204 verloren sie Thron und Leben. Daraufhin entschlossen sich die Kreuzfahrer zu einem zweiten Angriff auf die Stadt, die sie im April 1204 einnahmen und furchtbar plünderten. Das nun installierte Lateinische Kaiserreich bestand bis 1261, als die Byzantiner, die ihr Restreich von Nicaea aus regierten – ein weiteres byzantinisches Teilreich hatte sich um Trapezunt gebildet –, Konstantinopel wiedereroberten.

Die Venetianer, die entscheidend am konstantinopolitanischen Unternehmen beteiligt waren, sicherten sich auch großen Einfluß im Kaiserreich. Zugleich gelang es ihnen, im Laufe der Zeit wichtige Schlüsselstellungen auf dem griechischen Festland, den Inseln und an der adriatischen Küste zu gewinnen – sie sind auf der Karte graublau eingefärbt (zu ergänzen ist Methone auf der Peloponnes).

Literatur: St. Runciman, A History of the Crusades, 3 Bde (Cambridge 1951–53, dt. München 1957–60); A. Waas, Geschichte der Kreuzzüge, 2 Bde (Freiburg 1956); A History of the Crusades, hrsg. von K. M. Setton u. a., auf 5 Bde geplant (Philadelphia 1958ff); H. E. Mayer, Geschichte der Kreuzzüge (Stuttgart [6]1985). – Weitere Literatur bei H. E. Mayer, Bibliographie zur Geschichte der Kreuzzüge (Hannover [2]1965).

J. Martin

Nachtrag: TAVO.

60 B: Die Reconquista und die Wiedererrichtung der iberischen Kirchenorganisation

Autor: O. Engels

Die Rückeroberung der von den Mauren besetzten Halbinsel ging von christlichen Widerstandszentren in Asturien, Navarra und Aragón aus; im Osten waren die Franken ihre Träger. Geopolitisch verlief sie in parallel geführten, von Nord nach Süd weisenden Stoßrichtungen. Zeitlich lassen sich drei Phasen unterscheiden: a) bis zum Jahre 1000 etwa wurde die Front bis zum Duero vorgeschoben, im Osten stagnierte sie, nachdem schon im beginnenden 9. Jh. das südliche Vorfeld der Pyrenäen erobert worden war; b) die zweite Phase umfaßte die Eroberung von Coimbra (1064), Toledo (1085), Tarragona (1090), Zaragoza (1118), Lissabon (1147), Tortosa (1148) und Lérida (1149); in der dritten wurden die Balearen (1229), Valencia (1238), Córdoba (1236) und Sevilla (1248) erobert. Mit der Einnahme Granadas (1492) galt die Reconquista als abgeschlossen.

Die Front bildete in ihrem jeweiligen Verlauf keineswegs immer eine linear faßbare und starre Schranke. Die Aktionen des Kalifats erschöpften sich gewöhnlich in jährlichen Expeditionen, die tief ins christliche Hinterland eindringen konnten (Al-Manzur um 985 in Barcelona und Santiago); die Bistümer an der westlichen Atlantikküste gingen teils dadurch, teils durch Normanneneinfälle im ausgehenden 10. Jh. wieder zugrunde. Und die christliche Seite verpuffte ihre Kräfte nach der Auflösung des Kalifats in kleinere Taifenreiche (1031) gerne in vorschnellen Eroberungen (1010 Córdoba, Alfons VI. an der Südküste, 1114 Mallorca, 1147 Córdoba, Sevilla und Almería), die wieder aufgegeben werden mußten. Mit einer Aufnahmebereitschaft für die maurische Kultur im 10. Jh. gingen nicht selten politische Abhängigkeiten vom Kalifat einher, die im Laufe des 11. Jh. in ein politisches Übergewicht christlicher Herrschaften über verschiedene Taifenreiche umschlugen, ohne damit die christliche Kultur in entsprechender Weise nach Süden hin vorzeitig ausbreiten zu können.

Im Zuge der Maurenokkupation 711–714 löste sich das Westgotenreich völlig auf. Die Widerstandszentren Asturien (einschließlich Galicien) und Navarra entwickelten sich zu eigenen Königreichen; die Grafschaften des Nordostens waren bis in das ausgehende 10. Jh. Teil des westfränkischen Reiches (Unabhängigkeit erst 1258 von Frankreich anerkannt). Asturien – Galicien setzte sich im Königreich León fort. Von ihm spaltete sich in der ersten Hälfte des 12. Jh. Portugal ab, erklärte sich zu einem eigenen Königreich und verfolgte die Reconquista eigenständig bis zur Südküste. Zu Beginn des 11. Jh. dominierte Navarra unter Sancho III. el Mayor, der auch die Grafschaften Aragón und Kastilien (seit dem 10. Jh. von Asturien – Leon weitgehend unabhängig) beherrschte und seinen Einfluß auf Ribagorza und zeitweise auf León ausdehnte. Mit dem Tode Sanchos (1032) teilte sich das Gesamtreich in Navarra, Kastilien und Aragón (und vorübergehend Sobrarbe), blieb vorerst aber noch ein gemeinsames Königtum, so daß der Königstitel auch auf die Dynastien von Kastilien und Aragón übergehen konnte. Kastilien und León vereinigten und trennten sich (zuletzt 1157–1229) in der Folgezeit mehrfach. Aragón verband sich 1137 mit der Grafschaft Barcelona, die seit dem 11. Jh. in Katalonien durch Lehnshoheiten dominierte, zur Krone Aragón unter der Führung des katalanischen Grafenhauses; Aragón, der katalanische Prinzipat wie auch die später hinzukommenden Königreiche Valencia und Mallorca (unter Einschluß von Roussillon/Cerdaña) bildeten innerhalb der Krone fortan eigene, nur durch einen gemeinsamen Herrscher verbundene Länder.

Von all diesen Reichen hielt nur Asturien und in seiner Nachfolge León am Ziel einer Wiederherstellung des untergegangenen Westgotenreiches fest. León entwickelte in diesem Zusammenhang auch eine Kaiseridee, die in ihrem Inhalt noch keineswegs zufriedenstellend umrissen ist. Die politische Einigung der Halbinsel im 15./16. Jh. vollzog sich schließlich auf einer ganz anderen Ebene. Die verschiedenen Landesherrschaften formierten sich durch Erbteilungen, Erbschaften infolge Heimfall oder Heirat und durch Erfolge in der Reconquista. Die Reconquistaziele im einzelnen waren zunächst eng begrenzt, wenigstens im Osten. Die testamentarisch bekundete Absicht des Monarchen, eine maurische Stadt zu erobern, gab dem Erben ein Anrecht auf Herrschaft oder Mitherrschaft über diese Stadt nach erfolgter Eroberung. Das eroberte Gebiet wurde mit Hilfe der kirchlichen Jurisdiktion an den älteren Herrschaftsbereich gebunden; umgekehrt konnten mit denselben Mitteln aber auch Herrschaftsteilungen konsolidiert werden. Seit dem ausgehenden 11. Jh. trat hier der päpstliche Schutz zur Begründung (Portugal) oder Sicherung (Navarra, Aragón, Krone Aragón) eigener Autonomie oder von Gebietserweiterungen (Barcelona wegen Tarragona) zusätzlich hinzu. Im ausgehenden 12. Jh. kam es schließlich zur vorsorglichen Abgrenzung großräumiger Eroberungszonen, die, wie die Rückgabe Murcias an Kastilien durch Jakob I. von Aragón zeigt, auch tatsächlich eingehalten wurden.

In etwa spiegeln sich diese Voraussetzungen in der Wiederherstellung der kirchlichen Hierarchie wider. Mit der Maurenokkupation brach die Jurisdiktion der westgotischen Kirche nicht völlig zusammen. Wenigstens bis zum Einfall der Almoraviden im ausgehenden 11. Jh. lebten die christlich gebliebenen Mozaraber in friedlicher Koexistenz mit der islamisierten Umwelt. Wie viele Bischofssitze intakt blieben, läßt sich allerdings nicht ausmachen; nur von Iria, Britoña, Lugo und Seo de Urgel weiß man sicher, daß sie ihre Existenz nicht unterbrechen mußten. Auch der Primatialsitz Toledo blieb weiterhin Zentrum der politisch zerrissenen iberischen Kirche, bis der Ausgang des Adoptianistenstreites seine Autorität diskreditierte. Seitdem fühlte sich der politisch christliche Norden als Hüter der bislang von Toledo repräsentierten gotisch-kirchlichen Tradition und schuf sich im merkwürdigerweise ausgerechnet jetzt entdeckten Apostelgrab zu Santiago ein neues kultisches Zentrum. Metropolitansitze, die den Zerfall des westgotischen Kirchenverbandes auf regionaler Ebene hätten auffangen können, gab es nicht mehr, seit Toledo um seiner Primatialstellung willen 681 die Metropolitanrechte zu unterhöhlen begonnen hatte.

Bis auf Seo de Urgel mußten in der „Spanischen Mark" alle Bischofssitze von Grund auf wiederhergestellt werden; sie wurden gleich der fränkisch-römischen Kirchenordnung eingegliedert und als Suffraganbistümer der Metropole Narbonne angeschlossen. Hier und im galicischen Westen lebte die gotische Sprengeleinteilung fort. Im übrigen christlichen Norden dagegen entstanden völlig neue Bischofssitze mit heute z. T. unbekannten Sprengelgrenzen, die ihr Dasein politischen Erfordernissen verdankten. Inwieweit Oviedo als Hauptstadt des asturischen Reiches eine bevorzugte Stellung einnahm, ist noch umstritten; Metropole im strengen Sinne war dieser Sitz jedenfalls nicht. Im Zuge von Herrschaftsteilungen entstanden in Besalú, Ribagorza (Roda) und besonders in der Grafschaft Kastilien dynastische Hausbistümer, deren weitere Existenz vom Schicksal der betreffenden Herrschaft abhing. Nur so erklärt sich auch die Vielzahl kurzlebiger Bischofsreihen in Kastilien mit wechselnder Residenz und nicht definiertem Jurisdiktionsbereich, bis das 1075 in Burgos errichtete und alles zusammenfassende Bistum diesen Zustand ablöste.

Die Situation änderte sich grundlegend, als kurz nach der Mitte des 11. Jh. ein Legat Alexanders II. erstmals spanischen Boden betrat. Das Bemühen des Reformpapsttums, den spanischen Episkopat (außer Katalonien natürlich) zum Übertritt von gotischer zu römischer Liturgie und Disziplin zu veranlassen, gab auch der Reconquista einen stärker religiösen Akzent; das Ziel verengte sich auf eine Wiederherstellung des alten kirchlichen Rechts. Dabei verfiel gerade die Kurie in den Fehler, antik-römischen und westgotischen Zustand in unhistorischer Weise in eins zu setzen. In diesem Sinne wurde Toledo 1086/88 als Primatialsitz wiederhergestellt, seine Primatialfunktion aber auf die römische Hispania begrenzt, obwohl Septimanien von Anfang an der Jurisdiktion des Primas unterstanden hatte; zugleich sollte die alte Kirchenprovinzordnung wiederaufleben, die ja gerade vom Primas ausgeschaltet worden war. Diese von extremem Rechtsdenken geleitete Anschauung führte nicht nur hier zu kirchenpolitischen Reibungen, sondern auch auf der Diözesanebene; denn nach Möglichkeit sollten die nur faktisch, aber nicht rechtlich untergegangenen westgotischen Bischofssitze eine Fortsetzung erfahren.

Der so eingeengte Spielraum führte zu merkwürdigen Konstruktionen. a) Ohne Schwierigkeiten ließen sich westgotische Bischofssitze in erobertem Neuland wiederherstellen, wenn deren geographische Lage eindeutig war und der betreffende Ort auch in maurischer Zeit den Charakter eines stadtähnlichen Zentrums nicht eingebüßt hatte. Tarragona, Tortosa und die schon im 10. Jh. eroberten Orte Salamanca, Ávila, Segovia und Burgo de Osma ließ man, nachdem das wegen seiner Nachbarschaft bedrohliche Taifenreich Toledo eingenommen war, in diesem Sinne wiederaufleben. b) Kannte man auf Grund der Unterschriften in den Toledaner Konzilsakten nur den Namen des Sitzes, aber nicht mehr die Stelle des abgegangenen Ortes, suchte man ein noch lebendiges Zentrum, das im alten Sprengel gelegen haben und deshalb die Rechtsnachfolge übernehmen konnte. Auf der Suche nach dem alten Arcabriga entschied man sich 1172 für Albarracín, mußte aber 1176 feststellen, daß Albarracín im Sprengel von Segorbe gelegen hatte, und betraute deshalb 1178/83 das jüngst eroberte Cuenca mit der Rechtsnachfolge Arcabrigas, dem auch das ehemalige Bistum „Valeriensis" zugewiesen wurde, weil dessen genaue geographische Lage ebenfalls unbekannt war. c) Eine andere Lösung in schon längst erobertem Bereich bestand in der Annahme, die in Wirklichkeit aus dynastischen oder landeskirchlichen Gründen entstandenen Bischofssitze seien Fortsetzungen alter westgotischer Sitze gewesen, weil deren letzter Bischof vor den Mauren in die Berge geflohen sei und dort die Bischofsreihe fortgesetzt habe. Man glaubte somit Roda über Barbastro nach Lérida, Sasabe über Jaca nach Huesca und Alava über Nájera nach Calahorra zurückzuverlegen. Politische Aspekte spielten natürlich mit; Peter von Aragón ließ beispielsweise den gerade von Roda nach Barbastro transferierten Bischof vom Papst als Rechtsnachfolger der alten Bischöfe von Lérida bestätigen und meldete damit einen massiven Besitzanspruch auf das noch zu erobernde Lérida in Rivalität zu den Grafen von Barcelona und Lérida an.

Erhebliche Schwierigkeiten bereitete die Kirchenprovinzeinteilung. Erzbischof Bernhard von Toledo (1086 bereits gewählt) hatte seit der Bestätigung seiner Primatialwürde (1088) auch die Rechte aller noch nicht wiederhergestellten Metropolitansitze wahrzunehmen. Schon dadurch stand er im Mittelpunkt endloser Streitigkeiten. Braga beanspruchte die Metropolitanjurisdiktion über die ehemalige Galaecia. Oviedo und León machten jedoch geltend, niemals einem Metropoliten unterstellt gewesen zu sein, und wurden zu Beginn des 12. Jh. eximiert. In der Folge suchte Toledo seine Metropolitanhoheit auf die beiden Bistümer auszudehnen, wogegen Pelayo von Oviedo sich mit Hilfe von Fälschungen auflehnte, die seinen Bischofssitz als eine im 9. Jh. errichtete Metropole erweisen sollten. Santiago (hier residierte der Bischof von Iria schon seit langem) pochte indessen auf seinen Rang als Kirche eines Apostelgrabes. Es wurde deshalb 1095 von der Jurisdiktion des Primas eximiert, 1120 zum Sitz eines Erzbischofs erklärt und, da es einen westgotischen Rechtsvorgänger benötigte, in die Metropolitanrechte des noch nicht zurückeroberten Mérida eingesetzt. Daraus ergab sich das Kuriosum, daß Braga für die galicischen Bistümer und Santiago für die südlich an die Provinz Braga angrenzenden lusitanischen Bistümer zuständig war. Doch konnte diese Jurisdiktionsverteilung nicht zur faktischen Anwendung kommen, weil das zur Unabhängigkeit strebende Portugal jede Tätigkeit Santiagos im Bistum Coimbra unterband und infolgedessen umgekehrt die galicischen Bistümer Santiago als dem natürlichen Mittelpunkt zufielen. Wenn auch rechtlich bis ins 14. Jh. umstritten, wurde Santiago so die Metropole des Königreiches León (auf der Karte der gelb-braune Korridor entlang der portugiesischen Ostgrenze), und die alte Metropole Mérida blieb für immer unterdrückt.

Die Kurie tolerierte die Anpassung an die politischen Grenzen, weigerte sich aber strikt, diesen Umstand als Grundsatz anzuerkennen. Burgos galt in unhistorischer Weise als Rechtsnachfolger des westgotischen Oca, das Suffraganbistum der „Tarraconensis" gewesen war. Alfons VI. argumentierte politisch, ein Bistum seines Reiches könne nicht einer Metropole unterstellt sein, die zur Herrschaft des Grafen von Barcelona gehöre, während Bernhard von Toledo geltend machte, Burgos selbst liege im Sprengel des alten Osma und müsse schon deshalb Suffragan von Toledo sein; Urban II. hingegen entschied 1096, Burgos werde eximiert, weil die zuständige Metropole Tarragona noch nicht funktionsfähig sei. In der Tat konnte Bischof Olegar von Barcelona erst 1128 seine Residenz in Tarragona aufschlagen. Und die Kirchenprovinz wurde erst umschrieben, nachdem Aragón und Katalonien politisch geeint waren, freilich ohne diesen Tatbestand zu erwähnen. Die Kirchenprovinz deckte sich so für kurze Zeit mit der Krone Aragón (auf Navarra erhob Aragón Rechtsansprüche); alle später hinzukommenden Gebiete neigten wahrscheinlich deshalb lange Zeit dazu, den Charakter von Nebenländern anzunehmen. Durch den Vergleich von Támara (1127) verlief die aragonisch-kastilische Grenze mitten durch die beiden Bistümer Tarazona und Sigüenza. Es lag nahe, daß die beiden Monarchen auf dem Konzil zu Burgos von 1136 eine entsprechende Korrektur der Diözesangrenzen anstreben würden. Im Grunde entsprach der Legat Innozenz' II. auch diesem Wunsch, berief sich aber getreu der kurialen Rechtsfiktion auf Angaben der sog. „Divisio Wambae", einer angeblich von einem westgotischen Reichskonzil unter Vorsitz König Wambas beschlossenen und zu Anfang des 12. Jh. wiederentdeckten minuziösen Sprengeleinteilung der gotischen Kirche, die solche Grenzrevisionen nicht nur erlaubte, sondern sogar erforderlich machte.

Erst zu Ende des 12. Jh. ließ man vom westgotischen Vorbild ab, als auch die Reconquistaidee eine Säkularisierung erfuhr. Valencia und Segorbe, die zur „Carthaginensis" gehört hatten, konnten infolgedessen aus politischen Gründen Tarragona unterstellt werden. Ohne Widerstände dieser Art ließen sich später deshalb auch die neuen Metropolitansitze Zaragoza, Lissabon und zuletzt Valencia aus den Provinzen Braga und Tarragona herauslösen. Und das Königreich Granada fand nach seiner Eroberung in einer eigenen Kirchenprovinz eine Fortsetzung, obwohl es einen vergleichbaren Metropolitanbezirk in der Westgotenzeit nicht gegeben hatte.

Allgemeine Literatur (in Auswahl): H. Flórez, España Sagrada. Teatro geográfico-histórico de la Iglesia de España, 58 Bde (Madrid 1754-1952); Z. García Villada, Historia eclesiástica de España, 3 Bde (Madrid 1929–36) (reicht bis 1052); L. Vázquez de Parga, La división de Wamba (Madrid 1943); I. de las Cagigas, Minorías étnico-religiosas de la Edad Media española, I Los mozárabes, 2 Bde (Madrid 1947–48); D. Mansilla, La reorganización eclesiástica española del siglo XVI: Anthologica annua 4 (1956) 97–238 (ausführlich über Vorgeschichte); J. Gõni Gaztambide, Historia de la bula de la cruzada en España (Vitoria 1958). *Regionale Untersuchungen: a) Portugal:* F. de Almeida, História da Igreja em Portugal I (Coimbra [2]1930); J. A. Ferreira, Fastos episcopais da Igreja Primacial de Braga, 2 Bde (Braga 1928–30); C. Erdmann, Das Papsttum und Portugal im ersten Jh. der portugiesischen Geschichte: Abhh. der Preuß. Akad. der Wiss., phil.-hist. Kl. (Berlin 1928), Nr. 5 (= Boletin do Instituto Alemão 5, 1935); P. David, Études historiques sur la Galice et le Portugal du VIe au XIIe siècle (Lissabon – Paris 1947); Avelino de Jesus da Costa, Obispo D. Pedro

e a organizaçao da diocese de Braga, 2 Bde (Coimbra 1959–60); D. Mansilla, Formación de la provincia Bracarense después de la invasión árabe: Hispania Sacra 14 (1961).
b) León: A. G. Biggs, Diego Gelmírez, First Archbishop of Compostela (Washington 1949); A. Palomeque Torres, Episcopologio de las sedes del reino de León (León 1966) (infolge dieser Arbeit waren einige Gründungsjahre im Vergleich zur entsprechenden Karte 87d des Großen Histor. Weltatlas II, hrsg. von J. Engel [1970], zu korrigieren).
c) Kastilien: J. F. Rivera Recio, La erección del obispado de Albarracín: Hispania 14 (1954); A. Ubieto Arteta, Los primeros años de la diócesis de Sigüenza: Homenaje a J. Vincke I (Madrid 1962–63) 135–148; J. F. Rivera Recio, La Iglesia de Toledo en el siglo XII (1086–1208) I (Roma 1966); O. Engels, Papsttum, Reconquista und spanisches Landeskonzil im Hoch-MA: Annuarium Historiae Conciliorum 1 (1969) 37–49 241–287.
d) Navarra und Krone Aragón: J. Villanueva, Viage literario a las Iglesias de España, 22 Bde (Madrid – Valencia 1803–52); P. Kehr, Das Papsttum und der katalanische Prinzipat bis zur Vereinigung mit Aragón: Abhh. der Preuß. Akad. der Wiss., phil.-hist. Kl. (Berlin 1926), Nr. 1 (= Estudis Universitaris Catalans 12–15 [1927–30]); ders., Das Papsttum und die Königreiche Navarra und Aragón bis zur Mitte des 12. Jh.: ebd. (Berlin 1928) Nr. 4; J. Vincke, Staat und Kirche in Katalonien – Aragón während des MA I (Münster 1931); A. Ubieto Arteta, Episcopologio de Álava (Siglos IX–XI): Hispania Sacra 6 (1953); ders., Las diócesis navarro-aragonesas durante los siglos IX y X: Pirineos 10 (1954); R. d'Abadal i de Vinyals, Catalunya Carolíngia III 1 (Barcelona 1955) 170–192 (Bistum Roda); O. Engels, Abhängigkeit und Unabhängigkeit der Spanischen Mark: Span. Forsch., Gesammelte Aufsätze 17 (1961) 10–56; R. d'Abadal i de Vinyals, Dels visigots als Catalans I (Barcelona 1969); O. Engels, Schutzgedanke und Landesherrschaft im östlichen Pyrenäenraum (9.–13. Jh.) (Münster 1970).

O. Engels

61: Die lateinische Kirche des Ostens 1100–1400

Autor: J. Martin

Den Eroberungen der Kreuzfahrer im Vorderen Orient (vgl. Karte 60) folgte unmittelbar die Errichtung einer lateinischen Kirchenorganisation oder besser: lateinischer Bistümer; denn die lateinische Kirche wurde nicht nach einem festen Plan installiert, sondern war in ihrer Organisation abhängig von den politischen Gegebenheiten des Augenblicks. Dabei war das Vorbild der orthodoxen Kirche, über deren Zustand zur Zeit der Ankunft der Kreuzfahrer wir sehr ungenügend unterrichtet sind, nur bedingt wirksam: Das erste lateinische Bistum Palästinas z. B., Ramla, hatte nie einen orthodoxen Bischof, wurde allerdings dann bald in die alte Bischofsstadt Lydda verlegt. Ebenso hatte in Bethlehem und Nazareth nie ein orthodoxer Bischof residiert – Nazareth trat als Metropole offenbar die Nachfolge von Scythopolis an (vgl. Karte 21). Die übrigen Bistümer des Vorderen Orients hatten – mit Ausnahme von Albara – eine alte Tradition, die allerdings in den meisten Fällen unterbrochen gewesen zu sein scheint: die meisten Bistümer der orthodoxen Kirche dürften während der Herrschaft des Islam nur noch auf dem Papier bestanden haben.

Die alten Patriarchate Jerusalem und Antiochia wurden im Anschluß an die Tradition als lateinische Patriarchate errichtet, doch hatten die Patriarchen im Rahmen der römischen Kirche bei weitem nicht die selbständige Position wie die alten orthodoxen Patriarchen; ihre Stellung war jetzt stärker der der Metropoliten angeglichen. Infolge der Ausdehnung des Kgr. Jerusalem kam es auch zu einer Änderung der alten Patriarchatsgrenzen: Unter Zustimmung des Papstes wurde die einst zum Patriarchat Antiochia gehörende Metropole Tyrus mit den Suffraganen Berytus, Sidon, Akkon und Paneas (vgl. Karte 21) zum Patriarchat Jerusalem geschlagen, während die übrigen Suffragane von Tyrus bei Antiochia blieben.

Gehören die lateinischen Bistümer des Vorderen Orients, der Gft. Edessa und des Kgr. Armenien entsprechend den politischen Verhältnissen (vgl. Karte 60) im wesentlichen dem 12. Jh. an – nur wenige von ihnen erlebten im 13. Jh. eine kurze Wiederauferstehung; die 1198 mit dem armenischen Patriarchat von Sis geschlossene Union dauerte bis 1375 (vgl. Karte 132) –, so wurde das lateinische Patriarchat Konstantinopel 1204 mit der Bildung des lateinischen Kaiserreichs errichtet und ging mit diesem 1261 faktisch unter, obwohl es von Rom nicht aufgehoben wurde. Die seit 1204 gegründeten lateinischen Bistümer Thrakiens und Nordwestkleinasiens waren mit wenigen Ausnahmen ebenfalls nur von kurzem Bestand – auch hier gab es übrigens, wie man aus einem Vergleich mit den Karten 21 und 30 ersehen kann, eine Reihe von Veränderungen gegenüber der orthodoxen Kirchenorganisation (vgl. dazu besonders R. L. Wolff, s. u.). Die bulgarische Kirche (vgl. Karte 30) war von 1204 bis 1235 mit Rom uniert. Eine längere Lebensdauer (bis zur türkischen Eroberung) hatten lediglich die ebenfalls seit 1204/05 gegründeten lateinischen Bistümer Griechenlands (auf den Inseln wurde ihre Kontinuität teilweise bis zur Gegenwart nicht unterbrochen).

Für den Bereich des Patriarchats Konstantinopel sowie der bulgarischen und zyprischen Kirche beruht die Karte vor allem auf dem sog. *Provinciale Romanum,* einer Liste von Erzbistümern und Bistümern, die in den 1192 vollendeten *Liber censuum* aufgenommen wurde. Eine zweite Edition des *Liber censuum* erfolgte 1228 – in ihr waren die neuen Bistümer der lateinischen Eroberungen ergänzt. Als nicht lokalisierbar fehlen auf der Karte folgende im *Provinciale* genannte Bistümer: Kirchenprovinz Cyzicus: de Palea, de Epigonia, Libariensem; Kirchenprovinz Philippi: Draginensem; Kirchenprovinz Neae Patrae: Lavacensem (Aulaki am Malischen Golf?); Kirchenprovinz Thebae: Castoriensem; Kirchenprovinz Creta: Arianensem, Milopotamiensem, Cyrothomissiensem. Für die ebenfalls nicht sicher lokalisierbaren Bistümer Lindinensem und Destillaria (unter Parium) sowie Lacorensem und de Candimonia (unter Cyzicus) wurden die von R. L. Wolff (s. u.) vorgeschlagenen Identifizierungen (Lentiana, Dascylium, Larco, Calolimena) mit Fragezeichen eingetragen. – Unberücksichtigt blieben Veränderungen der Kirchenorganisation, d. h., die in die Karte eingetragenen Bistümer haben zu keinem Zeitpunkt alle nebeneinander bestanden.

Für den Bereich der Patriarchate Antiochia und Jerusalem verzeichnet das *Provinciale* viele Bistümer, die nie einen lateinischen Bischof gehabt haben (wahrscheinlich hat das *Provinciale* hier einfach Notizen der orthodoxen Kirche übernommen). Hier wie auch für einige Bistümer aus dem zuerst genannten Bereich müssen als ergänzende Quellen Papstbriefe, Historiker der Kreuzfahrerzeit und Ordenschroniken herangezogen werden. – Sitze, die rein titular blieben, wurden in der Karte nicht berücksichtigt. Das eingetragene Erzbistum Petra hatte seinen Sitz nicht in Petra, sondern in Kerak (vgl. Karte 60).

Die Niederlassungen der Franziskaner und Dominikaner wurden in die Karte eingetragen, weil beide Orden in der Zukunft die Hauptträger der Mission im Osten wurden (vgl. Karte 63). Neben ihnen gab es in Palästina schon seit karolingischer Zeit Benediktiner (vgl. S. Maria Latina auf Plan 42 B); in der Kreuzfahrerzeit gründeten auch die Zisterzienser und Prämonstratenser eine Reihe von Niederlassungen.

Quellen: M. LeQuien, Oriens Christianus, Bd III (Paris 1740, Neudr. Graz 1958); C. Eubel, Hierarchia Catholica Medii Aevi, Bd I (1198–1431) (Münster 1898); Le Liber Censuum de L'Église Romaine, ed. P. Fabre – L. Duchesne, Bde I–II (Paris 1889–1910), III: Tables des Matières (Paris 1952). Über die für die KG Palästinas in Frage kommenden Quellen gibt eine knappe Übersicht Hotzelt (s. u.) 2–6. Weiteres vgl. in der Literatur. – **Literatur:** Vgl. die Literatur zu Karte 60 A, ferner: W. Hotzelt, KG Palästinas im Zeitalter der Kreuzzüge: Palästinahefte des Deutschen Vereins vom Heiligen Land 29–32 (Köln 1940); R. L. Wolff, The Organization of the Latin Patriarchate of Constantinople, 1204–1261: Traditio 6 (1948) 33–60 (mit reichen Quellen- und Lit.-Angaben); J. Lognon, L'organisation de l'église d'Athènes par Innocent III: Archives de l'orient chrétien 1 (1948) 336–346; J. Richard, Le royaume latin de Jérusalem (Paris 1953); G. Konidares, Ekklesiastike Historia tes Hellados apo 49/50–1951 (Athenai 1954–60). – *Zu den Franziskanern:* Vgl. die Literatur zu Karte 58 (bes. Golubovich), ferner: L. Lemmens, Die Franziskaner im Heiligen Lande, Tl. 1: Franziskanische Studien Beih. 4 (Münster 1925); R. L. Wolff, The Latin Empire of Constantinople and the Franciscans: Traditio 2 (1944). – *Zu den Dominikanern:* Vgl. die Literatur zu Karte 59, ferner: B. Altaner, Die Dominikanermissionen des 13. Jh.: Breslauer Studien zur histor. Theologie 3 (Breslau 1922).

J. Martin

Nachtrag: G. Fedalto, La chiesa latina in Oriente, I (Verona 1973); TIB.

62: Das Erzstift Riga und das Ordensland bis 1466

Autor: M. Hellmann

Grundlegend für die historische Geographie des Preußenlandes ist das Werk von M. Toeppen, *Historisch-Comparative Geographie von Preußen (1858),* das nicht nur das damalige Wissen zusammenfaßte, sondern eine sehr genaue Untersuchung der Wandlungen der Grenzführung gab. Darauf baute die weitere Forschung auf. Für die Karte wurden außer diesem Werk und anderen Arbeiten zugrunde gelegt die beiden Karten *Das Preußenland 1230–1310* und *Das Preußenland 1310–1466* aus dem Atlaswerk *Staats- und Verwaltungsgrenzen in Ostmitteleuropa,* hrsg. vom Göttinger Arbeitskreis, Teil 2 (Das Preußenland), bearb. von E. Keyser (München 1954). Für den livländischen Teil des Ordenslandes und die livländischen Bistümer konnte auf die Vorarbeiten zurückgegriffen werden, die P. Johansen in den Karten zu dem Artikel *Deutschbalten und baltische Lande* im *Handwörterbuch des Grenz- und Auslandsdeutschtums,* Bd II (Breslau 1936) 168ff und Karte *Die deutschen Siedlungen Alt-Livlands* sowie H. Laakmann in dem Atlaswerk *Staats- und Verwaltungsgrenzen in Ostmitteleuropa,* Teil 1, *Die Baltischen Lande,* Karte *Die Bevölkerung um 1200* und *Die livländischen Staaten 1492* vorgelegt hatten. Die Karte zeigt den Zustand bis zum Jahre 1466, d. h. bis zum 2. Thorner Frieden, in dem der Deutsche Orden auf Westpreußen links der Weichsel, Danzig, den größten Teil Westpreußens rechts der Weichsel mit der Marienburg, das Kulmer-Land und die Michelau sowie das Ermland verzichten mußte. Die Veränderungen in der Verwaltungsgliederung des Ordensgebietes konnten jeweils nur angedeutet werden. Sie waren im allgemeinen nicht von entscheidender Bedeutung. Für Livland blieben die Grenzen nach 1466 bis zur Auflösung der livländischen Staatenkonföderation 1561 bestehen. Das ehemalige preußische Ordensland, seit 1525 unter dem letzten in Preußen (Königsberg) residierenden Hochmeister Albrecht von Brandenburg-Ansbach in ein weltliches Herzogtum unter polnischer Lehnshoheit umgewandelt, blieb über die Vereinigung mit der Mark Brandenburg hinaus bis 1772, d. h. bis zur Ersten Teilung Polens, in seinem äußeren Besitzstand unverändert.

Im Gegensatz zu Livland, in dem die Bistümer (Erzbistum Riga, Bistum Dorpat, Bistum Ösel-Wiek) selbständige Territorien und Markgrafschaften des Reiches waren – nur die Bistümer Kurland und Reval waren keine Fürstentümer, der Bischof und das Domkapitel von Kurland zwar Landesherren, aber dem Deutschen Orden inkorporiert, der Bischof von Reval nur Besitzer von Tafelgütern –, ist von den preußischen Bistümern nur das Bistum Ermland von dem übermächtigen Einfluß des Deutschen Ordens frei geblieben und hat sich nicht inkorporieren lassen. Während hier der Orden unbestritten die politische und militärische Führung des Landes innehatte, gelang dies in Livland, wo er 1237 das Erbe des untergegangenen Schwertbrüderordens angetreten hatte, nicht. Insbesondere der Erzbischof von Riga und die 1201 von dem dritten Bischof, Albert, gegründete Stadt Riga haben sich im 13. und 14. Jh. heftig gegen den Deutschen Orden zur Wehr gesetzt. Seit dem Landtag zu Walk 1422 wurden regelmäßige Zusammenkünfte aller Landesherren abgehalten, 1435 eine Landeseinung durch die Stände herbeigeführt. In Preußen hatten die Stände zur gleichen Zeit die Mitwirkung bei der Landespolitik durchgesetzt, 1422 erstmals einen Vertrag mit einer auswärtigen Macht garantiert (Friedensvertrag am Melnosee mit Litauen). 1525 entschied sich der Hochmeister Albrecht von Brandenburg-Ansbach für die Lehre Luthers. Da das Bistum Kulm zum größten Teil nach 1466 unter polnische Oberhoheit geriet, blieb es, ebenso wie das Bistum Ermland, erhalten, während die Bistümer Samland und Pomesanien nach dem Übertritt der beiden Bischöfe zum Luthertum mit dem Herzogtum Preußen vereinigt wurden. In Livland trat der letzte Ordensmeister Gotthard Kettler 1561 als weltlicher Herzog von Kurland und Semgallen zum Luthertum über und unterwarf sich polnischer Lehnsoberhoheit. Der letzte Erzbischof von Riga, Wilhelm von Brandenburg-Ansbach, ein Bruder Herzog Albrechts von Preußen, verzichtete 1562 auf seine Würde. Die Bistümer Ösel-Wiek und Kurland kaufte Dänemark, der letzte Bischof von Dorpat – die Stadt war, wie alle Städte Livlands mit Riga an der Spitze, lutherisch geworden – wurde nach Moskau verschleppt. Reval und Nordestland unterwarfen sich Schweden. Damit hörte das Bistum auf zu bestehen.

Literatur: B. Schumacher, Geschichte Ost- und Westpreußens (Würzburg [2]1957); R. Wittram, Baltische Geschichte 1180–1918 (München 1954); M. Hellmann, Das Lettenland im Mittelalter (Köln 1954); Baltische KG, hrsg. von R. Wittram (Göttingen 1956); F. Benninghoven, Rigas Entstehung und der frühhansische Kaufmann (Hamburg 1961); ders., Der Orden der Schwertbrüder (Köln–Graz 1965); B. Poschmann, Bistümer und Deutscher Orden in Preußen 1243–1525 (Diss. Münster 1962); P. G. Thielen, Die Verwaltung des Ordensstaates Preußen (Köln–Graz 1965). – Alle genannten Studien haben reiche Literaturangaben.

M. Hellmann

63: Das römisch-katholische Christentum im Machtbereich der Mongolen (13.–14. Jh.)

Autor: W. Hage

Träger des römisch-katholischen Christentums waren Kaufleute in den italienischen Handelsniederlassungen an der Küste des Schwarzen Meeres (Kirchenprovinz Bosporus) und auf ihren Reisen bis China (z. B. Marco Polo), ferner von den Mongolen auf ihren Kriegszügen verschleppte und in Mittelasien (z. B. Qaraqorum) angesiedelte Ungarn, Franzosen und Deutsche. Kunde von ihnen brachten seit 1245 vorwiegend als päpstliche Gesandte reisende Ordensleute. Franziskaner und Dominikaner hatten zudem seit dem 13. Jh. Missionserfolge unter turko-tatarischen Volksstämmen und (seit der Wende zum 14. Jh.) in Indien sowie (zumindest zeitweilig) Unionserfolge unter christlichen Alanen, Öngüt und Armeniern (gegen Mitte des 14. Jh. Gründung des armenischen Unitoren-Ordens unter dominikanischem Einfluß im Kloster Qrna bei Nachdschowan). Auf das Netz der Niederlassungen und die Missionsorganisationen beider Orden stützte sich die hierarchische Gliederung Asiens: unter franziskanische Obhut wurde das Erzbistum Peking (Chanbalyq) gestellt (1307 Johannes von Montecorvino erster Erzbischof, Jurisdiktion über China und Mittelasien), während den Dominikanern die Verwaltung des Erzbistums Sultanijä (seit 1318, Jurisdiktion über Persien und Indien) zugesprochen wurde. Für das Gebiet nördlich des Kaukasus wurde 1349 die Kirchenprovinz Matrega errichtet, das Bistum Sarai wurde 1362 zum Erzbistum für das Herrschaftsgebiet der Goldenen Horde erhoben. Das römisch-katholische Christentum Indiens überdauerte nur wenige Jahrzehnte, in Mittel- und Ostasien teilte es das Schicksal der orientalischen Kirchen und ging bis zum Beginn des 15. Jh. zugrunde, während es sich westlich des Kaspischen Meeres noch bis zum Ende des 15. Jh. halten konnte. – Zweifelhafte Angaben, vor allem unsichere Lokalisierungen sind mit Fragezeichen versehen.

Quellen und Literatur: M. Le Quien, Oriens Christianus, Bd III (Paris 1740, Nachdruck Graz 1958); G. Golubovich, Biblioteca Bio-Bibliografica della Terra Santa e dell'Oriente Francescano, Bde I–II (Quaracchi/Florenz 1906–13); B. Altaner, Die Dominikanermissionen des 13. Jh. (Habelschwerdt/Schlesien 1924); L. Lemmens, Geschichte der Franziskanermissionen (Münster 1929); A. van den Wyngaert, Sinica Franciscana, Bd I (Quaracchi/Florenz 1929) (hierin die Reiseberichte der Franziskaner); R.-J. Loenertz, La Société des Frères Pérégrinants (Rom 1937); A. C. Moule – P. Pelliot, Marco Polo, the Description of the World, Bde I–II (London 1938); K. S. Latourette, A History of the Expansion of Christianity, Bd II (New York–London 1938); J. Richard, Les missions chez les Mongols aux XIIIe et XIVe siècles: Histoire universelle des missions catholiques, Bd I (Paris 1956) 173–195; M. A. van den Oudenrijn, Uniteurs et Dominicains d'Arménie: Oriens Christianus 40 (1956) 94–112, 42 (1958) 110–133, 43 (1959) 110–119; C. W. Troll, Die Chinamission im Mittelalter: Franziskanische Studien 48 (1966) 109–150, 49 (1967) 22–79. – Unter den schon vorhandenen Karten (so bei Richard und Troll) sind hervorzuheben diejenigen bei Golubovich, Bd II (Lokalisierung vor allem der franziskanischen Niederlassungen) und W. W. Rockhill, The Journey of William of Rubruck to the Eastern Parts of the World 1253–55 (London 1900) (Reiserouten des Johannes von Piano Carpini und Wilhelm von Rubruk).

W. Hage

64: Die Universitäten bis 1500

Autor: H. Rüthing

Ausgangspunkt der vorliegenden Karte sind die drei großen Gesamtdarstellungen zur Geschichte der mittelalterlichen Universitäten von Denifle, Rashdall und d'Irsay (s. u.). Sie konnten allerdings nur Ausgangspunkt sein, denn durchweg mußten ihre Angaben nach den Quellen und nach der neuesten Spezialliteratur überprüft werden. Bei der mitunter schwierigen Entscheidung, bei welchen der mittelalterlichen Schulen man von Universitäten sprechen kann, wurden die von Denifle und Rashdall entwickelten, inzwischen von der Forschung allgemein akzeptierten Kriterien angewandt. Dennoch waren in einzelnen Fällen (z. B. bei Modena, das nicht aufgenommen wurde) Ermessensentscheidungen nicht zu umgehen. Die sog. *paper universities* (Rashdall), die „nicht ins Leben traten" (Denifle), sind berücksichtigt, wenn päpstliche oder kaiserliche Stiftungsbriefe vorliegen.

Die herkömmliche Unterscheidung zwischen den aus eigenständigem Zusammenschluß von Magistern oder Studenten erwachsenen Universitäten („Universitäten ohne Stiftungsbriefe", *studia generalia ex consuetudine* o. ä.) und den sog. „Gründungsuniversitäten" ist als grundlegend beibehalten worden. Im übrigen basiert diese Karte jedoch auf anderen Fragestellungen als die zahlreichen schon vorhandenen Karten, die meistens nur die Tatsache der Entstehung oder Gründung einer Universität registrieren, das Gründungsdatum angeben und – seltener – den Untergang einer Universität noch im Mittelalter festhalten. Während einige Karten – so die in Westermanns Großem Atlas zur Weltgeschichte (s. u.) – den juristischen Aspekt der Privilegierung (päpstliches Privileg, kaiserliches Privileg, königlich-landesherrliches Privileg) in den Vordergrund stellen, soll hier bei allen Universitäten, die nicht als *studia generalia ex consuetudine* gelten, die Frage nach der Gründungsinitiative gestellt werden; d. h., es soll gefragt werden, von wem der entscheidende Anstoß ausging, eine neue Universität zu errichten oder eine bereits existierende Schule durch Privileg in den Rang einer Universität zu erheben. Diese Frage nach der Gründungsinitiative, die durch die Art der Privilegierung einer Universität noch keineswegs beantwortet ist, läßt sich anhand des reichen urkundlichen Materials in den meisten Fällen mit großer Sicherheit entscheiden. Es wird zwischen folgenden „Initiatoren" unterschieden: Papst, „Landesherr" (worunter verstanden wird: Könige, Landesherren im Sinne der deutschen Verfassungsgeschichte, aber auch die Vasallen der französischen Krone und die italienischen Signori, wenn nur sie – und nicht die Kommune – in den Gründungsurkunden genannt werden oder wenn sie außerhalb ihrer Stadt eine Universität gründeten), ferner: Stadt, Bischof und Kanoniker oder andere kirchliche Institutionen. Daß bei der Erhebung schon bestehender Schulen in den Rang von Universitäten die Angehörigen dieser Schulen mit initiativ wurden, ist in einigen Fällen belegt, in anderen anzunehmen, wird jedoch in der Karte nicht verzeichnet. Von „Rangerhöhung" wird gesprochen, wenn ein unmittelbares Anknüpfen an ältere kirchliche oder öffentliche Schulen – sei es personell, sei es institutionell – nachweisbar ist. Auch hier waren Ermessensentscheidungen nicht zu umgehen.

Die Errichtung einer Universität konnte bereits im Spätmittelalter ein komplizierter und langwieriger Prozeß sein. Selbst wenn man davon ausgeht, daß das Auf und Ab von Gründungsabsicht, Erwirken oder Ausstellen eines Stiftungsbriefes, Errichtung der Universität, Fehlschlag, Neugründung, Reform usw. in einer Karte keinen adäquaten Niederschlag finden kann, bleiben zahlreiche Datierungsprobleme bestehen. Der Versuch, ein einheitliches Prinzip für die Fixierung der Gründungsdaten anzuwenden, mußte aufgegeben werden. Die Karte lehnt sich, soweit nicht offensichtliche Fehler vorliegen, an die in der Literatur gängigen Gründungsdaten an. In Zweifelsfällen wurde die in einer Universität gültige Tradition berücksichtigt (z. B. Basel: 1460, nicht 1459). Sind ernsthafte Gründungsabsichten (z. B. durch Ausstellung oder Erwerb eines Stiftungsbriefs) bezeugt, die zunächst zu keinem, auch zu keinem kurzfristigen Erfolg führten, so ist auch dieses Datum vermerkt. Auch hier gibt es – zumal in Italien und Spanien – Grenzfälle, bei denen die getroffene Entscheidung kritisiert werden kann. Bei Gründungsversuchen, die überhaupt nicht zum Erfolg führten *(paper universities),* ist nur der erste belegte Versuch angegeben; die mitunter zahlreichen weiteren Ansätze sind nicht aufgenommen (z. B. Chełmno 1386, 1434). Bei den vor 1200 entstandenen Universitäten wurde auf den Versuch einer genauen Datierung überhaupt verzichtet. Auch die Angaben für einige in der 1. Hälfte des 13. Jh. entstandene Universitäten können nur Anhaltspunkte bieten (Cambridge, Angers, Orléans).

Die Angaben zur Errichtung der theologischen Fakultäten bedürfen einiger Erläuterungen: Nur ein Teil der mittelalterlichen Universitäten besaß ein theologisches Studium bzw. später eine theologische Fakultät im spezifischen Sinn. Während sich im 12. und 13. Jh. theologische Studien und Fakultäten relativ frei entwickeln konnten (*ex consuetudine,* durch päpstliches oder landesherrliches Privileg), begannen seit dem Ende des 13. Jh. die Päpste die Errichtung theologischer Fakultäten streng zu kontrollieren und zu limitieren. An einigen Universitäten wurden sogar bereits existierende theologische Fakultäten in ihren Rechten beschränkt. Erst in der 2. Hälfte des 14. Jh. gaben die Päpste ihre Zurückhaltung bei der Gründung theologischer Fakultäten langsam auf. Durch die restriktive päpstliche Politik hatte sich die Auffassung verfestigt, die Erlaubnis zur Errichtung einer theologischen Fakultät sei päpstliches Vorrecht. Die Hinweise der Karte auf eine theologische Fakultät bedeuten somit für die Zeit seit Ende des 13. Jh. mit wenigen Ausnahmen (Huesca, Genf, Torino), daß auf Grund eines päpstlichen Privilegs eine theologische Fakultät errichtet oder organisiert wurde. Das heißt aber nicht, daß an diesen Universitäten nicht schon vorher einzelne theologische Lehrer tätig sein konnten (z. B. Montpellier, Salamanca); es gibt Universitäten, an denen wiederholt Theologen wirkten, ohne daß es zur Errichtung einer theologischen Fakultät kam (z. B. Lérida).

Quellen und Literatur: *Gesamtdarstellungen:* H. Denifle, Die Entstehung der Universitäten des Mittelalters bis 1400 (Berlin 1885, Neudr. Graz 1956); H. Rashdall, The Universities of Europe in the Middle Ages, 3 Bde, hrsg. von F. M. Powicke – A. B. Emden (Oxford ²1936); S. d'Irsay, Histoire des universités françaises et étrangères des origines à nos jours, Bd I: Moyen âge et renaissance (Paris 1933). – *Größere Räume umfassende Darstellungen und Quellensammlungen:* G. Kaufmann, Geschichte der deutschen Universitäten, 2 Bde (Stuttgart 1888–96, Neudr. Graz 1958); M. Fournier, Les statuts et privilèges des universités françaises depuis leur fondation jusqu'en 1789, 4 Bde (Paris 1890–94); V. de la Fuente, Historia de las universidades, colegios y demás establecimientos de enseñanza en España, 4 Bde (Madrid 1884–89); C. M. Ajo, Historia de las universidades Hispánicas, 7 Bde (Madrid 1957–68), bes. Bd I. – *Schon vorhandene Karten* (in Auswahl): Rashdall (s. o.) am Schluß von Bd III; d'Irsay (s. o.) nach S. 368; Westermanns Großer Atlas zur Weltgeschichte, hrsg. von H.-E. Stier u. a. (Braunschweig ²1968) S. 91; Großer historischer Weltatlas, Bd II hrsg. vom Bayerischen Schulbuch-Verlag (München 1970) S. 127 (A. Birken).

H. Rüthing

65: Die Geißlerbewegung 1348–1349

Autor: J. Fearns

Die Geißlerzüge von 1348–49 können in vollem Umfang kartographisch nicht mehr erfaßt werden. Die meist sehr allgemein gehaltenen Aussagen der Quellen *(in omnibus civitatibus et in oppidis et villis; per universas regiones)* deuten auf eine Massenverbreitung hin; genau datierbare und lokalisierbare Angaben sind dagegen spärlich. Dennoch sind sie ausreichend, um den Verlauf der Bewegung in großen Zügen verzeichnen zu können. Es scheint klar zu sein, daß es sich nicht um mehrere spontane, voneinander unabhängige Ausbrüche handelt; vielmehr lassen sich eine gewisse Kontinuität in der Entwicklung und ein Fortschreiten der Hauptzüge von Gebiet zu Gebiet festhalten. Die Bewegung hat ihren Ausgang wohl in den österreichischen Landen genommen, wenngleich einige Quellen Ungarn als Ursprungsland bezeichnen. Nach den ersten Prozessionen in der Steiermark (Sept. 1348), in Niederösterreich und im westlichen Ungarn (Anfang 1349) tauchen die Geißler überall in Böhmen (März 1349), Polen, Meißen (Anfang April), Sachsen und Brandenburg (April) auf. Von diesen Gegenden ging die Hauptstoßrichtung südwestlich durch Thüringen (Ende April), Franken (Anfang Mai) und Schwaben (Mai/Juni). Auf mehreren Wegen erreichten die Geißler den Rhein; einige gingen dann rheinaufwärts nach Straßburg (Mitte Juni) und Basel, andere rheinabwärts nach Speyer, Mainz und Köln (Mitte Juli). Schnelle Vorläufer gelangten wahrscheinlich schon Ende Juni in die östlichen Teile der Niederlande (Lüttich); die große Welle der Begeisterung für die Selbstgeißelungen setzte hier jedoch erst Mitte August ein. Von den Niederlanden, die schnell zur Hochburg der Geißlerbewegung wurden, gingen vereinzelte Züge nach Nordfrankreich (Sept./Okt.) und England (Sept.), ohne in diesen Gebieten die sonst übliche Massenreaktion hervorzurufen. Im Spätherbst flaute die Bewegung schon ab; nur in den Niederlanden hielt sie bis in die frühen Monate von 1350 an.

Die globalen Schätzungen der Chronisten über die Gesamtzahl der Geißler sind zweifelsohne zu hoch. Die Angaben über die Teilnahme an den einzelnen Zügen in den Städten bleiben dagegen in durchaus glaubhaften Grenzen (etwa 50–200 pro Zug, mit höheren Zahlen meist nur in den auch sonst als Zentren der Bewegung bekannten Gegenden). Die sprichwörtliche Unzuverlässigkeit der mittelalterlichen Zahlenangaben trifft in diesem Fall so wenig zu, daß es sinnvoll erschien, die numerische Stärke der Geißler in den Städten in die Karte aufzunehmen. Die angegebenen Zahlen können freilich nicht als absolute verstanden werden. Sie sind lediglich Orientierungswerte, die vor allem eine Differenzierung zwischen den Ballungszentren der Bewegung und den relativ schwach besuchten Gebieten ermöglichen sollen.

Vorlagen: Die auf der Karte eingezeichneten Pestlinien wurden übernommen von E. Carpentier, Autour de la Peste Noire: Famines et Epidémies dans l'histoire du XIVe siècle: Annales 17 (1962) 1070–1071. – **Quellen:** Die Quellen für die Niederlande sind nahezu vollständig abgedruckt in P. Frédéricq, Corpus documentorum Inquisitionis haereticae pravitatis Neerlandicae, 5 Bde (Gent 1888–1902). Für Deutschland finden sich gute und ausführliche Darstellungen in den „Chroniken der deutschen Städte" Bd 7 (Magdeburg), Bd 8 (Straßburg), Bd 19 (Lübeck), außerdem in Hugo von Reutlingen, Chronicon, hrsg. von P. Runge (s. u.) 24–42; Tileman Ehlen von Wolfhagen, Die Limburger Chronik, hrsg. von A. Wyss: MGH Deutsche Chroniken IV/1. Für Österreich siehe die verschiedenen Berichte in den „Annales Austriae": MGH SS 9, S. 479–853. – **Literatur:** E. Förstemann, Die christlichen Geißlergesellschaften (Halle 1828); K. Lechner, Die große Geißelfahrt des Jahres 1349: Historisches Jb. 5 (1884) 437–462; P. Runge, Die Lieder und Melodien der Geißler des Jahres 1349 nach der Aufzeichnung Hugos von Reutlingen nebst einer Abhandlung über die italienischen Geißlerlieder von Heinrich Schneegans . . . und einem Beitrage zur Geschichte der deutschen und niederländischen Geißler von Heino Pfannenschmidt (Leipzig 1900); A. Hübner, Die deutschen Geißlerlieder (Berlin–Leipzig 1931); E. Delaruelle, Les grandes processions de pénitents de 1349 et 1399: Il movimento dei Disciplinati nel Settimo Centenario dal suo inizio (Perugia 1260) (Perugia 1960) 109–145; G. Szekely, Le mouvement des Flagellants: Hérésies et Sociétés, hrsg. von J. Le Goff (Paris 1968) 229–238.

J. Fearns

Nachtrag: J.-N. Biraben, Les hommes et la peste en France et dans les pays méditerranéens, 2 Bde (La Haye 1975–76).

66: Die Obedienzen des Abendländischen Schismas

Autor: O. Engels

Am 8. April 1378 wurde in Urban VI. ein Italiener zum Papst gewählt, der nach dem langen Aufenthalt seiner Vorgänger in Avignon wieder in Rom residieren sollte. Die tumultuarischen Vorgänge seiner Wahl blieben selbst Augenzeugen ein Rätsel; ebensowenig ist der nachträgliche *tacitus consensus* der Kardinäle zu dieser Wahl über jeden Zweifel erhaben. Die fast an despotischen Größenwahnsinn grenzende Regierungsweise dieses Papstes veranlaßte eine Kardinalsmehrheit, sich am 26. Juli unter Berufung auf seinerzeit ausgeübten Zwang von ihm wieder loszusagen. Sie wählte am 20. September in Fondi einen neuen Papst in Clemens VII. Die Rechtslage war völlig unklar, und die gegnerischen Lager waren ungefähr gleich stark, so daß das Schisma Dauercharakter annahm. Clemens VII., der nach Avignon ausweichen mußte und dort seine Residenz aufschlug, erhielt 1394 in Benedikt XIII. einen Nachfolger, der von seiner Legitimität zutiefst durchdrungen war.

Ebenso setzte sich die römische Papstreihe mit Bonifaz IX. (1389-1404), Innozenz VII. (1404-1406) und Gregor XII. fort.

An Bemühungen, das Schisma zu beseitigen, fehlte es nicht. Im Februar 1395 verlangte eine Pariser Nationalsynode den Verzicht beider Prätendenten, im Herbst 1397 dachte man an ihre gewaltsame Absetzung durch die Fürsten, und im Sommer 1398 beschloß die dritte Pariser Nationalsynode den Obedienzentzug für das französische Königreich, der bis zum Mai 1403 währte. Die beiden Prätendenten vereinbarten im Vertrag von Marseille vom April 1407 schließlich selbst eine persönliche Zusammenkunft, um sich über die Legitimität der einen oder anderen Sukzession zu einigen; doch scheiterte dieser Weg an der französischen Diplomatie, weil sie nur bei einer Abdankung beider Prätendenten nicht ausgeschaltet werden zu können glaubte. Über diesen Fehlschlag bestürzt, sagte die römische Kardinalsmehrheit ihrem Papst im Mai 1408 den Gehorsam auf und vereinigte sich im Juni mit avignonischen Kardinälen zu einem einzigen Kollegium. Frankreich hatte unterdes seine Neutralität in der Obedienzfrage erklärt; Benedikt XIII. sowie Gregor XII. verlegten ihre Residenzen, die sie im Hinblick auf das geplante Treffen kurzfristig in Portovenere bzw. Lucca aufgeschlagen hatten, nach Perpignan bzw. Rimini. Die Kardinäle suchten nun ohne Einvernehmen mit den beiden Prätendenten die Lösung des Schismas herbeizuführen, indem sie im Juli/August 1408 ein Konzil nach Pisa für das kommende Frühjahr einberiefen. Frankreich erklärte sich schon im Oktober für diese Lösung, während deutsche Fürsten nur zögernd – allen voran König Wenzel von Böhmen im November und Herzog Friedrich von Österreich im Dezember – und zum Teil aus Gegnerschaft gegen König Ruprecht, der noch im Oktober das Reich auf einem Fürstentag zu Frankfurt für die römische Obedienz geschlossen zu halten versucht hatte, dem Konzilsplan zustimmten.

Die Versammlung, die am 25. März 1409 in Pisa eröffnet wurde, verstand sich als ein Ökumenisches Konzil, wurde aber, vor allem von deutscher Seite, schlecht beschickt. Doch nicht deswegen blieb die Absetzung beider Päpste unter Berufung auf ihre Häresie (weil sie sich in der Beseitigung des Schismas untätig zeigten) wirkungslos, sondern weil das von Kardinälen einberufene und geleitete Konzil mit dem kirchenrechtlichen Grundsatz kollidierte, daß nur ein vom Papst einberufenes und geleitetes Konzil rechtmäßig sei. Benedikt und Gregor hatten, um diesen Grundsatz zu unterstreichen und zugleich dem Konzilsbedürfnis entgegenzukommen, ebenfalls eigene Versammlungen nach Perpignan bzw. Cividale einberufen, deren Wirkung gleich ineffektiv blieb. Darüber hinaus beriefen sie sich auf den Rechtssatz, daß der Papst von niemandem gerichtet werden dürfe, also auch nicht absetzbar sei, wenn nicht durch freiwilligen Verzicht. So war fortan nicht der auf dem Pisanum am 17. Juni gewählte Alexander V. einziger Papst, wie die Konzilsobedienz gewollt hatte, sondern dieser begründete lediglich neben den beiden anderen eine dritte Papstreihe, die 1410 durch Johannes XXIII. eine Fortsetzung erfuhr.

Die Konzilsobedienz war nun die größte, und sie wuchs noch durch Übertritte nach dem Tode König Ruprechts (18. Mai 1410) und mit dem Vertrag Johannes' XXIII. mit Ladislaus von Neapel (17. Juni 1412). In Karl Malatesta von Rimini blieb dem römischen Papst im Grunde die einzige Stütze, obwohl gerade dieser über die Obedienzgrenzen hinweg auf eine Lösung des Schismas drängte. Nur widerwillig suchte Johannes mit einem Konzil in Rom während des Februar 1413 in dieser Sache einen Anfang zu machen, das natürlich nichts ausrichtete, aber sich wenigstens vertagte. Als Ladislaus im Juni Rom besetzte, floh Johannes nach Bologna (das 1411 zusammen mit der Emilia nur vorübergehend in die Gewalt des Malatesta geraten war) und wandte sich hilfesuchend an den 1410/11 zum römischen König gewählten Siegmund. Er nun nahm die Konzilsangelegenheit in die Hand. Mit Vertretern Johannes' XXIII. traf er in Como eine Vereinbarung über die Berufung des nächsten Konzils nach Konstanz und erreichte, daß auch Gregor XII. Vertreter zu schicken versprach. Währenddessen arbeitete auch König Ferdinand von Aragón in den Verhandlungen zu Morella (Bistum Tortosa) auf einen Anschluß der avignonischen Obedienz an die Konzilsidee hin. Keine Obedienz war von ihrer Legitimität mehr restlos überzeugt; es lag in der Hauptsache am Geschick Siegmunds, in politischen Differenzen zu vermitteln, die das Einigungswerk hätten gefährden können.

Das Konstanzer Konzil trat am 5. November 1414 unter der Leitung Johannes' XXIII. zusammen. Daß es keine Versammlung wurde, die in Fortsetzung des Pisanums die Konzilsobedienz bestätigte und damit das Schisma fortgesetzt hätte, ist das Verdienst Siegmunds. Nachdem Johannes den Konzilsort heimlich verlassen hatte, um die Versammlung zu sprengen, wurde seine Deposition am 29. Mai 1415 festgestellt. Das jetzt papstlose Konzil nahm am 4. Juli 1415 den freiwilligen Verzicht Gregors XII. entgegen und erklärte auch, nachdem die iberischen Vertreter die avignonische Obedienz aufgekündigt hatten, den Pontifikat Benedikts XIII. am 26. Juli 1417 für beendet. Mit der Wahl Martins V. am 11. November 1417 in Konstanz galt das Schisma als überwunden. Nur Benedikt beugte sich in Peñiscola dem Urteilsspruch nicht; seine Obedienz erstreckte sich nur mehr auf die südfranzösischen Grafschaften Béarn, Bigorre, Comminges und Foix, und in Armagnac dauerte sie sogar über seinen Tod (Sept. 1424) und die Resignation seines Nachfolgers Clemens VIII. (Juli 1429) hinaus bis zum 7. April 1430.

Aufgrund dieses Verlaufes teilt sich die Karte in einen Zeitraum vor 1409 (Farbflächen) und nach 1409 (Schraffur). Innerhalb dieser beiden Zeiträume ist der Beginn der dreifachen Obedienz relativ leicht zu überblicken, weswegen die zeitlich differierenden Zuordnungen auch kenntlich gemacht sind. Von den Anfängen des Schismas überhaupt läßt sich jedoch kein zuverlässiges Bild gewinnen, weil mit unterschiedlich dichtem Nachrichtenfluß vor allem in entferntere Gebiete und auch mit zunächst keineswegs fest eingenommenen Positionen angesichts einer unüberblickbaren Situation gerechnet werden muß. Nicht eigens hervorgehoben ist deswegen eine Zuneigung zur avignonischen Obedienz bis 1379 im Herzogtum Braunschweig-Lüneburg (die noch nicht einmal gesichert ist) oder in Naupactus und bis 1380 in Norwegen, dem auch die zur Kirchenprovinz Drontheim gehörenden und in der ganzen Zeit nie von der Haltung ihrer Metropole abweichenden Bistümer in Grönland und Island sowie die Färöer, Hebriden und Orkney-Inseln zuzurechnen sind. Anders verhält es sich mit den Reichen auf der Iberischen Halbinsel; ihre Indifferenz in Portugal (bis Anfang 1380), in Kastilien (bis 19. Mai 1381), in Navarra (bis 6. Februar 1390) und in der Krone Aragón (bis 24. Februar 1387) geht auf einen jeweils förmlichen Beschluß zurück.

Man geht gewöhnlich von der Annahme aus, daß der Landesherr die Obedienzzugehörigkeit entschieden hat; und man glaubt sich darin bestätigt, weil das Schisma ohne die Bereitwilligkeit der Landesherren nicht hätte beendet werden können. Bei näherem Zusehen aber – von Deutschland wußte man es längst – zeigt sich die Sachlage komplizierter, da entweder nachgeordnete Gewalten so viel politischen Spielraum besaßen, daß sie eine abweichende Haltung durchsetzen konnten bzw. mit Hilfe einer solchen Haltung eine Sonderstellung zu erreichen suchten, oder kirchliche Jurisdiktionsträger nach eigenem Ermessen ihre Obedienzzugehörigkeit bestimmten. Das erschwert nicht nur die kartographische Darstellung, sondern bringt auch infolge unserer lückenhaften Kenntnis im engeren regionalen Bereich Unsicherheiten in das Bild.

Verschiedene Beispiele können dies veranschaulichen. Als ein Zeichen politischer Reaktion ist zu werten, daß *Portugal,* nachdem es sich seit Aufgabe der Indifferenz der avignonischen Obedienz angeschlossen hatte, sofort zur anderen Obedienz übertrat, als das benachbarte *Kastilien* seine indifferente Haltung aufgab. Mit Ausnahme vom August 1382 bis 1385 gehörte Portugal so stets einer anderen Obedienz an als sein Nachbar. Ähnlich verhielt es sich in den engräumigen Herrschaftsgegensätzen an Rhein und Maas. Die Stadtterritorien von *Toul* und *Verdun* gehörten der römischen Obedienz an, weil das umliegende Fürstbistum sich der anderen Seite angeschlossen hatte; im Prinzip war es auch in *Straßburg* so, bis das Hochstift im Juli 1393 zur römischen Obedienz überging, wobei die Stadt aus wirtschaftlichen Gründen schon vorher faktische Neutralität praktiziert hatte. Da die Diözese *Chur* (ausgenommen die eidgenössischen Territorien) bis 1407 der avignonischen Obedienz anhing (bis 1388 allerdings umstritten), hatte sich die Abtei *Disentis* von Anfang an für den römischen Papst entschieden. Ebenso war die Obedienzzugehörigkeit von *Kleve, Mark* und der Abtei *Werden* gegen den Kölner Kurfürsten gerichtet.

Die unsichere Obedienzzugehörigkeit in *Wales* seit 1404 geht auf das Bemühen zurück, sich aus dem englischen Königreich zu lösen. Regelrechte Aufstände in der *Provence* spiegeln sich darin wider, daß von 1382 bis zum September 1387 die Städte Aix, Tarascon, Draguignan sowie Toulon (Nizza sogar bis 1396) und von 1399 bis 1402 die Orte Éguilles, Pélisanne, Les Pennes, Saint-Remy und Baux zur römischen Obedienz überwechselten. Ähnlich war es auch im *Kirchenstaat,* dessen Lokalgewalten in der anderen Obedienz ein Mittel sahen, sich der Herrschaft des römischen Papstes zu entziehen. Zu Anfang neigten hier der avignonischen Obedienz zu: Rom, Anagni, Cisterna, Marino, Montefiascone, Rocca di Papa und Veroli. Fest zur avignonischen Obedienz hingegen zählten bis 1386: Fermo, Marsico, Orvieto, Pesaro, Tagliacozzo und Valera; bis zum Mai 1387: Amelia, Bracciano, Montaltro di Castro, Narni, Nepi, Ronciglione, Soriano, Toscanella sowie Viterbo; und um 1390 kehrten zur avignonischen Obedienz zurück: Foligno, Montefiascone, Orvieto, Soriano, Tagliacozzo, Todi, Toscanella und Viterbo. Von ihnen hatten Montefiascone (1382–86) und Todi (1382–87) schon einmal dieser Obedienz angehört. Vorübergehend erkannten den avignonischen Papst noch an: Civitavecchia (bis nach 1387), Corneto – der Hafen von Tarquinia – (bis April 1384), Fondi (bis 10. März 1397 und 1399 – Anfang 1400), Preneste (bis 17. Mai 1397, 1400–1401 und 1405?), Spoleto (1383–90/91) und Terni (1383–87).

Ganz andere Motive indes hatten die sonderbaren Verhältnisse im heutigen Belgien. *Flandern* erklärte sich Dezember 1378/Mitte 1379 provisorisch für die römische Obedienz, bis ein Generalkonzil über das Schisma entscheiden werde. Das Gebiet der Jolante von Bar jedoch (Gravelines, Dünkirchen, Bourbourg, Poperinge, Cassel und Watten) fiel Dezember 1382–25. Mai 1383 (durch Eroberung in dieser Zeit auch der Küstenstreifen bis Nieupoort) vorübergehend und Ende 1383 endgültig an die avignonische Obedienz. Ihm folgten im Zuge der Herrschaftsübernahme durch Burgund die Städte Lille, Douai, Orchies im Frühjahr 1384 und Westflandern mit Ypres, Brugge und Sluis 1392. Antwerpen hingegen erklärte 1390 seine Neutralität, und im übrigen Flandern mußte der Herzog von Burgund die römische Obedienz tolerieren. Ähnlich eigenständig verhielten sich auch die Gemeinden in *Brabant* und *Hennegau.* Obwohl die Bischöfe von Cambrai und Tournai erklärte Anhänger des avignonischen Papstes waren und das Grafenhaus von Hennegau-Holland aus der wittelsbachischen Seitenlinie erst 1385/86 zur römischen Obedienz übertrat (es verlegte 1389 seine Residenz in den Haag), hatten sich die Städte Leuven und Mechelen von Anfang an für den römischen Papst erklärt; und die übrigen Städte achteten auf strikte Neutralität, die es den Bischöfen von Cambrai nicht erlaubte, ihre Ernennungsbullen zu verkünden, obwohl die Bevölkerung ihre Jurisdiktion anerkannte. Lediglich der zum Bistum Utrecht gehörende Randstreifen im nördlichen Brabant folgte der Obedienz des Diözesanbischofs.

Einen wirren Zustand wies auch das Bistum *Konstanz* auf infolge der Tatsache, daß sich sein mächtigster Landesherr, Herzog Leopold von Österreich (Steiermark, Kärnten, Tirol und Vorderösterreich), bis zu seinem Tode 1386 für die avignonische Obedienz entschieden hatte. Bis 1385 blieb die Obedienzzugehörigkeit einzelner Kirchen und Orte umstritten mit Ausnahme der Städte Zürich, Luzern und aller rechtsrheinischen Orte des Schwäbischen Städtebundes (nur Lindau und Ulm zählten von diesem Bund zur avignonischen Obedienz) sowie der Klöster Blaubeuren, S. Gallen und S. Georgen, die stets der römischen Obedienz anhingen. Nach 1386 traten dann zur römischen Obedienz über: die Städte Aarau (nach 1405), Baden (1406), Frauenfeld (nach 1407), Schaffhausen (nach 1396), Winterthur (nach 1396) und Zofingen (1397/1400); die Landstände Schwyz, Nidwalden und Uri (um 1387); die Klöster und Stifte Beromünster (um 1400), Kappel (um 1387), Muri (1402/1407), S. Blasien mit den Prioraten Gutnau, Sitzenkirch, Schönau, Berau und Wittnau (1402), S. Ulrich (nach 1392), S. Urban und Gnadenthal (vor 1396), Sulzburg (Ende 14. Jh.), Tennenbach, Günterstal und Wonnental (Ende 14. Jh.), Wagenhausen und Thorberg (?), Waldkirch (Ende 14. Jh.) und Wettingen (1387); der Archidiakonat Breisgau und das Dekanat Villingen sowie ein Teil des Klettgaues (um 1400) außer den im Breisgau liegenden Städten Freiburg und Neuenburg, die noch 1409 zur avignonischen Obedienz gehörten. Das Bistum *Basel* war ähnlich zerrissen. Die Stadt Basel verhielt sich so lange indifferent (bis 1382), bis das Hochstift zur römischen Obedienz überwechselte; dessen fürstbischöfliche Gebiete jedoch, die kirchlich zum Bistum Besançon (Pruntrut) und Lausanne (Biel) gehörten, verblieben wie ihr Diözesanbischof bei der avignonischen Obedienz. Der oberelsässische Teil des Bistums Basel wiederum war von der Haltung des Habsburgers Leopold bestimmt; die Städte Colmar und Mülhausen erkannten von Anfang an Urban VI. an, das Kloster Murbach hingegen erst seit 1386/87. Und im Rhônetal: das obere Wallis war seit jeher römischer Obedienz, Sitten selbst jedoch erst seit dem 15. Juli 1393.

Das Schisma konnte auf diese Weise landesherrschaftliche Schwächen bloßlegen. Das lusignanische Königshaus in *Zypern* war bis 1409 der avignonischen Obedienz verbunden, die Genuesen jedoch konnten die Insel aufgrund ihrer wirtschaftlichen Machtstellung zur Neutralität verpflichten. Beide Papstprätendenten ernannten Bischöfe, die sich in ihrem Sprengel dann durchsetzen mußten; infolgedessen dominierte in allen Bischofsstädten der Insel (mit Ausnahme von Paphus?) bis 1403 die römische Obedienz. Darauf ist auch die wirre Lage im südwestfranzösischen Raum zurückzuführen. Der Graf von *Foix* übte nach dem Vorbild der Krone Aragón bis 1387 Indifferenz; währenddessen blieben die beiden Bistümer Pamiers und Mirepoix durch ein Schisma zerrissen. Ebensowenig ließ sich im *englischen* Festlandbesitz die Haltung der Krone lückenlos durchsetzen. Bischöfliche Schismen durch Providierungen beider Päpste gab es in Bordeaux, Aire (seit 1386), Bayonne, Bazas, Dax (bis 1385 und seit 1391) und Agen (seit 1389). Ab 1406 dominierte in Aire die avignonische Obedienz und 1382/83–85 in Dax, die römische Obedienz hingegen nach 1384 in Bordeaux, bis 1405 in Bayonne und seit 1382/87 in Bazas. Schwächen zeigte die englische Herrschaft auch im westlichen *Irland;* die Bischofssitze Tuam, Kilmacduagh, Clonfert und Ardagh sind um 1380 als Anhänger des avignonischen Papstes nachweisbar, wie lange, muß allerdings offenbleiben.

Durchsetzen konnte sich auch nicht der König von *Aragón* auf den zu seiner Krone gehörenden Inseln *Sardinien* und *Sizilien.* Nur Cagliari war stets avignonischer Obedienz, aber schon die Zugehörigkeit von Terralba ist unsicher, während alle anderen sardinischen Bistümer der römischen Obedienz anhingen, unter ihnen Galtelli und S. Giusta allerdings erst seit ca. 1387 und Dolia seit 1390. Die sizilischen Bischöfe (und die Insel Malta) befanden sich ebenfalls in römischer Obedienz; Catania, Agrigento und Monreale machten hiervon nur in den Jahren 1395/96–1408 eine Ausnahme.

Das Königreich *Neapel* erklärte sich aus politischen Gründen bis zum 18. Mai 1379 und nochmals vom Oktober 1379 an für Clemens VII., bis es 1381/82 durch den Herrschaftswechsel der römischen Obedienz angeschlossen wurde. Doch vor 1382 schon wurde der römische Papst anerkannt an den Bischofssitzen: Alife, Chieti, Civitate, Lacedogna, Muro, Penne, Sant'Angelo und Termoli. Nur zögernd wechselten nach 1382 zur römischen Obedienz über die Sitze: Aquila, Bisaccia, Capua, Cassano, Marsi, Rossano, Sora und Taranto (alle vor 1386); Cosenza, Isernia, Monteverde, Nardò, Potenza und Strongoli (alle vor 1390); Acerenza, Anglona, Aquino, Bari, Belcastro, Caserta, Cerenza, Fiorentino, Lesina, Lucera, Santa Severina und Tricarico (alle nach 1390). Und der avignonischen Obedienz schlossen sich später (wieder) an die Sitze: Otranto (nach 1390); Cosenza (?), Isola, Reggio und Squillace (alle nach 1400). Von dieser rückläufigen Bewegung scheint auch *Durazzo* auf der anderen Seite der Adria erfaßt worden zu sein, das 1390–92 kurzfristig der avignonischen Obedienz angehörte, während seine Suffraganbistümer diesen Wechsel nicht mitmachten.

Auf einen Herrschaftswechsel ist auch die römische Obedienz in *Luxemburg* seit 1383 zurückzuführen, das sich 1400 aber wieder dem französischen Vorbild anschloß, bis 1403 den Status des Obedienzentzuges befolgte und dann mit Frankreich Papst Benedikt XIII. anerkannte. Durch französischen Herrschaftseinfluß entschied sich auch *Genua* um die Mitte des Jahres 1404 für die avignonische Obedienz, während der Bischofssitz von Ventimiglia ihr schon immer angehört hatte. Unsicherheiten herrschten überhaupt in den Frankreich benachbarten Grenzgebieten. *Asti* gehörte an sich der avignonischen Obedienz an, konnte jedoch vor 1382 und seit 1401 Einbrüche von römischer Seite nicht verhindern. Umgekehrt zählte *Tortona* zur römischen Obedienz mit Ausnahme der Jahre 1385–93. *Vercelli* wurde im Oktober 1404 auf die avignonische Seite herübergezogen. *Lüttich,* ebenfalls römischer Obedienz, schloß sich September/Oktober 1399 – Oktober 1404 dem Obedienzentzug an und etwas später kurzfristig (September 1406 – 23. September 1408) auch der avignonischen Obedienz. Im übrigen muß man sich hüten, allein von engeren politischen Beziehungen mit Frankreich auch auf einen Wechsel zur avignonischen Obedienz zu schließen, wenn keine anderweitigen Kriterien erkennbar sind. Das betrifft *Geldern* und *Jülich;* für die Markgrafschaft *Baden* (seit 1385) und *Württemberg* sind Beziehungen zur avignonischen Kurie nachweisbar, aber es ist fraglich, ob sie auch zu einer offiziellen Anerkennung geführt haben.

Kritisch konnte es dort werden, wo sich ein Bistum in den turbulenten Wochen vor der Wahl Clemens' VII. erledigte. Das war in *Lüttich* der Fall. Der Gewählte, Eustachius Persand von Rochefort, ersuchte in Rom um seine Bestätigung; Urban VI. aber transferierte den Utrechter Bischof Arnold von Horn nach Lüttich, weil die Gesandtschaft des Elekten Beziehungen mit den oppositionellen Kardinälen aufgenommen hatte. Das drohende Schisma – Eustachius holte sich seine Bestätigung jetzt in Avignon – wurde nur durch den mit kriegerischen Mitteln erzwungenen Einzug Arnolds in Lüttich am 11. Mai 1379 abgewendet. Ein Versuch der Clementisten, die im Hochstiftsgebiet nicht unbedeutend waren, ihn zu stürzen, mißglückte 1382; Lüttich hielt an der römischen Obedienz fest. Für den *Mainzer* Erzstuhl gab es in Ludwig von Meißen einen von Papst und Kaiser anerkannten Kandidaten und den *Speyrer* Bischof Adolf von Nassau, der, schon im Besitz des Bischofsstuhles, von Clemens VII. am 18. April 1379 mit Mainz providiert wurde. Speyer vergab Clemens an Adolfs Bruder Johannes. Nur durch die Entschädigung Ludwigs mit dem Magdeburger Erzstuhl und durch den Beitritt der Städte Köln, Mainz, Straßburg und Worms zum Frankfurter Bund konnte Erzbischof Adolf Anfang des Jahres 1381 zum Wechsel in die andere Obedienz veranlaßt werden. In Speyer hingegen blieb die Obedienz noch bis in den Beginn des Jahres 1390 umstritten.

Die Fronten, nachdem sie sich einmal eingespielt hatten, blieben bis 1409 also nicht absolut starr. Ein Wechsel von einer Obedienz zur anderen – wozu noch die Fürstentümer *Athen* (bis 1390 avignonisch) und *Achaia* sowie *Naxos* (bis 1388 vorwiegend avignonisch) zu zählen wären – war im weiteren Verlauf nicht ausgeschlossen. Abgesehen von den Beschlüssen auf der Iberischen Halbinsel, die Indifferenz zu beenden, d. h. zur Legitimität einer der beiden Päpste definitiv Stellung zu nehmen, handelte es sich jedoch nur um kleinräumige Veränderungen. Clemens VII. wußte das Expansionsbedürfnis der französischen Politik geschickt zu nutzen, Bonifaz IX. profitierte von der Angst der Italiener vor französischen und deutschen Eingriffen. Diese Abhängigkeit von den Interessengegensätzen der großen europäischen Politik hielt das Schisma eigentlich aufrecht. Sie spiegelt sich sogar noch in den Daten der Subtraktion wider, die eine Kirchenunion *via cessionis* erzwingen sollte. Der *französische* König entzog Benedikt am 28. Juli 1398 die Obedienz und hielt die Subtraktion bis zum 28./30. Mai 1403 aufrecht. Ihm folgten die ganz im Banne der französischen Politik stehenden Länder *Kastilien* (12. Dezember 1398 – 28. April 1403) und *Navarra* sowie das Herzogtum *Bar* und die Hochstifte *Toul* und *Verdun. Luxemburg* (1400-1403) und *Namur* (1399-1403) konnten sich dagegen erst etwas später zur Subtraktion entschließen; die *Provence* kehrte weit früher zur Obedienz zurück (30. September 1398 – Mai 1402), und die *Bretagne* (11. Februar 1400 – Mai 1403) wollte über eine nur partielle Subtraktion nicht hinausgehen. Eine solche beschloß auch König Siegmund von *Ungarn* (6. April 1404), der einzige im Bereich der römischen Obedienz, allerdings aus anderen Erwägungen.

Mit der 1409 ins Leben getretenen Konzilsobedienz entstand ein neues Bild, weil sich weite Gebiete dieser dritten Obedienz bis zur Beseitigung des Schismas anschlossen. Lediglich in *Sardinien* und *Sizilien* erfuhr die avignonische Obedienz einen Zuwachs, vermutlich auf energisches Betreiben des Königs von Aragón. Auf Sardinien wurde Benedikt XIII. seit 1410 in der Diözese Sulci anerkannt; seit 1412 in den Bistümern Ales und Suelli, und seit 1414 spätestens in den Diözesen Cagliari, Dolia, Galtelli, Oristano und Santa Giusta. Spätestens seit 1414 gehörte auch die ganze Insel Sizilien der avignonischen Obedienz an, das Bistum Catania nachweislich schon seit 1411. Auszunehmen von der Konzilsobedienz ist eine Reihe von Städten, die wie Brüssel ihre erklärte Neutralität fortsetzten oder denen die Obedienzzugehörigkeit gleichgültig geworden war, wie Frankfurt a. M., Ulm, Straßburg, Nürnberg, Augsburg, Windsheim, Schweinfurt, Weißenburg, Friedberg (Hessen), Gelnhausen und Gmünd.

Im Hinblick auf das Pisaner Konzil, das die Kirchenunion herbeiführen sollte, begannen die Fronten schon vorher einzubrechen. Den Anfang machte *Frankreich*, dessen König Karl VI. am 12. Januar 1408 seinem Papst die Bedingung stellte, das Königreich werde seine Neutralität erklären, wenn der Friede bis zum 24. Mai nicht hergestellt sei; die Erklärung erfolgte dann tatsächlich am 25. Mai. *England* ging nicht soweit, sondern folgte am 24. Juni 1408 mit einem partiellen Obedienzentzug. Von einer förmlichen Gehorsamsaufkündigung kann man im weiteren Verlauf ohnehin nicht sprechen, aber sie lag in der Anerkennung eines Kardinalskonzils, das von den beiden Papstprätendenten aus prinzipiellen Gründen abgelehnt wurde, im Grunde eingeschlossen. Die Entscheidung, wieweit ein solches Konzil überhaupt Aussicht auf Erfolg haben konnte, fiel in *Deutschland.*

Im September 1408 gelangte die Einladung zum Pisanum nach Deutschland. König Ruprecht suchte die Einheit des Reiches zu wahren, und seine Einstellung zur römischen Obedienz war bekannt. Wenzel von Böhmen, der abgesetzte römische König, sah hier nun eine Möglichkeit seiner Rehabilitierung. Am 26. November 1408 erklärte er sich zur Beschickung der Synode bereit, wenn das Konzil seine Gesandten als die des römischen Königs anerkennen würde, und sagte am 22. Januar 1409 Gregor seinen Gehorsam auf. Erzbischof Zbyněk von Prag und Bischof Johannes Bucca von Leitomischl lehnten sich gegen dieses allzu durchsichtige Manöver auf, wodurch der hussitische Konflikt in Böhmen noch verschärft wurde; Zbyněk mußte aber am 2. September 1409 auf Verlangen Wenzels im Einverständnis mit seinen Suffraganen Alexander V. anerkennen.

Im November 1408 erschien in Landulf Marramaldi von Bari ein bedeutender Vertreter der Pisaner Kardinäle in Deutschland. Der Markgraf von Baden, Herzog Friedrich von Österreich (Steiermark usw.) und der Bischof von Lüttich ließen sich im Dezember für das Konzil gewinnen. Der Mainzer Erzbischof Johann II. von Nassau war schon aus territorialpolitischen Gründen (Gegnerschaft zur benachbarten Kurpfalz) für das Pisanum eingenommen, verhielt sich äußerlich aber noch unentschieden, um auf einer Provinzialsynode am 8. Januar 1409 auch seine Suffraganbischöfe von der römischen Obedienz abziehen zu können. Gewonnen wurde jedoch nur der Kölner Kurfürst. Um dieselbe Zeit warb die Wiener Universität für das Konzil und überzeugte den Herzog von Österreich (ob und unter der Enns). Auf der anderen Seite fand der ebenfalls im Januar zusammentretende Fürstentag in Frankfurt nicht die Resonanz, die Ruprecht sich für seine Ziele erhofft hatte. Der Hochmeister des Deutschen Ordens (am 5. Februar), der Bischof von Brixen (am 25. März), der Graf von Holland (am 3. März), schließlich auch unabhängig davon das Königreich Polen (einschließlich des Bistums Posen!) und die Signorie Florenz ließen sich nicht davon abhalten, das bevorstehende Konzil ebenfalls zu begrüßen.

Wesentlich mehr Fürsten, als hier genannt, ließen sich tatsächlich auf dem Konzil durch Gesandte vertreten. Man darf annehmen, daß sie gleichfalls mit der vorgesehenen Konzilslösung einverstanden waren. Doch ist Vorsicht geboten, denn auch die Erzbischöfe von Prag und Magdeburg hatten Vertreter entsandt. Prag hielt an der römischen Obedienz aber noch länger fest; und vom Magdeburger Erzbischof ist bekannt, daß er zusammen mit den Bischöfen von Halberstadt, Hildesheim, Merseburg, Naumburg, Brandenburg und Havelberg den Konzilspapst erst am 16. Juni 1410 anerkannte. Hartnäckiger Verteidiger der römischen Obedienz in Deutschland war König Ruprecht. Während die Kurfürsten von Köln und Mainz am 16. Oktober 1409 ein Bündnis gegen jeden schlossen, der sie ihrer kirchlichen Haltung wegen angreifen werde, suchte Ruprecht am 4. März 1410 ein Gegenbündnis aufzurichten; der Landgraf von Hessen und die Herzöge von Braunschweig-Lüneburg (Braunschweig-Wolfenbüttel ausgenommen) und Braunschweig-Grubenhagen ließen sich verpflichten. Die Gegensätze trugen eindeutig territorialpolitischen Charakter; auf der einen Seite wurde Mainz eingekreist, und auf der anderen Seite entstand eine römisch orientierte Landbrücke von der Kurpfalz bis zur Oberpfalz (zu der wahrscheinlich auch die Burggrafschaft Nürnberg gehörte). Mit dem Tode Ruprechts (18. Mai 1410) brach jedoch diese Front zusammen. Der Bischof von Paderborn, der sich einer starken Konzilsanhängerschaft in seinem Bistum kaum erwehren konnte, war schon am 10. März 1410 zum Konzilspapst übergetreten, am 31. März auch der Bischof von Freising. Um die Mitte des Jahres 1410 folgten dann die Bischöfe von Verden (zusammen mit Lüneburg und Grubenhagen?), Würzburg, Bamberg und Eichstätt und vor dem 7. Januar 1411 auch der Bischof von Dorpat. Herzog Boguslaw von Pommern hatte sich auf dem Pisanum vertreten lassen; deshalb ist anzunehmen, daß sich von der Diözese Kammin nur das Hochstift zur römischen Obedienz weiterhin bekannte. Sein Bischof Nikolaus von Schiffenburg wurde jedoch als Anhänger Gregors von Alexander V. abgesetzt und an seiner Stelle am 14. März 1410 Magnus von Sachsen-Lauenburg mit dem Bistum providiert (von einem etwaigen bischöflichen Schisma ist nichts bekannt).

Auch im außerdeutschen Bereich der römischen Obedienz gab es teilweise nur zögernde Übertritte. *Venedig* erkannte den Konzilspapst erst am 21. August 1409 an. Ihm folgte einige Wochen später König Siegmund von *Ungarn*, hielt aber bis zur ersten Wahl zum römischen König an der partiellen Subtraktion fest. Die Markgrafschaft *Montferrat* entschloß sich 1412 (in Verbindung mit Neapel ?) zum Wechsel. Auf *Avignon* und die Grafschaft *Venaissin* verzichtete Benedikt XIII. im Oktober 1411; so lange hatte sich dort seine Obedienz wenigstens zum Teil noch halten können. Die Anerkennung im *Kirchenstaat* mußten sich Alexander und sein Nachfolger schrittweise erzwingen. Im September 1409 fielen an die Konzilsobedienz: Montefiascone, Orvieto, Tagliacozzo und Viterbo; Rom vollständig erst am 15. Februar 1410; 1412 die Städte: Ancona, Assisi, Fermo und Perugia und 1414 Cervia. Gregor XII. treu blieben lediglich die Bischofssitze: Fano, Fondi, Fossombrone, Jesi, Montefeltro, Pesaro, Recanati, Rimini, Senigallia und Urbino.

Was die kartographische Darstellung an großen Zügen für das Abendländische Schisma deutlich macht, ist der Zuwachs, den die Konzilsobedienz auch nach dem Pisanum noch erhielt. Territorialpolitische Gegensätze bestimmten am Ende bei weitem nicht mehr (nur noch Schottland gegen England, Cividale gegen den Patriarchen von Aquileja, Riga gegen den Deutschen Orden, Berg gegen Köln) wie vor 1409 die Obedienzzugehörigkeit. Der Grund dürfte in einer Obedienzmüdigkeit zu suchen sein; fehlte das Engagement für die Legitimität eines Papstes, dann verlor auch die Obedienz den Charakter einer Barriere. Auf diese Weise hat das Pisanum, auch wenn es sein Ziel nicht erreichen konnte, der Konstanzer Lösung weit stärker vorgearbeitet, als man gemeinhin anzunehmen geneigt ist. Es trägt zur Erklärung bei, daß das Konstanzer Einigungswerk nach so viel Anläufen überhaupt zustande kam.

Quellen: Mansi Bd XXVI und XXVII; Repertorium Germanicum Bd I–III; Deutsche Reichstagsakten Bd I–VI; Analecta Vaticano-Belgica VIII (Bruxelles – Roma 1924), XII (1930), XIII (1932); Monumenta Vaticana res gestas Bohemiae illustrantia V (1903–05); Dietrich von Niem, De schismate libri tres, ed. G. Erler (Leipzig 1890); E. Baluze – G. Mollat, Vitae paparum Avenionensium, Bd I–IV (Paris 1916–28); F. Ehrle, Neue Materialien zur Geschichte Peters von Luna: Archiv für Literatur und KG des Mittelalters 6 (1892), 7 (1900); ders., Martin de Alpartils chronica actitatorum temporibus domini Benedicti XIII (Paderborn 1906); J. Vincke, Schriftstücke zum Pisaner Konzil (Bonn 1942); H. Finke, Forschungen und Quellen zur Geschichte des Konstanzer Konzils (Paderborn 1889); ders., Acta Concilii Constanciensis, 4 Bde (Münster 1896–1928). – **Literatur:** N. Valois, La France et le grand schisme d'Occident, 4 Bde (Paris 1896–1902); K. Eubel, Die provisiones praelatorum während des Großen Schismas: Römische Quartalschrift 7 (1893) 405–446; E. Göller, Repertorium Germanicum I (Berlin 1916), ausführliche Einleitung, daraus die Angaben über die Obedienzzugehörigkeit bei A. Hauck, KG Deutschlands V/2 (Berlin–Leipzig [8]1954) 672–869; P. Stacul, Il cardinale Pileo da Prata (Roma 1957); A. Franzen – W. Müller, Das Konzil von Konstanz (Freiburg 1964). – **Spezialliteratur:** M. Seidlmayer, Die Anfänge des großen abendländischen Schismas (Münster 1940); W. Ullmann, The Origins of the Great Schism (London 1948); O. Přerovský, L'elezione di Urbano VI e l'insorgere dello scisma d'occidente (Roma 1960); M. de Bouard, La France et l'Italie au temps du grand schisme d'occident (Paris 1936); E. Göller, Sigismunds Kirchenpolitik vom Tode Bonifaz' IX. bis 1413 (Freiburg 1902); A. Cutolo, Re Ladislao d'Angiò-Durazzo, 2 Bde (Milano 1936); P. Brezzi, Lo scisma d'occidente come problema italiano: Archivio della Diputazione Romana di Storia Patria 67 (1944) 391–450; E. Perroy, L'Angleterre et le grand schisme d'occident. Étude sur la politique religieuse de l'Angleterre sous Richard II, 1378–1399 (Paris 1933); L. S. Fernández, Castilla, el cisma y la crisis conciliar 1378–1440 (Madrid 1960); J. Vincke, Die Krone von Aragón und das große abendländische Schisma: Staatl. Akademie zu Braunsberg, Personal- und Vorlesungsverzeichnis SS 1944; J. Zunzunegui, El reino de Navarra y su obispado de Pamplona durante la primera época del cisma de occidente (San Sebastián 1942); J. C. Baptista, Portugal e o cisma de occidente: Lusitania Sacra 1 (1956) 65–203; K. Schönenberger, Das Bistum Konstanz während des großen Schismas (Diss. Fribourg 1926); ders., Das Bistum Basel während des großen Schismas (Basel 1928); J. Rott, Le grand schisme d'occident et le diocèse de Strasbourg: Mélanges d'archéologie et d'histoire 52 (1935) 366–395; G. A. van Asseldonk, De Nederlanden en het western schisma tot 1398 (Diss. Nijmegen/Utrecht 1955); J. Paquet, Le schisme d'Occident à Louvain, Bruxelles et Anvers: Revue d'histoire ecclésiastique 59 (1964) 401–436; A. Gerlich, Die Anfänge des großen abendländischen Schismas und der Mainzer Bistumsstreit: Hessisches Jb. für Landesgeschichte 6 (1956) 25–76; ders., Die Kirchenpolitik des Erzbischofs Johann II. und des Domkapitels von Mainz, 1409–1417: Zschr. für die Gesch. des Oberrheins NF 105 (1957) 334–344; G. Mollat, L'application en France de la soustraction d'obédience à Benoît XIII jusqu'au concile de Pise: Revue du Moyen-âge latin 1 (1945) 149–163.

O. Engels

67: Die Reformen von Bursfelde, Kastl und Melk

Autor: J. Martin. Korrekturhinweise für Bursfelde gab P. Volk (vgl. auch unten).

Nach einer Periode des Niedergangs setzten im Benediktinerorden gegen Ende des 14. Jh. Reformen ein, die sich zunächst in Italien (S. Giustina in Padova, Subiaco) ausbreiteten und in der 1. Hälfte des 15. Jh. – vor allem durch die Vermittlung des Konstanzer Konzils und teilweise unter starkem Einsatz der Landesherren – auch im deutschsprachigen Raum Eingang fanden. Als Beispiele dieser Reformen sind in der Karte die von Bursfelde, Kastl und Melk dargestellt. Die zum Bursfelder Reformkreis gehörenden Männerklöster sind unschwer zu erfassen, weil Bursfelde eine regelrechte Kongregation gebildet hat und jährlich Generalkapitel (erstmals 1446) abgehalten wurden, die P. Volk (s. u.) bearbeitet hat. Für die zu Bursfelde gehörenden Nonnenklöster gibt es verschiedene ältere Listen, die von Ph. Hofmeister (s. u.) kritisch gesichtet wurden. – Wesentlich schwerer sind die Klöster zusammenzustellen, die dem Kastler und Melker Reformkreis angehörten. Beide Reformkreise brachten es zu keiner Kongregation, so daß man für die Entscheidung darüber, ob ein Kloster von einer der beiden Reformen erfaßt wurde, auf Kloster- und Bistumschroniken, erhaltene Visitationsrezesse u. ä. angewiesen ist. Abgesehen von der Lückenhaftigkeit dieses Materials, ist bisher auch noch nicht alles vorhandene Material aufgearbeitet worden. Für Kastl basiert die Karte auf den Forschungen von B. Wöhrmüller (s. u.). Für Melk gibt es keine zusammenfassende Arbeit – die in der Literatur gemachten Angaben widersprechen sich teilweise erheblich. Folgende Kriterien waren für die Zurechnung zum Melker Reformkreis ausschlaggebend:

1) Berichte über die Visitation eines Klosters im Sinne der Melker oder Tegernseer *consuetudines*;

2) Vorhandensein von Handschriften der Melker oder Tegernseer *consuetudines* in einem Kloster;

3) Einsetzung von Äbten, die aus reformierten Klöstern kamen, oder Beschickung eines neugegründeten Klosters mit Mönchen aus reformierten Klöstern.

Andere denkbare Kriterien, z. B. solche liturgiegeschichtlicher Art, konnten nicht benutzt werden, da die ihnen zugrunde liegenden Daten noch nicht genügend erforscht sind. – Die Frage, ob die Visitation eines Klosters im Melker Sinne dauerhaften Erfolg hatte oder nicht, blieb für die Zurechnung zum Melker Reformkreis unberücksichtigt – allerdings mit einer wichtigen Ausnahme: 1451/52 wurden die Klöster der Salzburger Kirchenprovinz im Auftrag des Kardinallegaten Nikolaus von Cues visitiert. Die Visitation geschah im Sinne der Melker Regel, die damit beabsichtigte Reform drang aber nicht durch. Die Visitationen der Jahre 1451/52 wurden deshalb *allgemein* nicht als Kriterium für die Zugehörigkeit zum Melker Reformkreis benutzt. – Insgesamt ist die Karte wegen der genannten Schwierigkeiten nur als vorläufiger Versuch einer Zusammenstellung der Melker Klöster zu betrachten.

Quellen u. Literatur: *Zu Bursfelde:* P. Volk, Die Generalkapitel der Bursfelder Kongregation (Münster 1928) (bes. 101 ff); Ph. Hofmeister, Liste der Nonnenklöster der Bursfelder Kongregation: SM 53 (1935) 77–102; Liste der Männerklöster der Bursfelder Kongregation, mit Lokalisierungsangaben zusammengestellt von K. Elm: Aus Kunst und Kultur im Weserraum 800–1600. Ausstellung des Landes Nordrhein-Westfalen, Bd I (Corvey 1966) 248–250; W. Ziegler, Die Bursfelder Kongregation in der Reformationszeit: Beitr. zur Geschichte des alten Mönchtums und des Benediktinerordens 29 (Münster 1968) (mit Karte). – *Zu Kastl:* B. Wöhrmüller, Beiträge zur Geschichte der Kastler Reform: SM 42 (1924) 10–40. – *Zu Melk:* I. Zibermayr, Johann Schlittpachers Aufzeichnungen als Visitator der Benediktinerklöster der Salzburger Kirchenprovinz: Mitt. des Inst. für Östr. Gesch.forschung 30 (1909) 258–279; ders., Die Legation des Kardinals Nikolaus Cusanus und die Ordensreform in der Kirchenprovinz Salzburg: Reformationsgeschichtl. Studien und Texte 29 (1914); ders., Die Reform von Melk: SM 39 (1918) 171–174; G. Steinhäuser, Die Klosterpolitik der Grafen von Württemberg bis Ende des 15. Jh.: ebd. 34 (1913) 1–62 201–242; J. Heldwein, Klöster Bayerns am Ausgang des Mittelalters (München 1913); J. Zeller, Beiträge zur Geschichte der Melker Reform im Bistum Augsburg: Archiv für die Geschichte des Hochstifts Augsburg 5 (1916); F. X. Thoma, Petrus von Rosenheim O.S.B.: SM 45 (1927) 94–222; R. Bauerreiß, Kirchengeschichte Bayerns I–V (S. Ottilien 1949–55); J. Hemmerle, Die Benediktinerklöster in Bayern (München 1951); H. Tüchle, Kirchengeschichte Schwabens II (Stuttgart 1954) 187 ff; G. Spahr: Weingarten 1056–1956 (Weingarten 1956) 58–86; ders., Die Reform im Kloster S. Gallen: Schr. des Vereins für die Geschichte des Bodensees 76 (1958) 1–62; K. Schreiner, Sozial- und standesgeschichtl. Untersuchungen zu den Benediktinerkonventen im östl. Schwarzwald: Veröff. der Kommission für geschichtl. Landeskunde in Baden-Württemberg Reihe B, Bd 31 (Stuttgart 1964) 75 ff; R. Bauerreiß, Ottobeuren und die klösterlichen Reformen: Ottobeuren – Festschr. zur 1200-Jahrfeier der Abtei, hrsg. v. Ae. Kolb – H. Tüchle (Augsburg 1964) 73–109; J. Angerer, Die Bräuche der Abtei Tegernsee unter Abt Kaspar Ayndorffer (Augsburg 1968); briefliche Mitteilungen von Herrn J. Angerer zum Vorhandensein von Handschriften der Melker *consuetudines* in verschiedenen Klöstern.

J. Martin

68 A: Die Klöster des Kapitels von Windesheim

Autor: H. Rüthing

Die älteste Liste der Klöster, die das 1394/95 konstituierte „Kapitel von Windesheim" bildeten, bietet Johannes Busch († 1479) in seinem *Chronicon Windeshemense*. Diese Liste gibt den Stand des Jahres 1464 wieder und nennt 68 Männer- und 13 Frauenklöster. Die nächste und wichtigste Zusammenstellung der dem Windesheimer Kapitel zugehörigen Konvente kann trotz eines Fehlers (Reimerswaal ist vergessen worden) als authentisch gelten: im Jahre 1530 ließ das Generalkapitel – wohl als Reaktion auf den Verlust der ersten Häuser durch die Reformation – einen vollständigen, zum Druck bestimmten Katalog aller Konvente zusammenstellen, die je dem Windesheimer Kapitel angehört hatten (83 Männer- und 13 Frauenklöster). Alle späteren Listen, die von Acquoy (s. u.) genannt werden, gehen auf diese beiden Kataloge, die der Karte zugrunde liegen, zurück. In diesen Katalogen sind – wie in der Karte – nur die Konvente aufgeführt, die dem Windesheimer Kapitel als ordentliche Mitglieder beigetreten sind und voll der Jurisdiktion des Generalkapitels unterlagen. Die zahlreichen Klöster, die auf andere Weise mit Windesheim oder mit Windesheimer Häusern in Verbindung standen, sei es durch Visitationen und Reform (wie viele der von Johannes Busch reformierten Klöster), sei es durch Übernahme der Windesheimer Statuten oder Teile derselben (wie z. B. das Kapitel von Sion), sei es durch Gebetsverbrüderungen o. ä., sind nicht berücksichtigt. Die Beziehungen dieser Klöster zu Windesheim sind im einzelnen so differenziert, daß sie sich kartographisch kaum fassen lassen. Das gilt besonders für viele Augustinerinnenklöster, die in enger Verbindung zu Windesheim standen (z. B. S. Agnes in Gent), aber nicht vollberechtigte Mitglieder des Windesheimer Kapitels werden konnten, da seit 1431 ein – allerdings nicht strikt eingehaltener – Beschluß des Generalkapitels die Aufnahme von Frauenkonventen untersagte. – Das Windesheimer Kapitel weitete sich durch Reform und Aufnahme bereits bestehender Konvente (vgl. dazu Karte 50) und durch Neugründungen aus. Die fast vollständige Aufnahme von zwei anderen Kapiteln, dem Groenendaaler Kapitel (1412) und dem Neußer Kapitel (1430), ist als Beleg für die starke Anziehungskraft des Windesheimer Kapitels verzeichnet. Als „Neugründungen" sind hier nicht nur die Häuser gekennzeichnet, die unmittelbar vom Windesheimer Kapitel initiiert wurden, sondern auch die Konvente, bei denen die Absicht der Stifter erkennbar ist, ihre Gründung Windesheim anzugliedern.

Die Karte gibt bis auf die erst im 17. Jh. offiziell in das Windesheimer Kapitel aufgenommenen Konvente Oostmalle, Grauhof, Halberstadt, Heiningen und Dorstadt den Stand des Jahres 1511 wieder.

Quellen und Literatur: Des Augustinerpropstes Iohannes Busch Chronicon Windeshemense und Liber de reformatione monasteriorum, hrsg. von K. Grube: Geschichtsquellen der Provinz Sachsen und angrenzender Gebiete 19 (Halle 1886) 367-370; Acta Capituli Windeshemensis, hrsg. von S. van der Woude: Kerkhistorische Studien 6 ('s-Gravenhage 1953) 132–137. – J. G. R. Acquoy, Het klooster te Windesheim en zijn invloed, 3 Bde (Utrecht 1875–1880), bes. Bd III. – *Schon vorhandene Karten:* R. R. Post, The Modern Devotion (Leiden 1968), am Schluß des Buches (Karte von H. F. J. Lansink). – Von den lokalen Karten ist wichtig: Geschiedkundige Atlas van Nederland, Bd I ('s-Gravenhage 1913–32) Bl. 81.

H. Rüthing

Nachtrag: Monasticon Windeshemense, hrsg. von W. Kohl – E. Persoons – A. G. Weiler, 4 Bde (Brüssel 1976–84).

68B: Die Brüder vom gemeinsamen Leben

Autor: H. Rüthing

Die von Geert Groote († 1384) und Florens Radewijns († 1400) initiierte Bewegung der Brüder vom gemeinsamen Leben brachte es trotz mancher Versuche und trotz z. T. enger Verbindung der Brüderhäuser untereinander zu keinem geschlossenen Verband mit zentraler Leitung und Verwaltung. Daher fehlt es auch an einer mittelalterlichen oder frühneuzeitlichen Zusammenstellung aller Niederlassungen der Brüder. Die Geschichte der Brüder vom gemeinsamen Leben ist jedoch so gut erforscht, daß sich anhand der zerstreuten Quellen und der modernen Untersuchungen eine Karte ihrer Gründungen mit einer relativ geringen Fehlerquote herstellen läßt, auch wenn in einigen wenigen Fällen Zweifel bestehen können, ob von einem Bruderhaus im strikten Sinn die Rede sein kann (z. B. Beverwijk, aber auch Tübingen). Diese Zweifel rühren z. T. daher, daß die einzelnen Häuser wegen ihres kirchenrechtlich ungesicherten Status sehr unterschiedliche Verfassungen und Lebensordnungen *(consuetudines)* haben konnten; in Deutschland z. B. erreichten zahlreiche Niederlassungen der gelübdelos lebenden Brüder den Status eines Kollegiatstifts. In die Karte sind alle jene Orte aufgenommen, wo die Brüder ein Haus errichteten oder bei denen ihre Absicht deutlich wird, eine Niederlassung zu gründen, auch wenn diese nicht zustande kam, schon bald nach ihrer Errichtung zugrunde ging oder – um eine kirchenrechtlich gesicherte Stellung zu gewinnen – sich einer Ordensgemeinschaft anschloß. – Die Versuche, die einzelnen Häuser zu generalkapitelähnlichen Gruppen zusammenzuschließen, sind verzeichnet, soweit das die Quellen gestatteten (Münstersches Kolloquium, seit 1431; das sog. Oberdeutsche Generalkapitel, Vorformen seit 1471; die älteste Einrichtung dieser Art, das Zwollesche Kolloquium, das vermutlich die meisten niederländischen Häuser umfaßte, konnte wegen der nur spärlichen Nachrichten über diese Institution nicht aufgeschlüsselt werden). – Da die Brüder vom gemeinsamen Leben neben ihrer Schreibtätigkeit, die sich in fast allen Häusern nachweisen läßt, besonders durch die Betreuung von Jugendlichen und Schülern über ihren eigenen Kreis hinaus Bedeutung erlangten, ist jede nachweisbare Form einer erzieherischen Tätigkeit vermerkt; sei es, daß die Brüder selbst Schulen unterhielten oder an öffentlichen Schulen lehrten (beides war seltener, als gemeinhin angenommen wird), sei es, daß sie Bursen, Internate o. ä. (in den Niederlanden meist *domus pauperum* genannt) errichteten, sei es, daß sie Schüler in ihr eigenes Haus aufnahmen.

Der Versuch, auch die Häuser der Schwestern vom gemeinsamen Leben in die Karte aufzunehmen, mußte scheitern. Seit der 2. Hälfte des 14. Jh. schossen – zumal in den Niederlanden – Schwesternhäuser wie Pilze aus dem Boden. Da jedoch die moderne Literatur die Schwestern vom gemeinsamen Leben bisher sträflich vernachlässigt hat, ist es bei den überaus spärlichen Quellen vorerst in den meisten Fällen unmöglich, zu entscheiden, ob es sich bei einer der zahlreichen Vereinigungen frommer Frauen im strengen Sinn um ein Haus der Schwestern vom gemeinsamen Leben handelt. Die Angaben über die Zahl der Schwesternhäuser schwanken zwischen 32 und weit über 100. Es bedarf noch zahlreicher lokalgeschichtlicher Untersuchungen, ehe eine auch nur annähernd korrekte Karte der Schwestern vom gemeinsamen Leben erarbeitet werden kann.

Quellen und Literatur: Neben zahlreichen lokalen mittelalterlichen Quellen wurden vor allem herangezogen: Jacobus Traiecti alias de Voecht, Narratio de inchoatione domus clericorum in Zwollis, hrsg. von M. Schoengen: Werken uitgegeven door het Historisch Genootschap gevestigd te Utrecht Ser. 3, 13 (Amsterdam 1908); Annalen und Akten der Brüder des gemeinsamen Lebens im Lüchtenhofe zu Hildesheim, hrsg. von R. Doebner: Quellen und Darstellungen zur Geschichte Niedersachsens 9 (Hannover 1903) (enthält u. a. Protokolle des Münsterschen Kolloquiums). – An modernen Darstellungen wurden u. a. konsultiert: M. Schoengen, Monasticon Batavum 2. De Augustijnsche Orden (Amsterdam 1941); B. Windeck, Die Anfänge der Brüder vom gemeinsamen Leben in Deutschland (masch. phil. Diss., Bonn 1951); I. Crusius, Die Brüder vom gemeinsamen Leben in Deutschland (masch. phil. Diss., Göttingen 1961); R. R. Post, The Modern Devotion (Leiden 1968); E. Persoons, De Broeders von het Gemene Leven in Belgie: Ons Geestelijk Erf 43 (1969) S. 3–30.– *Schon vorhandene Karten:* Deutscher Kulturatlas II (Berlin o. J.) Bl. 43 (128) (H. Volz); Post (s. o.) am Schluß des Buches (Karte von H. F. J. Lansink). – Von den lokalen Karten ist wichtig: Geschiedkundige Atlas van Nederland, Bd. I ('s-Gravenhage 1913–32) Bl. 81.

H. Rüthing

Nachtrag: Monasticon Fratrum Vitae Communis, hrsg. von W. Leesch – E. Persoons – A. G. Weiler, bisher 2 Bde (Brüssel 1977–79).

69A: Die hussitischen Städtebünde 1421 und 1427

Autor: Die Karte wurde zusammengestellt nach den unten genannten Untersuchungen und Vorlagen.

Bereits kurz nach dem Tode des Jan Hus (6. 7. 1415) bildeten sich in seiner böhmischen Anhängerschaft verschiedene Richtungen aus. Dabei handelte es sich jedoch keineswegs um feste Denominationen. Die Skala der politischen und religiösen Auffassungen war breit (sie reichte von gemäßigten utraquistischen Monarchisten bis zu sozialrevolutionären Chiliasten); die Grenzen zwischen den einzelnen Gruppierungen waren dauernd im Fluß. Eine Kartierung der sich ständig wandelnden Strömungen ist deshalb kaum möglich. Einen – sicher nur unvollkommenen – Ersatz kann ein Überblick über die sich seit 1420 herausbildenden Städtebünde bieten. Unvollkommen ist der Ersatz vor allem aus zwei Gründen: 1. kamen die Städtebünde nicht durch einen planvollen und freien, vornehmlich religiös motivierten Zusammenschluß der einzelnen Mitglieder zustande. Viele Städte wurden durch militärische Maßnahmen zu einem mehr oder weniger festen Anschluß an eine der beiden Hauptrichtungen, die durch das „gemäßigte" Prag und durch das „radikale" Tabor repräsentiert wurden, gezwungen (der mit den Taboriten verbündete Städtebund der Orebiten oder Waisen trat erst später hinzu); 2. vollzogen sich in den politischen wie in den religiösen Auffassungen der Prager und der Taboriten einige Wandlungen. Die Taboriten des Jahres 1420 unterscheiden sich von denen der folgenden Jahre in zahlreichen Punkten. Dennoch bleiben wichtige religiöse und theologische Anschauungen der Prager und der Taboriten seit 1421 unverändert. Während die Prager Richtung glaubte, trotz der in den „Vier Prager Artikeln" 1420 niedergelegten Forderungen nach Laienkelch, Freiheit der Predigt, Priesterarmut und „Bestrafung der Todsünden" einen endgültigen Bruch mit der Kirche vermeiden zu können, waren die teilweise stark von Endzeitvorstellungen geprägten theologischen – die sozialen bleiben hier außer acht – Anschauungen der militanteren Taboriten über Kirche, Amt, Sakramente, Liturgie, Gebet usw. mit der Lehre der römischen Kirche unvereinbar. Da die politischen Häupter der zeitweise blutig verfeindeten Bünde, Prag und das 1420 gegründete Tabor, zugleich die beiden bedeutendsten Vororte des Versuchs waren, das politische, soziale und religiöse Programm des Hussitismus auch theoretisch zu formulieren, kann die Zugehörigkeit der wichtigsten nichtkatholischen Städte Böhmens zum Bund der Prager oder der Taboriten – bei aller gebotenen Vorsicht – als Indikator für die Verbreitung der beiden religiösen Hauptströmungen des Hussitismus dienen. Dabei darf nicht verschwiegen werden, daß die Veränderungen in den Städtebünden zwischen 1421 und 1427 weitgehend von politischen und militärischen Faktoren bestimmt wurden.

Literatur: (Auswahl): S. Binder, Die Hegemonie der Prager im Hussitenkriege, 2 Bde (Prag 1901–03); J. Macek, Die hussitische revolutionäre Bewegung (Berlin 1958); F. Seibt, Hussitica. Zur Struktur einer Revolution (Köln – Graz 1965); H. Kaminsky, A History of the Hussite Revolution (Berkeley – Los Angeles 1967); Hdb. der Geschichte der böhmischen Länder, Bd 1, hrsg. von K. Bosl (Stuttgart 1967) (Beitrag von F. Seibt). – *Schon vorhandene Karten:* (Auswahl): Macek (s. o.) am Schluß des Bandes; Školní Atlas Československých Dějin (Praha 1959) 10b; Kaminsky (s. o.) Tafel 10 und 11.

H. Rüthing

69B: Die Lollarden

Autor: M. D. Lambert

Die Informationen der Karte stammen aus dem Buch von J. A. F. Thomson (vgl. unten), dessen Zeitskala jedoch leicht modifiziert wurde. Die Karte will das Lollardentum darstellen, das nach der Katastrophe der Oldcastle-Revolte im Untergrund überlebte. Verfolgungen wegen Teilnahme an der Revolte wurden ebensowenig berücksichtigt wie Gerichtsverfahren wegen Häresie, die unmittelbar nach der Revolte gegen Nichtteilnehmer angestrengt wurden und sich hauptsächlich mit vor 1414 begangenen Vergehen beschäftigten. Die Herkunftsorte der Teilnehmer an den Aufständen von 1414 und 1431 sind in der Karte gesondert markiert. Terminus ad quem der Karte ist 1522: nach diesem Datum wird es schwierig, mit einiger Sicherheit zwischen Lollarden und den neuen „Häresien" zu unterscheiden, die vom Kontinent kamen.

Die Arbeit von J. Fines (vgl. unten) wurde zur Ergänzung von Thomson herangezogen, vor allem im Hinblick auf die Verfolgungen in der Diözese Norwich 1428 und in den Chilterns 1462–64 und 1521–22. In den Fällen, in denen die genauen Daten der Gerichtsverhandlungen gegen Häresieverdächtige unbekannt sind, wurden Schemadaten eingeführt: 1464 für die früheren, 1521 für die letzten Chilterns-Verfolgungen. Zwei Karten, die die Verbreitung der 1428 in East Anglia und 1521–22 in den Chilterns entdeckten Häresie zeigen und deren Informationen für die vorliegende Karte benutzt wurden, finden sich in der Arbeit von Fines gegenüber S. 60 und 167.

Die von Thomson und, wenn möglich, von Fines aufgeführten Orte, in denen Häretiker entdeckt und verfolgt wurden, sind in drei Kategorien eingeteilt worden. Die erste Kategorie betrifft Fälle, in denen die angebliche Häresie von vornherein nur Antiklerikalismus u. ä. ohne jede dogmatische Basis zu beinhalten scheint – sie wurde in der Karte nicht berücksichtigt. Die zweite Kategorie umfaßt Anklagen wegen Besitzes verdächtiger englischer Bücher. Orte, in denen Häretiker mit solchen Büchern entdeckt wurden, sind in der Karte rot unterstrichen (falls bei einem Ort mehr als ein Verfolgungsdatum genannt ist, sind auch die in Frage kommenden Daten unterstrichen). Der Besitz von Büchern bietet ein wenn auch nicht absolut schlüssiges, so doch objektives Kriterium für das Vorhandensein von Lollarden (im Gegensatz zu spontaner Häresie oder Antiklerikalismus). Eine dritte Kategorie schließlich betrifft Orte, in denen Häretiker entdeckt und vor Gericht gezogen wurden, bei den Verhandlungen aber englische Bücher nicht erwähnt werden. In einigen dieser Fälle gibt es andere klare Anzeichen für Lollardismus, wie z. B. Äußerungen der Verehrung für Wyclif oder Beweise für Verbindungen mit gut bekannten lollardischen Missionaren, wie William White oder James Willis. In anderen Fällen erlaubt die Kargheit der verfügbaren Informationen keine Sicherheit: die Indizien sprechen jedoch eher für Häresie als für Antiklerikalismus.

Die Karte tendiert dazu, die Ausbreitung der Häresie eher zu unterals zu überschätzen. Sie berücksichtigt nur Fälle, die vor Gericht kamen. Gelegentliche Hinweise zeigen, daß es noch weitere Gerichtsverfahren gab, von denen wir nichts wissen, und daß Häretiker auch der gerichtlichen Verfolgung entschlüpfen konnten. Daneben gab es häretische Ausbrüche, die nicht datiert werden können und deshalb beiseite gelassen wurden.

Die Daten der Karte beziehen sich auf die Gerichtsverhandlungen gegen Verdächtige. Die eingetragenen Orte sind normalerweise die, in denen ein Angeklagter zur Zeit der Verfolgung lebte. Bei Zeugnissen, die sich nur auf die Diözese beziehen, in der ein Verdächtiger vor Gericht kam, ist das Datum durch ein Sternchen gekennzeichnet. Besondere Probleme bietet London: es ist nicht immer möglich, zu entscheiden, ob Verdächtige aus der Stadt oder einem anderen Teil der Diözese kamen oder ob sie in Englands größter Stadt Schutz suchten, nachdem sie sich anderswo verdächtig gemacht hatten.

In die Karte konnten aus Raumgründen nicht alle Daten für gerichtliche Verfolgungen eingetragen werden. Orte, für die mehrere Zeugnisse vorliegen, werden deshalb in der folgenden Liste mit den entsprechenden Daten noch einmal aufgeführt. Fett gesetzte Daten beziehen sich auf Verfolgungen wegen Besitzes englischer Bücher.

Quellen und Literatur: J. A. F. Thomson, The Later Lollards 1414–1520 (Oxford 1965); J. Fines, Studies in the Lollard Heresy (Ph. D. thesis, University of Sheffield 1964).

M. D. Lambert

Zu 69B: Die Lollarden

Amersham	1464	1511	1521	
Benenden	1425	1511		
Bristol	1420	1423	1429*	1441
		1448	1476	1499
Canterbury	1469	1498	1511	
Chesham	1428	1464	1521	
Colchester	**1428**	1458	1511	1518
		1521		
Coventry	1424–5	**1486**	1489	**1511**
		1520	1522	
Henley	**1462**	1464	1521	
Hinton	1476	1486		
Hungerford	**1505**	1521		
Lincoln	**1420–31**	1428*		
London	**1415**	1417	1418	1421–2
		1428	1430	1433
		1438	1440	1448
		c. 1450–6	1476	1482
		1494	1496	1499
		1500	1508	**1509**
		1511	1512	**1518**
		1521		
Lydney	1470	**1472**	c. 1499	
Maidstone	1495	c. 1499	**1511**	
Newbury	**1491**	c. 1502	**1504**	1521
Reading	1416	1499	1508	1521
Rolvenden	1425	1511		
Salisbury	1479*	c. 1504*	1518*	
Steventon	**1428**	1464	1491	1521
Tenterden	1422	1425	1428	1438
		1450	**1511**	
Wells	1476*	**1491***	1501	
Winchester	1428*	1454*	1491*	
Windsor	1502	1521		
Wittersham	1428	**1431**	1455	

Zu den Eintragungen der Karte sind noch folgende Orte zu ergänzen

Burnham Abbey	1521	Stockenchurch	1464	Wrington	1476
Hedgerley	1428	Turville	1454		

Turville ist auch Herkunftsort von Teilnehmern am Aufstand 1414.

70: Observanten-Kongregationen der Augustiner und Dominikaner am Beginn des 16. Jahrhunderts

Autoren: für Augustiner: *B. A. L. van Luijk,* für Dominikaner *M. Lohrum*

Zu den Augustinern: Der 1210–56 entstandene Augustiner-Orden (O. E. S. A.) hatte nach der Unierung (1256) drei Hauptrichtungen, die sich im Laufe des 14. Jh. in einen Konventualen- und einen Observantenzweig entwickelten. Die ersten Observantengruppen entstanden etwa gleichzeitig in verschiedenen Gegenden. Zwischen der Entstehung (im folgenden = 1. Jahreszahl) und der Bestätigung haben im Laufe des 14. und 15. Jh. Unierungsversuche stattgefunden, die fehlschlugen (im folgenden = 2. Jahreszahl).

Die Kongregation von Lecceto *(Ilicetana - Senensis - Tusciae - Etruriae congregatio)* (1380/1449) verstärkte das seelsorgerische Leben im Hinterland und in städtischen Randgebieten (ein allen Kongregationen gemeinsamer Charakterzug). Dazu belebten die Mitglieder die persönliche Armut und lehnten lange Zeit den Magistertitel ab. Wie in allen Kongregationen war die Anzahl der zugehörenden Konvente ziemlich fluktuierend wie auch die Bindung an den Orden und den Priorgeneral. – Die Carbonari *(Congregatio S. Johannis a [de] Carbonaria* oder *Neapolitana)* (1390/1449) übernahmen das Lecceto-Ideal, wie auch die Lombarden *(Congregatio Insubrica* oder *S. Marci)* (1397/1439), die sich sehr unabhängig vom Orden entfalteten und fast wie die Konventualen lebten. Dadurch kam es in dieser zahlenmäßig stärksten, weit ausgedehnten Kongregation zu Zwiespalt, und es entstand die Kongregation von Genua *(Januensis - S. Mariae Consolationis - Baptistinorum)* (1471), die gute Beziehungen zu den Konventualen und den Generaloberen des Ordens hatte. In Rom entstand eine Observanzbewegung, die ihren Sitz nach Perugia verlegte (1430/1439) und nur lokalen Einfluß ausübte *(Congregatio Perusina* oder *Apruntina).* – In der Dogenrepublik Venedig entwickelten sich die Observanten von Mont'Ortone (1436), die in den Dorfkirchen, welche sie bedienten, fast keine Spuren hinterlassen haben. Ihr Ideal wurde später in Dalmatien übernommen (1511). – In Süditalien formierte sich die Kongregation von Deliceto *(Dulcetana* oder *Apulia congregatio)* (1505/1519) mit am Anfang nicht den Ordenskonstitutionen entsprechenden Gewohnheiten.

Auf Anregung des Andreas Proles entstand in den deutschen Ländern eine Observanz *(Congregatio Saxoniae - Alemaniae)* (1385/1438), die viele Streitigkeiten hervorrief, in Lebensweise und -haltung mit der Lombardischen Kongregation übereinstimmte und zu ihren Mitgliedern Martin Luther zählte. Die Anzahl der zugehörenden Konvente war stark fluktuierend.

Quellen und Literatur: A. Lubin, Orbis Augustinianus sive conventuum O.E.S.A. chorographica et topographica descriptio (Parisiis 1659); Th. Kolde, Die Deutsche Augustiner-Congregation und Johann von Staupitz (Gotha 1879); St. Augustin zur Jahrhundertfeier dargeboten von der Deutschen Provinz der Augustiner-Eremiten (Würzburg 1930) 156–173; A. Zumkeller, Martin Luther und sein Orden: Analecta Augustiniana 25 (Rom 1962) 254–290; B. A. L. van Luijk, L'Ordine agostiniano e la riforma monastica: Augustiniana 19 (1969) 349–383 (mit reichen Lit.-Angaben in den Appendices); ders., Atlas augustinien du XIII° au XIX° siècle (in Vorbereitung); A. Kunzelmann, Geschichte der Deutschen Augustiner-Eremiten, 2. Tl.: Augustiniana (in Vorbereitung).

B. A. L. van Luijk OSA

Zu den Dominikanern: Die Ordensreform wurde von dem Ordensgeneral Raimund von Capua (1380–99) eingeleitet. Sie ging hauptsächlich aus von Colmar, wo Konrad von Preußen 1389 die Observanz eingeführt hatte, und von Venedig, S. Dominikus, 1390 durch Johannes Dominici reformiert. Die Observanzkonvente erhielten Generalvikare. Diese Konvente schlossen sich auch teilweise in Kongregationen zusammen. Bis 1500 entstanden folgende Observanzkongregationen: Lombardia, Hollandia, Tuscia, S. Marci, Francia, Ragusina, Hispania, Aragonia, Portugallia. Als erste Provinz trat die Teutonia 1475 zur Reform über. Die Konventualen schlossen sich zur *Congregatio Germaniae Superioris* zusammen, die mit Fortschritt der Reform immer mehr Konvente verlor.

Es werden hier nur die beiden bedeutendsten Kongregationen, die lombardische und die holländische, aufgeführt, dazu die Reform der Teutonia.

Quellen und Literatur: Analecta Sacri Ordinis Praedicatorum I, II, IV; Quellen und Forschungen zur Geschichte des Dominikanerordens in Deutschland (Leipzig 1907ff), Bd I–IV, XIV, XXVI; A. de Meyer, La congrégation de Hollande 1465–1515 (Liège 1947); A. Walz, Compendium Historiae Ordinis Praedicatorum (Romae [2]1948); B. Hübscher, Die deutsche Predigerkongregation 1517–1520 (Freiburg/Schweiz 1953).

M. Lohrum

71: Die römisch-katholische Kirche um 1500

Autor: J. Martin

Die Karte baut auf den gleichen Prinzipien auf wie Karte 32 (vgl. den Kommentar dazu): das gegenüber dem Stand von 1000 Konstante erscheint in Schwarz, die Veränderungen werden in der Zweitfarbe dargestellt. Bei Vereinigungen von Erzbistümern sind, anders als bei Bistumsunionen, beide Partner der Vereinigung genannt (z. B. Matera und Acerenza).

In Süditalien, Sizilien, Jugoslawien und Albanien sind die Bistümer, die um 1000 noch zur griechischen Kirche gehörten (vgl. Karte 30) und später zu Rom kamen, nicht als Neugründungen notiert. – Die große Zahl der Neugründungen in Irland ergibt sich daraus, daß im 12. Jh. die irische Kirche umorganisiert, d. h. die Diözesanorganisation eingeführt wurde. An den Orten der neuen Bistümer bestanden durchweg schon vor 1000 Klosterkirchen.

Die in Spanien und Portugal als neu eingetragenen Bistümer haben zum großen Teil eine auf die Antike oder die Westgotenzeit zurückreichende Tradition (vgl. Karte 22). Da diese jedoch durch die Herrschaft des Islam lange unterbrochen wurde und die meisten Bistümer um 1000 nicht bestanden, werden sie in der Karte als Neugründungen geführt (vgl. Karte 60B).

Die neuen Bistümer in Südfrankreich gehen auf die Neuordnung von 1317 zurück, die Bistümer Ungarns wurden zum großen Teil bald nach 1000 gegründet (vgl. Karte 44), die des Baltikums entstanden im 13. Jh. (vgl. Karte 62).

Während für die Zeit um 1000 nicht genügend genaue Unterlagen vorhanden waren, um die Grenzen der Kirchenprovinzen in die Karte 32 einzutragen, ist die Situation für das Jahr 1500 besser. Die Grenzen wurden aus den entsprechenden Karten des LThK übernommen; ihre Kenntnis beruht vor allem auf päpstlichen Errichtungs- und Circumskriptionsbullen, Papstbriefen sowie urkundlichem Material der Diözesen. – Aus Platzgründen war es nicht möglich, in Italien alle exemten Gebiete einzutragen.

Quellen und Literatur: Vgl. das im Kommentar zur Karte 32 Genannte, ferner die Kommentare zu den Karten 44, 60B und 62; C. Eubel, Hierarchia Catholica medii aevi I–III (Münster [2]1913–23).

J. Martin

72: Der Islam (das Osmanische Reich) vom 13.–17. Jahrhundert

Autor: Die Karte wurde zusammengestellt aus mehreren Karten des Atlas of Islamic History, compiled by H. W. Hazard and H. L. Cooke, Jr.: Princeton Oriental Studies 12 (Copyright 1951 by Princeton University Press).

Während Karte 43 den Islam bis zum Beginn der Kreuzzüge darstellt, setzt die vorliegende Karte in der Zeit nach dem Ende der Kreuzzüge ein und verzeichnet alle Eroberungen des Osmanischen Reiches bis 1683 – dieses Jahr markiert den Höchststand der Ausbreitung des Osmanischen Reiches in Südosteuropa – sowie die Verluste bis zum Ende des 17. Jh. Für die weitere Entwicklung im Balkanraum vgl. Karte 96A.

Mit dem 13. Jh. traten die osmanischen Türken, ein aus Zentralasien durch die Mongolen vertriebenes Volk, in die Geschichte ein. Innerhalb kürzester Zeit gelang es ihnen, sich ein Machtzentrum in Kleinasien aufzubauen und noch im 14. Jh. ihr Reich tief in den Balkan hinein auszudehnen – unter Murad I. (1362–69) wurde Edirne (Hadrianopel) sogar Hauptstadt des Sultanats. Das stufenweise Vordringen – ein Höhepunkt war die Einnahme von Konstantinopel 1453 – gibt die Karte schematisch wieder. Dabei wurde für die Einfärbung normalerweise die Ersteroberung zugrunde gelegt – auf dem Balkan haben sich z. B. vom 14.–16. Jh. infolge dauernder Kriege die Fronten häufig verschoben –, viele Gebiete mußten mehrfach erobert werden, weil es ihnen zwischenzeitlich immer wieder gelang, das türkische Joch abzuschütteln.

Kirchengeschichtlich bedeutsam wurde das Vordringen des Islam in vielerlei Hinsicht. Am wichtigsten ist zunächst, daß die einst blühende Kirche Kleinasiens (vgl. Karten 20–21 und 31) praktisch völlig ausgelöscht wurde. Das gleiche Schicksal erlitten viele orthodoxe Kirchen auf dem Balkan und die meisten der während der Kreuzfahrerzeit errichteten lateinischen Bistümer, soweit sie nicht schon vorher untergegangen waren (vgl. Karte 61). Ferner war die „Türkengefahr" ein ständiger wichtiger Faktor der abendländischen Geschichte und KG bis zum 17. Jh. Besonders bedeutsam wurde diese Türkengefahr in der Reformationszeit, weil sie dauernd die Aufmerksamkeit der habsburgischen Herrscher vom Geschehen im Reich ablenkte (vgl. die Kriege Ferdinands I. um die ungarische Krone) und somit eine der Voraussetzungen für die verhältnismäßig ungestörte Ausbreitung der Reformation bildete.

J. Martin

73: Die obrigkeitliche Einführung der Reformation in Deutschland bis 1570

Autor: E. W. Zeeden – J. Burkhardt

Die Karte geht vom politischen Territorium als Darstellungseinheit aus. Kriterium der konfessionellen Zuordnung ist dabei – als wichtigster Faktor der gewählten Einheit – die Konfession der Obrigkeit. Obrigkeiten waren in Deutschland die reichsunmittelbaren weltlichen und geistlichen Fürsten; Herrschaften und Städte. Die Karte bringt daneben auch einige besonders starke Landstände mit Zwischenobrigkeitscharakter. Die beginnende Bekenntnisverteilung innerhalb des reformatorischen Kirchenwesens und die katholischen Minderheiten sind nicht berücksichtigt (vgl. Karten 76–77).

Um den Stand von drei Stichjahren in *einem* Kartenbild darstellen zu können, verzichtet die Karte darauf, zwischen dem Bekenntnis von Obrigkeit und Bevölkerung zu differenzieren. Nicht immer wurde die Bevölkerung nach dem Übertritt eines Fürsten zum Protestantismus geschlossen evangelisch. Umgekehrt gab es starke evangelische Bevölkerungsteile, z. B. in einigen geistlichen Staaten, in Österreich oder in Jülich-Berg-Kleve unter altgläubiger Obrigkeit. Die größten Territorien sind in der Karte angegeben, doch ohne zeitlich differenzierende Abstufung, da das allmähliche Anwachsen der reformatorischen Bewegung in den Territorien präzis kaum dargestellt werden kann. So wurde für sie 1570 als Stichjahr zugrunde gelegt, weil es im großen und ganzen einen Höhepunkt in der Ausbreitung der Reformation darstellt. Die Karte unterscheidet drei Stufen im Vordringen der Reformation bis zur völligen Herrschaft des evangelischen Bekenntnisses. Die Stufung geht von Nachrichten über die Verbreitung aus, bietet jedoch nicht eine exakte Bevölkerungsstatistik, sondern berücksichtigt Merkmale und Kräfte qualitativen Charakters (Stellung und Haltung der Landstände, Zustand der Hauptobrigkeit – gefährdete Bistümer! – reformatorische Zentren einerseits und entschieden altgläubige bzw. frühgegenreformatorische Kräfte auf der anderen Seite). – Besonders schwierig sind die Verhältnisse innerhalb der Eidgenossenschaft, soweit es sich nicht um die protestantischen Stadtkantone und die katholische Innerschweiz handelt. In Kantonen wie Appenzell, Graubünden, Glarus und S. Gallen gab es keine verbindliche obrigkeitliche Entscheidung; die konfessionelle Zuordnung wechselte daher von Ort zu Ort.

Aus darstellungstechnischen Gründen – weil es sich um winzige Gebiete, teilweise konfessionell gemischt, handelt – können die Splitterherrschaften im Süden und Westen nicht erfaßt werden. Sie erscheinen als *weiße* Flecken innerhalb des engeren deutschen Gebietes. Viele ritterliche Herrschaften im Elsaß, in der Pfalz, in Franken und Schwaben wurden evangelisch.

Literatur: L. von Ranke, Deutsche Geschichte im Zeitalter der Reformation, Krit. Ausg. 6 Bde, hrsg. von P. Joachimsen (München 1925); J. Janssen, Geschichte des deutschen Volkes seit dem Ausgang des MA. Allgemeine Zustände des deutschen Volkes, Bde III und IV (Freiburg ^{13}1887–90); M. Ritter, Deutsche Geschichte im Zeitalter der Gegenreformation und des Dreißigjährigen Krieges 1555–1648, Bde I–III (Stuttgart 1889–1908); Karl Müller, KG II/1–2 (Tübingen 1902–19); L. v. Pastor, Geschichte der Päpste seit dem Ausgang des Mittelalters IX (Freiburg ^{5}1925); K. Eder, Die Kirche im Zeitalter des konfessionellen Absolutismus (1555–1648): KG, hrsg. von J. P. Kirsch, III/2 (Freiburg 1949); K. Bihlmeyer – H. Tüchle, KG III: Die Neuzeit und die neueste Zeit (Paderborn $^{13-14}$1956); E. W. Zeeden, Das Zeitalter der Glaubenskämpfe 1555–1648; B. Gebhardt, Hdb. der deutschen Geschichte, hrsg. von H. Grundmann, Bd II (Stuttgart ^{9}1970); ders., Grundlagen und Wege der Konfessionsbildung in Deutschland im Zeitalter der Glaubenskämpfe: Historische Zeitschrift 185 (1958) 248–299; ders., Die Entstehung der Konfessionen. Grundlagen und Wege der Konfessionsbildung im Zeitalter der Glaubenskämpfe (München – Wien 1965); ders., Das Zeitalter der Gegenreformation (Freiburg – Basel – Wien 1967); E. Hassinger, Das Werden des neuzeitlichen Europa 1300–1600: Geschichte der Neuzeit, hrsg. von G. Ritter (Braunschweig ^{2}1964); H. Jedin (Hrsg.), Hdb. der KG IV: Reformation, Katholische Reform und Gegenreformation (Freiburg – Basel – Wien 1967).

Regionales: Bibliographie bei E. W. Zeeden: B. Gebhardt, Hdb. . . . (s. o.) 187f und 204f. – Grundlegende Quellensammlung mit teilweise vorzüglichen Einleitungen E. Sehling (Hrsg.), Die evangelischen Kirchenordnungen des 16. Jh., 5 Bde (1902–13), fortgesetzt vom Institut für Kirchenrecht der EKiD: Bd VI 1–2 und VII 1 Niedersachsen (1955–63), Bd VIII Hessen 1 (1965), Bd XI–XIII Bayern (1961–66), Bd XIV Kurpfalz (1969). – G. J. Th. Lau, Geschichte der Einführung und Verbreitung der Reformation in den Herzogtümern Schleswig-Holstein bis zum Ende des 16. Jh. (Hamburg 1867); E. Dresbach, Reformationsgeschichte der Gft. Mark (Gütersloh 1909); W. Platzhoff, Vom Interregnum bis zur Französischen Revolution (1250–1789): Geschichte des Rheinlandes, hrsg. von der Gesellschaft für Rheinische Geschichtskunde, I (Essen 1922); J. Adam, Evangelische KG der elsässischen Territorien (Straßburg 1928); G. Lösche, Geschichte des Protestantismus im vormaligen und im neueren Österreich (Wien – Leipzig ^{3}1930); L. Michel, Der Gang der Reformation in Franken (Erlangen 1930); J. Rauscher, Württembergische Reformationsgeschichte (Stuttgart 1934); E. Feddersen, KG Schleswig-Holsteins II: Schriften des Vereins für Schleswig-Holsteinische KG 1, 19 (1938); Johann Meyer, KG Niedersachsens (Göttingen 1939); M. Simon, Evangelische KG Bayerns II (München 1942); E. Tomek, KG Österreichs II (Innsbruck 1949); L. Stamer, KG der Pfalz II, III/1.2 (Speyer 1949–59); G. Mecenseffy, Geschichte des Protestantismus in Österreich (Graz – Köln 1956); E. W. Zeeden, Kleine Reformationsgeschichte von Baden-Durlach und Kurpfalz (Karlsruhe 1956); H. Heyden, KG Pommerns, 2 Bde: Osteuropa und der deutsche Osten, Reihe III, Bd 5 (Köln 1957); K. Weller, Württembergische Geschichte (Stuttgart ^{4}1957); K. E. Demandt, KG des Landes Hessen (Kassel 1959); H. Hantsch, Die Geschichte Österreichs I (Graz – Wien – Köln ^{4}1959); H. Steitz, Geschichte der evangelischen Kirche in Hessen und Nassau, 1. Tl. (Marburg 1961); R. Bränik, Die Verfassung der lutherischen Kirche in Jülich-Berg, Cleve-Mark-Ravensberg in ihrer geschichtlichen Entwicklung: Schriftenreihe des Vereins für Rheinische KG 18 (Düssledorf 1964); G. Schäfer, Kleine Württembergische KG (Stuttgart 1964); R. Bauerreiß, KG Bayerns, Bd VI (Augsburg 1965); H. Schüler, Geschichte der evangelischen Kirche zwischen Rhein und Mosel, hrsg. im Auftrag des Landkreises (St. Goar) von F. J. Heyden (Boppard 1966); M. Spindler (Hrsg.), Hdb. der bayrischen Geschichte, Bd II (1969).

Nachschlagwerke: Wetzer und Weltes Kirchenlexikon, hrsg. von J. Hergenröther – F. Kaulen, 12 Bde und Register-Bd (Freiburg ^{2}1882–1903); LThK^{2}; RGG^{3}; Rössler-Franz, Handwörterbuch zur deutschen Geschichte (München 1958); E. Keyser (Hrsg.), Badisches Städtebuch (Stuttgart 1959), Hessisches Städtebuch (Stuttgart 1959), Rheinisches Städtebuch (Stuttgart 1956), Württembergisches Städtebuch (Stuttgart 1962), Städtebuch Rheinland-Pfalz und Sauerland (Stuttgart 1964); Ploetz, Geschichte der Deutschen Länder. Territorien-Ploetz, hrsg. von G. W. Sante, I (Würzburg 1964).

Atlanten: Spezialatlanten, insbesondere für die deutschen Länder, mit teilweise wertvollen Erläuterungen, wie z. B. der Geschichtliche Atlas der Rheinprovinz, bibliographisch zusammengestellt bei G. Franz, Historische Kartographie (Hannover ^{2}1962); vgl. außerdem die zusammenfassenden Atlanten: Großer Historischer Weltatlas, hrsg. vom Bayerischen Schulbuchverlag, Red. J. Engel, III: Neuzeit (München 1957); Historischer Atlas der Schweiz, hrsg. von H. Amman – K. Schib (Aarau 1958); Putzger, Historischer Weltatlas, Jubiläumsausgabe (Bielefeld u. a. ^{85}1963).

Konfessionskarten: Karl Müller, Verbreitung der Reformation in Deutschland und der Schweiz von 1524 bis Anfang der sechziger Jahre: KG II/1 (Leipzig 1902) (Faltblatt); L. G. Ricek – P. Langhans, Niederösterreich im Zeitalter der Reformation. Die Pfarrgemeinden nach ihren Glaubensbekenntnissen und ihrer Volkszugehörigkeit: Lösche (s. o.) nach S. 128; Konfessionen in Deutschland um 1546: Großer Historischer Weltatlas (s. o.) 116; K. Schib, Die Konfessionen um 1530 und Die Konfessionen um 1700: Historischer Atlas der Schweiz (s. o.) 34 35; E. W. Zeeden, Ausbreitung der Reformation in Deutschland bis zur Mitte des 16. Jh: LThK^{2}, Bd VIII nach Sp. 1080; Reformation und katholische Erneuerung in Mitteleuropa, I und II: Putzger (s. o.) 65; Konfessionen in Europa um 1570: ebd 68; G. Schäfer, Territorien und Konfessionen bis zum Anfang des 19. Jh.: Kleine Württembergische KG (Stuttgart 1964) nach S. 64.

E. W. Zeeden

74 und 75: Protestantische Kirchenverfassungen (Ordnungen)

Autoren: P. Münch – E. W. Zeeden
Der Kommentartext befindet sich auf S. 74 des nachfolgenden Kartenteils.

Quellen: E. Sehling, Die evangelischen Kirchenordnungen des 16. Jh. I (Sachsen und Thüringen) (Leipzig 1902), XIV (Kurpfalz), bearbeitet von J. F. Goeters (Tübingen 1969); W. Niesel, Bekenntnisschriften und Kirchenordnungen der nach Gottes Wort reformierten Kirche (Zollikon – Zürich 1938). – **Literatur**: Karl Müller, KG II/2 (Tübingen 1923): K. Heussi, Kompendium der KG (Tübingen ^{12}1960); S. Grundmann, Kirchenverfassung VI: Geschichte der evangelischen Kirchenverfassung: RGG^{3} III 1570–1584; Erik Wolf, Ordnung der Kirche (Frankfurt 1961); E. W. Zeeden, Kirchenordnungen III: Evangelische Kirchenordnungen: LThK^{2}, Bd VI Sp. 241–243; H. Jedin (Hrsg.), Hdb. der KG IV (Freiburg – Basel – Wien 1967).

P. Münch – E. W. Zeeden

76 und 77B: Protestantische Bekenntnisse und Bekenntnisschriften in Mitteleuropa um 1600

Autoren: P. Münch – E. W. Zeeden

Die Karten stellen durch entsprechende Einfärbung der Territorien die Verbreitung der wichtigsten protestantischen Bekenntnisse und Bekenntnisschriften dar (unter „Lutheraner ohne Konkordienbuch" sind Bekenntnisvariationen auf der Basis der Confessio Augustana von 1530 zusammengefaßt). Katholische Gebiete sind weiß (auf Karte 77B gelb) gelassen – protestantische Kleinstherrschaften, die es auch in diesen Gebieten (innerhalb des Reiches) gab, konnten nicht berücksichtigt werden. Bedeutendere Minderheiten sind durch Schraffuren angezeigt, wobei jedoch die Stärke der Schraffur nur sehr annäherungsweise etwas über die konfessionellen Stärkeverhältnisse aussagen kann. Desgleichen werden für die eingetragenen Städte die Mehr- und Minderheitsverhältnisse schematisch dargestellt, weil die Kleinheit der Zeichen keine nähere Differenzierung erlaubt. Die Kreis- und Quadratpartikel, die jeweils für die Minderheit stehen, bedeuten, wenn sie nicht schwarz eingefärbt sind, *immer* eine katholische Minderheit (aus technischen Gründen sind sie dort, wo ein Zeichen in einer Flächenfärbung steht, nicht weiß ausgespart, sondern tragen die Farbe der umgebenden Fläche). Die Konfession der Obrigkeit ist in den Karten nicht eigens markiert. Sie entspricht normalerweise der der Mehrheit der Bevölkerung, mit folgenden Ausnahmen:

In *Böhmen und Mähren* ist die Obrigkeit katholisch (1609 wurde den Ständen Religionsfreiheit zugesichert, ab 1618 wurde der Katholizismus zwangsweise Staatsreligion). Das prozentuale Verhältnis zwischen Katholiken, Lutheranern, Calvinisten und Sonderkonfessionen (Alt- und Neuutraquisten, Brüder, Täufer) auch nur annähernd zu bestimmen erscheint kaum möglich. – In *Brandenburg* trat Kurfürst Johann Sigismund 1613 zum Calvinismus über. Die Bevölkerung blieb lutherisch, 1615 wurde den Städten die freie Ausübung des lutherischen Bekenntnisses zugesichert. – In *Anhalt* zeigte Johann Georg (1586–1606) calvinistische Neigungen. 1606 wurde Anhalt geteilt: Dessau, Zerbst und Plötzkau blieben lutherisch, in Bernburg führte Christian I. (1603–30) 1616 die pfälzische Kirchenordnung und den Heidelberger Katechismus ein. – In *Baden-Durlach* schloß sich Markgraf Ernst Friedrich 1599 dem calvinistischen Bekenntnis an. Die Bevölkerung blieb beim Luthertum. Ernst Friedrichs Tod machte den calvinistischen Plänen schon 1604 ein Ende. – In *Hessen-Kassel* versuchte Moritz (1592–1632) das calvinistische Bekenntnis einzuführen. Die Universität Marburg wurde reformiert, seit 1618 galt der Heidelberger Katechismus. *Hessen-Darmstadt* und das nördliche Oberhessen blieben beim Luthertum: in Gießen entstand eine lutherische Gegenuniversität gegen Marburg. – In *Ungarn* waren die Obrigkeit und ein großer Teil der Bevölkerung katholisch. Das Luthertum wurde durch die Deutschen und Slowaken in Nordungarn vertreten. Calvinistisch war die Mehrzahl des einheimischen Adels samt Hintersassen; die Unitarier und Antitrinitarier bildeten relativ kleine Minderheiten. – In *Irland* blieb die Bevölkerung trotz anglikanischer Obrigkeit und obwohl die Bischofsstühle mit Anglikanern besetzt wurden, fast geschlossen – ausgenommen den Nordosten der Insel – katholisch. – In der *Gft. Ortenburg* (Bayern) war die Obrigkeit um 1600 reformiert.

Zur konfessionellen Situation sowie zur Entwicklung der Bekenntnisse sollen hier noch zusätzlich folgende Erläuterungen gegeben werden:

In der Kurpfalz sowie in allen übrigen Graf- und Herrschaften des Reiches, die den Heidelberger Katechismus übernommen haben, bestanden um 1600 noch lutherische Reste, die aus Gründen der Übersichtlichkeit in der Karte nicht eigens gekennzeichnet sind.

Kur- und Oberpfalz waren seit 1563 reformiert, 1576–83 unter Ludwig IV. lutherisch; 1583 führte Johann Kasimir den Heidelberger Katechismus wieder ein. Diesen reformierten Katechismus übernahm 1588 auch *Pfalz-Zweibrücken* und 1598 *Pfalz-Simmern*. – Im *Kftm. Sachsen* neigte Christian I. (1586–91) zum Philippismus und hob deshalb die Verpflichtung auf die Konkordienformel auf. Ab 1591 wurde unter Christian II. alles wieder in den alten Stand versetzt, und seit 1602 nicht nur die Geistlichkeit, sondern auch die Beamtenschaft unter Eid auf die Konkordienformel verpflichtet. – *Braunschweig-Wolfenbüttel* unterschrieb zunächst das Konkordienbuch, wandte sich aber seit 1585 von ihm ab und führte statt dessen das *Corpus Julium* von 1576, eine ältere Vorstufe des Konkordienbuches, ein. Dasselbe Bekenntnis galt auch in Kalenberg, das 1584 an Braunschweig-Wolfenbüttel fiel. – In der *Gft. Solms* waren die Linien Solms-Laubach und Solms-Lich lutherisch ohne Konkordienbuch, während Solms-Braunfels seit 1579 den Heidelberger Katechismus eingeführt hatte. – Die jüngere und mittlere Linie der *Reußischen Herrschaften* trat 1596–1601 dem Konkordienbuch bei; daneben war eine flacianische Konfession von 1567 in Geltung. Die ältere Linie schloß sich erst nach 1616 dem Konkordienbuch an. – In der *Gft. Ostfriesland* galt seit 1576 neben dem Heidelberger Katechismus der sog. Emdener Katechismus.

Von den eingetragenen landsässigen Städten durften Braunschweig, Göttingen, Hameln, Hannover und Northeim beim Konkordienbuch bleiben, obwohl es von den Landesherren nicht angenommen wurde. – In Frankfurt und Soest traten die Prediger dem Konkordienbuch bei, der Rat blieb fern – entsprechend sind beide Städte doppelt unterstrichen. – In Ravensburg waren Lutheraner und Katholiken etwa gleich stark. – Als weitere landsässige Stadt, die seit 1562 reformiert war, wäre Hamm zu ergänzen.

In *Oberösterreich* erreichten die Stände durch die „Resolution" von 1578, in *Niederösterreich* durch die „Religionsassekuration" von 1571, in *Kärnten, Krain* und *Steiermark* (einschließlich Görz) durch das „Brukker Libell" von 1578 freie Ausübung der Confessio Augustana. – In *Ungarn* und *Siebenbürgen* wurde neben der Confessio Helvetica posterior auch der Heidelberger Katechismus anerkannt. – *Basel* übernahm erst 1642 die Confessio Helvetica Posterior; bis dahin war seit 1534 das von Oswald Myconius verfaßte 1. Basler Bekenntnis in Geltung; dazu war 1536 das 2. Basler (= 1. Helvetische) Bekenntnis gekommen. – In der Schweiz war die Bevölkerung der Städte Chur und S. Gallen katholisch/reformiert gemischt. – *Polen-Litauen* war bis 1600 zum größten Teil rekatholisiert. Seit der Synode von Litauisch-Brest (1595) hatte sich auch ein großer Teil der Griechisch-Orthodoxen mit Rom uniert – nur die Bischöfe von Lemberg und Przemysl und besonders die östlichen Grenzgebiete in der Ukraine, in Wolhynien und Podolien hielten sich von der Union fern. Die Lutheraner hielten sich vor allem in Livland und Kurland, eine Minderheit unter der deutschen Bevölkerung Großpolens (ganz besonders in den Städten an der Weichsel und in Westpreußen). Der Calvinismus, um 1560/70 vorherrschende Religion im Adel Kleinpolens und Litauens, war ab 1570/80 rapid zurückgegangen. Die Brüderunität hatte Anhänger im slawischen Adel Großpolens (geistiges Zentrum war Lissa an der polnisch-schlesischen Grenze). Sozinianer fanden sich in Kleinpolen und Wolhynien (geistiges Zentrum: Raków). – Der *Consensus Sandomirensis* von 1570 war ein Einigungsbekenntnis von Lutheranern, Calvinisten und Böhmischen Brüdern (die Synodenergebnisse 1570–95 laufen unter dem Titel *Consensus Poloniae*). Die Calvinisten erkannten seit 1566 die Confessio Helvetica posterior, daneben auch den Heidelberger Katechismus an. – In den *Niederlanden* hielt sich im Norden neben dem Calvinismus ein starkes Täufertum (Mennoniten).

Korrekturzusatz: Zu Württemberg gehört neben den eingetragenen Gft.en Mömpelgard und Horburg auch die Gft. Reichenweier.

Quellen: E. F. K. Müller, Die Bekenntnisschriften der reformierten Kirche (Leipzig 1903); K. Zeumer, Quellensammlung zur Geschichte der deutschen Reichsverfassung in Mittelalter und Neuzeit, 2. Tl. (Tübingen 1907) 225–259 (Reichsmatrikel von 1521); W. Niesel, Bekenntnisschriften der nach Gottes Wort reformierten Kirche (Zollikon–Zürich 1938); Die Bekenntnisschriften der evangelisch-lutherischen Kirche, hrsg. im Gedenkjahr der Augsburgischen Konfession 1930 (Göttingen [5]1963). – **Literatur**: Vgl. die zu Karte 73 genannten Titel von K. Bihlmeyer – H. Tüchle, E. Hassinger, H. Jedin, K. Müller und E. W. Zeeden. Besonders die KG K. Müllers lieferte einen großen Teil der Fakten. Ferner: K. R. Hagenbach, Kritische Geschichte der Entstehung und der Schicksale der ersten Baslerkonfession (Basel 1827); E. F. K. Müller, Helvetische Konfessionen: Realencyklopädie für protestantische Theologie und Kirche VII (Leipzig 1899) 641–647; M. M. Lauterburg, Katechismus, Heidelberger oder Pfälzer: ebd. X (Leipzig 1901) 164–173; K. Heussi, Kompendium der KG (Tübingen [12]1960); E. Wolf, Bekenntnisschriften: RGG[3] I 1012–1017; W. Lohff, Bekenntnisschriften: LThK[2] II 146–152; H. Graffmann, Heidelberger Katechismus: RGG[3] III 127 bis 128; H. W. Surkau, Katechismus II. Geschichtlich: RGG[3] III 1179–1186; B. Stasiewski, Reformation und Gegenreformation in Polen (Münster 1960); J. Hofinger, Katechismus: LThK[2] VI 45–50; H. Tüchle, Geschichte der Kirche, III: Reformation und Gegenreformation (Einsiedeln–Zürich–Köln 1965). – Nachschlagwerke und Atlanten wie bei Karte 73.

P. Münch – E. W. Zeeden

77 A: Wichtige Sicherheitsplätze der Hugenotten in Frankreich um 1600

Autoren: P. Münch – E. W. Zeeden

Der Begriff „Sicherheitsplätze" ist in der Karte weit gefaßt: Die Hugenotten besaßen damals in Frankreich über 200 Plätze, die sich in folgende Kategorien aufgliederten: a) die königlichen Freistädte La Rochelle, Montauban, Sainte Foy, Nîmes und Uzès, die sich selbst regierten (ohne königliche Truppen); b) die eigentlichen Sicherheitsplätze *(places de sureté)*, insgesamt 48 Städte im Süden und Westen (mit königlichen Garnisonen, aber unter reformiertem Oberbefehl); c) die sogenannten *places de mariages* (kleine Plätze mit wenig Besatzung); d) eine Fülle von privaten Plätzen (Schlösser, Burgen und Städte des hugenottischen Adels); hierher gehören vor allem die Städte der Dauphiné: Grenoble, Dié, Nyon, Montélimar, Embrun.

Die Auswahl der Karte ist so getroffen, daß eine repräsentative Vorstellung von der Verbreitung der Hugenotten vermittelt wird.

Literatur: Vgl. den Kommentar zu den Karten 76 und 77 B.

P. Münch – E. W. Zeeden

78: Die Gründungen der Jesuiten in Europa bis 1615

Autor: L. Szilas

Die Karte stellt die Ausbreitung der Jesuiten in Europa bis 1615 in 3 Phasen dar: Die 1. Phase reicht bis zum Tod des Ignatius von Loyola, die 2. faßt die Generalate des D. Laínez († 1565), F. de Borja († 1572) und E. Mercurian († 1580) zusammen, die 3. schließlich stimmt mit dem Generalat des Cl. Acquaviva († 1615) überein, dessen Amtszeit „durch ein einmaliges Wachstum des Ordens . . . gekennzeichnet" ist (LThK[2] I 114).

Was die Unterscheidungen der Häuser in der Karte betrifft, so sind unter den Residenzen die eigentlichen Niederlassungen für Seelsorge, die Profeßhäuser und Probationshäuser zu verstehen. Von den Stationen sind nur die angeführt, die längere Zeit – wenigstens einige Jahre – bestanden oder sich später zu Residenzen oder Kollegien entwickelten. Nicht alle Gründungen der 1. oder 2. Periode bestanden übrigens bis 1615. Einige wurden in der Zwischenzeit wieder ganz oder teilweise aufgelöst. Sie gehören aber zum Bild von den ersten Jahrzehnten der Gesellschaft Jesu, indem sie Entwicklungslinien und Wirkungsfeld zeigen.

Quellen und Literatur: Als Grundlage für die Zusammenstellung dieser Karte dienten die Werke über die Geschichte der Jesuiten in den einzelnen Ländern sowie Häuserkataloge. Vgl. allg. L. Polgár, Bibliographie zur Geschichte der Gesellschaft Jesu (Rom 1967), bes. II. Geschichte in den einzelnen Ländern, 1. Europa Nr. 118–231 sowie IV. Hilfsmittel, 5. Häuserverzeichnisse und Kartographie Nr. 930–949. – A. Hamy, Documents pour servir à l'histoire des domiciles de la Compagnie de Jésus dans le monde entier de 1540 à 1773 (Paris 1892); L. Carrez, Atlas geographicus Societatis Jesu (Parisiis 1900); Catalogus provinciarum Societatis Jesu et collegiorum ac domorum Sociorumque qui in unaquaque provincia sunt. 1579, 1586, 1600, 1608, 1616, dazu E. Lamalle, Les catalogues des provinces et des domiciles de la Compagnie de Jésus. Note de bibliographie et de statistique: Archivum Historicum S. I. 13 (1944) 77–101; L. Lukács, Status personarum in domiciliis S. I. ad annum 1556 commorantium. Tabelle in De origine collegiorum externorum deque controversiis circa eorum paupertatem obortis, Pars prior: 1539–1556: Archivum Historicum S. I. 29 (1960) 242–243.

L. Szilas

79: Die Ausbreitung der Kapuziner in Europa im 16.–18. Jahrhundert

Autor: Bonaventura a Mehr

Die Ausbreitung der um 1525 in der Mark Ancona einsetzenden, 1528 von Klemens VII. bestätigten Kapuzinerreform blieb infolge kirchlicher Einschränkung zunächst auf Italien begrenzt. Hier (einschließlich Sizilien und Korsika) bildeten sich in den ersten fünf Jahrzehnten des Ordens 17 Provinzen mit etwa 300 Klöstern und rund 3500 Mitgliedern.

Seit der Öffnung des übrigen Europas durch Gregor XIII. im Jahre 1574 breitete sich der Orden, einer der Hauptträger der katholischen Reform, auch weiterhin erstaunlich rasch aus. Ihren Höhepunkt erreichte diese Entwicklung im Jahre 1761, dem Stichjahr der Karte. Sie wird veranschaulicht durch Angabe der Provinzanfänge, der Provinzneubildungen infolge von Teilung, der Klöster- und Mitgliederzahlen der einzelnen Provinzen in den etwa gleich weit auseinanderliegenden Jahren 1596, 1678 (in der Legende) und 1761 (in der Karte selbst) sowie der geographischen Grenzen von 1761. Die nach 1761 im deutschsprachigen Raum unter dem Druck der Territorialherren noch zustande gekommenen kurzlebigen, innerlich und äußerlich zerrissenen Neubildungen gehören nicht mehr der Periode der Ausbreitung, sondern der Einengung und baldigen Unterdrückung an und sind auch übersichtshalber in der Karte nicht mehr berücksichtigt. Aufschlußreicher dagegen ist die Kennzeichnung der Gruppierungen, in denen sich die Provinzen nicht nur aus sprachlichen, sondern zumeist mehr noch aus politisch-nationalen Gründen zusammenfanden oder zusammenschließen mußten; sie traten vor allem auf den Generalkapiteln in Erscheinung. In der Karte ist ihre geographische Verteilung und in der zugehörigen Legende und den Kreisen ihr zahlenmäßiger Anteil am Ganzen für das Stichjahr 1761 angegeben.

Quellen: Bullarium Ordinis FF. Minorum S. P. Francisci Capucinorum I–V (Rom 1740–48); Chorographica descriptio Provinciarum et Conventuum FF. Minorum Capuccinorum (Rom 1643, 1646, Turin 1646, 1649, 1654, Mailand 1712); Callistus a Geispolsheim, De ortu et progressu singularum Provinciarum Ord. Min. Capuccinorum studium historico-geographicum: Collectanea Franciscana 6 (1936) 5–26 192–208. – *Für die Bestimmung der Provinzgrenzen:* die im Lexicon Capuccinum, Promptuarium historico-bibliographicum O. F. M. Cap. (Rom 1951) zu den einzelnen Provinzen verzeichnete histor. Literatur, dazu hsl. Material im Generalarchiv des Ordens in Rom. – *Für die statistischen Angaben:* die hsl. Acta Capitulorum Generalium im Generalarchiv ebd. – *Vorhandene Karten:* von den zeitbedingt unzulänglichen Karten der verschiedenen Ausgaben der Chorographica descriptio (s. o.) abgesehen, finden sich Karten bzw. Kartenskizzen zu einzelnen Provinzen oder Ländern in der im Lexicon Capuccinum (s. o.) verzeichneten einschlägigen histor. Literatur; für die deutschsprachigen Provinzen s. LThK[2] VII, nach Sp. 1208 (Karte) und V 1339 (histor. Lit.).

Bonaventura a Mehr

80A und B: Die kirchliche Neugliederung der Niederlande 1559–1570

Autor: Die Karten beruhen auf den Forschungen und Karten von M. Dierickx, De oprichting der nieuwe bisdommen in de Nederlanden onder Filips II 1559–1570 (Antwerpen–Utrecht 1950)

Die kirchliche Neuordnung der Niederlande war die erste der großen Bistumsumorganisationen in der Neuzeit. Anders als bei den späteren Neuordnungen in Deutschland, Frankreich und Österreich-Ungarn (vgl. Karten 96–97) standen hier jedoch nicht politische Gesichtspunkte im Vordergrund und wurde auch keine Arrondierung in nationalem Sinn vorgenommen: das Bistum Lüttich (Liège) blieb im Verband der Kirchenprovinz Köln, die neuen Bistümer paßten sich auch mit wenigen Ausnahmen (Bistum Leeuwarden = Friesland, Bistum Groningen = Groningen und Drente) nicht der politischen Organisation des Landes an. Entscheidendes Motiv der Neuordnung war vielmehr die Aktivierung aller Kräfte gegen die Reformation. Dieses Ziel wurde im Norden nicht erreicht. Die Calvinisten eroberten diese Gebiete. Leeuwarden und Groningen gingen noch im 16. Jh. wieder unter, Deventer wurde protestantisiert, Middelburg wurde sogar schon 1574 wieder aufgehoben, in Haarlem kam es zu Auseinandersetzungen zwischen dem von Rom eingesetzten Generalvikar und dem Domkapitel, das bis 1853 die Bistumsleitung ausübte. – Südlich des Rheins hatte die Neugliederung besseren Erfolg, wenn es auch, vor allem in den Bistümern 's-Hertogenbosch und Roermond, zu einigen Unterbrechungen der Kontinuität kam. S. Omer, Ypres und Antwerpen wurden 1801 aufgehoben.

Quellen und Literatur: Vgl. oben unter Autor; ferner M. Dierickx, Documents inédits sur l'érection des nouveaux diocèses aux Pays-Bas 1521/70, 3 Bde (Bruxelles 1960–62).

J. Martin

80C: Protestantische und katholische Universitätsgründungen vom Beginn der Reformation bis in die zweite Hälfte des 17. Jahrhunderts

Autor: E. W. Zeeden

Die Karte schließt chronologisch fast lückenlos an die Karte der Universitäten bis 1500 (S. 64) an – nur einige wenige Gründungen (Wittenberg [1502], Frankfurt/Oder [1506]) fallen in die Zeit zwischen 1500 und den Beginn der Reformation; sie reicht bis zur 2. Hälfte des 17. Jh., in der die primär konfessionell motivierte Gründung neuer Universitäten allmählich auslief. Von ihrem Thema her kann die Karte auf die Darstellung Südeuropas verzichten, weil hier die Gründung neuer Universitäten und Akademien nicht im Zusammenhang mit den konfessionellen Auseinandersetzungen stand.

In den von der Reformation erfaßten Gebieten wurden in diese Auseinandersetzung einmal – was auf der Karte nicht verzeichnet ist – die schon bestehenden Universitäten hineingezogen, indem sich deren Lehrerschaft jeweils auf ein bestimmtes Bekenntnis verpflichtete oder verpflichtet wurde. Zum anderen kam es – insbesondere in den mittleren und westlichen Teilen des Deutschen Reiches – zu einer Fülle von Neugründungen: da die starke staatliche Zersplitterung dieser Gebiete sich auf dem konfessionellen Sektor fortsetzte, waren viele Landesherren oder Städte bemüht, in ihrem jeweiligen Einflußbereich konfessionell zuverlässige Ausbildungsstätten für ihre Untertanen zu schaffen. Die Folge war eine Territorialisierung der Studentenschaft an den Hochschulen oder in den wenigen Fällen, in denen auch jetzt der Einzugsbereich der Universitäten „international" blieb (Wittenberg, Heidelberg), doch eine Konfessionalisierung: der Einzugsbereich von Heidelberg deckt sich fast genau mit der Verbreitung des Heidelberger Katechismus (vgl. Karte 76–77). Zum anderen stieg aus verständlichen Gründen die Bedeutung der theologischen Fakultäten: sie wurden zu Hütern des jeweils als orthodox angesehenen Bekenntnisses und erlangten auch zunehmende Wichtigkeit für die Ausbildung der Geistlichen. Auf katholischer Seite kam es – vor allem infolge des tridentinischen Seminardekrets – zur Gründung einer Reihe von Priesterseminaren, von denen einige (Dillingen, Olmütz, Würzburg, Paderborn, Bamberg, Innsbruck, kurze Zeit auch Osnabrück) gleichzeitig oder später Universitätsrang erreichten.

Literatur: Zusammenfassende Darstellungen, wie sie für die Universitäten des Mittelalters vorliegen, fehlen für den Darstellungszeitraum der Karte. Von den zu Nr. 64 genannten Werken geht nur d'Irsay über das Mittelalter hinaus. Daneben ist heranzuziehen: Das akademische Deutschland, hrsg. von M. Doeberl u. a., I (Berlin 1930) (mit Karten); L. Petry, Die Reformation als Epoche der deutschen Universitätsgeschichte: Festgabe Lortz, II: Glaube und Geschichte (Baden-Baden 1958) 317–353; H. Tüchle, Das Seminardekret des Tridentiner Konzils und die Formen seiner geschichtlichen Verwirklichung: Theologische Quartalschrift 144 (1964) 12–30. – Im übrigen ist man auf Monographien sowie Stadt- und Reformationsgeschichten angewiesen. Zu letzteren vgl. die Kommentare zu 73 76–77 92 und 93, zu den Universitäts- und Stadtmonographien neben den zu Karte 73 genannten noch folgende Nachschlagewerke: J. H. Zedler, Großes und vollständiges Universal-Lexicon aller Wissenschaften und Künste, 64 Bde und 4 Suppl.-Bde (Halle – Leipzig 1732–54); Allgemeine Encyclopädie der Wissenschaften und Künste, hrsg. von J. S. Ersch – J. G. Gruber, I. Sektion Bd 1–99, II. Sektion Bd 1–43, III Sektion Bd 1–25 (Leipzig 1818–89); Encyclopédie Française, publ. sous la dir. gén. de L. Febvre, 1–21 (Paris 1937–66); Enciclopedia Cattolica, 12 Bde (Città del Vaticano 1949–54); Annuario Pontificio, Publicazione officiale (Roma 1961) bes. 1073–95 1571–74; Encyclopaedia Britannica, 23 Bde, Index, Atlas, ed. in chief W. E. Preece (Chicago 1967)

E. W. Zeeden

81: Russisches Mönchtum 1400–1700

Autor: O. Schlolaut

Endgültig nach der Zerstörung durch die Mongolen im Jahre 1240 hatte Kiew seine Bedeutung als politisches Zentrum des russischen Staates verloren. Neben Galitsch und Nowgorod war das Fürstentum von Wladimir-Susdal das wichtigste Zentrum politischer Macht. Nach Wladimir an der Kljasma übersiedelte 1299 auch der Metropolit von Kiew. In dem waldreichen Land zwischen Wolga und Oka, das die Feldzüge der Mongolen meist nicht mehr erreichten, siedelten große Teile der aus dem verwüsteten Süden flüchtenden Bevölkerung. Mit starker Unterstützung der Kirche begannen Anfang des 14. Jh. die Großfürsten von Moskau mit der „Sammlung des russischen Landes". 1328 verlegte der Metropolit seine Residenz nach Moskau. 8. September 1380 besiegte Dimitrij („Donskoj") in der Schlacht bei Kulikowo, gefolgt von den meisten nordrussischen Fürsten, die Mongolen unter Mamai.

Im 14. Jh. kam es zu einer Neugestaltung des russischen Mönchtums, dessen hervorragendster Vertreter Sergij von Radonesch (1319–92) in dem von ihm mit den um seine Wald-Einsiedelei gesammelten Schülern gegründeten Kloster das Koinobion einführte. Dieses Kloster, das Swjato-Troice-Sergiew-Kloster (seit 1744 Lawra), wurde zum Ausgangspunkt zahlreicher weiterer Klostergründungen, hauptsächlich in immer weiter nach Norden fortschreitender Richtung. Bedeutendes Zentrum des Mönchtums ist seit Mitte des 13. Jh. das Gebiet um den Beloozero und Wologda. Die Klöster wurden vielfach Mittelpunkt der Kolonisation in den weiten Wäldern. Von ihnen aus begann auch die Mission unter den finnischen Völkern (Stefan von Perm, † 1396, bei den Zyrjanen).

Im Südwesten waren große Teile des ehemaligen Kiewer Reiches unter das Großfürstentum Litauen gekommen. Dadurch kam es 1448, endgültig 1458 zur Spaltung der russischen Metropole in eine von Kiew und eine von Moskau. Obwohl vom Metropoliten von Moskau, Isidor, mitunterzeichnet, wurde in Moskau die Union von Florenz von 1439 verworfen. Die Folge war die endgültige jurisdiktionelle Trennung der russischen von der griechischen Kirche. Höhepunkt dieser Entwicklung war 1589 die Errichtung des Patriarchats von Moskau.

Unter Iwan III. dem Großen (1462–1505), der den Moskauer Staat 1480 endgültig aus der Oberhoheit der Goldenen Horde lösen konnte, und Iwan IV. dem „Schrecklichen" (1533–84) vereinigte Moskau das gesamte großrussische Gebiet unter seiner Herrschaft. Im Inneren wurde die Autokratie gefestigt: 1547 Annahme des Zarentitels. Daraus entstanden innerkirchliche Streitigkeiten: Der Abt Josif von Wolokalamsk war der Wortführer derjenigen, die in dem autokratisch geführten Staat den Hüter der Rechtgläubigkeit des „Dritten Rom" sahen. Dagegen trat die Bewegung der „Uneigennützigen" auf, die ein hesychastisch geprägtes asketisches Ideal vertrat (Ablehnung nicht nur des persönlichen Besitzes der Mönche, sondern auch des Klosterbesitzes. Nil Sorskij, Wasian Kosoj).

1613 begann die Herrschaft des Hauses Romanow auf dem Zarenthron. Die Reform des Patriarchen Nikon (1652–66) führte zur Abspaltung der „Altgläubigen", deren bedeutendster Sprecher der Protopope Awwakum war.

Wichtig ist, daß orthodoxe russische Klöster, selbst nach der Union von Brest (1596), auch im Gebiet des Großfürstentums Litauen bzw. des vereinigten polnisch-litauischen Staates bestanden und allen Unionsbestrebungen widerstanden. Mönche aus diesen Klöstern kamen im 17. Jh. in großer Zahl nach Moskau und spielten dort als Vermittler westlicher Bildung und als Bischöfe eine bedeutende Rolle.

Literatur: I. A. Čistovič, Istorija pravoslavnoj cerkvi v Finlandii i Estlandii, prinadležaščich k Sanktpeterburgskoj eparchii (Sanktpeterburg 1856) (Geschichte der orthodoxen Kirche in Finnland und Estland, zugehörig der Eparchie Sanktpeterburg); Makarij (Bulgakov), Istorija russkoj cerkvi, 12 Bde (Sanktpeterburg 1857–83) (Geschichte der russischen Kirche); Nikolaj, Archim., Istoriko-statističeskoe opisanie Minskoj eparchii (Sanktpeterburg 1864) (Historisch-statistische Beschreibung der Eparchie Minsk); V. V. Antonovič, Očerk sostojanija pravoslavnoj Cerkvi v Jugo-Zapadnoj Rossii s poloviny XVII stoletija do konca XVIII stoletija: Monografii po istorii Zapadnoj i Jugo-Zapadnoj Rossii (Kiew 1885) (Darstellung des Zustandes der orthodoxen Kirche in Südwest-Rußland von Mitte des 17. Jh. bis Ende des 18. Jh.); V. Zverinskij, Materialy dlja istoriko-topografičeskogo issledovanija o pravoslavnych monastyrjach v Rossijskoj Imperii, 3 Bde (Sanktpeterburg 1890–97) (Materialien zur historisch-topographischen Forschung über orthodoxe Klöster im Russischen Reich); G. Bogoslovskij, Kratij istoričeskij očerk Kazanskoj eparchii (Kazan 1893) (Kurze historische Darstellung der Eparchie Kazan); N. Konoplev, Svjatye vologodskago kraja (Moskau 1895) (Die Heiligen Orte des Gebietes von Wologda); Smirgatskij, Istoriko-statističeskij sbornik svedenij o Pskovskoj eparchii (Ostrov 1895) (Historisch-statistischer Sammelband von Nachrichten über die Eparchie Pskow); J. M. Pokrovskij, Russkie eparchii v XVI-XIX vv., ich otkrytie, sostov i predely, I (Kazan 1897), II (1913) (Die russischen Eparchien im 16.–17. Jh.); G. S. Lytkin, Zyrjanski kraj pri episkopach permskich i Zyrjanski jazyk. Posobie pri izučenii zyrjanami russkogo jazyky (Sanktpeterburg 1889) (Das Gebiet der Zyrjanen unter den Bischöfen von Perm und die zyrjanische Sprache); A. Wirth, Geschichte Sibiriens und der Mandschurei (Bonn 1899); E. E. Golubinskij, Istorija russkoj cerkvi, Bd II (2 Tl.e) (Moskau 1900–16) (Geschichte der russischen Kirche); M. Rudnev, K istorii Kolomenskoj eparchii: Čtenija v Imperatorskom Obščestve istorii i drevnostei Rossijskich pri Moskovskom Universitete (Moskau 1903) (Zur Geschichte der Eparchie Koloma); J. Savvinskij, Istoričeskaja zapiska ob Astrachanskoj eparchii za 300 let ee suščestvovanija (Astrachan 1903) (Historischer Bericht über die Eparchie Astrachan während 300 Jahren ihres Bestehens); Istoriko-statičeskoe opisanie prichodov i monastyrej Orlovskoj eparchii, 2 Bde (Orel 1905) (Historisch-statistische Beschreibung der Eparchie Orel); L. J. Denisov, Pravoslavnye monastyri Rossijskoj imperii. Polnyj spisok (Moskau 1908) (Die orthodoxen Klöster des Russischen Reiches. Vollständiges Verzeichnis); Mogilevskaja eparchija. Istoriko-statičeskoe opisanie, Bd I (Mogilew 1910) (Die Eparchie Mogilew. Historisch-statistische Beschreibung); N. Redkov, Istoriko-statističeskoe opisanie cerkvej i prichodov Smolenskoj eparchii, Bd I (Smolensk 1915) (Historisch-statistische Beschreibung der Kirchen und Kirchengemeinden der Eparchie Smolensk); S. F. Platonov, Geschichte Rußlands vom Beginn bis zur Jetztzeit, hrsg. von F. Braun, Schlußkapitel von O. Hoetzsch (Leipzig 1927); I. Smolitsch, Leben und Lehre der Starzen (Wien 1936); J. Semjonow, Die Eroberung Sibiriens. Ein Epos menschlicher Leidenschaften. Der Roman eines Landes (Berlin 1937); E. Hanisch, Geschichte Rußlands, Bd I. Von den Anfängen bis zum Ausgang des 18. Jh. (Freiburg 1940, ²1943); A. J. Kopanev, Istorija zemlevladenija Belozerskogo kraja XV-XVI v. (Moskau–Leningrad 1951) (Geschichte des Grundbesitzes im Gebiet des Beloozero im 15.–16. Jh.); G. Stökl, Die politische Religiosität des Mittelalters und die Entstehung des Moskauer Staates: Saeculum 2 (1951) 393–415; I. Smolitsch, Russisches Mönchtum. Entstehung, Entwicklung und Wesen 988–1917: Das östliche Christentum, NF 10/11 (Würzburg 1953); S. V. Bachrušin, Naučnye trudy. Bd III. Izbrannye trudy po istorii Sibiri XVI–XVII vv., Tl. 1: Voprosy russkoj kolonizacii Sibiri v XVI–XVII vv., Tl. 2: Istorija narodov Sibiri v XVI–XVII vv. (Moskau 1955) (Wissenschaftliche Arbeiten, Bd III. Ausgewählte Arbeiten zur Geschichte Sibiriens des 16.–17. Jh., Tl. 1: Fragen der russischen Kolonisation Sibiriens im 16.–17. Jh., Tl. 2: Geschichte der Völker Sibiriens im 16.–17. Jh.); A. W. Bunin, Geschichte des russischen Städtebaues bis zum 19. Jh. (Berlin 1961); Sovetskaja istoriceskaja enciklopedija. Glavnyj redaktor E. M. Žukov (Moskau 1961 ff) (Sowjetische historische Enzyklopädie); G. Stökl, Russische Geschichte von den Anfängen bis zur Gegenwart (Stuttgart 1962); M. Klimenko, Ausbreitung des Christentums in Rußland seit Vladimir dem Heiligen bis zum 17. Jh. Versuch einer Übersicht nach russischen Quellen (Berlin–Hamburg 1969).

O. Schlolaut

82: Die geistlichen Staaten im Zeitalter der Reformation

83: Die geistlichen Staaten vom 17. Jh. bis zum Ende des Alten Reiches

Autoren: E. W. Zeeden – J. Burkhardt – H. J. Köhler

Der Eintragung der geistlichen Staaten liegen die Reichsmatrikeln (vgl. unten) zugrunde, die die Leistungen der Reichsstände für den Romzug, das Reichsregiment und das Reichskammergericht festlegten. Durch Reformationseinwirkungen wurden einige der geistlichen Staaten in ihrer Reichsstandschaft entscheidend gefährdet (protestantischer Bischof, Administrator oder Koadjutor, protestantisches Domkapitelregiment, protestantische Bevölkerung bei unentschiedenem Regiment). Diese Gefährdung ist in der Karte besonders markiert. Wenn die Administration praktisch schon der Eingliederung in ein säkulares Territorium gleichkommt oder – wie im Falle des Deutschordenslandes – der geistliche Reichsstand unter fremder Lehenshoheit steht, werden die entsprechenden Staaten zur Kategorie „mit eingeschränkter Reichsstandschaft" gerechnet.

Die geistlichen Staaten des Alten Reiches waren eingeordnet in die nuancenreiche hierarchische Abstufung des hohen Reichsadels. Politische Macht, staatsrechtliche Stellung und Adelsrang waren jedoch nicht eindeutig einander zugeordnet. Die in der Karte gezeigten Symbole – die im übrigen nicht nach einer bestimmten Rangfolge geordnet sind – bezeichnen den nominellen Adelsrang der geistlichen Staaten in den einzelnen Stichjahren.

Im einzelnen sind zu den Aussagen der Karten folgende Erläuterungen zu ergänzen:

a) Zu den fürstbischöflichen Herrschaften:

Das „kleine Stift" des Bistums Hildesheim blieb während des ganzen Darstellungszeitraumes geistlicher Staat, während das „große Stift" lange umkämpft war. – Lübeck wurde im 17. Jh. evangelisches geistliches Fürstentum. – Osnabrück wurde 1648 alternierend protestantisch/katholischer geistlicher Staat (capitulatio perpetua). – Worms war vorübergehend (1595–1604) von Frankreich besetzt.

b) Zu den übrigen geistlichen Herrschaften:

Berchtesgaden war seit 1559 Fürstpropstei. – Corvey war 1794–1803 Bistum. – Fulda wurde 1752 Bistum. – Gandersheim war seit 1589 protestantisch. – Gernrode war seit 1545 protestantisch und wurde 1610 aufgehoben. – Kempten wurde 1548 Reichsabtei. – Ochsenhausen wurde 1746 gefürstete Reichsabtei. – Prüm kam 1576 zu Kurtrier. – Reichenau kam 1540 endgültig an das Bistum Konstanz. – Die Reichsstandschaft der Abtei S. Blasien rührte vom Besitz der Gft. Bonndorf. 1746 wurde S. Blasien gefürstete Reichsabtei. – S. Gallen war seit 1451 zugewandter Ort der Schweiz. – S. Johann wurde 1530 bzw. 1555 als Propstei mit S. Gallen vereinigt. – S. Maximin stand seit 1669 unter Kurtrier. – Walkenried wurde 1546 protestantisch. – Zwiefalten wurde 1750 voll reichsfrei.

Quellen und frühe Forschung: *Zu 1521:* Anschlag für die Romzugshilfe in Truppen zu Fuß und zu Roß und für Unterhaltung des Regiments und des Kammergerichts in Geld (Reichsmatrikel), hrsg. in: Deutsche Reichstagsakten, jüngere Reihe, unter Kaiser Karl V., Bd II, ed. A. Wrede (Gotha 1896) 424–442 No. 56; ferner bei K. Zeumer, Quellensammlung zur Geschichte der deutschen Reichsverfassung in Mittelalter und Neuzeit: Quellensammlung zu Staats-, Verwaltungs- und Völkerrecht, Bd II (Tübingen ²1923) 255–259. – *Zu 1602:* Zacharias Geizkofler, Matrikulae Statuum Imperii (Basel 1726) (nach der 1. Aufl. von 1602). – *Zu 1748:* Johann Jakob Moser, (altes) Teutsches Staats=Recht, Tl. 36 und 37 (Leipzig u. a. 1748). – *Zu 1775:* ders., Von den Rechten und Pflichten des Cammergerichts in Ansehung der Cammergerichtlichen Matrikular=Anschläge (Frankfurt 1775). – *Zu 1788:* Anton Friedrich Büsching, Erdbeschreibung, Tl. II–X (Hamburg 1788–92). – *Zu 1796:* H. S. G. J. Gumpelzhaimer, Die Reichsmatrikel aller Kreise. Nebst den Usual=Matrikeln des Kaiserlichen und Reichs=Kammergerichts (Ulm 1796). – **Darstellungen:** J. Ficker, Vom Reichsfürstenstande, 2 Bde (Innsbruck 1861); A. Hauck, KG Deutschlands, Tl. V/1 (Leipzig 1911) (meist nach Ficker; stellt aber Listen auf). – **Lexika:** Wetzer und Welte, Kirchenlexikon, 12 Bde und Reg. (Freiburg ²1882–1901); LThK¹; H. Rössler – G. Franz, Sachwörterbuch zur deutschen Geschichte (München 1958) (besonders die staatsrechtl. Artikel; Reichskreise, Prälaturen).

E. W. Zeeden

84A: Die Missionen der Jesuiten in Baja California, Sonora, Chihuahua und Sierra Madre bis um 1720

Autor: J. Martin

Nachdem die Orden im südlichen und mittleren Mexiko festen Fuß gefaßt hatten (vgl. Karte B), begannen sie noch am Ende des 16. Jh. weiter nach Norden vorzudringen. Während die Schwerpunkte jesuitischer Mission – wie auf der Karte dargestellt – im Nordwesten lagen, konzentrierte sich die Tätigkeit der Mendikantenorden außer auf die zentral- und südmexikanischen Bereiche besonders auf den Nordosten. Im hier gelegenen Gebiet von Nueva Santander waren insbesondere die Franziskaner wirksam, die auch in Florida eine große Anzahl von Missionen gründeten und nach 1767, als die Jesuiten aus Mexico (und den übrigen spanischen Kolonialländern) vertrieben wurden, auch deren Missionen zum größten Teil übernahmen – die Nachfolge in den Missionen von Baja California, der kalifornischen Halbinsel, traten die Dominikaner 1772 an.

Grundlage für die Eintragungen in die Karte sind Berichte der einzelnen Missionsstationen aus dem Jahre 1716–20 – sie sind bei F. J. Alegre (s. u.) abgedruckt. Zusätzliche Informationen bieten die Berichte, die bei der Übergabe der Missionen an die Franziskaner angefertigt wurden – nach diesen Berichten sollen sich die meisten Missionen 1767 in einem recht desolaten Zustand befunden haben.

Mit den mir zur Verfügung stehenden kartographischen Mitteln war es nicht möglich, alle Missionen aufzufinden bzw. in einigen Fällen, in denen Missionsnamen mit heute häufiger vorkommenden Ortsnamen zusammenfallen, zu entscheiden, um welchen Ort es sich handelt. Im einzelnen sind deshalb folgende Missionen nicht in die Karte eingetragen: im Gebiet der Sierra Madre (etwa die Missionen nördlich des 29. Breitengrades) Onapa und Nuestra Señora del Popolo; in Sonora (etwa die Missionen zwischen dem 27. und 29. Breitengrad im Bereich der Flüsse Yaqui und Maya) Cuirimpo, Tessia, Tepahiu, Guirivis, Bethlén; im südlich daran anschließenden Cinaloa die Missionen Chicorato, Sivirijoa, Baimena, Vaca und Huites; schließlich in Chihuahua (etwa östlich des 108. Längengrades) die Missionen Nombre de Maria, S. Ignacio de Corachi, Tizonao und S. Catalina de Tepehuanes. Erwähnt sei schließlich noch, daß die Franziskaner nach der Übernahme der jesuitischen Missionen in der 2. Hälfte des 18. Jh. an der kalifornischen Küste entlang neue berühmte Missionen gründeten (u. a. S. Francisco), die auf Karte 87 mit dargestellt sind.

Quellen und Literatur: Kartographische Grundlagen waren neben den unten genannten Werken, die z. T. Karten enthalten (bes. die Arbeiten von Z. Engelhardt), die zu Karte 85 angeführten Werke. Mir nicht zugänglich waren C. Encinas, Mapas de Mexico (Mexico 1955); G. Eckhard, Map of Sonora, Mexico, and the Mission Churches of Sonora (Tucson 1960). – *Zu den Missionen:* Z. Engelhardt, The Franciscans in Arizona (Harbor Springs 1899); ders., The Missions and Missionaries of California, 4 Bde (San Francisco 1908–15); G. Decorme, La obra de los Jesuítas mexicanos durante la época colonial 1572–1767, 2 Bde (Mexico 1941); F. J. Alegre, Historia de la Provincia de la Compañía de Jesús de Nueva España, 4 Bde: Biblioth. Inst. Histor. S. J. IX XIII XVI XVII (Roma 1956–60), bes. Bd IV; H. Heising, Missionierung und Diözesanbildung in Kalifornien (Münster 1958) (mit weiterer Literatur zu Kalifornien).

J. Martin

84B: Die Niederlassungen der Mendikantenorden bis 1577

Autoren: B. A. L. van Luijk (für Augustiner) – J. Martin. Insbesondere für die Dominikaner, aber auch für die anderen Orden wurde das unten genannte Werk von R. Ricard herangezogen.

Die Karte liegt chronologisch vor Karte A: sie stellt die erste Phase der Kolonialisierung, aber auch der „geistlichen Eroberung" Mexicos dar, die ganz im Zeichen der Mendikantenorden stand. Die Jesuiten trafen erst 1572 in Mexiko ein und entwickelten seit den 80er Jahren und im 17. Jh. erstaunliche missionarische Initiativen.

1517 landeten die Spanier in Yucatán und eroberten 1519–21 das Land. 1519 wurde in Yucatán das erste Bistum gegründet, das 1525 nach Tlaxcala und 1539 nach Puebla verlegt wurde. Weitere in die Karte eingetragene Bistümer folgten, 1546 wurde Mexiko zusammen mit Lima (vgl. Karte 85) und Santo Domingo zur Metropole erhoben.

Der schnellen Entwicklung der Kirchenorganisation entsprach eine noch schnellere auf seiten der Orden: die Franziskaner kamen 1523, die Dominikaner 1526, die Augustiner-Eremiten 1534 ins Land. In der Karte verzeichnet sind deren Niederlassungen, nicht die von ihnen betreuten Pfarreien, deren Zahl am Ende des 16. Jh. 473 betrug. Außer auf religiösem leisteten die Orden Beträchtliches auf sozialem und kulturellem Gebiet durch die Errichtung von Hospitälern, Schulen und Kollegien. Nicht zu vergessen sind schließlich auch – gerade angesichts vieler berechtigter Anklagen gegen die Kirche im heutigen Lateinamerika – die Proteste der Orden gegen die Ausbeutung der Eingeborenen. Ein besonders wirksamer Schutz dagegen wurde im Reduktionen-System gefunden (vgl. dazu Karte 85 mit Kommentar), das auch in Mexico angewandt wurde und von hier aus auch die Missionierung auf den Philippinen (vgl. Karte 90) beeinflußte – wie überhaupt Mexico der „Umschlagplatz" für alle spanischen Unternehmungen im Fernen Osten war. Das drückt sich u. a. auch darin aus, daß das erste philippinische Bistum Manila bis zur Gründung einer eigenen philippinischen Kirchenprovinz der Metropole Mexico unterstellt war.

Die Erstellung einer genauen Konventsliste für die Mendikantenorden in Mexico bereitet einige Schwierigkeiten, denn die Angaben in der Literatur schwanken beträchtlich, und nur ein Teil der Quellen ist zugänglich. Ebenso gibt es Differenzen in den Lokalisierungen, die nicht sämtlich mit den mir zugänglichen Mitteln überprüft werden konnten, so daß die Karte einige Ungenauigkeiten enthalten kann. Für die Augustiner sind in der Karte noch südwestlich von Michoacán die beiden Konvente Chucándrio und Undameo und östlich von Huango Copándaro zu ergänzen.

Quellen und Literatur: Zu den kartographischen Grundlagen vgl. die Karten 84A und 85, ferner die unten angegebene Literatur. – *Allgemein:* M. Cuevas, Historia de la Iglesia en Mexico, 5 Bde (El Paso 1921–28, [2]1946–47); J. Bravo Ugarte, Diocesis y obispos de la Iglesia mexicana (1519–1939) (Mexico 1941); W. Promper, Priesternot in Lateinamerika (Löwen 1965). – *Zu den Orden:* vgl. die oben zur Karte 84A angegebene Literatur, ferner die zu Karte 70 angegebenen Werke von A. Lubin und B. A. L. van Luijk. Außerdem: D. Basalenque, Historia de la provincia de S. Nicolás de Tolentino de Michoacán (Méjico 1673, Neudr. 1886); M. de Escobar, Americana Thebaide (Neudr. Méjico 1924); R. Ricard, La „conquête spirituelle" du Mexique (1523–1572) (Paris 1933); G. Zulaica Gárate, Los Franciscanos y la imprenta en Mexico en el siglo XVI (Mexico 1939); I. F. de Espinosa, Crónica de la Provincia Franciscana de los Apostolos S. Pedro y S. Pablo de Michoacán (Mexico [2]1945); A. Ennis, Fray Alonso de la Vera Cruz O. S. A. (1507–1584) (Louvain 1957); E. Vasquez-Vasquez, Distribución geográfica de las Ordenes Religiosas en la Nueva España (siglo XVI) (Méjico 1965).

J. Martin

Zu den Augustinern Angaben von B. A. L. van Luijk

85: Die Entwicklung der Kirchenorganisation und Mission in Südamerika bis um 1750

Autor: J. Martin. Materialhinweise gab E. G. Jacob, Hinweise zur Kirchenorganisation W. Promper.

Die Karte reicht chronologisch von den Anfängen der kirchlichen Wirksamkeit in Südamerika bis zur Mitte des 18. Jh.: bald nach 1750 gab es einen entscheidenden Einschnitt in der südamerikanischen Kirchengeschichte, als 1759 die Jesuiten aus Brasilien und 1767 aus den spanischen Teilen des Kontinents vertrieben wurden.

Die Demarkationslinie Alexanders VI. von 1493 und der Vertrag von Tordesillas (1494) bedeuteten für Lateinamerika, daß Portugal im wesentlichen Brasilien, Spanien die übrigen Länder erhielt. Als Patronatsherren bestimmten die spanischen und portugiesischen Herrscher in Zukunft die kirchliche Entwicklung Lateinamerikas entscheidend mit. Das wirkte sich insbesondere auch auf die Genese der kirchlichen Organisation aus. Da die Herrscher alle neu zu errichtenden Sprengel auch dotieren mußten, verzögerte sich teilweise aus finanziellen Gründen die Errichtung von Bistümern. Brasilien erhielt erst 1557 eine eigene Diözese; in den spanischen Gebieten begann zwar die Gründung von Bistümern früher, doch hat auch hier die Opposition Ferdinands II. von Aragón die von Papst Julius II. intendierte frühe Gründung einer Metropole auf Haiti verhindert. Bis 1546, als die Kirchenprovinzen Mexiko, Santo Domingo und Lima geschaffen wurden, unterstanden alle Bistümer Spanisch-Südamerikas Sevilla. Der auf der Karte dargestellte Stand wurde erreicht, nachdem Bogotá 1564 und Charcas in Bolivien (= La Plata, heute Sucre) 1609 zu Metropolen erhoben worden waren. Caracas wurde erst 1803 Metropole, gehörte aber vorher zu keiner Kirchenprovinz. – Wie die Bistümer der spanischen Gebiete Sevilla, so unterstand das 1551 errichtete und bis 1676 einzige Bistum Brasiliens, São Salvador, der Metropole Lissabon. Obwohl São Salvador 1676 Metropole wurde (mit den Suffraganen Olinda-Recife und Rio de Janeiro), kam das 1677 gegründete São Luis de Maranhão wiederum unter Lissabon und erst 1827 zu São Salvador. – Die Grenzen der kirchlichen Provinzen lehnen sich sämtlich an die der politischen Aufteilung Südamerikas in jener Zeit an. Vgl. dazu die unten angeführten kartographischen Werke.

Die Orden waren – wie anderswo – auch hier die Hauptträger der

Mission. Franziskaner und Dominikaner kamen schon in der 1. Dekade des 16. Jh. auf die Inseln der Karibischen See (besonders nach Española = Haiti) und drangen von hier aus zunächst in die westlichen Länder Südamerikas vor. Ihre und die Niederlassungen der Jesuiten, die 1549 in São Salvador erstmals den neuen Kontinent betraten, konnten auf der Karte nur in Auswahl gegeben werden, da die Zahl der Niederlassungen – allein die Franziskaner Lateinamerikas sollen um 1700 über 500 Konvente gehabt haben – die Möglichkeit einer vollständigen kartographischen Darstellung innerhalb dieses Atlas übersteigt.

In bezug auf die Missionstätigkeit der Orden verzeichnet die Karte den Stand des 17. und 18. Jh., und auch für diese Zeit nur die größeren zusammenhängenden Missionsgebiete – im wesentlichen die, in denen Reduktionen (vgl. unten) gegründet wurden. Die Einzeldarstellung für das nur durch Farben markierte Gebiet Venezuelas findet sich auf S. 86. Dagegen konnten die Missionsstationen der Jesuiten in der vorliegenden Karte eingetragen werden, weil es sich jeweils um sehr großflächige, am Rande des europäischen Siedlungsbereichs liegende Gebiete handelt. Damit beim Leser aber kein falscher Eindruck entsteht, muß betont werden, daß die Mendikantenorden in den Gebieten des heutigen Kolumbien, Peru, Chile und Argentinien/Paraguay schon in der 1. Hälfte des 16. Jh. mit der Missionsarbeit begannen. Diese frühen Missionen waren im 17. Jh. schon zu großen Teilen in eine geregelte Pfarrorganisation übergeführt.

Die Missionsgebiete der Jesuiten, insbesondere das fälschlich als „Jesuitenstaat von Paraguay" bezeichnete um den Rio Paraná und Rio Uruguay, wurden dadurch berühmt, daß in ihnen das schon vorher von den Dominikanern und Franziskanern eingeführte Reduktionen-System zur Vollendung geführt wurde. Die Reduktionen waren „unter der Leitung von Missionaren stehende geschlossene Siedlungen bekehrter Indianer, die ‚ad ecclesiam et vitam civilem essent reducti'" (Kahle, s. u.); sie waren auch wirtschaftlich so organisiert, daß sie sich aus eigener Kraft erhalten konnten. Neben den berühmten 30 Guarani-Reduktionen (gegründet seit 1609) entstanden Reduktionen der Jesuiten in Guayrá (= das kleine grüne Gebiet nordöstlich der Guarani-Reduktionen; seit 1610; mußten 1630 geräumt werden), bei den Mojos und Chiquitos (die Mojos saßen nördl. von S. Cruz [de la Sierra] um den Rio Mamoré [heutiges nordöstl. Bolivien], die Chiquitos schlossen sich südöstl. an; beide Gebiete sind in der Karte zusammengefaßt; die erste Reduktionsgründung war Loreto, 1684), schließlich bei den Maynas (um den Rio Napo und Rio Maraño, im heutigen östlichen Ekuador; erste Gründung 1638). Zu den Reduktionen der Kapuziner vgl. Karte 86.

In Brasilien begannen die Jesuiten, wie schon erwähnt, 1549 mit der Missionsarbeit und gründeten noch in den 50er Jahren Niederlassungen, u. a. in São Salvador, Rio de Janeiro und Santos. Bis zu ihrer Vertreibung 1759 gelang es ihnen, am Amazonas und seinen Nebenflüssen entlang immer weiter ins Landesinnere vorzudringen und fast eine Landverbindung zum Westen zu schaffen.

Nicht dargestellt ist auf der Karte die Tätigkeit der Orden auf dem Bildungssektor, insbesondere die Gründung von Universitäten. Es ist keineswegs selbstverständlich, daß diese Institutionen europäischer Bildung sofort auch in die neuen Gebiete verpflanzt wurden. 1538 entstand als erste Universität in Lateinamerika die dominikanische Universität von Santo Domingo, darnach wurden im 16. und 17. Jh. in allen südamerikanischen Ländern Ordens-Universitäten gegründet.

Quellen und Literatur: *Kartographische Grundlagen:* Ministero de Industria y Obras Públicas, Cartografía Hispano Colonial de Chile (Santiago de Chile 1924); J. F. Guillén y Tato, Monumenta Cartographica Indiana (Madrid 1942); A. Curtis Wilgus, Latin America in Maps (New York 1943); F. Vindel, Mapas de América en los Libros Españoles de los siglos XVI al XVIII (1503–1798), 2 Bde (Madrid 1955–59); Bolivia, Paraguay. Cartera de Mapas (o. O. u. J.). Zahlreiche Karten finden sich außerdem in der unten angegebenen Literatur, besonders bei Faßbinder, Garsch, Hernández, Quelle. – *Kirchenorganisation:* Einen kurzen instruktiven Überblick bietet W. Promper, Priesternot in Lateinamerika (Löwen 1965) 69–77 (mit weiterer Literatur). Vgl. auch die Bistumsartikel im LThK². – *Orden und Missionen: Dominikaner:* A. Walz, Compendium Historiae Ordinis Praedicatorum (Roma ²1948) (mit weiterer Literatur). – *Franziskaner:* P. Otero, La Orden Franciscana en el Uruguay (Buenos Aires 1908); G. A. Robledo, La Orden Franciscana en la América Meridional (Roma 1948); A. Tibesar, Franciscan Beginnings in Colonial Peru: Publications of the Academy of American Franciscan History 1 (Washington D. C. 1953); S. Prein u. a., Província Franciscana de Santo Antônio do Brasil (Recife-Pernambuco o. J. [1957]); B. Röwer, Páginas de História Franciscana no Brasil (Rio de Janeiro u. a. 1957). – *Jesuiten:* Pastells y Mateos, Historia de la Compañia de Jesús en la Provincia del Paraguay, 8 Bde (Madrid 1912–49); P. Hernández, Organización social de las doctrinas Guaraníes de la Compañía de Jesús, 2 Bde (Barcelona 1913); M. Faßbinder, Der Jesuitenstaat in Paraguay (Halle/Saale 1926); O. Quelle, Das Problem des Jesuitenstaates Paraguay: Ibero-Amerikanisches Archiv 8 (Berlin 1934–35) 260–282; S. Leite, Historia de Companhia de Jesus no Brasil (Lisboa – Rio de Janeiro 1938–55); ders., Artes y ofícios dos Jesuítas no Brasil (1549–1760) (Lisboa – Rio de Janeiro 1953); J. Hansl, Die „sieben Reduktionen" am Rio Grande do Sul: Südamerika 8 (1958) 216–220; G. Furlong, Misiones y sus Pueblos de Guaranıes (Buenos Aires 1962).

J. Martin

86: Missionen in Venezuela und Kolumbien bis 1817

Autor: B. A. L. van Luijk (für die Augustiner) – J. Martin.

Die Karte stellt zwei sauber zu scheidende Abschnitte der Mission dar: die der Augustiner im heutigen Kolumbien und West-Venezuela und die der anderen Orden im übrigen Venezuela. Die Missionen der Augustiner gehören in den Zusammenhang der frühen Missionen der Mendikantenorden im Westen des Kontinents, vor allem in Peru, wo die Augustiner 1551 eintrafen. Von dort aus drangen sie nach Norden und Westen vor und gelangten so auch in die auf der Karte dargestellten Gebiete. 1597 wurde die Provincia Novi Regni Granatensis mit Bogotá als Hauptzentrum errichtet.

Die Erschließung Venezuelas geschah dagegen, wie auch die Karte deutlich zeigt, von Norden her und setzte erst viel später ein. Zwar hatten schon in der 2. Dekade des 16. Jh. Dominikaner und Franziskaner versucht, Missionen und Niederlassungen zu gründen, doch hatten die Indianer innerhalb weniger Jahre alles zerstört. Selbst mit militärischen Mitteln konnten die Spanier bis zur Mitte des 17. Jh. in Venezuela nicht Fuß fassen – sie gründeten nur einige wenige befestigte Städte, deren Lage aber prekär blieb. In dieser Situation verzichtete Philipp IV. von Spanien 1652 auf weitere militärische Unternehmungen: das Land wurde unter verschiedene Orden aufgeteilt, die es mit friedlichen Mitteln gewinnen sollten. Die Franziskaner erhielten die Provinz Cumaná (auf der Karte westlich des 64. Längengrades), die Kapuziner 1657 das sich östlich daran anschließende Nueva Andalucía und 1658 die Provinz Caracas, in deren Südwestteilen auch Dominikaner und Augustiner missionierten. Das Land südlich des Orinoco konnte dauerhaft erst im 18. Jh. missioniert werden: 1736 wurde es unter Kapuziner, Franziskaner und Jesuiten aufgeteilt.

Die Karte beruht – außer für die Augustiner – ausschließlich auf den Forschungen von B. de Lodares (s. u.), dessen Werk auch eine große Karte der Missionen enthält, die allerdings weder nach Orden noch chronologisch differenziert sind. Die vorliegende Karte will einen repräsentativen Eindruck von den missionierenden Orden und der zeitlichen Ausbreitung der Mission vermitteln; sie kann aus folgenden Gründen kein vollständiges Bild der venezuelischen Missionen bieten: a) die Missionen waren – durch dauernde Zerstörungen z. B. – einer starken Fluktuation ausgesetzt; viele von ihnen lassen sich deshalb nur schwer erfassen; b) für eine Reihe weiterer Missionen ist das Gründungsdatum nicht bekannt oder wird es zumindest von Lodares nicht genannt; trotz großer Bemühungen war es mir nicht möglich, weitere vorhandene Arbeiten (s. u.) zur Kontrolle oder Ergänzung von Lodares einzusehen; um das Kartenbild nicht zu verfälschen, habe ich die nichtdatierten Missionen herausgelassen: c) eine weitere Gruppe von Missionen konnte ich mit den mir zugänglichen Mitteln nicht lokalisieren; d) schließlich scheint, wie sich aus Andeutungen von M. Watters (s. u.) ergibt, in spanischen Archiven noch viel unaufgearbeitetes Material zu den Missionen Venezuelas zu liegen.

Trotz aller dieser Unzulänglichkeiten schien mir die Karte doch genügend Aussagekraft zu besitzen, um in den Atlas aufgenommen werden zu können. Die heutigen Grenzen Venezuelas sind zur Orientierung eingetragen.

Quellen und Literatur: Zu den kartographischen Grundlagen vgl. neben dem unten gen. Werk von Lodares die zu Karte 85 angegebenen Werke, ferner J. Strickland, Documents and Maps on the Boundary Question between Venezuela and British Guayana from the Capuchin Archives in Rome (Rome 1896) (mir nicht zugänglich). – Zu den Augustinern: A. Villarejo, Los Agustinos en el Perú y Bolivia (Lima 1965), ferner die zu Karte 70 angegebenen Werke von A. Lubin und B. A. L. van Luijk. – Zu den übrigen Missionen: Froylán M. de Rionegro, Relaciones de las Misiones de los PP. Capuchinos en las antiguas provincias españoles hoy Republica de Venezuela (1650–1817) (Sevilla 1918) (mir nicht zugänglich); ders., Misiones de los PP. Capuchinos . . . (1646–1817) (Pontevedra 1927) (mir nicht zugänglich); M. Watters, The Colonial Missions in Venezuela: The Catholic Historical Review 23 (1937) 129–152. Weitere Literatur im Lexicon Capuccinum Promptuarium Historico-Bibliographicum (1525–1950) (Roma 1951) 1797–1798. – Allgemein zu Venezuela: M. Watters, A History of the Church in Venezuela (Chapel Hill 1933).

J. Martin. Angaben zu den
Augustinern van B. A. L. van Luijk

87: Die Indianermissionen im Gebiet der heutigen USA (1567–1861)

Autor: Die Grundkarte stammt aus O. Paullin, Atlas of the Historical Geography of the United States, hrsg. v. Carnegie Institute of Washington und der American Geographical Society (New York 1932). Die Grenzen der Siedlungsgebiete wurden eingetragen nach W. S. Shephard, Historical Atlas (Barnes & Noble, Inc., New York 1964) 190–191.

Für die Missionsphase bis um 1775 spiegelt die Konfession der Missionsträger genau die Nationen der verschiedenen Siedlungsgebiete wider. Nach der Bildung der USA vermischten sich die Konfessionen in den verschiedenen Gebieten und läuft die Missionsbewegung der allgemeinen Westbewegung parallel.

Ich kann nur vermuten, nach welchen Quellen die Karte gearbeitet ist. Die katholischen Missionen waren durchweg Missionen von Orden, deren Mitglieder in mehr oder weniger regelmäßigen Abständen Berichte über den Stand der Mission an die Ordensleitung zu geben hatten. Ähnliche Berichte gab es auch im protestantischen Bereich, vor allem nachdem an den Wenden vom 18. zum 19. Jh. verschiedene große Missionsgesellschaften gegründet worden waren. Seit der Mitte des 19. Jh. fanden protestantische Missionskonferenzen, 1910 in Edinburgh die erste Weltmissionskonferenz, statt, für die Übersichten über den Stand der Mission zusammengestellt wurden. Die zunehmenden Informationen und das wachsende Interesse an der Mission zeigen sich auch in den ersten großen Missionsatlanten, die seit dem Ende des 19. Jh. erschienen (vgl. Kommentar zu den Karten 103–105). Auf katholischer Seite entsprachen ihnen die ersten Auflagen des Atlas Hierarchicus von C. Streit (vgl. Kommentar zu den Karten 98–99).

Obwohl die Karte aus dem Jahre 1932 stammt, ist sie, soweit ich sehe, auch heute nicht überholt. Ergänzungen wären für Florida nötig; vgl. P. G. J. Keegan – L. Tormo Sanz, Experiencia Misionaria en la Florida: Missionalia Hispanica Ser. B. Vol. VII (Madrid 1957) (leider bin ich erst nach Redaktionsschluß der Karte auf dieses Werk gestoßen).

J. Martin

88 A und B: Die kirchliche Situation im Osten Nordamerikas 1650; C bis E: Die kirchliche Situation im Osten Nordamerikas

Autor: Die Karten basieren auf dem Historical Atlas of Religion in America von *E. Scott Gaustad* (Harper & Row, New York – Evanston 1962) Fig. 2 8 10 12 14 16 18 19 20 22. Die Kirchen 1650 sind bei Scott Gaustad (Fig. 2) nur als Punkte ohne Namen markiert, doch werden im Appendix A (S. 167) die Namen gegeben.

Die Karte zum Stand von 1650 spiegelt die ersten Einwanderungswellen wider: die starke Verbreitung der Kongregationalisten in Massachusetts und Connecticut geht auf die Landung der Pilgrim Fathers (1620) zurück, die später starken Zuzug, auch von anderen religiösen Gruppen, erhielten. Die Massierung der Anglikaner im Gebiet der Chesaspeake Bay ist eine Folge der nationalen englischen Kolonisation, die sich zunächst auf dieses Gebiet richtete. In New York, das ja ursprünglich New Amsterdam hieß, siedelten niederländische Reformierte.

100 Jahre später hat sich die Situation entscheidend verändert: Die Baptisten nahmen einen starken Aufschwung, besonders in den Nord- und Mittelkolonien; eine starke deutsche Einwanderung in der 1. Hälfte des 18. Jh. vervielfachte – bes. in den Mittelkolonien – die Gemeinden des amerikanischen Luthertums, das im 17. Jh. von Schweden her bestimmt gewesen war; die um die Mitte des 17. Jh. entstandene Bewegung der Quäker breitete sich, teils gegen starke Widerstände, in den meisten Kolonien aus, bes. in Pennsylvania und New Jersey (wegen mangelnder Unterlagen konnten die einzelnen Kirchen in diesen beiden Gebieten nicht eingetragen werden). Die Anglikaner gründeten ebenfalls Gemeinden in fast allen Kolonien – dennoch ist ihr alter Schwerpunkt im Süden noch ebenso erkennbar wie der der Kongregationalisten im Norden.

In Karte A konnten verschiedene Kirchen nicht genau lokalisiert werden. Sie sind dadurch kenntlich gemacht, daß die entsprechenden Zeichen *ohne Beschriftung* in das Gebiet des jeweiligen *county* gesetzt wurden. Im einzelnen handelt es sich um folgende Kirchen (in Klammern die *counties*):

Anglikaner: Virginia: Harrop (James City) 1614–15; Elizabeth City 1624; Mulberry Island (Warwick) 1635; Hungar's (Northampton) 1635; Newport (Isle of Wight) 1642; Wallingford (Charles City) 1642; Jordan (Charles City) 1642; West (Nansemond) 1643; Elizabeth River (Norfolk) 1643; Southwark (Surrey) 1647; Fairfield (Northumberland) 1648. – *Maryland:* Christ Church (Queen Anne's) 1629; King and Queen (S. Mary's) 1650; William and Mary (S. Mary's) 1650.

Katholiken: Patuxent (Prince George) 1642.

In Karte B fehlen – und sind auch nicht durch Zeichen markiert – die kongregationalistischen Gemeinden Wenham, 1644, und Wakefield, 1645 (beide Mass.), ferner die Presbyterianer-Kirche Newton (New York), 1642.

Quellen: Vgl. oben unter Autor. Die Nachweise für seine Karten hat E. Scott Gaustad auf S. 165 zusammengestellt.

J. Martin

89 A: Die Verbreitung des Christentums in Japan 1549–1650

Autoren: Die Niederlassungen der Jesuiten wurden nach *J. F. Schütte*, Introductio ad historiam Societatis Jesu in Japonia 1549–1650 (Romae 1968) (mit Karte) eingetragen. Die Markierung der Gebiete mit christlicher Bevölkerung beruht auf C. R. Boxer, The Christian Century in Japan 1549–1650 (University of California Press, Berkeley and Los Angeles – Cambridge University Press, London 1957) (mit Karte).

Mit der Ankunft Franz Xavers in Kagoshima (1549) beginnt die Geschichte des Christentums in Japan, das hier einen ungewöhnlich steilen Aufstieg nahm: 1582 zählte man 200 Kirchen mit 150000 Christen, deren Zahl sich bis zum 1. Jahrzehnt des 17. Jh. auf 500000 vermehrte. Träger der Mission waren vor allem die Jesuiten, die seit dem Ende des 16. Jh. auch von Augustinern, Dominikanern und Franziskanern unterstützt wurden. – Schon in den 80er Jahren des 16. Jh. setzte gebietsweise eine Reaktion gegen das Christentum ein, die sich am Beginn des 17. Jh. zu scharfen Verfolgungen steigerte: Missionare wurden ausgewiesen oder hingerichtet, mit ihnen viele Hunderte von Christen. Bald nach 1650 waren die Missionen praktisch ausgelöscht, und es dauerte bis zum 19. Jh., ehe ein Neubeginn einsetzte.

Die Grundlage für die Eintragung der Jesuiten-Niederlassungen bilden Kataloge, über die ausführlich Schütte (s. o.) handelt. Die Verbreitungsgebiete der Christen kennen wir vor allem aus zahlreichen Berichten und Notizen der Verfolgungszeit, die bei Anesaki (s. u.) zusammengestellt sind.

Quellen und Literatur: Vgl. oben unter Autoren, ferner: M. Anesaki, A Concordance to the History of Kirishitan Missions: Proceedings of the Imperial Academy, Suppl. to Vol. VI (Tokyo 1930); J. Jennes, History of the Catholic Church in Japan (1549–1873) (Tokyo 1959); Diego de Aduarte, Historia de la Provincia del Santo Rosario de la Orden de Predicadores en Filipinas, Japón y China (Madrid 1962); A. Hartmann, The Augustinians in Seventeenth Century in Japan (Marylake, King City 1965); R. Lee, Stranger in the Land, A Study of the Church in Japan (London 1967).

J. Martin

89 B–C: Die Mission und die kirchliche Einteilung in Indien und China bis um 1700

Autor: J. Martin. Die Niederlassungen der Jesuiten wurden von *L. Szilas* zusammengestellt.

Mit den ersten Portugiesen kamen auch die ersten Missionare nach Indien. Im Laufe des 16. Jh. wurden zunächst entlang der Küste Missionen gegründet, doch gelang Anfang des 17. Jh. durch neue Missionsmethoden der Jesuiten (unter denen Franz Xaver in Indien wirkte) auch der Vorstoß ins Landesinnere (Madurai-Missionen). Die Eroberung Südindiens durch die Holländer (seit 1657) brachte vielen Missionen den Niedergang. – Der Zugang nach China gestaltete sich für die kath. Missionare äußerst schwierig. Erst kurz vor Ende des 16. Jh. war es den Jesuiten – auch hier durch große Anpassungsfähigkeit an die chinesischen Sitten und Gebräuche – möglich, Stützpunkte im Landesinneren zu gewinnen. Im 17. Jh. durch Dominikaner und Franziskaner verstärkt, hatten die Missionare gute Erfolge, bis Ende des 17. Jh. mit dem Ritenstreit der Rückschlag einsetzte. – Neben den kirchlichen Sprengeln (vgl. dazu auch Karten 106–107), dort mit Errichtungsdaten) wurden in den Karten die Ordensniederlassungen als Zentren der Mission eingetragen. Für die Jesuiten sind zu ergänzen Kollegien in Ambalakta und Bengal sowie Residenzen in Palluruthi, Arthunkal und Palliport, ferner in China eine Residenz in Kiating-hsien (Provinz Kiangsu). Die Franziskaner hatten weitere indische Niederlassungen in Mount Poinsur, auf Manar, den Ilhas und in Daugim. J. de Moidrey (s. u.) spricht davon, daß die Franziskaner im 17. Jh. in Fukien, Shantung, Kwangtung, Kiangsi und auf der Insel Hainan missionierten, doch war nicht zu eruieren, ob in diesen Gebieten auch Konvente gegründet wurden. Die Dominikaner haben wahrscheinlich in Indien außer in Goa noch weitere Niederlassungen gehabt, doch habe ich auch darüber nichts Genaues gefunden (auch A. Walz, Compendium Historiae Ordinis Praedicatorum [Romae ²1948] streift S. 375 die Konvente in Indien und China nur mit einem Satz).

Quellen und Literatur: Für die Dominikaner: B. Biermann, Die Anfänge der neueren Dominikanermission in China: Missionswiss. Abhh. und Texte 10 (Münster 1927) (S. 113 Anm. 116 werden die Residenzen für das Jahr 1667 genannt). – Für Franziskaner: O. Maas, Die Wiedereröffnung der Franziskanermission in China in der Neuzeit: ebd. 9 (Münster 1926); A. Meersmann, The Friars Minor or Franciscans in India 1291–1941 (Karachi 1943). – Für Jesuiten: Catalogus Missionis Sinensis ad annum 1701: Archivum Romanum Societatis Jesu, Jap. Sin. 134, ff. 392ᵃr – 392ᶜv (es wurden nur die Orte eingetragen, in denen mindestens ein Pater residierte); Catalogus rerum Provinciae Goanae confectus mens. Junio an. 1699: ebd. Goa 25, ff. 371r – 372v; Provincia Malabarica in India orientali anno 1655: ebd. Goa 29, ff. 93r – 95r (der Katalog gibt den Stand der Provinz Malabar vor ihrer Eroberung und [teilweisen] Zerstörung durch die Holländer 1660 wieder). – Allgemein und zur Kirchenorganisation (vgl. auch Literatur zu den Karten 106–107): J. de Moidrey, La Hierarchie catholique en Chine, en Corée et au Japon (1307–1914): Variétés Sinologiques 38 (Zi-Ka-Wei bei Changhai 1914); K. S. Latourette, A History of Christian Missions in China (London 1929); C. Cary-Elwes, China and the Cross (New York 1956).

J. Martin

90: Die katholische Kirche auf den Philippinen bis 1655

Autor: Die Karte wurde zusammengestellt nach Einzelkarten, die sich im Buch von *J. L. Phelan,* The Hispanization of the Philippines: Spanish Aims and Filipino Responses, 1565–1700 (Madison: The University of Wisconsin Press; Copyright 1959 by the Regents of the University of Wisconsin) S. 172–176, befinden.

Die Kolonisierung und Missionierung der durch die Demarkationslinie Alexanders VI. (1493) und den Vertrag von Tordesillas (1494) an Spanien gefallenen Philippinen begann im Jahre 1565. Aus zwei Gründen gestaltete sich die Mission äußerst schwierig: einmal hatten die spanischen Missionare einen äußerst langen Anreiseweg – sie kamen fast ausnahmslos über Mexico; zum anderen widersetzten sich das in 7107 Einzelinseln aufgesplitterte Land wie auch seine Bewohner dem Bemühen, Zentren zu schaffen.

Die Karte stellt den Stand der katholischen Kirche nach dem ersten Jahrhundert missionarischer Arbeit – der eigentlichen Christianisierungsphase auf den Philippinen – dar. J. L. Phelan teilt diese Epoche in drei Teile: bis 1578 gab es nur wenige Missionare auf den Inseln – die Zeit ist gekennzeichnet durch vorbereitende Maßnahmen; die Jahre zwischen 1578 und 1609 sind das Goldene Zeitalter philippinischer Mission; in der Phase nach 1609 schließlich begann sich der spanisch-holländische Krieg auch auf die Philippinen auszuwirken; die Disziplin und der Enthusiasmus unter den missionierenden Orden nahmen ab.

Die in der Karte eingetragenen „Pfarreien" sind sog. *caberca*-Kirchen, d. h. Hauptkirchen, an denen jeweils 1–2 Geistliche residierten. Zu jeder dieser Kirchen gehörte eine Anzahl von *visita*-Kapellen, die nur periodisch besucht wurden. Nach der Intention der Missionare und der politischen Instanzen sollten die *caberca*-Kirchen im Sinne der lateinamerikanischen Reduktionen, die hier als Vorbild dienten, zu Kristallisationspunkten städtischer Siedlung werden, doch wurde dieses Ziel wegen der obenerwähnten Schwierigkeiten im 16. und 17. Jh. nur selten erreicht. Erst später entwickelten sich aus den *caberca*-Kirchen größere Siedlungen, die heute auf jeder größeren Philippinen-Karte zu finden sind.

Die Philippinen erhielten 1579 mit Manila ein eigenes Bistum (unter der Metropole Mexico), das 1595 zur Metropole erhoben wurde; gleichzeitig wurden als Suffragane die Bistümer Nueva Segovia, Cáceres und Santísimo Nombre de Jesús errichtet (vgl. Karten 106–107). Bedeutsam wurden die Philippinen auch als Ausgangspunkt für Missionsunternehmungen in China und Japan (vgl. Karte 89).

Die Karte benutzt ältere historische Namen und Namensschreibweisen, doch sind die modernen Formen in Klammern dazugesetzt.

Quellen und Literatur: Eine knappe instruktive Übersicht über die Quellen gibt J. L. Phelan in seinem oben zitierten Buch S. 199–206; vgl. außerdem: J. J. Delgado, Historia general sacro-profana, politica y natural de las islas del poniente llamadas Filipinas: Bibl. Historica Filipina I–III (Manila 1892); F. X. Clark, The Philippine Missions (New York 1945); H. de la Costa, The Jesuits in the Philippines (Cambridge/Mass. 1961).

J. Martin (unter Benutzung des zitierten Buches von J. L. Phelan)

91: Das Restitutionsedikt von 1629

Autor: G. Tietz

Schon 1620 hatte Papst Paul V. den Plan einer Rückgabeforderung aufgegriffen, doch erst am 6. März 1629 erließ Kaiser Ferdinand II. auf Drängen des Nuntius Carlo Carafa und des Beichtvaters des Kaisers, Lamormaini, nach langen Bedenken das Restitutionsedikt. Im einzelnen bestimmte es: 1. Alle reichsunmittelbaren Stifter sind in katholischen Besitz zurückzuführen; desgleichen 2. alle mittelbaren Klöster und sonstigen geistlichen Güter, die nach 1552 den Katholiken entrissen worden sind; 3. die *declaratio Ferdinandea* wird für unverbindlich und nichtig erklärt; 4. der Augsburger Religionsfriede findet keine Anwendung auf die reformierten Reichsstände. – Kaiserliche Kommissare wurden mit der Durchführung beauftragt und das Reichskammergericht zur Rechtsprechung nach diesen Grundsätzen angewiesen.

Betroffen waren mehr als 12 Erzbistümer und Bistümer und über 500 Abteien, Stifte, Klöster, Pfarreien und Kirchen. Die größten Verluste erlitten die Herzöge von Württemberg und Braunschweig-Wolfenbüttel. Bis zum Herbst 1631 waren zwei Erzbistümer, fünf Bistümer, zwei Reichsabteien und rund 150 Klöster und Kirchen wieder in katholischer Hand. Die Restitution wurde beeinträchtigt durch den Streit der Orden untereinander und durch die Auseinandersetzungen zwischen den monastischen Orden und den Jesuiten, ebenso durch eine fehlende Koordinierung der Pläne von Papst und Kaiser.

Von den vollzogenen und geplanten Restitutionen sind – wegen Lokalisierungsschwierigkeiten – nicht in die Karte eingetragen:

A *Vollzogene Restitutionen:* die Klöster Fürstenfelde und Vorheim im Htm. Braunschweig-Wolfenbüttel; die Klöster Draubisch, Frankenburg, S. Johann (b. Goslar), Vorstadt (b. Hildesheim) im Hochstift Hildesheim; das Amt Warheim (Gft. Nassau) und die Orte Bruchbreschendorf, Defersbach, Altrechenberg, Rogersheim in der Mgft. Brandenburg-Ansbach und Bayreuth.

B *Geplante Restitutionen:* Die Klöster Barstein, Fredelsheim, Garten, Münchenlaer, Neudorf, Passenhausen, Walzhausen, Weinau, Widdenborn (alle Htm. Braunschweig-Wolfenbüttel mit Kalenberg), S. Sebald und Moritz (Gft. Isenburg); ferner die Orte Landeck (Lgft. Hessen), Bechenzimmern (Gft. Öttingen), Crainburg (Htm. Sachsen-Weimar), Beuer, Gertmarzweiler, Unter-Hölsfeld, Mertesheim (b. Uffenheim), Münchsonntheim, Kaltbruchreuth und Unterbruchreuth (beide b. Geyern), Werdenbroischen, Willandsheim, Oberzeun (Mgft. Brandenburg-Ansbach und Bayreuth).

Quellen und Literatur: Fr. W. Hoffmann, Geschichte der Stadt Magdeburg, Bd II (Magdeburg 1885); M. Ritter, Deutsche Geschichte im Zeitalter der Gegenreformation und des Dreißigjährigen Krieges 1555–1648, Bd I – III (Stuttgart 1889–1908, Neudr. in Vorb.); J. H. Gebauer, Kurbrandenburg und das Restitutionsedikt von 1629: Hallesche Abhh. zur neueren Geschichte 38 (1899); H. Günter, Das Restitutionsedikt von 1629 und die katholische Restauration Altwirtembergs (Stuttgart 1901); W. Dersch, Das Restitutionsedikt in Hessen: Zschr. für Hessische Geschichte 40 (Kassel 1906–07); ders., Hessisches Klosterbuch: Veröff. der Histor. Komm. für Hessen und Waldeck XII (Marburg 1915); V. Stork, Die Ausführung des Restitutionsedikts von 1629 im Erzbistum Bremen: Zschr. des histor. Vereins für Niedersachsen (Hannover 1906–07); Fr. Israel, Adam Adami und seine Arcana pacis Westphalicae: Histor. Studien, hrsg. von E. Ebering, H. 69 (Berlin 1909); A. Bertram, Geschichte des Bistums Hildesheim, Bd III (Hildesheim-Leipzig 1925); W. Platzhoff, Geschichte des europäischen Staatensystems von 1559–1660 (München – Berlin 1928, Neudr. 1967); L. v. Pastor, Geschichte der Päpste seit dem Ausgang des Mittelalters, Bd XII (Freiburg 1928–29); J. Meyer, KG Niedersachsens (1939); M. Simon, Evangelische KG Bayerns, Bd II (München 1942); P. Volk, Die kirchlichen Fragen auf dem Westfälischen Frieden: Pax optima rerum, hrsg. von E. Hövel (Regensburg – Münster 1948); L. Stamer, KG der Pfalz, Bd III/1. Das Zeitalter der Reform (1556–1685) (Speyer 1955); A. Brennecke – A. Brauch, Die calenbergischen Klöster unter Wolfenbüttler Herrschaft 1584–1634 (Göttingen 1956); F. Dickmann, Der Westfälische Friede (Münster 1959).

G. Tietz

92A: Katholiken in Norddeutschland nach 1648
92B: Protestanten in Süddeutschland nach 1648

Autoren: P. Münch – H. J. Köhler – E. W. Zeeden

Die Karten schließen an die Reformationskarten Nr. 73 und 76–77 an. Zwischen dem letzten Drittel des 16. Jh. und dem Westfälischen Frieden verschob sich die konfessionelle Situation vor allem durch die Gegenreformation und durch den Dreißigjährigen Krieg. Der Westfälische Friede brachte auf politischer und staatsrechtlicher Basis die konfessionelle Bewegung – von einigen Ausnahmen abgesehen (Schlesien z. B.) – zum Abschluß. Er fixierte den erreichten Zustand auf der Grundlage des sog. Normaljahres 1624 und schützte die Bevölkerung vor künftigen Konfessionswechseln ihres Landesherrn, indem er ihren konfessionellen Status verbindlich legitimierte und dadurch von einem obrigkeitlichen Bekenntniswechsel unabhängig machte.

Die Karten stellen Deutschland im engeren Sinn (also nicht das Reich) dar. Der besseren Übersichtlichkeit wegen erscheinen *nur* die *konfessionellen Minderheiten* eingefärbt – d. h. die Katholiken in Nord-

und die Protestanten in Süddeutschland. Die weißen Flächen zeigen *innerhalb Deutschlands* die konfessionellen Mehrheiten – in Norddeutschland die Protestanten, in Süddeutschland die Katholiken – an. Für die Gebiete außerhalb Deutschlands besagen die weißen Flächen nichts. Farben für die Protestanten in Norddeutschland bzw. die Katholiken in Süddeutschland wurden nur dann verwendet, wenn es sich um konfessionell gemischte Gebiete oder, wie bei den Nassauischen Fürstentümern, um verschiedene konfessionelle Linien innerhalb eines Herrscherhauses handelt.

Durch die Einfärbung der Territorien – bei Städten durch schematische Zeichen – wird der Konfessionsstand der Bevölkerung, durch Unterstreichungen die Konfession der Obrigkeit angezeigt. Doppelunterstreichungen bezeichnen nicht nur, wie in der Legende ausgewiesen, Parität, sondern auch Kondominate mit verschiedenkonfessionellen Gemeinsherren (Sponheim).

Zu den Karteneintragungen sind noch folgende Erläuterungen und Ergänzungen zu machen:

a) *Zur Karte A:* Innerhalb der Nassauischen Fürstentümer hatte Nassau-Hadamar katholische Obrigkeit und Bevölkerung, Nassau-Siegen reformierte Obrigkeit und Bevölkerung mit katholischer Minderheit. In Nassau-Dillenburg (Hauptlinie), Nassau-Diez und Nassau-Oranien waren Obrigkeit und Bevölkerung reformiert, in Nassau-Saarbrücken, Nassau-Weilburg, Nassau-Wiesbaden/Idstein und Nassau-Usingen Obrigkeit und Bevölkerung lutherisch. – Mark, Kleve, Ravensberg, Halberstadt und Minden gehörten zu Brandenburg und haben deshalb schwarze Unterstreichung (die Obrigkeit im Kftm. Brandenburg war reformiert). – Osnabrück hat Doppelunterstreichung, weil evangelische und katholische Fürstbischöfe alternierend amtierten. – Katholische Minderheiten (jeweils bei lutherischer Mehrheit) gab es auch in den Landstädten Höxter, Hildesheim und Altona, ferner in der außerhalb des Kartenausschnitts liegenden Reichsstadt Lübeck. In den ebenfalls nicht innerhalb des Kartenausschnitts liegenden Landstädten Friedrichsstadt und Glückstadt sowie auf der Insel Nordstrand gab es neben einer lutherischen Mehrheit und katholischen und reformierten Minderheiten auch Remonstranten, Mennoniten, Sozianer und andere Nonkonformisten.

b) *Zur Karte B:* Die Gft. Sponheim bestand 1648 aus zwei getrennten Kondominaten: die Vordere Gft. Sponheim gehörte zu Pfalz-Simmern und Baden-Baden, die Hintere Gft. Sponheim, in der auf der Karte eine katholische Minderheit zu ergänzen ist, zu Pfalz-Birkenfeld und Baden-Baden. – Die Gft. Lützelstein im Elsaß gehörte zu Pfalz-Veldenz, die Gft. Horburg zu Württemberg, ebenso die zu ergänzende Gft. Reichenweier (Bevölkerung lutherisch). – Außer in den in die Karte eingetragenen Gebieten und Städten gab es noch Lutheraner in der Landstadt Gernsbach (lutherische Mehrheit, katholische Minderheit), die zum baden-badisch-ebersteinischen Kondominat Gft. Eberstein gehörte; in der zu Baden-Baden gehörenden Hft. Mahlberg (lutherische Mehrheit, starke katholische Minderheit); in der Hft. Lahr (zu Nassau-Saarbrücken; ganz lutherisch); in der Gft. Hohengeroldseck (Obrigkeit katholisch, Bevölkerung katholisch mit lutherischer Minderheit) und in dem zu Baden-Durlach und Fürstenberg gehörenden Prechtal (Katholiken und Lutheraner etwa gleich stark). – Frankfurt hatte neben einer katholischen auch eine reformierte Minderheit.

Quellen und Literatur: Zu den Atlanten und Nachschlagewerken vgl. den Kommentar zu Karte 73, außerdem noch M. Wilberg, Regenten-Tabellen (Graz 1962); Hdb. der historischen Stätten Deutschlands, Bd I: Schleswig-Holstein und Hamburg, hrsg. von O. Klose (Stuttgart 1958), Bd II: Niedersachsen und Bremen, hrsg. von K. Brüning (ebd. 1958), Bd. III: Nordrhein-Westfalen, hrsg. von Zimmermann-Borger-v. Klocke-Bauermann (ebd. 1963), Bd. V: Rheinland-Pfalz und Saarland, hrsg. von L. Petry (ebd. 1959, Bd. VI: Baden-Württemberg, hrsg. von M. Miller (ebd. 1965), Bd. VII. Bayern, hrsg. von K. Bosl (ebd. 1961). – *Darstellungen:* Vgl. die zu Karte 73 angegebenen Titel von K. E. Demandt, E. dresbach, H. jedin, J. Meyer, K. Müller, M. Simon und E. W. Zeeden; ferner: H. Kampschulte, Geschichte der Einführung des Protestantismus im Bereiche der jetzigen Provinz Westfalen (Paderborn 1866); P. Grünberg, Die Reformation und das Elsaß (Straßburg 1917); Adolf Kardinal Bertram, Geschichte des Bistums Hildesheim, Bd. III (Hildesheim – Leipzig 1925); F. X. Remling, Das Reformationswerk in der Pfalz (Speyer 1929); K. Heussi, Kompendium der KG (Tübingen [12]1960); F. Merkel, Geschichte des Evangelischen Bekenntnisses in Baden von der Reformation bis zur Union (Karlsruhe 1960); W. Göbell, Die evangelisch-lutherische Kirche in der Gft. Mark, Bd. I (Bethel bei Bielefeld 1961); H. Nottarp, Das katholische Kirchenwesen der Gft. Ravensberg im 17. und 18. Jh. (Paderborn 1961); W. Brandmüller, Das Wiedererstehen katholischer Gemeinden in den Fürstentümern Ansbach und Bayreuth (München 1963); Rudolf Lehmann, Geschichte der Niederlausitz (Berlin 1963).

E. W. Zeeden – H. J. Köhler

93: Die konfessionelle Gliederung Europas um 1680

Autoren: E. W. Zeeden – J. Burkhardt

Die Karte stellt den Konfessionsstand in Europa am Ende des Zeitalters der Glaubenskämpfe dar. Die konfessionelle Situation hatte sich jetzt konsolidiert; die am Ende des 17. Jh. bestehenden Verhältnisse haben sich in vielen Fällen bis ins 20. Jh. im Kernbestand gehalten.

Die Angaben der Karte folgen streng der politischen Geographie der Zeit: Kartenthema ist die konfessionelle Gliederung der europäischen *Staaten* um 1680. Dabei wird jeweils nach Obrigkeit (Staatsreligion oder persönliches Bekenntnis des Landesherrn und Bevölkerung geschieden. Um die Karte übersichtlich zu halten, werden die Minderheiten nach einem durchgängigen Stufenschema dargestellt. Prozentuale Genauigkeit läßt sich mangels statistischer Unterlagen nicht erreichen. Die Karte muß deshalb mit Wahrscheinlichkeitsangaben arbeiten.

Während außerhalb des Reiches alle staatlichen Einheiten kartographiert werden können, ist das für das Reichsgebiet aus Gründen der Maßstabsgröße nicht möglich. Hier wird deshalb nur eine nach praktischen Gesichtspunkten getroffene Auswahl geboten. Die weißen Flecken innerhalb des Reiches bezeichnen eine Vielzahl kleiner und kleinster Reichsterritorien mit lutherischer, katholischer und reformierter Landesreligion.

Einige der Eintragungen bedürfen der Erläuterung und Begründung:

Für *Graubünden* gab der Sekretär der Propagandakongregation 1677 eine exakte geographische Aufschlüsselung der konfessionellen Verhältnisse:
Grauer Bund: 29 ref., 32 kath., 3 gemischte Gemeinden;
Gotteshausbund: 30 ref., 7 kath., 19 gemischte Gemeinden;
Zehntgerichtsbund: 24 ref., keine kath., 4 gemischte Gemeinden.

Ob es im Stichjahr 1680 noch eine nennenswerte katholische Minderheit in *England* gegeben hat, ist fraglich. Der zeitgenössische Cerri-Bericht spricht von „beaucoup de Catholiques", doch sei ihre Zahl, verglichen mit den Andersgläubigen, nicht beachtlich. Es kann davon ausgegangen werden, daß sich die Zahl der Katholiken im 17. Jh. durch Verfolgungen, Bürgerkrieg und Repressalien fortwährend vermindert hat (Bihlmeyer-Tüchle, S. 184). Um die Mitte des Jh. können es noch etwa 150000 Katholiken gewesen sein (Jedin Bd. IV S. 668), eine für die damaligen Bevölkerungsverhältnisse sicher noch beachtenswerte Minderheitspotenz. Dementsprechend geben auch die einschlägigen Konfessionskarten für 1650 noch durchweg Minderheitsbalkungen. In der folgenden Periode der Bürgerkriege wird jedoch mit der Dezimierung des Adels auch eine Stütze des Katholizismus getroffen (1/3 des gefallenen Adels war katholisch; Trevelyan [s. u.], S. 67, vgl. 71 und 306), die Regierung Cromwells wird ein übriges getan haben. Die Testakte von 1672 führte auf lange Sicht dazu, daß der katholische Anteil vorübergehend (um 1780) auf den Tiefstand von1% der Bevölkerung absank; inwieweit schon eine einschneidende Auswirkung unmittelbar für das Stichjahr 1680 anzusetzen ist, bleibt fraglich. Nach der zeitgenössischen Zählung des anglikanischen Bischofs Sheldon von 1676 wäre das Verhältnis von Anglikanern und Katholiken 176:1 gewesen; die Zählung gilt jedoch als tendenziös und unhaltbar (Clark [s. u.], S. 26). Daß nach Sheldons Angaben den protestantischen Dissenters eine – ebenfalls viel zu geringe – Quote von 22:1 zugestanden werden müßte (Clark ebd.), kann hier immerhin als ein Indiz dafür gelten, eine welch untergeordnete Rolle der englische Restkatholizismus, verglichen mit protestantischen Minderheiten, um 1680 spielte. Allerdings muß wohl eine gewisse Resonanz für die nach anderen Schätzungen noch etwa 100 katholischen Geistlichen (Clark ebd.) vorhanden gewesen sein. Am besten trifft die Verhältnisse wohl ein Mittelwert aus dem Stand des frühen 17. Jh. von ca. 10% und dem Tiefstand des 18. Jh. von 1%: ca. 5%.

In *Türkisch-Ungarn* entwickelte sich unter osmanischer Hoheit der Calvinismus zum herrschenden Bekenntnis. Der Katholizismus kann vor 1683 allenfalls eine Minderheit von 16–30% gewesen sein, wahrscheinlich lag er eher unter 15%; nach den zeitgenössischen Angaben der Propaganda residierten die meisten Bischöfe nicht mehr; die nach diesen Angaben sogar nur 50000 Katholiken wurden meist vom Bistum Belgrad aus geistlich mitbetreut (Cerri, S. 59). Über die Stärke eventueller lutherischer, orthodoxer und unitarischer Minderheiten ist wenig bekannt; sie sind in der Karte vermutungsweise je auf der Stufe 5–15% gegeben worden, die orthodoxe Minderheit im Südwesten und Südosten ist nicht auf der Karte verzeichnet.

In Siebenbürgen, das als Vasallenstaat zum Osmanischen Reich gehörte, gab es vier „rezipierte", d. h. im Fürstentum anerkannte Bekenntnisse: Katholizismus, Calvinismus, Luthertum und Unitarismus. Außerdem existierte noch in den südlichen Landesteilen eine Minderheit, die zur als Landeskonfession nicht anerkannten orthodoxen Kirche gehörte. Über die Stärkeverhältnisse ist wenig bekannt, der Katholizismus gewann erst nach 1683 wieder das Übergewicht; die Zahl der

Unitarier blieb sich etwa gleich (sehr im Gegensatz zu anderen Ländern). Infolge dieser staatsrechtlichen Situation erscheint das Gebiet des Fürstentums mit den Farben der 4 anerkannten Konfessionen eingefärbt; die orthodoxe Minderheit wird nicht verzeichnet.

Die übrigen europäisch-türkischen Gebiete hatten insgesamt eine griech.-orthodoxe Bevölkerumgsmehrheit und eine mohammedanische Minderheit, die im ganzen zwischen 5 und 30% gelegen haben muß, sich aber sehr ungleichmäßig über das Staatsgebiet verteilte.

In den Fürstentümern Walachei und Moldau lebten kaum Mohammedaner. Dagegen war „der größte Teil der Albanier islamisch" (Stadtmüller [s. u.]). Die ehemaligen katholischen und unierten Kirchen der Balkanhalbinsel verfielen unter der Türkenherrschaft, die katholischen Bistümer führten ein reines Titulardasein oder stützten sich auf einen Rest von einigen tausend Gläubigen. Sie erreichten nirgendwo die Stufe 5–15% (vgl. den Cerri-Bericht, z. B. Dalmatien und Kroatien 8000 Katholiken, Serbien 1260). Nur im Ftm. Moldau hat sich der Katholizismus vermutlich einigermaßen stabil gehalten.

Die konfessionellen Verhältnisse in Litauen, der Ukraine und im südöstlichen Polen lassen sich schwer mit einiger Sicherheit abschätzen. Es gibt 1680 in diesen Landesteilen das röm.-kath., griech.-kath. (die unierte, später ruthenische Kirche) und griech.-orthodoxe Bekenntnis. Der Bekenntnisstand der Bevölkerungsteile ist oft unklar, das Stärkeverhältnis desgleichen. Durch die polnischen Teilungen gerieten die einzelnen Regionen des ehemaligen Königreichs in den Sog sehr verschiedener kirchenpolitischer Richtungen (von Preußen wurden die restlichen Teile protestantisch, von Österreich die galizischen Teile katholisch, von Rußland alles übrige orthodox beeinflußt und unterwandert). Deshalb spiegeln sich die Verhältnisse in neueren Statistiken so gebrochen wider, daß daraus keine sicheren Rückschlüsse auf die Situation im Stichjahr gezogen werden dürfen. Dennoch hat der Katholizismus, mindestens seit 1600, in Litauen, in Klein- und in Großpolen immer dominiert, während das Übergewicht der Unierten stets im Osten lag.

In der Union von Brest von 1598, der „zahlenmäßig größten aller Unionen" (LThK^{2}, Bd X, Sp. 503), wurde ein „großer Teil der Bevölkerung (Bihlmeyer-Tüchle, S. 209) griechisch-katholisch. Auf dem Höhepunkt ihrer Entwicklung im 18. Jh. umfaßte sie rund 12 Millionen Menschen (Likowski [s. u.], S. 8), eine ungeheure Zahl für die damaligen Bevölkerungsverhältnisse. Für das 17. Jh. ist das Bild jedoch noch völlig anders: Zunächst blieben zwei Diözesen völlig orthodox (Lemberg und Przemysl), dann blieb aber auch in den unierten Diözesen ein starker „disunierter" Rest, „der an einzelnen Orten gar nicht die Minderheit der Bevölkerung ausmachte" (Völker [s. u.], S. 273). Die Entwicklung wurde zeitweise sogar wieder rückläufig. Seit der Mitte des 17. Jh. gab es in den einzelnen Bistümern bis zu drei Hierarchien nebeneinander: die lateinische, die unierte und die orthodoxe. Der polonisierte Adel Litauens gehörte meist der kath. Kirche an (LThK^{2}, Bd VI, Sp. 1078; Manthey, S. 124), von der litauischen Bevölkerung gehörte ein gleichmäßig starker Teil dem unierten und dem orthodoxen Bekenntnis an (Manthey: etwa je 2 Mill.), ein beträchtlicher Teil war römisch-katholisch.

Durch das Vordringen Rußlands (Friede von Moskau 1686), welches Polen den größten Teil der Ukraine wegnahm, klärten sich allmählich auch die konfessionellen Fronten: die Orthodoxie setzte sich in der Ukraine östlich des Dnjepr und im rechtsufrigen Kiew völlig durch, während in den bei Polen verbliebenen Landschaften zwischen Dnjepr und Bug die Unierten überwogen.

In dem zu kartographierenden Stichjahr befand sich alles noch im Übergang: Disunierte Diözesen waren Luck, Przemysl und Lemberg; in Luck war die Bevölkerung orthodox; es gab eine unierte Minderheit ohne eigene Hierarchie: in Przemysl bestand neben der orthodoxen Bevölkerung eine unierte Minderheit von „nicht unbedeutender Anzahl" mit eigenem Bischof, während es in Lemberg keine Unierten gab. Die übrigen Diözesen hatten zwar fast alle noch orthodoxe Minderheiten, bes. (auch über 1700 hinaus) in Weißrußland, in der Gegend von Stuck (Litauen), in den ukrainischen Grenzstrichen, sie fielen jedoch nicht mehr ins Gewicht. – In der Karte werden, um die Übergangssituation zu kennzeichnen und da eine differenzierte Darstellung kaum möglich ist, für die in Frage kommenden Gebiete die drei genannten Konfessionen jeweils zu gleichen Teilen eingetragen.

Im *Piémont* (Täler Luserna, S. Martino, Perosa) gab es als evangelische Bevölkerungselemente die Waldenser. Diese numerisch sicher geringe und deshalb nicht eingetragene Minderheit ist als einziges protestantisches Element in romanischen Ländern außerhalb Frankreichs interessant und wird durch die Auswanderungen um 1680/90 historisch bedeutsam.

Das westliche *Ungarn* wurde im Laufe des 17. Jh. fast geschlossen wieder katholisch (vgl. Zeeden [s. u.], S. 175). Bes. in der sog. „Trauerdekade des ungarischen Protestantismus" (1671–81) nahm die Zahl der Protestanten beider Bekenntnisse ständig ab (nach jesuitischen Schätzungen z. B. 1674 etwa 50000 Konversionen; Bucsay [s. u.], S. 92). Jedoch erreichte die Gegenreformation ihr Ziel nicht ganz: die späteren Konzessionen für Kirchenräume und die Toleranzpatente zeigten, daß sich trotz der Verfolgungen beachtliche protestantische Potenzen erhalten hatten. Das Stärkeverhältnis der protestantischen Bekenntnisse zueinander ist schlecht abzuschätzen. Nach den Berichten über die Dezimierung der Prediger zu urteilen, befanden sich die Lutheraner in großer Überzahl, jedoch war das in *Ungarn* gewöhnlich mit dem Luthertum verbundene *deutsche* Element dem Zugriff der österreichischen Gegenreformation besonders stark ausgesetzt. Die Unitarier gingen im 17. Jh. allmählich unter und spielten 1680 keine Rolle mehr.

Im Gebiet des Reiches werden die zwischenterritorialen Grenzen teilweise ausgelassen. Eine Darstellung der konfessionellen Gliederung wäre bei dem kleinen Maßstab sonst überhaupt nicht möglich. Das gilt insbesondere für *West-* und *Südwestdeutschland,* hier z. B. für die *Kurpfalz* und die in sie eingesprengten und an sie angelehnten Klein- und Nebenterritorien. Von den hessischen Linien ließ sich *Hessen-Darmstadt,* das luther. Obrigkeit und überwiegend luther. Bevölkerung hatte, nicht unterbringen. In *Schlesien* lag das Konfessionsbestimmungsrecht praktisch bei den Regionalfürstentümern und Standesherrschaften. Da diese territorial jedoch für eine Kartierung im Maßstab der Karte zu klein sind, beschränkt sich die gewählte Darstellungsform darauf, hervorzuheben, daß der Katholizismus in Oberschlesien, das Luthertum in Niederschlesien ihr Zentrum hatten.

Anhaltspunkte für die Auswahl der eingetragenen *Reichsstädte* bilden die Einwohnerzahl (über 10000, z. T. geschätzt nach Nachrichten über wirtschaftliche Potenz, Steueraufkommen, Häuser- und Kirchenzahl) und die Größe des Landgebietes.

Korrekturzusatz: Die Dichte der Sonderkonfessionen ist in England bei 30–40%, in den Niederlanden bei 25% anzusetzen. In Mähren ist die Balkung für Sonderkonfessionen zu streichen.

Quellen: A. F. Büsching, Erdbeschreibung, 14 Tle. (Hamburg 1787–94); U. Cerri, État présent de l'église Romaine dans toutes les parties du monde écrit pour l'usage du Pape Innocent XI. (hsl. 1667), Avec une épitre dédicatoire du Chevalier Richard Steele au Pape Clément XI contenant l'état de la Religion dans la Grande Bretagne; & autres particularitez sur la conjoncture présente. (Aus dem Englischen übersetzt von P. Humbert) (Amsterdam 1716), dazu O. Mejer, Die Propaganda, ihre Provinzen und ihr Recht, 2 Bde (Göttingen 1852) (mit den aufgearbeiteten statistischen Angaben von Ciampi u. a.). – *Zur überregionalen Literatur* vgl. Karte 73, außerdem L. v. Pastor, Geschichte der Päpste, bes. Bd XVI/1 und 2: Im Zeitalter des fürstlichen Absolutismus (Freiburg i. Br. 1929–30). – *Regionale Literatur:* G. M. Trevelyan, England under the Stuarts: A History of England in Eight Volumes, Bd V (Neudruck der 21. Aufl. London 1957); J. Peslesz, Geschichte der Union der ruthenischen Kirche mit Rom, 2 Bde (Wien 1878/80); E. Likowski, Geschichte des allmähligen Verfalls der unirten ruthenischen Kirche im XVIII. und XIX. Jh. Ins Deutsche übertragen von Apollinarius Tloczynski, 2 Bde (Posen 1887); A. O. Meyer, England und die katholische Kirche unter Elisabeth (Rom 1911); K. Völker, KG Polens (Berlin 1932); B. Krupnyckyj, Geschichte der Ukraine (Leipzig ^{2}1943); E. Tomek, KG Österreichs, 2. Tl.: Humanismus, Reformation und Gegenreformation (Innsbruck – Wien 1949); G. N. Clark, The Later Stuarts 1660–1714 (Oxford ^{5}1949); A. M. Amman, Abriß der ostslawischen KG (Wien 1950); G. Stadtmüller, Geschichte Südosteuropas (München 1950); O. Halecki, Grenzraum des Abendlandes. Eine Geschichte Ostmitteleuropas (Salzburg 1957); ders., Geschichte Polens (Frankfurt a. M. 1963); G. Rhode, Die Reformation in Osteuropa (Forschungsbericht): Zschr. für Ostforschung 7 (1958) 481–500; ders., Kleine Geschichte Polens (Darmstadt 1965); M. Bucsay, Geschichte der Protestanten in Ungarn (Stuttgart 1959); W. Markert (Hrsg.), Osteuropa-Handbuch. Polen (Köln 1959); B. Stasiewski, Reformation und Gegenreformation in Polen. Neue Forschungsergebnisse: Katholisches Leben und Kämpfen im Zeitalter der Glaubensspaltung 18 (Münster 1960); E. Winter, Rußland und das Papsttum, Tl. I ([Ost-] Berlin 1960); F. Manthey, Polnische KG (Hildesheim 1965). – Zu den *Nachschlagewerken* und *Konfessionskarten* vgl. Karte 73, außerdem E. W. Zeeden, Katholische Bevölkerung in Mitteleuropa um 1650: LThK^{2}, Bd VIII (1963) nach Sp. 1080.

E. W. Zeeden

94: Die Mauriner

Autor: J. Martin

In seinem Dekret zur Reform der Orden hatte das Konzil von Trient u. a. bestimmt, daß sich die exemten Klöster einer Provinz oder, falls in einer Provinz zu wenige Klöster vorhanden sein sollten, auch die Klöster mehrerer Provinzen zu Kapiteln zusammenschließen sollten. Diese Bestimmung betraf insbesondere den Benediktinerorden; zwar hatten die Benediktiner im Spätmittelalter vor allem in Italien und Deutschland bedeutende Kongregationen gebildet (vgl. Karte 67), doch waren, abgesehen davon, daß einige Kongregationen inzwischen in Verfall geraten waren, bei weitem nicht alle Benediktinerklöster von der Kongregationsbildung erfaßt worden.

Die aufgrund des Trienter Dekrets im 16. und 17. Jh. gegründeten Kongregationen waren sehr unterschiedlicher Natur: neben rein formalen Zusammenschlüssen gab es Kongregationen, bei deren Bildung von vornherein der Reformgedanke eine wichtige Rolle spielte. Exemplarisch für diese letzteren wird auf der vorliegenden Karte die Kongregation von S. Maur dargestellt. Sie entstand unter dem Einfluß der 1595 gegründeten lothringischen Reformkongregation von S. Vanne, der auch französische Klöster beitraten. Diese bildeten – wobei auch staatliche Wünsche mitspielten – 1618 eine eigene französische Kongregation, der sich in kürzester Zeit viele Einzelklöster, aber auch ganze (früher gegründete) Kongregationen anschlossen. Die Blütezeit der Mauriner fällt mit dem 17. Jh. zusammen. Danach trat aus verschiedenen Gründen ein Verfall ein, bis in der Französischen Revolution alle Klöster aufgehoben wurden.

Die Bedeutung der Kongregation, die in ihrer Verfassung den zentralen Instanzen (Generalkapitel, Generaloberer) eine besonders starke Stellung einräumte, lag neben den reformerischen Ansätzen besonders auf wissenschaftlichem Gebiet: durch kritische Editionen (Augustinus), Forschungen zur Ordensgeschichte, grundlegende Arbeiten zur Diplomatik (J. Mabillon) u. a. machten die oft namenlos gebliebenen Mönche den Namen der Mauriner bis heute zu einem Begriff in der wissenschaftlichen Welt.

Neben der Darstellung einer bedeutenden Kongregation vermittelt die Karte einen Eindruck von der Kontinuität französischer Klöster, wenn man sie etwa mit Karte 37 vergleicht.

Quellen und Literatur: Die neueste, mir bekanntgewordene Konventsliste der Mauriner findet sich bei Y. Chaussy, Matricula monachorum professorum Congregationis S. Mauri in Gallia ordinis S. Patris Benedicti (Paris 1959). Die chronologische Gliederung wurde vorgenommen nach E. Martène, Histoire de la Congrégation de St-Maur, 9 Bde, hrsg. von G. Charvin (Ligugé – Paris 1926–30). Vgl. auch P. Lindner, Gallia Benedictina (Köln 1909).

J. Martin

95: Das Wachstum der evangelischen Kirche in Österreich von 1800 bis 1970

Autoren: Die Angaben zum Stand der Gemeinden am 1. Juli 1970 wurden vom Evangelischen Oberkirchenrat A. u. H. B., Wien, zur Verfügung gestellt. Die Gemeinden im Jahre 1800 wurden nach den Angaben von *G. May,* Die evangelische Kirche in Österreich (Vandenhoeck & Ruprecht, Göttingen – Zürich – Wien 1962) S. 78 eingetragen. Die beiden Graphiken zum Stand von 1900 und 1938 stammen aus dem gleichen Buch S. 22.

Nachdem Österreich im Zuge der Reformation zu einem großen Teil lutherisch geworden war, wurde es durch die Gegenreformation fast vollständig wieder rekatholisiert. Ein neues Wachstum für die evangelische Kirche begann, als Kaiser Joseph II. 1781 ein Toleranzpatent erließ und 1861 die Angehörigen der evangelischen mit denen der katholischen Kirche gleichgestellt wurden. Seitdem haben – laut Lutherischem Hdb., Tl. 1 (Berlin 1963) 94 – vor allem 3 Faktoren zum Wachstum der österreichischen evangelischen Kirche beigetragen: „Die ‚Los-von-Rom-Bewegung' um die Jahrhundertwende, aufgrund der viele römische Katholiken in die lutherische Kirche eintraten, die Volksabstimmung im Jahre 1921, durch die das ungarische Burgenland mit seinen 40000 Lutheranern zu Österreich kam, und der Flüchtlingsstrom seit dem 2. Weltkrieg."

In die Karten sind nur selbständige Pfarrgemeinden eingetragen, Tochtergemeinden blieben unberücksichtigt. Die Kirchenleitung (Evangelischer Oberkirchenrat A. u. H. B.) befindet sich in Wien.

Quellen und Literatur: Vgl. oben unter Autor und im Text.

J. Martin

96 A: Die Zurückdrängung des Osmanischen Reiches und die Hierarchie in Südosteuropa.

Autor: J. Martin. Wichtige Hinweise gab F. Dörrer.
Zum Aufstieg des Osmanischen Reiches vgl. Karte 72

Um die Zurückdrängung des Osmanischen Reiches bis zu den Balkankriegen 1912/13 – dem Enddatum der Karte – kartographisch einigermaßen anschaulich und übersichtlich zu machen, wurden verschiedene Gebiete zu Farbkomplexen zusammengezogen, die in erster Linie die zeitliche Abfolge der Verluste des Osmanischen Reichs markieren (vgl. unten). Zusätzlich wurde versucht, durch Abschattierungen und Schraffuren politische Zusammenhänge deutlich zu machen. Zwischenstadien auf dem Weg zur endgültigen Selbständigkeit von Staaten (wie z. B. die Tributpflichtigkeit) wurden nicht berücksichtigt. Dagegen sind Okkupationen, die fast immer schon dem endgültigen Verlust eines Gebietes für das Osmanische Reich gleichkamen, eingetragen.

Im einzelnen sind zur Darstellung der Karte und zu den Farben folgende Erläuterungen zu geben:

a) Durch die braune Farbe werden die Gebiete zusammengefaßt, die das Osmanische Reich bis 1700 – hauptsächlich im Frieden von Karlowitz 1699 – an Österreich, Ungarn, Polen, Rußland und Venedig abtreten mußte.

b) Das Banat (rotbraun) kam im Frieden von Passarowitz (1718) an Österreich.

c) Die gelbe Farbe bezeichnet die Gebiete (vor allem im Schwarzmeerbereich), die die Türkei zwischen 1774 und 1812 an Rußland bzw. (die Bukowina) an Österreich verlor. Südbessarabien wurde mit in diese Farbgruppe einbezogen, obwohl die endgültige staatliche Neuordnung hier erst 1878 erfolgte und 1856–78 ein Streifen nochmals an das Osmanische Reich kam.

d) Die dunkelviolette Farbe bezeichnet das griechische Gebiet, das 1830 unabhängig wurde, die hellviolette Farbe Thessalien und einen Teil von Epirus, die 1878 Griechenland zugesagt, aber erst 1881 abgetreten wurden.

e) Die dunkelgrün eingefärbten Länder Rumänien, Serbien und Montenegro wurden nach Beendigung des russisch-türkischen Krieges 1878 (Berliner Kongreß) unabhängig.

f) Die hellgrün eingefärbten Gebiete Bosnien und Herzegowina wurden 1878, Sandschak Novipazar 1879 von Österreich-Ungarn besetzt. Formell gehörten alle 3 Gebiete noch bis 1908 zum Osmanischen Reich; Bosnien und Herzegowina wurden 1908 von Österreich-Ungarn annektiert, während Sandschak Novipazar, wo im Gegensatz zu Bosnien und Herzegowina auch während der Besatzung die türkische Zivilverwaltung bestehenblieb, 1909–12 noch einmal türkisch wurde. 1912 besetzte Serbien das Gebiet, 1913 kam es auch völkerrechtlich zum serbischen Königreich. – Das ebenfalls hellgrün eingefärbte Zypern wurde 1878 von England okkupiert, blieb aber zunächst (bis 1914) unter türkischer Hoheit.

g) Der Berliner Kongreß verhinderte 1878 die Bildung eines großbulgarischen Reiches unter russischem Einfluß. Statt dessen wurde ein der Türkei tributpflichtiges Fürstentum Bulgarien und eine selbständige Provinz Ostrumelien gebildet, die jedoch 1885 mit Bulgarien vereinigt wurde. 1908 erklärte sich Bulgarien für unabhängig.

h) Die Farbschraffuren bezeichnen außer Kreta, das 1908 endgültig an Griechenland kam, Gebiete, die die Türkei infolge der Balkankriege 1912/13 verlor. Die Schraffuren sind jeweils in den Farben der Länder gegeben, die die Gebiete erhielten. Albanien wurde 1913 als selbständiger Staat errichtet. Sandschak Novipazar kam, wie oben erwähnt, 1912 an Serbien.

i) Das Gebiet der Resttürkei 1913 ist grau eingefärbt.

k) Ohne Einfärbung blieben Rhodos und seine Nachbarinseln, die 1911 von Italien besetzt und 1923 formell an Italien abgetreten wurden.

Bei der kirchlichen Hierarchie – es handelt sich hier um die lateinische und unierte Kirchenorganisation – wurden nicht nur die Sprengel im ehemals von den Türken besetzten Gebiet berücksichtigt, sondern darüber hinaus auch die Bistümer und Erzbistümer, die von den mit der Aufhebung des Patriarchats Aquileia 1751 beginnenden Neuordnungen im österreichisch-ungarischen, italienischen, nordserbischen und galizischen Raum betroffen waren.

Zu den Neuordnungen vgl. den Kommentar zu Karte 96 B. Um die vorliegende Karte zu entlasten, wurde für Österreich, das unten auf Karte 96 B im einzelnen behandelt ist, eine vereinfachte Darstellung gegeben. Kurz dauernde Änderungen des auf der Karte eingetragenen Status (z. B. Ljubljana-Laibach vorübergehend Erzbistum, Gorizia-Görz vorübergehend nur einfaches Bistum) konnten nicht berücksichtigt werden. Ebenso blieben Neuumschreibungen von Diözesangebieten (z. B. Djakovo) außer Betracht, auch wenn sie mit kurzfristiger Unterbrechung der Kontinuität eines Bistums (z. B. Triest) verbunden waren. Die unierten Vikariate Oradea-Großwardein (hier seit Anfang des 18. Jh. ein Apostolischer Vikar), Košice-Kaschau und Mukačevo sind wie die Vikariate der römischen Kirche dargestellt. Das 1828 mit Parenzo vereinigte Pola und das im selben Jahr mit Split vereinigte

Makarska sind ebensowenig aufgenommen wie das 1828 untergegangene Trogir (Trau).

Das Illyricum gehörte in der Antike zum Patriarchat Rom (vgl. Karte 20), kam aber im 8. Jh. zur byzantinischen Kirche (vgl. Karte 30), während Dalmatien im Einflußbereich der lateinischen Kirche verblieb. Die kirchliche Organisation in diesem Gebiet geht zum Teil schon auf die Antike zurück – im Mittelalter kamen weitere Bistümer hinzu (vgl. die Karten 32 und 71). In der Kreuzfahrerzeit erhielten Griechenland mit Epirus und Mazedonien sowie Thrakien eine lateinische Kirchenorganisation (vgl. Karte 61), 1204–35 waren auch die bulgarischen Kirchen mit Rom uniert. Die lateinischen Bistümer Thrakiens hatten nur eine kurze Lebensdauer, die Bistümer auf dem griechischen Festland gingen sämtlich infolge der türkischen Eroberungen unter – nur auf den Inseln konnten sie zum Teil ihre Kontinuität bewahren. Die Bistümer im heutigen Albanien und in Montenegro erlebten zwar während der Türkenherrschaft mehrfach Unterbrechungen ihrer Bischofsreihen, gingen aber nicht völlig unter. Skoplje bestand seit 1676 wieder (mit wechselnden Residenzen) und ist deshalb in der Karte schwarz gegeben. Belgrad (Beograd) wurde zwar 1723 – mit Semendria vereinigt – wiedererrichtet, bestand jedoch bis 1897 nur als Titularbistum. 1914 wurde die Kirchenprovinz Belgrad errichtet.

Für die neugegründeten Sprengel südlich der Save-Donau-Linie sowie in Rumänien geht der Zusammenhang mit der Zurückdrängung des Osmanischen Reiches aus den Daten meist unmittelbar hervor. Nur das Apostolische Vikariat Sofija-Plovdiv konnte schon vor der Befreiung von der Türkenherrschaft errichtet werden. – Das Apostolische Patriarchalvikariat Konstantinopel geht auf das 1204 errichtete lateinische Patriarchat zurück; seit seiner Vertreibung 1261 residierte der Patriarch in verschiedenen Städten.

Korrekturzusatz: 1881 (nach anderen Angaben 1883) wurden für die Bulgaren, die 1859–60 mit Rom uniert worden waren, die Apostolischen Vikariate Thrakien (Sitz Konstantinopel) und Makedonien (Sitz Thessalonike) errichtet. Nach M. Lacko (LThK^2, Bd IX, Sp. 847) residierte schon seit 1861 ein Bischof für die Bulgaren in Konstantinopel, nach O. Werner (s. u.) wurde 1883 mit den beiden genannten Vikariaten auch ein Apostolisches Vikariat Konstantinopel für die Bulgaren errichtet.

Literatur: Vgl. die Bistums- und Länderberichte im LThK^2 und die dort angegebene Literatur, ferner O. Werner, Orbis terrarum catholicus (Freiburg 1890).

J. Martin

Unter Benutzung von Mitteilungen von F. Dörrer

96 B: Die Neuordnung der österreichischen Bistümer 1782–1859 (Kirchenprovinzen Salzburg und Wien)

Autor: F. Dörrer

Seit der Jahrtausendwende hatte sich die meist sogar ins 8. Jh. zurückreichende Bistümereinteilung des ostalpinen Raumes und seiner Nachbargebiete (siehe Karte 46) – abgesehen von der Entstehung einiger winziger Diözesen und Quasidiözesen und minimalen Grenzkorrekturen – nicht verändert. Gewandelte Seelsorgeaufgaben und die Realität der seither entstandenen, längst als beständig erwiesenen Länder und Staaten, die z. T. schon seit dem 13. Jh. eigene Bistümer anstrebten, waren jedoch auf die Dauer nicht zu ignorieren. Das 18. Jh brachte völligen Wandel. 1722 wurde die vorerst freilich noch kleine Kirchenprovinz Wien geschaffen. Als Entschädigung erhielt Passau 1729 die längst erstrebte Exemtion, seit 1001 die größte Einbuße der Kirchenprovinz Salzburg. Der alten österreichischen Forderung nach Entmachtung der ganz unter Einfluß Venedigs geratenen Patriarchen von Aquileia entsprach Papst Benedikt XIV., indem er 1751 das Patriarchat aufhob und 1752 die Metropolen Udine (für den venezianischen) und Görz (für den österreichischen Teil) errichtete. Die Angleichung der kirchlichen an die politischen Grenzen, bald darauf ein Hauptpostulat des Josephinismus und anderer Staatskirchensysteme der Aufklärung, war damit erstmals seit einem Jahrtausend hier kirchlicherseits als Prinzip anerkannt worden. Maria Theresia betrieb vorerst die Reorganisierung im Osten und Norden ihres Großstaates, der nach Zurückdrängung der Türken und Glaubenskriegen ihrer besonders bedurfte (vgl. Karte 96 A). Im besonders mitgenommenen äußersten Südosten war schon 1717 das lateinische Bistum Alba Julia wiedererrichtet und das unierte nach Făgăras verlegt worden. 1771–77 wurden 9 neue Bistümer gegründet (6 lateinische 1776/77: Neusohl, Zips, Rosenau, Stuhlweißenburg, Steinamanger, Brünn; 3 unierte: 1771 Mukačevo, 1777 Kreutz und Großwardein), die mährische Kirchenprovinz geschaffen (Olmütz 1777 Erzbistum), die meisten alten Diözesen Ungarns einschließlich der Slowakei, Siebenbürgens und Slawoniens neu begrenzt, manche tiefgreifend umgestaltet (z. B. 1773 Djakovo). Die Befreiung Ostungarns, Siebenbürgens und südslawischer Gebiete 1699 bzw. 1718 vom osmanischen Joch und die Erwerbung Galiziens 1772 und der Bukowina 1775 erhöhte die Zahl der Orthodoxen und Unierten in Österreich beträchtlich und bewog zu deren beider Neubewertung. Vielfach auf staatliches Betreiben, selbst gegen Widerstände der lateinischen Kirche, wurde die schon bestehende unierte (griechisch- und armenisch-katholische) Hierarchie gestärkt und durch Bistumsneugründungen (s. o.!) vermehrt, so daß 1780 ein armenisch-katholisches Erzbistum und 6 griechisch-katholische Bistümer, bis 1914 schließlich 3 unierte Erzbistümer (4 Kirchenprovinzen, da für die Unierten Ungarns das lateinische Erzbistum Gran als Metropole fungierte) und 9 unierte Bistümer in Österreich-Ungarn bestanden. – Bekannter als die Änderungen im Osten ist jedoch die im engsten Sinne „josephinische" Bistümerregulierung im heutigen Österreich, Böhmen und Nordjugoslawien. Sie begann 1782 mit Vergrößerung der (drei Jahre später aufgelassenen) Zwergdiözese Wiener Neustadt und wurde, als der Kaiser 1783 anläßlich der Ausschaltung Passaus und unter dem Eindruck der argen Zersplitterung der Diözese Laibach generelle Direktiven erließ, zu einer allumfassenden Staatsaktion, die schließlich die Bistümereinteilung aller österreichischen Alpenländer, Böhmens, Galiziens, Sloweniens und der Küstenlande an der Nordadria umgestaltete und auf die noch heute die Kirchenorganisation dieser Gebiete großenteils zurückgeht. Grundsätze waren die Ausschaltung aller ausländischen Bischöfe, die Schaffung ungefähr gleich großer, abgerundeter inländischer Diözesen und deren Umschreibung nach politischen (Staats-, Länder-, Kreis-)Grenzen. In der ersten und bedeutsamsten Phase 1782–88 wurden diese Ziele in Ober- und Niederösterreich, Steiermark, Kärnten, Krain, Küstenland (Görz, Gradisca, Triest, Istrien), Böhmen und Galizien verwirklicht, dabei 1785/86 die Bistümer Linz, S. Pölten, Leoben und Tarnów neu gegründet, Wien, Seckau, Lavant, Gurk, Laibach, Leitmeritz und Königgrätz bedeutend vergrößert, die Residenzen von Gurk und Seckau in die Landeshauptstädte, von Görz nach Gradisca, die Metropole von Görz nach Laibach verlegt, die Zwergbistümer Wiener Neustadt, Triest, Pedena und alle Quasidiözesen unterdrückt. Die Kirchenprovinz Wien weitete sich fast auf ihren jetzigen Umfang. Seit damals gilt die Abgrenzung zwischen den Metropolen Wien und Salzburg, deren jener die österreichischen Donau-, dieser die Alpenländer unterstehen. Hingegen gelang in Tirol und Vorarlberg (außer Bereinigungen entlang der südlichen Landesgrenze) die Bistümerregulierung erst in der zweiten Phase: 1818, in welchem Jahre auch die Diözesen Bayerns und damit indirekt auch Salzburg neu begrenzt wurden. Trient, einst Suffragan Aquileias, dann immediat, wurde 1825 der Metropole Salzburg unterstellt. Die dritte Phase 1858/59 brachte nochmals Korrekturen in Südösterreich: Das Bistum Lavant schied aus Kärnten aus, erhielt in Marburg seinen neuen Sitz und die slowenische Südsteiermark als Sprengel. Leoben, schon seit 1808 unter provisorischer Leitung des Grazer Bischofs, wurde völlig der Diözese Seckau/Graz integriert, die sich seither fast genau mit dem heutigen österreichischen Bundesland Steiermark, die Diözese Gurk/Klagenfurt mit Kärnten deckt. Die 1782–1859 festgelegten, durchwegs vom Staat der Kirche abgenötigten Kirchenprovinz- und Bistümergrenzen sind innerhalb Österreichs bis zur Gegenwart unverändert geblieben, obzwar die 1918 gezogenen Staatsgrenzen auch für die Kirche nicht ohne Folgen blieben (1920/24 Abtrennung der Diözesen Trient, Brixen und Lavant von der Kirchenprovinz Salzburg; 1922/25 Schaffung immediater Apostolischer Administraturen für die von ihren historischen Bischofssitzen getrennten Bundesländer Burgenland, Tirol und Vorarlberg; 1960 Errichtung der Diözese Eisenstadt, 1964 Innsbruck, 1968 Feldkirch, deren erste der Kirchenprovinz Wien zuwuchs; 1922–1964 kleinere Korrekturen entlang der Staatsgrenze). Die hier skizzierte kirchenpolitische Agilität des österreichischen Staates im 18. Jh. wirkte außerdem in Oberitalien (österreichische Lombardei) und im heutigen Belgien und Luxemburg (österreichische Niederlande). So erfuhren weite Teile Europas schon vor der Französischen Revolution und der Säkularisation eine Neuordnung der katholischen Kirchenorganisation.

Literatur: wie bei Karte Nr. 46 angegeben, dazu speziell über die josephinischen Bistümerregulierung: J. R. Kušej, Joseph II. und die äußere Kirchenverfassung Innerösterreichs: Kirchenrechtl. Abh. 49–50 (Stuttgart 1908); H. Ferihumer, Die kirchliche Gliederung des Landes ob der Enns im Zeitalter Kaiser Josefs II.; Forsch z. Gesch. Oberösterreichs 2 (Linz 1952); F. Dörrer, Der Wandel der Diözesaneinteilung Tirols und Vorarlbergs: Tiroler Heimat 17

(1953); ders., Bistumsfragen Tirols nach 1918: Schlern-Schr. 140 (1955); ders., Der Tiroler Anteil des Erzbistums Salzburg (Innsbruck 1969); ders., Westösterr. Bistumsfragen u. Entwicklung der Kirchengebiete Österr.-Ungarns: Tiroler Heimat 33 (1969); E. Karlinger–C. Holböck, Die Vorarlberger Bistumsfrage (Graz 1963). – Fast alle diese Literatur enthält auch Karten.

F. Dörrer

97 A und B: Die Umorganisation der katholischen Kirche in Frankreich 1789–1802/22

Zur Geschichte der französischen Kirchenorganisation bis 1500 vgl. die Karten 2, 4, 8, 22, 32 und 71. Seit 1500 wurden als neue Kirchenprovinzen eingerichtet Albi (1678) und Paris (1622) – im Rahmen der kirchlichen Neuordnung der Niederlande (vgl. Karten 80 A und B) wurde Cambrai Metropole. Nicht mehr berücksichtigt sind auf der Karte A (Stand vor 1789) das 1779 gegründete Chambéry und die 1788 gebildete Diözese Moulins. Im Norden reichte die Kirchenprovinz Cambrai, wie durch die Abschnitte dünner Grenzen angedeutet, über das französische Gebiet hinaus (vgl. Karte 80 B), während umgekehrt die Kirchenprovinz Trier, zu der Verdun, Metz, Toul, Nancy und S. Dié gehörten, in französisches Gebiet hineinreichte (vgl. Karte 97 C). Für die Bistümer der alten Kirchenprovinz Toulouse habe ich keine genauen Grenzunterlagen bekommen können – die Grenzen sind deshalb nicht eingetragen.

Eine grundlegende organisatorische Umgestaltung erfuhr die französische Kirche infolge der Revolution von 1789: Karte B stellt diese Umgestaltung vereinfacht dar, indem sie nur den Stand nach der Konsolidierung 1822 kennzeichnet (außerdem sind noch einige Veränderungen berücksichtigt, die kurz nach 1822 vorgenommen wurden [vgl. dazu unten]). In Wirklichkeit handelt es sich um einen komplizierten Prozeß, dessen Hauptstadien folgende waren: a) die Zivilkonstitution von 1790 bestimmte, daß es künftig nur noch 83 den Departements entsprechende Bistümer geben sollte. Das hier ausgesprochene Prinzip der Angleichung der kirchlichen Organisation an die politische blieb auch in den folgenden Stadien wirksam, so daß die Karte der Bistumseinteilung Frankreichs nach 1802/22 fast genau einer Karte der Departementeinteilung entspricht. Besonders betroffen waren von dieser Regelung die vielen südfranzösischen Bistümer, von denen jetzt der größte Teil unterging; b) die durch die Zivilkonstitution geschaffene konstitutionelle Kirche wurde vom Papst nicht anerkannt, die heftigen Auseinandersetzungen darüber führten schließlich zu neuen Verhandlungen und einem Konkordat zwischen Napoleon und Pius VII., das 1801 abgeschlossen und 1802 verkündet wurde. Durch dieses Konkordat wurde die Zahl der französischen Bistümer auf 60 reduziert; c) in der auf den Wiener Kongreß folgenden Restaurationsepoche konnte – insbesondere zwischen 1817 und 1822 – ein großer Teil der 1801/02 aufgehobenen Bistümer wiederhergestellt werden (vgl. unten), doch blieb auch jetzt, wie schon oben erwähnt, die Anpassung an die Departementgrenzen gewahrt.

In der Karte konnte nur der 1822 erreichte Endzustand dargestellt werden. Folgende Bistümer waren zwischen 1801/02 und 1817/22 aufgehoben: Aire, Auch, Belley, Beauvais, Chartres, Le Puy, Luçon, Moulins (schon 1790 aufgehoben), Nevers, Nîmes, Pamiers, Périgueux, Perpignan, Rodez, S. Dié, Sens (schon 1791 aufgehoben), Tarbes, Tulle, Verdun und Viviers. Die Bistümer Annecy, Chambéry, Moutiers-Tarantaise und S. Jean de Maurienne waren 1792–1802 zur Diözese Mont-Blanc, 1802–17 zur Diözese Chambéry zusammengefaßt. Was die Kirchenprovinzen betrifft, so gehörte das Gebiet der Kirchenprovinz Auch 1801–22 zur Metropole Bordeaux, das Gebiet von Avignon war für den gleichen Zeitraum unter die Kirchenprovinzen Toulouse und Lyon aufgeteilt. Die Bistümer der Kirchenprovinz Sens gehörten bis auf die zu Autun geschlagene Diözese Nevers zu Paris; das gleiche gilt für die Bistümer Soissons und Amiens (mit Beauvais), während Cambrai und Arras sogar bis 1841 bei Paris blieben – hier geht die Karte also über das Schnittdatum 1822 hinaus, ebenso noch in einem anderen Fall: entsprechend den 1815 geschaffenen politischen Grenzen gehörte Nice (Nizza) zwischen 1815 und 1862 zur Kirchenprovinz Genua. – Zur heutigen Kirchenorganisation vgl. die Karten 141 A und C.

Quellen und Literatur: Die wichtigsten geographischen Unterlagen waren neben den Karten im LThK², Bd IV nach Sp. 264 und den Bistumskarten des DHGE A. Longnon, Atlas historique de la France depuis Jules César jusqu'à 1317 (1885–89); C. Streit, Atlas Hierarchicus (Freiburg 1913); ferner ein Atlas des anciens diocèses de France – das mir zugängliche Exemplar enthielt weder Verfasser- noch sonstige Angaben und stellte nur einen Teil der französischen Diözesen dar. – *Darstellungen:* L. Bourgain, L'église et l'état au XIXe siècle (1802–1900), 2 Bde (Paris 1901); G. Constant, L'église de France sous le Consulat et l'empire (1800–14) (Paris 1928); E. Sol, Église constitutionnelle et Église réfractaire (Paris 1930); H. R. Walsh, The Concordat of 1801 (New York 1933); H. Leclercq, L'Église constitutionnelle (Paris 1934); H. Lacouture, La politique religieuse de la Révolution (Paris 1940). – Weiteres bei den Bistumsartikeln des LThK² und DHGE.

J. Martin

97 C und D: Die Umorganisation der katholischen Kirche in Deutschland 1802–1821/24

Autor: J. Martin

Zur Geschichte der Kirchenorganisation bis 1500 vgl. die Karten 22–23 25 C und D, 32 und 71. – Infolge von Reformationsauswirkungen gingen die nord- und mitteldeutschen Bistümer und Erzbistümer Brandenburg, Bremen, Halberstadt, Havelberg, Kammin, Lebus, Lübeck, Magdeburg, Meißen (ein Teil des Bistums wurde schon 1581 Apostolische Präfektur Lausitz), Merseburg, Minden, Naumburg-Zeitz, Ratzeburg, Schwerin und Verden im Laufe des 16. Jh. unter (vgl. dazu die Karten 73, 76–77, 82–83), andere Bistümer, wie z. B. Hildesheim, wurden in ihren Wirkmöglichkeiten stark eingeschränkt. Als sich im 17. Jh wieder bescheidene Möglichkeiten für die katholische Mission eröffneten, „entstand nach und nach das Apostolische Vikariat des Nordens" (Holzapfel: LThK², Bd VII, Sp. 1033). 1709 in zwei Vikariate aufgeteilt, wurde es 1780 wieder vereinigt und bestand so bis zum Stichdatum der Karte C – nur Schweden erhielt schon 1783 ein eigenes Vikariat. Im Kft. Sachsen wurde 1743 das Apostolische Vikariat Sachsen errichtet. Das Gebiet des erst 1794 gegründeten und schon 1803 wieder aufgehobenen Bistums Corvey wurde wegen seiner Kleinheit nicht eingetragen – es stimmte fast genau mit dem der Fürstabtei (vgl. Karten 82–83) überein. – Da bis 1802 entweder deutsche Kirchenprovinzen in außerdeutsche Gebiete hineinreichten (zu Köln gehörte Lüttich [Liège] – vgl. Karte 80 B; Trier hatte alle seine Suffragane auf französischem Gebiet – vgl. Karte 97 A; das unter Mainz stehende Konstanz hatte große Gebietsteile in der Eidgenossenschaft) bzw. die bayrischen Bistümer Regensburg, Passau und Freising zur Kirchenprovinz Salzburg gehörten (zu den auf bayrischem Gebiet liegenden Teilen der Erzdiözese Salzburg und der in sie „eingesprenkelten" Diözese Chiemsee und Quasidiözese Berchtesgaden vgl. Karte 96 B), war die Geschichte der deutschen Kirchenorganisation eng mit der der umliegenden Gebiete verflochten.

Wie in Frankreich waren es auch hier die Auswirkungen der Französischen Revolution, die zunächst die Kirchenorganisation in Bewegung brachten; und ebenso wie bei Frankreich konnte auch hier auf Karte D nur der durch die päpstlichen Cirkumskriptionsbullen De salute animarum (1821), Provida sollersque (1821) und Impensa Romanorum Pontificis (1824) geschaffene Endzustand dargestellt werden. Die linksrheinischen Teile deutscher Bistümer und Kirchenprovinzen wurden sämtlich schon vom französischen Konkordat von 1801/02 (vgl. dazu oben zu den Karten 97 A und B) berührt, da Frankreich die entsprechenden Gebiete besetzt hielt und beanspruchte. Die Kirchenprovinz Köln verlor ihren Suffragan Lüttich an Mechelen; die linksrheinischen Teile des Erzbistums wurden dem neuerrichteten Bistum Aachen unterstellt, das ebenso zum Metropolitanverband von Mechelen kam wie das seiner Suffragane beraubte Trier und das aus linksrheinischen Gebieten (u. a. der Diözesen Speyer und Worms) neugebildete Bistum Mainz. – In Osnabrück marschierte 1802 Hannover ein und erklärte das Bistum für aufgehoben. Auch im Süden deuteten sich schon früh Umwälzungen an: in bezug auf das Bistum Konstanz trafen sich „Bestrebungen der Eidgenossenschaft und Josephs II., eigene Bistümer für den schweizerischen Anteil bzw. für Vorderösterreich und Vorarlberg zu gründen" (H. Tüchle: LThK², Bd VI, Sp. 499). Ebenso wurden die südostbayrischen Bistümer von der Kirchenpolitik Josephs II. (vgl. Karte 96 B) tangiert. – Einen schweren Einschnitt bedeutete dann für alle deutschen Bistümer der Reichsdeputationshauptschluß von 1803 mit der Säkularisation aller geistlichen Gebiete (vgl. Karten 82–83). Trotz aller Bemühungen gelang es in den Jahren danach nicht, durch Konkordatsabschluß eine Neuregelung der kirchlichen Verhältnisse zu erreichen. Erst nach dem Ende der napoleonischen Herrschaft kam durch die oben genannten Bullen sowie durch ein Konkordat mit Bayern (1817) die auf der Karte D dargestellte Regelung zustande. Die Neuordnung folgte fast vollständig der durch den Wiener Kongreß geschaffenen politischen Geographie: die Außengrenzen der bayrischen Bistümer stimmten jetzt genau mit der bayrischen Staatsgrenze überein; das Bistum Rottenburg umfaßte das Kgr. Württemberg, Freiburg das Groß-Htm. Baden, Speyer die Pfalz, Mainz Hessen-Darmstadt, Fulda

Hessen-Kassel, Limburg Hessen-Nassau; die Bistümer der Kirchenprovinz Köln entsprachen den West- und Mittelteilen des Kgr. Preußen (Münster schloß außerdem das Groß-Htm. Oldenburg ein); die östlichen Teile des Kgr. kamen unter Breslau: Schlesien und Teile der Lausitz direkt, Pommern und Brandenburg als Delegaturbezirk; Osnabrück und Hildesheim schließlich lagen auf dem Gebiet des Kgr. Hannover; das das Kgr. Hannover durchschneidende Gebiet des Htm. Braunschweig wurde zunächst zum Apost. Vikariat des Nordens geschlagen, kam aber 1834 an Hildesheim, während Mecklenburg, Lauenburg, Holstein und die Hansestädte im Apostolischen Vikariat zusammengefaßt blieben; das Htm. Anhalt wurde Apostolisches Vikariat, während für das Kgr. Sachsen die Aufteilung in das Apostolische Vikariat Sachsen und die Apostolische Präfektur Lausitz beibehalten wurde. Kompliziert war die Situation in den thüringischen Staaten; hier konsolidierte sich die Situation erst in der 2. Hälfte des 19. Jh. Außer den Teilen, die 1821 an Fulda kamen bzw. seitdem von Fulda verwaltet wurden (beide sind in der Karte nicht unterschieden; von Fulda verwaltet wurden zunächst Weimar und Weida), ging Sachsen-Meiningen an Würzburg, Reuß Jüngere Linie am 15. 3. 1822 an Prag (!), während Schwarzburg zunächst ohne Bistumszugehörigkeit blieb. Sachsen-Altenburg wurde seit den 20er Jahren von Sachsen aus mitverwaltet (diese Mitteilungen verdanke ich dem Bistumsarchivar von Paderborn, Herrn Dr. A. Cohausz). – Aus technischen Gründen sind auf den Karten die östlichen Teile des exemten Bistums Breslau (die entscheidenden Veränderungen fanden im Westteil statt, vgl. oben) und das Erzbistum Gnesen-Posen mit seinem Suffragan Kulm nicht dargestellt.

Quellen und Literatur: Kartographische Grundlagen waren die Bistumskarten des LThK² sowie C. Streit, Atlas Hierarchicus (Paderborn – Freiburg 1913). – Eine zusammenfassende Darstellung der Umorganisation der katholischen Kirche in Deutschland ist mir nicht bekannt. Vgl. die Bistumsartikel im LThK² und die dort angegebene Literatur.

J. Martin

98 und 99: Der Stand der katholischen Missionen in Afrika, Asien und Ozeanien vor dem 1. Weltkrieg

Autor: Die Karten wurden nach C. Streit, Atlas Hierarchicus (Paderborn – Freiburg 1913) von K. Janssen zusammengestellt.

Zur Missionsgeschichte der frühen Neuzeit in den lateinamerikanischen Ländern, auf den Philippinen, in Indien, China und Japan vgl. die Karten 84–86 und 89–90, zur Indianermission im Gebiet der heutigen USA die Karte 87.

In den vorliegenden Karten sind die lateinamerikanischen Länder und die Philippinen nicht mehr berücksichtigt. Zwar gab es auch im 19. und 20. Jh. noch in beiden Gebieten Missionen, doch waren hier die entscheidenden Schritte zur Christianisierung bereits vor dem 19. Jh. getan; beide Gebiete besaßen auch um 1800 schon eine eigenständige Kirchenorganisation.

Dagegen hatten die im 16. und 17. Jh. in Indien, China und Japan begonnenen Missionen noch im Laufe des 17. Jh. entscheidende Rückschläge erlitten: die japanischen Christenverfolgungen löschten das Christentum in Japan fast völlig aus; die holländischen Eroberungen bewirkten für viele Missionen, bes. in Indien und Indonesien, den Untergang; in China hemmte der Ritenstreit den Fortgang der Mission entscheidend und war schließlich auch die Ursache für das Verbot des Christentums in China. – In allen drei genannten Gebieten konnte erst um 1850 wieder eine kontinuierliche Missionsarbeit aufgenommen werden, die jetzt allerdings schnelle Fortschritte machte. Das schlägt sich besonders in der Entwicklung der kirchlichen Organisation nieder, die auf den Karten 106–107 dargestellt ist.

Im klein- und vorderasiatischen Bereich hatte die lateinische Kirche infolge der Kreuzzüge (vgl. Karten 60–61) und der spätmittelalterlichen Missionen der Bettelorden (vgl. Karte 63) eine Organisation errichten können; während die Bistümer der Kreuzfahrerzeit mit dem Ende der lateinischen Staaten fast ausnahmslos untergingen, hielt sich in den Missionen eine gewisse Kontinuität, wenn auch nie die Möglichkeit zu größerer missionarischer Aktivität bestand.

In Nordafrika hatte der Islam im 7. Jh. Hunderte von Bistümern zerstört (vgl. Karte 24 mit 43). Der Neuzugang zu diesen Gebieten ist dem Christentum, wie die Karten deutlich machen, bis heute weitgehend verwehrt geblieben. – Im übrigen Afrika wurden im 16. Jh. im Gefolge der Entdeckungen Missionen aufgebaut, die sich jedoch nicht entfalten konnten. Auch hier war im 19. Jh. praktisch ein völliger Neubeginn nötig, und auch hier zeigen die Karten zur Kirchenorganisation (106–107) neben den eingetragenen Missionen das schnelle Vordringen der Missionare.

Der in den Karten dargestellte Zeitraum endet kurz vor dem 1. Weltkrieg, der durch seine Auswirkungen ebenso für die protestantischen wie für die katholischen Missionen einen tiefen Einschnitt bedeutete.

Die in den Karten differenziert gekennzeichneten Missionsträger (Orden und Säkularinstitute) sind ausgewählt nach der Zahl der Gebiete, die jeweils von ihnen betreut wurden. Da normalerweise ganze Gebiete geschlossen einem Orden oder Institut anvertraut waren, läßt sich bei den vorliegenden Karten eine differenzierte Darstellung besser durchführen als in den Karten zu den protestantischen Missionen (103–105).

Literatur: R. Streit, Bibliotheca Missionum (Münster – Aachen – Freiburg 1916ff). – J. Schmidlin, Katholische Missionsgeschichte im Grundriß (Steyl 1925); Histoire universelle des Missions catholiques, ed. S. Delacroix, 4 Bde (Paris 1957–59) (mit Karten); A. Mulders, Missionsgeschichte (Regensburg 1960); Th. Ohm, Wichtige Daten der Missionsgeschichte (Münster ²1961).

J. Martin

100 bis 102: Die kirchliche Situation in den USA 1850

Autoren: Die schematischen Darstellungen der einzelnen Kirchen sind mit Erlaubnis des Verlages Harper & Row entnommen dem Historical Atlas of Religion in America von *E. Scott Gaustad* (Copyright Harper & Row, New York–Evanston 1962) Fig. 45 50 55 59 65 75 81 86 91 (die Karten wurden für den vorliegenden Atlas formal modifiziert). – Die Genealogie der größeren christlichen Kirchen in den USA ist mit Erlaubnis der Bruce Publishing Company abgedruckt aus Separated Brethren von *W. J. Whalen* (Copyright Bruce 1966). – Die Namen der Diözesen der Episkopalkirche 1850 wurden vom Sekretär des Executive Council der Episcopal Church, *Ch. M. Guilbert*, mitgeteilt, die Diözesen der katholischen Kirche sind nach *O. Werner*, Orbis terrarum catholicus (Freiburg 1890), eingetragen.

Im Zeitraum, der zwischen der auf Karte 88 dargestellten Situation von 1750 und der von 1850 liegt, wurden die USA gebildet und fand eine starke Westwanderung statt. Die Westgrenze des 1850 organisierten Gebietes der USA spiegelt sich deutlich in den Karten zu den größeren Kirchen (Baptisten, Methodisten, Presbyterianer) wider: sie fiel zusammen mit der Westgrenze der Staaten Iowa, Missouri, Arkansas und Texas – das letztere wurde erst kurz vor 1850 organisiert und hat deshalb auch erst verhältnismäßig wenige Kirchen. Weitere Faktoren, die das Bild seit 1750 entscheidend verändert haben, sind das Aufkommen der Methodisten sowie die starke irische Einwanderung seit 1830, die für den Katholizismus einen erheblichen Zuwachs brachte (1850 waren 42,8% der Fremdgeborenen in den USA Iren). Unberücksichtigt sind in den Karten die Disciples of Christ, da sie im Zensus von 1850 nicht von den übrigen Kirchen Christi unterschieden wurden.

Grundlage der Einfärbung der Karten ist die Anzahl der Kirchen (= Gotteshäuser) in einem Bezirk (county). Wegen des Maßstabes der Karten war es nicht möglich, die county-Grenzen generell einzutragen. Teilweise spiegeln sich diese Grenzen in den Farbflächen der Karten wider, nämlich dann, wenn der Zahlenindex für die einzutragenden Kirchen zwischen benachbarten *counties* wechselt. Wenn mehrere benachbarte *counties* den gleichen Zahlenindex haben, entsteht eine größere zusammenhängende Farbfläche, in der die einzelnen counties nicht mehr erkennbar sind. Insgesamt lassen sich deshalb aus den Karten nicht die absoluten Zahlen der Kirchen, sondern nur deren Dichte in den verschiedenen Gebieten ablesen.

Die Diözesen der Anglikanischen Kirche stimmten 1850 mit den gleichnamigen Staaten überein, mit Ausnahme von Western New York, das 1938 von New York abgespalten wurde. Feste Bischofssitze gab es nicht, die meisten Bischöfe waren Leiter von Pfarreien.

Quellen: Vgl. oben unter Autoren. Die statistischen und geographischen Grundlagen für die Karten sind im genannten Atlas von E. Scott Gaustad, S. 165f, ausführlich dargestellt. Dort S. 166 auch allgemeine Literatur zur KG der USA; vgl. dazu auch die Angaben in LThK² X 692.

J. Martin

103–105: Die protestantischen Missionen bis zum Anfang des 20. Jahrhunderts

Autor: Die Darstellung beruht auf R. Grundemann, Neuer Missions-Atlas (Calw–Stuttgart ²1903)

Hier können nur einige kurze Erläuterungen zu den Karten gegeben werden, nicht aber ein Überblick über die protestantische Missionsgeschichte im dargestellten Zeitraum. Einige Hinweise zu den Hauptausbreitungsrichtungen der Mission finden sich jeweils bei den Darstellungen der einzelnen Kirchen. Zu den Indianermissionen vgl. die Karte 87.

Das 19. Jh. wurde für die protestantischen Kirchen ein „Missionsjahrhundert". Zwar bewirkten auch schon vorher sowohl theologische Besinnungen (z. B. bei der Brüdergemeine) als auch die werdenden Kolonialreiche (Missionen der Holländer seit dem 17. Jh.; 1701 Gründung der anglikanischen Society for the Propagation of the Gospel zur Mission in den englischen Kolonien) die Aufnahme von Missionen, doch kam erst an der Wende vom 18. zum 19. Jh. der Missionsgedanke überall zum Durchbruch und manifestierte sich in der Gründung großer Missionsgesellschaften: 1795 entstand die zunächst überkonfessionelle, dann kongregationalistisch ausgerichtete London Missionary Society, von der sich 1799 die Anglikaner zurückzogen und die Church Missionary Society gründeten; aus der 1800 von Pastor J. Jänicke gegründeten Berliner Missionsanstalt ging 1824 die lutherische Berliner Missionsgesellschaft hervor, die ebenfalls lutherische Hermannsburger Mission entstand 1849; die Vorläufer der undenominationalen, 1828 gebildeten Rheinischen Missionsgesellschaft reichen bis 1799 zurück; die Methodist Episcopal Church begann 1815, die anglikanische Protestant Episcopal Church 1820 mit der Mission. Das Bild würde noch deutlicher, wenn man noch weitere, auf der Karte nicht verzeichnete Missionsgesellschaften hinzunähme: Als Beispiel für diese sei nur noch die wichtige Basler Missionsgesellschaft genannt, die 1815 entstand.

Bis auf wenige Ausnahmen wurden die Missionen in konfessionellem Rahmen unternommen. In der Karte konnte die Differenzierung aus Gründen der Übersichtlichkeit und des Maßstabs nur teilweise vorgenommen werden. In Ballungsräumen der Mission, wo Sammelzeichen für 5 Stationen verwendet werden mußten, sind in diese Zeichen teilweise auch die sonst in den Karten differenziert dargestellten Missionsgesellschaften eingegangen. Das bedeutet, daß die Verbreitungsgebiete dieser Missionsgesellschaften in den Karten nicht ganz vollständig zum Ausdruck kommen, wenn auch alle ihre Missionsstationen berücksichtigt sind.

Mit dem 20. Jh. begann eine neue Phase der Missionsgeschichte. Gerade als man auf der 1910 erstmals abgehaltenen Weltmissionskonferenz die bis dahin weitgehend zersplitterten Kräfte zu koordinieren begonnen hatte, setzte der 1. Weltkrieg mit seinen Folgeerscheinungen (beginnender Zerfall der Kolonialreiche, Ausbreitung der kommunistischen Herrschaft) auch für die Missionen einen bedeutsamen Einschnitt.

Die Karten reichen wegen der Anlehnung an den Atlas von Grundemann nicht ganz an das Schnittdatum 1914 heran, wollen aber einen möglichst umfassenden Überblick über die Missionen bis 1903 vermitteln.

Literatur: Als weitere Missionsatlanten seien hier erwähnt: H. P. Beach, A Geography and Atlas of Protestant Missions, 2 Bde (New York 1903); S. J. Dennis – H. P. Beach – Ch. H. Fahs, World Atlas of Christian Missions (New York 1911); H. P. Beach – Ch. H. Fahs, World Missionary Atlas (New York 1925). – Reiches kartographisches Material und Literatur zu den Missionen bietet eine in den 20er und 30er Jahren bei der World Dominion Press, London, erschienene Serie von Monographien zur Missionsgeschichte der meisten afrikanischen, asiatischen und südamerikanischen Länder. Daneben sind in jüngster Zeit insbesondere zur afrikanischen Missionsgeschichte Arbeiten (sämtlich mit Karten erschienen), von denen hier nur einige Beispiele zitiert werden können: R. Oliver, The Missionary Impact in East Africa (London 1952); H. W. Debrunner, A History of Christianity in Ghana (Accra 1967); H. Binder Johnson, The Location of Christian Missions in Africa: Geographical Review 57 (1967) 168–202. – Hingewiesen werden kann ferner nur auf die zahlreichen Publikationen einzelner Missionsgesellschaften. – Als Missionsgeschichte sei hier zitiert: K. S. Latourette, A History of the Expansion of Christianity, 7 Bde (New York – London 1937–45).

J. Martin

106 und 107: Die Entwicklung der Kirchenorganisation in Afrika, Asien und Ozeanien bis 1913

Autor: J. Martin

Die Gestaltung der Karten beruht auf folgenden Prinzipien: Der Stand der kirchlichen Organisation im Jahre 1913 ist durchwegs durch Flächeneinfärbung wiedergegeben. Die Namen der eingefärbten Gebiete stehen grundsätzlich in der Legende. Da der Charakter der kirchlichen Sprengel (Erzdiözesen und Diözesen, Apostolische Vikariate, Apostolische Präfekturen) zum Stichdatum 1913 aus der Art der Einfärbung hervorgeht, ist er in der Legende nicht mehr mitgenannt. Die Jahreszahlen in der Legende nennen die Jahre der Errichtung der kirchlichen Sprengel, die Zahlen in Klammern bedeuten Rangerhöhungen. – *Alle* in die Karte selbst eingetragenen Namen beziehen sich auf die Organisation vor 1850 bzw. 1800, die durch gerissene bzw. durchgezogene rote Grenzen markiert wird. Einige wenige Sprengel, die kurz vor 1850 gegründet wurden, sind nicht eigens durch gerissene rote Grenzen hervorgehoben, da in diesen Fällen wegen des Maßstabs der Karte die Aussagen undeutlich geworden wären. Es handelt sich um Süd-, Mittel- und Ost-Tonkin, Nord-Kiangsi, Ost-Hupeh und Nord-Shansi. Ferner sind einige Datenangaben in der Legende unverständlich, wenn man sich nicht bewußt macht, daß verschiedene kleine Sprengel die Tradition früher gegründeter großer Sprengel fortsetzen. So wurde Mittel-Shansi in seiner auf der Karte dargestellten Umschreibung nicht 1696 gegründet, sondern entstand in dieser Form durch die Abspaltung von Süd-Shansi 1887 und Nord-Shansi 1911; es führt aber als Gründungsdatum das Datum des 1696 gegründeten Apostolischen Vikariats Shansi weiter. Entsprechendes gilt für West-Tonkin (1659 = Tonkin), Nordwest-Szechwan (1696 = Szechwan), Süd-Mandschurei (1838 = Mandschurei), Seoul (1831 = Korea) und verschiedene philippinische Gebiete sowie in Afrika für Moçambique, Unter-Kongo (1640 = Angola und Kongo) und Khartum (1846 = Zentralafrika). Yunnan und Kweichow führen, obwohl sie zu den 1696 gegründeten Sprengeln gehören, die Gründungsdaten 1840 bzw. 1846, weil sie im 18. Jh. mit anderen Gebieten uniert waren.

In China bestand schon vor 1696 – dem Stichdatum für die erste Darstellung der Karte – eine Kirchenorganisation. 1557 wurde zunächst die Diözese Malacca für den gesamten Fernen Osten von Goa abgetrennt, 1576 von Malacca die Diözese Macao für China und Japan. In diese unter dem portugiesischen Patronat stehenden Gebiete griff Rom 1659 durch die Entsendung Apostolischer Vikare für Tonkin, Cochinchina und Nanking ein. – Nachdem 1680 China unter die 3 Bistümer Macao, Nanking und Peking aufgeteilt wurde, kam es 1696 zu der auf der Karte dargestellten Regelung, bei der die Einflußsphären des portugiesischen Patronats (Bistümer Macao, Nanking und Peking) und der Propaganda Fide geographisch voneinander abgegrenzt wurden.

Ein ähnliches Nebeneinander von unter dem portugiesischen Patronat und unter der Propaganda stehenden Gebieten gab es in Indien, wobei hier keine so klaren geographischen Abgrenzungen getroffen worden zu sein scheinen (Apostol. Vikariat Malabar im Gebiet der Diözese Cochin; Apostol. Vikariat Bijapur im Gebiet der Erzdiözese Goa).

Die Angaben zu den Daten der Errichtung kirchlicher Sprengel sind in der Literatur nicht immer einheitlich. Das liegt vor allem daran, daß teils die Daten der päpstlichen Errichtungsbullen, teils die Daten der tatsächlichen Errichtung eines Sprengels (also etwa Ernennung des 1. Apostol. Vikars etc.) zugrunde gelegt werden. Für die vorliegenden Karten wurde, wenn möglich, die 1. Alternative gewählt, doch war aus der Literatur nicht immer ersichtlich, um was für ein Datum es sich handelt, so daß die Einheitlichkeit der Datenangaben nicht voll garantiert werden kann.

Nicht im Ausschnitt der Karten sind die Kanarischen Inseln, die ein jeweils kurzlebiges Bistum schon 1369 (Teldé) und 1404 (Rubicón) erhielten; 1483 wurde der Bischofssitz in Las Palmas eingerichtet, 1819 kam S. Cristóbal de La Laguna (Sitz Teneriffa) hinzu.

Zur frühen Kirchenorganisation in Südamerika vgl. Karte 85, zu Apostolischen Vikariaten in Europa Karte 97, zur Situation in der Gegenwart die Karten 143–147.

Quellen und Literatur: Hauptquelle für die Entwicklung der Kirchenorganisation sind die päpstlichen Bullen zur Errichtung kirchlicher Sprengel, doch wurden – mangels einer zusammenfassenden Edition – die Karten nicht direkt aus diesen Quellen, sondern aus der Sekundärliteratur gearbeitet. Der Stand von 1913 wurde aus C. Streit, Atlas Hierarchicus übernommen. Für die Organisation vor 1850 waren besonders hilfeich die Tabellen und historischen Ausführungen bei O. Werner, Orbis terrarum catholicus (Freiburg 1890); ferner J. de Moidrey, La Hiérarchie catholique en Chine, en Corée et au Japon (1307–1914): Variétés Sinologiques 38 (Zi-Ka-Wei bei Changhai 1914) (mit Karten); A. Jann, Die katholischen Missionen in Indien, China und Japan. Ihre Organisation und das portugiesische Patronat vom 15. bis ins 18. Jh. (Paderborn 1915); Histoire universelle des Missions catholiques, ed. S. Delacroix, 4 Bde (Paris 1957–59) (mit Karten); Lexikonartikel (zu Ländern und einzelnen Kirchensprengeln) im DHGE und LThK².

J. Martin

108: Die Kurie vom 12. bis zum 16. Jahrhundert

Autor: J. Martin

Das Schema versucht, die Entwicklung der wichtigsten Institutionen der Kurie vom 12. bis zum 16. Jh. in zeitlicher Gliederung darzustellen. Berücksichtigt wurden alle Institutionen, die für die Leitung der Kirche und des Kirchenstaates von Bedeutung waren; dagegen mußte auf die Eintragung etwa der Palastämter oder der Vatikanischen Bibliothek verzichtet werden. Desgleichen war es nicht möglich, die Binnengliederung der kurialen Ämter darzustellen.

Das Schema setzt in dem Jahrhundert ein, in dem sich eine eigentliche Kirchen- und Kirchenstaatsverwaltung von einer bloßen Hof- oder Palastverwaltung zu differenzieren beginnt. Der Terminus *Curia Romana* bezeichnet zunächst (im 11. Jh.) den päpstlichen Hof und ist erst später auf die Gesamtheit der päpstlichen Verwaltungs- und Leitungseinrichtungen übertragen worden.

Die 3 schon für das 12. Jh. als ständig eingetragenen Institutionen – die Apostolische Kammer, die Päpstliche Kanzlei und das Konsistorium – hatten zwar alle schon Vorläufer in früherer Zeit, haben sich aber in ihrer für die nächsten Jhh. wirksamen Form seit dem Ende des 11. und im 12. Jh. gebildet. Daneben traten infolge wachsender Aufgaben neue Institutionen, deren Entstehung sich in auch sonst für die Behördenbildung typischen Bahnen vollzog und die drei Hauptformen aufweist. Eine erste Form war die zunächst zeitlich begrenzte Betreuung von Personen oder Personenkreisen mit besonderen Aufgaben. Da diese Aufgaben bestehenblieben, lag es in der Natur der Sache, daß sich aus den speziell beauftragten Personenkreisen feste Behörden entwickelten und die zunächst jeweils für den einzelnen Fall erteilten Aufträge zu „Daueraufträgen" wurden. Auf diese Weise bildeten sich die päpstlichen Gerichtshöfe der Pönitentiarie, der Rota und der Signatur, aber auch das Sekretariat für die lateinischen Briefe. Der Kardinalnepot brachte es wegen der Konkurrenz des *secretarius secretus* (vgl. unten) und der seit dem 16. Jh. wachsenden Opposition gegen den Nepotismus nicht zu einer Dauerstellung: sein Amt wurde 1692 abgeschafft.

Eine zweite, mit der genannten verwandte Form der Entstehung von Behörden ist die Abspaltung von Aufgabenbereichen aus schon bestehenden Institutionen. Auch hier läßt sich normalerweise, wie die Fälle der Datarie und des *secretarius secretus* zeigen, vor der endgültigen Ausbildung einer Behörde das Zwischenstadium eines mehr persönlich bestimmten Auftrags unterscheiden. Im *secretarius secretus,* der im 15. Jh. aus dem Kollegium der päpstlichen Sekretäre für die eigentliche Geheimkorrespondenz des Papstes ausgesondert wurde, liegt der Ursprung des heute wohl wichtigsten kurialen Amtes, des Kardinalstaatssekretärs (vgl. Karte 109), doch konnte der *secretarius secretus* seine beherrschende Position erst erlangen, als 1692 das Amt des Kardinalnepoten aufgehoben wurde (vgl. oben).

Eine letzte Form schließlich, mit den wachsenden Aufgaben fertig zu werden, wurde mit den Kardinalskommissionen gefunden, die Geschäfte für das überlastete Konsistorium vorbereiteten. Diese Kommissionen gelten heute allgemein als die Vorstufe der Kardinalskongregationen, die – seit 1542 eingerichtet und von Sixtus V. systematisch ausgebaut – das Konsistorium in seiner Funktion als Leitungsorgan der Kirche völlig verdrängten und selbst an seine Stelle traten.

Die Darstellung des Schemas soll nicht darüber hinwegtäuschen, daß zur Geschichte der Kurie noch eine Reihe von Fragen offen ist. Diese betreffen sowohl verschiedene Zeitansätze als auch Einzelheiten des Übergangs von einer Organisationsform zur anderen – so ist z. B. die Herausbildung des Büros des *secretarius secretus* noch weitgehend unerforscht.

Das Schema endet zeitlich mit Sixtus V., der 1588 mit der Errichtung von 15 ständigen Kongregationen die Kurie entscheidend umgestaltet hat. In den folgenden Jhh. wurden zwar immer wieder Veränderungen vorgenommen – etwa in der Zahl der Kongregationen oder, wie schon erwähnt, in bezug auf die Stellung des *secretarius secretus* (Staatssekretärs) –, doch blieb das durch Sixtus V. geschaffene Grundschema bis zum Anfang des 20. Jh. erhalten. Zum heutigen Aufbau der Kurie vgl. Karte 109.

Literatur: Besonders hilfreich waren die einschlägigen Artikel des Dictionnaire de Droit canonique, veröffentlicht unter der Leitung von P. Naz, 7 Bde (Paris 1935–65) und des LThK². – Außerdem: H. Breßlau, Hdb. der Urkundenlehre I (Berlin ³1958); W. v. Hofmann, Forschungen zur Geschichte der kurialen Behörden vom Schisma bis zur Reformation, 2 Bde (Rom 1914); N. de Re, La Curia Romana (Roma 1952); H. E. Feine, Kirchliche Rechtsgeschichte I: Die katholische Kirche (Weimar ³1955); P. Herde, Beiträge zum päpstlichen Kanzlei- und Urkundenwesen im 13. Jh. (München ²1967).

J. Martin

109: Die Ordnung der Kurie nach der Apostolischen Konstitution Regimini Ecclesiae Universae vom 15. 8. 1967

Autor: J. Martin

Nach der Kurienreform durch Pius X. (1908), die zwar den Bestand an kurialen Institutionen nicht wesentlich veränderte, aber durch neue Aufgaben- und Kompetenzverteilungen, Neuordnung der Geschäftsgänge usw. die kirchliche Verwaltung straffte und modernisierte, wurde eine Reform der Kurie vor allem wieder durch das II. Vaticanum akut. Johannes XXIII. und Paul VI. haben seit etwa 1960 durch eine Reihe von Einzelmaßnahmen eine umfassende Reform vorbereitet, die dann mit der obengenannten Konstitution Regimini Ecclesiae Universae verwirklicht wurde.

Die Konstitution ist folgendermaßen gegliedert: Nach einer Einleitung, die kurze historische Rückblicke gibt, die Notwendigkeit der Kurie betont und die wichtigsten Neuerungen der Konstitution zusammenfaßt, folgen als Abschnitt I Allgemeine Bestimmungen (Normae generales). Danach werden die Institutionen der Kurie behandelt, und zwar in folgender Reihenfolge: das Staats- oder Päpstliche Sekretariat und der Rat für die öffentlichen Angelegenheiten der Kirche (Abschnitt II), die Kongregationen (Abschnitt III), die Sekretariate (Abschnitt IV), der Laienrat und die päpstliche Studienkommission Justitia et Pax (Abschnitt V), die Gerichtshöfe (Abschnitt VI) und schließlich die Ämter (Abschnitt VII). Ein kurzer Anhang bestimmt, daß die in der letzten Reihe des Schemas aufgeführten Institutionen ihren alten Status behalten, und legt das Datum des Inkrafttretens (1. Januar 1968, später auf 1. März 1968 verschoben) fest. Eine zur Neuordnung der Kurie gehörende Geschäftsordnung wurde am 22. Februar 1968 vom Papst gebilligt.

Die genannte Gliederung der Konstitution wurde dem vorliegenden Schema zugrunde gelegt. Es handelt sich dabei nicht um eine eigentliche Rangordnung – von Über- oder Unterordnung ist in der ganzen Konstitution kaum die Rede –; die Kurie ist nicht pyramidenförmig mit dem Papst an der Spitze aufgebaut, sondern die meisten Institutionen sind direkt vom Papst abhängig, ihre Mitglieder werden von ihm in freier Auswahl ernannt. Nur dem Kardinalstaatssekretär kommen gewisse Koordinierungsfunktionen zu. Um diese Situation zu verdeutlichen, sind in das Schema die drei vom Papst ausgehenden Farbpfeile eingetragen, die sämtliche Institutionen betreffen. Aber auch wenn die Gliederung der Konstitution keine Rangordnung im strengen Sinn beinhaltet, so ist sie doch vielleicht kennzeichnend für die Bedeutung, die den einzelnen Institutionen-Gruppen zugemessen wird.

Aus dem Schema werden, da es zeitlich eindimensional angelegt ist, die Neuerungen nicht deutlich. Diese lassen sich in 2 Gruppen einteilen: a) die Neu- bzw. Abschaffung von Institutionen, b) die neuen Grundsätze, die entweder direkt formuliert oder im System erkennbar sind.

Zu a): Der Rat für die öffentlichen Angelegenheiten der Kirche, der engstens mit dem Staatssekretariat zusammenarbeiten und z. B. Verhandlungen mit den Staatsregierungen führen soll, löst die alte Kongregation für außerordentliche kirchliche Angelegenheiten ab. – Die ständigen Sekretariate erscheinen erstmals als Kurienorgane. Sie unterschieden sich wohl dadurch von den Kongregationen, daß sie „nicht so sehr, wenn überhaupt, oberste Verwaltungsbehörden sind, sondern Organe des Kontakts, des Dialogs und des Studiums und ihrem Aufgabengebiet entsprechend eine andere Arbeitsweise haben" (H. Schmitz [s. u.]). – Schwer einzuordnen sind die ebenfalls neu unter die Kurienorgane aufgenommenen Räte, der Laienrat und die päpstliche Studienkommission Justitia et Pax, denen in der Konstitution ja auch ein eigener Abschnitt gewidmet ist. – Von den alten Ämtern sind weggefallen die Datarie sowie die Sekretariate für die Breven und für die lateinischen Briefe (vgl. dazu Karte 108). Neu errichtet wurden die Präfektur für die Wirtschaftsangelegenheiten des Hl. Stuhles, die Präfektur des Apostol. Palastes – sie übernimmt die Aufgaben der abgeschafften Zeremonienkongregation – und das General-Rationarium, das u. a. die Aufgabe eines statistischen Amtes hat.

Zu b): Hier sollen nur einige Punkte hervorgehoben werden: Nach der neuen Ordnung sollen auch Diözesanbischöfe zu den in ihrem Mitgliederkreis bisher auf Kardinäle beschränkten Kongregationen hinzugezogen werden. Damit wird nicht nur bewirkt, daß künftig die pastorale Erfahrung eine wichtige Rolle in der zentralen Leitung der Kirche spielen kann, sondern es wird auch ein weiteres Ziel der Kurienreform entscheidend unterstützt: die Internationalisierung der Kurie, auf die – nach der Konstitution – auch bei der Auswahl der Beamten und der Hinzuziehung von Konsultoren geachtet werden soll. Schließlich ist das Bemühen zu erwähnen, Verwaltung und Rechtsprechung klar zu trennen.

Quellen und Literatur: Akten Papst Paul VI.: Apostolische Konstitution über die Römische Kurie, Motuproprio über die Hinzuziehung von Diözesanbischöfen zu den Kongregationen der Römischen Kurie, Allgemeine Geschäftsordnung der Römischen Kurie, Motuproprio über die Reform des Päpstlichen Hauses, kommentiert und eingeleitet von H. Schmitz: Nachkonziliare Dokumentation, Bd X (Trier 1968).

J. Martin

110: Die russische Kirchenverwaltung bis 1945

Autor: I. Smolitsch

A. Der Aufbau zur Zeit der Patriarchen (1589–1700)

In der Periode des ersten Patriarchats war es allgemein üblich, daß die Kandidaten für den vakanten Patriarchenstuhl vom Zaren vorgeschlagen wurden; die Landessynode wählte dann den Vorgeschlagenen zum Patriarchen. Oft wurden auch die vakanten Bischofsstühle nach dem Vorschlag des Zaren besetzt. Trotz dieser Bevormundung durch die Staatsgewalt hatten die Patriarchen und Bischöfe in der inneren Kirchenverwaltung ziemlich freie Hand. – Das Klosteramt entstand aufgrund des Gesetzbuches vom 29. 1. 1649 (des sog. Uloženie). Diese Institution war nichts Neues, weil schon seit dem 16. Jh. ein Amt existierte, das sog. Schloßamt, das fast die gleichen Funktionen hatte wie das Klosteramt. Das Klosteramt hatte zwei Aufgaben: 1) die Kontrolle der Fiskusfragen, die kirchlichen Ländereien betreffend, die zu bestimmten Steuerabgaben verpflichtet waren, soweit sie aufgrund der zarischen Immunitätsbriefe nicht von solchen Abgaben befreit waren (z. B. einige Klöster). Es betraf hauptsächlich die mit Bauern besiedelten Ländereien. Die Ländereien des Patriarchenstuhls waren aber von dieser Kontrolle befreit; 2) wichtiger waren die gerichtlichen Befugnisse des Klosteramtes, die den Umfang der kirchlichen Gerichtsbarkeit jetzt beschränkt hatten. Den Bischöfen in ihren Eparchien wurde nur die Gerichtsbarkeit hinsichtlich der rein geistlichen Sachen belassen – alle Zivilsachen wurden dem Gericht des Klosteramtes übertragen (Das Gesetzbuch, Kap. XII XIII u. XVII).

B. Der Aufbau der Kirchenverwaltung im 18. Jahrhundert

Nach dem Tode des Patriarchen Adrian (1700) hatte Peter d. Gr. keine Landessynode zur Wahl des neuen Patriarchen einberufen und ließ die Kirche durch einen Verweser verwalten. Gleichzeitig wurde 1701 das 1677 geschlossene Klosteramt wieder gegründet, existierte bis 1724 und wurde durch viele Ukase Peters mit größeren Rechten (z. B. Begrenzung der Gerichtsbarkeit der Bischöfe in Ehescheidungssachen u. a.) ausgestattet. – Das später gegründete Ökonomiekollegium (1726–37, 1738–44, 1757, 1762–86) hatte wiederum die Geschäfte und Rechte des früheren Klosteramtes übernommen (aber ohne die gerichtlichen Rechte, die wiederum durch viele Ukase reguliert wurden). Der Heilige Synod wurde als eine kollegiale Bischofsinstitution am 14. 2. 1721 eröffnet und verwaltete die Kirche bis Ende des Jahres 1917. Um eine Einsicht in die Tätigkeit des Heiligen Synod zu haben, setzte Peter d. Gr. (am 11. 5. 1722) einen Oberprokuror des Synods „als Unser Auge und Anwalt" ein. Zu großer Machtentfaltung gelangten die Oberprokuroren erst im 19. Jahrhundert.

C. Der Aufbau der Kirchenverwaltung zwischen 1824 bzw. 1836 und 1917

Vgl. dazu, bes. zu den sich vergrößernden Befugnissen der Oberprokuroren im 19. Jh. bis 1917, I. Smolitsch, Geschichte . . . (s. u.), Kap. 7 und 9 (mit Quellen und Literatur).

D. Die Verwaltungsstruktur der Russisch-Orthodoxen Kirche 1917–45

Das Schema veranschaulicht die Verwaltungsstruktur der Russisch-Orthodoxen Kirche nach dem 25. Oktober 1917, d. h. nach der kommunistischen Machtergreifung. Alle Verwaltungsfragen werden geregelt durch die Beschlüsse des Landeskonzils (vgl. unten). Wieweit diese Beschlüsse bis 1945 *tatsächlich* wirksam waren, ist nicht festzustellen.

Das Landeskonzil vertritt die oberste Gewalt der Kirche. Es soll „periodisch", etwa alle 3 Jahre, einberufen werden und besteht aus Bischöfen, Klerikern und Laien. Gleichzeitig wird die Wiederherstellung der Patriarchenwürde beschlossen und der Patriarch gewählt. Er ist dem Konzil verantwortlich und verwaltet die Kirche gemeinsam mit dem Heiligen Synod und dem Obersten Kirchenrat. Der Heilige Synod (unter dem Vorsitz des Patriarchen) soll aus 12 Mitgliedern (alle im Bischofsrang) bestehen: 6 Mitglieder werden vom Landeskonzil für 3 Jahre (also für die Zeit zwischen zwei Konzilien) gewählt; das siebente Mitglied ist der Metropolit von Kiew; die restlichen 5 Bischöfe sollen vom Heiligen Synod für 1 Jahr abwechselnd aus den Eparchien berufen werden. Der Oberste Kirchenrat (verchovnyj cerkovnyj sovet) besteht aus dem Patriarchen als dem Vorsitzenden und 15 Mitgliedern (3 Bischöfen aus dem Heiligen Synod, einem Mönch, 5 Klerikern und 6 Laien), die vom Konzil für 3 Jahre gewählt werden. Der Heilige Synod ist für Fragen hinsichtlich der Lehre, der Lehrtätigkeit (Predigt!), des Gottesdienstes, des kanonischen Rechts und der kirchlichen Disziplin verantwortlich, der Oberste Kirchenrat verwaltet die administrativen und wirtschaftlichen Angelegenheiten und teilweise die geistlichen Lehranstalten (finanzielle Fragen). Ihm obliegt auch die Revision und Kontrolle aller finanziellen Fragen der Zentrale sowie der Eparchien. Gemeinsame Tagungen des Heiligen Synods und des Rates sollen von Zeit zu Zeit, wenn es jeweils notwendig ist, einberufen werden. Zum Aufgabenbereich dieser Tagungen gehört auch die Beratung sämtlicher Fragen, die „für den Schutz der Rechte und der Privilegien (!) der orthodoxen russischen Kirche" gegenüber der Staatsregierung notwendig wären. Aus dem Text ist ersichtlich, daß diese Tagungen in gewissem Sinne solche Fragen behandeln, die in die Kompetenz der Beratungen oder der Beschlüsse des Landeskonzils fallen.

Das Wahlprinzip, das die 1917/18 geschaffene Struktur der russischen Kirche beherrscht, wird besonders deutlich in der Verwaltung der Eparchien. Die Beschlüsse des Landeskonzils hatten sich für eine Eparchialverwaltung ausgesprochen. Der Eparchialbischof, der seine Eparchie mit Beihilfe (sodejstvie) des Klerus und der Laien verwaltet, soll von der Eparchialtagung (Vertreter des Klerus und der Laien) gewählt und dann zur Bestätigung der „Obersten Kirchengewalt", d. h. dem Heiligen Synod unter dem Vorsitz des Patriarchen, für den Eparchiestuhl nominiert werden. Er erhält seinen Stuhl lebenslänglich; eine Ausnahme ist nur möglich, wenn er wegen Nichtbeachtung der kanonischen Regeln von der obersten Kirchenverwaltung oder dem Kirchengericht (oder sogar vom Landeskonzil) vom Eparchialstuhl entbunden wird. Die Rechte und Pflichten des Eparchialbischofs stützen sich auf das kanonische Recht der Ostkirche. Das oberste Organ, mit dessen Hilfe der Bischof seine Eparchie verwaltet, sind die Eparchialtagungen. Sie bestehen aus Vertretern des Klerus und der Laien, die in den Propsteien gewählt werden, und behandeln alle Verwaltungs- und Finanzfragen der Eparchie. Da sie nur periodisch (etwa alle 3 Jahre) tagen, hat der Eparchialbischof ein Verwaltungsorgan – den Eparchialausschuß, der nach dem Wahlprinzip ebenfalls aus Klerus und Laien bestehen soll; er ersetzt das frühere Konsistorium. Dieses Gremium ist von besonderer Bedeutung in der Praxis der Eparchialverwaltung.

Jede Eparchie soll in Propsteien (blagočinija) eingeteilt werden. Die Zahl der Propsteien hängt von der Zahl der Pfarreien und der Größe der Eparchie ab. Ein administratives Organ der Propstei ist der Propsteiausschuß (blagočinničeskoe sobranie), der nach dem Eparchialausschuß die nächste Stufe in der Verwaltung der Eparchie bildet. Er gliedert sich in zwei Arten von Tagungen: eine für Pflichten und Aufgaben der Pfarrer, eine zweite für die Behandlung wirtschaftlicher Fragen. An der ersten Tagung müssen alle Priester der Propstei teilnehmen, an der zweiten „allgemeinen" Tagung, entsprechend der Wahl in den Pfarreiräten (prichodskie sovety), außer den Priestern Diakone, Psalmisten und Laien (die Mitglieder der Pfarrei). Die Beschlüsse dieses Ausschusses verwirklicht der Propsteirat als administratives Organ. Ihm gehören der Propst, 2 aus dem Propsteiausschuß gewählte Kleriker und 2 Laien an. Die Wahl des Propstes auf 5 Jahre wird durch die „allgemeinen" Tagungen vollzogen.

Der Organisation und dem inneren Leben der Pfarreien galt ein sehr detailliertes „Pfarrstatut" (prichodskij ustav), das das Konzil am 7./20. 4. 1918 (!) bestätigt hatte (vgl. dazu Prichodjko [s. u.]).

Die Klöster jeder Eparchie sind in Klösterpropsteien eingeteilt. Das Wahlprinzip ist auch hier die Grundlage des Klosterlebens. Der Klostervorsteher soll von der Bruderschaft gewählt und dann vom Heiligen Synod bestätigt werden. Die anderen Verwaltungspersonen werden vom Eparchialbischof nach dem Vorschlag des Klostervorstehers ernannt. Die Verwaltung des Klosters obliegt dem Vorsteher, dem bei der Beratung von Wirtschaftsfragen der Klosterrat (monastyrskij sovet) hilft. Als bestmögliche Lebensform des Mönchtums wird die Koinobia empfohlen. Die Klöster sollen auch der Mission und der Wohltätigkeit unter der Bevölkerung dienen. Für die Beratung zur Verbesserung des Klosterlebens sind 2 Organe vorgesehen: 1. der Eparchialklosterausschuß (eparchial'noe monašeskoe sobranie); 2. der Allrussische Mönchsausschuß (vserossijskoe monašeskoe sobranie). Sie sollen periodisch einberufen werden. Für die Mönche mit Seminar- oder Akademieausbildung, das sog. „gelehrte Mönchtum", ist die Organisation einer allrussischen Mönchsbruderschaft vorgesehen, die sich der religiös-sittlichen Tätigkeit unter den Gläubigen durch Predigt oder Schriften widmen oder als Lehrer in geistlichen Lehranstalten tätig sein soll. Die Abteilung für die Angelegenheiten religiöser Kulte wurde *vor* dem 24. 8. 1918 errichtet, da an diesem Tage von ihr eine erste Instruktion über Aufsicht und Kontrolle religiöser Fragen erlassen wurde (vgl. Kischkowsky 29ff; Kolarz 55 [s. u.]). Weil die örtlichen Sowjetbehörden (nicht nur die „Kommissionen", sondern auch andere, wie z. B. Stadt- oder Dorfräte) nach Gutdünken auf die Kirche und religiöse Gemeinschaften Druck ausübten, wurde ergänzend im Dezember 1918 ein Zirkular des Volkskommissariats für Justiz an die örtlichen Behörden zur Beachtung des Dekrets vom 23. 1. 1918 „Über die Trennung der Kirche vom Staat und der Schule von der Kirche" gerichtet (Kirche und Staat [s. u.] 7–11). Besonders wichtig ist der „Beschluß des Allrussischen Zentralexekutivkomitees und des Rates der Volkskommissare" vom 8. 4. 1929 (ebd. 13–28) und der „Beschluß des Zentralkomitees der Kommunistischen Partei der Sowjetunion" vom 10. 11. 1954 (ebd. 29–34). Diese Beschlüsse bleiben bis heute Zeichen der religiösen Politik der Sowjetregierung.

Quellen und Literatur: Die Beschlüsse des Landeskonzils: Das Heilige Konzil der orthodoxen russischen Kirche. Sammlung der Verordnungen und Beschlüsse, Lieferung 1–4 (Moskau 1918) (russisch). – Kirche und Staat in der Sowjetunion. Gesetze und Verordnungen, hrsg. von R. Stupperich (Witten 1962) (Übersetzung der wichtigsten Gesetze). – Die umfangreiche Literatur bis zur russischen Kirche seit 1917 bringt leider wenig Material darüber, wie die Verwaltungsstrukturen im Leben der Kirche tatsächlich funktionieren können. Im folgenden wird nur die Literatur ausgewählt, die zumindest teilweise für die Klärung der kirchlichen Verwaltung wertvoll ist. – A. Dobroklonskij, Hdb. der Geschichte der russischen Kirche, Bd III (Moskau 1889) (russisch); P. Methodius Prichodjko, Die Pfarrei in der neuesten Gesetzgebung der Russischen Kirche (Brixen 1947); J. S. Curtiss, The Russian Church and the Soviet State 1917–1950 (Boston 1953), deutsch: Die Kirche in der Sowjetunion 1917–1956 (München 1957); I. Smolitsch, Russisches Mönchtum. Entstehung, Entwicklung und Wesen (Würzburg 1953); A. Kischkowsky, Die sowjetische Religionspolitik und die Russische Orthodoxe Kirche: Institut zur Erforschung der UdSSR, Ser. I Nr. 37 (München 1957); Die Russische Orthodoxe Kirche. Ihre Einrichtungen, ihre Stellung, ihre Tätigkeit (Verlag des Moskauer Patriarchats, Moskau 1958) (offizielle Darstellung); W. Kolarz, Religion in the Soviet Union (London 1961), deutsch: Die Religionen in der Sowjetunion. Überleben in Anpassung und Widerstand (Freiburg – Basel – Wien 1963) (ausgezeichnete Arbeit; wichtig wegen zahlreicher Quellen- und Literaturangaben); I. Smolitsch, Geschichte der russischen Kirche 1700–1917, Bd I (Leiden 1964); ders., Die russische Kirche in der Revolutionszeit von März bis Oktober 1917 und das Landeskonzil 1917 bis 1918: Ostkirchliche Studien 14 (1965) (Quellen und Literatur); J. Chrysostomus, KG Rußlands der neuesten Zeit, 3 Bde (München 1965–68); K. Appel, Die Auseinandersetzung um die kirchliche Gerichtsbarkeit im Moskauer Rußland 1649–1701 (Diss. phil. Berlin 1966); K. Omasch, Grundzüge der russischen KG (Göttingen 1967). – Das offizielle Organ der Moskauer Patriarchie „Zschr. der Moskauer Patriarchie" (Zurnal Moskovskoj Patriarchii) bringt leider wenig zuverlässiges Material. Das gilt bes. für alle Probleme, die die Funktion der kirchlichen Verwaltung und das Leben der Kirche betreffen.

I. Smolitsch

111 A–C: Die Alt-Katholischen Kirchen

Autor: J. Martin

Die Opposition gegen die Beschlüsse des I. Vaticanums über den päpstlichen Primat und die Unfehlbarkeit führte dazu, daß sich noch in den 70er Jahren des 19. Jh. in Deutschland, Österreich, der Schweiz und der Tschechoslowakei alt-katholische Gemeinden bildeten. Der erste alt-katholische Bischof, J. H. Reinkens, wurde 1873 durch den Bischof der seit Anfang des 18. Jh. von Rom getrennten Kirche von Utrecht geweiht. 1889 schlossen sich die inzwischen gebildeten alt-katholischen Kirchen mit der Kirche von Utrecht zu einer Alt-Katholischen Kirchengemeinschaft – der Utrechter Union – zusammen. Diese ist eine Vereinigung selbständiger katholischer Nationalkirchen, die als legitime Erben und Fortsetzung der Alten Katholischen Kirche westlicher Tradition sich zu den altkirchlichen Grundsätzen der *Utrechter Deklaration* von 1889 bekennen und auf der Grundlage der *Utrechter Konvention* (Neufassung 1952) mit dem Erzbischöflichen Stuhl von Utrecht und miteinander in voller kirchlicher Gemeinschaft stehen. Oberste Vertretung ist die *Internationale Alt-Katholische Bischofskonferenz,* deren Präsident ex officio der Erzbischof von Utrecht ist, dem somit innerhalb der *Utrechter Union* der Ehrenprimat zukommt.

Der Utrechter Union gehören gegenwärtig 8 autonome Alt-Katholische Nationalkirchen in Europa und Amerika sowie Missionen in Frankreich, Italien, Skandinavien und Brasilien an, die rund 400 000 Gläubige, 15 Bistümer, 616 Gemeinden, 19 alt-katholische Bischöfe und 431 Priester zählen. Ihre apostolische Sukzession haben sie alle durch Utrecht.

Die Alt-Katholische Kirchengemeinschaft steht mit der Anglikanischen Kirchengemeinschaft offiziell in Union und ist mit der Orthodoxen Kirchengemeinschaft in Glaubenseinheit brüderlich verbunden.

Neben den Gliedkirchen der Utrechter Union gibt es andere unabhängige alt-katholische Nationalkirchen ähnlichen Ursprungs, die in Glaubenslehre, Liturgie und Kirchenordnung mit der Utrechter Union im wesentlichen übereinstimmen.

Die Philippinische Unabhängige Katholische Kirche steht seit 1965 mit den Kirchen der Utrechter Union in voller kirchlicher Gemeinschaft. Die Kirchen in Polen, Serbien und Slowenien haben ihre apostolische Sukzession von der Alt-Katholischen Kirche. Die Kirchen in Serbien und Slowenien sind mit der kroatischen Kirche der Utrechter Union in einem „Bund Alt-Katholischer Kirchen in Jugoslawien" zusammengeschlossen.

Quellen und Literatur: Der Darstellung und dem Kommentar lag eine Übersicht über die Alt-Katholischen Kirchen im Alt-Katholischen Jahrbuch 85 (Bonn 1986), 100–104, zugrunde. – C. B. Moss, The Old Catholic Movement, its Origins and History (London 1964); V. Conzemius, Katholizismus ohne Rom – Die Alt-Katholische Kirchengemeinschaft (Zürich – Köln 1969); U. Küry, Die Alt-Katholische Kirche – ihre Geschichte, ihre Lehre, ihr Anliegen (Stuttgart [2]1978).

J. Martin

111 D bis 113: Die Anglikanische Kirche

Autor: J. Martin

Die Kriterien für die Zugehörigkeit zur Anglikanischen Kirche hat die Lambeth Conference von 1930 folgendermaßen festgelegt: „Die Anglikanische Gemeinschaft ist innerhalb der einen Heiligen Katholischen und Apostolischen Kirche eine Gemeinschaft der Diözesen, Provinzen und Regionalkirchen, die rechtmäßig errichtet sind, in Gemeinschaft mit dem Sitz von Canterbury stehen und folgende gemeinsame Merkmale aufweisen:

a) sie bewahren und verbreiten den katholischen und apostolischen Glauben und die katholische und apostolische Ordnung, wie sie allgemein in dem in ihren verschiedenen Kirchen autorisierten Book of Common Prayer dargelegt sind;

b) sie sind Partikular- und Nationalkirchen und fördern als solche in ihrem jeweiligen Territorium eine nationale Gestaltung des christlichen Glaubens, Lebens und Gottesdienstes;

c) sie sind zusammengeschlossen nicht durch eine zentrale legislative und exekutive Autorität, sondern durch gegenseitige Loyalität, die gestützt wird durch den gemeinsamen Rat der Bischöfe auf der Konferenz."

Obwohl es heute kein gemeinsames Book of Common Prayer mehr gibt, gelten die genannten Kriterien im wesentlichen auch jetzt noch. Der erste organisatorische Zusammenschluß der Anglikanischen Kirchen erfolgte 1867 auf der 1. Lambeth Conference, die als Versammlung aller anglikanischen Bischöfe seitdem regelmäßig in etwa 10jährigem Abstand stattfindet. 1968 wurde das Anglican Consultative Council geschaffen, das Vertreter des Klerus und der Laien umfaßt und seit 1971 alle zwei bis drei Jahre zusammentritt. Seit 1979 finden außerdem alle zwei Jahre Treffen der Primasse der einzelnen Mitgliedskirchen statt.

In den letzten beiden Jahrzehnten ist, besonders in den Ländern der Dritten Welt, der Prozeß der Dezentralisierung weiter vorangeschritten: Kirchen, die vorher unter der Missionsjurisdiktion des Erzbischofs von Canterbury oder der Episkopalkirche in den USA standen, sind zunehmend selbständig geworden. Vielfach wurden neue Bistümer errichtet. Unionskirchen, an denen Anglikaner beteiligt sind, wurden nicht in die Karte aufgenommen. Es handelt sich um die Kirche von Nord-Indien (24 Bistümer), die Kirche von Pakistan (8 Bistümer), die Kirche von Sri Lanka (2 Bistümer), die Kirche von Bangladesch (1 Bistum) und die Kirche von Süd-Indien (21 Bistümer). Die Portugiesische Episkopalkirche und die Spanische Reformierte Episkopalkirche sind seit 1979 volle Mitglieder der Anglikanischen Gemeinschaft.

Nach dem Church of England Year Book 1986 ist die Anglikanische Gemeinschaft in 164 Ländern mit fast 70 Mio. Mitgliedern vertreten. In 27 selbständigen Kirchen gibt es ca. 430 Diözesen, 30 000 Pfarreien und 64 000 Einzelkongregationen.

Zu den Mitgliederzahlen in den einzelnen Kontinenten vgl. Karte 150–151.

Costa Rica, Puerto Rico und Venezuela sind extra-provinziale, der Provinz IX der Protestantischen Episkopalkirche in den USA zugeordnete Diözesen, Haiti und die Virgin-Islands sind Missionsdiözesen der Provinz II der gleichen Kirche. Kuba steht in Fragen von „Faith and Order" unter einem aus Primassen verschiedener Kirchen gebildeten Metropolitan Council.

Quellen: The Church of England Year Book 1968 und 1986 (London).

J. Martin

114: Aufbau und Arbeitsweise der Anglikanischen Kirche

Autor: Die Schemata sind mit Erlaubnis der Society for Promoting Christian Knowledge dem Buch von P. A. Welsby, How the Church of England Works (S. P. C. K., London 1960) entnommen. Die seit 1970 gültigen Bestimmungen der Synodical Government Measure sind berücksichtigt – sie wurden vom Church Information Office mitgeteilt.

Die Intentionen, die die Kirche von England mit ihrer neuen Synodical Government Measure verfolgt, sind denen vergleichbar, die auf katholischer Seite nach dem Konzil überall Bemühungen um eine Neuordnung der kirchlichen Verhältnisse in Gang gesetzt haben (vgl. Karten 136–137). Die Hauptziele der neuen Measure sind, die Laienschaft auf allen Ebenen und in allen Belangen – also auch in Fragen der Lehre und des Gottesdienstes – stärker das kirchliche Leben mitbestimmen zu lassen, eine bessere Verbindung zwischen den einzelnen Ebenen der Kirche von England zu schaffen (und damit insbesondere den unteren Ebenen der Pfarrei und des Dekanats mehr Gewicht zu geben) sowie schließlich die Arbeit der einzelnen Gremien effektiver zu gestalten.

Vergleicht man im einzelnen die alten mit den neuen Strukturen, so hat sich an der Gliederung des Klerus nichts geändert. Auch im Rahmen der Pfarrei sind die Institutionen weitgehend die gleichen geblieben, doch gibt es vor allem zwei wichtige Änderungen in den inhaltlichen Bestimmungen: einmal können sich jetzt auch Mitglieder „anderer Kirchen der Anglikanischen Gemeinschaft oder überseeischer Kirchen, die in Gemeinschaft mit der Kirche von England stehen", in die „Wahlliste" (electoral roll) eintragen lassen – diese bildet die Grundlage für die Teilnahme an den verschiedenen Versammlungen und für die Wählbarkeit für Institutionen der Pfarrei; zum anderen wurden die Funktionen des Pfarrkirchenrates in dem Sinne neu definiert, daß dem Rat „eine Verantwortung für die geistliche Mission der Kirche" übertragen und er auch durch seine Aufgabenstellung fest mit den überpfarrlichen Gremien der Kirche verbunden wird.

Deutlicher sichtbar sind die Veränderungen im Aufbau der gesetzgebenden Gremien der Kirche. Sie beginnen bei der Terminologie: statt wie vorher von Diözesankonferenzen bzw. von der Nationalversammlung der Kirche ist jetzt von Diözesan-Synoden und der Allgemeinen Synode die Rede. Der Intention, die verschiedenen Ebenen der Kirche besser zu verklammern, dient die Bestimmung, daß in jedem Dekanat Dekanatssynoden eingerichtet werden müssen – vorher konnten auf freiwilliger Basis Dekanatskonferenzen abgehalten werden. Die Dekanatssynoden, in denen fast der gesamte Klerus eines Dekanats Mitglied ist, bekommen dadurch ein besonderes Gewicht, daß die Wahlen für die Laienversammlung innerhalb der Generalsynode auf Dekanatsebene stattfinden sollen.

Die neue Generalsynode übernimmt alle Funktionen der alten nationalen Kirchenversammlung sowie Funktionen der Provinzialversammlungen (Convocations) von Canterbury und York, die allerdings weiter bestehenbleiben. Das ist insofern bedeutsam, als in diesen Provinzialversammlungen die Laien nicht vertreten waren. Mit der Übernahme von Funktionen der Convocations auf die Generalsynode wird somit der Bereich der Mitbestimmung der Laien wesentlich erweitert.

Literatur: Zur Synodical Government Measure sind mehrere Schriften in Vorbereitung. Für die Abfassung des Kommentars wurde benutzt Introduction to Synodical Government, hrsg. vom Church Information Office (London o. J. [1969]).

J. Martin

115: Die evangelische Kirche in Hessen und Nassau als Beispiel einer synodal geleiteten Kirche

Autor: D. Stoodt

Die evangelische Kirche in Hessen und Nassau entstand nach dem Zweiten Weltkrieg aus dem Zusammenschluß dreier Landeskirchen: der Hessischen, der Frankfurter und der Nassauischen. Während die erste sich zu einem milden Luthertum bekannte, aber auf ihrem Gebiet viele reformierte Gemeinden besaß, war Frankfurt ursprünglich lutherisch, besaß seit der Mitte des 16. Jh. zwei heute noch blühende reformierte Flüchtlingsgemeinden und hatte durch territoriale Veränderungen reformierte und später unierte Teile hinzugewonnen. Nassau war bei seinem Entstehen aus fast drei Dutzend kleinerer Territorien nach den sog. Befreiungskriegen zu einer Union der reformierten und der lutherischen Gemeinden geradezu gezwungen gewesen. Die Neugründung nach 1945 verstand sich denn auch von Anfang an als „fortschreitende Union", d. h., bei gegenseitigem Respekt der überkommenen Bekenntnisse wird doch weniger der Versuch gemacht, diese in Reinheit zu erhalten, als vielmehr, sie in einer gemeinsamen Richtung weiterzuentwickeln. Das kommt gerade auch in der Ordnung zum Ausdruck: an ihrer Spitze steht ein Präsident, kein Bischof; er hat zwar viele leitende Funktionen, aber in der Synode, in der Kirchenleitung, in dem Leitenden Geistlichen Amt und in der Verwaltung sind doch so viele synodale, in den Gemeinden so viele presbyterale Elemente verankert, daß man die EKHN als eine kirchliche Gestaltung ansehen darf, die für demokratisierende Tendenzen besonders weit offen ist.

Die Kirchenordnung aus dem Jahre 1949 wurde 1966 beträchtlich renoviert (Amtsblatt der EKHN [Darmstadt 1966] 89ff), weitere Reformen sind im Gang. Als Einführung in den Geist dieser Ordnung und in ihre Problematik sei genannt: K. Wähler, Die Ordnung der Evangelischen Kirche in Hessen und Nassau. Kirchenbegriff und Struktur einer neuen Kirchenverfassung (Ev. Presseverband für Hessen und Nassau, Frankfurt 1963).

Zusätzlich zu den im Schema gebotenen Informationen sollen noch folgende Erläuterungen gegeben werden:

Die Kirchengemeinde als Körperschaft öffentlichen Rechts besteht aus den Gemeindemitgliedern einer Stadt oder eines Stadtteils oder einer Ortschaft oder mehrerer Ortschaften. Mehrere Gemeinden können pfarramtlich miteinander verbunden sein. In einer Gemeinde können mehrere Pfarrer, regional und (oder) funktional arbeitsteilig, tätig sein. – Das Rentamt ist eine noch nicht überall eingeführte Institution zur Entlastung der ländlichen Pfarrer und Kirchenvorstände von den Haushalts- und anderen finanziellen Abwicklungen. Es hat eine eigene Satzung, der Beitritt ist freiwillig. – Das Katechetische Amt ist besetzt mit einem hauptamtlichen Theologen oder Pädagogen. Es arbeitet mit dem Religionspädagogischen Studienzentrum und den Schulreferenten (s. u.) zusammen. – Das Sozialpfarramt ist besetzt mit einem hauptamtlichen Theologen und einem Sozialsekretär. Es arbeitet mit dem Amt für Sozialarbeit und dem Seminar für Urbanization and Industrial Mission (s. u.) zusammen. – Das Amt für Mission ist ein im Aufbau begriffenes Amt zur Beschleunigung der Integration von Kirche und Mission auf Gemeindeebene. – Zu den 15 Referaten der Kirchenverwaltung gehören mehrere Schul- und Finanzreferate sowie je ein Personal-, Ausbildungs-, Öffentlichkeits- und Strukturreferat. – Die Ämter der Kirchenverwaltung umfassen außer der Gesamtkirchenkasse, der Bauabteilung, dem Rechnungsprüfungsamt, dem Verwaltungs- und Verfassungsgericht sowie dem Disziplinargericht beratende Kammern und Kommissionen mit weitreichendem und wachsendem Einfluß. Außerdem sind zu nennen die beiden Theologischen Seminare für die Praktische Ausbildung der Pfarramtskandidaten, das Religionspädagogische Studienzentrum, das Seminar für Urbanization and Industrial Mission sowie das Amt für Sozialarbeit.

D. Stoodt

Vorbemerkung zu den Karten 116–117, 120, 122–123, 126–129

Da die auf den genannten Karten dargestellten Kirchen kein einheitliches Organisationsprinzip haben bzw. aus den Organisationsformen wenig über die Verbreitung der Kirchen hervorgeht, mußte für sie ein anderer Darstellungsmodus angewandt werden als für die Anglikanischen, die Alt-Katholischen, Katholischen und Orientalischen Kirchen. Dieser Darstellungsmodus beinhaltet jeweils durch ein System von abgestuften Flächeneinfärbungen Angaben zum prozentualen Anteil der verschiedenen Kirchen an der Gesamtbevölkerung einzelner Länder, ferner durch graphische Zeichen Aussagen zur Zahl der regelmäßig bedienten Gottesdienstplätze je Kirche (ebenfalls in den einzelnen Ländern).

Es ist nun kein Geheimnis, daß die Konfessionsstatistik insgesamt sehr im argen liegt. Nur in wenigen Ländern wird die Konfessionszugehörigkeit bei den Volkszählungen mitgezählt. So ist man im wesentlichen auf die Angaben der Kirchen selbst angewiesen. Während einige Kirchen – wie z. B. die Lutheraner – die Mitgliederzahlen ihrer Kirchen regelmäßig fortzählen und jährlich Übersichten veröffentlichen, werden bei anderen Kirchen die Zahlen nur in größeren Abständen grob geschätzt. So ist es auch zu erklären, daß oft mehrere Angaben zu ein und derselben Kirche ganz erheblich voneinander abweichen.

Es wurde deshalb darauf verzichtet, die Karten durch genaue Zahlenangaben zu ergänzen; das gewählte Stufenschema der Prozentanteile ermöglicht es, eine Reihe unterschiedlicher Angaben „aufzufangen" und mit Mittelwerten zu arbeiten. Ebenso sind die graphischen Zeichen, die jeweils für eine bestimmte Anzahl von Gottesdienstplätzen stehen, nicht dazu gedacht, ausgezählt zu werden. Auch hier wurden teilweise Mittelwerte benutzt oder mußte zwischen stark differierenden Angaben meistens ohne genügende Möglichkeiten der Kontrolle ausgewählt werden.

Zusammenfassend muß also betont werden, daß die Karten nicht einen genauen Überblick über Zahlenverhältnisse vermitteln können; dagegen können sie sehr wohl etwas über die Verbreitung der einzelnen Kirchen, über die Intensität ihrer Arbeit in den verschiedenen Ländern sowie – mit Einschränkungen – über Stärkerelationen aussagen.

Die absoluten Zahlen für die Gesamtbevölkerung fast aller Länder sind im Kommentar zu den Karten 140–147 genannt.

J. Martin

116 und 117: Die reformierten (presbyterianischen) Kirchen

Autor: J. Martin

Die reformierten Kirchen, die sich im 16. Jh. in Europa mit den Schwerpunkten in Deutschland, England/Schottland, Frankreich, den Niederlanden und der Schweiz ausbreiteten (vgl. Karten 73 76 77 92 93), faßten schon im 17. Jh. – bes. infolge des Handels, der Kolonisation und der Auswanderung der Niederländer – auch in verschiedenen überseeischen Gebieten Fuß (z. B. Südafrika, Indonesien, USA [vgl. Karte 88]). In den übrigen Gebieten begann die Mission fast durchweg im 19. Jh. (vgl. Karten 103–105). 1875 fand die Gründungsversammlung des Reformierten Weltbundes in London, 1877 die erste Generalversammlung in Edinburgh statt. Eines der wichtigsten Ziele des Weltbundes war von Anfang an die Koordination und Intensivierung der missionarischen Tätigkeit. Im August 1970 schlossen sich der Reformierte Weltbund und der Internationale Rat der Kongregationalisten (vgl. Karte 120) zusammen. Im Januar 1986 hatte der Reformierte Weltbund 159 Mitgliedskirchen (38 in Afrika, 20 in Lateinamerika, 11 in Kanada, 47 in Asien, 6 in Australien und Ozeanien, 37 in Europa).

Auf der Karte sind nur die Mitgliedskirchen des Reformierten Weltbundes berücksichtigt, nicht sonstige reformierte Kirchen. Da die Reformierten bisher von allen protestantischen Kirchen die meisten Kirchenunionen eingegangen sind (vgl. Karte 149), es aber nicht möglich ist, die reformierten Mitglieder solcher Unionskirchen gesondert festzustellen, wurden Unionskirchen, sofern sie Mitglieder des Reformierten Weltbundes sind, voll mitgezählt, die Zeichen für Gottesdienstplätze in diesen Fällen aber eingeklammert. Auf den Philippinen, in China und Hongkong beziehen sich sämtliche eingetragenen Werte auf Kirchenunionen. Sonstige berücksichtigte Werte bei Kirchenunionen: United Church of Sambia: ca. 25000 Mitgl., 650 Gottesdienstplätze; Church of North India: 1063000 Mitgl., 3400 Kongregationen; United Church of Canada: 903300 Mitgl., 4265 Predigtplätze; Uniting Church in Australia: 1500000 Mitgl., 3200 Kongregationen. – Die unierten Kirchen der Bundesrepublik und der Deutschen Demokratischen Republik sind nicht Mitglieder des Reformierten Weltbundes, wurden also auch nicht berücksichtigt (vgl. Karte 121).

Die Zahlenangaben sowohl zu den Kirchenmitgliedern als auch zu den Gottesdienstplätzen sind teilweise äußerst schwankend (vgl. die Vorbemerkung S. 74f*), doch bewegen sich die Schwankungen, was die Mitgliederzahlen betrifft, in der Regel innerhalb des angegebenen Anteils an der jeweiligen Gesamtbevölkerung. Einen besonders hohen Anteil erreichen die Reformierten in der Schweiz (ca. 45%) und in den Niederlanden (ca. 25%). In Malawi und Südafrika sind die Zahlenangaben so unterschiedlich, daß der Anteil zwischen 3 (bzw. 6,6) und über 10% schwankt. – Für Äquatorial-Guinea (Iglesia Reformada) fehlen Zahlenangaben ganz.

Nicht in die Karte eingetragen sind Mauritius (ca. 1000 Mitgl., 7 Gottesdienstplätze) und Luxemburg (2015 Mitgl., 5 Gottesdienstplätze). Malaysia und Singapore sind zusammengefaßt. Für die Niederlande werden 2674 Kongregationen angegeben; die alte Eintragung wurde hier belassen, da bei den neueren Angaben Predigtplätze nicht mitberücksichtigt sind.

Quellen: Sofern Kirchen Mitglieder des Ökumenischen Rates sind, wurde in der Regel auf die Zahlenangaben im HMC zurückgegriffen. An zweiter Stelle wurden die Angaben im Handbook of Member Churches 1982 (hrsg. von der World Alliance of Reformed Churches, Genf) benutzt, in wenigen Fällen Angaben der WCE. Den letzten Stand der Mitgliedskirchen gibt eine Liste des Reformierten Weltbundes vom Januar 1986 wieder.

J. Martin

118 und 119: Kirchenverfassungen der Evangelisch-Lutherischen Kirchen Deutschlands

Autor: Ch. Link

Die lutherische Reformation war mit der klar artikulierten Lehre auf den Plan getreten, daß der Kirche zwar einzelne Verfassungselemente göttlich eingestiftet seien (so etwa das Amt als *ministerium verbi divini* und das Priestertum aller Gläubigen), daß aber keine äußere Ordnung des Kirchenwesens für sich in Anspruch nehmen könne, als solche göttliches Recht zu sein (Conf. Aug. Art. XXVIII). Daraus folgt an sich keine Gleichgültigkeit gegenüber der Rechtsgestalt der Kirche. Der kirchlichen Verfassungsordnung sollte vielmehr nur eine dienende Funktion gegenüber dem Auftrag der Kirche in der Welt zukommen, nicht aber eine selbständige heilsnotwendige und heilsvermittelnde Bedeutung. Diese Funktionalisierung im Sinne einer „guten Ordnung", die die Christen „um der Liebe willen" zu beachten gehalten sein sollten, brachte es nun mit sich, daß von Anfang an die Rechtsbildung in den lutherischen Kirchen durch Zweckmäßigkeitserwägungen und durch unterschiedliche historische Einflüsse bestimmt wurde, die ihr äußeres Erscheinungsbild auch in Deutschland vielgestaltig werden ließen. Das schloß nicht aus, daß sich nach der reichsrechtlich sanktionierten Übernahme der äußeren Kirchengewalt durch den Landesherrn wegen der weithin parallel gestalteten Herrschaftsordnung in den Territorien des Reiches auch ein im wesentlichen ähnlicher Typus lutherischer Konsistorialverfassung herausbildete (vgl. Karte 74).

Mit dem Ende der Monarchie fiel 1918 auch das landesherrliche Kirchenregiment. Die evangelischen Kirchen sahen sich gezwungen, diese Lücke in ihrer Verfassungsspitze zu schließen und sich zugleich als eigenständige Körperschaften des öffentlichen Rechts (Art. 137 Abs. 5 Weim. Verf.) zu konstituieren. Die in allen Landeskirchen erlassenen Kirchenverfassungen dieser Zeit sind einerseits durch die starke Stellung der Konsistorien gekennzeichnet, die sich als Träger der Kontinuität erwiesen, zum anderen durch die Übernahme demokratisch-parlamentarischen Gedankenguts auf der Synodalebene. Zwar ging die Kirchengewalt meist auf kollegial organisierte Kirchenleitungen aus synodalen und konsistorialen Vertretern über, praktisch überwog jedoch der Einfluß der im Konsistorium zentralisierten Verwaltung. Vornehmlich im lutherischen Raum erfuhr jedoch aus dem Bedürfnis nach einem persönlichen Repräsentanten der Verfassungsspitze das alte Amt des Generalsuperintendenten eine Aufwertung, für das sich bald der Name „Landesbischof" einbürgerte. Eine alte Verfassung dieser Art ist noch in Württemberg in Geltung. Württemberg (s. Tafel 3) hat hier insofern eine idealtypische Bedeutung, als die Stellung des Landesbischofs besonders herausgehoben ist.

Unter dem Eindruck des Kirchenkampfes der NS-Zeit sind dagegen die nach 1945 entstandenen Verfassungen bestrebt, die Erkenntnis der Barmer Bekenntnissynode (1934) zu konkretisieren, daß, ungeachtet des eingangs skizzierten reformatorischen Ordnungsverständnisses, die Rechtsgestalt der Kirche von ihrem Wesen nicht zu trennen ist. So ruht hier das Organisatorische stärker als früher auf den Fundamenten theologischer Grundpositionen, vor allem dem *ius divinum* des Amtes und seiner Zuordnung zur Gemeinde. Kirchenvorstand (Kirchengemeinderat), Kreis-(Dekanats-)Synode und Landessynode, wie überhaupt alle Ämter der Kirche, sind nicht mehr so sehr vom Gedanken der Repräsentation, der Selbstverwaltung, der Gewaltenteilung (mithin von Prinzipien der säkularen Staatsorganisation) bestimmt als vielmehr von der Erkenntnis der gemeinsamen Verantwortung für den Dienst der Kirche in der Welt. Besonders im Gemeinderecht wurde das Verbandsdenken von einem erneuerten Verständnis der Gemeinde Christi als *congregatio sanctorum* durchdrungen. Auch auf der Mittelstufe des Kirchenkreises (Propstei, Dekanat, Ephorie, Kirchenbezirk) wird neben dem alten Schema der säkularen Landkreisordnungen (einerseits Träger von Selbstverwaltungsrechten, andererseits Auftragsverwaltung auf der Ebene eines regional begrenzten Verwaltungsbezirks) die „Pflicht christlicher Gemeinden gegeneinander in Erinnerung gebracht" *(R. Smend).*

Die landeskirchliche Organisation hält in der Regel an der Vierteilung der Leitungsorgane fest. Träger der Kirchengewalt ist meist ein Kollegium, das aus Bischof, Synodalen, leitenden Verwaltungsbeamten und Superintendenten (Pröpsten, Kreispfarrern) besteht (typisch: Hannover, s. Tafel 1). In ihm verkörpert sich die funktionale Einheit von leitendem geistlichem Amt, Synode und Kirchenverwaltung (in Oldenburg ist dieses Kollegium mit der obersten Verwaltungsbehörde verschmolzen). Die zentrale Stellung des Bischofs kommt darin zum Ausdruck, daß er einmal das „Hirten- und Wächteramt", d.h. die geistliche Leitung in der Kirche ausübt, zum anderen Vorsitzer der Kirchenleitung (des Kirchensenats) und der kirchlichen Verwaltungsbehörde ist und z.T. auch kraft Amtes der Synode angehört (in einigen Kirchenverfassungen wird dies letztere jedoch – in Nachwirkung gewaltenteilenden Denkens – ausdrücklich ausgeschlossen). Ihm kommt deshalb auch und gerade eine wesentliche koordinierende Funktion in der Landeskirche zu. Bei den Synoden, regelmäßig aus – durch ein Filtersystem – gewählten und berufenen Vertretern bestehend (meist ⅓ Theologen, ⅔ Nichttheologen), ist das repräsentativ-parlamentarische Verständnis zurückgetreten zugunsten der Einsicht, daß sich die Kirche auf den Gemeinden aufbaut und diese deshalb ihren Dienst auch für das Ganze der Landeskirche zu leisten bestimmt sind. Im allgemeinen stehen die Leitungsorgane in einem ausgewogenen Verhältnis der Gleichrangigkeit – allerdings mit Prädominanz der eigentlichen Kirchenleitung (Kirchensenat etc.). In Oldenburg (s. Tafel 2) ist dagegen – ähnlich wie in unierten und reformierten Verfassungen – die Synode ausdrücklich als „oberstes Organ der Kirche" statuiert. Die übrigen Verfassungen ähneln meist überwiegend dem Hannoverschen Typus – mit einer gewissen Variationsbreite hin zu einer stärkeren Betonung des leitenden geistlichen Amtes (bayerischer Typus) oder der Synode. Die Nordelbische Kirche kennt noch als gesondertes Gremium den „Theologischen Beirat", der vornehmlich zu bekenntnisrelevanten und agendarischen Fragen gutachtlich zu hören ist.

Im ganzen läßt sich sagen, daß trotz der verfassungsrechtlichen Vielfalt doch in der Praxis die Unterschiede auch und gerade in der Formtypik der Kirchenleitung nicht mehr von entscheidendem Gewicht sind – wie sich etwa auch in zahlreichen unierten Kirchen gleichartige Rechtsbildungen entwickelt haben (vgl. Karte 115). Die Kirchen der DDR weisen insofern eine Besonderheit auf, als – bedingt durch die erzwungene kircheneigene Steuereinziehung – die Verwaltungsorgane auch auf Kreis- und Gemeindeebene stärker ausgebaut werden mußten. – Zur Gliederung der Evangelisch-lutherischen Kirche Deutschlands vgl. Karte 121.

Quellen: *Hannover:* Verf. d. Ev.-luth. Landeskirche Hannovers v. 1. 7. 1971, ABl. d. EKD 1971, S. 546ff. Zuletzt geändert durch Kirchengesetz v. 4.7.1985, ABl. d. EKD 1985, S. 363.
Oldenburg: Kirchenordnung der Ev.-luth. Kirche in Oldenburg vom 20.2.1950, ABl. d. EKD 1953, S. 65. Zuletzt geändert durch KG v. 28.11.85, ABl. d. EKD 1986, S. 110.
Württemberg: Verfassung der ev. Landeskirche in Württemberg v. 24.6.1920, (ABl. Bd. 44, S. 410). Zuletzt geändert durch KG v. 26.5.82, ABl. d. EKD 1982, S. 411.

Literatur: Zum älteren Rechtszustand: insbes. P. Schoen, Das Verfassungsrecht der evangelischen Landeskirchen in Preußen (Berlin 1929); H. Liermann, Deutsches Evangelisches Kirchenrecht (Stuttgart 1933); A. Erler/Chr. Link, Art. Kirchenrecht, ev. und Staatskirchenrecht, in: Handwörterbuch zur Deutschen Rechtsgeschichte, Bd. 2 (Berlin 1978), Sp. 775ff., 783ff.; Chr. Link, Staat und Kirchen, in: K.G.A. Jeserich – H. Pohl, G. Chr. v. Unruh (Hg.), Deutsche Verwaltungsgeschichte, Bd. 3 (Stuttgart 1984), S. 528ff. (ca. 1850–1918); Bd. 4 (1985), S. 450ff. (1919–1933); S. 1002ff. (1933–1945); Bd. 5 (1987), S. 995ff. (seit 1945). – Nach 1945: O. Friedrich, Einführung in das Kirchenrecht (Göttingen ²1978); H. Frost, Strukturprobleme evangelischer Kirchenverfassungen, Göttingen 1972; E. Wolf, Ordnung der Kirche (Frankfurt/M. 1961); H. Brunotte, Grundsatzfragen zu einer ev.-luth. Kirchenverfassung, in: Zschr. für ev. Kirchenrecht 8 (1961/62) 137ff.; R. Smend, Kirchenverfassung VII: RGG³ III Sp. 1584ff. – S. Grundmann, Kirchenverfassung I C, Luth. Kirche, in: Ev. Staatslexikon, hrsg. von H. Kunst – S. Grundmann – W. Schneemelcher – R. Herzog (Berlin ²1975) Sp. 1248ff.; ders., Verfassungsrecht in der Kirche des Evangeliums, in: Abh. zum Kirchenrecht, hrsg. von R. Zippelius u.a. (Köln 1969) 68ff.; Adalbert Erler, Kirchenrecht, München ⁵1983; Albert Stein, Evangelisches Kirchenrecht, Neuwied – Darmstadt ²1985. – Die Verfassungen bzw. deren Änderungen sind abgedruckt in den jeweiligen Gesetzessammlungen, dem Amtsblatt der EKD oder den Amtsblättern der jeweiligen Landeskirchen.

Ch. Link

120: Die Mitgliedskirchen des Internationalen Rates der Kongregationalisten (bis 1970)

Autor: J. Martin
Vgl. die Vorbemerkung vor den Karten 116 und 117

Die um 1600 in England entstandene kongregationalistische Bewegung breitete sich besonders schnell in Nordamerika (vgl. Karten 88 und 100) und – über die Mitwirkung an verschiedenen protestantischen Missionsvereinen – auch in anderen Gebieten aus. Dem 1891 gegründeten Internationalen Rat der Kongregationalisten gehörten 1970 19 Kirchen an. In der Karte sind allein diese Mitgliedskirchen berücksichtigt, dazu noch die Missionen des Svenska Missionsførbundet im Kongo und in Indien. Dagegen wurden die Missionen der Kirchenunionen, an denen Kongregationalisten beteiligt sind (United Church of Christ in den USA, United Church of Canada) nicht eingetragen. In den USA und in Kanada sind neben den genannten Kirchenunionen keine anderen Kirchen Mitglieder des Internationalen Rates, der sich 1970 mit dem Reformierten Weltbund (vgl. Karten 116 und 117) vereinigte. Die Karte ist also heute ein historisches Dokument.

Quellen: WCH; Reformierter Weltbund (presbyterianisch und kongregationalistisch). Mitgliedskirchen, hrsg. zum Anlaß des Zusammenschlusses des Reformierten Weltbundes und des Internationalen Kongregationalistischen Rates (Genf 1970) (mit kurzen historischen Informationen zu den einzelnen Kirchen, aber ohne Zahlenmaterial).

J. Martin

121: Die evangelischen Kirchen in der Bundesrepublik Deutschland und in der Deutschen Demokratischen Republik

Zusammenstellung: J. Martin

Die Karte stellt die lutherischen, reformierten und unierten Kirchen Deutschlands dar. Bis 1969 waren die sämtlich dem Lutherischen Weltbund angehörenden lutherischen Kirchen – mit Ausnahme von Oldenburg und Württemberg – in der Vereinigten Evangelisch-Lutherischen Kirche Deutschlands (VELKD) zusammengeschlossen, die seit 1969 in eine östliche (DDR) und eine westliche (BRD) Teilorganisation gespalten ist. Auf die Vereinigte Kirche wurden wesentliche Teile bisheriger landeskirchlicher Kompetenz übertragen (vor allem im Bereich der Gesetzgebung und der kirchlichen Gerichtsbarkeit). Große Teile des deutschen Luthertums in den ehemals preußischen Territorien sind mit den reformierten Gemeinden zu einer Verwaltungsunion zusammengeschlossen (Unierte Kirchen). Alle in der Karte dargestellten Kirchen sind Mitglieder der Evangelischen Kirche in Deutschland (EKD), von der sich ebenfalls 1969 der „Bund evangelischer Kirchen in der DDR" abgespalten hat.

Während die VELKD sich stets als Kirche auch im rechtstheologischen Sinn verstanden hat (wenn auch ihre einheitsschaffende Wirkung hinter den Erwartungen ihrer Gründer zurückgeblieben ist), war dies bei der EKD lange zweifelhaft. Vor allem seit der Synode von 1970 sind aber starke Tendenzen erkennbar, auch hier den Charakter als eine die landeskirchlichen Organisationen aller evangelischen Bekenntnisse übergreifende *Kirche* stärker zu betonen.

Die Einfärbung der Bevölkerungsanteile in der Karte wurde für die BRD auf der Ebene der Bundesländer vorgenommen, da für die einzelnen Kirchen keine Fortschreibung der Statistik existiert. Für die DDR waren nur geschätzte Zahlen zum Anteil an der Bevölkerung des Gesamtgebietes zu erhalten. Nach den letzten Angaben (vgl. unten) betrüge der Anteil ca. 40%. Die alte Einfärbung (51–53%) wurde aber beibehalten, da die Angaben äußerst unsicher sind.

Quellen: Für die Darstellung der Gebiete vgl. die Wandkarte „Die Gliedkirchen der EKD" nach dem Stand vom 1. 1. 1977, hrsg. vom Kirchenamt der EKD, Hannover. – Die statistischen Angaben für die Bundesrepublik sind Tabellen des Kirchenamtes der EKD entnommen; sie geben für die Zahlen der selbständigen Kirchengemeinden den Stand vom 1. Januar 1985, für die Anzahl der Kirchenmitglieder den vom 31. Dezember 1984, für den Anteil der Evangelischen an der Bevölkerung der Bundesländer den vom 31. Dezember 1982 (teilweise 31. 12. 1981) wieder. – Die (geschätzten) Mitgliederzahlen für die Kirchen der Deutschen Demokratischen Republik beruhen auf der vom Lutherischen Weltbund herausgegebenen „Lutherischen Jahresstatistik 1985". Die Zahlen zu den Kirchengemeinden stammen aus dem HMC.

Angaben zur Struktur der EKD und VELKD von Ch. Link.

J. Martin

122 und 123: Die lutherischen Kirchen

Autor: J. Martin

Während sich das Luthertum in Europa, bes. in Nordeuropa, im 16. Jh. ausbreitete (vgl. Karten 76 77 93), setzte die eigentliche Missionsarbeit der lutherischen Kirchen in Übersee fast durchweg erst im 19. und 20. Jh. ein (vgl. Karten 103–105). Im Osten der heutigen USA gab es – infolge der Einwanderung – vereinzelte lutherische Kirchen schon im 17. Jh., die sich bis zur Mitte des 18. Jh. bereits stark ausbreiteten (vgl. Karte 88). Auch in einzelnen Ländern Südamerikas, Südafrikas und in Indien war das Luthertum schon im 18. Jh. vertreten.

Das heutige Luthertum wird vor allem durch die im Lutherischen Weltbund (gegründet 1947) zusammengeschlossenen Kirchen repräsentiert. Er basiert auf der *Confessio Augustana invariata;* ihm gehörten 1985 104 Kirchen mit einer Mitgliederzahl von 54,43 Mio. an. Die Gesamtzahl der Lutheraner in der Welt betrug 1985 68,44 Mio. In den Traditionsgebieten der Lutheraner (Europa, Nordamerika) hatte der Mitgliederstand in den letzten Jahren fallende Tendenz.

In die Karte wurden die Kirchen aufgenommen, die im „Lutherischen Handbuch 1986" (hrsg. vom Lutherischen Weltbund, Genf) verzeichnet sind. Aus ihm und der „Lutherischen Jahresstatistik 1985" (ebenfalls vom

Weltbund herausgegeben) wurden auch die Mitgliederzahlen entnommen, die der Einfärbung der einzelnen Gebiete zugrunde gelegt worden sind. Beide Werke enthalten aber keine Angaben zu den Gemeinden, für die auf das HMC und die WCE zurückgegriffen werden mußte. Abgesehen von beträchtlichen Differenzen in den Angaben, bestehen aber auch unterschiedliche Zählweisen: Während für Europa in der Regel rechtlich selbständige Gemeinden gezählt werden, gehen in die Zahlen für alle übrigen Gebiete meistens auch Gottesdienstplätze ein, ohne daß genau differenziert würde. So kommt es, daß für Deutschland und die skandinavischen Länder ca. 2230 (Dänemark) bis 2920 (Schweden) Mitglieder auf eine Gemeinde kommen, während in den USA ca. 440, in Kanada ca. 280, in manchen Ländern der Dritten Welt sogar noch weniger Gläubige durch einen Gottesdienstplatz repräsentiert werden. Die Karte ermöglicht deshalb zwar einen Einblick in die Intensität und Streuung der kirchlichen Arbeit, nicht aber einen genauen Vergleich im Hinblick auf die Organisationsstrukturen.

Was die Mitgliederstatistik angeht, so werden die Zahlen der Lutheraner in Estland, Livland, Litauen mit 520000 angegeben, dazu werden 250 registrierte deutschsprechende Gemeinden im Gebiet der UdSSR genannt. Auf das Gesamtgebiet der UdSSR bezogen, ergäbe das zwischen 0,1 und 0,2% Lutheraner; die genauen Bevölkerungszahlen für das Baltikum sind nicht bekannt. – Für Kanada und die USA, die in der Karte zusammen behandelt sind, beträgt der Anteil der Lutheraner 1,2 bzw. 3,6%, die Zahl der Gemeinden ca. 1100 bzw. 19350.

Zu Deutschland vgl. Karte 121.

Quellen und Literatur: Außer dem im Text Genannten vgl. die Artikel und Literatur im LCK, LThK², RGG³ und WKL.

J. Martin

124 A: Die Gliederung der Baptist Union von Großbritannien und Irland. B: Die Gliederung einer lokalen englischen Baptistenkirche

Autor: E. A. Payne

Da die Baptisten eine zentral regierte kirchliche Gemeinschaft ablehnen und der Organisation nur sekundäre Bedeutung beimessen, gibt es innerhalb des Baptismus mannigfache Formen des kirchlichen Aufbaus. So hat die 1845 gebildete *Southern Baptist Convention* in den USA, die 34000 lokale Kirchen in 1200 Bezirksvereinigungen und 30 Bünden auf staatlicher Ebene umfaßt und 11000000 Mitglieder zählt, ein Exekutiv-Komitee, arbeitet aber über 4 Ausschüsse (*Boards:* Foreign Missions, Home Missions, Sunday School, Annuity) und eine Anzahl von Kommissionen (z. B. für Geschichte, Verwaltung, Radio und Fernsehen, Erziehung). Die in ihrer gegenwärtigen Form 1907 gebildete *American Baptist Convention* hat eine Generalversammlung und verschiedene ständige Komitees, ist aber wesentlich eine Vereinigung von 4 Gesellschaften (Foreign Mission, Home Mission, Historical und Publication). Auch in ihrem Territorium gibt es Bünde auf staatlicher Ebene (P. M. Harrison [vgl. unten] S. IX bietet eine vereinfachte Graphik).

Typisch an den Schemata, die die Verhältnisse für die englische *Baptist Union* darstellen, ist der Aufbau von der Ortsgemeinde über Bezirksvereinigungen zu Bünden auf nationaler oder staatlicher Ebene, ferner die interne Gliederung einer lokalen Kirche. In allem anderen kommt den Schemata nur beispielhafte Bedeutung zu.

Literatur: E. A. Payne, The Fellowship of Believers. Baptist Thought and Practice Yesterday and Today (London, verm. Aufl. 1952); ders., The Baptist Union. A Short History (London ²1964); H. Cook, What Baptists Stand For (London ³1958); P. M. Harrison, Authority and Power in the Free Church Tradition. A Social Case Study of the American Baptist Convention (Princeton 1959); R. Donat, Entstehung und Ausbreitung der deutschen Baptistengemeinden, 2 Bde (Kassel 1960); N. H. Maring – W. S. Hudson, A Manual of Baptist Polity and Practice (Valley Forge 1963). *Zur Baptist World Alliance:* F. T. Lord, Baptist World Fellowship (London 1955). – Die meisten Baptistenvereinigungen geben jährliche Berichte heraus, z. B. The Baptist Handbook, issued by the Baptist Union of Great Britain and Ireland (London); Southern Baptist Convention Minutes and Annual Reports (Nashville, USA).

E. A. Payne

125 A: Der Aufbau der Koptischen Kirche

Autor: M. Lacko

Quelle: Regolamento per l'elezione del Patriarco Copto Ortodosso: La voce del Nilo (1959) 72–79.

125 B: Der Aufbau der Armenischen Kirche (Katholikat von Cilicien)

Autor: M. Lacko

126 und 127: Die methodistischen Kirchen

Autor: J. Martin

Der im 18. Jh. in England entstandene Methodismus breitete sich noch im selben Jh. in den USA und Kanada, im 19. Jh. in der ganzen Welt aus (vgl. Karten 103–105). 1871 kamen die methodistischen Kirchen erstmals in London zu einer Weltkonferenz zusammen; seitdem besteht eine Zusammenarbeit auf Weltebene, die 1951 unter dem Namen *World Methodist Council* besser organisiert und vor allem durch ständige Institutionen gestützt wurde. Das *World Methodist Council* vereinigt Kirchen methodistischer Tradition, ohne die Autonomie seiner Mitglieder durch Gesetzgebung oder Glaubensaussagen einzuschränken.

In den Karten sind neben den Mitgliedern des *World Methodist Council* auch die übrigen Kirchen methodistischer Tradition berücksichtigt. Als Grundlage für die Eintragungen dienten neben dem *WCH* das *Handbook of Information 1966–1971* und *1982–1986* des *World Methodist Council,* die *General Minutes of the Annual Conference of the Methodist Church in the United States and Overseas (1967)* sowie das HMC. Da die Zahlenangaben in den Werken zum Teil beträchtlich differierten, mußte in einer Reihe von Fällen auf Mittelwerte zurückgegriffen werden. Vielfach fehlten Angaben zur Zahl der Gottesdienstplätze; methodistische Gemeinschaften gibt es aber in allen Ländern, deren Namen in die Karte eingetragen sind. Da neuere Angaben zur Zahl der Gottesdienstplätze durchgehend nur für die Unionskirchen zur Verfügung standen, an denen Methodisten beteiligt sind, wurden die Angaben der Ausgabe von 1970 nur für diese Kirchen korrigiert (Grundlage: HMC). – Bei der Berechnung des Anteils der Methodisten an der jeweiligen Gesamtbevölkerung eines Landes wurden die Unionskirchen voll mitgerechnet. Läßt man sie aus der Berechnung heraus, ergeben sich folgende Anteile:

Belgien:	–
Indien:	0,1 %
Japan:	0,01%
Kanada:	0,2 %
Pakistan:	0,02%
Papua-Neuguinea, Salomon-Inseln:	0,2 %
Philippinen:	0,8 %
Sambia:	1,3 %

Den höchsten Anteil an der Gesamtbevölkerung haben die Methodisten auf den Tonga-Inseln (40–50%) und auf den Fidschi-Inseln (37%). Die meisten Methodisten leben in den USA: 31940000. Die Gesamtzahl der Vollmitglieder der methodistischen Gemeinschaft werden vom Handbook of Information für 1986 mit 23696476, die der Gesamtgemeinschaft mit 51736569 angegeben.

Quellen und Literatur: Vgl. oben im Text; ferner LCK, LThK², RGG³ und WKL, jeweils mit Literatur. Die Encyclopedia of World Methodism, 2 Bde (Nashville/Ten. 1974), war mir nicht zugänglich.

J. Martin

128 und 129: Die baptistischen Kirchen

Autor: J. Martin

Die nach 1600 unter dem Einfluß wiedertäuferischer und arminianischer Ideen in England gegründeten Baptistengemeinden fanden über Auswanderer schnell Verbreitung in Nordamerika (vgl. Karten 88 und 100) und – vor allem nach der Gründung baptistischer Missionsgesellschaften um die Wende vom 18. zum 19. Jh. – auch in fast allen übrigen Teilen der Welt. Dem 1905 in London gegründeten Baptistischen Weltbund gehörten im Mai 1969 84 Kirchen (Afrika 10, Nordamerika 11, Lateinamerika 19, Asien 19, Australien und Ozeanien 2, Europa einschl. USSR 23) mit ca. 26228000 Vollmitgliedern an, davon allein ca. 23460000 in den USA. Die Baptisten sind die einzige protestantische Kirche, die auch eine nennenswerte Mitgliederzahl in der Sowjetunion aufzuweisen hat (die Schätzungen belaufen sich auf ca. 550000).

In die Darstellung sind nur Mitgliedskirchen der Baptist World Alliance aufgenommen worden. Die Mitgliederzahlen und die Zahlen der Kirchen wurden einer Liste entnommen, die im Juni 1986 von der Baptist World Alliance veröffentlicht wurde.

Zahlen für Kirchen wurden von 90 auf 100 aufgerundet, ebenso ab 925 auf 1000. Für die USA beträgt die genaue Zahl der Kirchen 88488.

Zur Verfassung der baptistischen Kirche vgl. Karte 124.

Quellen und Literatur: Vgl. oben im Text. Weiteres im Kommentar zu Karte 124.

J. Martin

130: Die nicht-chalkedonischen orientalischen Kirchen

Autor: M. Lacko, überarbeitet von J. Martin

Nach dem Konzil von Chalkedon (451) spalteten sich verschiedene Nationalkirchen von der orthodoxen Kirche ab: die Koptische Kirche noch in der 2. Hälfte des 5. Jh. (vgl. Karte 10B), die Nestorianer (persische Kirche) seit dem Ende des 5. Jh. (vgl. Karte 10 A), die Armenier zwischen 500 und 555 (vgl. Karte 9A), die Jakobiten (Westsyrische Kirche) schließlich seit dem Beginn des 6. Jh. (vgl. Karte 9B; sie wurden Ende des 6. Jh. organisiert). Außer den Nestorianern bekannten sich alle genannten Kirchen zum Monophysitismus. Die Thomas-Kirche in Indien wurde noch im 5. Jh. dem nestorianischen Patriarchat von Seleucia-Ctesiphon unterstellt (vgl. Karte 132). Während die Koptische Kirche seit der arabischen Eroberung im 7. Jh. dauernd im Rückgang begriffen war, erlebten die Jakobitische, Nestorianische und Armenische Kirche erst im Mittelalter die Höhepunkte ihrer Ausbreitung (vgl. Karten 26–27, 55), doch konnte nur die Armenische Kirche ihre Position einigermaßen bis in die Neuzeit hinein behaupten; die Jakobiten und Nestorianer haben seit dem 12. Jahrhundert starke Verluste erlitten. –

Bis auf die Nestorianer und die protestantisierende Syrische Mar-Thoma-Kirche, die sich 1875 in Indien bildete, sind alle dargestellten Kirchen monophysitisch. Außer in ihren „Stammgebieten" sind sie heute vor allem auch in den USA verbreitet (vgl. Karte 131). In die Karte wurden in der Regel die Residenzen der Bischöfe, nicht die namengebenden Städte der Bistümer eingetragen; bei den Patriarchaten bzw. Katholikaten sind zusätzlich auch die Titularsitze genannt. Bei der Äthiopischen Kirche haben mehrere Bischöfe ihren Sitz in Addis Abeba; in diesen Fällen wurden die titelgebenden Städte oder Provinzen (Shoa) eingetragen. Zu ergänzen ist das Bistum Illubabor (Sitz Metou). – Die Nestorianische Kirche ist seit den 70er Jahren gespalten: Ein Katholikos residiert in Chicago (Titel: Teheran), ein zweiter in Bagdad. Die Bistümer Trichur (Indien) und Kerkuk (Titel: Ninive) sind jeweils doppelt besetzt. Unter der Jurisdiktion des Katholikos in Chicago stehen auch Bischöfe für die westlichen USA und für Australien; für beide wird aber kein Sitz angegeben.

Die Stärke der nicht-chalkedonischen Kirchen wird für 1966 folgendermaßen geschätzt:

Armenier	
Katholikat von Etschmiadzin	1000000
Katholikat von Cilicien	150000
Patriarchat Jerusalem	10000
Patriarchat Istanbul	100000
Westsyrische Kirche (Jakobiten)	100000
Orthodoxe syrische Kirche von Malabar	850000
Syrische Mar-Thoma-Kirche	200000
Unabhängige Syrische Kirche	50000
Koptische Kirche	3300000
Äthiopische Kirche	12000000
Heilige Apostolische und Katholische Kirche des Ostens (Nestorianer)	75000

Quellen und Literatur: Die Überarbeitung beruht auf: Orthodoxia 1986–1987, hrsg. vom Ostkirchlichen Institut (Regensburg 1986). Vgl. außerdem: D. Attwater, The Christian Churches of the East, 2 Bde (Milwaukee 1947–48); R. Janin, Les églises orientales et les rites orientaux (Paris [4]1955); P. Rondot, Les Chrétiens d'Orient: Cahiers de l'Afrique et d'Asie IV (Paris 1955); O. Meinardus, Atlas of Christian Sites in Egypt (Le Caire 1962); B. Spuler, Die Morgenländischen Kirchen: Hdb. der Orientalistik, 1. Abt. Bd. VIII/2 (Leiden – Köln 1964); A. S. Atiya, A History of Eastern Christianity (London 1968); Kerala Christian Directory 1969 (Ernakulam 1969); TAVO Karte A VIII 8. – Die Zahlen sind einem von M. Lacko zur Verfügung gestellten Conspectus statisticus ecclesiarum orientalium a. 1966 entnommen.

J. Martin

131: Die Auslandsjurisdiktionen der orthodoxen und nicht-chalkedonischen Ostkirchen

Autor: M. Lacko, überarbeitet von J. Martin; Hinweise gab G. Limouris

Die erste griechisch-orthodoxe Kirche in Amerika wurde 1864 durch griechische Kaufleute in New Orleans gegründet. Um die Jahrhundertwende stieg infolge der griechischen Einwanderung die Zahl der Kirchen beträchtlich an, so daß 1921 das Griechisch-Orthodoxe Erzbistum von Nord- und Südamerika errichtet werden konnte. Die Mitgliederzahl beträgt heute über 2 Millionen.

Die in der Karte nicht differenzierten, unter der Jurisdiktion von Konstantinopel stehenden Kirchen sind die Albanian Orthodox Diocese of America (Boston), die Carpatho-Russian Orthodox Greek Catholic Church (Johnstown; Diözese seit 1938), ein ukrainisches Bistum (Jamaica Plain) sowie die griechischen Bistümer in West- und Nordeuropa. Dazu kommt das nicht auf der Karte dargestellte Erzbistum für Australien in Sydney (Assistenzbischöfe in Melbourne und Glenelg) sowie das Bistum für Neuseeland, Indien, Korea, Japan, die Philippinen, Singapur, Indonesien und Hongkong in Wellington (Neuseeland).

Die orthodoxen syrischen Christen in den USA waren bis 1934 der Russischen Kirche (vgl. unten) angeschlossen. 1934 wurde eine eigene Metropolie des Patriarchats von Antiochien gegründet. Die Bischöfe in Mexiko, Paris, Rio de Janeiro sind Vikare des Patriarchen, der von Toledo ist Assistenzbischof. Dazu gibt es einen Exarchen für Australien und Neuseeland in Sydney (nicht eingetragen).

Unter dem serbischen Patriarchen stehen die Diözesen Himmelsthür (Bundesrepublik), Edgeworth, Libertyville und Alhambra in den USA, Toronto in Kanada sowie (nicht eingetragen) Elaine in Australien. Zur Bulgarischen Kirche gehören Bistümer in New York und Akron (USA), zur Rumänischen solche in Detroit (USA) und Paris.

Die Russisch-Orthodoxe Kirche hat neben ihren Exarchaten in Mittel- und Westeuropa Assistenzbischöfe in Edmonton (Kanada), Tokyo und Damaskus.

Die Russisch-Orthodoxe Griechisch-Katholische Kirche von Amerika geht auf eine Mission der russischen Kirche in Alaska (seit 1792) zurück. 1840 wurde Sitka Bistum, das 1872 unter Erhebung zum Erzbistum nach San Francisco, 1905 nach New York verlegt wurde. 1934 machte sich die Kirche vom Moskauer Patriarchat unabhängig.

Die Russisch-Orthodoxe Auslandskirche (Karlowitzer Synodalkirche) hat ihren Ursprung in den Wirren während der russischen Revolution und in den ersten Jahren danach. Sie konstituierte sich 1921 und erklärte sich 1923 für autonom. Zu ihr gehört auch ein Bistum für Australien und Neuseeland in Croydon (Australien; nicht eingetragen). Der Bischof für Österreich hat ebenso seinen Sitz in München wie der für Deutschland.

Die Ukrainischen Kirchen gehen sämtlich auf die Bestrebungen ukrainischer Gruppen nach dem 1. Weltkrieg zurück, sich vom Moskauer Patriarchat unabhängig zu machen. Die verschiedenen Kirchen haben nur teilweise Verbindung miteinander.

Für die nicht-chalkedonischen Kirchen sind neben den Sprengeln der Armenier (nicht dargestellt eine Diözese für Australien und Neuseeland in Sydney) eingetragen ein Bistum der Westsyrischen (Jakobitischen) Kirche in Lodi und das Patriarchat der Nestorianer (Heilige Apostolische und Katholische Kirche des Ostens) in Chicago (Morton Gorve).

Quellen und Literatur: Vgl. zu den Karten 130 und 134–135, außerdem: Orthodox and Other Eastern Churches in Australia (o. O. u. J. [1965?]); Parishes and Clergy of the Orthodox and Other Eastern Churches in North and South America, together with the Parishes and Clergy of the Polish National Catholic Church (Buffalo, Ausgabe 1967–68); Greek Orthodox Archdiocese of North and South America, Yearbook 1969; Russian Orthodox Greek Catholic Church of America, 1969 Year Book and Church Directory (San Francisco 1968). – Für die Überarbeitung wurde herangezogen: Orthodoxia 1986–1987, hrsg. v. Ostkirchlichen Institut (Regensburg 1986).

M. Lacko – J. Martin

132A: Die Thomaschristen von Malabar

Autor: M. Lacko

Die Geschichte der Thomaschristen seit dem 16. Jh. spiegelt in besonderer Weise die unglückliche Haltung, die bis zum 19. Jh. hin bei verschiedenen Gelegenheiten von der römischen Kirche gegenüber östlichen Kirchen eingenommen wurde. – Die Ursprünge der Thomaschristen, die sich selbst auf den Apostel Thomas zurückführen, liegen im Dunkel. Sichere Nachrichten besitzen wir erst für das 4. Jh. Organisatorisch gehörten die Thomaschristen seitdem zum Patriarchat Seleucia-Ctesiphon, das im 5. Jh. nestorianisch wurde, doch scheint der Nestorianismus keinen besonderen Einfluß auf die Kirche Südindiens ausgeübt zu haben. Als die Portugiesen im 16. Jh. in Indien ankamen, entwickelten sich zunächst gute Beziehungen zu den Thomaschristen;

infolge von Latinisierungsbestrebungen, die ihren Höhepunkt auf der Synode von Diamper hatten, kam es jedoch zu Auseinandersetzungen und im 17. Jh. zur Abspaltung einer größeren Gruppe der Thomaschristen; auf diese Gruppe, die sich der jakobitischen Kirche anschloß, geht der größte Teil der heute in Südindien bestehenden Kirchen zurück. – Eine zweite Schwierigkeit ergab sich für die Kirche Indiens aus der im ganzen mittel- und ostasiatischen Raum herrschenden Konkurrenz zwischen dem portugiesischen Patronat und der Kongregation für die Glaubensverbreitung (Propaganda; vgl. auch Karte 89): fast zwei Jahrhunderte lang gab es zwei verschiedene Jurisdiktionsbereiche in Indien.

Die heute in Südindien bestehenden östlichen und mit Rom verbundenen Kirchen sind in ihrer geographischen Verteilung auf den Karten 130C und 138D dargestellt.

Literatur: E. Tisserant, Eastern Christianity in India (London – New York – Toronto 1957); G. M. Moraes, A History of Christianity in India (Bombay 1964); P. J. Podipara, Die Thomas-Christen (Würzburg 1966).

J. Martin

132B: Die Entstehung der katholischen Ostkirchen und die wichtigsten Unionsversuche

Autor: J. Martin

Das Schema ist als historische Illustration zu den Karten 138–139 gedacht und bedarf als solche keiner näheren Erläuterungen. Auf die Problematik der Unionen einzugehen ist hier nicht der Ort.

Literatur: D. Attwater, The Christian Churches of the East, 2 Bde (Milwaukee 1947–48); R. Janien, Les églises orientales et les rites orientaux (Paris [4]1955); W. de Vries, Die orientalischen Kirchen (Würzburg 1960); Sacra congregazione per la chiesa orientale, Oriente Cattolico (Città del Vaticano 1962); A. Brunello, Le chiese orientali e l'unione (Milano 1966).

J. Martin

133A: Die Verwaltungsstruktur der Russisch-Orthodoxen Kirche in der USSR seit dem 31. 1. 1945

Autor: I. Smolitsch
Vgl. zur Entwicklung bis 1945 Karte 110

Die dargestellte Verwaltungsstruktur wurde vom „Landeskonzil", dem als Mitglieder Bischöfe, Kleriker und Laien angehörten – man schätzt die Gesamtzahl auf etwa 204 –, am 31. 1. 1945 bestätigt. Das Konzil wurde mit Erlaubnis der Sowjetregierung einberufen, um einen neuen Patriarchen anstelle des verstorbenen Sergij Stragorodskij (8. 9. 1943 – 15. 5. 1944) zu wählen. Das von ihm beschlossene „Statut über die Verwaltung der Russisch-Orthodoxen Kirche" enthält viele Unklarheiten.

Bereits zur Zeit des Patriarchen Sergij wurde am 8. 10. 1943 im Innenministerium der Rat für die Angelegenheiten der Russisch-Orthodoxen Kirche eingerichtet. Dieses Organ ist einerseits für Kontrolle und Aufsicht über die Tätigkeit der Kirche zuständig; andererseits bildet es eine Verbindungsstelle zwischen Kirche und Sowjetregierung.

Die Wahl des Patriarchen soll auf dem Landeskonzil stattfinden. Der Patriarch darf „zur Entscheidung" wichtiger Fragen „mit Genehmigung der Regierung" die „Bischofssynode" einberufen. Über die Zusammensetzung und Befugnisse des Heiligen Synods in Verwaltungsfragen ist vieles unklar. Für die Verwaltung des Patriarchats „können beim Heiligen Synod" besondere Abteilungen eingerichtet werden. Im Jahre 1958 gehörten die im Schema angegebenen Organe zur Patriarchatsverwaltung.

Die Verwaltung der Eparchien unterscheidet sich bedeutend von den Bestimmungen des Landeskonzils von 1917–18, weil das Wahlprinzip von oben nach unten abgeschafft wurde. Im Patriarchat existierten 1958 73 Eparchien (vgl. Karte 135). Nach den Angaben der „Zschr. der Moskauer Patriarchie" wurde oft einem Bischof „vorübergehend" eine zweite Eparchie unterstellt. Der Eparchialbischof wird „vom Patriarchen gemeinsam mit dem Heiligen Synod" ernannt. Wo es „erforderlich" ist, kann ihm ein Vikarbischof zugeteilt werden, dessen Aufgaben und Pflichten vom Eparchialbischof bestimmt werden. Der Eparchialbischof darf „je nach den örtlichen Verhältnissen" (also nicht obligatorisch!) „einen Eparchialrat" (eparchial'nyj sovet) ernennen. Dieser „Rat" besteht „aus drei oder fünf Personen von Priesterrang" sowie dem Eparchialbischof. Außerdem hat der Eparchialbischof eine Kanzlei. Für die Verwaltung der Eparchie, die in Propsteien eingeteilt ist, „ernennt der Bischof die Pröpste". Die Eparchialbischöfe können, wenn „die Möglichkeit dazu besteht" . . . „mit Zustimmung der zuständigen staatlichen Behörden pastoral-theologische Lehrgänge einrichten". In den Eparchien dürfen „mit Zustimmung der örtlichen Behörden" Kerzenfabriken und andere Fabriken zur Herstellung des für den Gottesdienst notwendigen Zubehörs (Ornate u. a.) eingerichtet werden. Für die Gemeinden (prichodskie obščiny), die zu Propsteien zusammengefaßt und der Aufsicht der Pröpste unterstellt sind, werden die Priester und Diakone „durch den Eparchialbischof bestellt". Der Abschnitt IV des Statuts von 1945 über die Gemeinden (§§ 35–40) wurde nach dem Beschluß der Bischofssynode vom 18. 7. 1961 abgeändert und ergänzt. Die Bischofssynode unterstreicht, daß die Abänderungen in „Übereinstimmung" mit dem alten Gesetz „Über religiöse Vereinigungen" vom 8. 4. 1929 vorgenommen wurden. Trotz der unklaren Formulierungen der „Abänderungen" von 1961 ist zu bemerken, daß die Kontrolle „der staatlichen Behörden" bedeutend intensiviert worden ist.

Die Klöster in den Eparchien sind den Eparchialbischöfen unterstellt; für 1958 werden 69 (?) Klöster angegeben.

Das „Außenamt" (otdel vnešnich snošenij) der Patriarchie spielt eine sehr wichtige Rolle durch seine Beziehungen zu anderen orthodoxen Kirchen, anderen christlichen Konfessionen, zur sog. „Friedenskampagne" und in den letzten Jahren zur „Ökumenischen Bewegung" und zum „Weltkirchenrat", dessen Tagungen öfters von Vertretern der Patriarchie besucht werden. – Dem Vorsteher des Außenamtes sind auch die Exarchate des Patriarchats außerhalb der USSR (vgl. Karte 131) sowie Auslandsvertretungen unterstellt (vgl. dazu die schon erwähnte offizielle Ausgabe der „Zschr. der Moskauer Patriarchie" von 1958).

Es ist schwer festzustellen, ob das Statut von 1945 tatsächlich im Leben und in der Verwaltung der Kirche funktionieren konnte. Wenn der Inhalt der „Zschr. der Moskauer Patriarchie" sorgfältig geprüft wird, kommt man zu dem Schluß, daß das Statut für die Verwaltungsstruktur nur teilweise die Grundlage des kirchlichen Lebens bildete.

Quellen: Statut über die Verwaltung der Russisch-Orthodoxen Kirche (Položenie ob upravlenii Russkoj Pravoslavnoj Cerkvi) (Moskau 1945), deutsch: Kirche und Staat in der Sowjetunion. Gesetze und Verordnungen, hrsg. von R. Stupperich (Witten 1962) 35–41. – Der Beschluß der Bischofssynode vom 18. 7. 1961: Zschr. der Moskauer Patriarchie (1961) Nr. 8 S. 15–17, deutsch: Kirche und Staat . . . (s. o.) 41–45 (ebd. 13–28 Text des Gesetzes vom 8. 4. 1929). – **Literatur:** Vgl. den Kommentar zu Karte 110.

I. Smolitsch

133B: Die Verfassung der Kirche von Griechenland (1969)

Autor: M. Lacko

Quelle: The Constitution of the Church of Greece, Law 126 / 1969 (Athens 1969).

134 und 135: Die orthodoxen Kirchen

Autoren: M. Lacko – J. Martin; Hinweise für die Überarbeitung gab G. Limouris

Zur Geschichte der orthodoxen Kirchen vgl. die Karten 2 5 6 8 20–21 27 29 30–31 44 55, ferner die Schemata 132 und 148; zur Verfassung vgl. die Schemata 36 und 133; zu den Auslandsjurisdiktionen Karte 131. Schon in der Antike war im Osten das Prinzip wirksam, die kirchliche Einteilung der staatlichen anzugleichen. Dieses Prinzip hat bis in die Neuzeit weitergewirkt und dazu geführt, daß im 16. Jh. zunächst die russische Kirche ihre Unabhängigkeit gegenüber Konstantinopel erklärte und dann im Gefolge der Zurückdrängung des Osmanischen Reiches aus dem Balkan im 19. Jh. die selbständigen balkanischen Kirchen entstanden. Heute besitzt der Patriarch von Konstantinopel nur mehr einen Ehrenvorrang innerhalb der orthodoxen Kirchen, seiner Jurisdiktion sind nur noch wenige Bistümer unterstellt.

Die Bistümer der russischen Kirche sind nach einer offiziellen Liste des Moskauer Patriarchats von 1958 eingetragen. Es gibt in der russischen Kirche keine Einteilung in Metropolen und Bistümer – der Titel Metropolit und Erzbischof ist personal. Da aber Kiew und Leningrad fast immer Metropoliten als Bischöfe haben, sind diese Städte als Metropolen gekennzeichnet.

Die übrigen orthodoxen Kirchen sind nach dem *Himerologion tes Ekkle-*

sias tes Hellados (1986) eingetragen, das die gesamte Orthodoxie berücksichtigt. In der griechischen Kirche führen alle Bischöfe den Titel Metropolit, ohne jedoch Suffragane zu haben. Die kirchlichen Sprengel wurden deshalb mit Ausnahme von Athen, dessen Erzbischof das Oberhaupt der griechischen Kirche ist, als einfache Bistümer gekennzeichnet. Das gleiche gilt für die Dodekanes, für Bulgarien und Syrien-Libanon.

Die Orthodoxe Kirche von Japan (Erzbistum Tokyo, Diözese Sendai) ist nicht in die Karte eingetragen. Ferner sind zu ergänzen für die Orthodoxe Kirche von Griechenland vier im Stadtgebiet von Athen liegende Diözesen (Kaisariane, Nea Ionia, Nea Krini, Nea Smyrna) sowie zwei im Stadtgebiet von Thessalonike liegende Diözesen (Kalamaria und Neapolis). Bei der orthodoxen Kirche von Georgien sind zu ergänzen die Diözesen Tshkondide (Sitz Tškaja Mendji) und Tsilka (Sitz Nikortsminda).

Die zahlenmäßige Stärke der orthodoxen Kirchen auch nur annähernd festzulegen ist heute kaum möglich, da man im kommunistischen Machtbereich mit einem dauernden Rückgang zu rechnen hat und kaum Anhaltspunkte für die zahlenmäßige Bestimmung dieses Rückgangs besitzt. Die Schätzungen, mit denen man heute (u. a. bei der Festsetzung der Zahl der Delegierten für den Weltkirchenrat) arbeitet, sind folgende (es werden jeweils die höchsten und niedrigsten Schätzungen genannt, die mir bekannt geworden sind [vgl. unten]):

Ökumenisches Patriarchat von Konstantinopel	350000
Orthodoxe Kirche von Finnland	72000
Griechisch-Orthodoxes Patriarchat von Alexandrien	50000 – 70000
Griechisch-Orthodoxes Patriarchat von Antiochien	300000 – 500000
Griechisch-Orthodoxes Patriarchat von Jerusalem	15000 – 75000
Orthodoxe Kirche von Griechenland	7500000 – 8000000
Russisch-Orthodoxes Patriarchat von Moskau	30000000–50000000
Orthodoxe Kirche von Georgien	1000000 – 2500000
Orthodoxe Kirche in Polen	400000
Orthodoxes Patriarchat von Serbien (einschl. Mazedonien)	8000000 – 9000000
Orthodoxes Patriarchat von Rumänien	13000000–14000000
Orthodoxe Kirche von Albanien	215000
Orthodoxes Patriarchat von Bulgarien	6000000 – 7000000
Orthodoxe Kirche von Zypern	400000 – 480000
Orthodoxe Kirche von Japan	30000

Quellen und Literatur: Neben dem im Text Genannten ist heranzuziehen: D. Attwater, The Christian Churches of the East (Milwaukee 1947–48); R. Janin, Les églises orientales et les rites orientaux (Paris [4]1955); P. Rondot, Les Chrétiens d'Orient: Cahiers de l'Afrique et l'Asie IV Paris 1955). – Für die statistischen Angaben wurden benutzt: Conspectus statisticus ecclesiarum orientalium a. 1966 (= Zahlen der Kongregation für die Ostkirchen); WCH; H. Schaeder, „Renaissance und Aggiornamento" der Orthodoxie: Ökumenische Rundschau 17/2 (1968) 123ff (enthält die Schätzungen für den Weltkirchenrat); Altkatholisches Jahrbuch 37 (1968). – Für die Überarbeitung wurde herangezogen: Orthodoxia 1986–1987, hrsg. vom Ostkirchlichen Institut (Regensburg 1986). Hier sind für das Griechisch-orthodoxe Patriarchat von Antiochien noch derzeit unbesetzte Titularsitze für Tarsus, Erzerum und Diarbakir aufgeführt.

J. Martin

136 und 137: Organisationsschema einer katholischen Diözese

Autor: W. Böckenförde

Rechtsgrundlage für die Leitungsstruktur auf der Ebene der Diözese ist das Statut für das Bischöfliche Ordinariat vom 21. Januar 1972[1] mit den derzeit praktizierten Änderungen, für die Synodalstruktur die Synodalordnung für das Bistum Limburg vom 23. November 1977[2] in der Fassung der Änderung vom 15. Februar 1984[3]. Die Synodalordnung versteht sich als Anwendung der von der Gemeinsamen Synode beschlossenen und vom Apostolischen Stuhl gebilligten „Rahmenordnung für Strukturen der Mitverantwortung in der Diözese"[4]. Die Bestimmungen der Synodalordnung über den Pfarrgemeinderat werden auf Anordnung des Diözesanbischofs weiter angewendet, bis über deren Verhältnis zu can. 536 C.I.C. verbindlich entschieden ist. Der Weitergeltung des Gesetzes über die Verwaltung und Vertretung des Kirchenvermögens im Bistum Limburg vom 23. November 1977[5] in der Fassung der Änderungen vom 23. Juni und 29. November 1986[6] stehen auf Grund eines Indults des Papstes vom Januar 1984[7] cann. 537 und 532 C.I.C. nicht entgegen.

Quellen: [1]Amtsblatt des Bistums Limburg 1972, S. 1–4; vgl. dazu die von der Gemeinsamen Synode beschlossene Rahmenordnung für die pastoralen Strukturen und für die Leitung und Verwaltung der Bistümer in der Bundesrepublik Deutschland 3.1: ebd. 1974, S. 303–306. – [2]Ebd. 1977, S. 538–559. – [3]Ebd. 1984, S. 8–10. – [4]Ebd. 1976, S. 272–277. – [5]Ebd. 1977, S. 559–564. – [6]Ebd. 1986, S. 133 u. 166. – [7]Ebd. 1984, S. 1.

W. Böckenförde

138 und 139: Die mit Rom verbundenen Ostkirchen

Autor: J. Martin. M. Lacko hat die Karten mitkorrigiert.

Zur Geschichte der mit Rom verbundenen Ostkirchen vgl. Karte 132. Zur Geschichte der Ostkirchen vor der Union vgl. die Karten 2 4–5 9–10 20–21 26–27 30–31. Zu den nicht mit Rom verbundenen Ostkirchen in der Gegenwart vgl. die Karten 130–131 und 134–135.

Die mit Rom verbundenen Ostkirchen, deren Bischöfe der Kongregation für die Ostkirchen (vgl. Karte 109) unterstehen, haben ihre Schwerpunktgebiete im Nahen Osten, in Indien und auf dem Balkan. Sie unterscheiden sich durch verschiedene Riten, die ihrerseits wieder auf die Ursprungskirchen der mit Rom verbundenen Kirchen zurückgehen.

Wie in den Karten zur Katholischen Kirche (140–147) ist auch in diese Karten jeweils der Sitz eines Prälaten, nicht die für einen kirchlichen Sprengel namengebende Stadt eingetragen (mit Ausnahme der Patriarchate, für die beides angegeben ist; das chaldäische Patriarchat von Bagdad führt noch den Titel von Babylon). Grundlage für die Eintragung war das Annuario Pontificio von 1986. Unberücksichtigt blieben die nur noch nominell bestehenden Bistümer Seert (Chaldäer) und Mardin (Chaldäer und Syrer). Außerhalb der Kartenausschnitte bestehen noch folgende, in den Karten nicht genannte Sprengel: Ordinariate für alle Katholiken des orientalischen Ritus in Buenos Aires und Rio de Janeiro; Eparchien der Ukrainer (in den Karten unter den Katholiken des Byzantinischen Ritus) in Melbourne, Curitiba und Buenos Aires, ein Apostol. Exarchat der Ukrainer in London, die Apostol. Exarchate Rußland und Harbin in der UdSSR (beide unbesetzt, kein Sitz angegeben), Eparchien der Maroniten in São Paulo und Sydney sowie eine der Melchiten in São Paulo, ein Apostol. Exarchat der Armenier in Buenos Aires, schließlich weitere Eparchien der Malabaren in Indien: Bijnor, Chanda, Gorakhpur, Jagdalpur, Raijkat, Sagar, Satna, Ujjain. – Für das Apostol. Exarchat der Ukrainer in Polen, Lemkowszczyzna, ist kein Sitz angegeben (in der Karte nicht berücksichtigt). Die Apostol. Administratur Südalbanien sowie das Erzbistum Fagaras und Alba Iulia und die Eparchie Maramures (Rumänien) sind derzeit unbesetzt; hier wurden die alten Sitze (Tirana, Blaj, Baia Mare) in der Karte belassen.

Verschiedene in die Karte eingetragene Metropolen der Melchiten, Maroniten und Syrer sind nur Titularmetropolen ohne Suffragane.

Die Mitgliederzahlen für die mit Rom verbundenen Ostkirchen werden für das Jahr 1966 wie folgt angegeben:

Alexandrinischer Ritus:	
Kopten	92000
Äthiopier	74763
Antiochenischer Ritus:	
Syrer	76935
Malankaren	158844
Maroniten	878565
Byzantinischer Ritus:	
Albaner	400
Alboruthenen	2500
Bulgaren	7000
Finnen	?
Georgier	?
Griechen	2562
Ungarn	250000
Italo-Albaner	70400
Japaner	?
Jugoslawen	60000
Melchiten	400000
Romenen	1572000
Russen	?
Ruthenen	776000
Slowaken	305000
Ukrainer	4386000
Chaldäischer Ritus:	
Chaldäer	223673
Malabaren	1728712
Armenischer Ritus:	
Armenier	98000

Die Gesamtzahl der katholischen Orientalen wird auf ca. 10000000 geschätzt.

Quellen: Vgl. oben im Text. Heranzuziehen ist M. Lacko, Atlas Hierarchicus Ecclesiae Catholicae Orientalis (Roma 1962); die mit Rom verbundenen Ostkirchen sind auch dargestellt im Atlas Hierarchicus, hrsg. von H. Emmerisch (Mödling 1968).

Literatur: Vgl. die in den Artikeln zu den einzelnen Kirchen im LCH, LThK[2], RGG[3] und WKL angegebene Literatur, ferner Sacra congregazione per la chiesa orientale, Oriente Cattolico (Città del Vaticano 1962); A. Brunello, Le chiese orientali e l'unione (Milano 1966).

J. Martin

140 bis 147: Die Römisch-Katholische Kirche

Autor: Die Karten wurden nach den Angaben des Annuario Pontificio von 1986 zusammengestellt. Die Grenzen der Kirchenprovinzen sind mit Erlaubnis des St.-Gabriel-Verlages dem Atlas Hierarchicus, hrsg. von H. Emmerich (St.-Gabriel-Verlag, Mödling 1976) entnommen.

Die Fortschritte, die die Organisation der katholischen Kirche seit dem 19. und dem Beginn des 20. Jh. gemacht hat, werden sichtbar, wenn man mit den vorliegenden Karten die Karten 85 96 97 und vor allem 106–107 vergleicht. Insbesondere in Afrika, Asien und in Südamerika sind im 19. und 20. Jh. viele neue Kirchensprengel gegründet und Apostolische Vikariate in selbständige Bistümer umgewandelt worden. Seit der Mitte des 20. Jh. ging diese Entwicklung zusammen mit einer immer stärkeren Beteiligung der einheimischen Bevölkerungen am Priester- und Bischofsamt.

In die Karten sind grundsätzlich die Sitze der kirchlichen Sprengel, nicht die namengebenden Orte eingetragen. Von diesem Prinzip wurde nur dann abgewichen, wenn ein Verwaltungssitz außerhalb seines Sprengels liegt – in diesen Fällen ist der Name eines Sprengels in dessen Gebiet eingetragen.

Kirchenprovinzgrenzen und Grenzen exemter Gebiete wurden nicht unterschieden, doch konnten – bes. in Italien – aufgrund des kleinen Maßstabs der Karten nicht alle Grenzen exemter Gebiete markiert werden.

Im folgenden werden, um die Informationen der Karten zu ergänzen und einen Vergleich mit den anderen, in diesem Atlas dargestellten Kirchen zu ermöglichen, die Katholikenzahlen für die einzelnen Länder nach dem Stand von 1984 mitgeteilt. Die Zahlen sind dem Annuarium Statisticum Ecclesiae 1984, hrsg. von Secretaria Status, Rationarium Generale Ecclesiae (Vatikan 1986) entnommen. Da die Konfessionsstatistik noch sehr im argen liegt und offizielle Zählungen der Konfessionszugehörigkeit nur in wenigen Ländern vorgenommen werden, müssen die Zahlen mit der nötigen Vorsicht benutzt werden.

Land	Bevölkerungszahl	Anteil der Katholiken	
		Zahl	Prozent
Afrika			
Ägypten	45660000	176000	0,4
Algerien	21270000	63000	0,3
Angola	8540000	4448000	52
Äquatorial-Guinea	380000	327000	86
Äthiopien	35420000	258000	0,7
Benin	3830000	611000	16
Botswana	1050000	42000	4
Burkina-Faso	6580000	593000	9
Burundi	4540000	2588000	57
Dschibuti	350000	11000	3
Elfenbeinküste	9470000	995000	11
Gabun	1150000	581000	51
Gambia	630000	14000	2,2
Ghana	13040000	1575000	12
Guinea	5300000	51000	1
Guinea-Bissau	880000	44000	5
Kamerun	9470000	2597000	27
Kapverden	320000	301000	94
Kenia	19540000	3986000	20
Komoren	440000	2000	0,5
Kongo	1700000	799000	47
Lesotho	1470000	636000	43
Liberia	2110000	49000	2,3
Libyen	3620000	48000	1,3
Madagaskar	9730000	2224000	23
Malawi	6840000	1444000	21
Mali	7720000	67000	0,9
Marokko	22850000	58000	0,3
Mauretanien	1830000	4000	0,2
Mauritius	980000	326000	33
Moçambique	13690000	1806000	13
Namibia	1510000	196000	13
Niger	5940000	15000	0,3
Nigeria	92040000	6587000	7
Réunion	560000	465000	83
Ruanda	5900000	2516000	43
Sambia	6450000	1831000	28
São Tomé	90000	83000	92
Senegal	6350000	285000	4,5
Seychellen	60000	59000	98
Sierra Leone	3540000	44000	1,2
Simbabwe	7980000	695000	9
Somalia	5420000	2000	0,04
Südafrikanische Republik	31590000	2489000	8
Sudan	20950000	1309000	6
Swaziland	650000	37000	6
Tansania	21060000	4292000	20
Togo	2840000	625000	22
Tschad	4900000	281000	6
Tunesien	7040000	18000	0,3
Uganda	15150000	6124000	40
Westliche Sahara	150000	200	0,1
Zaire	32080000	14002000	44
Zentralafrikanische Republik	2510000	425000	17
Amerika			
Argentinien	30100000	28089000	93
Bahamas	226000	45000	20
Barbados	250000	11000	4,4
Belize	160000	100000	63
Bermudas	60000	9000	15
Bolivien	6250000	5912000	95
Brasilien	132580000	118506000	89
Chile	11880000	10099000	85
Costa Rica	2530000	2295000	91
Dominica	80000	65000	81
Dominikanische Republik	6100000	5675000	93
Ecuador	9110000	8758000	96
El Salvador	5390000	4944000	92
Falklandinseln	2000	200	10
Französisch-Guayana	80000	62000	78
Grenada	110000	76000	69
Grönland	50000	?	
Guadeloupe	330000	260000	79
Guatemala	7740000	6856000	89
Guayana	940000	94000	10
Haiti	5180000	4636000	89
Honduras	4230000	4064000	96
Jamaica	2290000	223000	10
Jungferninseln	120000	25400	21
Kanada	25130000	11280000	45
Kolumbien	28220000	26738000	95
Kuba	9990000	4098000	41
Martinique	330000	290000	88
Mexiko	76790000	73835000	96
Nicaragua	3160000	2759000	87
Niederländische Antillen	260000	200000	77
Panama	2130000	1877000	88
Paraguay	3280000	3002000	92
Peru	19200000	17730000	92
Puerto Rico	3400000	2753000	81
Surinam	352000	78000	22
Trinidad und Tobago	1110000	380000	34
Uruguay	2990000	2358000	79
Venezuela	16850000	15304000	91
Vereinigte Staaten von Amerika	236680000	52464000	22
Asien			
Afghanistan	17670000	–	
Bahrain	400000	10000	2,5
Bangladesch	94730000	174000	0,2
Bhutan	1390000	500	0,04
Burma	37610000	407000	1
China	1032532000	?	
Hongkong	5360000	269000	5
Japan	120020000	423000	0,4
Jemen	2230000	2000	0,1
Indien	746740000	12800000	2
Indonesien	159890000	3928000	2,5
Irak	15160000	380000	2,5
Iran	43410000	18000	0,04
Jordanien	3380000	51000	1,5
Israel	4190000	81000	2
Kambodscha	7150000	?	
Kuwait	1790000	48000	2,7
Laos	4320000	?	
Libanon	2640000	1435000	54
Macao	340000	21000	6
Malaysia	15200000	447000	3
Mongolische Volksrepublik	1820000	?	
Nepal	16110000	1000	0,006
Nordkorea	19630000	?	
Oman	1180000	7000	0,6
Pakistan	93290000	519000	0,6
Philippinen	53350000	44885000	84
Saudi-Arabien	10820000	420000	4
Singapur	2520000	105000	4
Sowjetunion (asiat. Teil)	72384000	?	
Sri Lanka	15610000	1093000	7
Südkorea	40580000	1803000	4
Syrien	9930000	257000	2,6
Taiwan	19018000	290000	1,5
Thailand	50400000	211000	0,4
Timor	640000	471000	74
Türkei	48270000	16000	0,03

Land	Bevölkerungszahl	Anteil der Katholiken Zahl	Prozent
Vereinigte Arabische Emirate	1260000	60000	5
Vietnam	58310000	?	
Volksrepublik Jemen	6390000	3000	0,05
Zypern	660000	7000	1
Ozeanien			
Australien	15540000	4229000	27
Cook-Inseln	20000	2000	10
Fidschi-Inseln	672000	58000	9
Karolinen und Marshall-Inseln	124000	56000	45
Neukaledonien	145000	94000	65
Neuseeland	3230000	509000	16
Papua-Neuguinea	3600000	1135000	32
Salomon-Inseln	270000	50000	19
Samoa	160000	31000	19
Tonga-Inseln	97000	13000	13
Tuvalu	9000	100	1
Vanuatu	128000	18000	14
Europa			
Albanien	2900000	?	
Andorra	40000	38000	95
Belgien	9880000	8913000	90
Bulgarien	8960000	?	
Dänemark	5110000	27000	0,5
Deutschland:			
Bundesrepublik mit Berlin (West)	61180000	28375000	46
DDR mit Berlin (Ost)	16670000	1334000	8
Finnland	4880000	4000	0,08
Frankreich	54950000	46630000	85
Gibraltar	30000	20000	67
Griechenland	9900000	50000	0,5
Großbritannien	55018000	5097000	9
Irland	5212000	3916000	75
Island	240000	2000	0,8
Italien	56980000	55840000	98
Jugoslawien	22960000	7293000	32
Liechtenstein	30000	22000	73
Luxemburg	365000	347000	95
Malta	380000	373000	98
Monaco	27000	25000	93
Niederlande	14420000	5623000	39
Norwegen	4140000	18000	0,4
Österreich	7568000	6584000	87
Polen	36910000	34810000	94
Portugal	10160000	9594000	94
Rumänien	22900000	1493000	6,5
San Marino	22000	22000	100
Schweden	8340000	116000	1,4
Schweiz	6440000	3063000	48
Spanien	38720000	37900000	98
Tschechoslowakei	15460000	10661000	69
UdSSR (einschl. asiat. Teil)	276066000 [1]	?	

[1] Aus: The World Population Situation in 1983 (United Nations, New York 1984).

148: Kirchenspaltungen und Einigungsbewegungen

Autor: J. Martin

Es ist selten möglich, für die Entstehung der größeren Kirchen ein genaues Datum anzugeben. Abgesehen davon, daß in einigen Fällen – wie z. B. bei der armenischen Kirche – der Beginn der Selbständigkeit umstritten ist, ist in jedem Fall die Konstituierung einer neuen Kirche das Ergebnis eines längeren oder kürzeren Prozesses. Es wurde deshalb darauf verzichtet, im Schema genaue Daten zu nennen – das Zeitgerüst des Schemas gibt die entsprechenden Annäherungswerte. – Eine neugegründete Kirche ist durch eine ausgezogene Linie an die Kirche angebunden, der ihr Gründer angehörte. Strichellinien deuten Einflüsse verschiedener Art an. – Unter den reformierten Kirchen sind im Schema presbyterianische und kongregationalistische Kirchen zusammengefaßt.

Die beiden Schemata zum Methodismus stehen exemplarisch auch für andere Kirchengruppen. Sie zeigen deutlich einen Wandlungsprozeß, der um die Mitte des 19. Jh. einsetzt: Ist für die Zeit vorher die Bildung von Sonderkirchen häufig zu beobachten, so macht sich seitdem die Tendenz zur Einigung stark bemerkbar (vgl. auch Komm. zu 149). Die Daten für die Kirchentrennungen variieren übrigens in der Literatur teilweise beträchtlich. In den Schemata wurden die Daten der festen Konstituierung der Sonderkirchen gewählt. Die Namen dieser Kirchen, von denen nur die wichtigsten in Großbritannien und den USA herausgegriffen wurden, haben teilweise mehrfach gewechselt – es wurden die jeweils letzten Bezeichnungen gewählt. Kleine Gruppen der einzelnen Kirchen, die sich Unionen nicht anschlossen, blieben unberücksichtigt. Inzwischen wurden in den USA auch Einigungsgespräche zwischen der African Methodist Episcopal Church, der African Methodist Episcopal Zion Church und der Christian Methodist Episcopal Church aufgenommen, ferner zwischen diesen drei genannten Kirchen, der United Methodist Church und anderen Kirchen.

Quellen und Literatur: Vgl. die Artikel zu den einzelnen Kirchen in LCK, LThK², RGG³ und WKL; zu den Methodisten außerdem World Methodist Council, Handbook of Information 1966–1971 (o. O. u. J.).

J. Martin

149: Interkirchliche Unionen seit 1925

Autor: J. Martin

Um die Mitte des 19. Jh. begann eine goße Einigungsbewegung innerhalb der einzelnen konfessionellen Gruppen, die u. a. in der Bildung der großen Weltbünde ihren Niederschlag fand. Diese Einigungsbewegung hat sich bis zur Gegenwart fortgesetzt, und man wird den damit verbundenen Konsolidierungs- und Klärungsprozeß als Voraussetzung für die seit den 20er Jahren dieses Jh. einsetzenden interkonfessionellen Unionen begreifen müssen. Wie aus dem Schema über die geschlossenen Unionen hervorgeht, hatte die Unionsbewegung in den Jahren 1965–72 ihren Höhepunkt. 1970 kam es sogar zum Zusammenschluß zweier Weltbünde, des Reformierten Weltbundes und des Internationalen Rates der Kongregationalisten. Seitdem ist die Einigungsbewegung abgeebbt, seit 1981 wurden keine neuen Unionen mehr eingegengen. Um einen Eindruck von den Unionsbemühungen zu vermitteln, wurden die Unionsverhandlungen der Jahre 1967–85, soweit sie noch nicht zur Union geführt haben, in einem eigenen Schema dargestellt.

Die Gründe dafür, daß seit 1972 weniger Unionen geschlossen wurden, sind unterschiedlich. In Sri Lanka z. B. sind es rechtliche Fragen und jahrelang sich hinziehende Prozesse, die den Vollzug der geplanten Union verhindern. In Ghana sollte die geplante Unionskirche schon im Januar 1981 inauguriert werden, aer der Termin mußte aufgeschoben werden, weil Proteste aus dem Kirchenvolk kamen. Man beschloß, daß zunächst weitere „Erziehungsarbeit" nötig sei. „Der Wunsch, an einer besonderen Identität oder einem besonderen Erbe festzuhalten" (Ecumenical Review 32, 1980, S. 3), scheint stärker zu werden, und dieser Wunsch hat auch zu neuen Formen der Zusammenarbeit geführt. In Italien haben Waldenser und Methodisten 1975 ein Abkommen geschlossen, das auf eine Föderation, nicht eine Union hinauslief. Es basiert „auf dem Prinzip der kirchlichen Autonomie der Denominationen und der Union der kirchlichen Gemeinschaften" (ebd. S. 17). In ähnlicher Form haben die Kirchen von Nord- und Südindien sowie die Mar-Thoma-Kirche ein „Joint Council" gebildet.

Nicht dargestellt sind auf den Schemata die intrakonfessionellen Einigungsbemühungen, die unvermindert anhalten und schon zu einer Reihe von Zusammenschlüssen verschiedener Kirchen ein und derselben Denomination geführt haben.

Quellen und Literatur: Über Unionen und Unionspläne berichtet laufend „The Ecumenical Review". Der letzte hier benutzte Bericht stammt vom Oktober 1986.

J. Martin

150/151: Die Mitgliedskirchen des Ökumenischen Rates der Kirchen

Autor: J. Martin

Die Mitgliedschaft im Ökumenischen Rat ist dargestellt nach dem Stand, den das HMC von 1985 wiedergibt. Die in der Karte als „Sonstige" bezeichneten Kirchen sind (neben den hier nicht mehr aufgeführten Unionen, vgl. Schemata 149):

Afrika
Angola: Evangelische Pfingstkirche von Angola
Vereinigte Evangelische Kirche von Angola
Gabun: Evangelische Kirche von Gabun
Kenia: Afrikanische Kirche des Hl. Geistes
Afrikanische Israel Niniveh Kirche
Kongo: Evangelische Kirche des Kongo
Nigeria: Brüder-Kirche von Nigeria
Kirche des Herrn
Togo: Evangelische Kirche von Togo

Zaire: Kirche Christi – Gemeinschaft des Lichts
Kirche Christi – Evangelische Gemeinschaft
Kirche Christi – Mennonitische Gemeinschaft
Kirche Christi auf Erden durch den Propheten Simon Kimbangu

Asien
Bangladesch: Kirche von Bangladesch
Hongkong: Rat der Kirche Christi in China, Hongkong
Indonesien: Protestantische Kirche in Sabah
Sri Lanka: Kirche von Sri Lanka

Europa
Bundesrepublik Deutschland: Die Landeskirchen von Bremen, Baden, Berlin-Brandenburg, Hessen-Nassau, Rheinland, Kurhessen-Waldeck, Pfalz, Westfalen
Vereinigte Deutsche Mennonitische Kongregationen
Deutsche Demokratische Republik: Evangelische Kirchen von Berlin-Brandenburg, Anhalt, Sachsen, Görlitz
Großbritannien: Union Walisischer Unabhängiger
Niederlande: Allgemeine Mennonitische Gemeinschaft
Spanien: Spanische Evangelische Kirche
Tschechoslowakei: Tschechoslowakische Hussitische Kirche

Lateinamerika
Argentinien: Kirche Gottes
Evangelische Kirche des Rio de la Plata
Brasilien: Evangelische Pfingstkirche – Brasilien für Christus
Chile: Pfingstkirche von Chile
Pfingstkirchliche Mission
Niederländische Antillen: Vereinigte Protestantische Kirche

Nordamerika
Kanada: Jahreskonferenz der Gesellschaft der Freunde (Quäker)
USA: Allgemeine Konferenz der Freunde (Quäker)
Vereinigte Konferenz der Freunde (Quäker)
Internationaler Rat der Gemeinschafts-Kirchen
Internationale Evangelische Kirche

Ozeanien
Cook-Inseln: Christliche Kirche der Cook-Inseln
Neu-Kaledonien: Evangelische Kirche in Neu-Kaledonien und den Loyalitätsinseln

Die Einfärbung der Länder sagt nur etwas zum Verhältnis der christlichen Konfessionen untereinander aus, nichts aber zur religiösen Gesamtsituation der einzelnen Länder. In einer Reihe von Ländern, besonders in Afrika und Asien, ist das Christentum äußerst schwach und macht nur einen geringen Bruchteil der Gesamtbevölkerung aus. Ebenso ist in verschiedenen Ländern – besonders in Afrika – der Zahlenunterschied zwischen Katholiken und Nichtkatholiken äußerst gering. Der Einfärbung, die gegenüber der Auflage von 1970 nicht verändert wurde, lagen die Angaben in folgenden beiden Werken zugrunde: Bilan du monde 1964, hrsg. vom Centre „Eglise Vivante" und von der FERES, 2 Bde. (Löwen 1964); WCH. – Für genauere Aussagen zur Verteilung der Kirchen auf die verschiedenen Länder vgl. die Karten zu den einzelnen Kirchen. Zum Ökumenischen Rat vgl. ferner Karte 152.

Die Statistik beruht weitgehend auf Schätzungen, da in den meisten Ländern bei Volkszählungen die Religionszugehörigkeit nicht berücksichtigt wird. Folgende Unterlagen wurden herangezogen:

Altkatholiken: Kirchliches Jahrbuch für die Altkatholiken in Deutschland, Jg. 85 (Bonn 1986) S. 101–104
Anglikaner: WCE
Baptisten: The World Family of Baptists, Faltblatt 1986
Lutheraner: Lutherische Jahresstatistik 1985, hrsg. vom Lutherischen Weltbund
Methodisten: World Methodist Council, Handbook of Information 1982–86
Reformierte: Informationsheft „Der Reformierte Weltbund" (Genf 1964) S. 11–12. Die dortigen Zahlen wurden durch Angaben des Sekretariats des Reformierten Weltbundes in Genf nach dem Stand von 1967 korrigiert. Neben den Mitgliedskirchen des Reformierten Weltbundes sind auch andere Kirchen reformierter Tradition berücksichtigt. – Die Zahlen sind gegenüber der Auflage von 1970 nicht verändert, da die Angaben im „Handbook of Member Churches 1982" sehr lückenhaft sind.
Orthodoxe und Orientalische Kirchen: Für einen großen Teil dieser Kirchen sind die statistischen Angaben mit äußerster Vorsicht zu benutzen, da selbst Schätzungen sehr schwierig sind (z. B. in Rußland). Auch hier wurden die Zahlen der Auflage von 1970 beibehalten, für die folgende Unterlagen benutzt wurden: Kirchliches Jahrbuch für die Altkatholiken in Deutschland, Jg. 67 (1968) S. 84–89; H. Schaeder, Renaissance und Aggiornamento der Orthodoxie: Ökumenische Rundschau 17 (1968) 124 f.; Conspectus statisticus ecclesiarum orientalium a. 1966 (Manuskript); A. Brunello, Le chiese orientali e l'unione (Milano 1966). – Die WCE gibt für die orthodoxen und nicht-chalkedonischen Kirchen zusammen für 1985 folgende (hochgerechnete) Zahlen: Afrika: 21 967 000; Asien: 3 268 790; Europa: 98 823 240; Lateinamerika: 425 000; Nordamerika: 5 838 000; Ozeanien: 516 000.
Katholiken: WCE
Die Angaben zur Weltbevölkerung beruhen auf: The World Population Situation in 1983, United Nations 1984.

J. Martin

152: Die Genese, Gliederung und die Aktivitäten des Ökumenischen Rates der Kirchen

Zusammenstellung: J. Martin

Die beiden Schemata zur Genese und zur Gliederung des Ökumenischen Rates wurden von der Kommunikationsabteilung des Ökumenischen Rates zur Verfügung gestellt. Das Schema zur Genese zeigt die Entwicklung der organisierten ökumenischen Arbeit, der in der 2. Hälfte des 19. Jh. eine Phase des Zusammenschlusses innerhalb der einzelnen Konfessionen vorausgegangen war (vgl. dazu die Karten und Kommentare zu den einzelnen Kirchengruppen und Karte 148).

Das Schema zur Gliederung zeigt nur im Teil über die Volksversammlung, den Zentralausschuß und den Exekutivausschuß eine Abstufung von Verantwortungen, während es sonst nur die Gliederung der Arbeit darstellt – ein klares System von Über- und Unterordnungen gibt es hier nicht. – Die Graphiken zur Verteilung der Mitgliedskirchen des Ökumenischen Rates nach Kontinenten und nach Konfessionen wurden nach dem HMC zusammengestellt; zu den sonstigen Kirchen vgl. den Kommentar zu Karte 150/151. Die Zahlenverteilung nach Mitgliedskirchen ist übrigens nicht kongruent mit einer Verteilung nach den von den einzelnen Kirchen repräsentierten Mitgliedern. Eine zuverlässige Statistik dazu existiert zwar nicht – deshalb fehlt eine entsprechende schematische Darstellung –, doch läßt sich in jedem Fall sagen, daß die nach Mitgliedern stärkste Gruppe die der Orthodoxen ist.

Quellen und Literatur: Zur Entwicklung des Ökumenischen Rates sowie zur Verfassung und zu den Satzungen sind die Berichte und Arbeitsbücher der verschiedenen Versammlungen heranzuziehen; sie sind übersichtlich zusammengestellt im Katalog der Veröffentlichungen des Ökumenischen Rates (auf Anforderung in Genf erhältlich).

J. Martin

Palästina zur Zeit Jesu

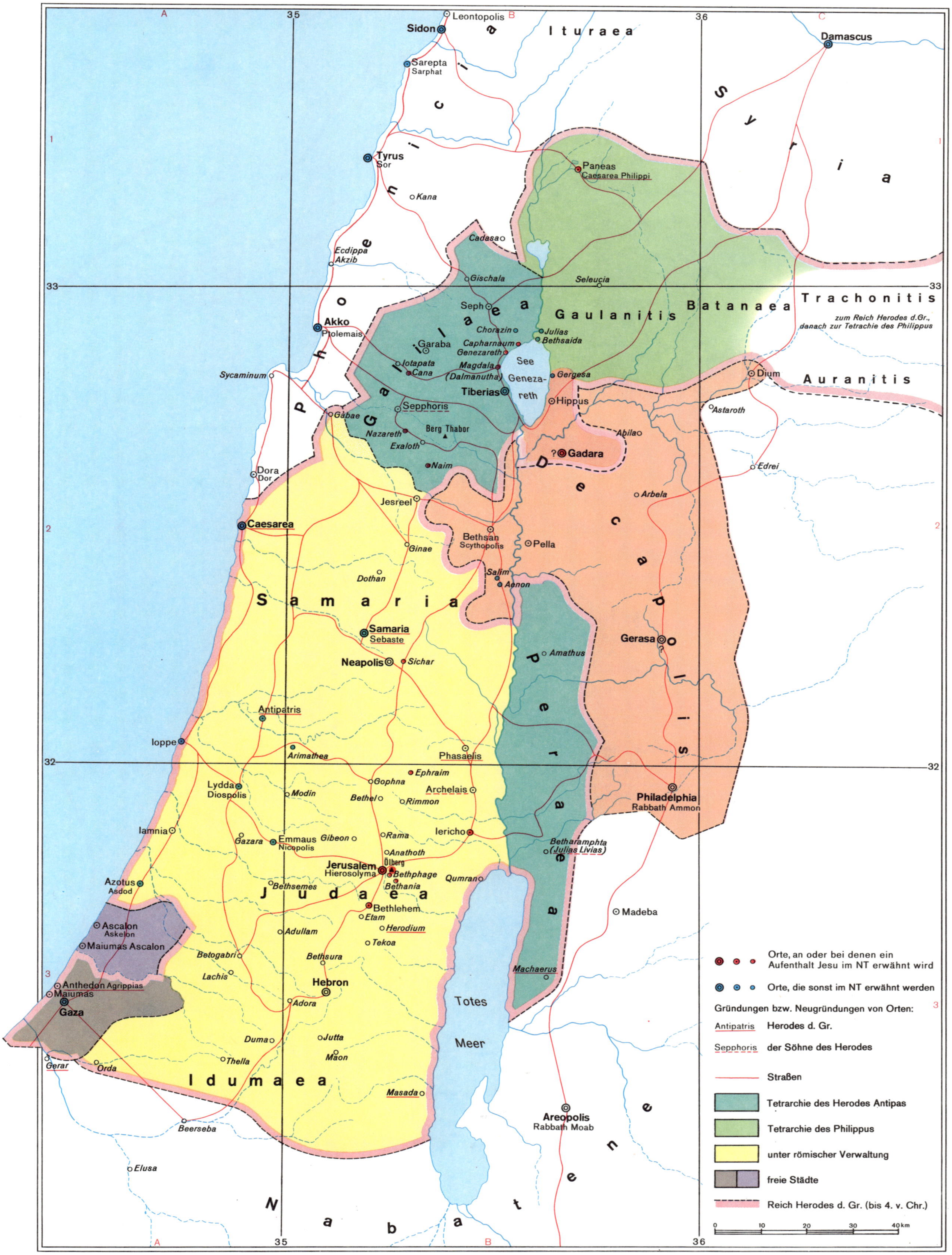

Die christlichen Gemeinden des 1. und 2. Jahrhunderts

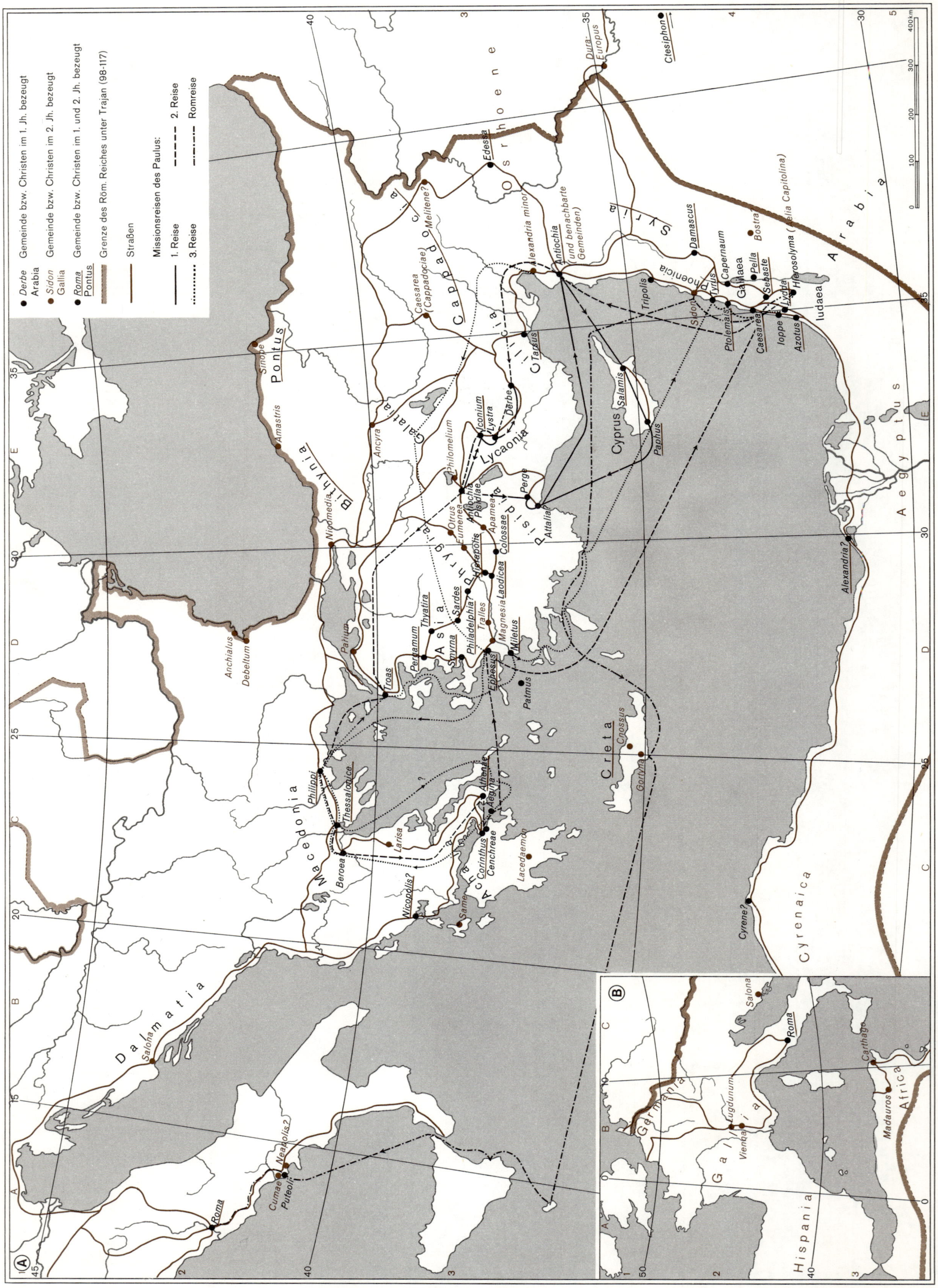

Frühchristliche Gemeindeordnungen

Die Gemeinde nach Paulus

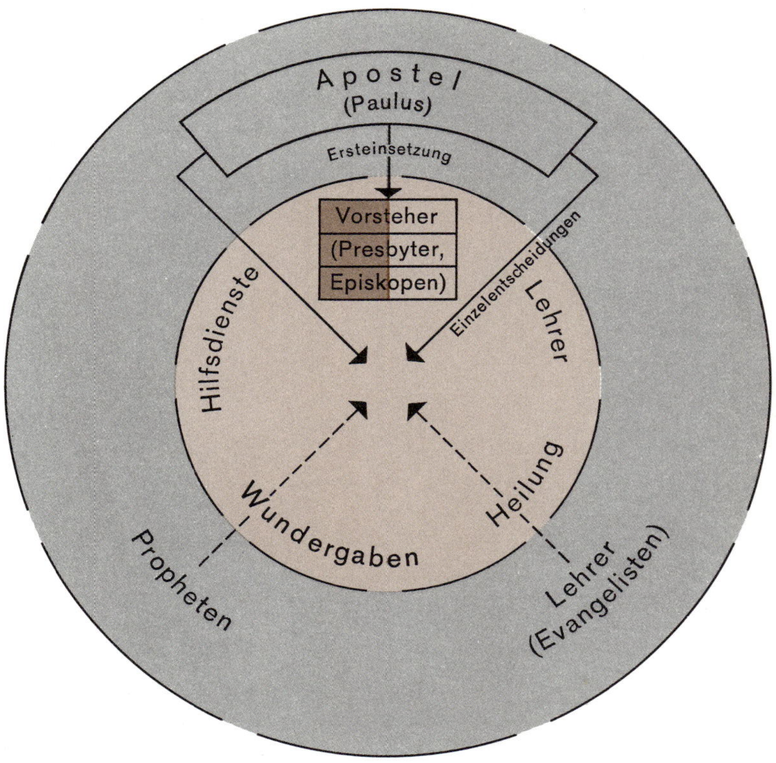

Es ist zu unterscheiden zwischen Gemeinde- und allgemeinen kirchlichen Diensten. Innerhalb der Gemeinde gibt es noch keine Hierarchie, die verschiedenen Dienste stehen nebeneinander, wenn sich auch die Leitung zu institutionalisieren und in den Vordergrund zu schieben beginnt. Paulus hat als Apostel nach dem Bericht der Apg. in den von ihm gegründeten Gemeinden die ersten Presbyter (besser: Episkopen) eingesetzt. Sein Verhältnis zu seinen Gemeinden ist juristisch nicht fixierbar: Er fordert sowohl Respekt für seine Entscheidungen, wie er auch selbst die Freiheit der Gemeinde respektiert.

Die Ordnung der Gemeinde nach Ignatius v. Antiochien († vor 117)

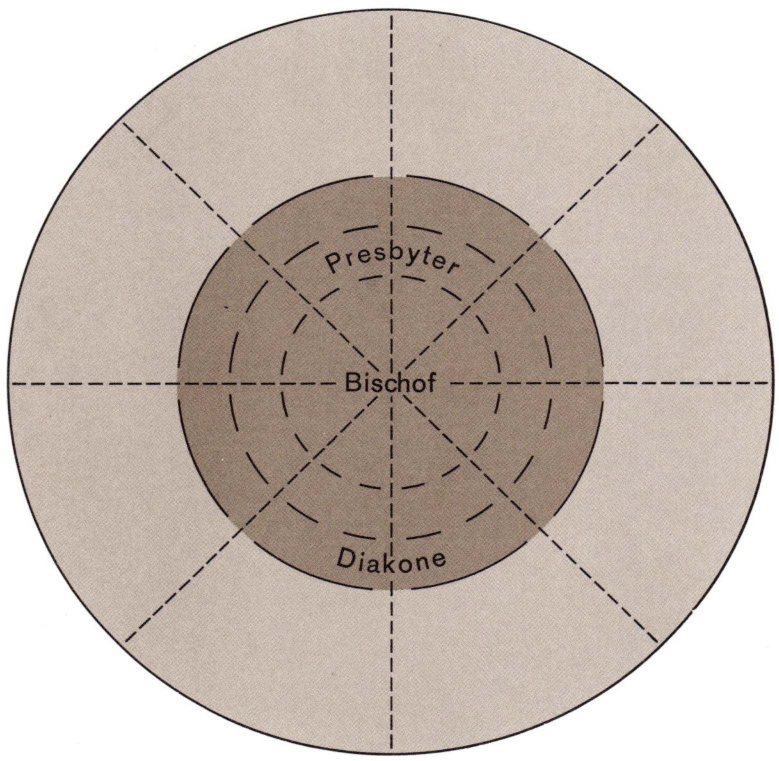

Bei Ignatius erhält Kirche erstmals einen „konfessionellen“ Sinn: sie wird unterschieden von christlichen Gruppen, die sich nicht dem Bischof unterstellen. Deshalb ist die Gemeinde als geschlossene Gemeinde dargestellt. Einziger Garant der Kirchlichkeit aller kirchlichen Handlungen ist der Bischof, in dem alle Aktionen der Gemeinde ihr Zentrum haben. Das kirchliche Amt ist klar gegliedert: Der Bischof steht an der Spitze, wenn auch bei Ignatius die Formulierungen überwiegen, die die Gemeinsamkeit zwischen Bischof, Presbytern und Diakonen hervorheben.

gesamtkirchlicher Bereich | Gemeinde | Gemeindeinstitutionen

Die Ordnung der Gemeinde nach Hippolyt v. Rom (um 200)

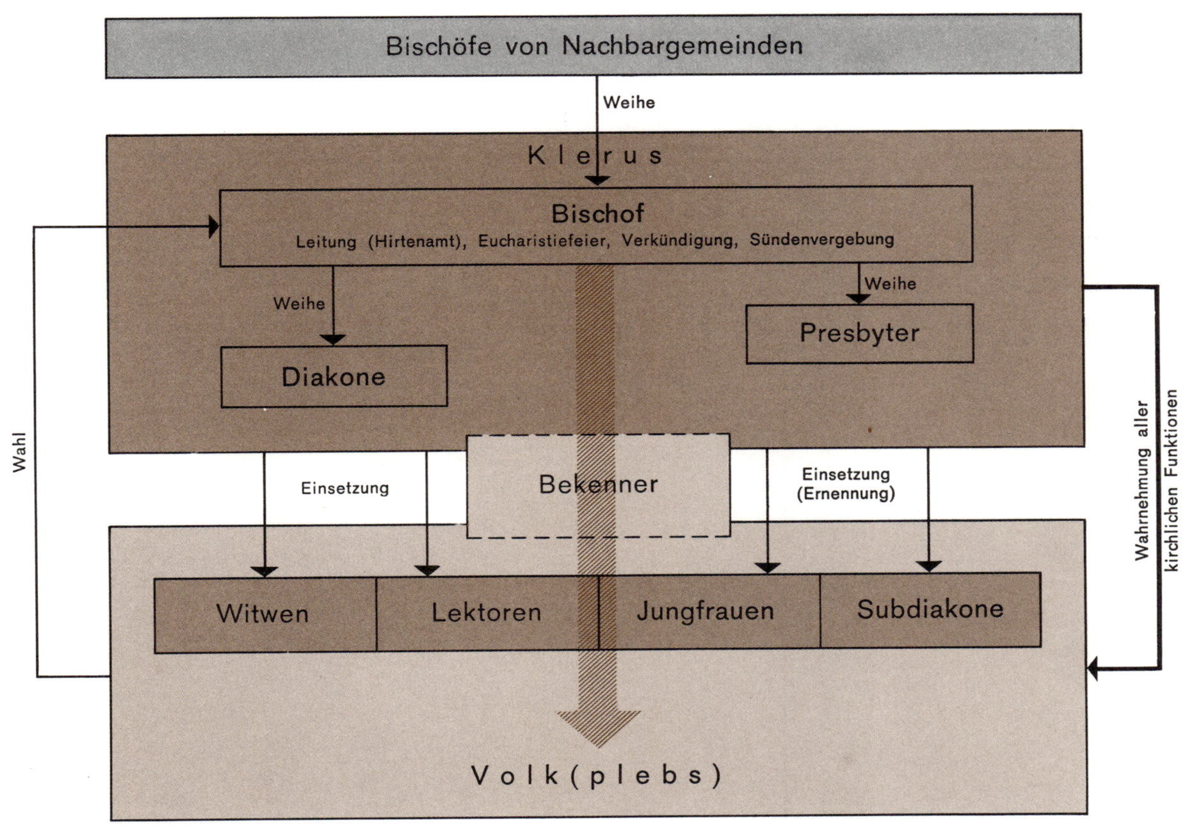

Bei Hippolyt ist schon deutlich die Struktur der Gemeinde angelegt, die sich in der römischen Kirche endgültig durchgesetzt hat. Klerus und Volk sind klar voneinander unterschieden. Ein Bindeglied zwischen beiden bilden die Bekenner, die bei der Berufung zu Diakonen oder Presbytern nicht geweiht zu werden brauchen, weil sie die durch die Weihe vermittelte Gnade durch ihr Bekenntnis schon besitzen.

Die christlichen Gemeinden bis 325

Die christlichen Gemeinden bis 325

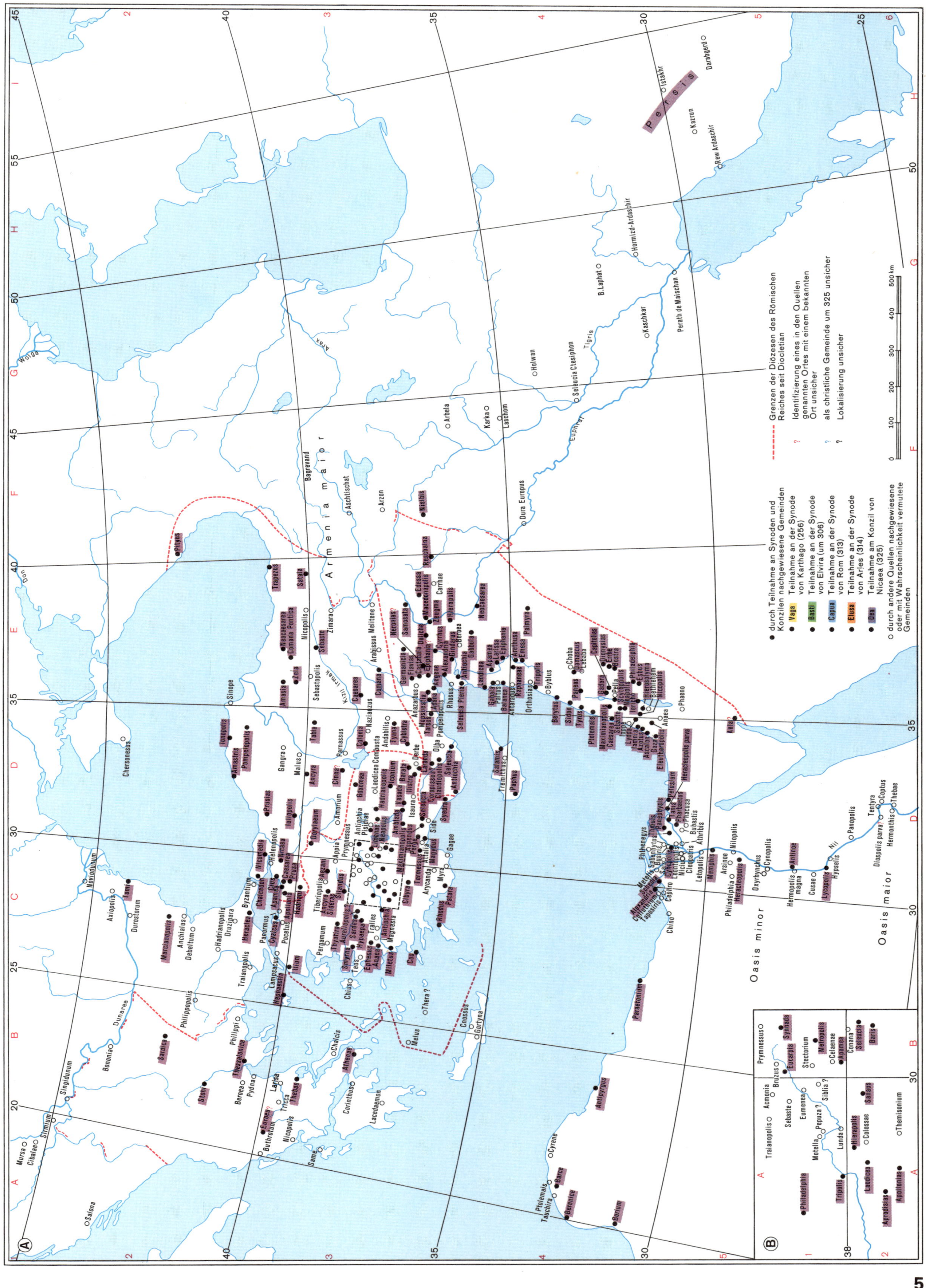

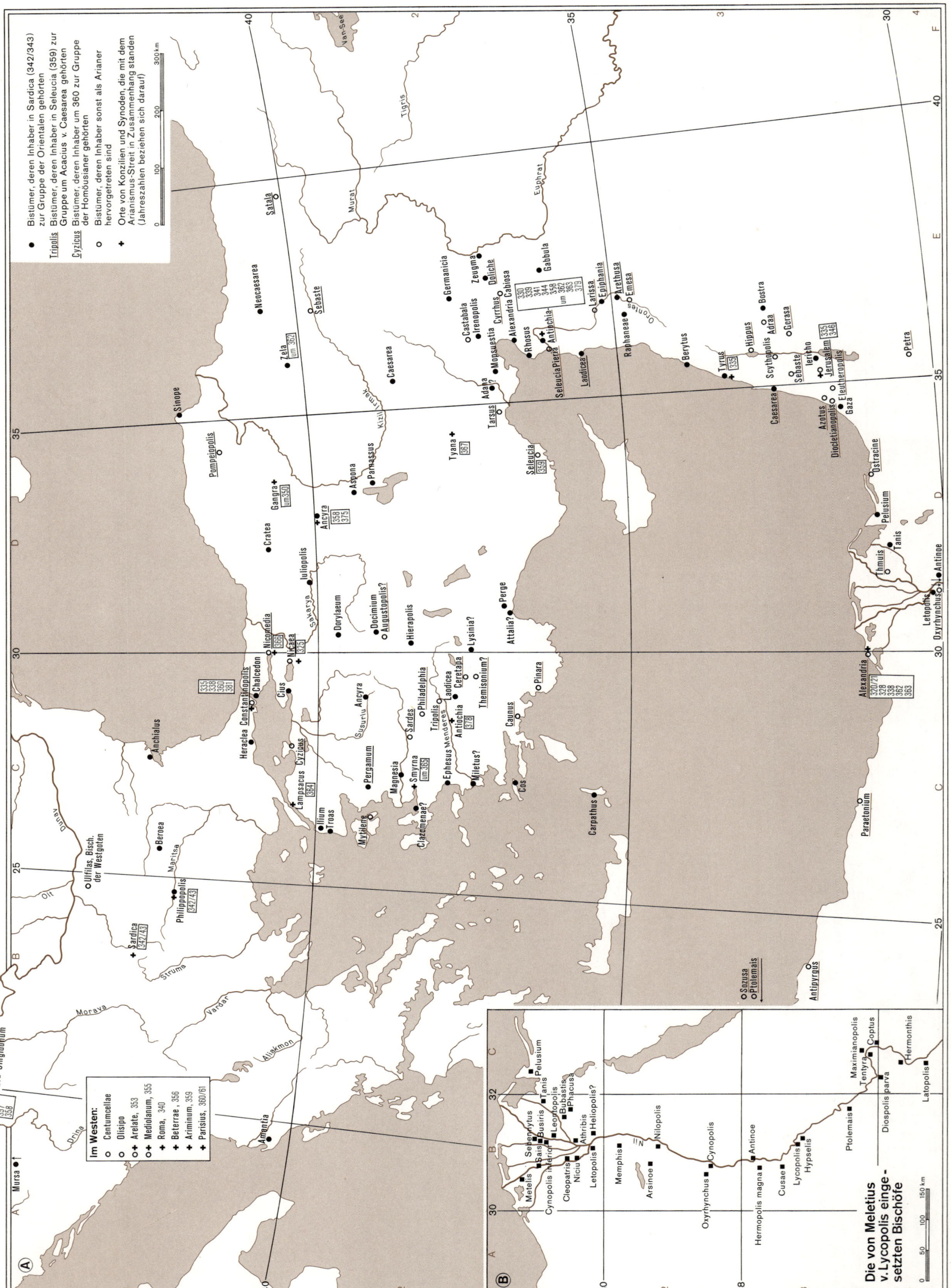
A
● Bistümer, deren Inhaber in Sardica (342/343) zur Gruppe der Orientalen gehörten
Tripolis Bistümer, deren Inhaber in Seleucia (359) zur Gruppe um Acacius v. Caesarea gehörten
Cyzicus Bistümer, deren Inhaber um 360 zur Gruppe der Homöusianer gehörten
○ Bistümer, deren Inhaber sonst als Arianer hervorgetreten sind
+ Orte von Konzilien und Synoden, die mit dem Arianismus-Streit in Zusammenhang standen (Jahreszahlen beziehen sich darauf)
0 100 200 300 km
Im Westen:
○ Centumcellae
○ Olisipo
○+ Arelate, 353
○+ Mediolanum, 355
+ Roma, 340
+ Beterrae, 356
+ Ariminum, 359
+ Parisius, 360/61
Mursa
Sirmium 351/52 357 358
Singidunum
Sava
Drina
Morava
Dunav
Olt
Ulfilas, Bisch. der Westgoten
Sardica 342/43
Struma
Philippopolis 342/43
Maritsa
Beroea
Anchialus
Vardar
Aliakmon
Amphipolis?
Heraclea
Constantinopolis 335 336 360 381
Chalcedon
Nicomedia
Nicaea 325
Cius
Cyzicus
Lampsacus 364
Ilium
Troas
Mytilene
Pergamum
Clazomenae?
Magnesia
Smyrna um 365
Ephesus
Sardes
Philadelphia
Tripolis
Antiochia 378
Laodicea
Ceretapa
Themisonium?
Miletus?
Caunus
Cos
Pinara
Carpathus
Sangarya
Juliopolis
Dorylaeum
Docimium
Augustopolis?
Hierapolis
Lysinia?
Attalia?
Perge
Cratea
Gangra um 350
Ancyra 358 375
Aspona
Parnassus
Pompeiopolis
Sinope
Neocaesarea
Zela um 362
Sebaste
Satala
Caesarea
Tyana 367
Tarsus
Adana
Mopsuestia
Seleucia 359
Castabala
Irenopolis
Germanicia
Zeugma
Doliche
Cyrrhus
Cabiosa
Gabbula
Alexandria
Rhosus
Antiochia 330 339 341 344 358 um 362 363 379
Seleucia Pieria
Laodicea
Larissa
Epiphania
Arethusa
Emesa
Raphaneae
Berytus
Tyrus 335
Hippus
Scythopolis
Adraa
Bostra
Gerasa
Sebaste
Caesarea
Jericho
Jerusalem 335 346
Eleutheropolis
Azotus
Diocletianopolis
Gaza
Ostracine
Pelusium
Tanis
Thmuis
Antinoe
Letopolis
Oxyrhynchus
Alexandria 320/21 328 338 362 363
Paraetonium
Antipyrgus
Sozusa
Ptolemais
Petra
Euphrat
Tigris
Murat
Kizil Irmak
Susurlu
Menderes
Orontes
Van-See
B
Die von Meletius v. Lycopolis eingesetzten Bischöfe
0 50 100 150 km
Pelusium
Tanis
Bubastis
Phacusa
Sebennytus
Sais
Busiris
Leontopolis
Cynopolis inferior
Cleopatris
Nicius
Athribis
Heliopolis?
Letopolis
Metelis
Memphis
Nilopolis
Arsinoe
Nil
Oxyrhynchus
Cynopolis
Hermopolis magna
Antinoe
Cusae
Lycopolis
Hypselis
Ptolemais
Diospolis parva
Tentyra
Maximianopolis
Coptus
Hermonthis
Latopolis

Donatistische und katholische Bischofssitze in Nordafrika im Jahre 411

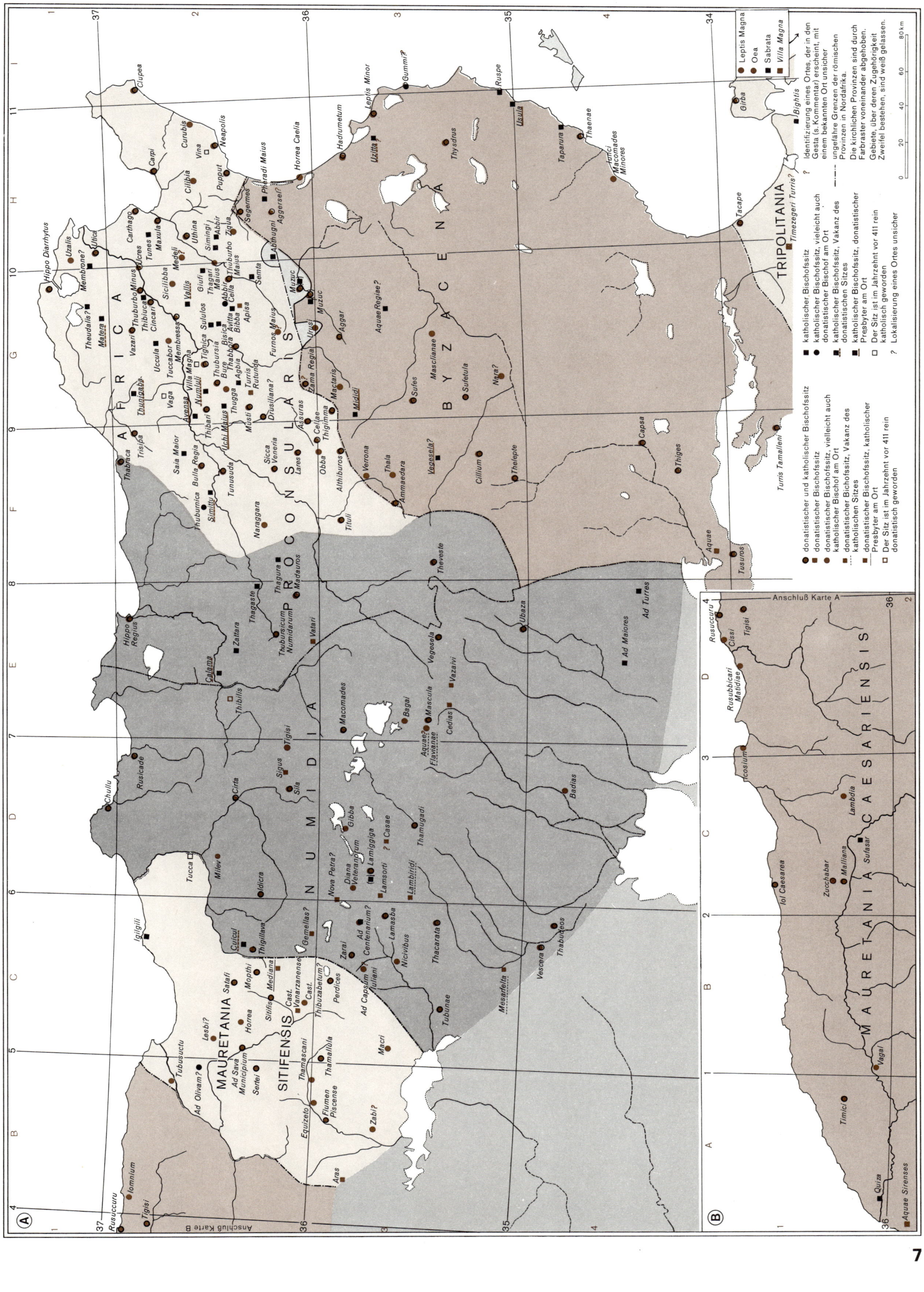

Kirchliche Organisation und antiorthodoxe Bewegungen in der Kirche bis zur Mitte des 5. Jh.

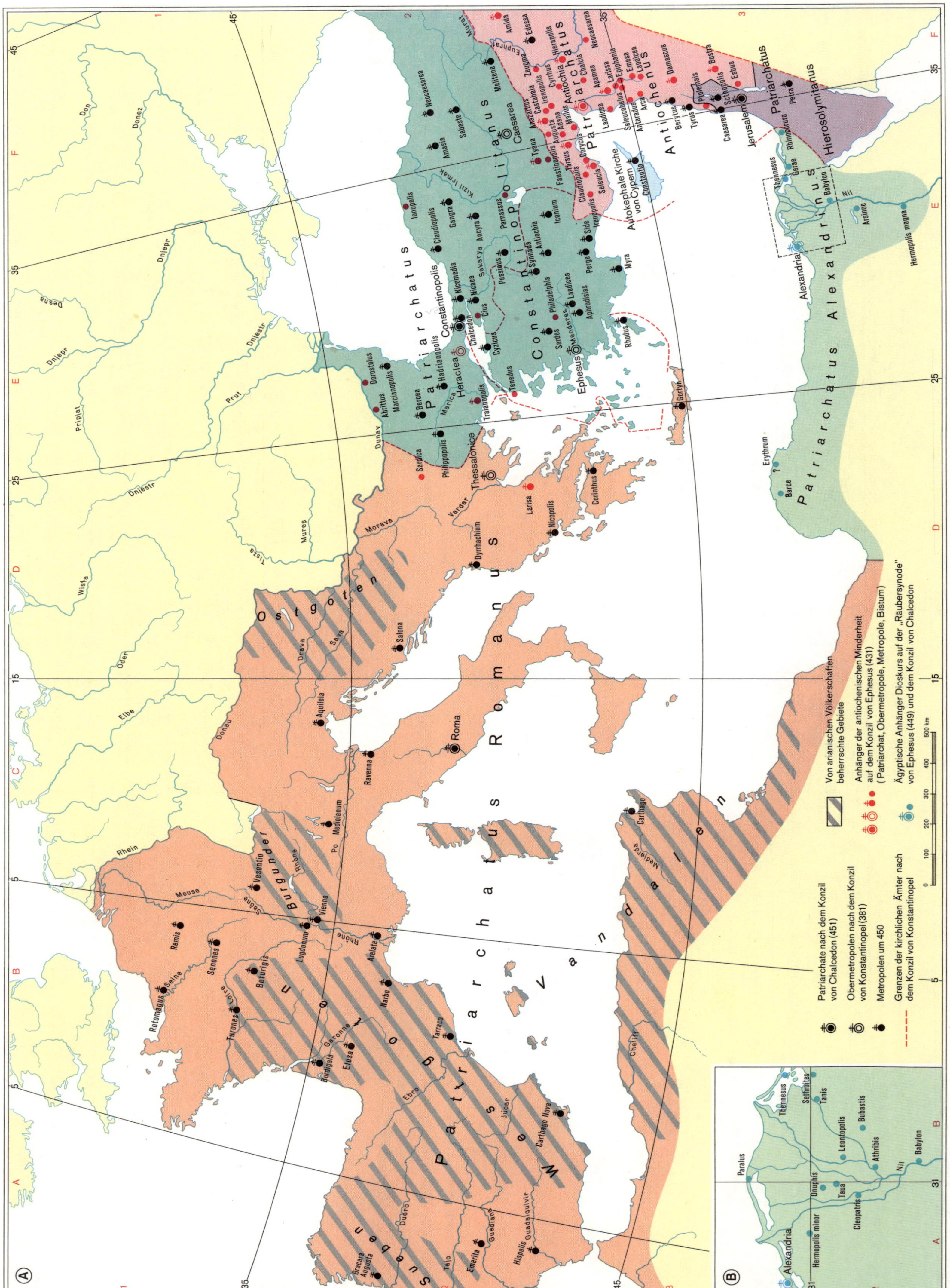

Die armenische Kirche bis 607

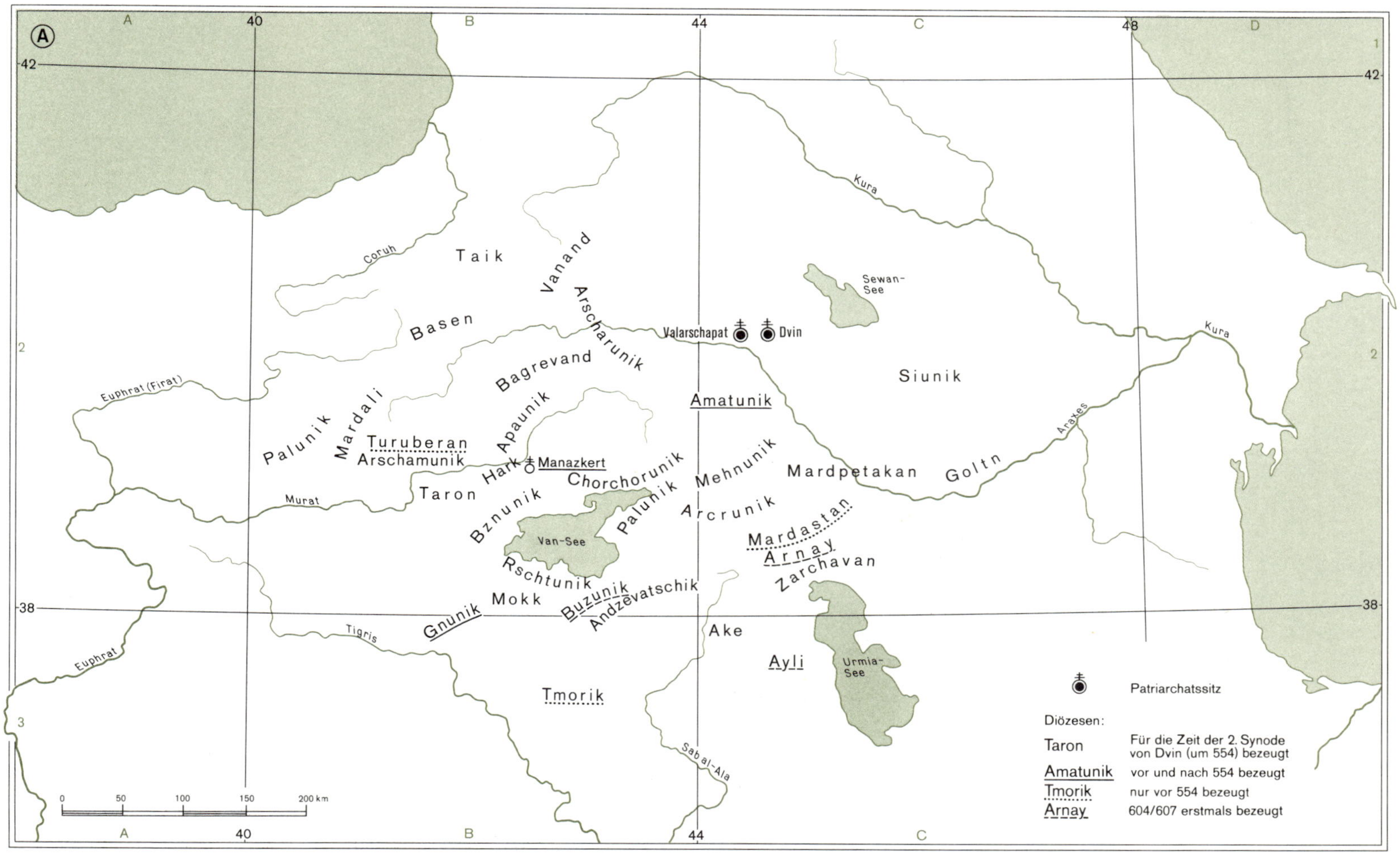

Die Verbreitung des Monophysitismus im Orient um 512 bis 518

Die persische Kirche im Jahre 497

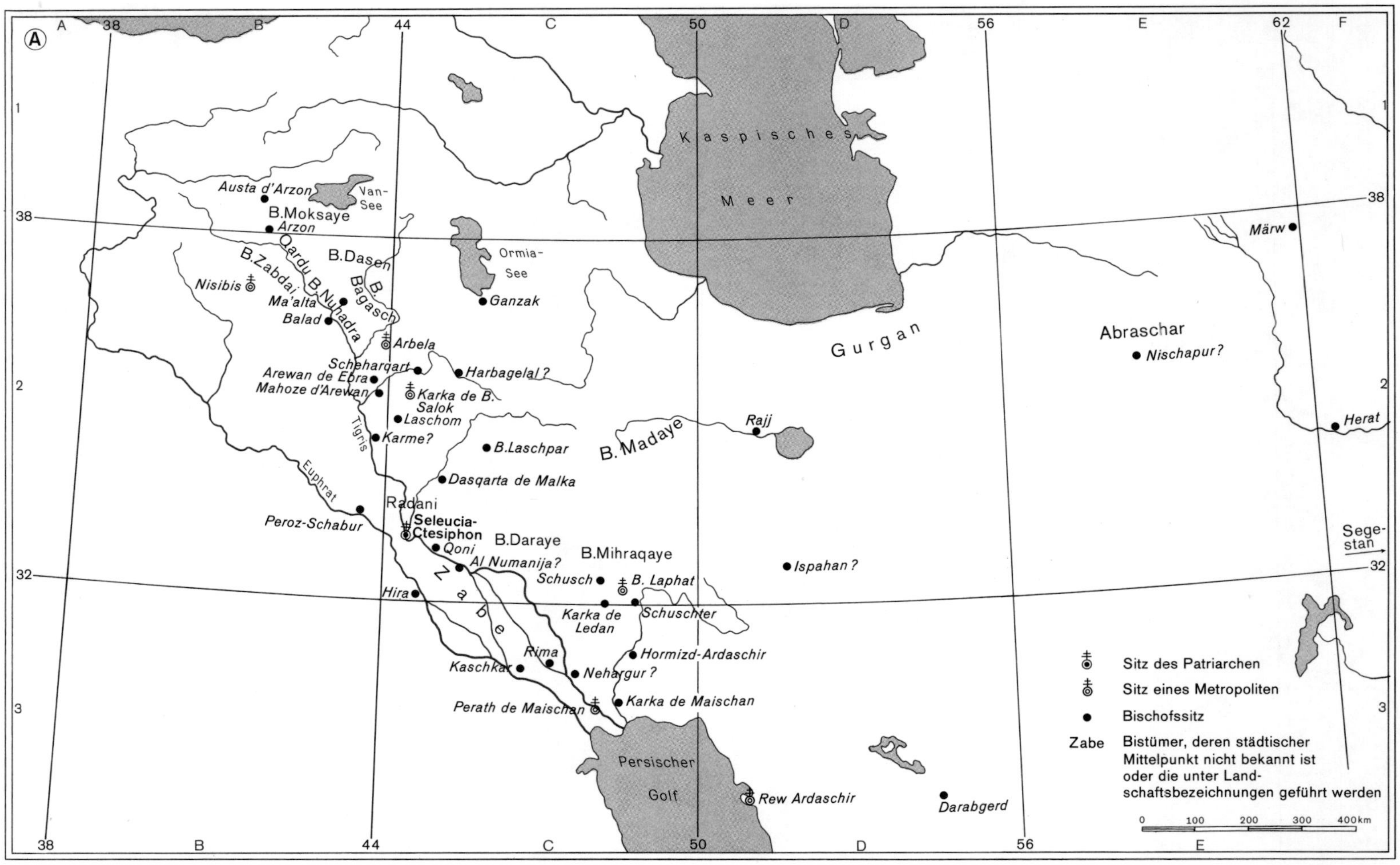

Das Patriarchat von Alexandria (Die koptische Kirche)

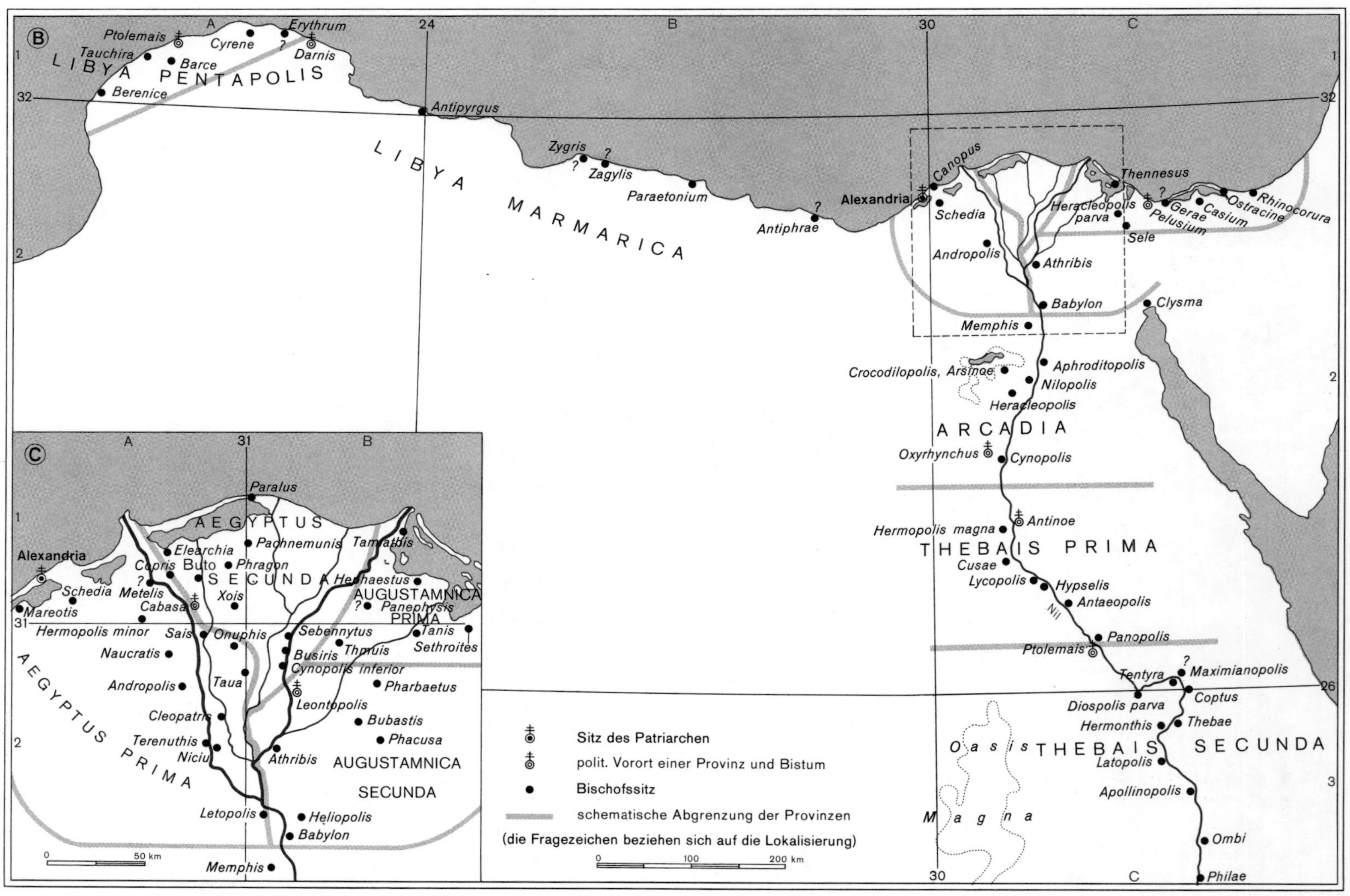

Das ägyptische Mönchtum vom 4. bis zum 9. Jh.

● Kloster
● Phbow Gründungen des Pachomius
● D. Abu Lif Gründungen des Pisentius
D. Deir

Corrigenda: statt ch (Scheich, Michail usw.) lies kh (Scheikh, Mikhail usw.)

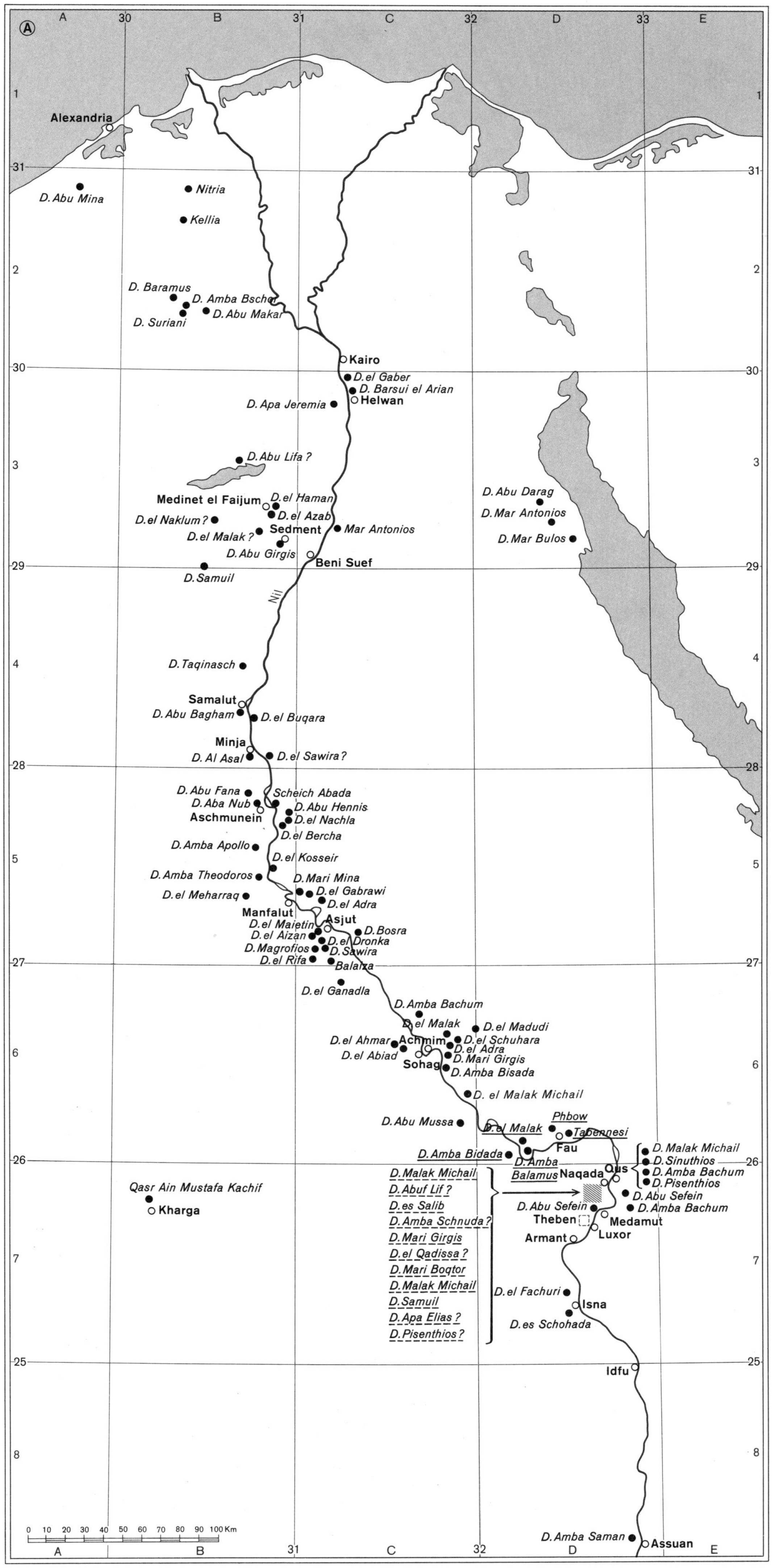

Klöster im Gebiet von Theben

Nordsyrische Klöster bis zum Ausgang der Antike

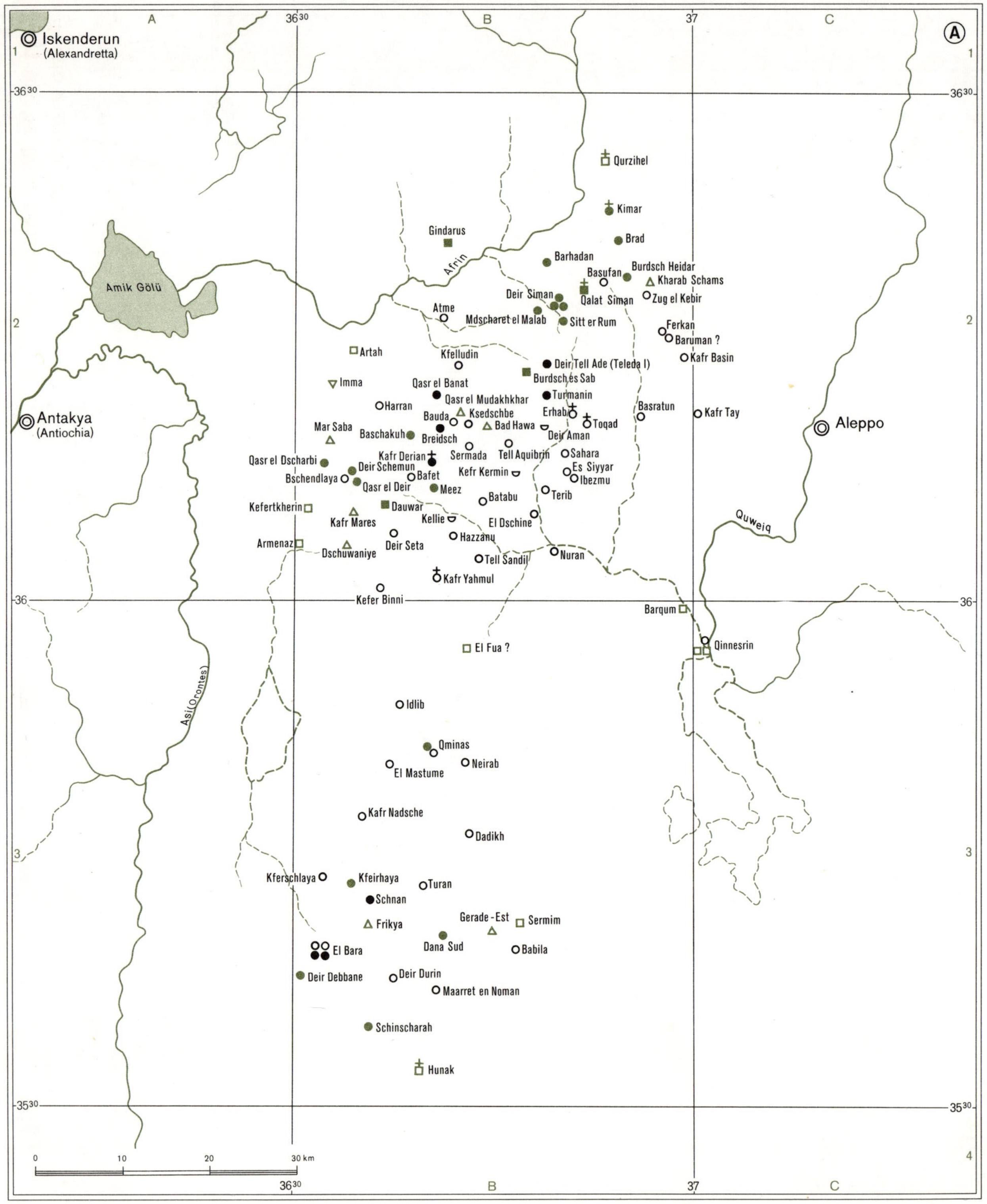

Die von Theodoretus von Cyrrhus (444) genannten Klöster

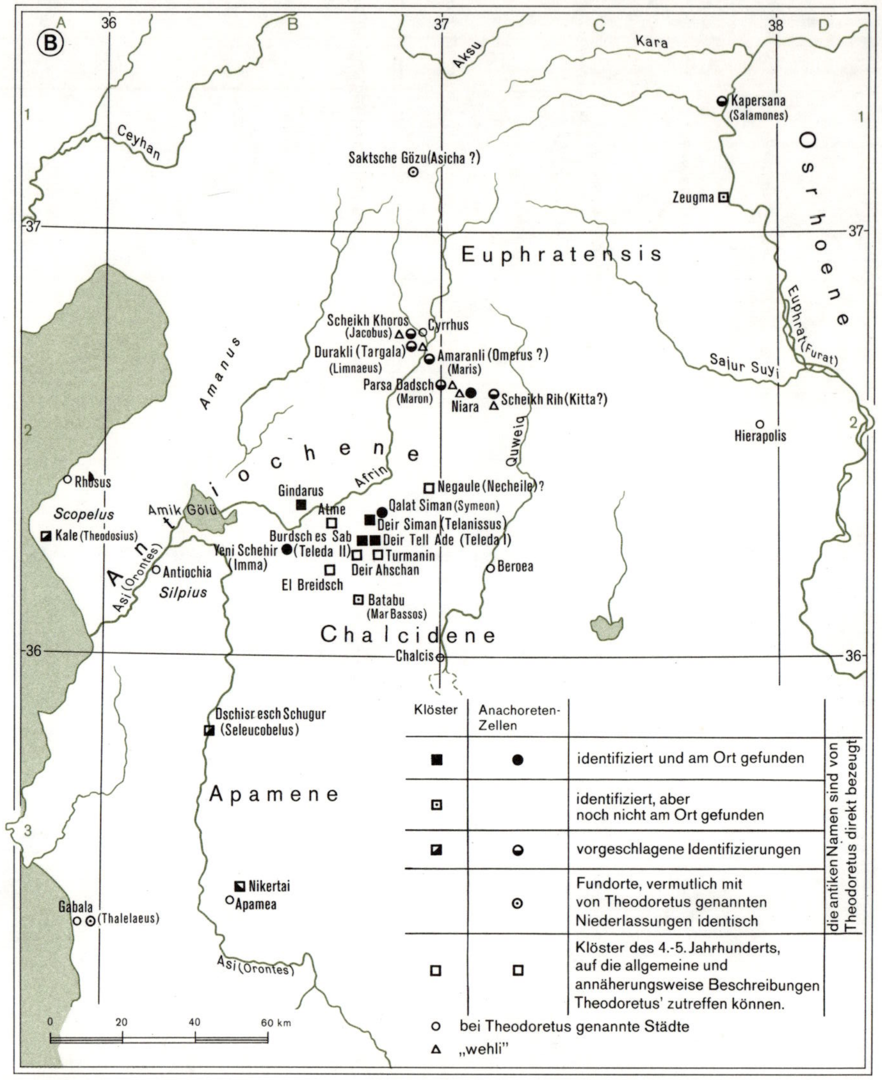

Legende zu Karte A

Klöster	Styliten-Klöster	Anachoreten-Zellen oder Reklusen	
●	✝●		durch die 4 Monophysiten-Briefe identifiziert und am Ort gefunden
○	✝○	◒	durch die 4 Monophysiten-Briefe identifiziert, aber noch nicht am Ort gefunden
■	✝■		durch andere Texte identifiziert und am Ort gefunden
□	✝□	△	durch andere Texte identifiziert, aber noch nicht am Ort gefunden
●	✝●		am Ort gefunden, aber noch nicht identifiziert
△			Ruinen, die wahrscheinlich auf ein Kloster zurückgehen

Die Konzilien und Synoden der alten Kirche

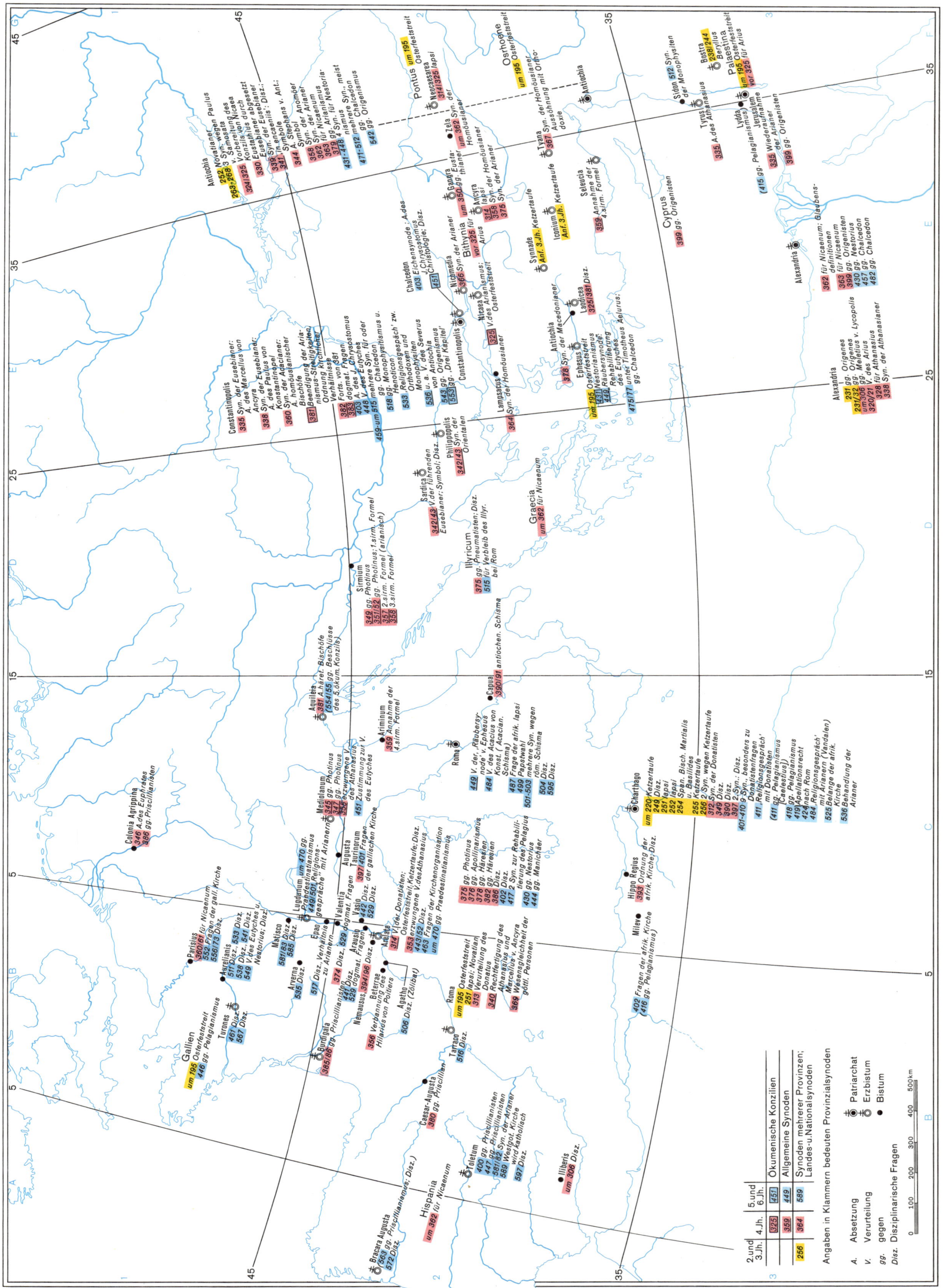

Das westliche Mönchtum der Antike

Martin von Tours: Die Verbreitung seines Kultes im spätantiken Gallien und im Frankenreich von ca.370 bis ca.740

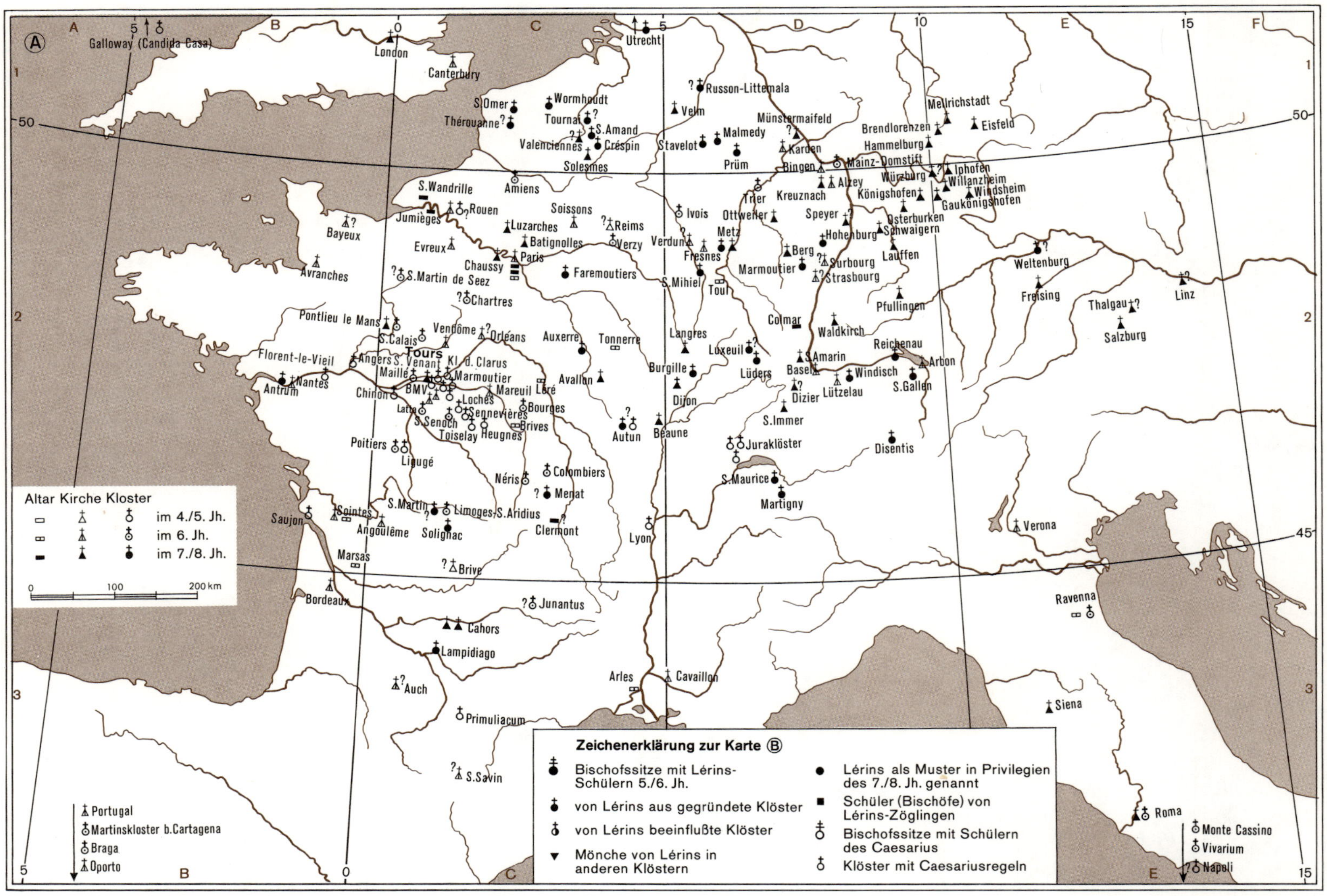

Lérins:
Sein Einfluß in Gallien und im Frankenreich (410–740)

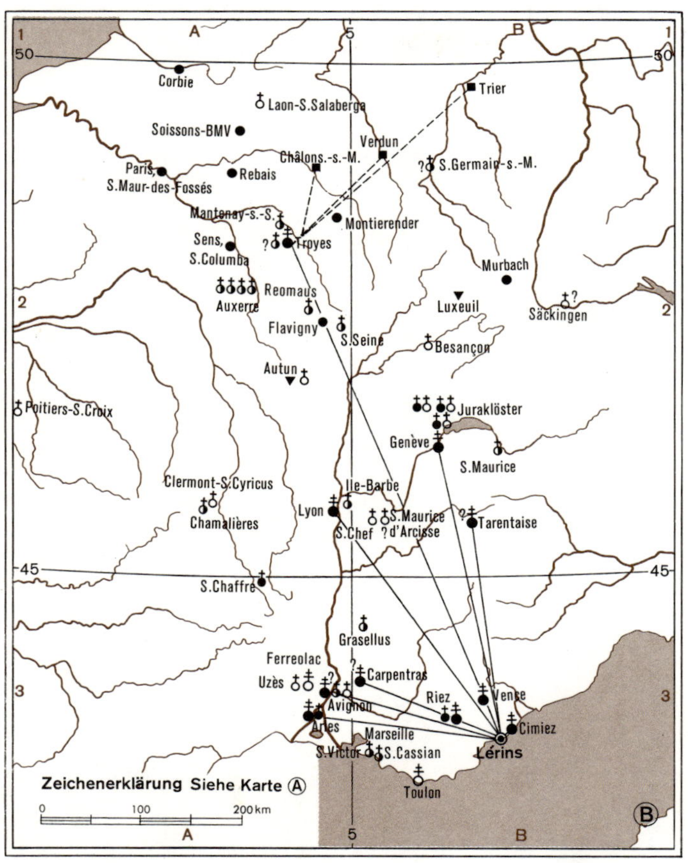

Saint Maurice im Wallis:
Seine Wirkung in Gallien und im Frankenreich (5.Jh.–754)

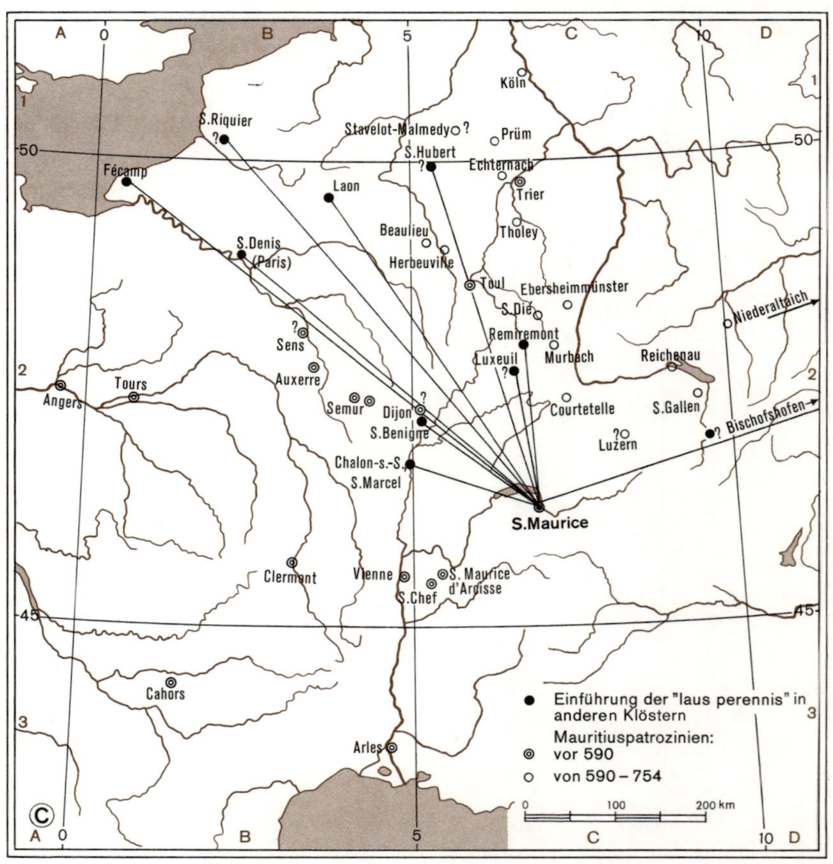

Das Christentum in antiken Städten

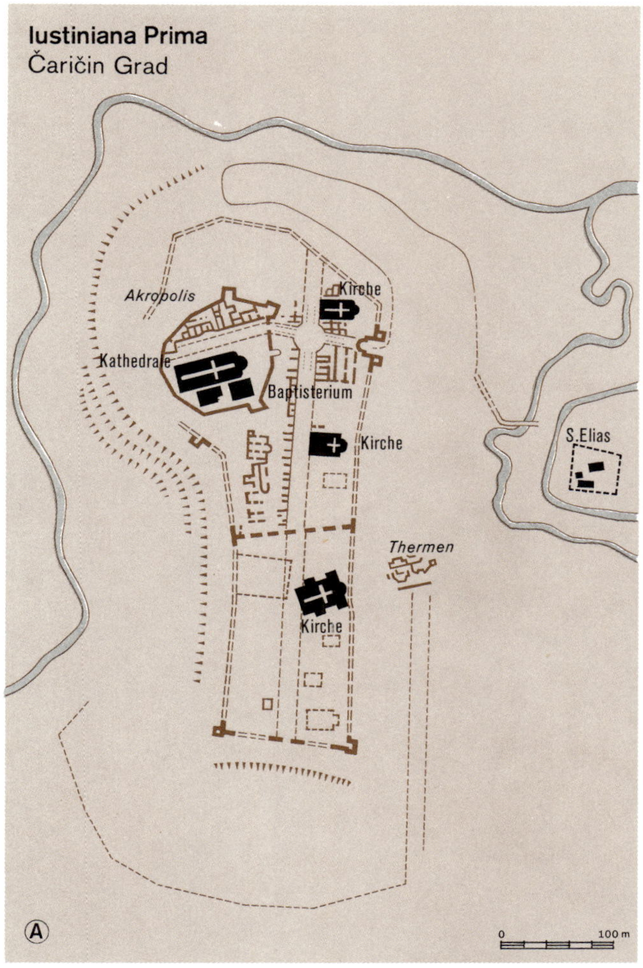

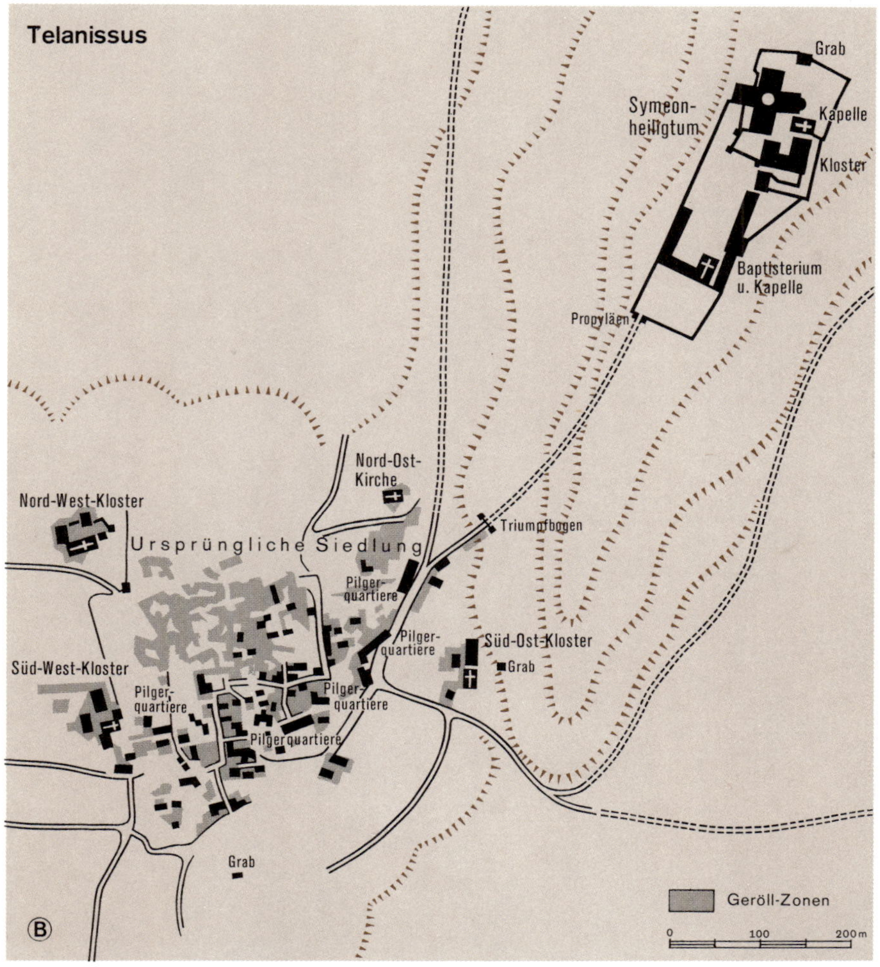

Das christliche Rom der Antike

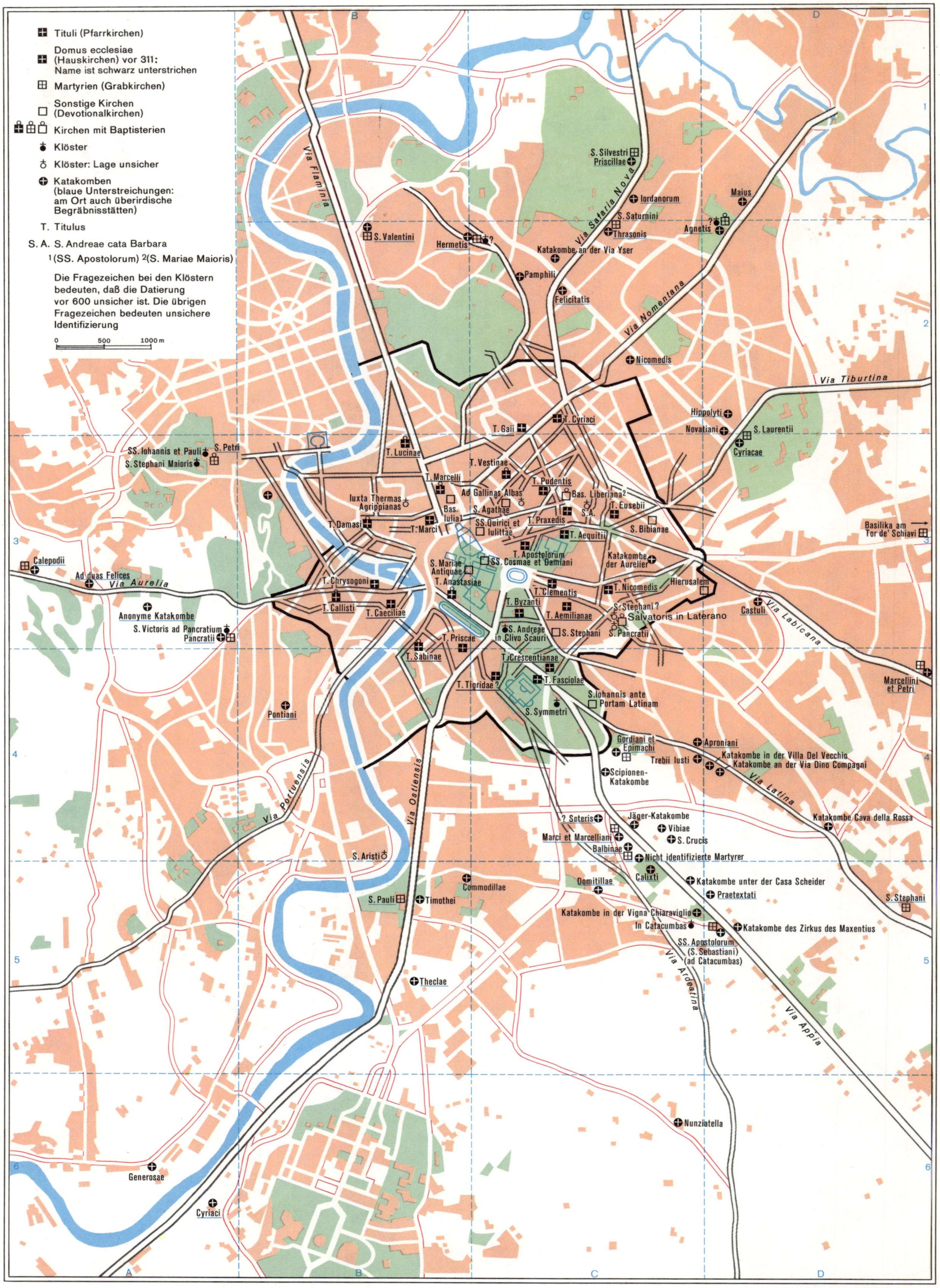

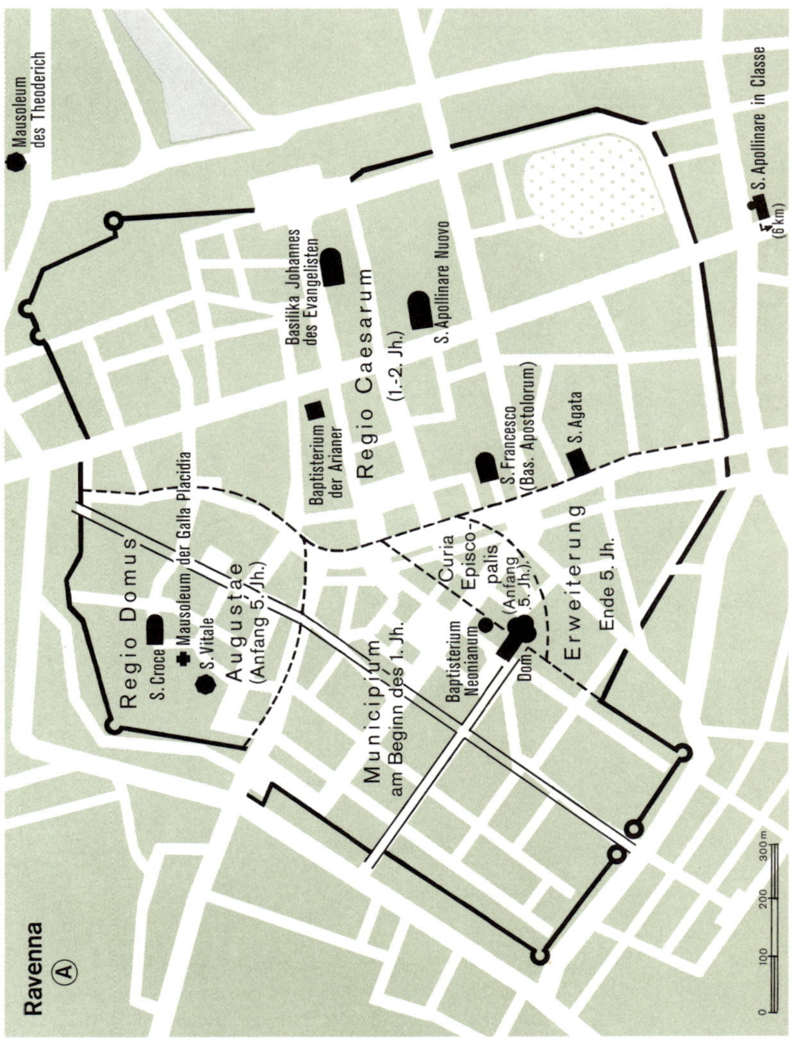
Ravenna
A
Mausoleum des Theoderich
S. Apollinare in Classe (6 km)
Basilika Johannes des Evangelisten
S. Apollinare Nuovo
Regio Caesarum (1.-2. Jh.)
Baptisterium der Arianer
S. Francesco (Bas. Apostolorum)
S. Agata
Mausoleum der Galla Placidia
S. Croce
S. Vitale
Regio Domus Augustae (Anfang 5. Jh.)
Curia Episcopalis (Anfang 5. Jh.)
Baptisterium Neonianum
Dom
Erweiterung Ende 5. Jh.
Municipium am Beginn des 1. Jh.
0 100 200 300 m

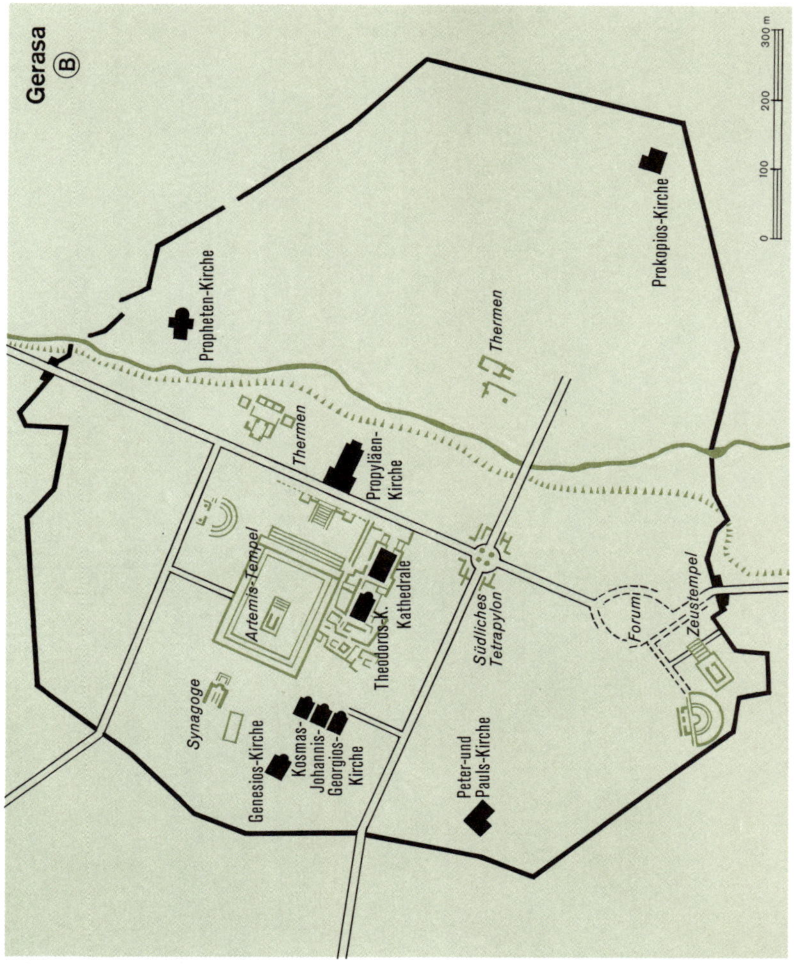
Gerasa
B
0 100 200 300 m
Propheten-Kirche
Prokopios-Kirche
Thermen
Thermen
Propyläen-Kirche
Artemis-Tempel
Kathedrale
Theodoros-K.
Südliches Tetrapylon
Forum
Zeustempel
Synagoge
Genesios-Kirche
Kosmas-Johannis-Georgios-Kirche
Peter-und Pauls-Kirche

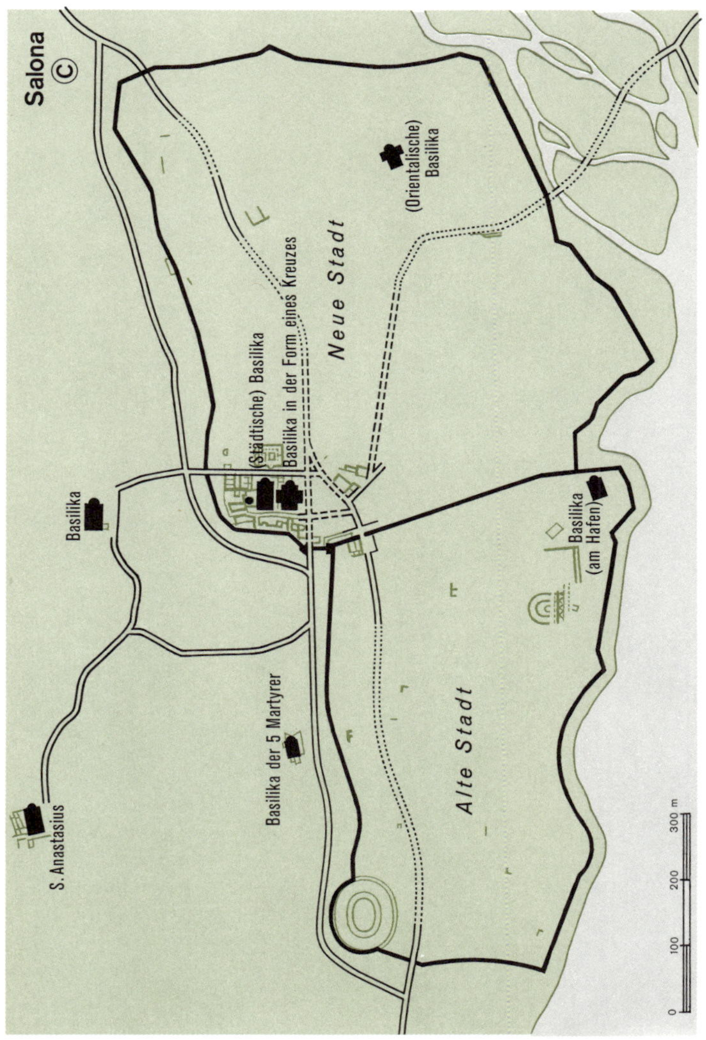
Salona
C
(Orientalische) Basilika
Neue Stadt
(Städtische) Basilika
Basilika in der Form eines Kreuzes
Basilika
Basilika (am Hafen)
Basilika der 5 Martyrer
Alte Stadt
S. Anastasius
0 100 200 300 m

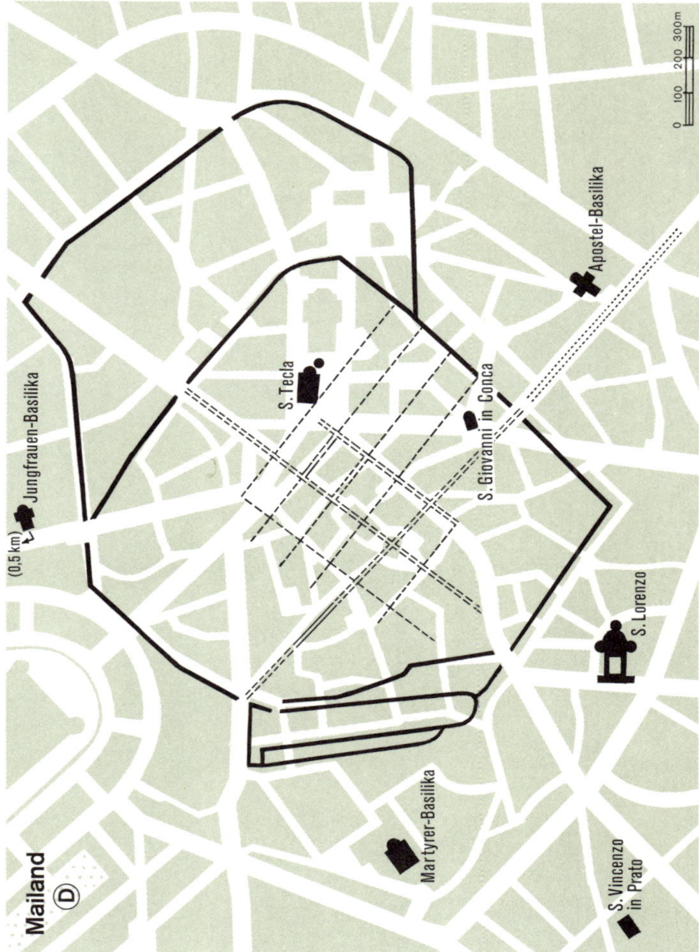
Mailand
D
0 100 200 300m
Apostel-Basilika
S. Tecla
Jungfrauen-Basilika
(0,5 km)
S. Giovanni in Conca
S. Lorenzo
Martyrer-Basilika
S. Vincenzo in Prato

Die Wallfahrtsorte der Antike und des Mittelalters

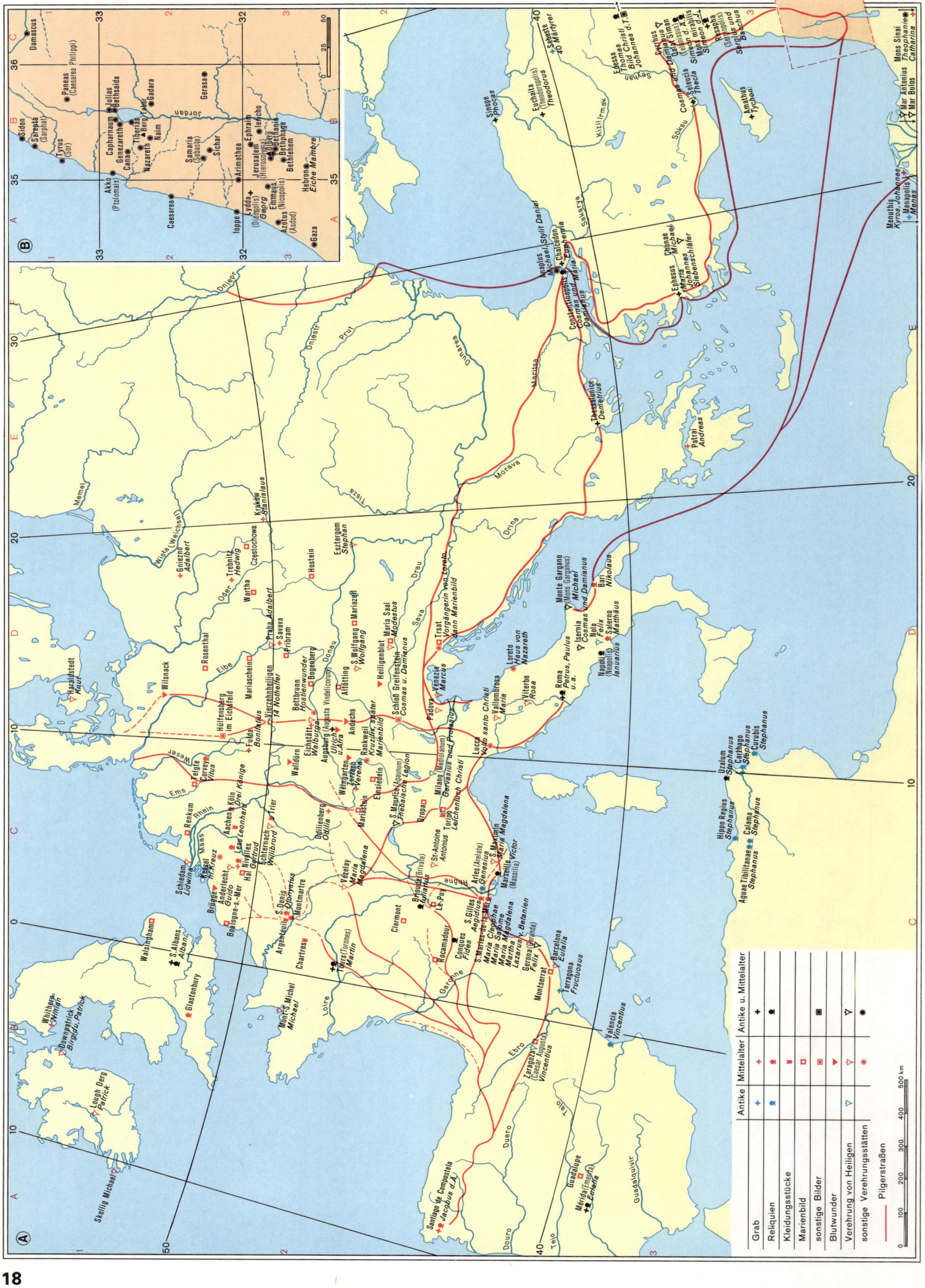

Das Christentum auf den Britischen Inseln bis zum 9. Jh.

Die östliche Kirche bis um 600

Die östliche Kirche bis um 600

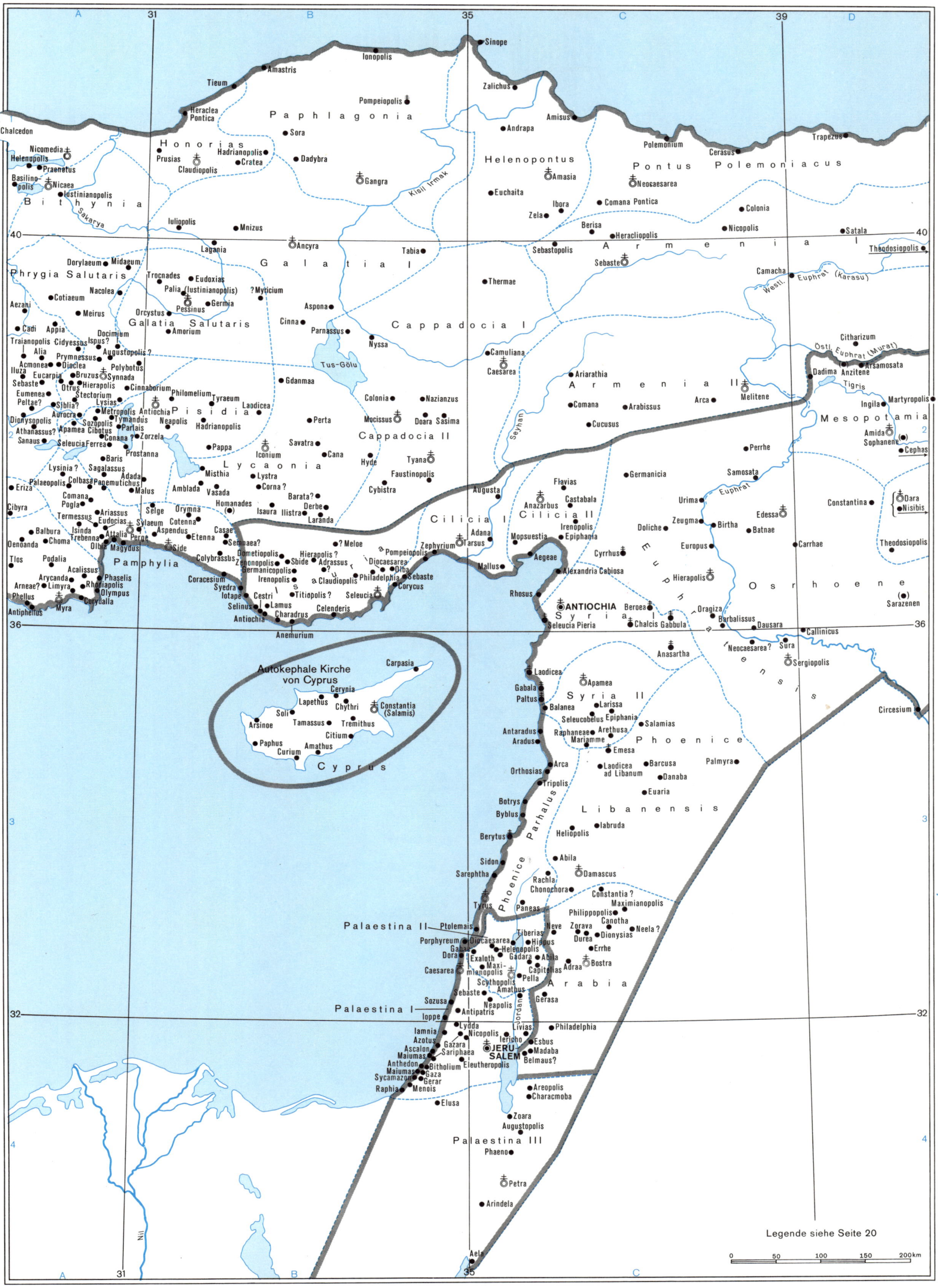

Die westliche Kirche bis um 600

Die westliche Kirche bis um 600

Die afrikanische Kirche bis um 600

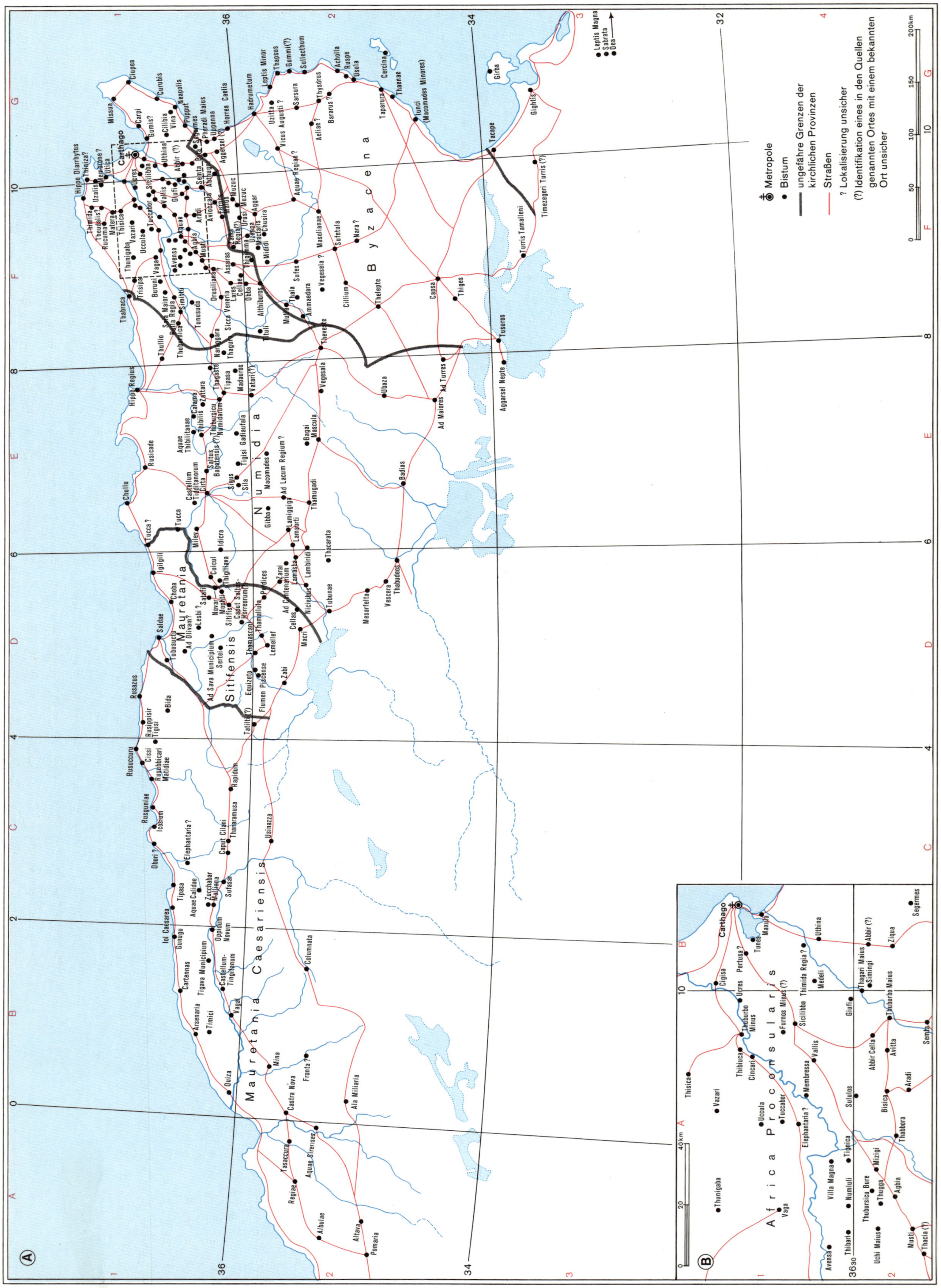

Die iroschottische, angelsächsische und fränkische Mission

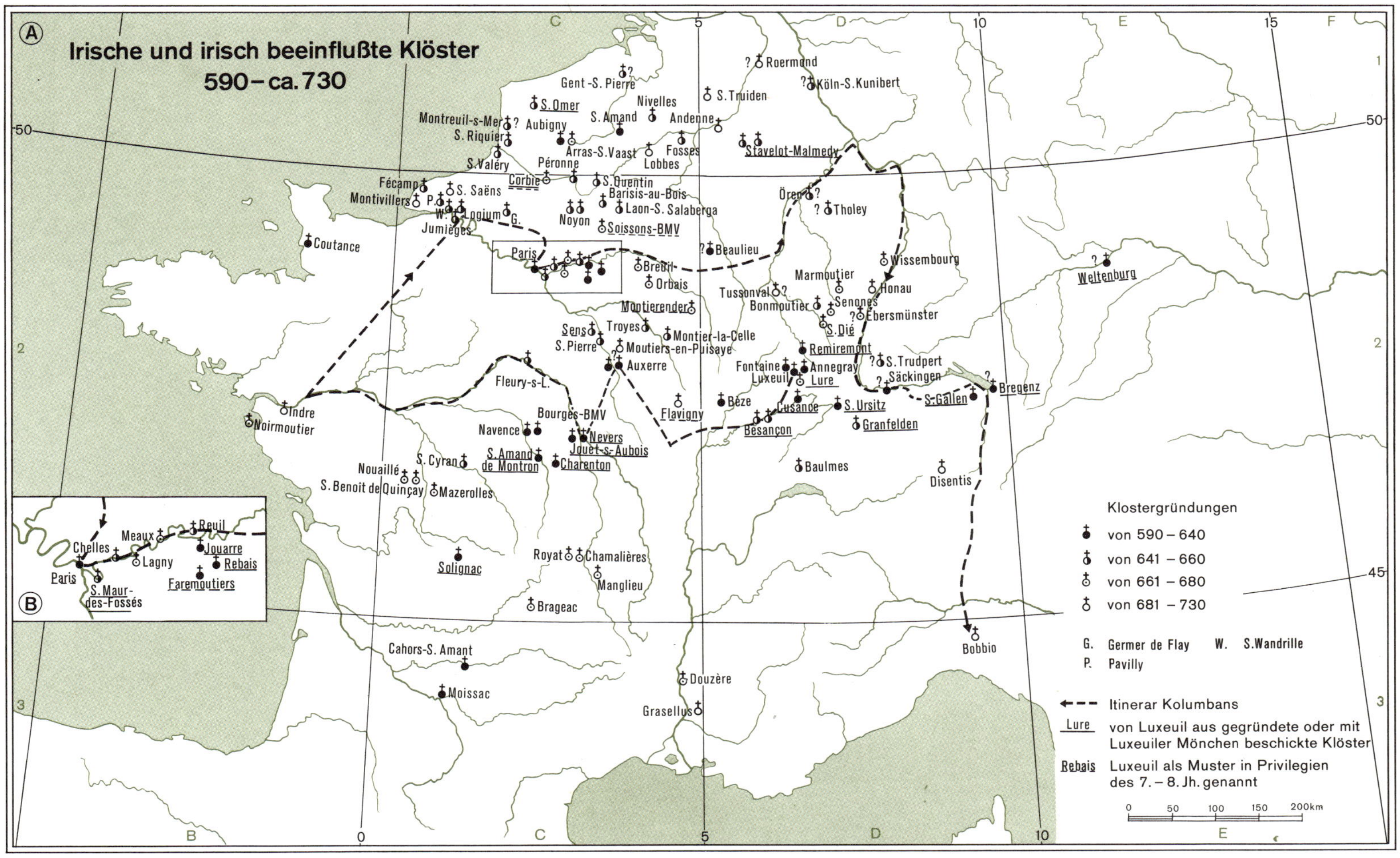

Das missionarische Werk Willibrords, Winfrid-Bonifatius' und Pirmins

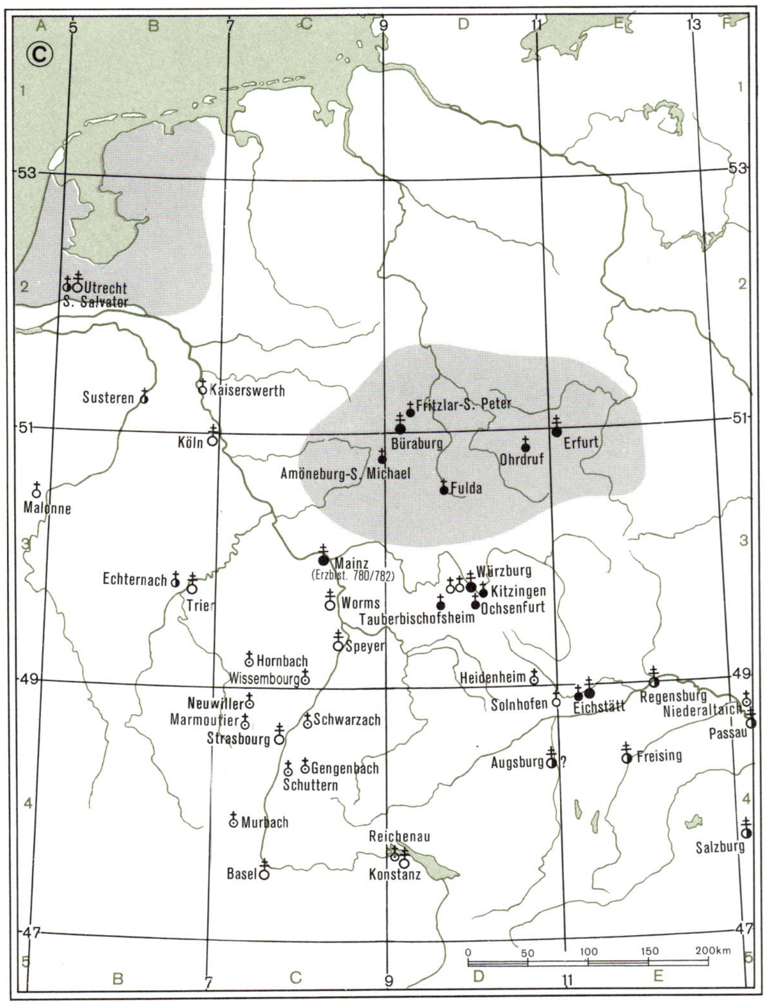

Die Missionsgebiete der Liudgeriden und die Errichtung der sächsischen Missionsbistümer

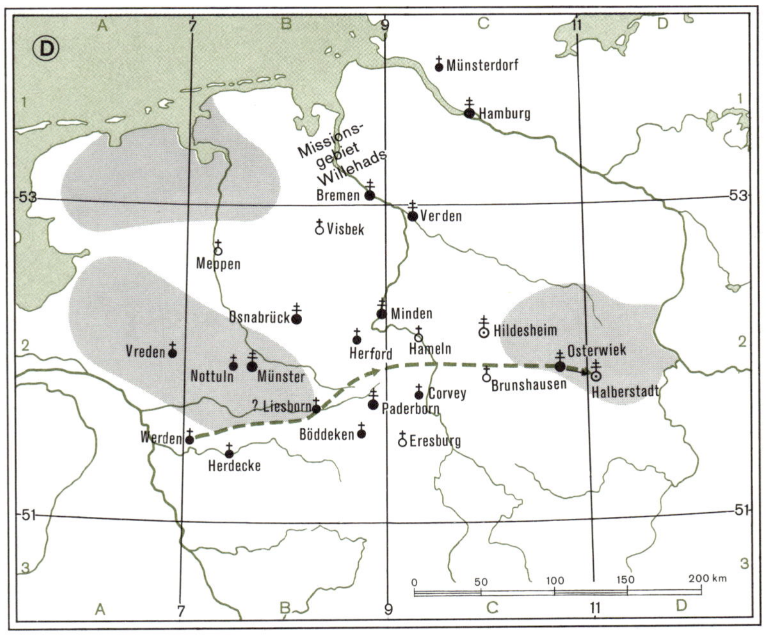

Missionsgebiete Liudgers und Hildegrims
Route der Liudgeriden von Werden nach Halberstadt (und Helmstedt)
unter Karl d. Großen errichtete Bistümer
unter Ludwig d. Frommen errichtete Bistümer
bis 840 gegründete Mönchs- und Nonnenklöster
unter Karl d. Großen und Ludwig d. Frommen gegründete Missionsklöster

Missionsgebiete Willibrords und Bonifatius'
Klostergründungen des Bonifatius
Klostergründungen Willibrords
Klostergründungen anderer Angelsachsen
von Pirmin gegründete oder reformierte Klöster
von Bonifatius neu errichtete Bistümer
von Bonifatius reorganisierte Bistümer
Bistümer mit Anhängern des Bonifatius

Nestorianer und Jakobiten in Vorderasien vom 9. bis zum 12. Jahrhundert

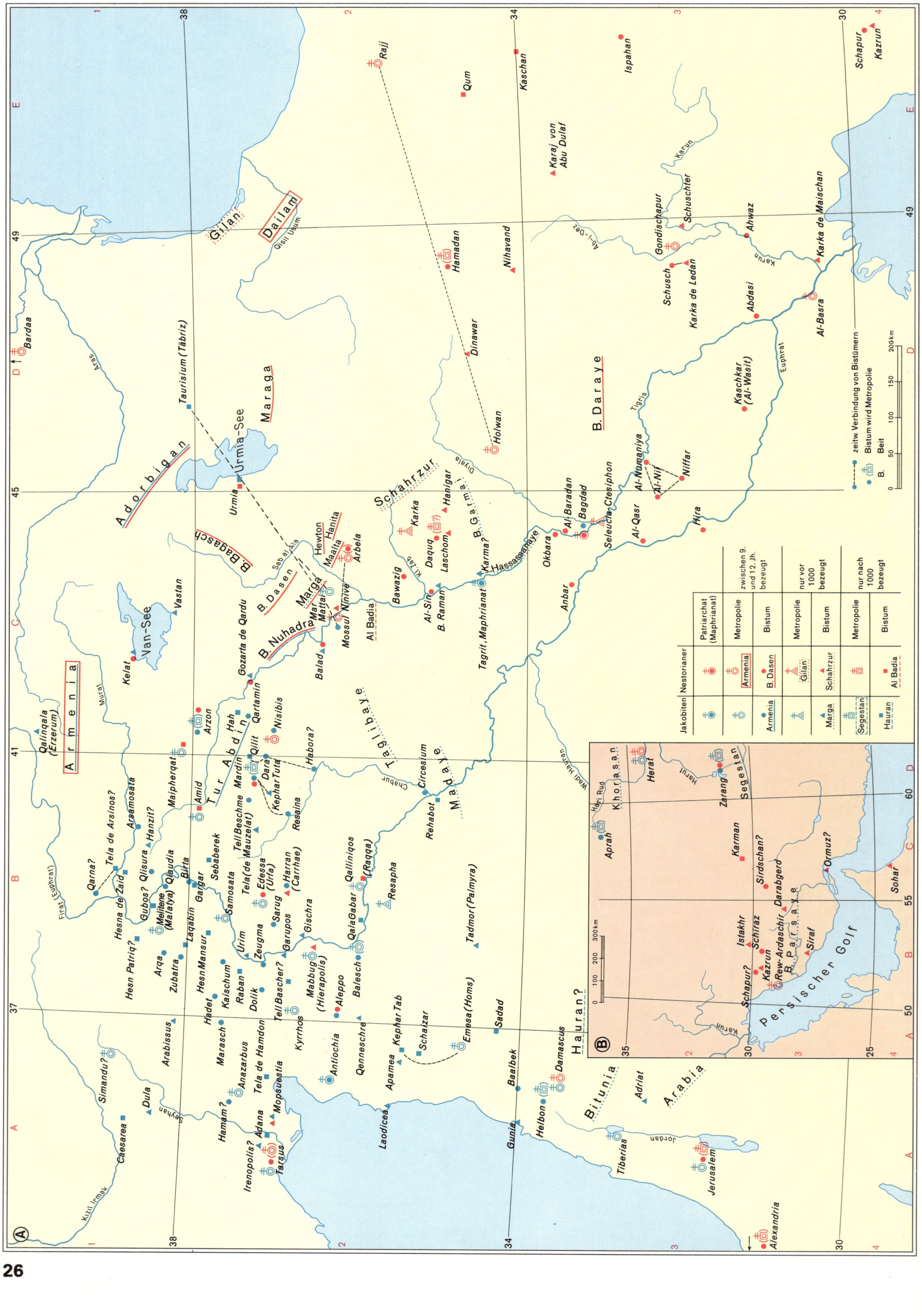

Das orientalische Christentum in Asien bis zum 14. Jh.

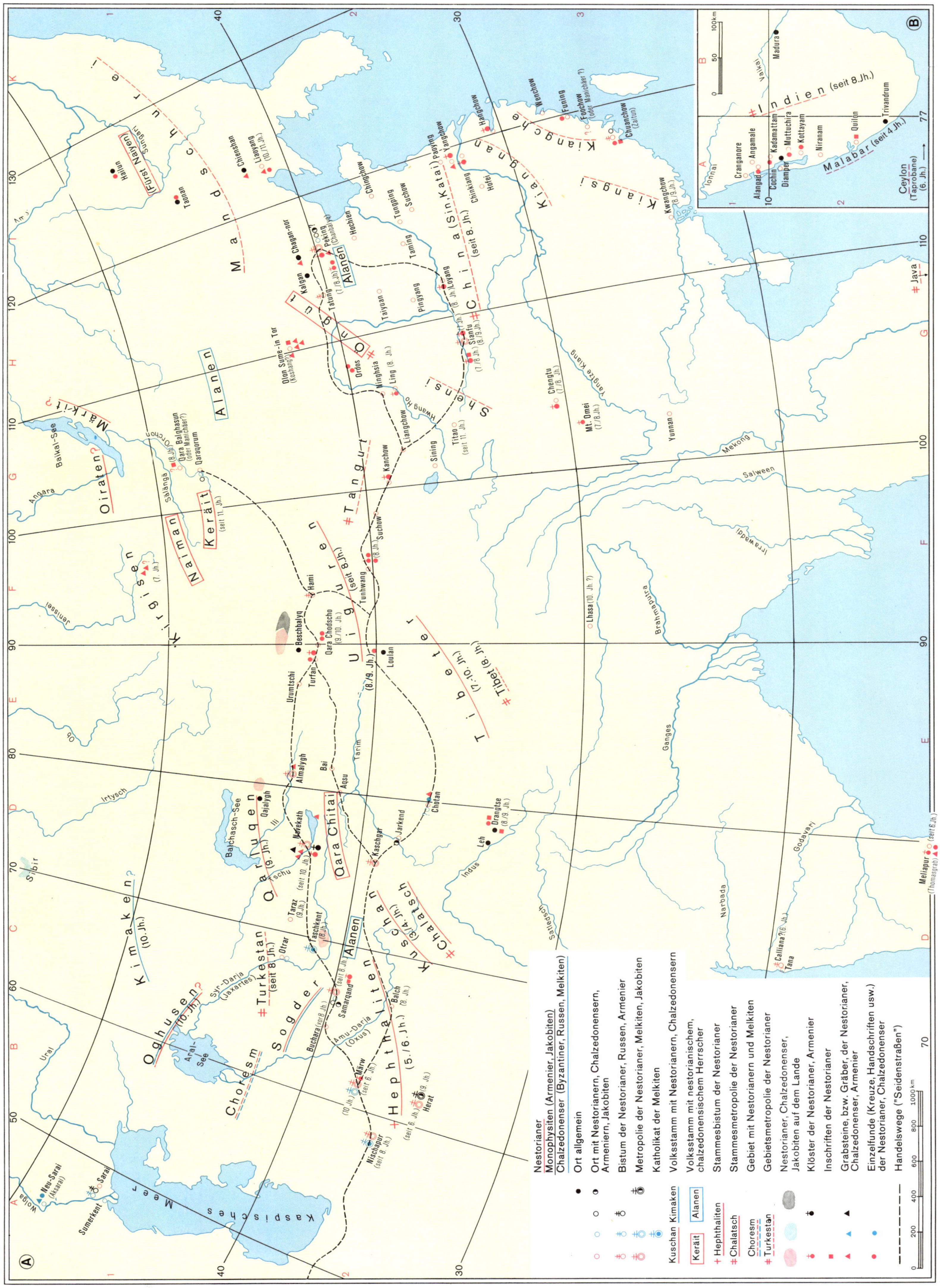

Reliquientranslationen zwischen 600 und 1200

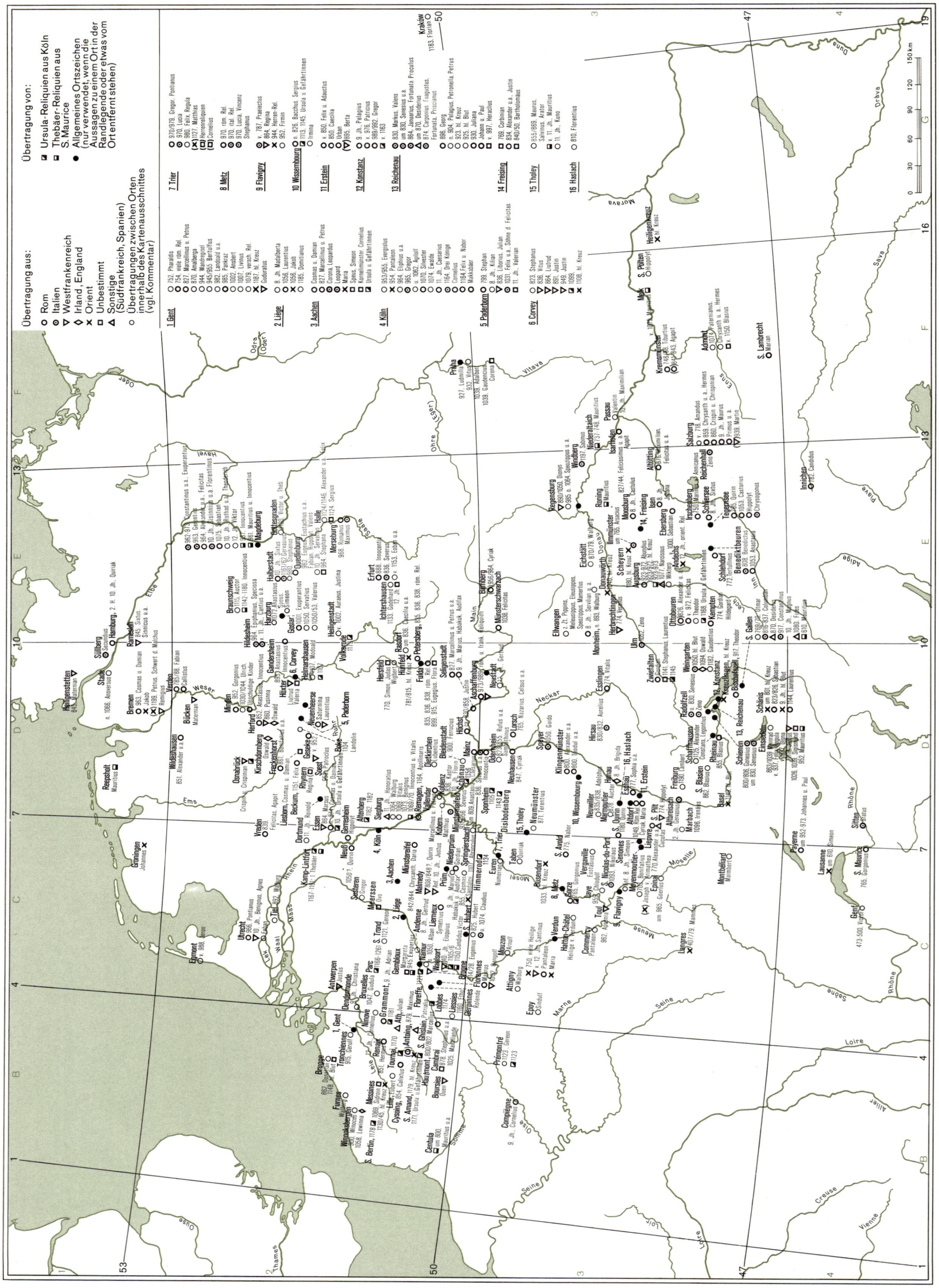

Die nubische Kirche im Mittelalter

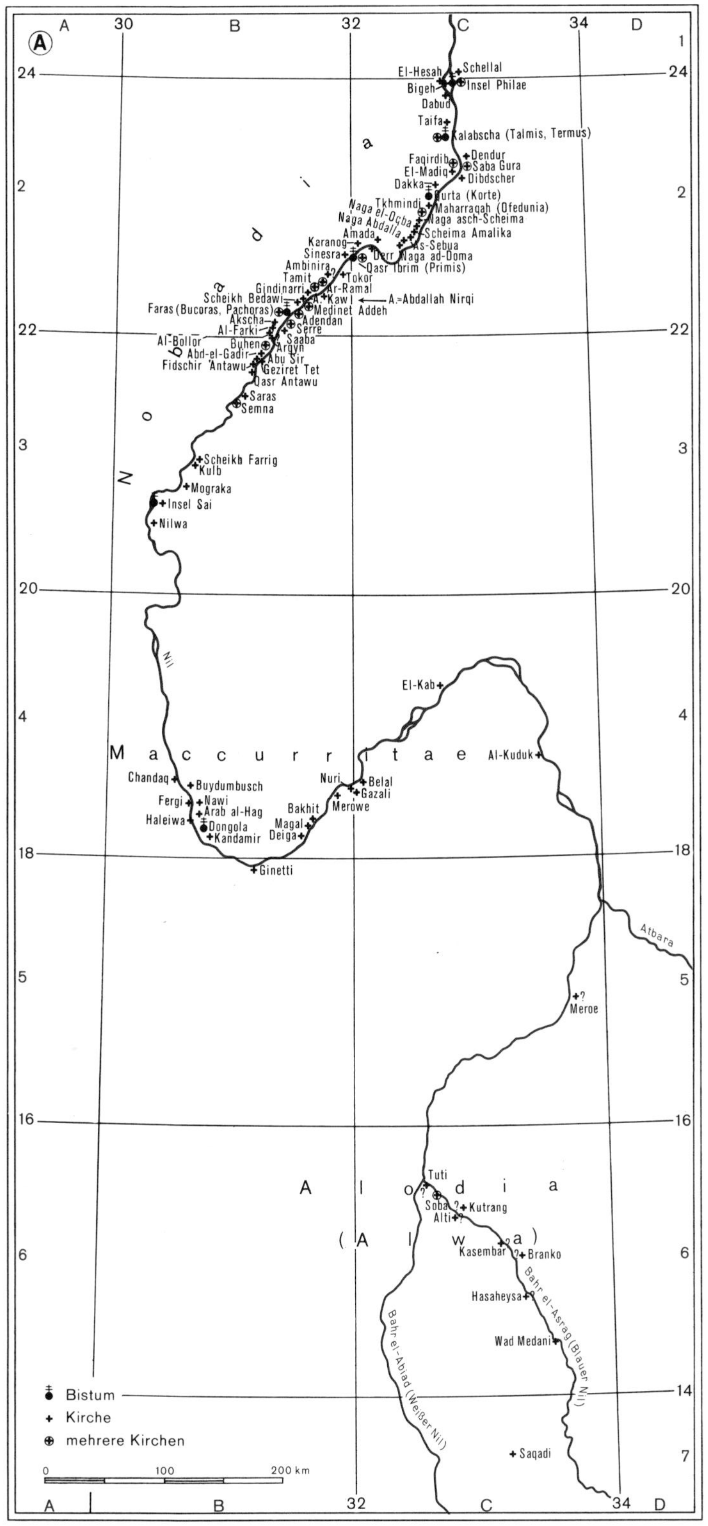

Die frühe Slawenmission

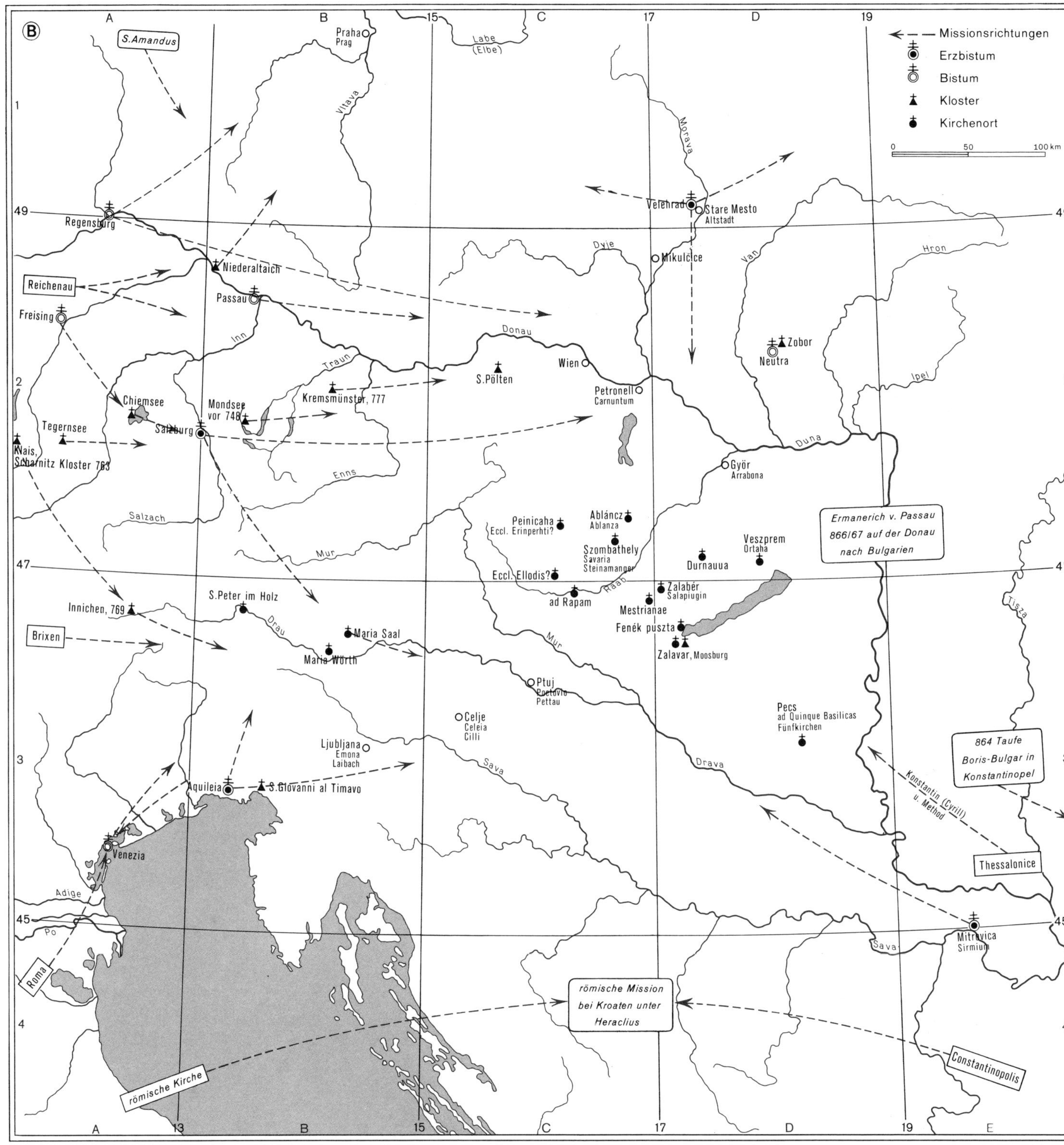

Die byzantinische Kirche um 1025

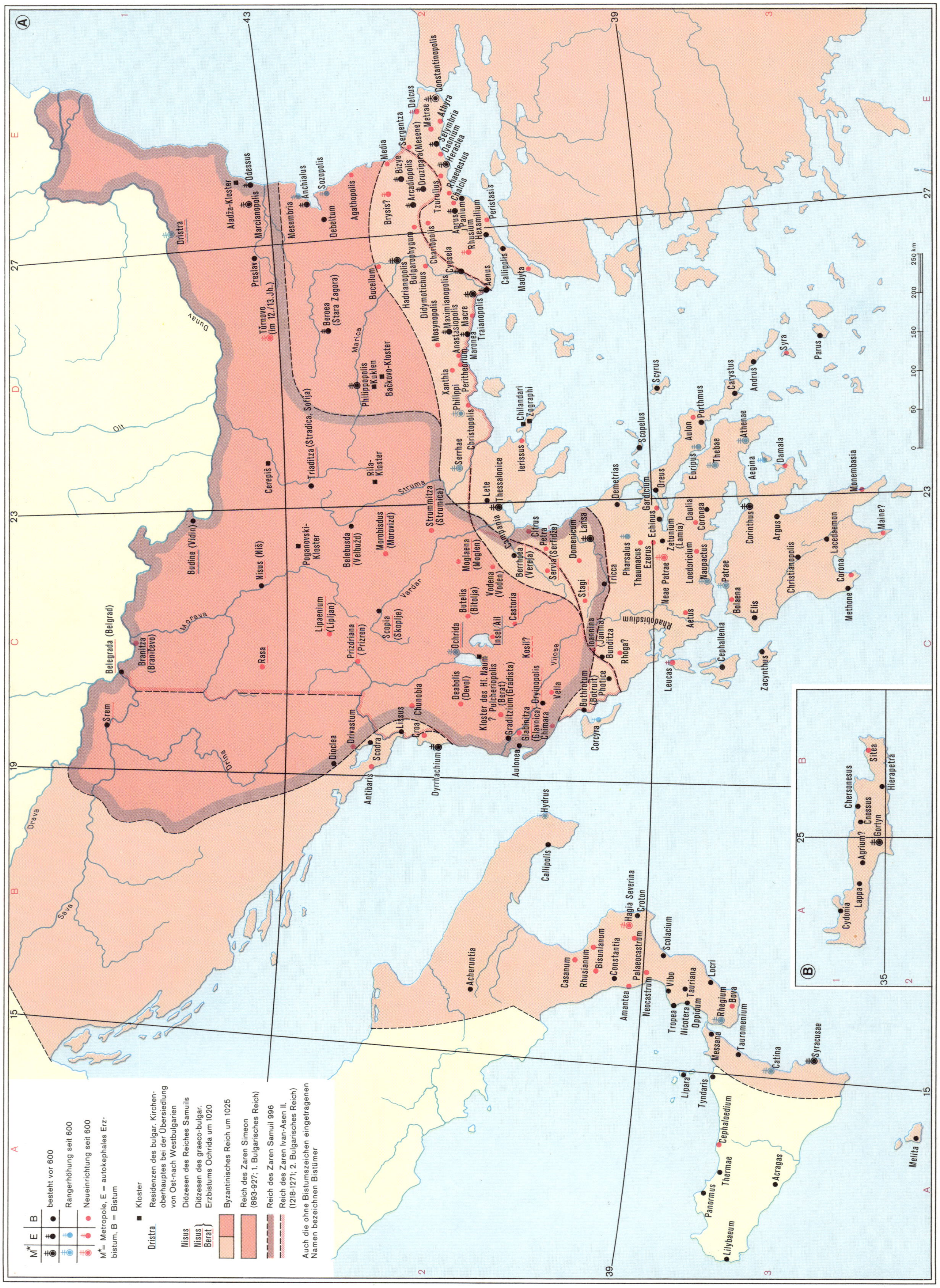

Die byzantinische Kirche um 1025–1050

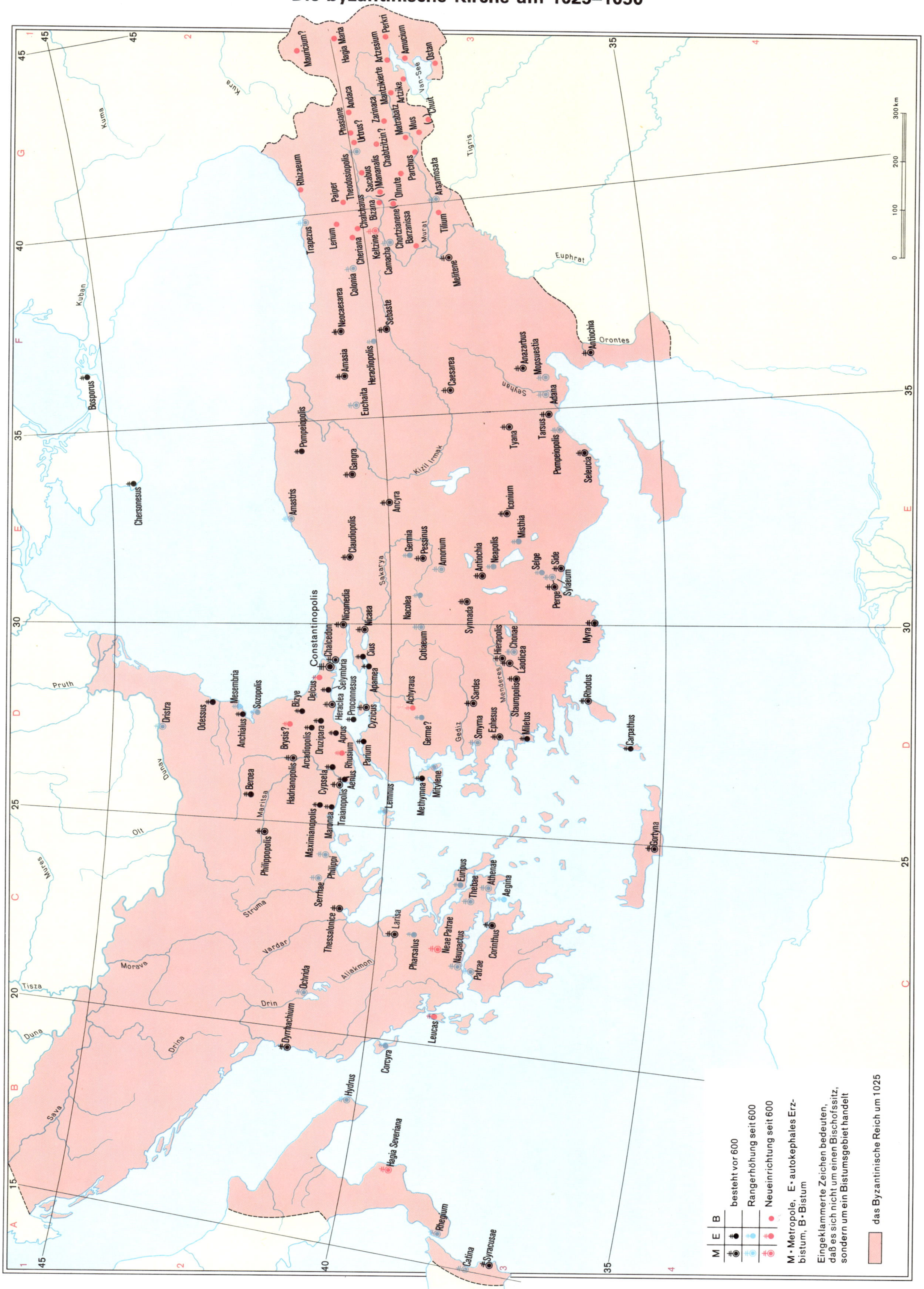

Die westliche Kirche um 1000

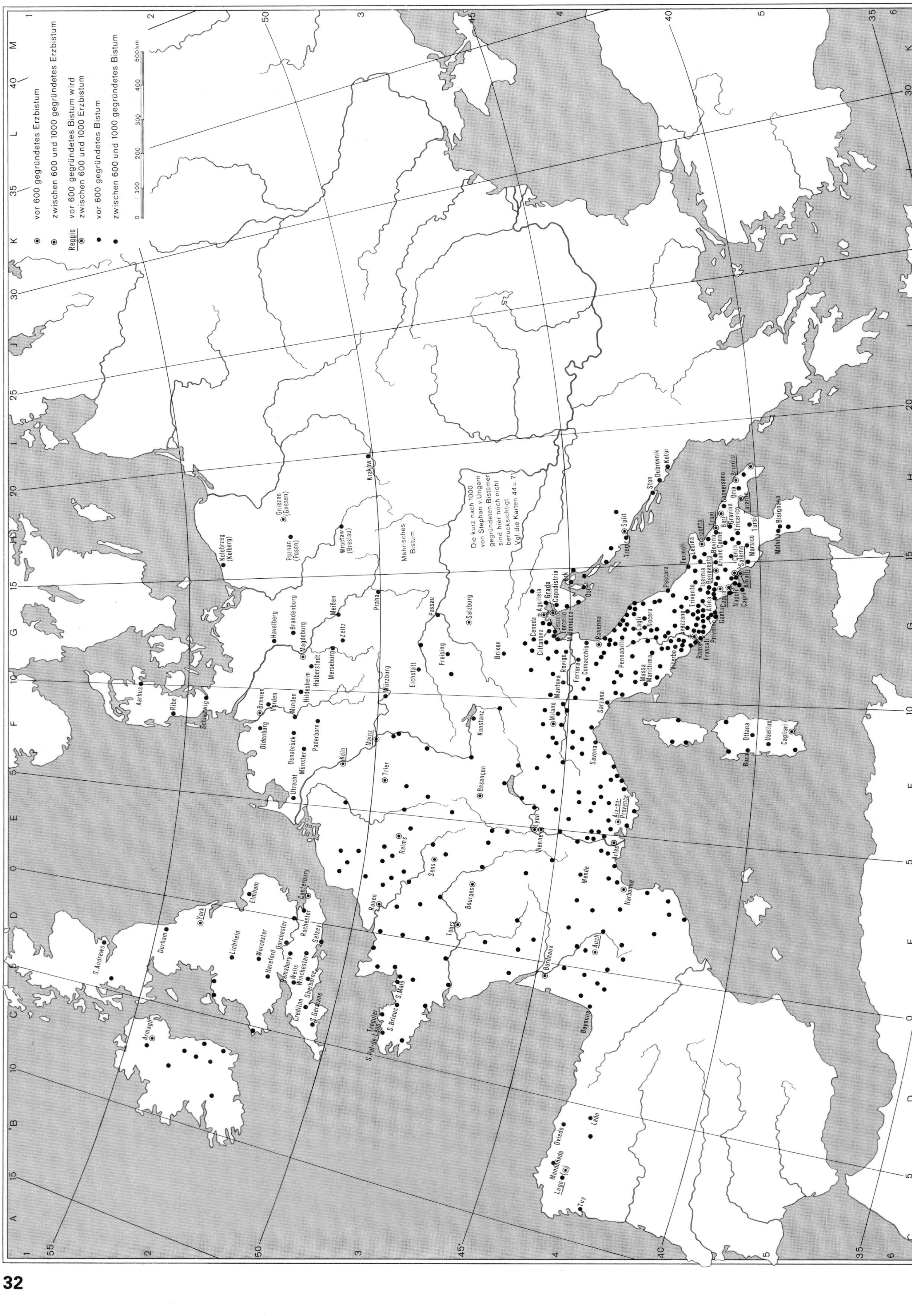

Der Kirchenstaat

Die Anfänge des Kirchenstaates

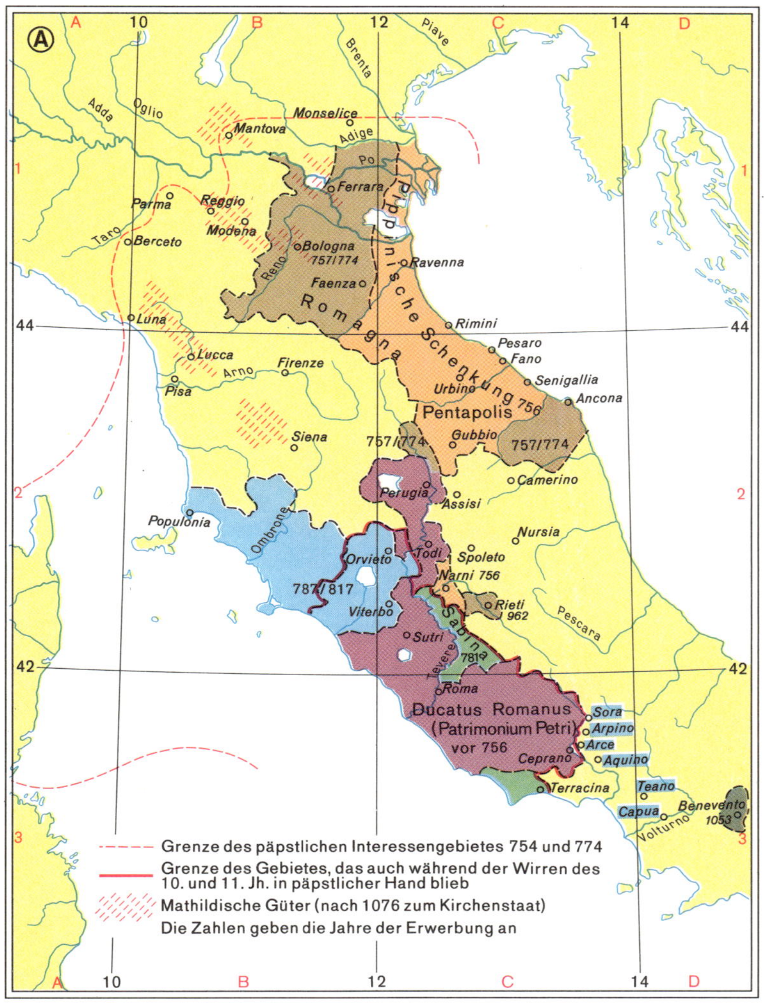

Der Kirchenstaat nach den Rekuperationen Innozenz' III.

Der Kirchenstaat im 16. Jahrhundert

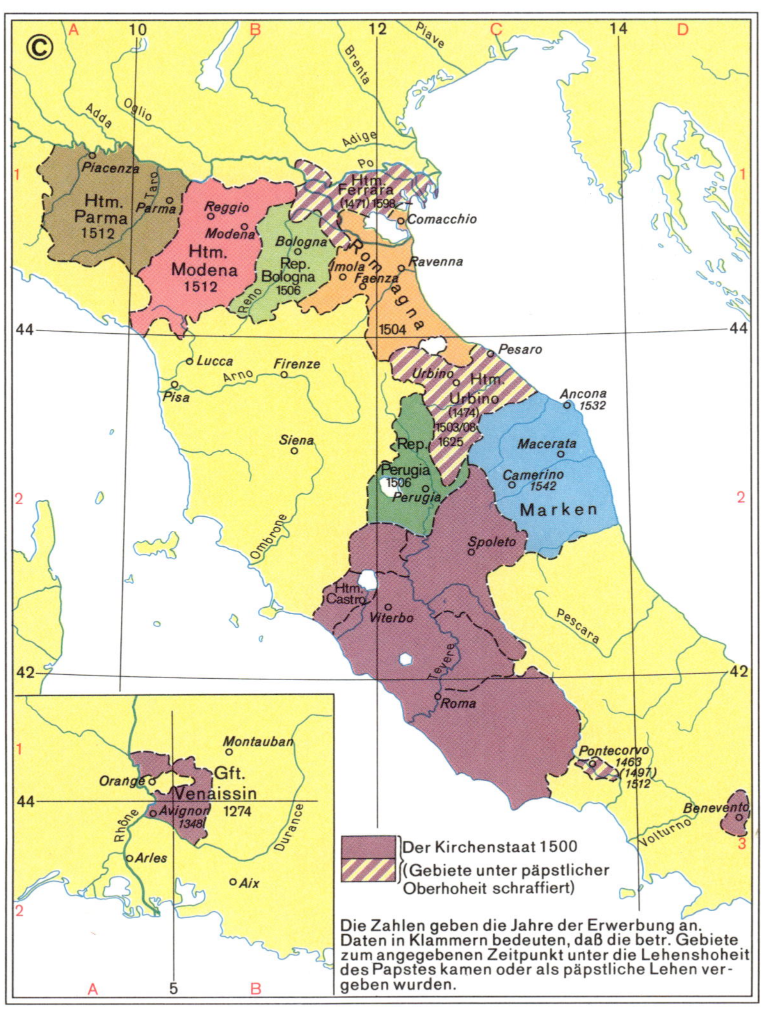

Der Kirchenstaat im 19. Jahrhundert

Der Gebetsbund von Attigny (760–762)

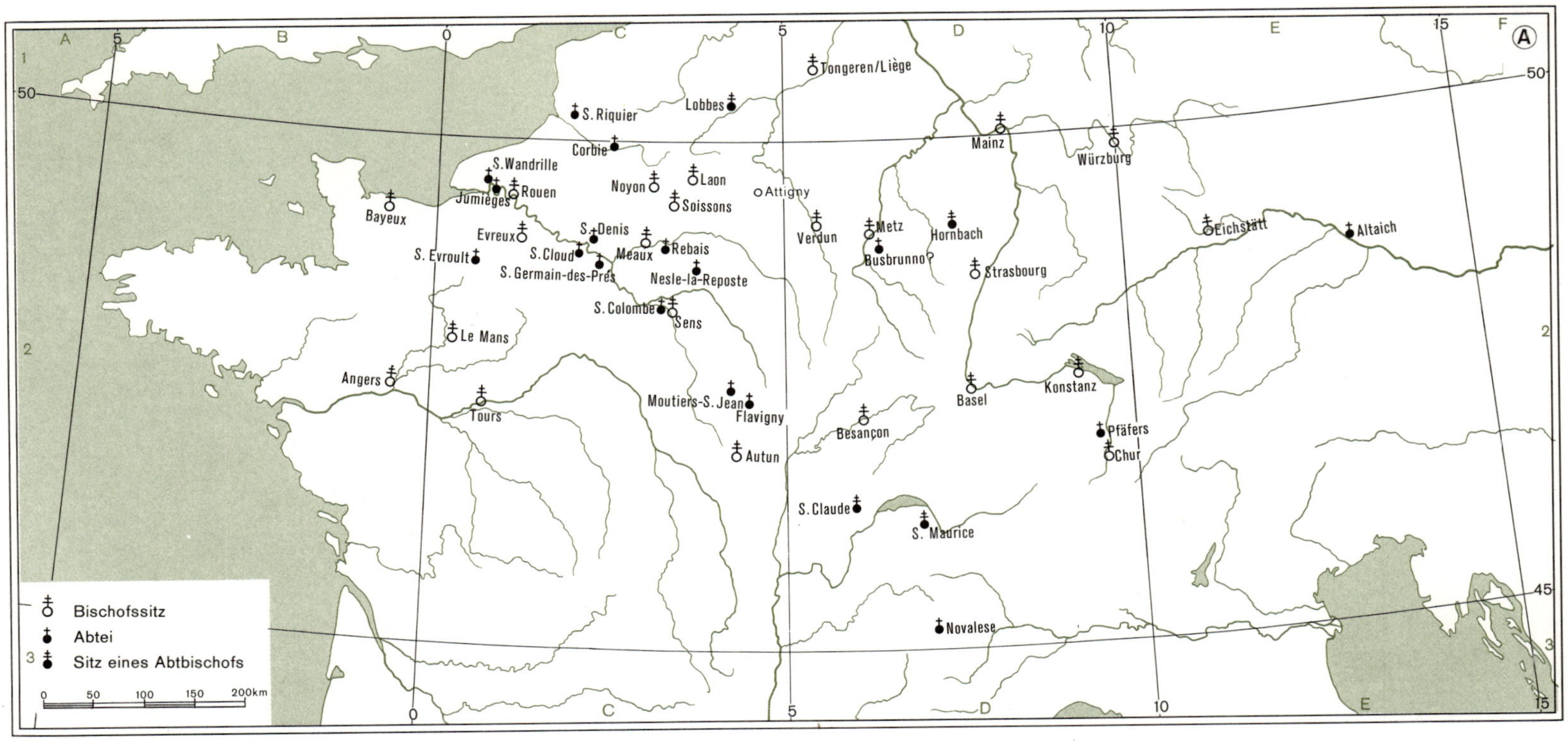

Reichenauer Gebetsverbrüderung mit geistlichen Gemeinschaften

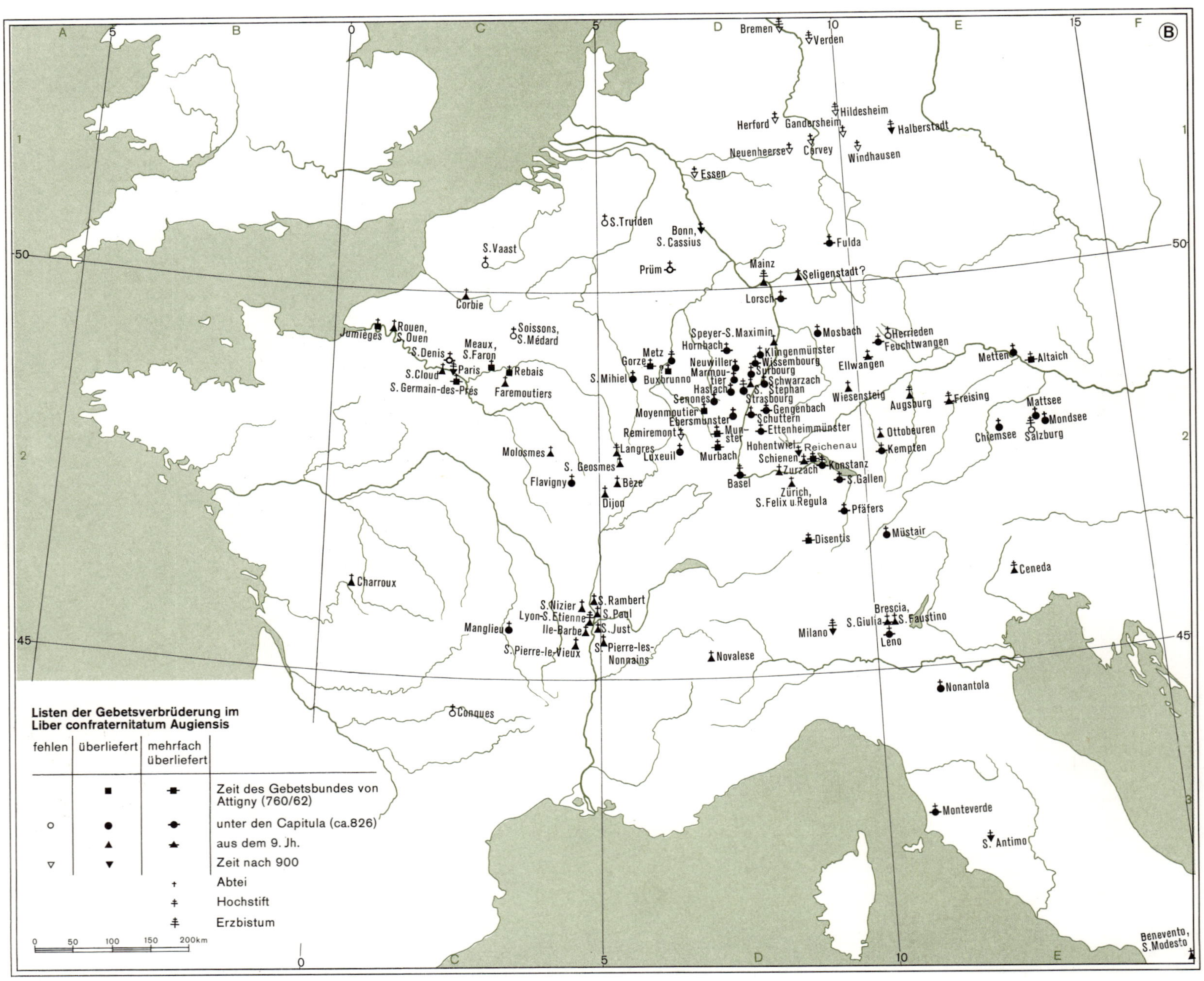

Schenkungen und Privilegien Karls des Großen (768–814)

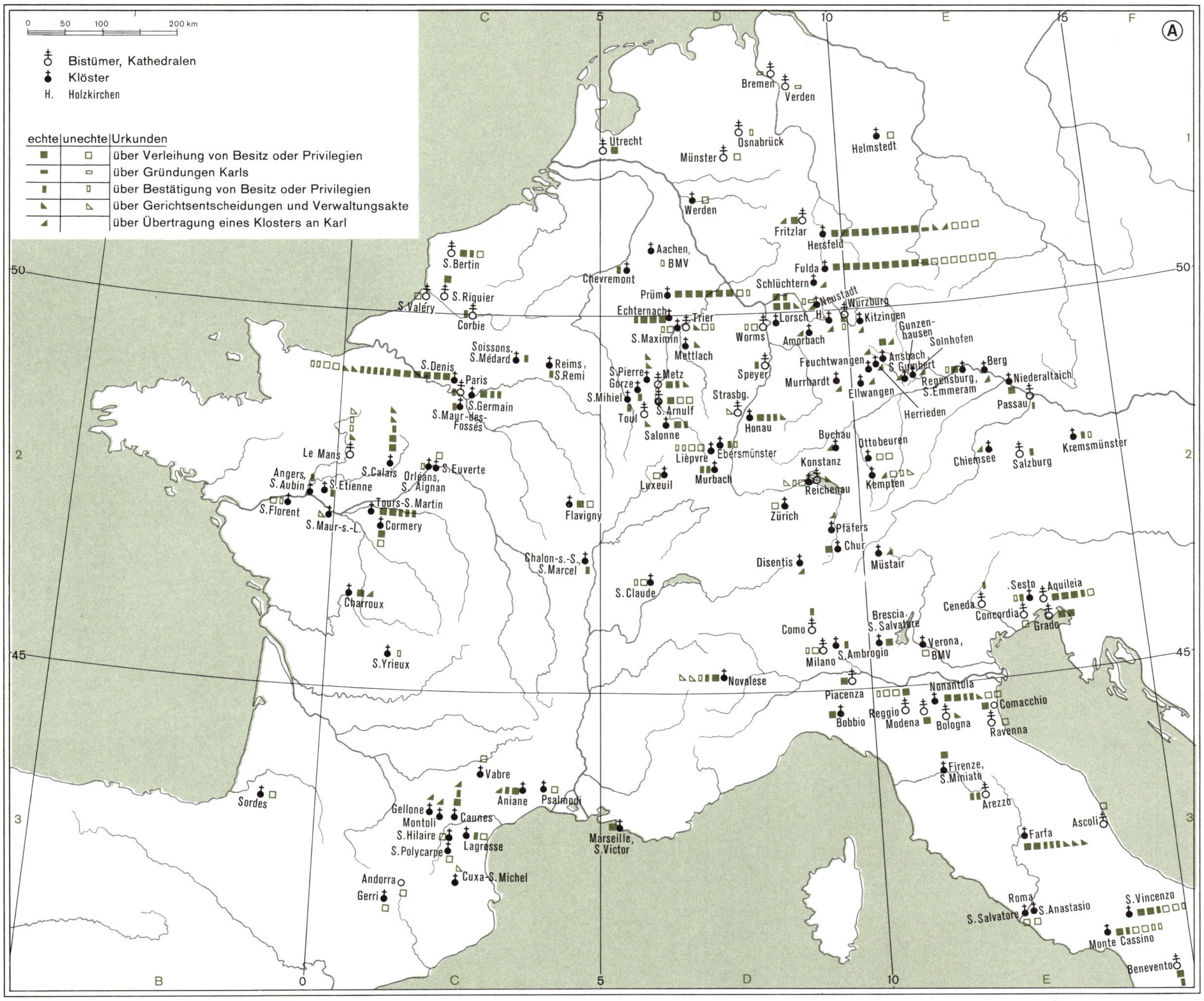

Der karolingische Klosterplan in der Stiftsbibliothek St. Gallen

Die wichtigsten Gebäulichkeiten des Klosterplanes

1 Kirche mit Ost- und Westapsis
2 Schreibstube, darüber Bibliothek
3 Sakristeien
4 Zubereitungsraum für Hostien u. Öl
5 Klausur mit Kreuzgang
6 Wärmestube, darüber Schlafsaal
7 Bad und Waschraum
8 Latrinen
9 Speisesaal, darüber Kleiderkammer
10 Küche für die Mönche
11 Keller, darüber Vorratskammern
12 Sprechzimmer für Besucher
13 Stube des Armenverwalters
14 Herberge für Pilger und Arme
15 Brauerei u. Bäckerei der Herberge
16 Wohnung des Pförtners
17 Wohnung des Schulvorstehers
18 Wohnung für fremde Ordensbrüder
19 Küchenhaus mit Bäckerei u. Brauerei
20 Haus für vornehme Gäste
21 Äußere Schule
22 Residenz des Abtes mit Diensthaus
23 Haus für Aderlaß
24 Ärztehaus mit Apotheke
25 Kräutergärtlein
26 Hospital mit Kreuzgang
27 Küche und Bad des Hospitals
28 Doppelkapelle für Hospital und Noviziat
29 Noviziat mit Kreuzgang
30 Küche und Bad des Noviziates
31 Obstgarten und Friedhof
32 Gemüsegarten
33 Wohnhaus des Gärtners
34 Gänsestall
35 Wohnhaus der Wärter
36 Hühnerhof
37 Kornspeicher mit Dreschtenne
38 Werkstätten und Haus des Kämmerers
39 Brauerei und Bäckerei für die Mönche
40 Mühle
41 Stampfe
42 Darre
43 Getreidescheune, Drechslerei und Küferei
44 Stier- und Pferdestall mit Heustöcken
45 Schafstall
46 Ziegenstall
47 Kuhstall
48 Stuterei
49 Schweinestall
50 Unterkunftshaus für Diener

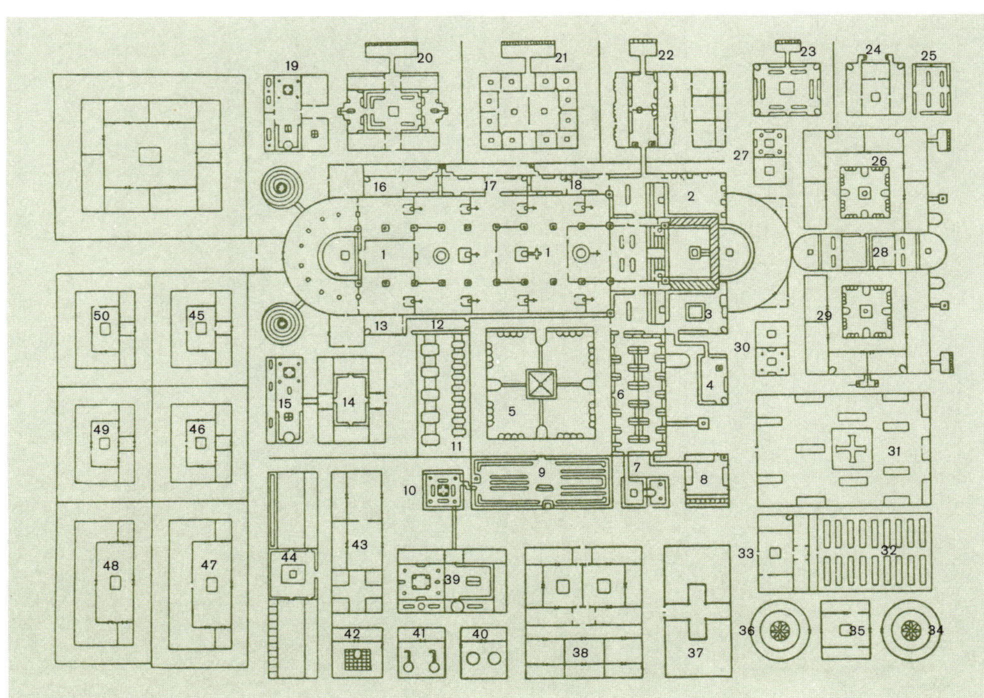

Die Verfassung der byzantinischen Kirche im 10. Jahrhundert

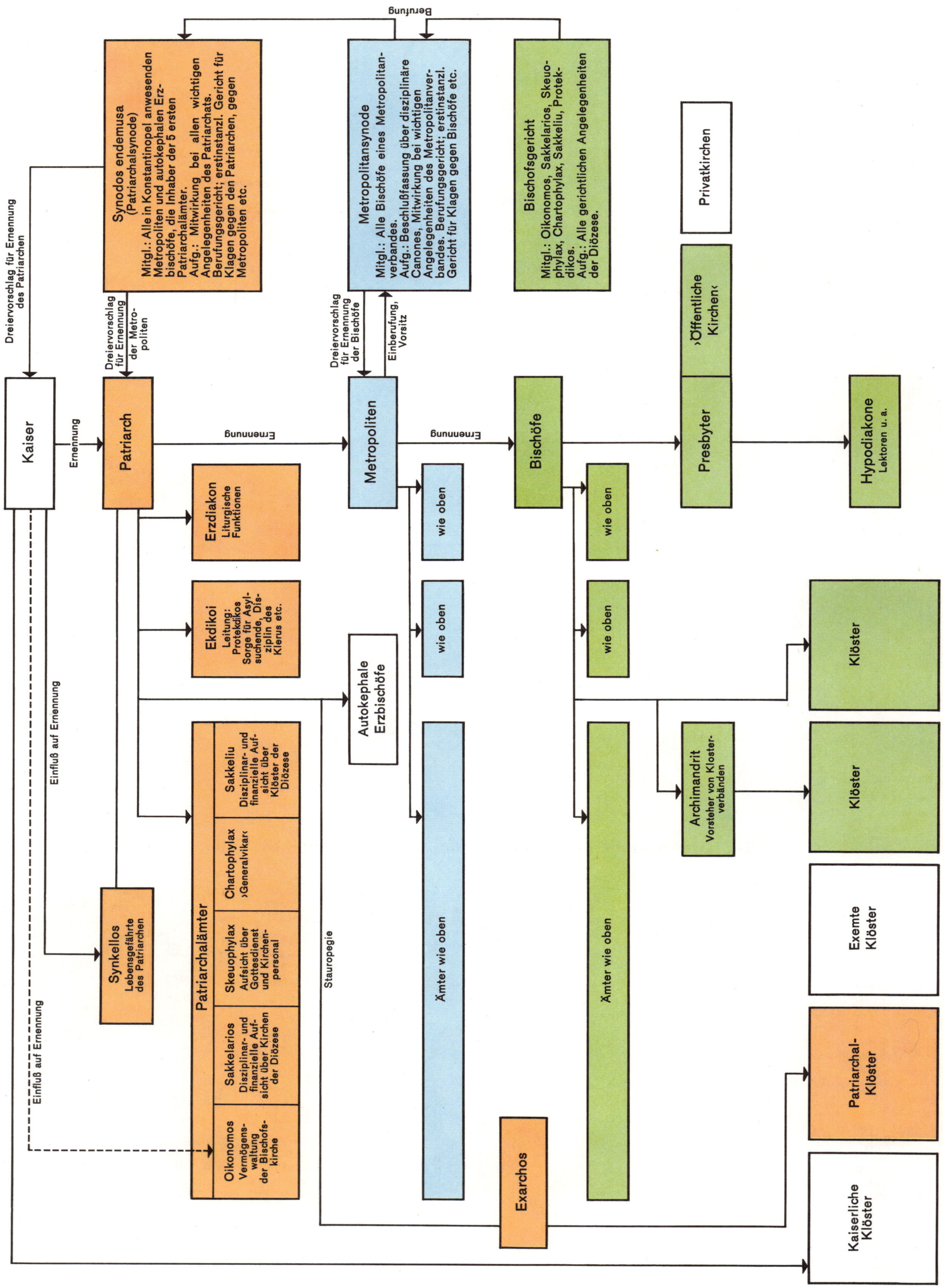

Das Mönchtum im Frankenreich, in Bayern und in Oberitalien bis 768 (788)

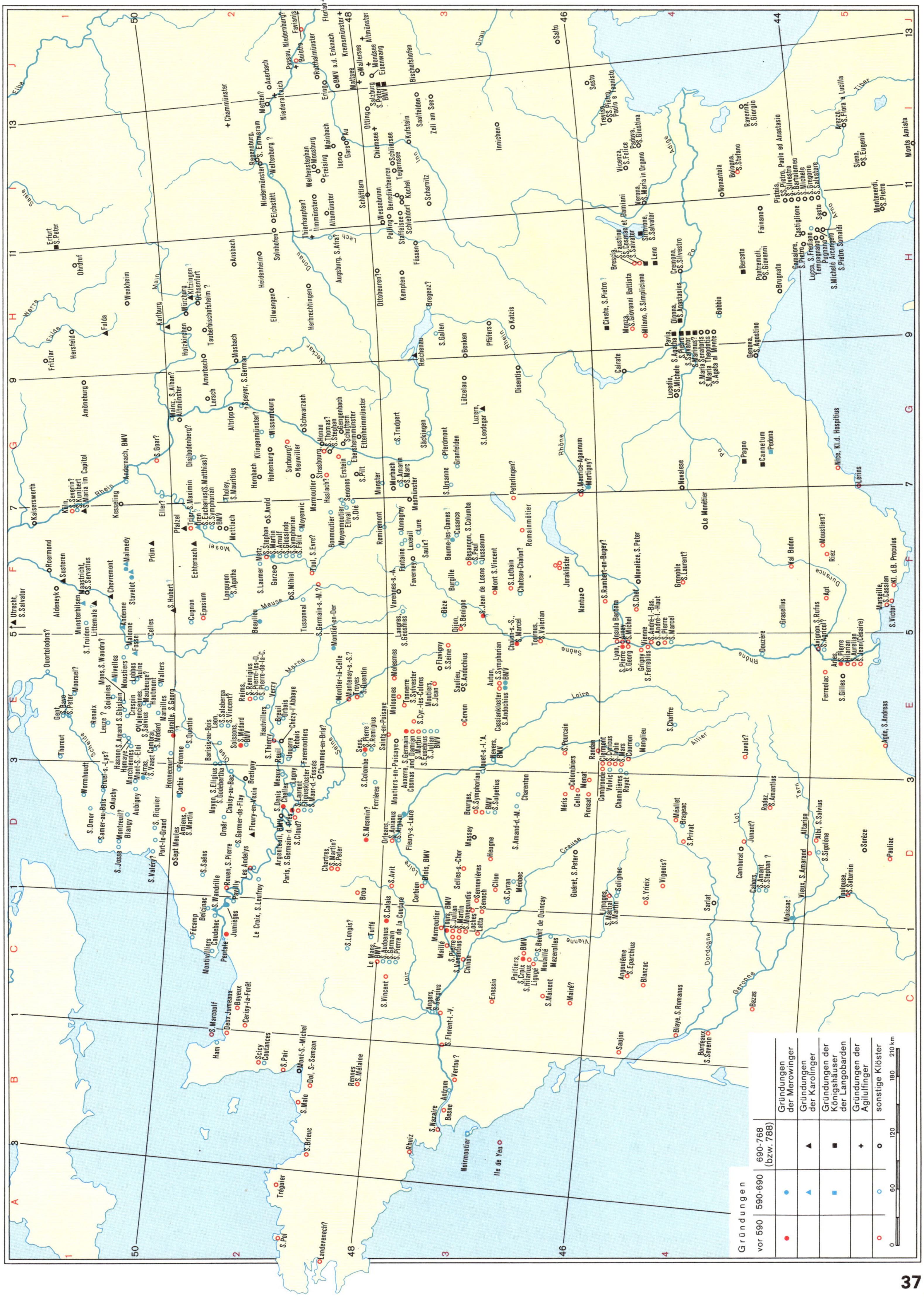

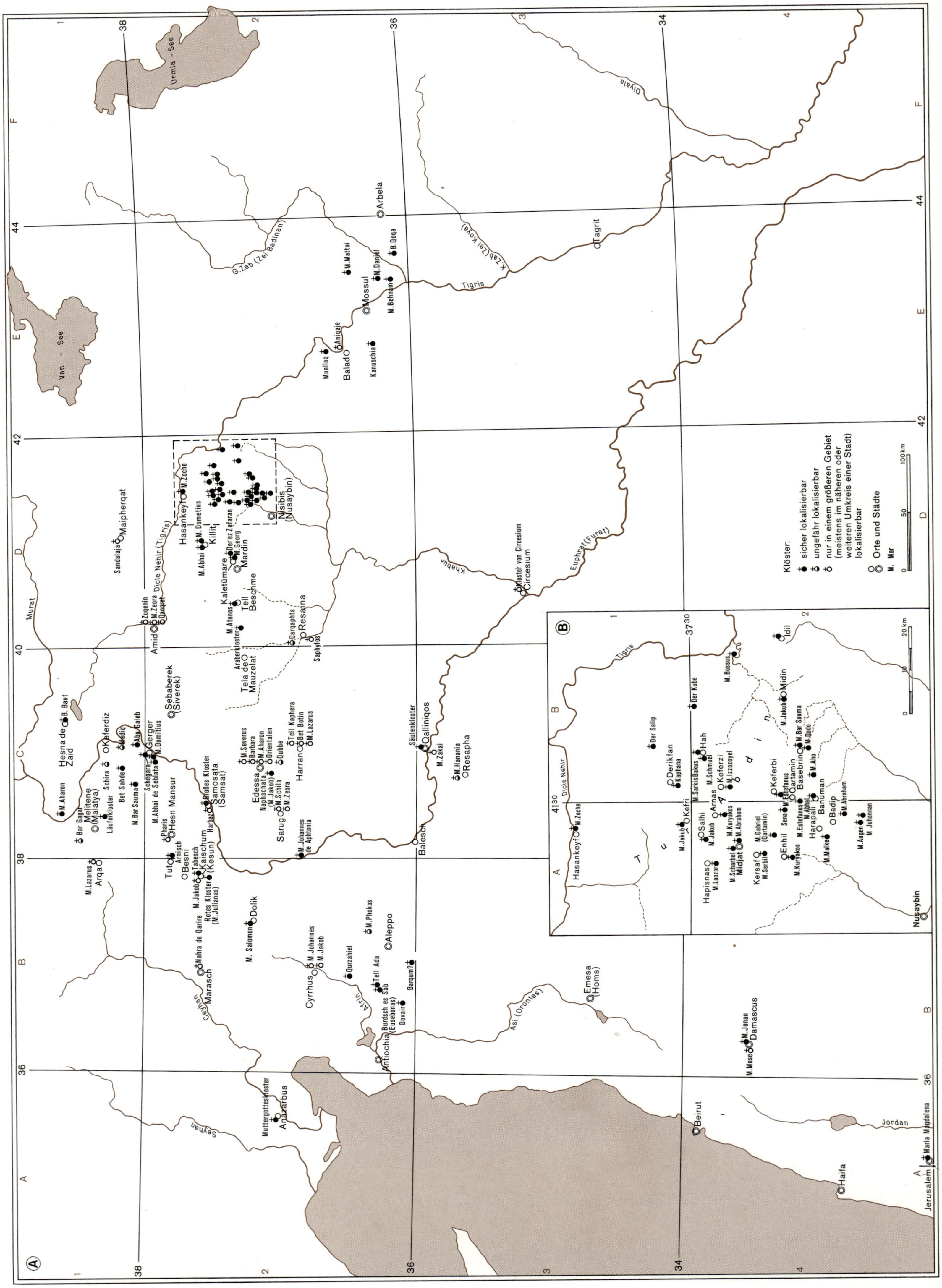
Klöster:
sicher lokalisierbar
ungefähr lokalisierbar
nur in einem größeren Gebiet (meistens im näheren oder weiteren Umkreis einer Stadt) lokalisierbar
Orte und Städte
M. Mar
Urmia - See
Van - See
Mossul
Arbela
Tagrit
Balad
Nisibis (Nusaybin)
Hasankeyf
Mardin
Resaina
Circesium
Kloster von Circesium
Qalliniqos
Resapha
Edessa
Harran
Sarug
Samosata (Samsat)
Melitene (Malatya)
Amid
Sebaberek (Siverek)
Maipherqat
Kaischum (Kesun)
Marasch
Dolik
Aleppo
Cyrrhus
Antiochia
Emesa (Homs)
Damascus
Beirut
Haifa
Jerusalem
Anazarbus
Balesch
Tigris
Euphrat (Furat)
Khabur
Murat
Dicle Nehir (Tigris)
G.Zab (Zei Badinan)
K.Zab (Zei Koya)
Diyala
Asi (Orontes)
Afrin
Ceyhan
Seyhan
Jordan
Midin
Idil
Hah
Midjat
Basebrin
Kefri
Arnas
Salhi
Derikfan
Der Salip
Der Kube
Hapisnas
Kersaf
Enhil
Keferbi
Qartamin
Harapal
Banuman
Badip
Nusaybin

Klöster im byzantinischen Reich

- Lembos (underlined) — Klöster mit engen Beziehungen zu Kaisern oder deren Familien
- wichtige Klöster
- Latmus — Häufung von Klöstern auf engem Raum ("Klosterberge")
- ungefährer Verlauf der Reichsgrenze in der Mitte des 12. Jh.
- Nordgrenze des Reiches von Nikaia (1230)
- Türkische Westgrenze um 1430
- M. — Monasterion, Mone

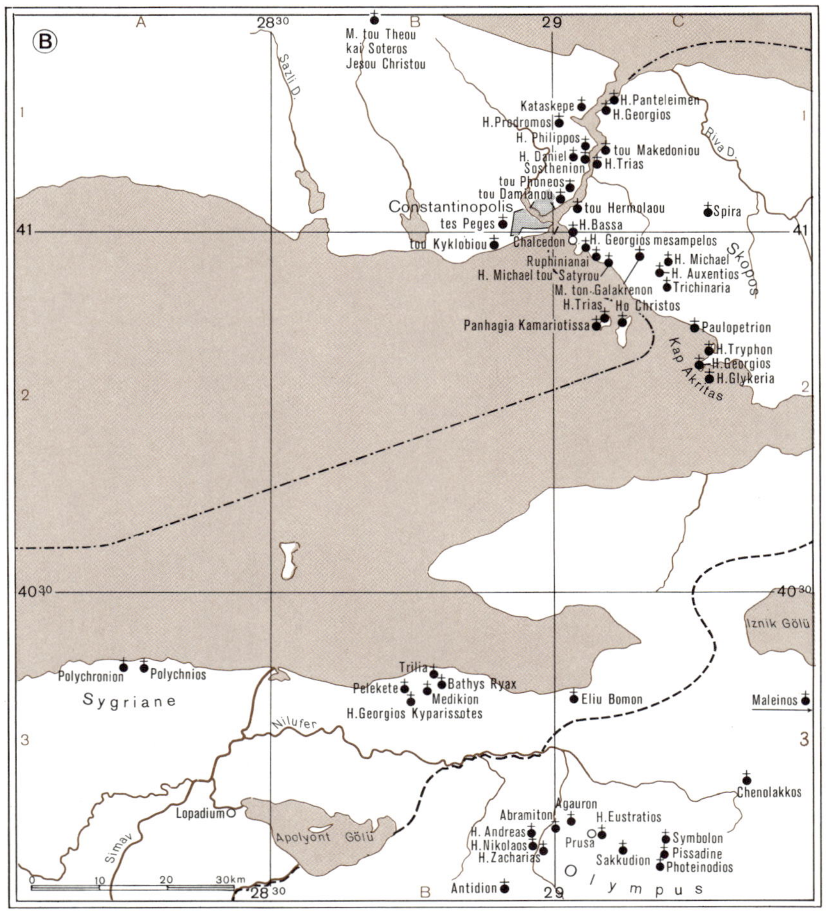

Rom bis um 1000

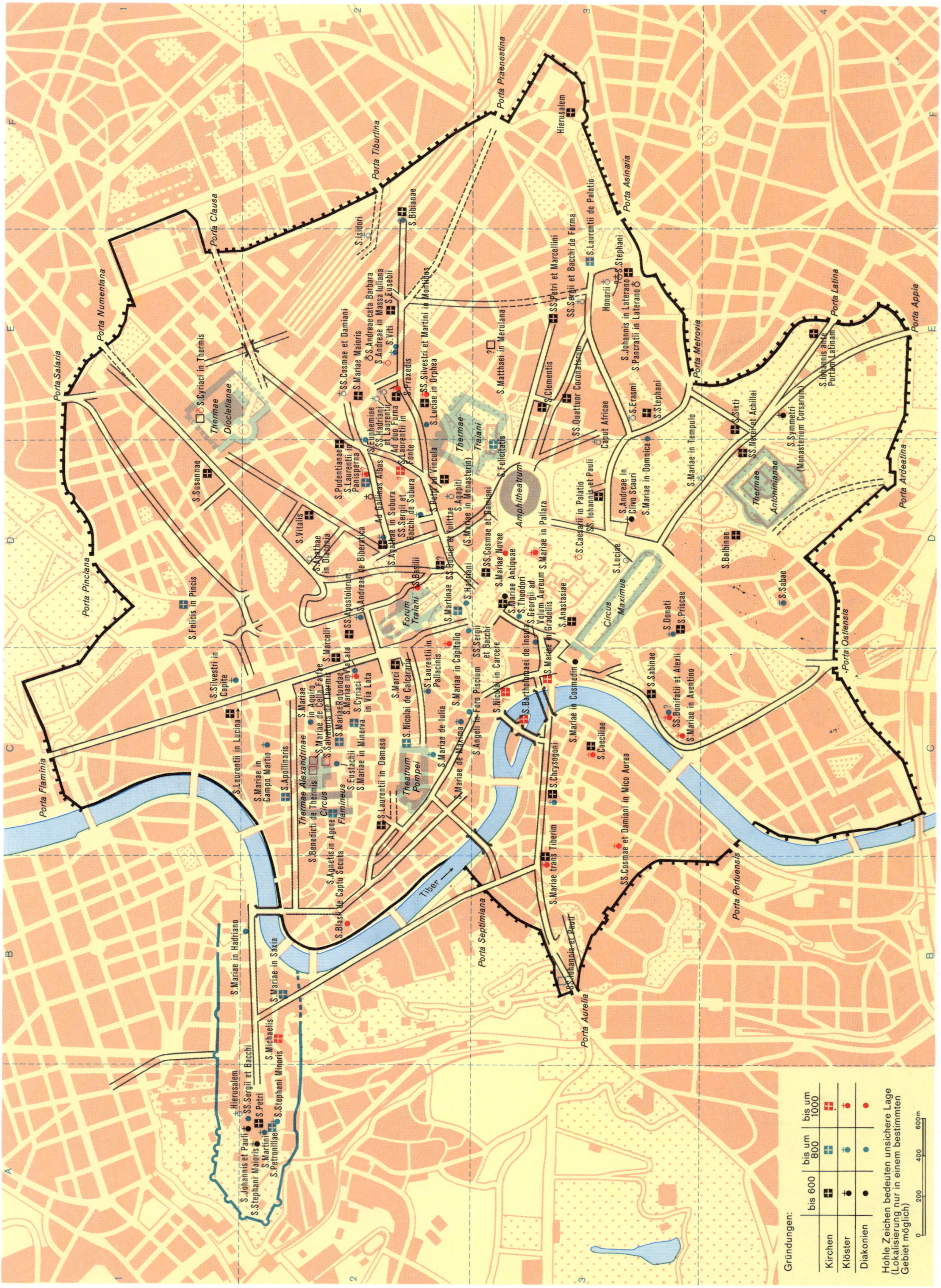

Das Christentum in mittelalterlichen Städten

Köln

Kirchen und Klöster der Stadt im Mittelalter

- Stiftskirchen
- Pfarrkirchen
- Männerklöster
- Frauenklöster

A Augustinerinnen
Can Aug Augustiner-Chorherren
D Dominikanerinnen
F Franziskanerinnen
DCarm Karmelitinnen
DFM Franziskaner
OSB Benediktiner(innen)
OSCl Klarissen
SOCist Zisterzienserinnen
Z Zellitinnen

0 100 200 300 400 500 m

Ⓐ

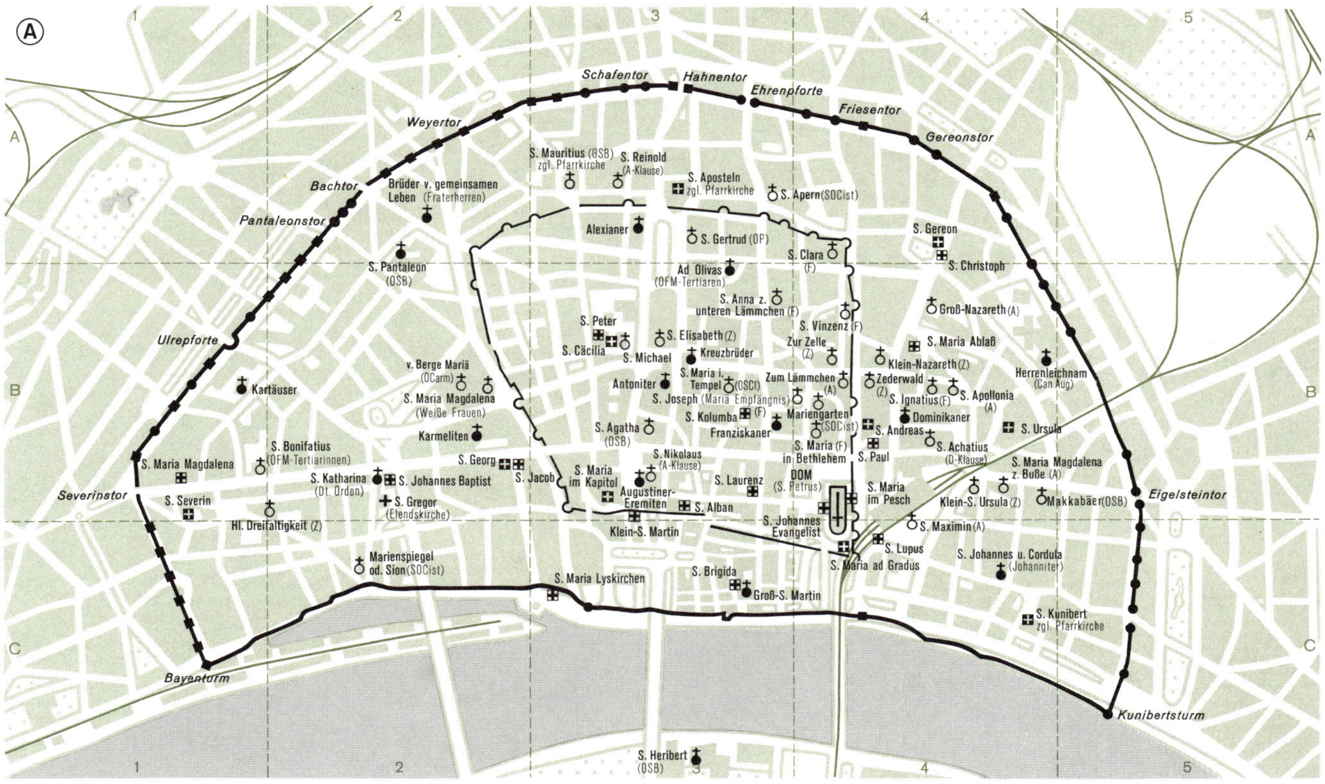

Ⓑ

Das byzantinische Konstantinopel

	bis 600	nach 600
Kirche oder Kapelle	■	□
Kloster	●	○
Mausoleum		△

✝✝ Nekropole
H. Hagios, Hagia (Heiliger, Heilige)

0 200 400 600 m

Das Christentum in mittelalterlichen Städten

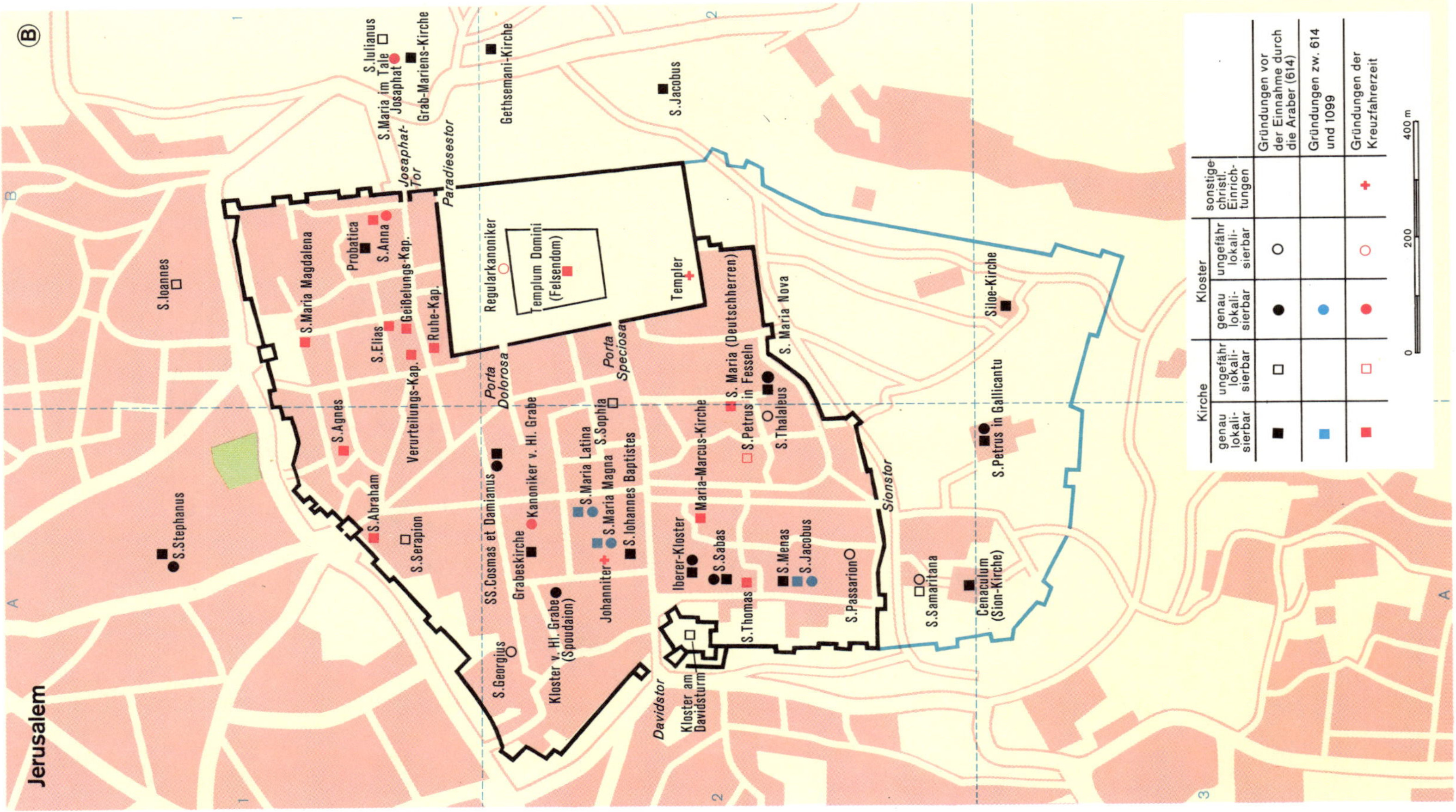

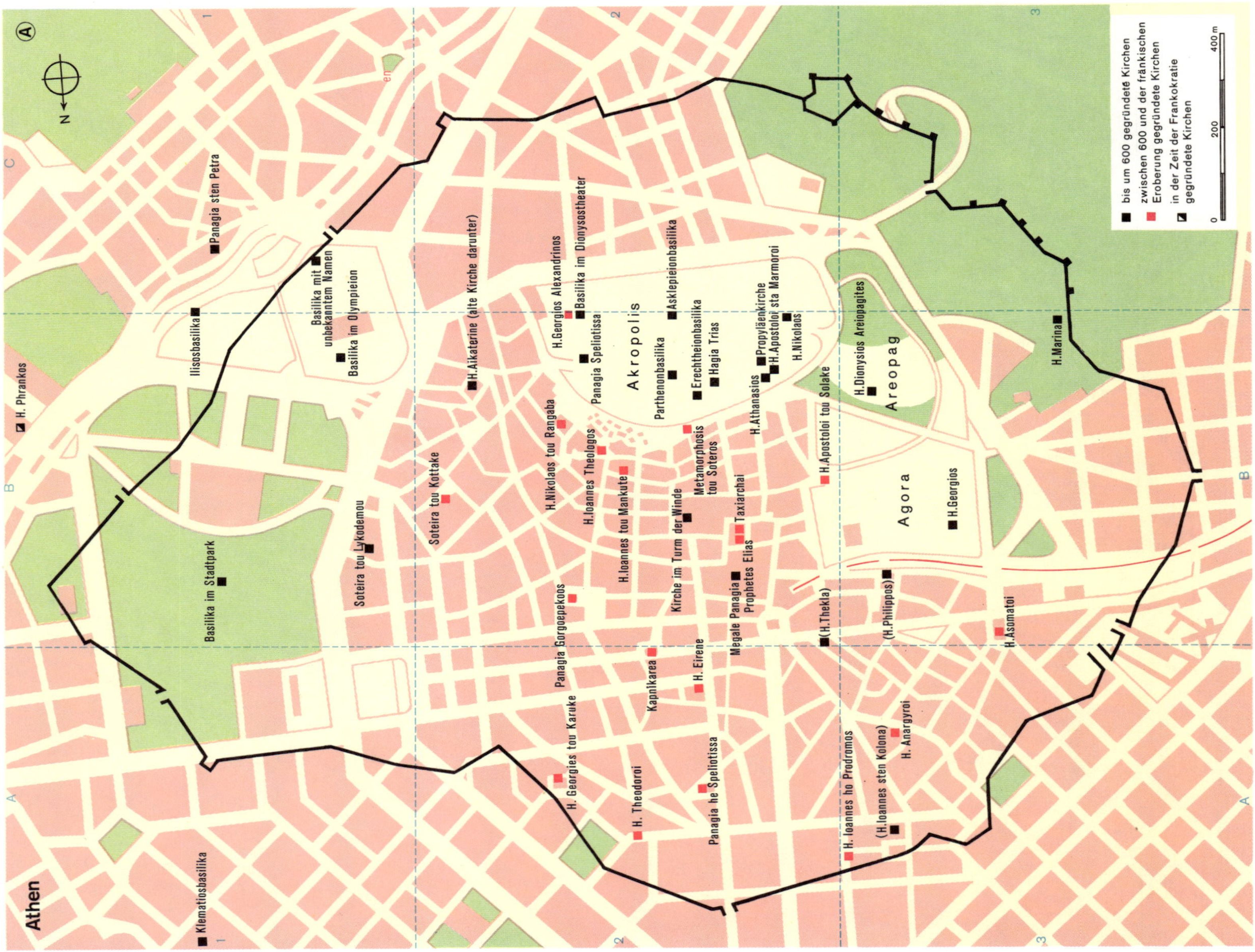

Der Islam bis zum Beginn der Kreuzzüge

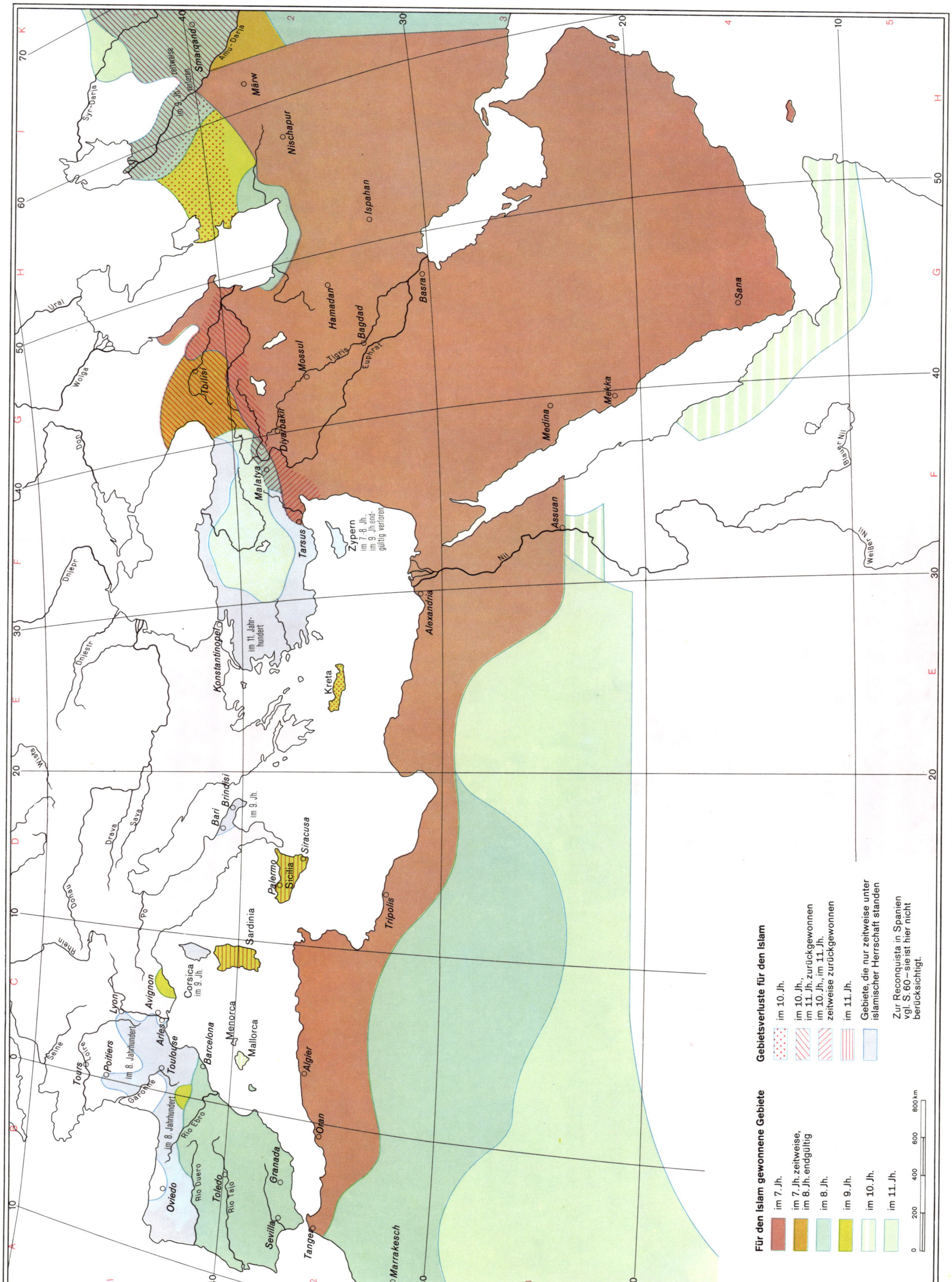

Die mittelalterliche Kirche in Böhmen und Ungarn

- Erzbistum
- Bistum
- ▼ Königliche Stifter unter Gran

0 100 200 300 km

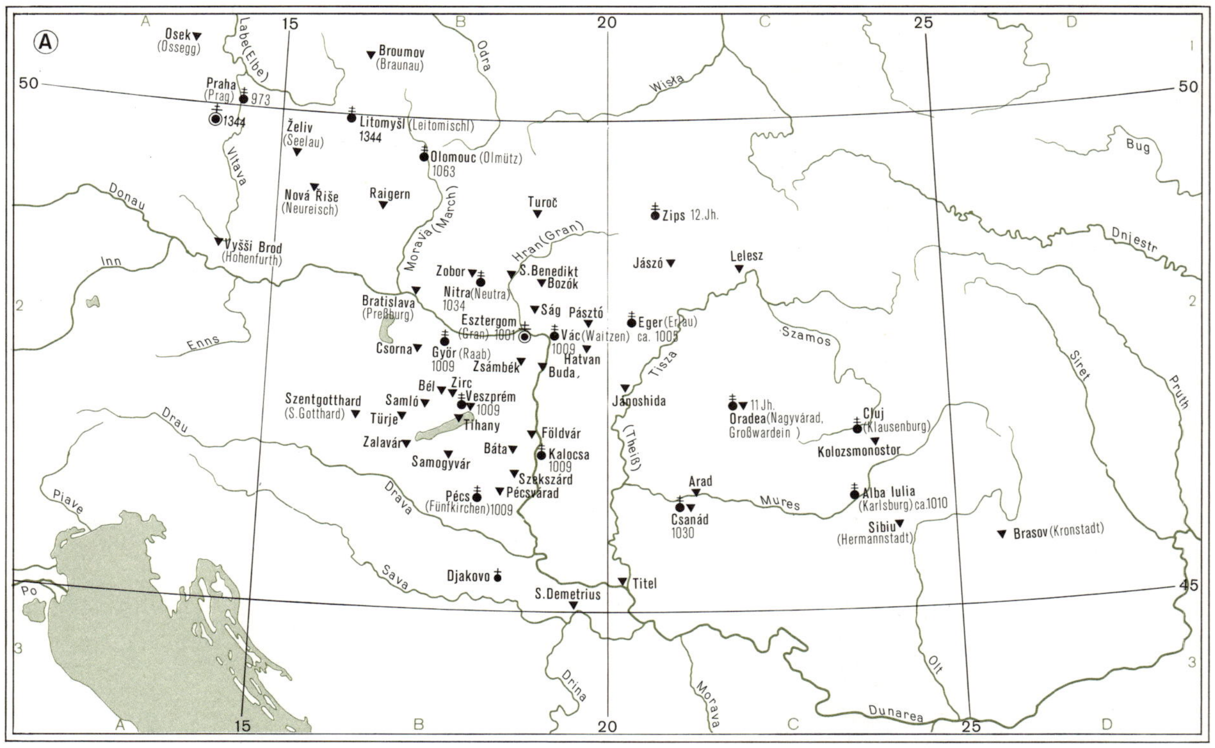

Die Kirche im Kiewer Rußland

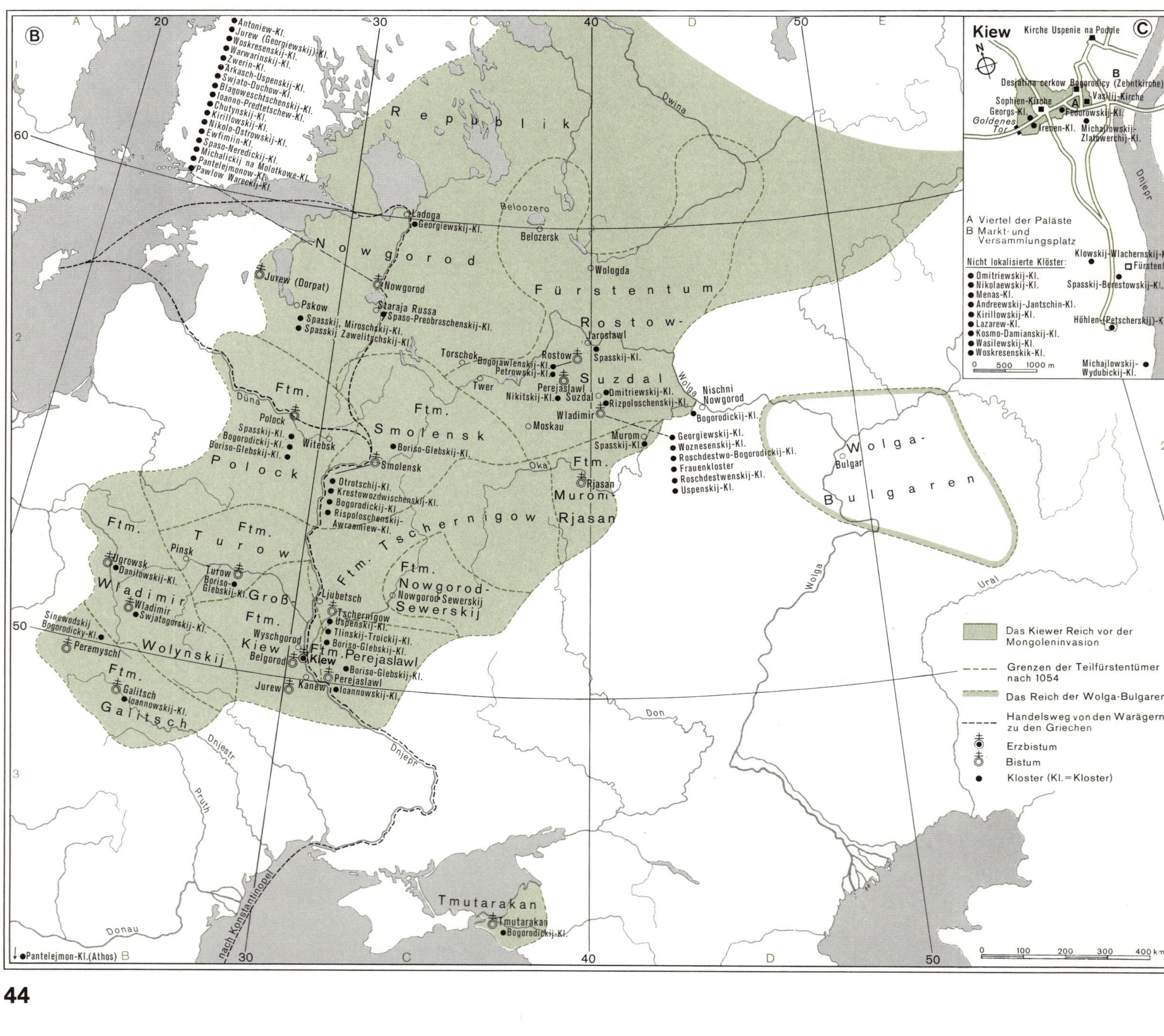

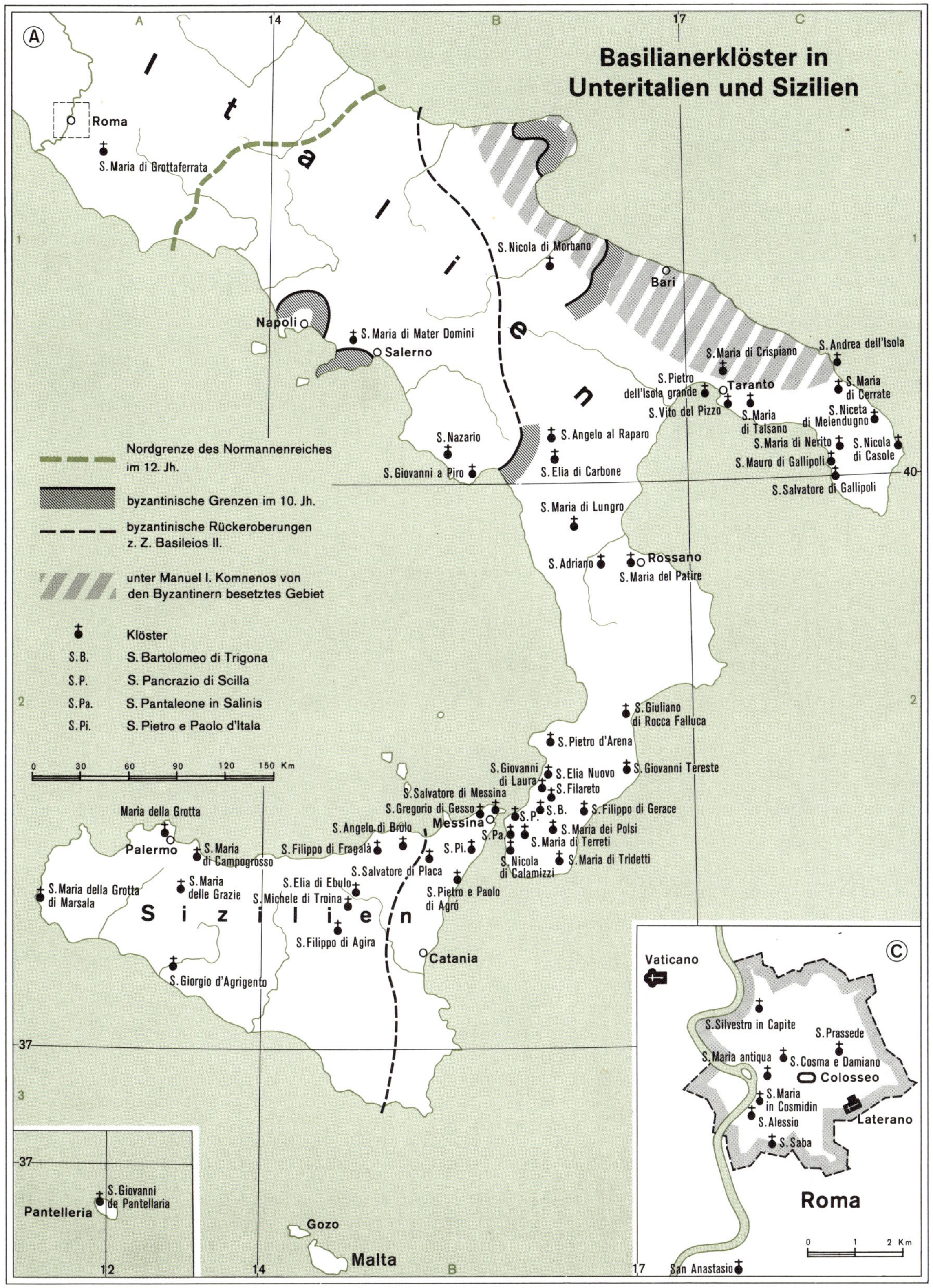
A
Basilianerklöster in Unteritalien und Sizilien
Italien
Sizilien
Roma
S. Maria di Grottaferrata
Napoli
Salerno
S. Maria di Mater Domini
S. Nicola di Morbano
Bari
S. Maria di Crispiano
S. Andrea dell'Isola
S. Pietro dell'Isola grande
Taranto
S. Vito del Pizzo
S. Maria di Talsano
S. Maria di Cerrate
S. Niceta di Melendugno
S. Maria di Nerito
S. Nicola di Casole
S. Mauro di Gallipoli
S. Salvatore di Gallipoli
S. Nazario
S. Giovanni a Piro
S. Angelo al Raparo
S. Elia di Carbone
S. Maria di Lungro
S. Adriano
Rossano
S. Maria del Patire
S. Giuliano di Rocca Falluca
S. Pietro d'Arena
S. Giovanni di Laura
S. Elia Nuovo
S. Giovanni Tereste
S. Filareto
S. Salvatore di Messina
S. Gregorio di Gesso
Messina
S.P.
S.B.
S. Filippo di Gerace
S. Angelo di Brolo
S.Pa.
S. Maria dei Polsi
S. Maria di Terreti
S. Filippo di Fragalà
S.Pi.
S. Nicola di Calamizzi
S. Maria di Tridetti
S. Salvatore di Placa
S. Pietro e Paolo di Agrò
Maria della Grotta
Palermo
S. Maria di Campogrosso
S. Maria delle Grazie
S. Elia di Ebulo
S. Michele di Troina
S. Maria della Grotta di Marsala
S. Filippo di Agira
Catania
S. Giorgio d'Agrigento
Pantelleria
S. Giovanni de Pantellaria
Gozo
Malta
Nordgrenze des Normannenreiches im 12. Jh.
byzantinische Grenzen im 10. Jh.
byzantinische Rückeroberungen z. Z. Basileios II.
unter Manuel I. Komnenos von den Byzantinern besetztes Gebiet
Klöster
S.B. S. Bartolomeo di Trigona
S.P. S. Pancrazio di Scilla
S.Pa. S. Pantaleone in Salinis
S.Pi. S. Pietro e Paolo d'Itala
0 30 60 90 120 150 Km
C
Vaticano
S. Silvestro in Capite
S. Prassede
S. Maria antiqua
S. Cosma e Damiano
Colosseo
S. Maria in Cosmidin
S. Alessio
Laterano
S. Saba
Roma
San Anastasio
0 1 2 Km

B
C. Arapis
Chalkidike
Athos
Longos
Kassandra
0 25 50 Km
Athos
Frankokastro
Chromitsa
Kamena
Thivais
Monoxylitis
Proto Nero
Chilandari
Esphigmenou
Ag. Philippou
Zographou
To Kheri
Igoumenos
Vatopedi
Athonias
Konstamonitou
Ag. Dimitriou
Docheiariou
Xenophontos
Bogoroditsa
Proph. Iliou
Pantokratoros
Ag. Andreou
Ag. Panteleimonos
Karyes
Stavronikita
Koutloumousiou
Xeropotamou
Iviron
Daphni
Philotheou
Mylopotamou
Karakaliou
Simonos Petras
Grigoriou
Lakkou
Morphonou
Dionysiou
Ag. Paulou
C. Chelona
Megisti Lavra
Stavros Koukouzeri
Nea Skiti
Ag. Anna
Kerasia
Ag. Georgios
Prodromou
Mikra Ag. Anna
Katounakia
Karayostasi
C. Akrothóon
Karoulia
Ag. Vasileios
Ag. Neilos
Kapsokalyvia
C. Pinna
Die Athosklöster
Klöster
Nebenklöster
andere Orte
Pfade
0 5 10 15 Km

Die Kirchenprovinz Salzburg im Mittelalter

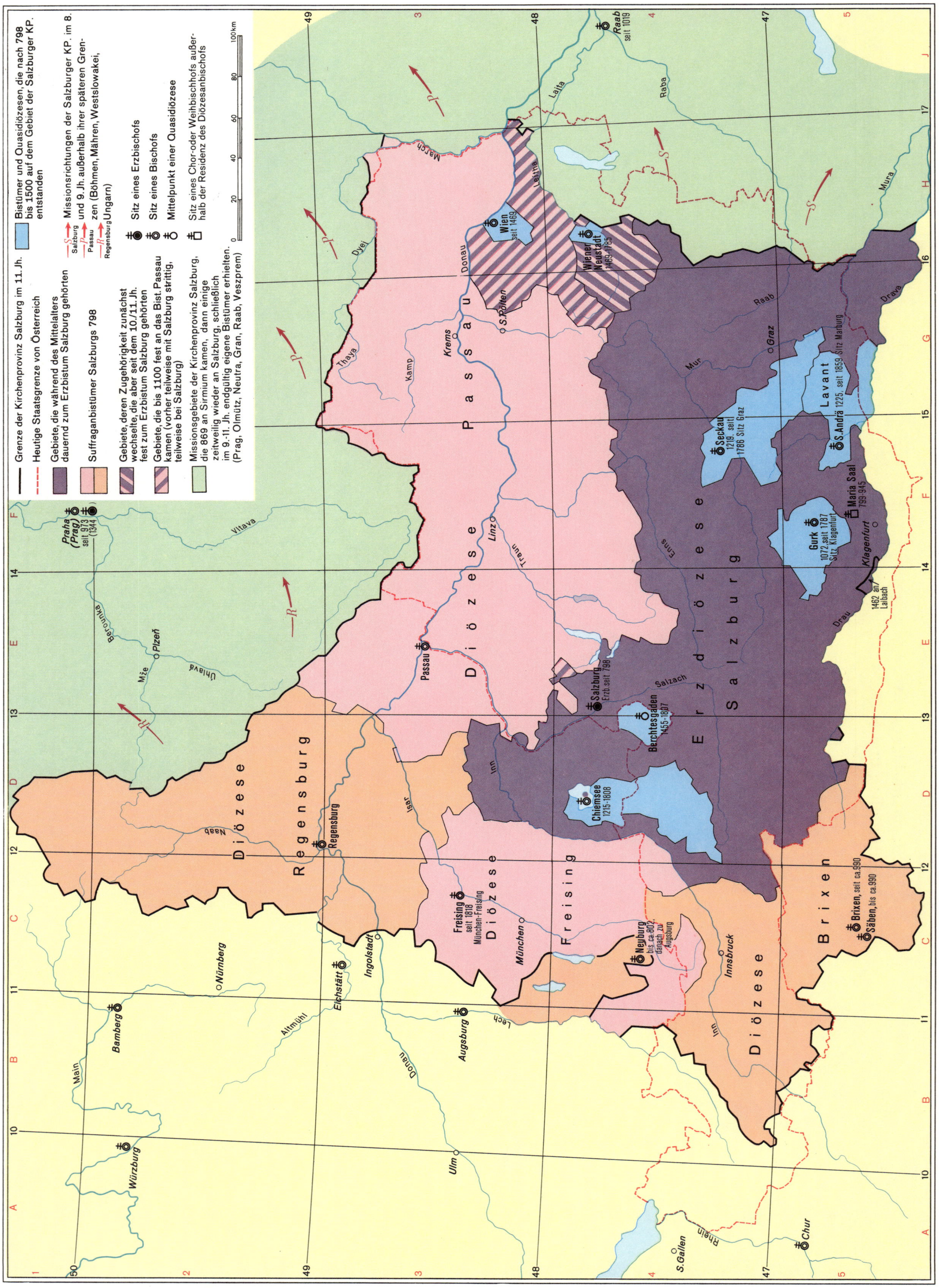

Die Klosterreform von Cluny

Die Jungcluniazenser in Deutschland

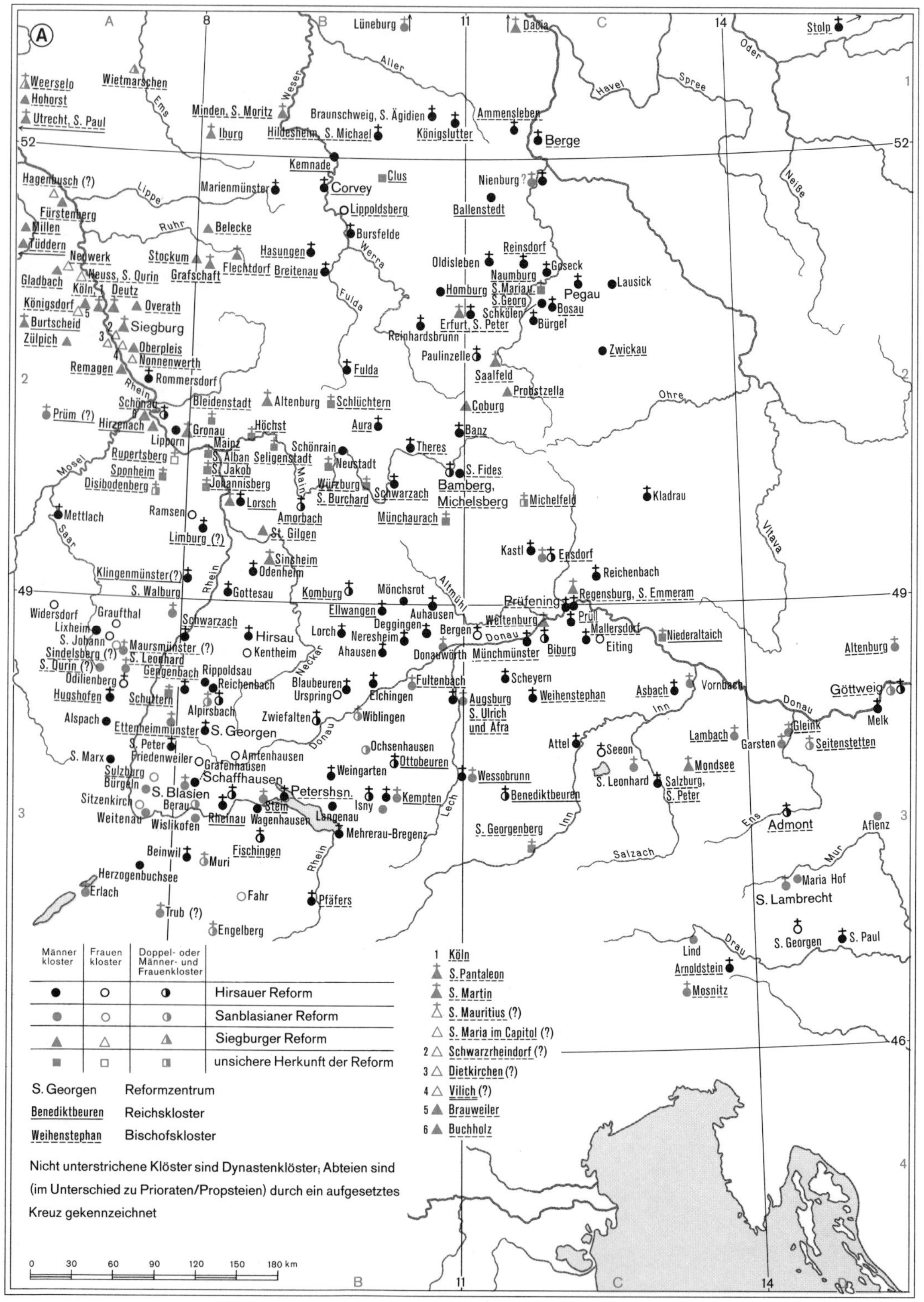

Die Klosterreform von S. Bénigne (Dijon)

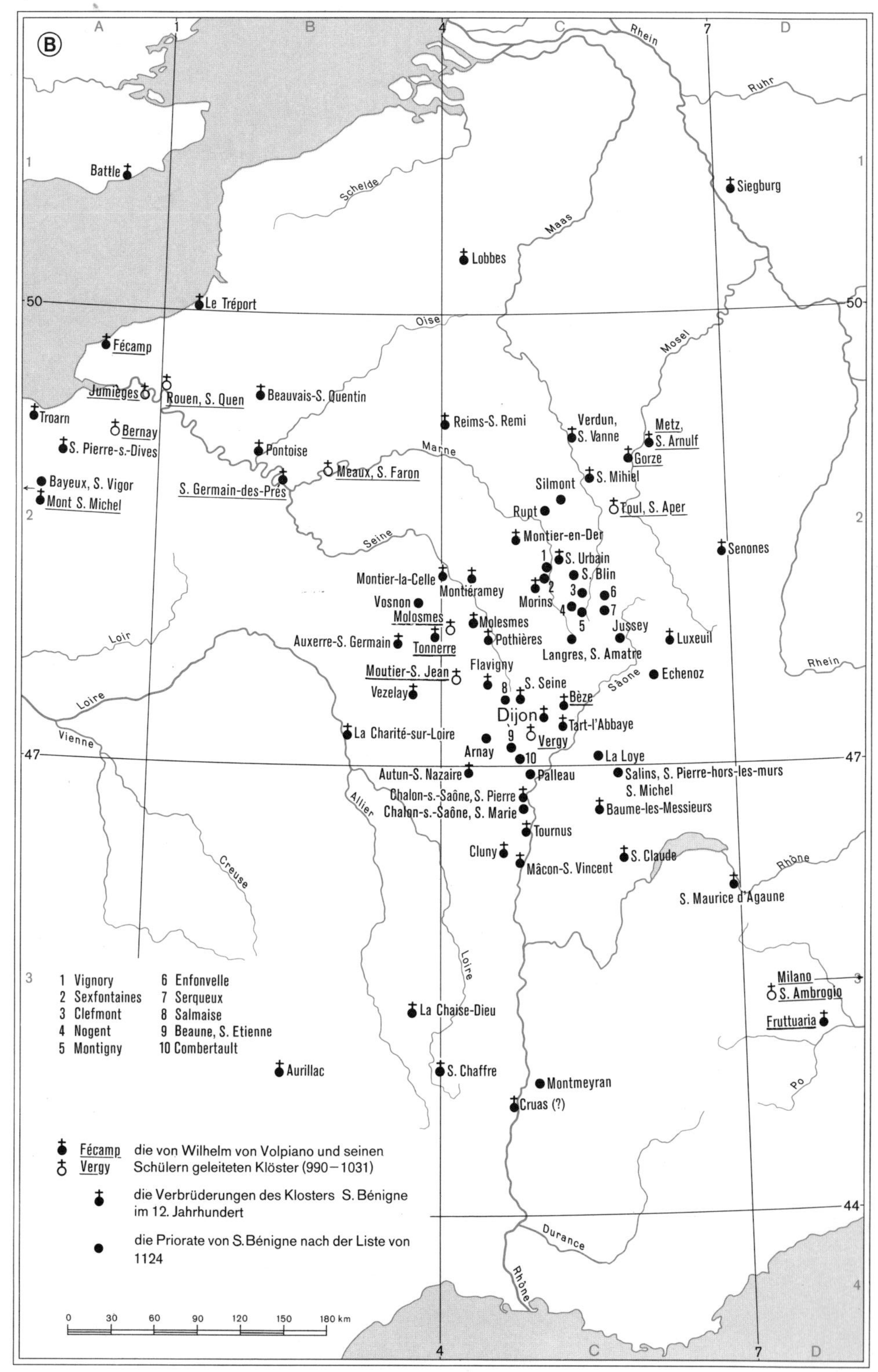

Camaldoli und seine Klöster

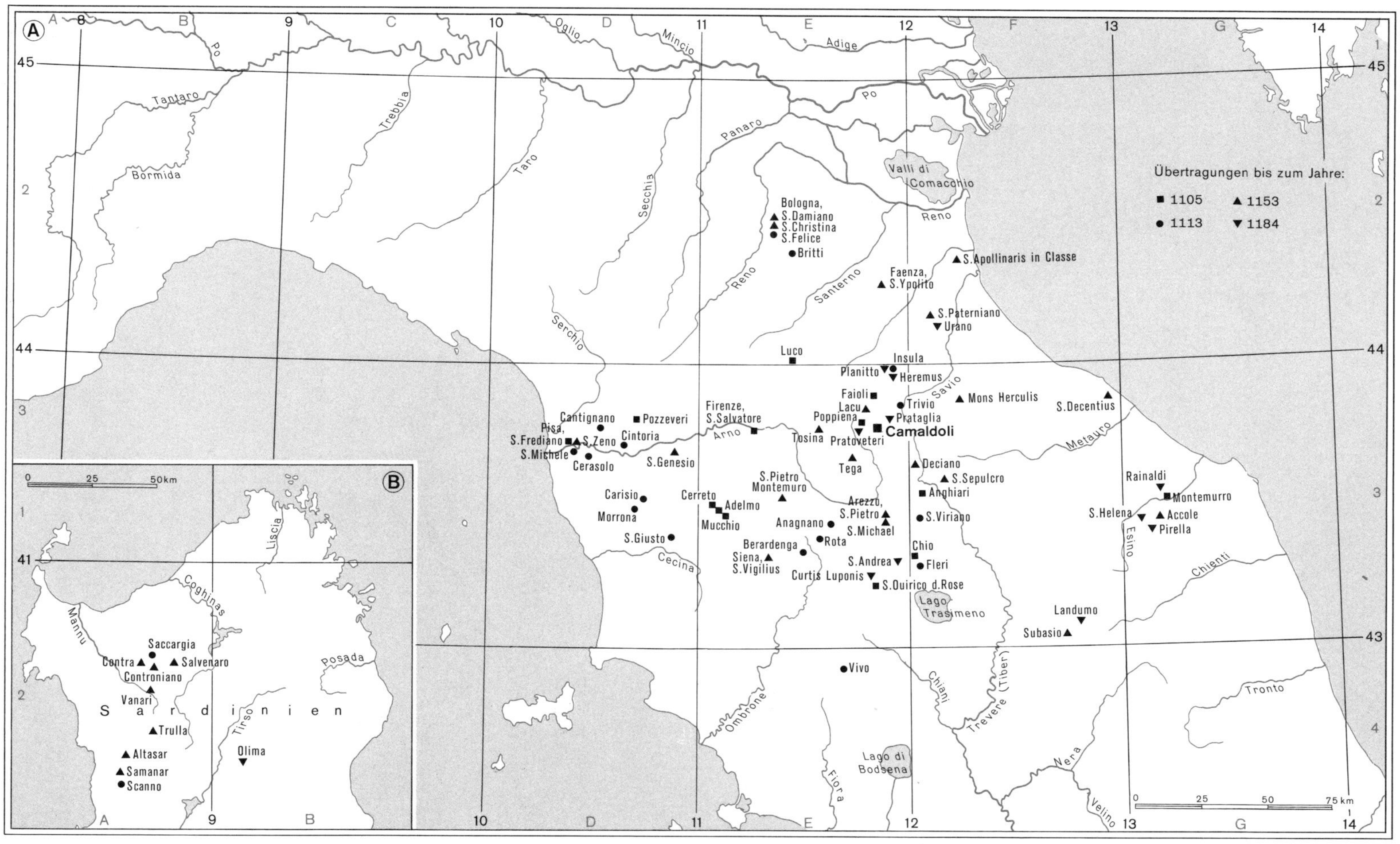

Vallombrosa und seine Klöster

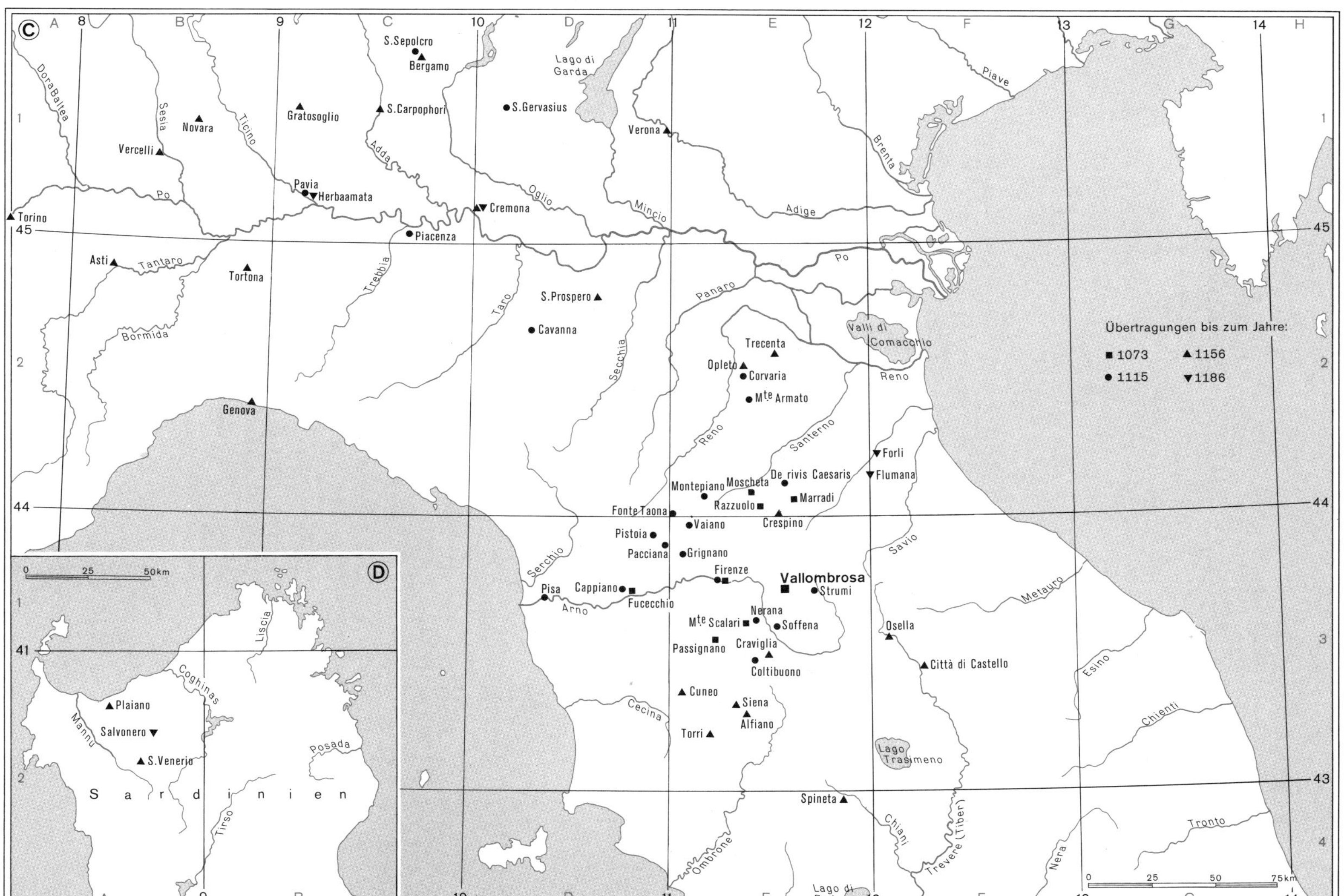

Die Regulierten Chorherren bis 1250

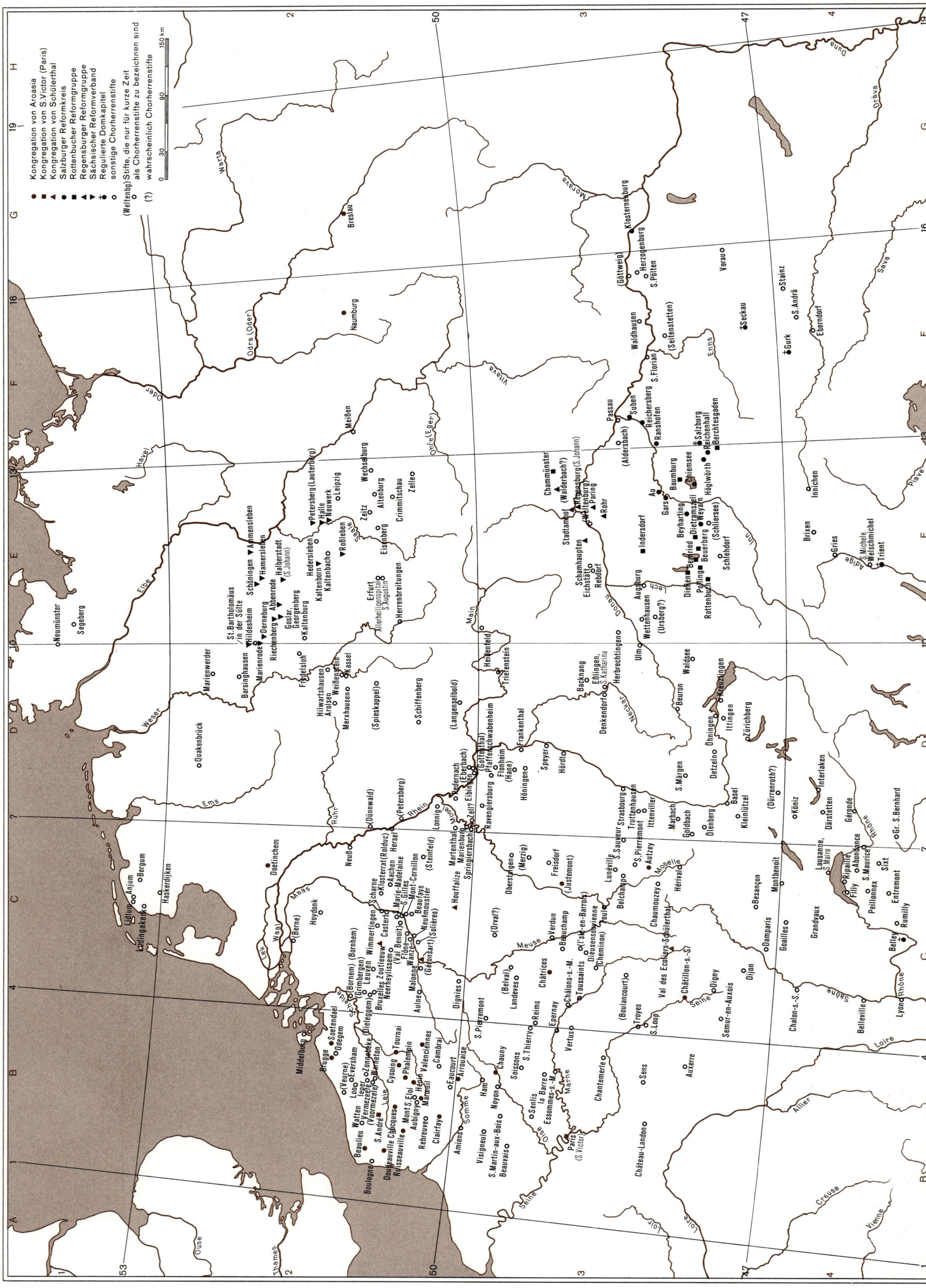

Die Ausbreitung der Kartäuser bis 1500

Klostergründungen

- + 1084–1150
- ▲ 1151–1200
- ■ 1201–1300
- ● 1301–1400
- ◒ 1401–1500

Bei Gründungen, die vor 1500 von den Kartäusern aufgegeben wurden oder an einen anderen Orden übergingen, steht die Signatur in Klammern. Pfeile deuten die Verlegung eines Konvents an. Bei Häusern, von denen nicht sicher überliefert ist, ob sie dem Kartäuserorden angehörten, steht ein Fragezeichen.

1 Arvières 2 Pomiers 3 Sylve Bénite

-------- Provinzgrenzen.

Provinzbezeichnungen

A Provincia Gebennensis
B Provincia Provinciae
C Provincia Burgundiae
D Provincia Picardiae
E Provincia Teutoniae

0 100 200 300 400 km

Die Klostergründungen der Zisterzienser

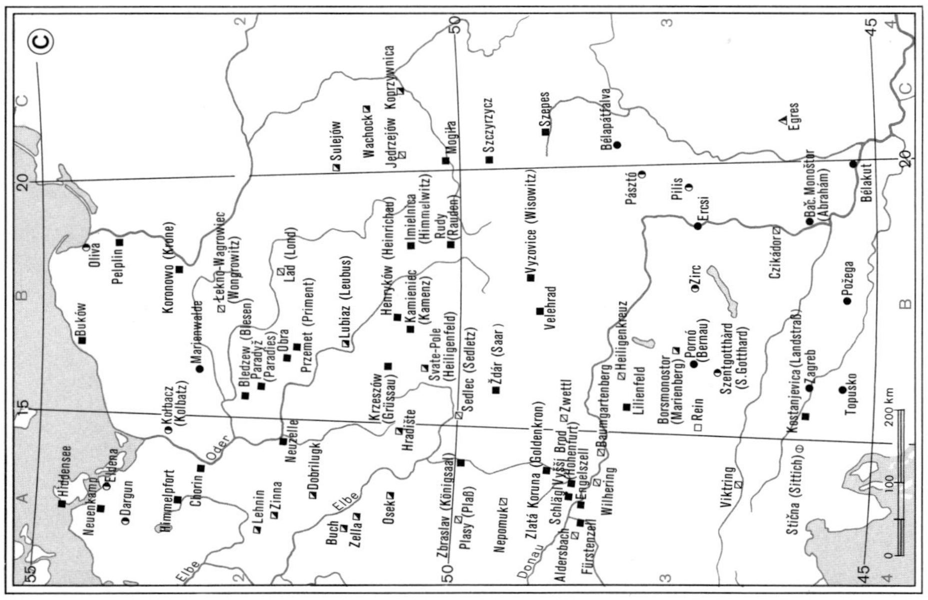

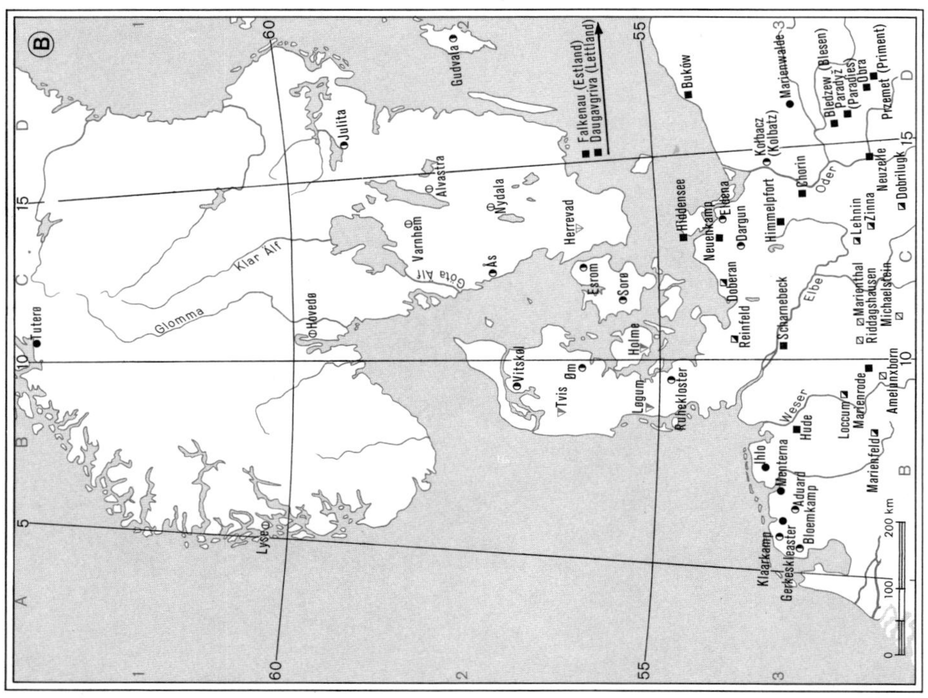

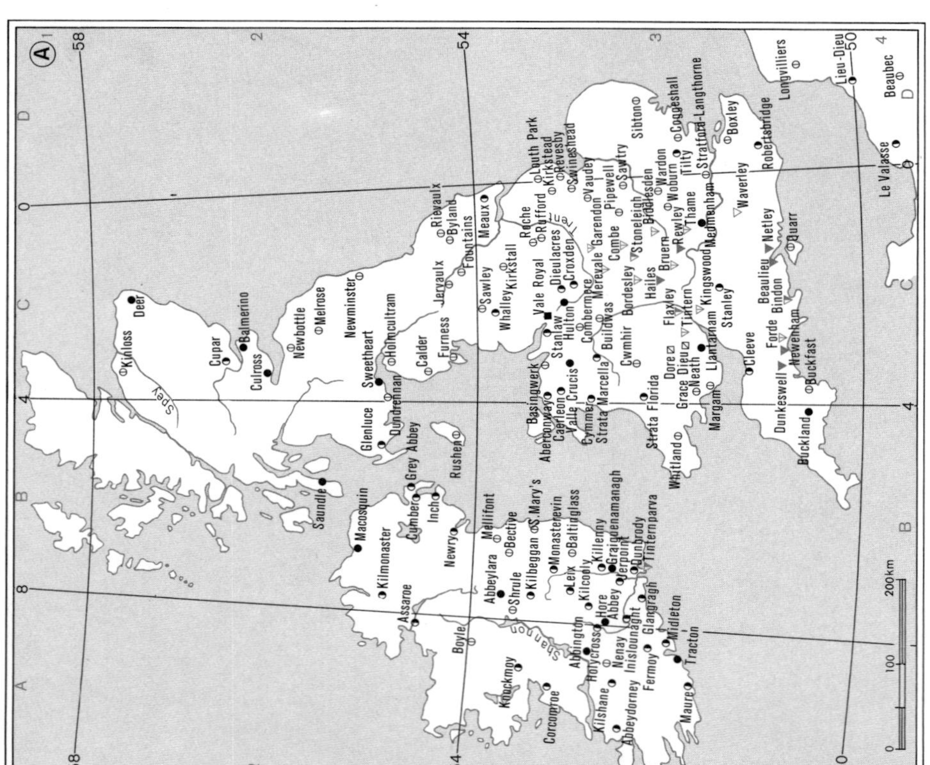

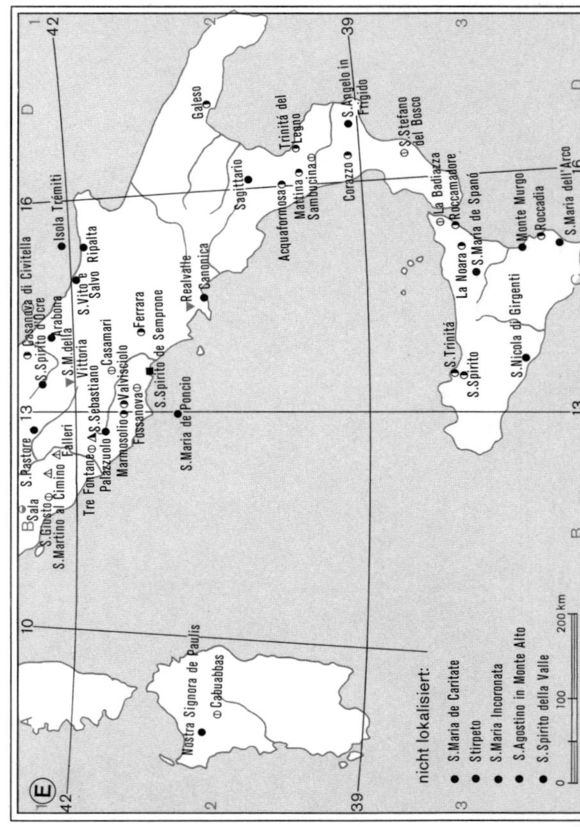

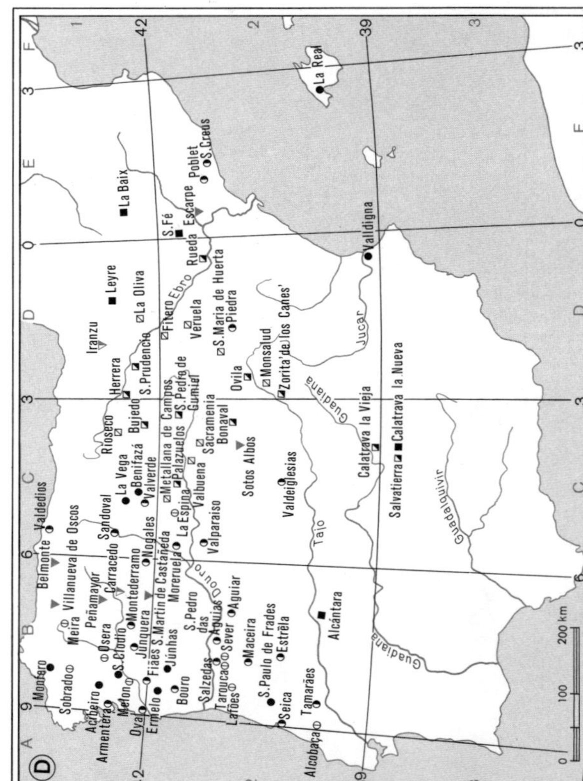

Filiationen	bis 1130	1131–1150	1151–1200	1201–1300
Cîteaux	▽	▽	▼	▼
La Ferté	○	⊖	◑	●
Pontigny	△	△	▲	▲
Clairvaux	○	⊕	◑	●
Morimond	□	⊠	◪	■

Die Klostergründungen der Zisterzienser

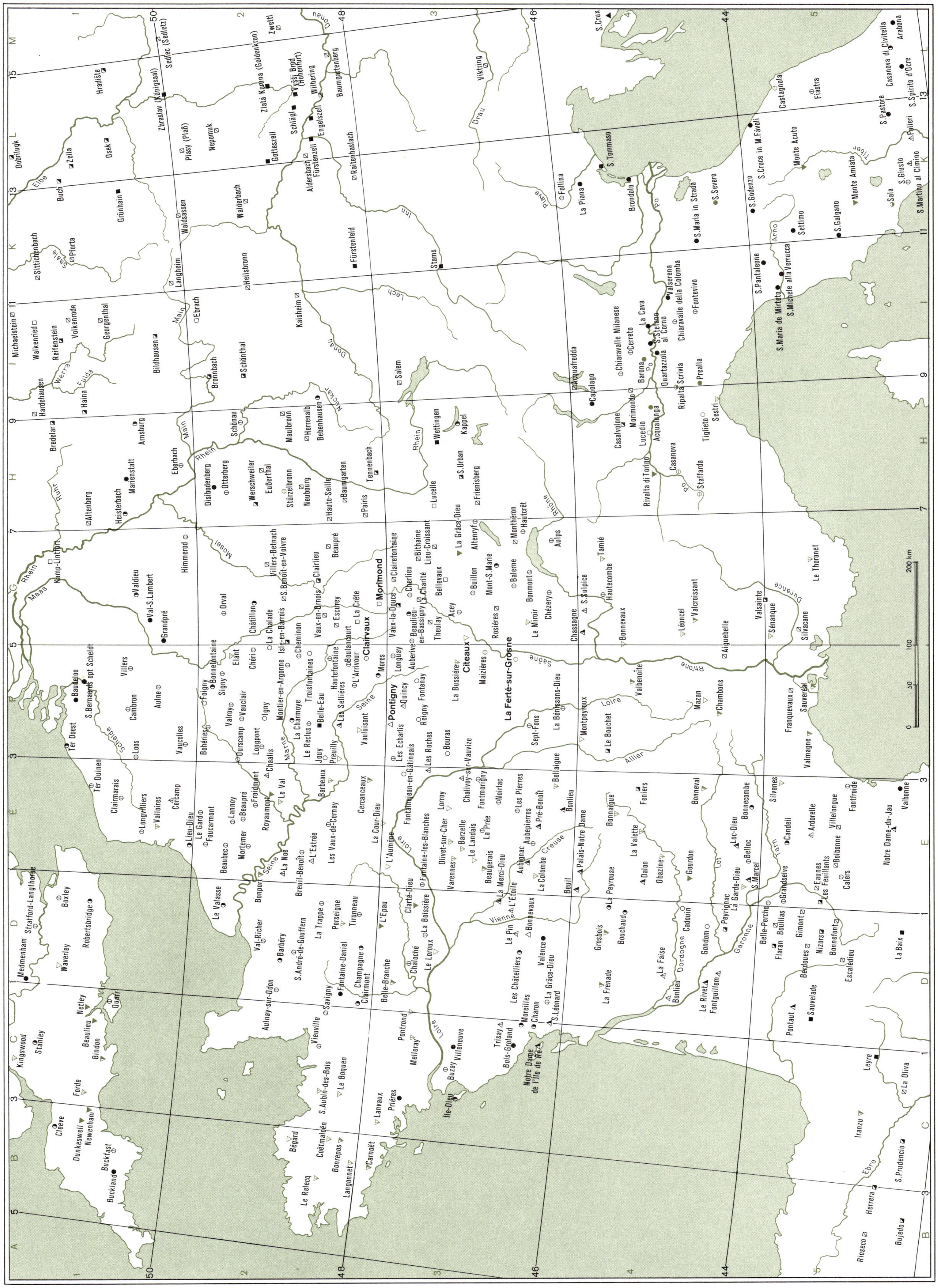

Die Ausbreitung der Prämonstratenser bis 1300

Klostergründungen

- + bis 1130
- ▲ 1131-1150
- ■ 1151-1200
- ● 1201-1300

A Circaria Brabantiae
B Circaria Flandriae
C Circaria Ponthivi
D Circaria Normanniae Australis
E Circaria Floreffiae
F Circaria Franciae
G Circaria Averniae
H Circaria Lotharingiae
J Circaria Vadegotiae
K Circaria Ilfeldiae
(C=Circaria)

Abkürzungen von Klosternamen in den Ordensprovinzen

Circaria Brabantiae
D. Dieleggem
G. Grimbergen
P. Park

Circaria Ponthivi
A. Amiens-S. Jean
M. Marcheroux
S. J. S. Just-au-Chaussee

CircariaFloreffiae
B. Beaurepart
Bo. Bonne-Espérance
C. Chaumont
S.F. S. Feuillien
H. Heylissem
T. Thenailles

Circaria Franciae
A. Avigny
B. Braine
C. Chapelle-aux-Planches
L. Lieu-Restaure
La. Laon-S. Martin
V. Valsery

Circaria Frisiae
L. Langen
W. Wittewierum

Circaria Lotharingiae
F. Freistroff
J. Justemont
L. L' Etanche
S.M. S. Marie-au-Bois
S.P. S. Pierremont
R. Rengéval

Circaria Hungariae
N. Nagykökényes
Ny. Nyulakszigete

Circaria Saxoniae
Qu. Quedlinburg –S. Wipert

Nicht lokalisiert: ● Themenitz

0 100 200 300 400 km

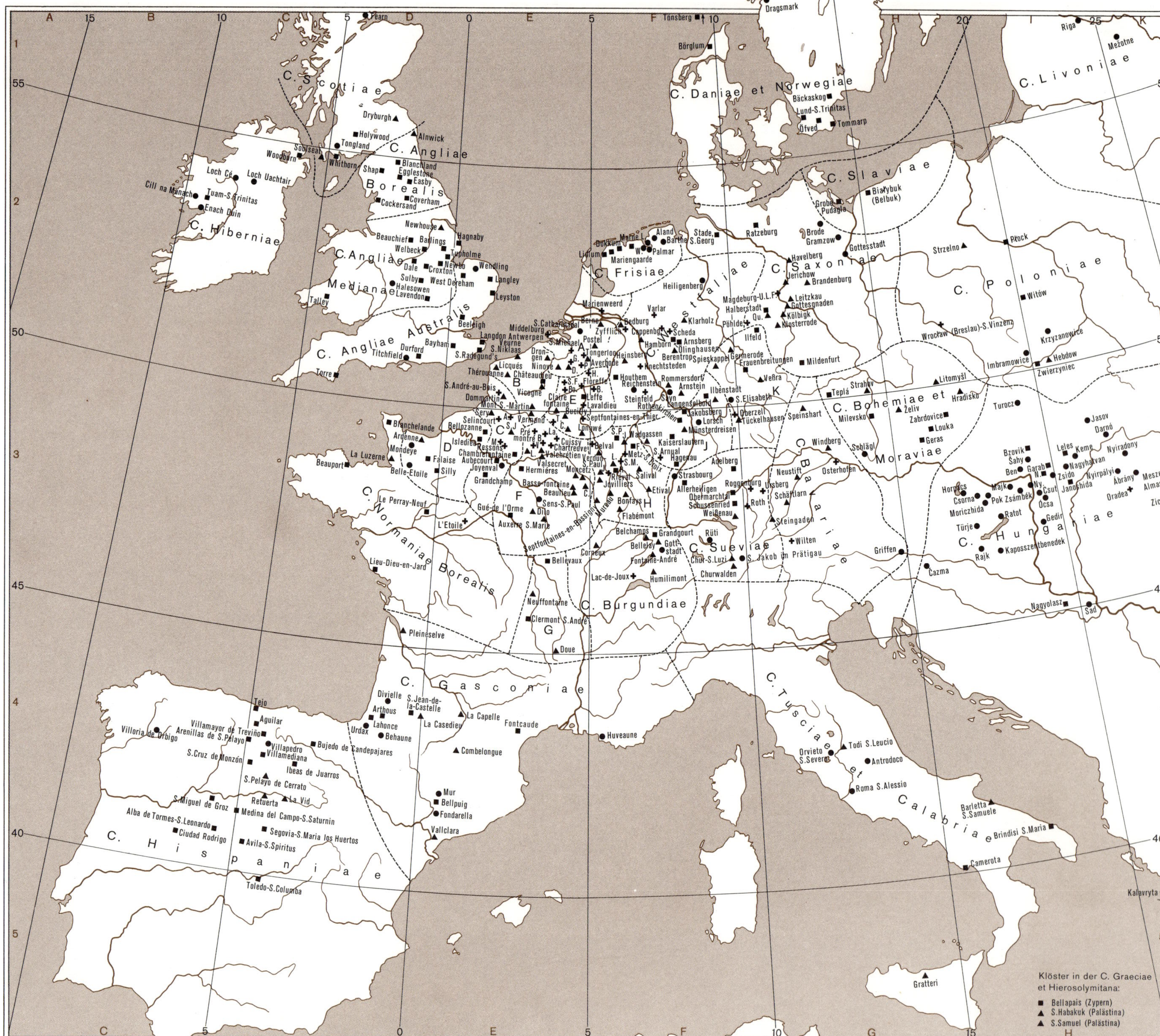

Das serbische Patriarchat Peć

das serbische Reich 1228 (Abdankung Stefans des Erstgekrönten)

Grenze des serbischen Reiches 1355 (Tod Stefan Dusans)

Grenze des Jurisdiktionsbereiches des Patriarchats Peć 1557 (nach der Erneuerung des Patriarchats durch Mehmed Sokolović)

Zeta — vom hl. Sava gegründete Bistümer

Residenz der 1557 gegründeten Bistümer

Kloster

Die armenische Kirche zur Zeit des Konzils von Rom-Gla (1179)

Sitz des armenischen Katholikats

■ beim Konzil von Rom-Gla vertretene Bistümer und Klöster (bei Bistümern, deren städtischer Mittelpunkt unbekannt ist, ist das Bistumszeichen eingeklammert)

□ beim Konzil von Rom-Gla nicht vertretene Bistümer und Klöster

● bedeutende Armeniergemeinden

politische Grenzen

Der Sackbrüderorden

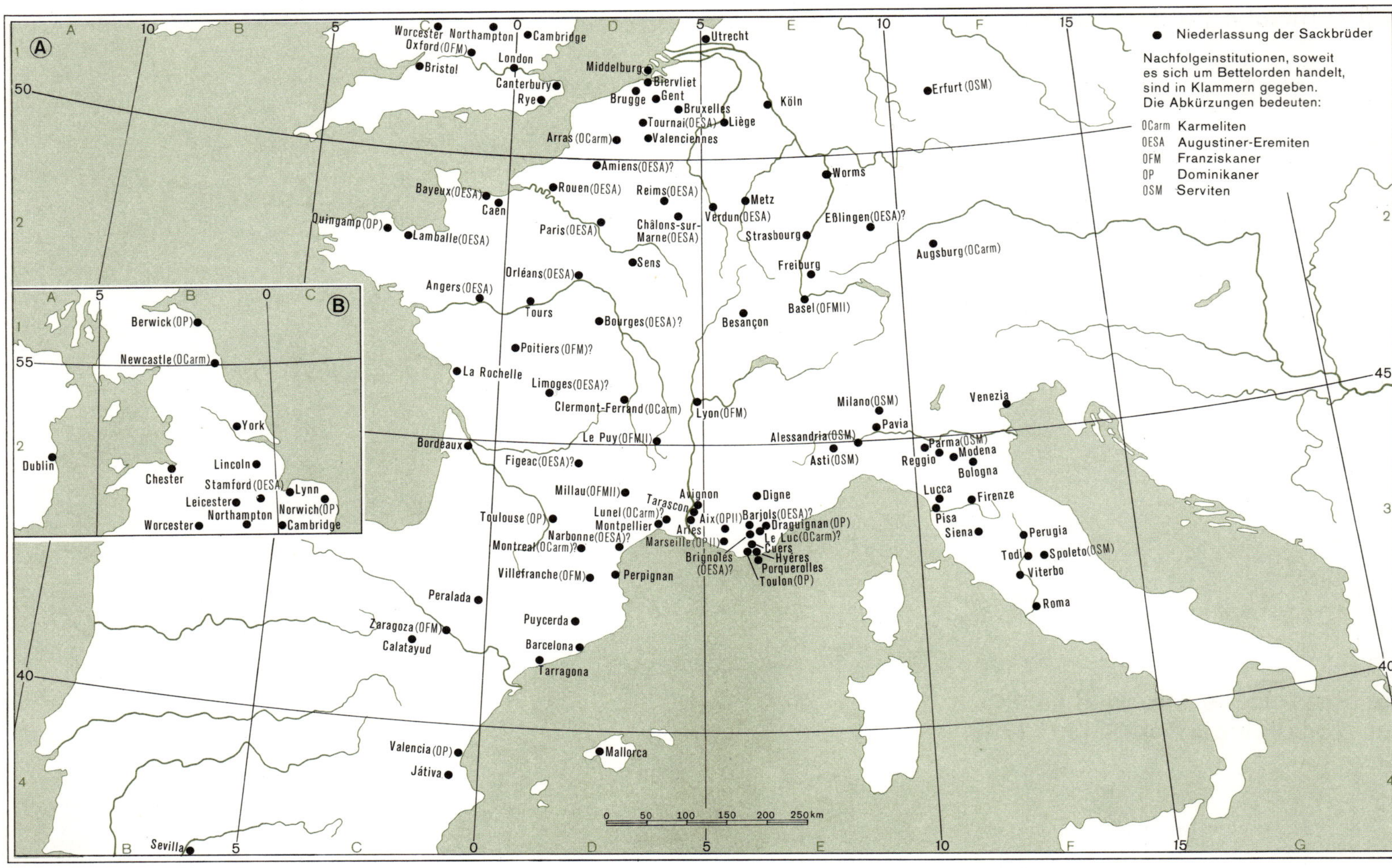

Die Waldenser (1177–1277)

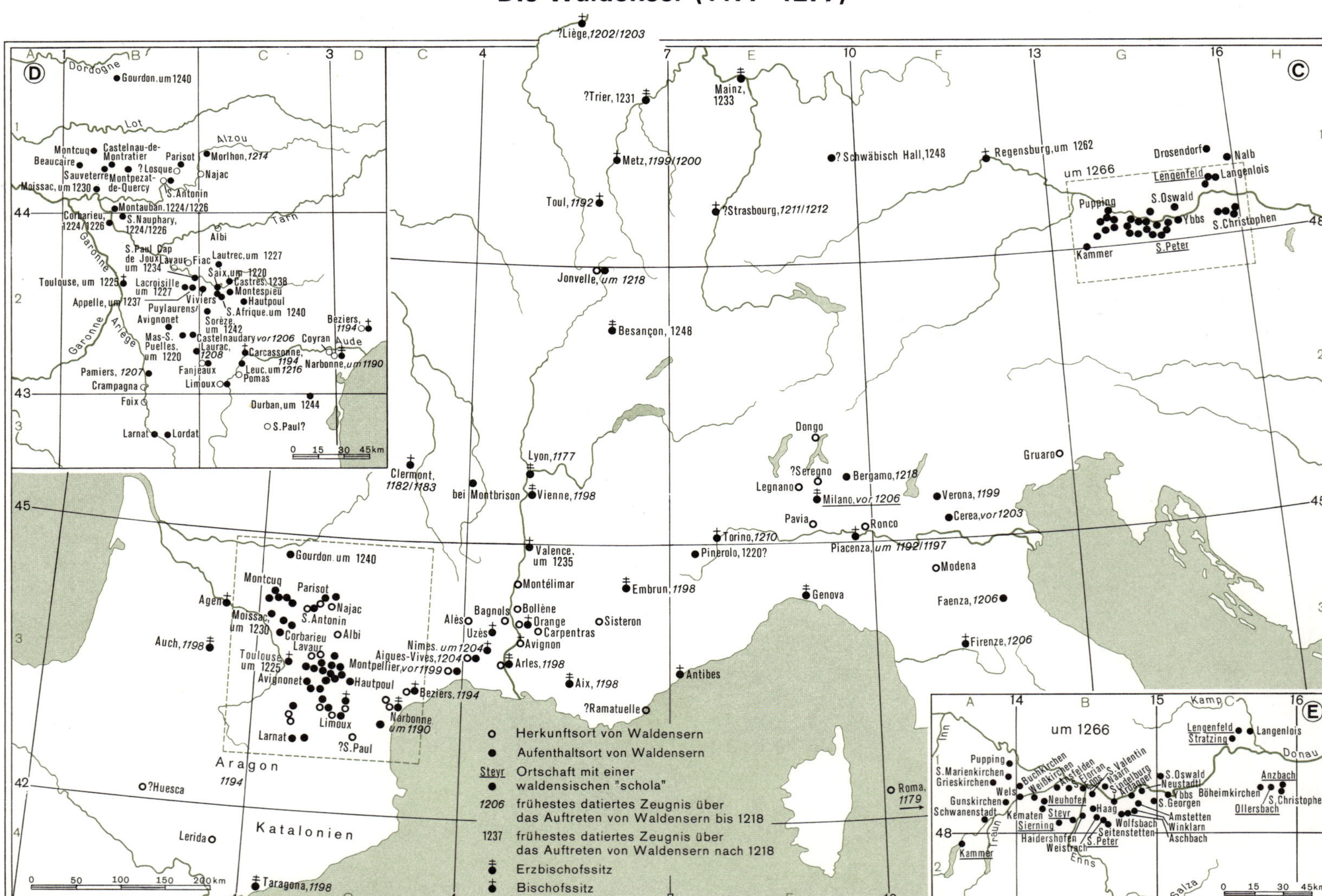

Häretische Bewegungen im Hochmittelalter

Bogumilen, Paulikianer und westliche Häresien ca 970–1100

Die katharischen Bistümer und die Verbreitung des „Schismas" vom Osten nach Westen

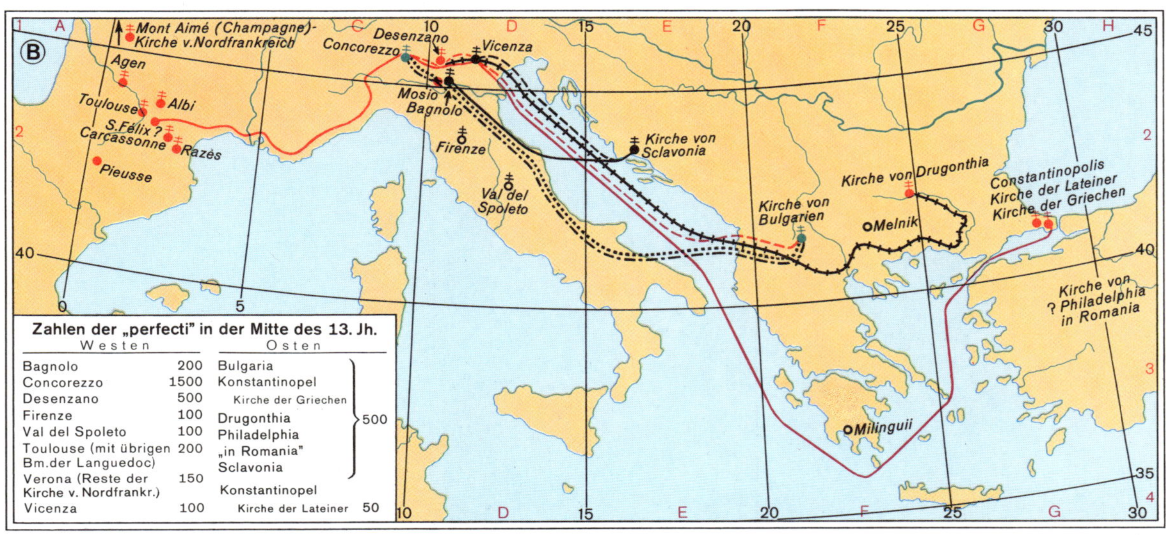

Zahlen der „perfecti" in der Mitte des 13. Jh.

Westen		Osten	
Bagnolo	200	Bulgaria	500
Concorezzo	1500	Konstantinopel (Kirche der Griechen)	
Desenzano	500	Drugonthia	
Firenze	100	Philadelphia „in Romania"	
Val del Spoleto	100	Sclavonia	
Toulouse (mit übrigen Bm. der Languedoc)	200		
Verona (Reste der Kirche v. Nordfrankr.)	150	Konstantinopel (Kirche der Lateiner)	50
Vicenza	100		

- Anhänger des Ordo von Bulgaria
- Anhänger des Ordo von Drugonthia
- Anhänger des Ordo von Sclavonia
- Ordo unbekannt
- Katharische Konzile
- Hypothetische Sitze einer katharischen Kirche

Reisen östlicher Katharer-Führer, die beanspruchten, gültiges "consolamentum" zu haben:
- Nicetas ca. 1166
- Petracius ca. 1175

Reisen italienischer Katharer-Führer, die im Osten gültiges "consolamentum" suchten:
- Caloiannes ca. 1180
- Nicolaus ca. 1180
- Johannes Judeus ca. 1180
- Johannes Bellus ca. 1180
- Garattus und Nazarius ca. 1190

(Die Routen beruhen auf Vermutung)

0 200 400 600 km

Das Kernland der Katharer in Südfrankreich

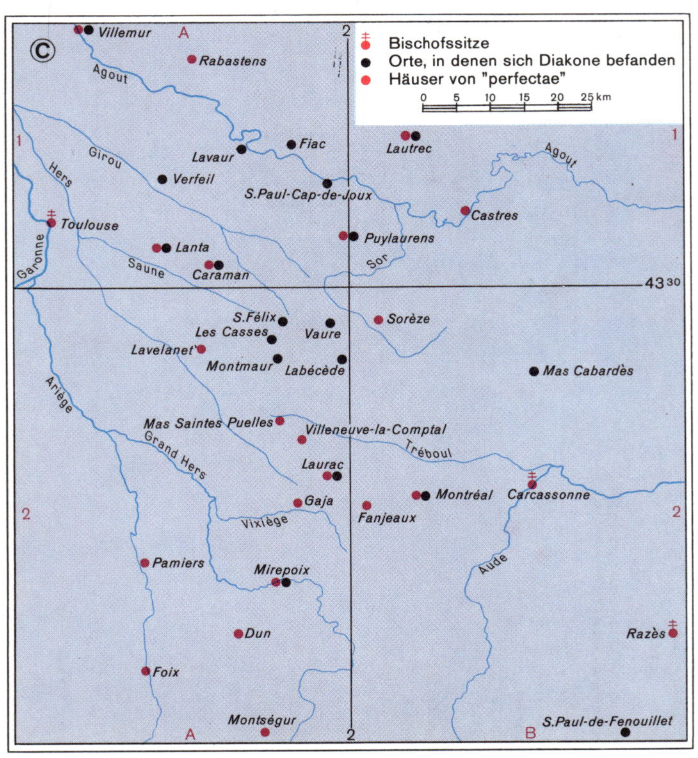

Die Katharer in Nord- und Mittelitalien im 13. Jahrhundert

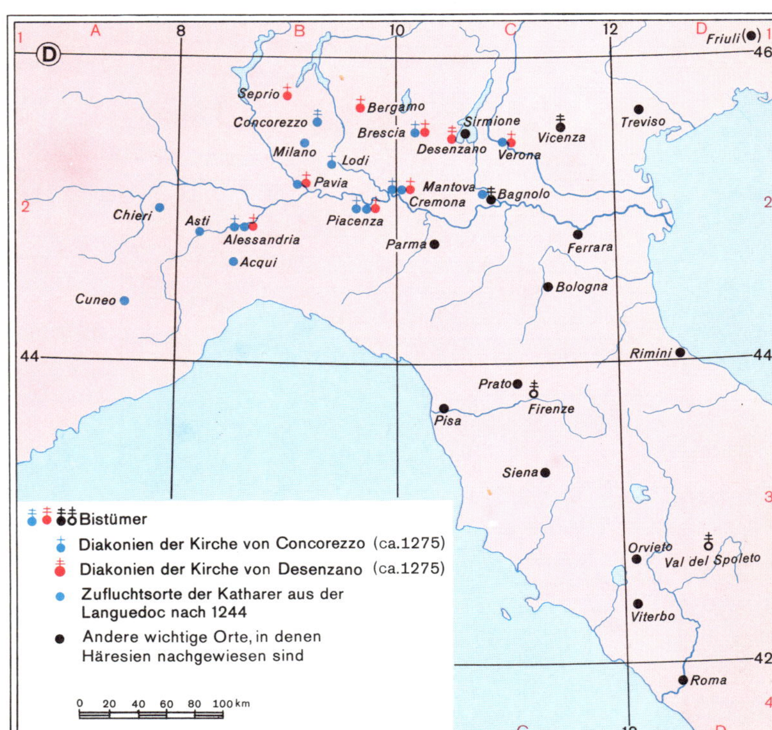

Die Ausbreitung der Franziskaner bis 1300

Provinzen 1300

1 P. Santiago
2 P. Castilla
3 P. Aragon
4 P. Aquitania
5 P. Provence
6 P. France
7 P. Touraine
8 P. Bourgogne
9 P. Milano
10 P. Marca Trevigiana
11 P. Genova
12 P. Bologna
13 P. Toscana
14 P. San Francesco
15 P. Marche
16 P. Roma
17 P. Penna
18 P. S.Angelo
19 P. Terra di Lavoro
20 P. Puglia
21 P. Calabria
22 P. Sicilia
23 Vic. Corse
24 Vic. Sardegna
25 P. Straßburg
26 P. Köln
27 P. Saxonia
28 P. Österreich
29 P. Böhmen
30 Vic. Rußland
31 P. Ungarn
32 P. Sclavonia
33 Vic. Bosnia
34 P. Dacia
35 P. England
36 P. Irland

Folgende Niederlassungen liegen außerhalb des Kartenausschnittes

P. Dacia
Arboga
Bergen
Enköping
Jönköping
Konghelle
Linköping
Maarstrand
Nyköping
Oslo
Skara
Söderköping
Stockholm
Tönsberg
Uppsala
Visby

P. Saxonia
Riga

Vic. Rußland
Bialy Gród

P. = Provinz
Vic. = Vikariat

0 100 200 300 400 km

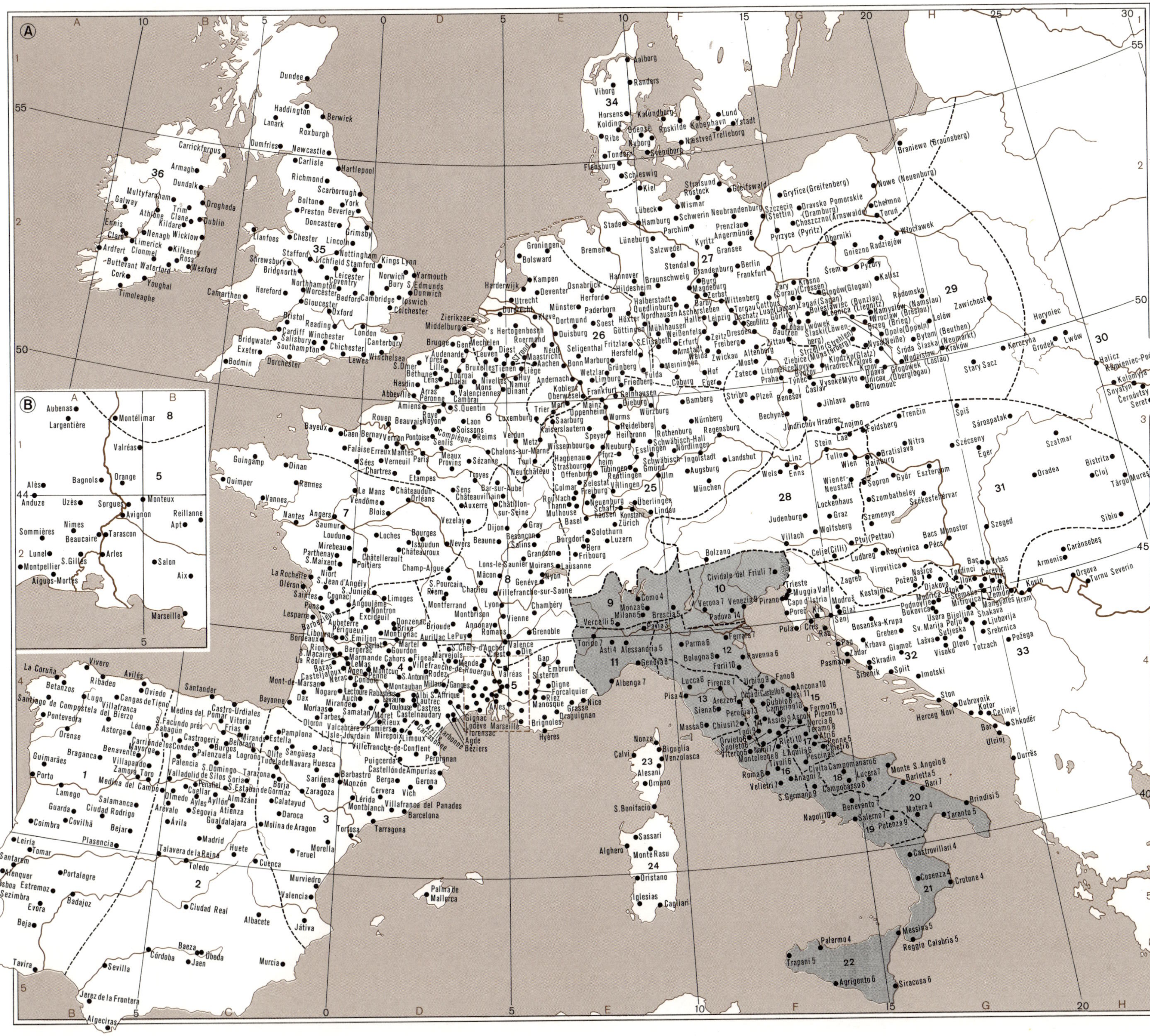

Die Ausbreitung der Dominikaner bis 1500

Gründungen

- ✚ bis 1250
- ▲ 1251-1300
- ■ 1301-1400
- ● 1401-1500

Abkürzungen von Klosternamen in den Ordensprovinzen

Provinz Hibernia
R. Roscommon

Provinz Hispania
V. Valencia de S.Juan

Provinz Lombardia Inferior
Cam. Camerino
Ci. Cingoli
Fo. Forli
Fa. Fabriano
L. Lugo
M. Montova
Me. Meldola
Mo. Modigliana
Mon. Monselice
Se. S.Severino Marche

Provinz Lombardia Superior
A. Alessandria
Ch. Chieri
C.M. Casale Monferrato
Cr. Crema
Cre. Cremona
P. Pavia
Sav. Savigliano
Tr. Trino
V. Valenza
Vi. Vigevano

Provinz Regnum
Ac. Acquaviva delle Fonti
Aq. Aquila
B. Bagnoli Irpino
Benev. Benevento
Cast. Castellaneta
G. San Pietro in Galatina
S. Sulmona

Provinz Romana
C. Città di Castello
Ca. Cagli nell' Umbria
Cort. Cortona
F. Fojano
Fi. Fiesole
Fir. Firenze
Per. Perugia

Provinz Scotia
C. Cupar Fife
K. Kinghorn

Provinz Tolosana
F. Fanjeaux
P. Prouille

Nicht in der Karte aufgeführte Klöster

Provinz Dacia
✚ Bergen
■ Hamar
✚ Oslo
✚ Reval
✚ Sigtua
■ Stockholm
▲ Strängnäs
✚ Trondheim
✚ Turku
✚ Västerås
● Viborg (Finnland)

Provinz Dalmatia
▲ Marca

Provinz Hungaria
■ Bistrata
■ Brasow
● Coborszentmihály
● Labatlan
▲ Sighisoara
■ Székelyvásárhely

Provinz Polonia
● Czerwonogrod
■ Kamieniec-Podolsk
● Kolomyja
■ Łuck
● Podkamien
■ Siret
■ Smotrič
● Trembowta

Provinz Saxonia
▲ Dorpat

Provinz Trinacria
● Notabile (=Rabat, Malta)

0 100 200 300 400 km

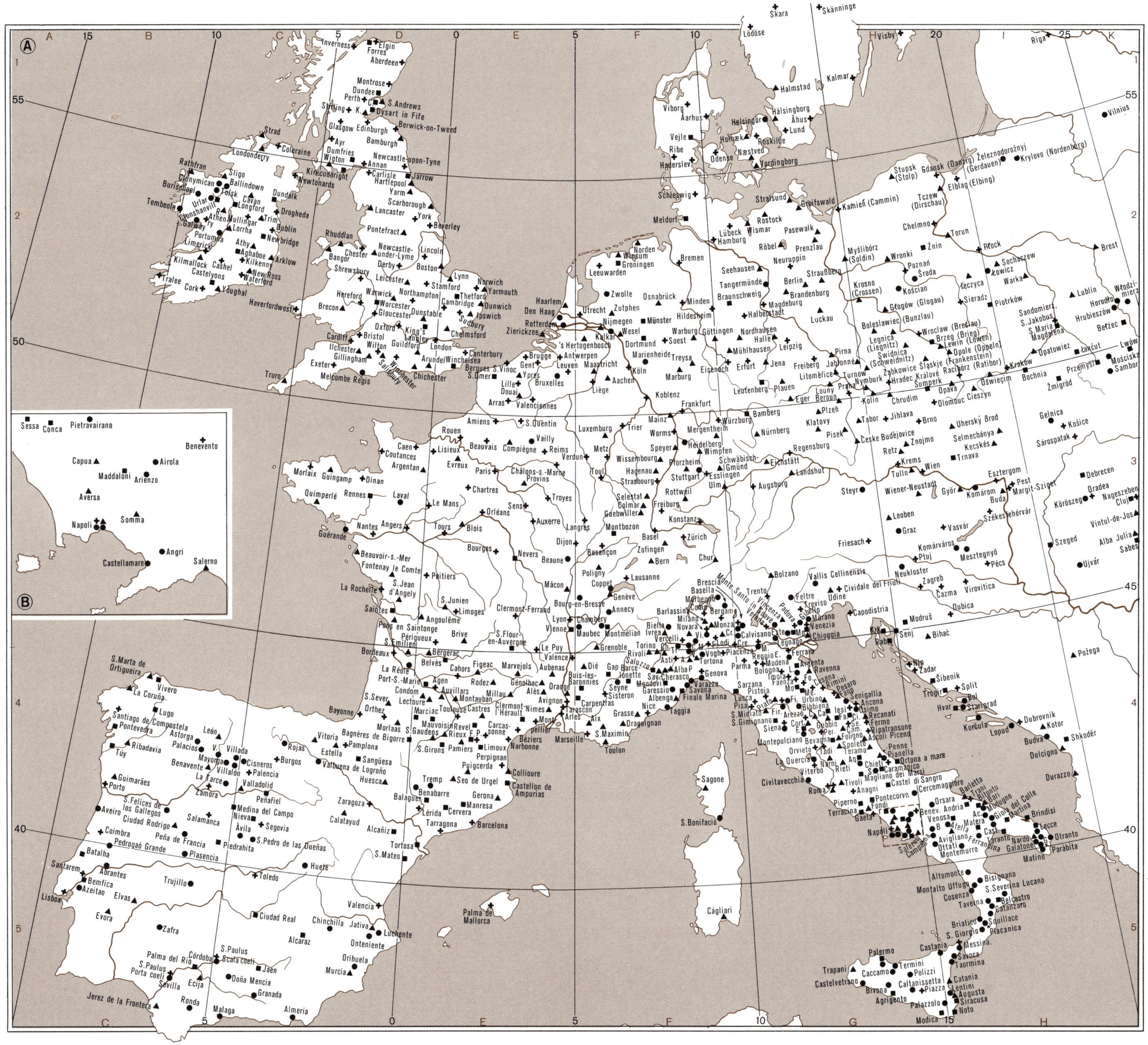

Die Wege der Kreuzfahrer und die lateinischen Staaten

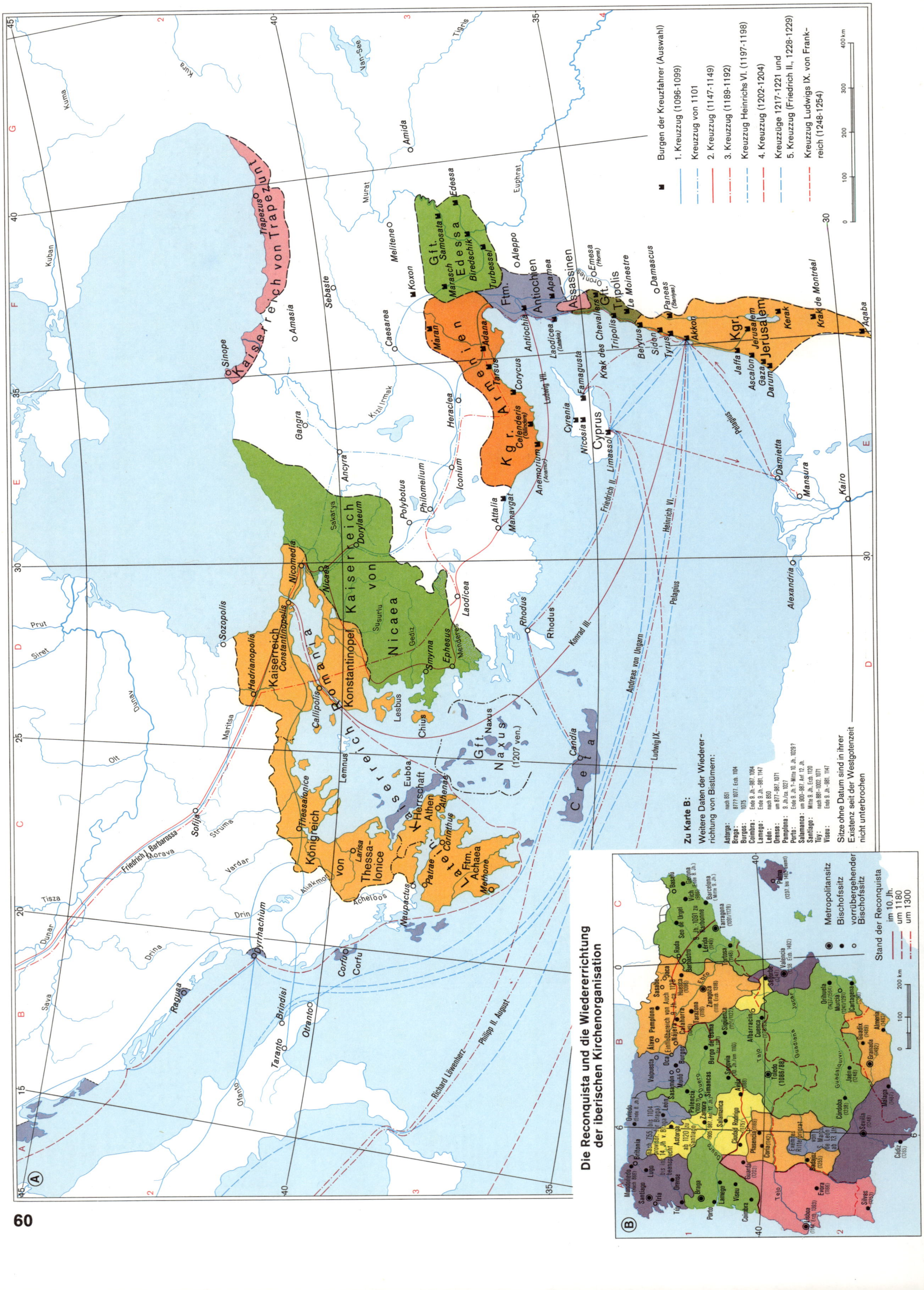

Die lateinische Kirche des Ostens 1100–1400

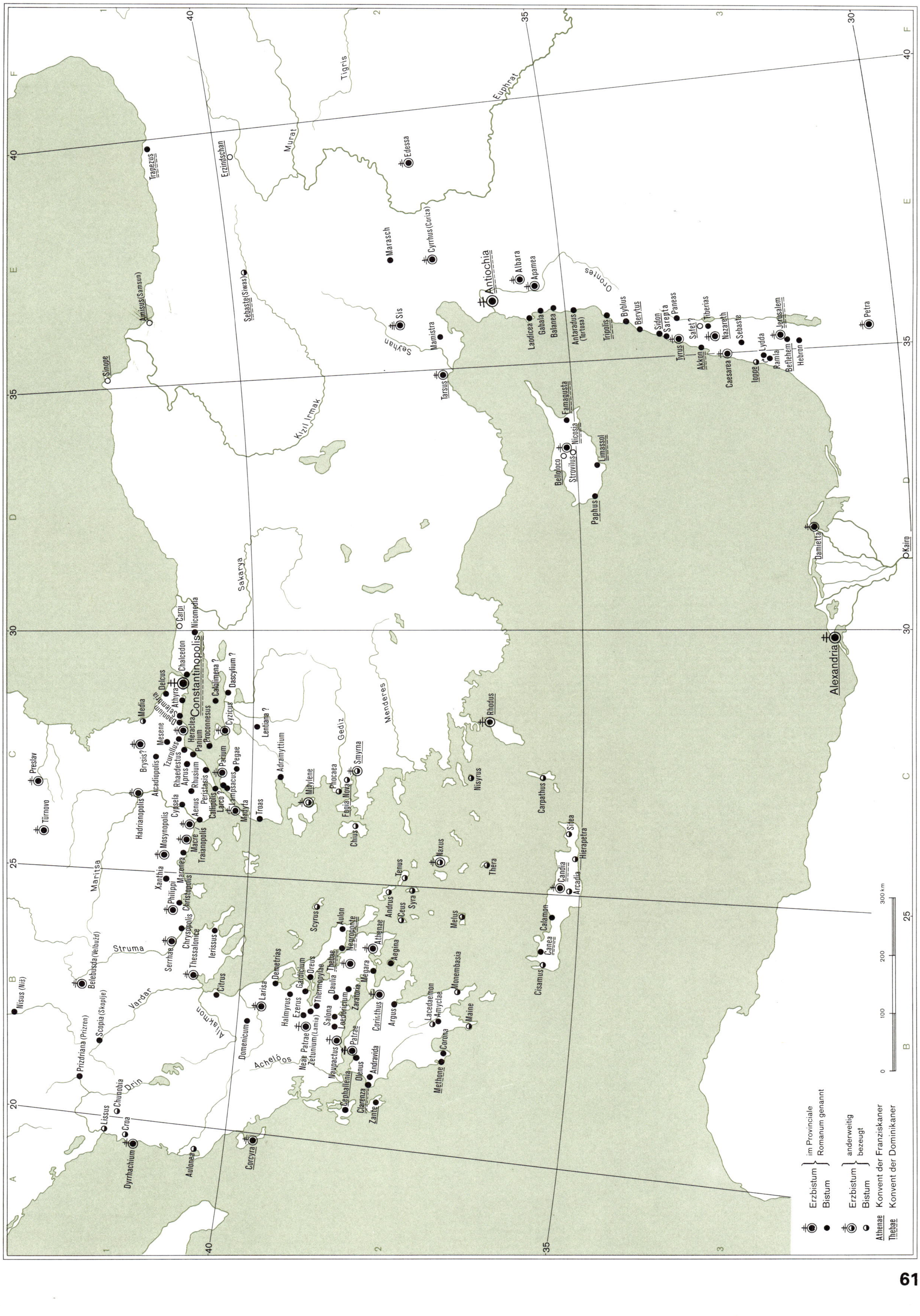

Das Erzstift Riga und das Ordensland bis 1466

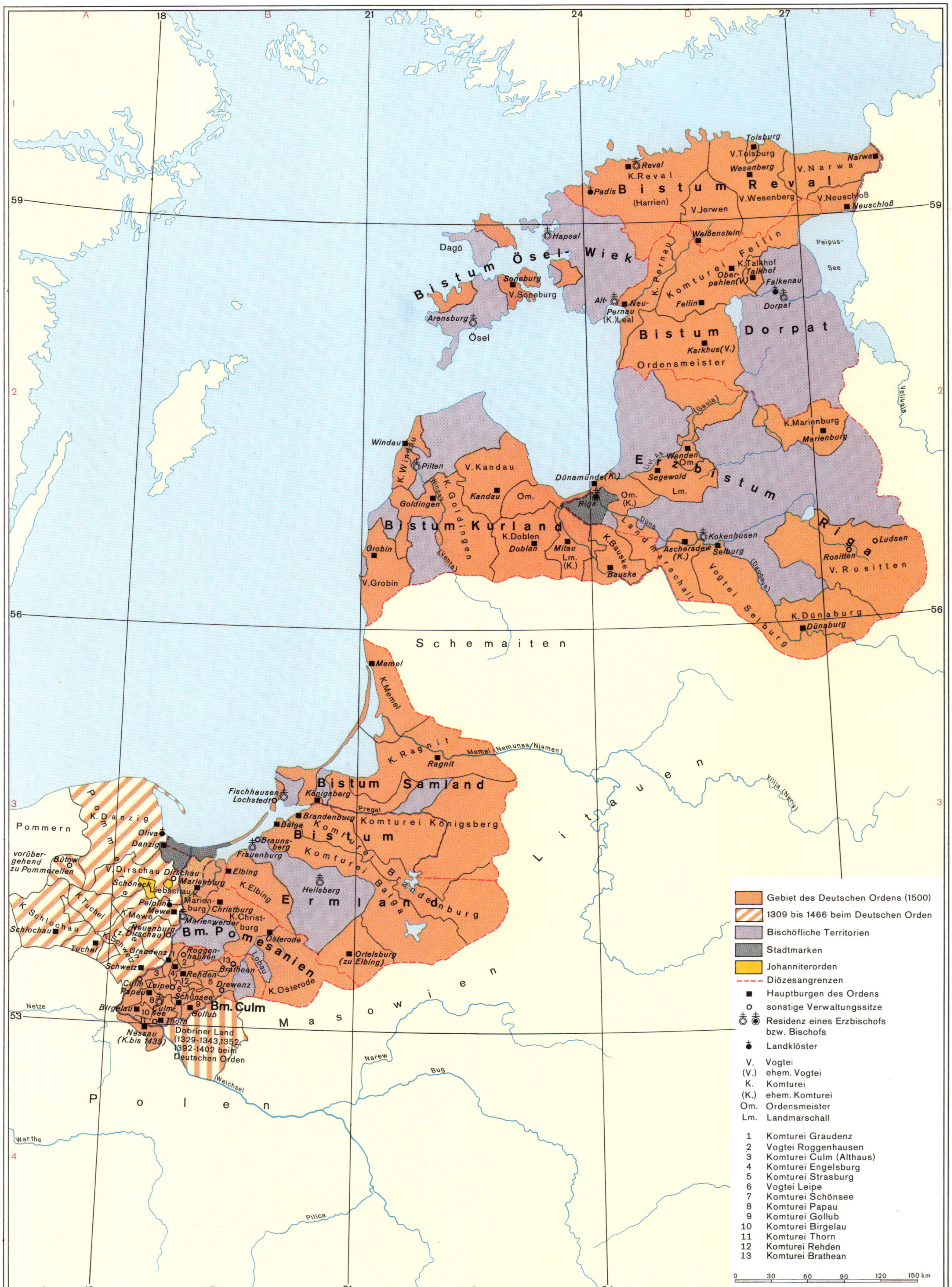

Das römisch-katholische Christentum im Machtbereich der Mongolen (13.–14. Jh.)

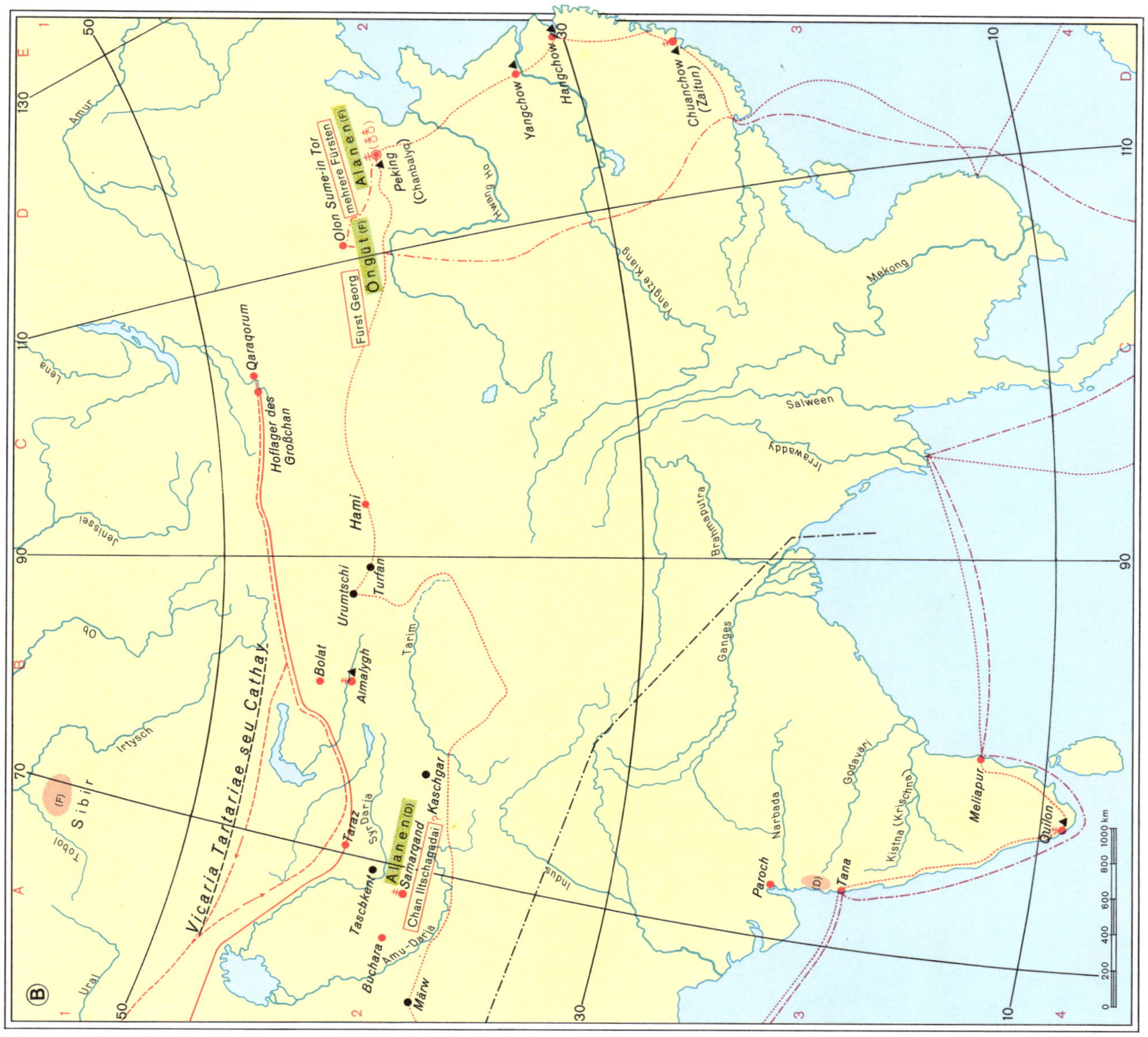

- Ort mit röm.-kath. Christen
- Bistum
- Erzbistum
- Suffraganbischöfe mit unbestimmtem Sitz
- Klöster, Missionsstationen (Franziskaner, Dominikaner)
- wandernde Ordensgemeinschaften ("loca mobilia") der Franziskaner
- Grenze der Missions-Vikarien der Franziskaner
- Societas: Missionsorganisation der Dominikaner
- Baschkiren (F)(D): (teilweise) christlicher Volksstamm (Mission der Franziskaner, Dominikaner)
- (F): Christen auf dem Lande (Mission der Franziskaner)
- Chan Tochtu: Herrscher römisch-katholischen Bekenntnisses
- Jurisdiktionsgrenze zwischen Peking (Franziskaner) und Sultanijä (Dominikaner)

Reisewege der Franziskaner:
- Johannes von Piano Carpini (1245-47)
- Wilhelm von Rubruk (1253-55)
- Johannes von Montecorvino (1291-94)
- Odorich von Pordenone (1318-30)

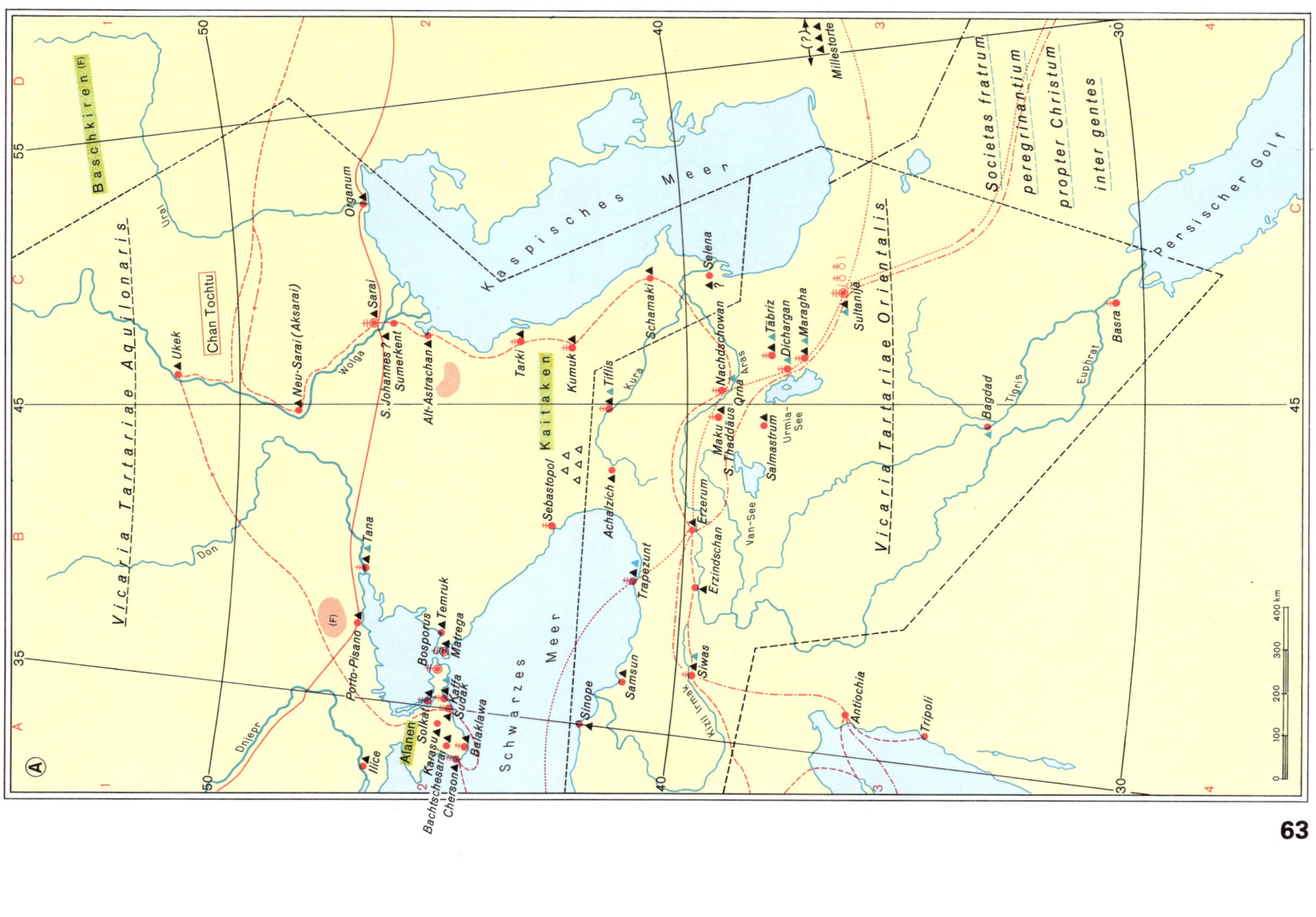

Die Universitäten bis 1500

Die Geißlerbewegung 1348–1349

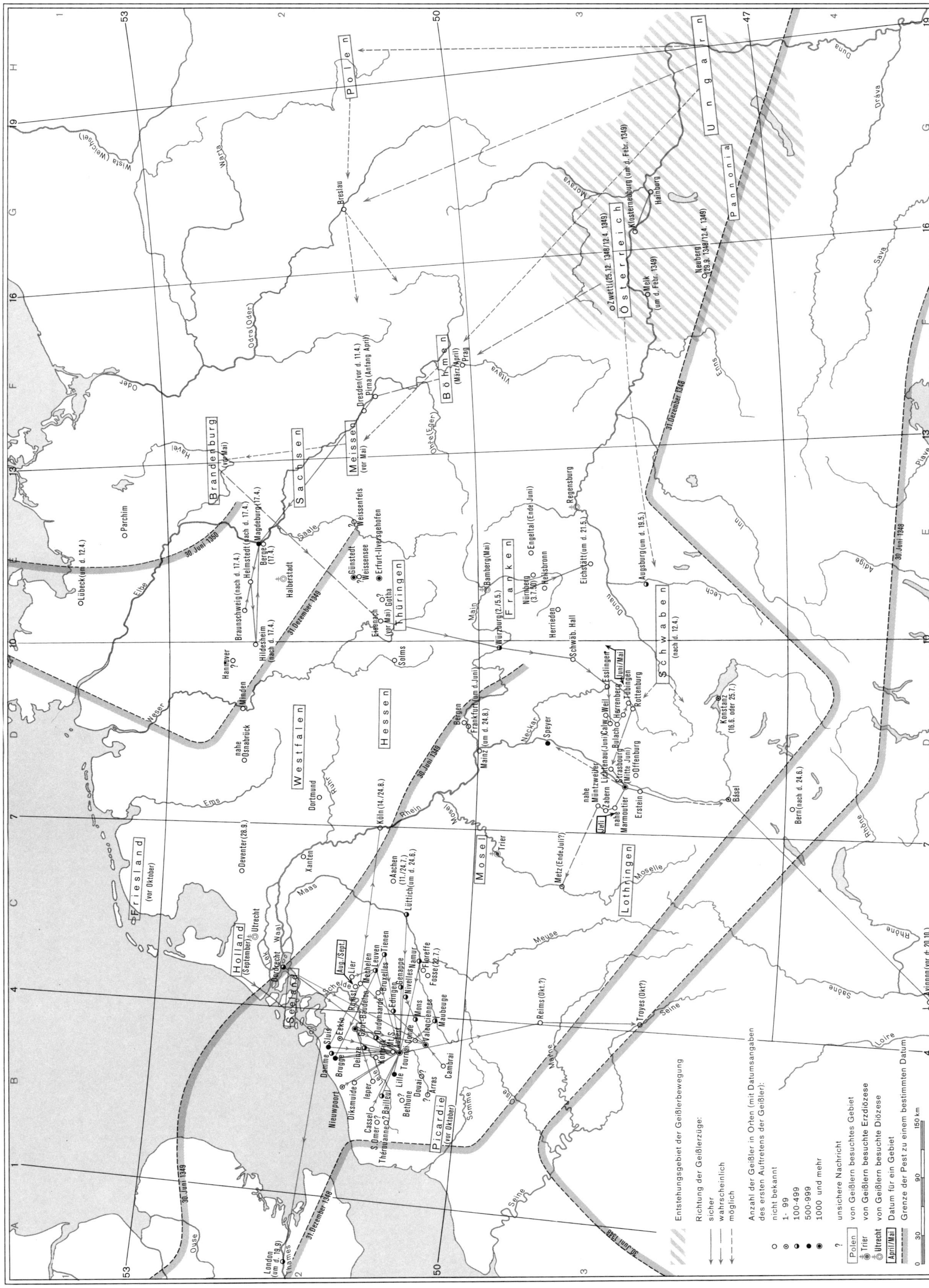

Die Obedienzen des Abendländischen Schismas

Die Reformen von Bursfelde, Kastl und Melk

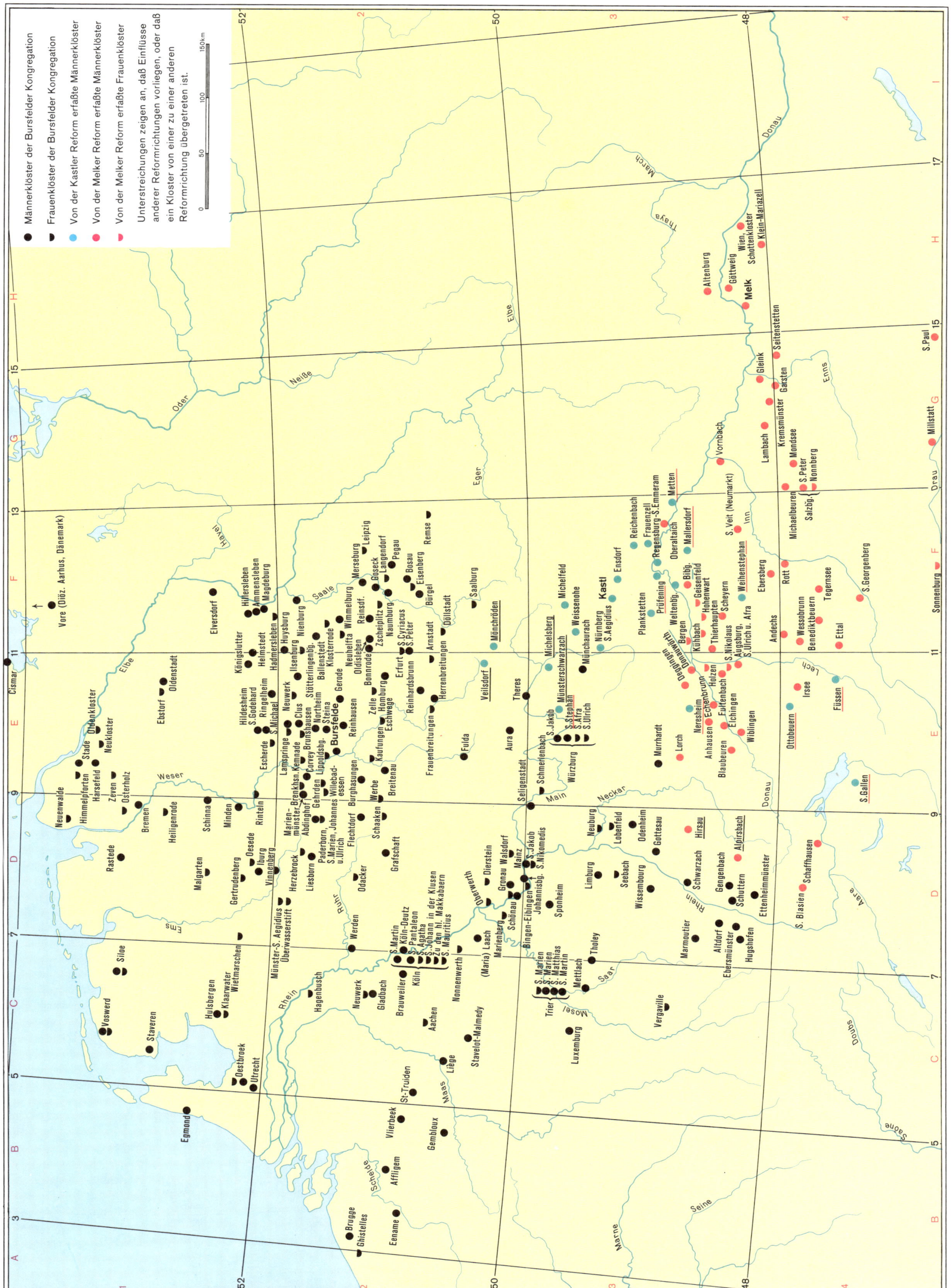

Die Klöster des Kapitels von Windesheim

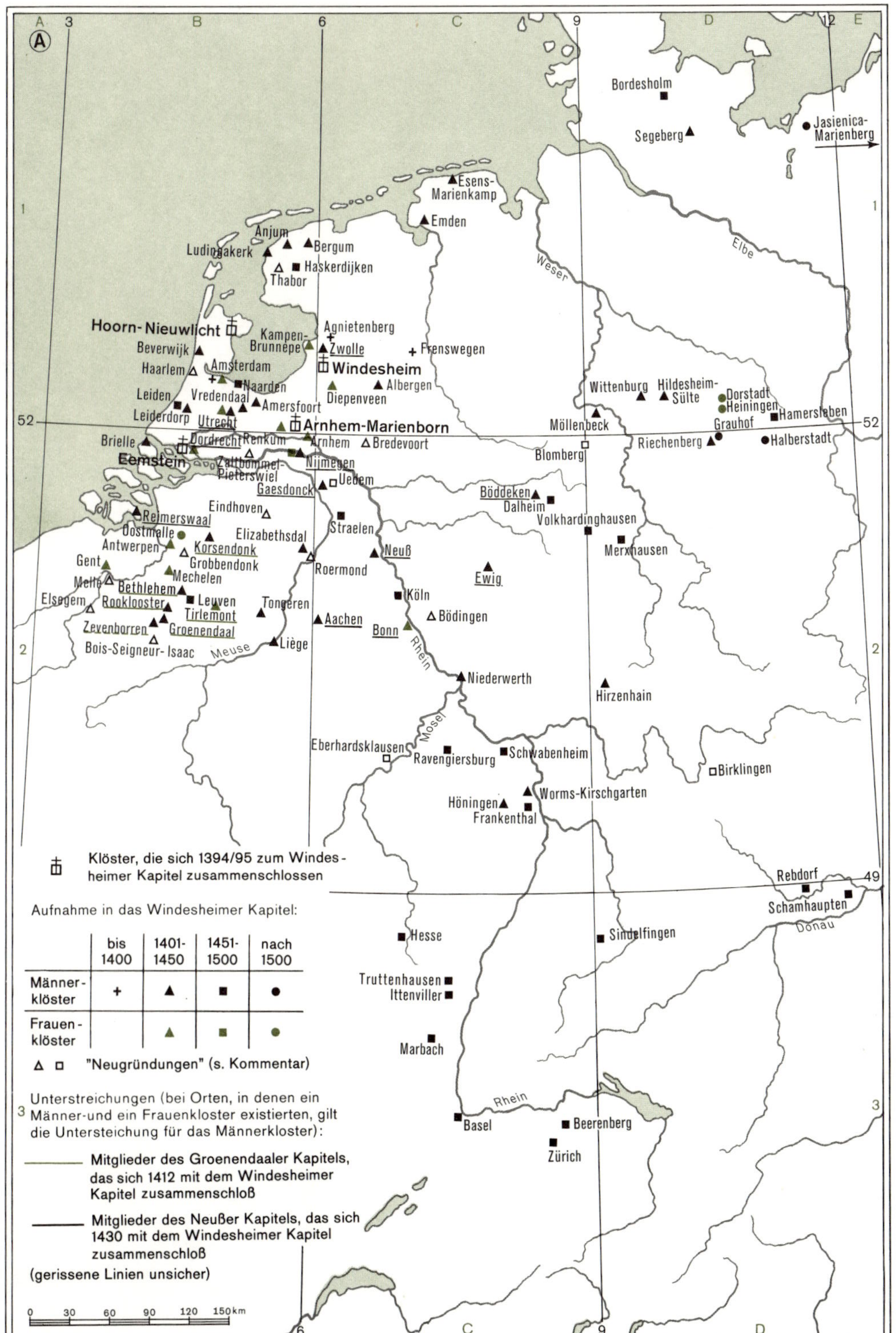

Die Brüder vom gemeinsamen Leben

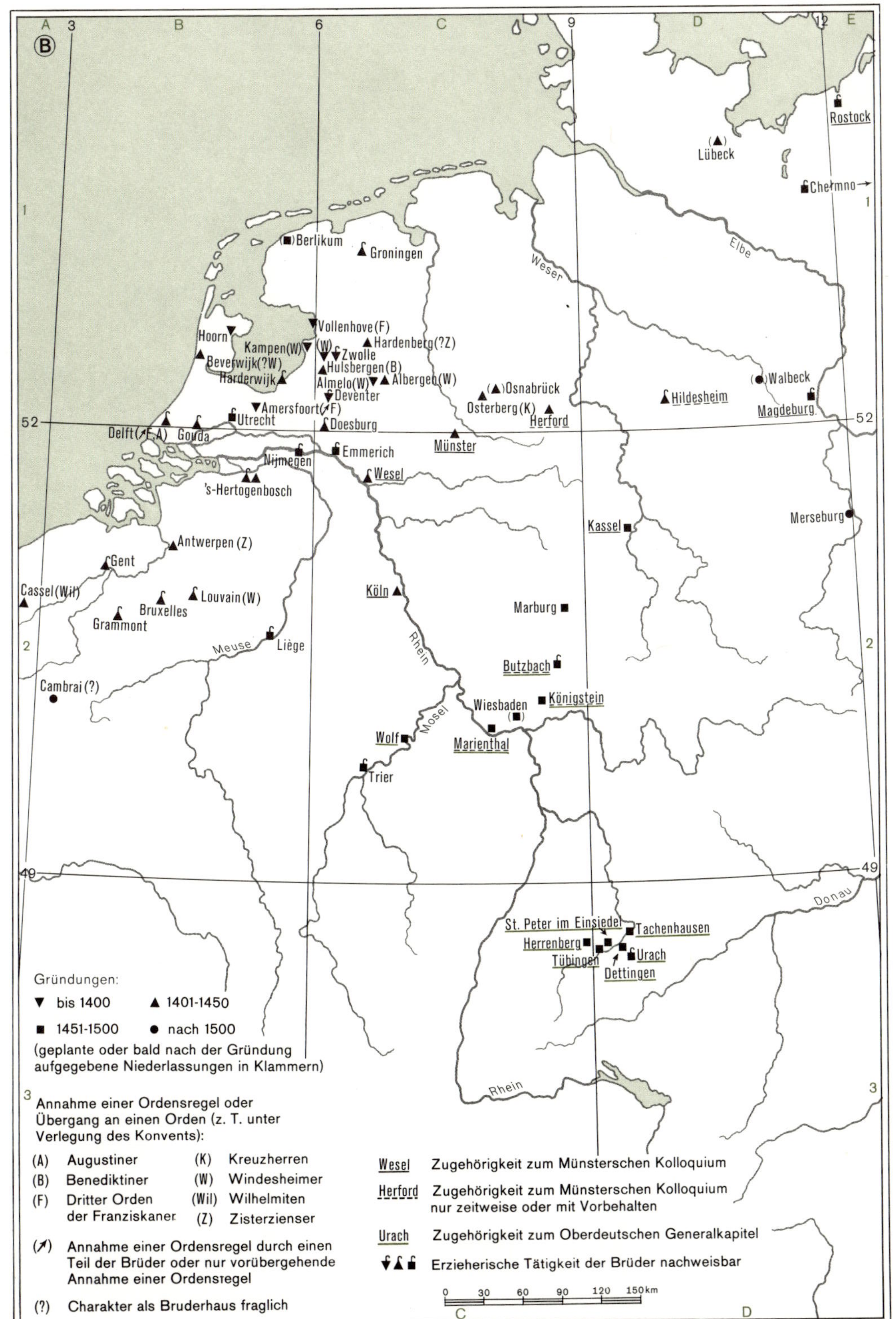

Die hussitischen Städtebünde 1421 und 1427

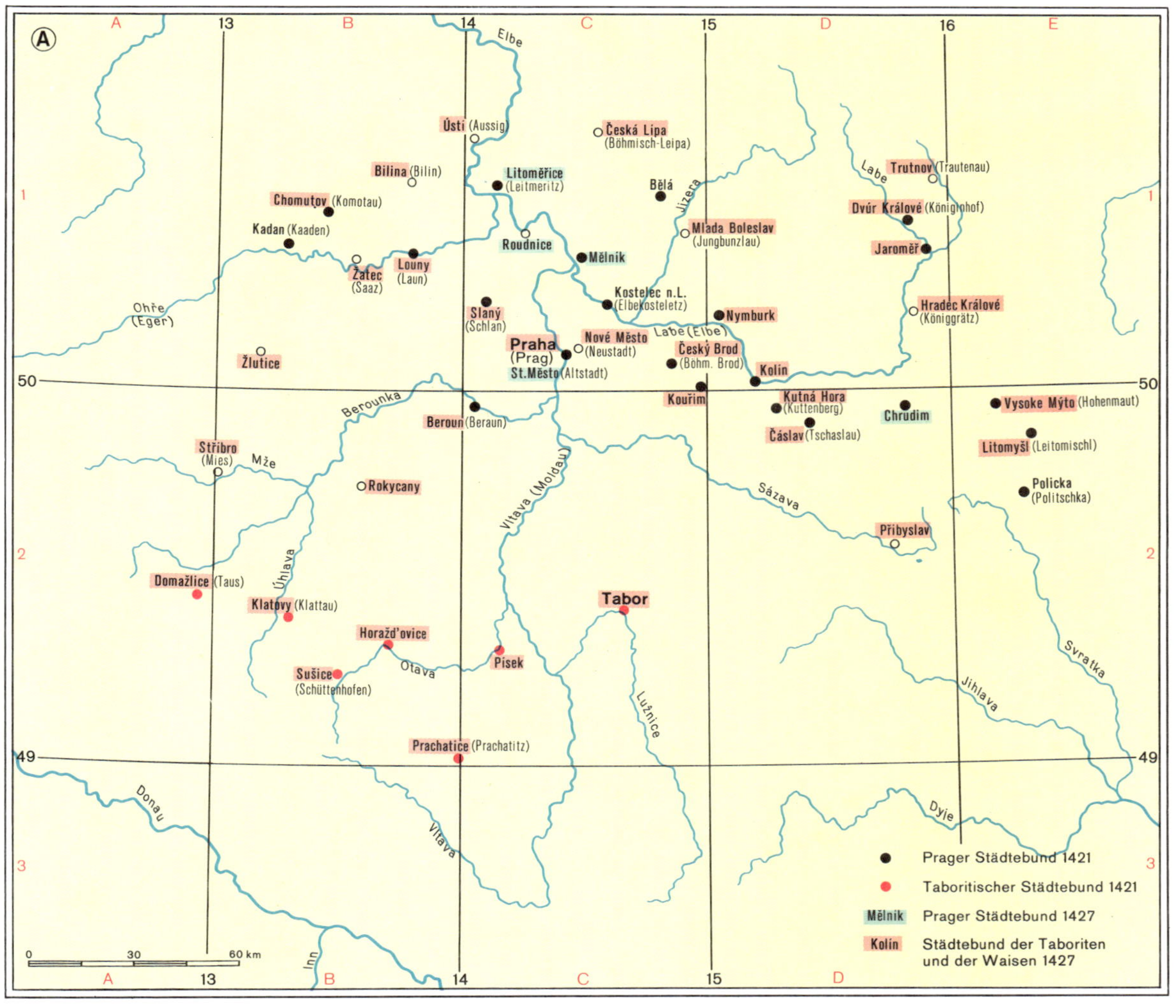

Legende zu Karte B:

- • Orte, an denen Häretiker entdeckt und verfolgt wurden, mit entsprechenden Jahreszahlen (1497*: Zahl bezieht sich auf die Diözese)
- Barnet. Anklagen wegen Besitzes verdächtiger englischer Bücher
- Derby Herkunftsorte der Teilnehmer am Aufstand von 1414 (einschließl. Nichtlollarden)
- Salisbury Herkunftsorte der Teilnehmer am Aufstand von 1431 (angeblich lollardisch)

1 Ditchingham, 1424, 1428
2 Bedingham, 1428
3 Earsham, 1424, 1431
4 Bungay, 1428, 1511
5 West Hendred, 1499, 1521
6 East Hendred, 1491, 1521
7 Princes Risborough, 1464
8 Missenden, 1521
9 Little Missenden, 1511, 1521
10 Kings Langley, 1521
11 West Wycombe, 1464, 1521
12 Wycombe, 1464, ca 1502
13 Hughenden, 1464, 1521
14 Penn, 1521
15 Beaconsfield, 1521
16 Hambledon, 1464, 1521
17 Great Marlow, 1464
18 Cookham, 1443, 1521
19 Maidenhead, 1508
20 Hinton, 1476, 1481
21 Bray, 1507
22 Dorney, 1521
23 Iver, 1521
24 Chalvey, 1521
25 Staines, 1521
26 Fifield, 1504
27 Staplehurst, 1425, 1512
28 Cranbrook, 1425, 1511
29 Halden 1425
30 Great Chart, 1511
31 Frome
32 Thatcham
33 Handborough
34 Bladon
35 Smeeton Westerby
36 Pitsford
37 Kingsthorpe
38 Chesham Bois, 1464
39 Drayton Beauchamp
40 Bisham, 1433, 1502

Die Lollarden

Observanten-Kongregationen der Augustiner und Dominikaner am Beginn des 16. Jh.

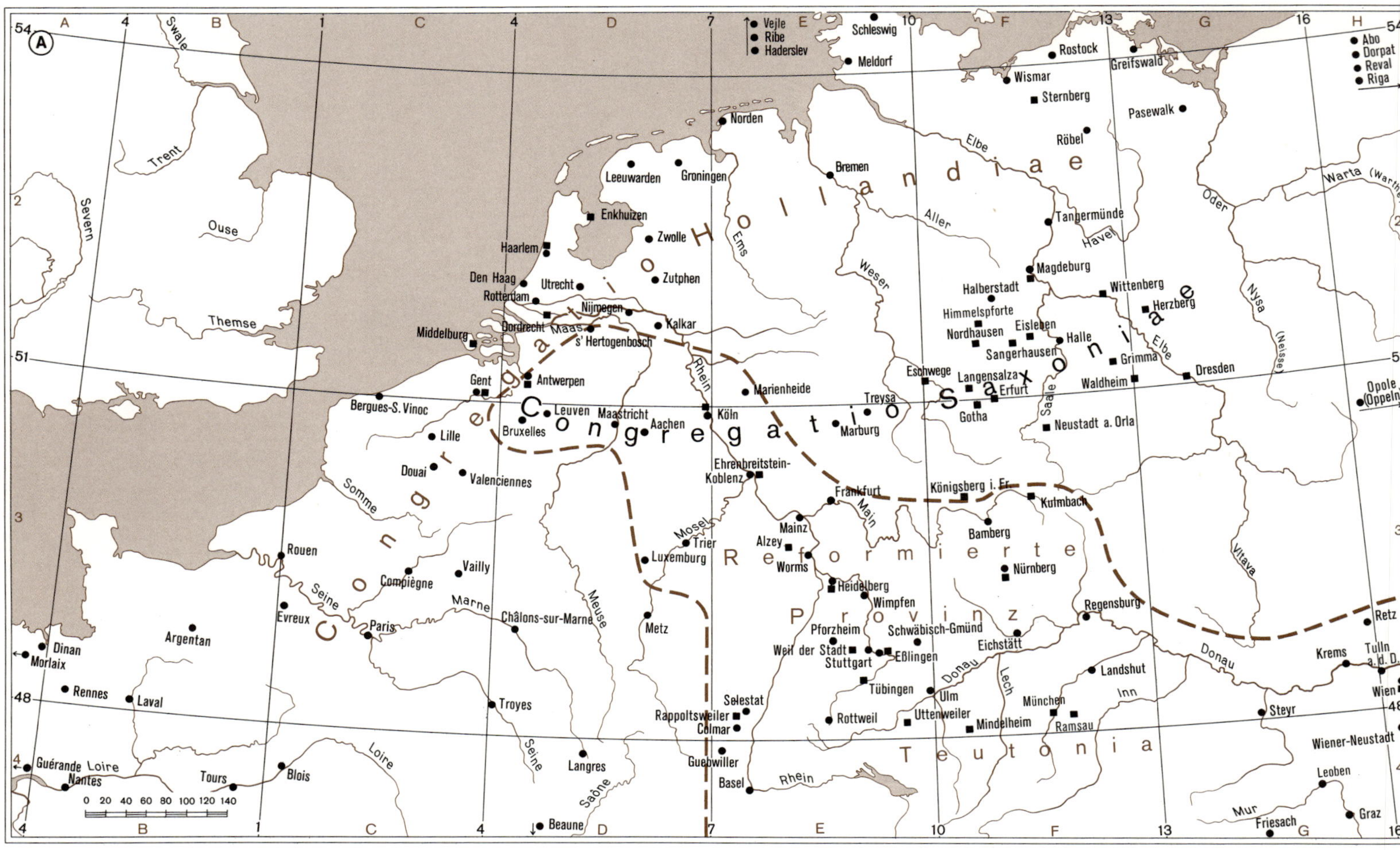

Die römisch-katholische Kirche um 1500

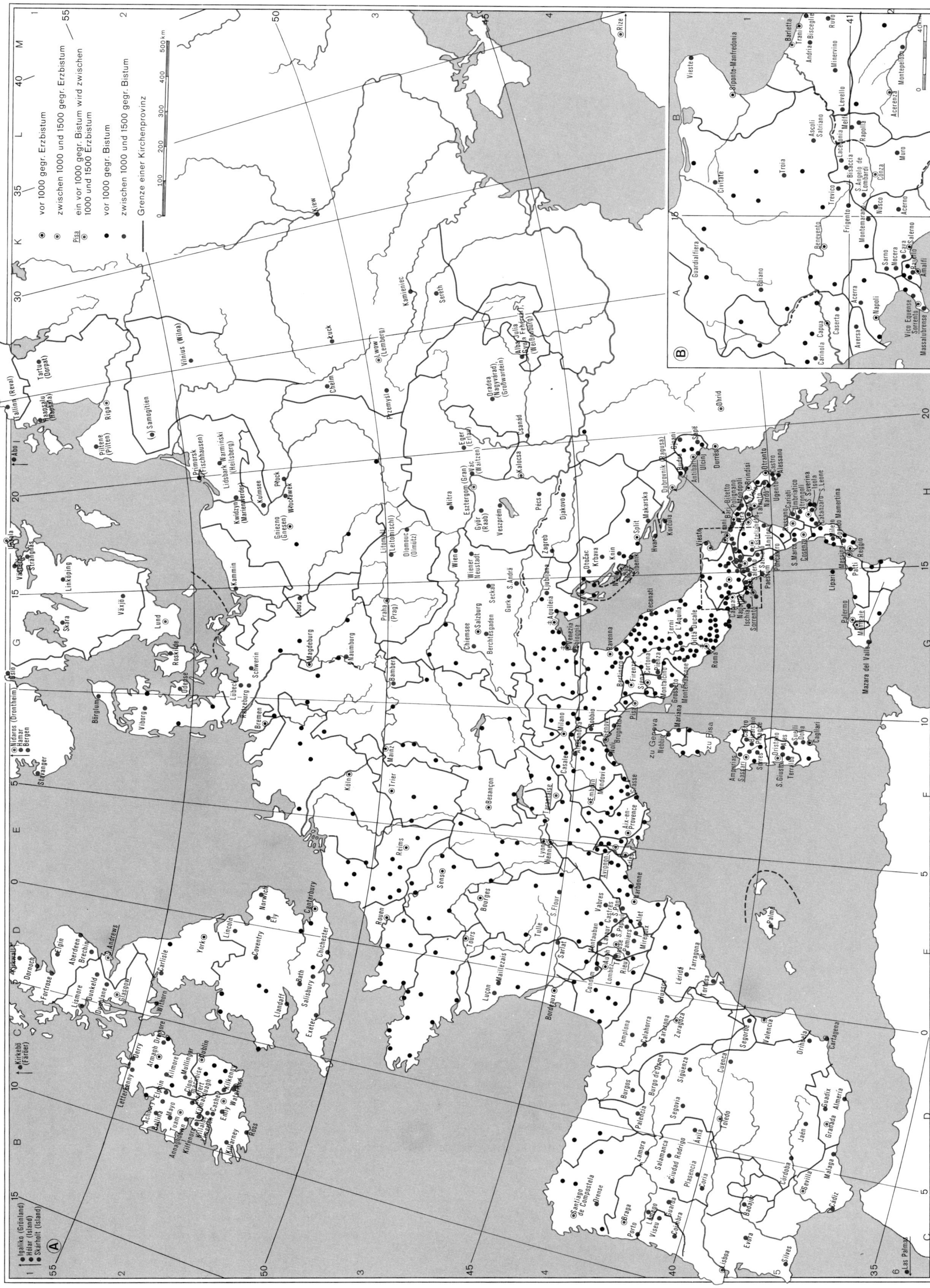

Der Islam (das Osmanische Reich) vom 13. bis zum 17. Jahrhundert

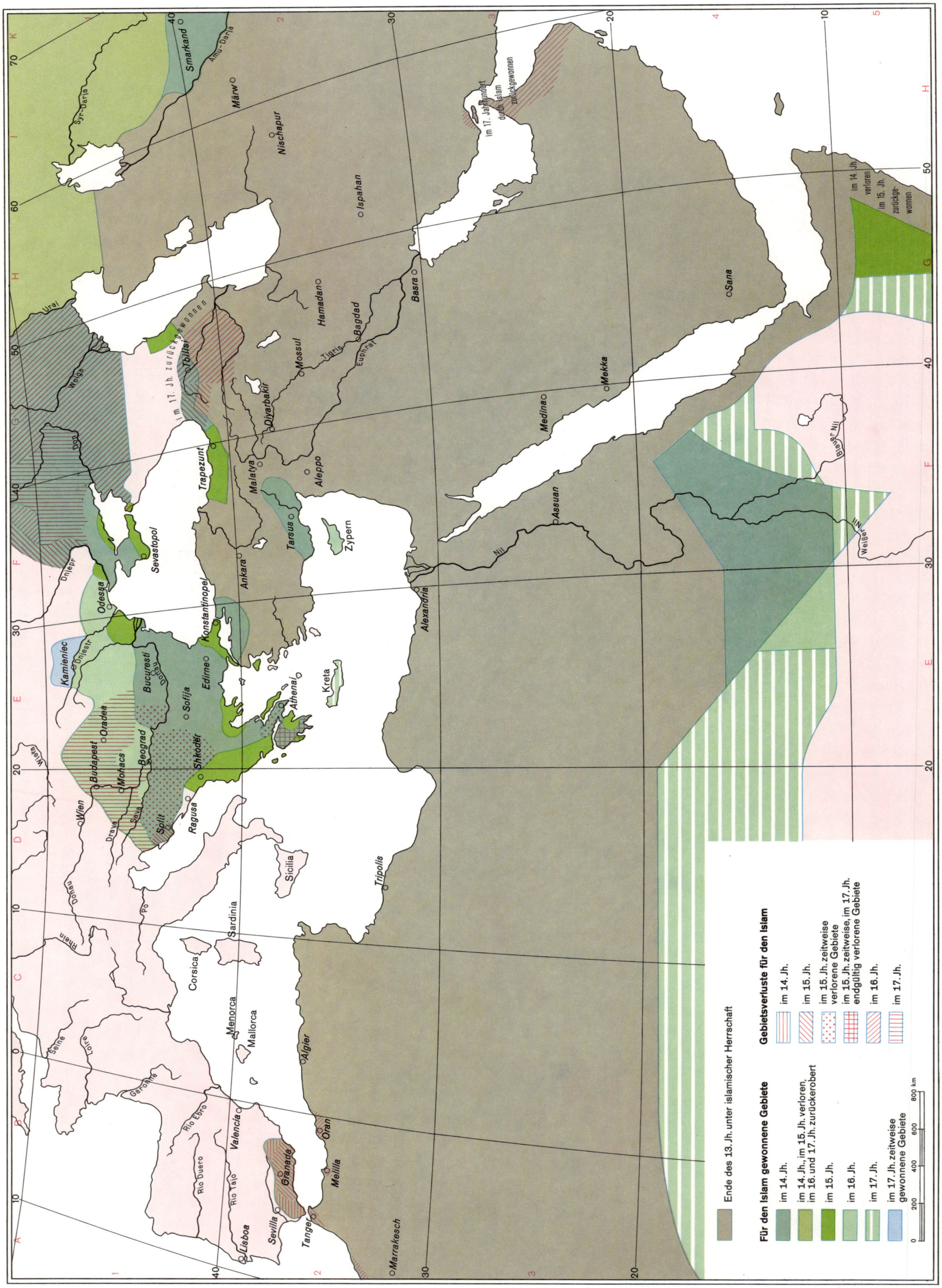

Die obrigkeitliche Einführung der Reformation in Deutschland bis 1570

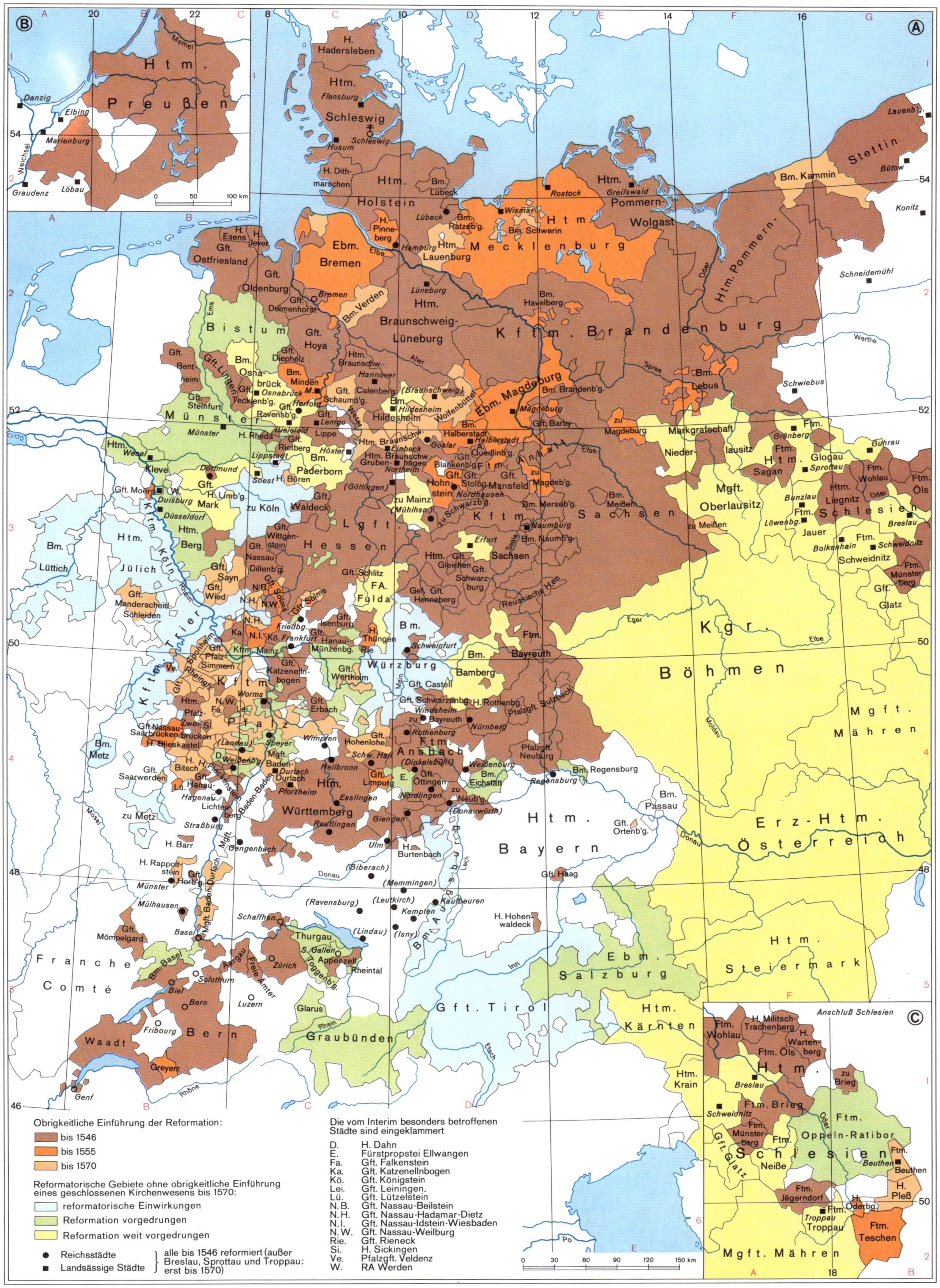

Erläuterungen:

Mit der weitgehenden Absage an die altkirchliche Verfassungshierarchie bildete sich seit dem Speyrer Reichstag von 1526 in den lutherischen Territorien – zuerst in Kursachsen – ein neuer Verfassungstyp, der dem Eingriff der weltlichen Obrigkeiten weiten Raum gewährte. In den periodischen Visitationen, den vom Landesherrn ernannten Superintendenten und in den aus Theologen und Juristen paritätisch besetzten Konsistorien, die anfangs nur die Zucht- und Ehegerichtsbarkeit ausübten, entstanden die Organe des landesherrlichen Kirchenregiments. Allmählich wurden die Konsistorien nach dem Vorbild des württembergischen Kirchenrates, der auch in die Verfassungen anderer Territorien (z. B. Baden-Durlach, Kurpfalz) übernommen wurde, zu den von der Obrigkeit kontrollierten Zentralstellen für alle laufenden kirchlichen Angelegenheiten. Einem eigenständigen synodalen Kirchenwesen, wie es z. B. lange in Hessen bestanden hatte, wurde damit ein Ende gemacht (vgl. die lutherische Kirchenverfassung Kursachsens 1580).

Im Gegensatz zu Luther und Zwingli, die das Kirchenwesen obrigkeitlich organisiert hatten, stellte Calvin die Gemeinde in den Mittelpunkt seiner Verfassungsbemühungen. Mit den vier apostolischen Ämtern der Pastoren (Predigt, Sakramente), Lehrer (Reinhaltung der Lehre), Ältesten (Kirchenzucht) und Diakone (Armenfürsorge) und der wöchentlich tagenden Pastorenkonferenz (Vénérable compagnie) sowie dem Consistoire (Pastoren und Älteste) schuf er die Gremien der gemeindlichen Selbstverwaltung. 1559 übernahmen die reformierten Gemeinden Frankreichs modifiziert die calvinischen Einrichtungen, wobei sie nach dem Vorbild der gemeindlichen Selbstverwaltungsinstitutionen die gesamte Kirche ihres Landes synodal organisierten (vgl. die reformierte Kirchenverfassung Frankreichs 1559). Im Laufe der Zeit wurde die Einfügung eines synodalen Zwischengliedes auf regionaler Ebene – „Colloque“ genannt – notwendig, das sich zwischen „Consistoire“ und „Synode provincial“ einschob. Dieser Verfassungstyp wurde Paradigma für die reformierten Kirchen der Niederlande und die reformierten Flüchtlingsgemeinden in Deutschland, die in ständiger Verfolgung („Kirchen unter dem Kreuz“) ihre Kirchen ohne jede Mitwirkung der weltlichen Obrigkeit aufbauten. Das „Consistoire“ nannte man „Konsistorium“ oder „Presbyterium“, die Institution des „Colloque“ bezeichnete man als „Klasse“ oder „Quartier“.

Wo in Deutschland die reformierte Lehre in einer „zweiten Reformation“ mit Hilfe der Obrigkeit eingeführt wurde, entstand auf der Basis der lutherischen Verfassungseinrichtungen ein Mischtyp, der die obrigkeitliche Struktur des Kirchenwesens mit der presbyterialen Gemeindeorganisation so verband, daß von dem in Frankreich realisierten Aufbau von unten nach oben nur noch wenig übrigblieb (vgl. die reformierte Kirchenverfassung der Kurpfalz um 1600).

Lutherische Kirchenverfassung Kursachsens 1580

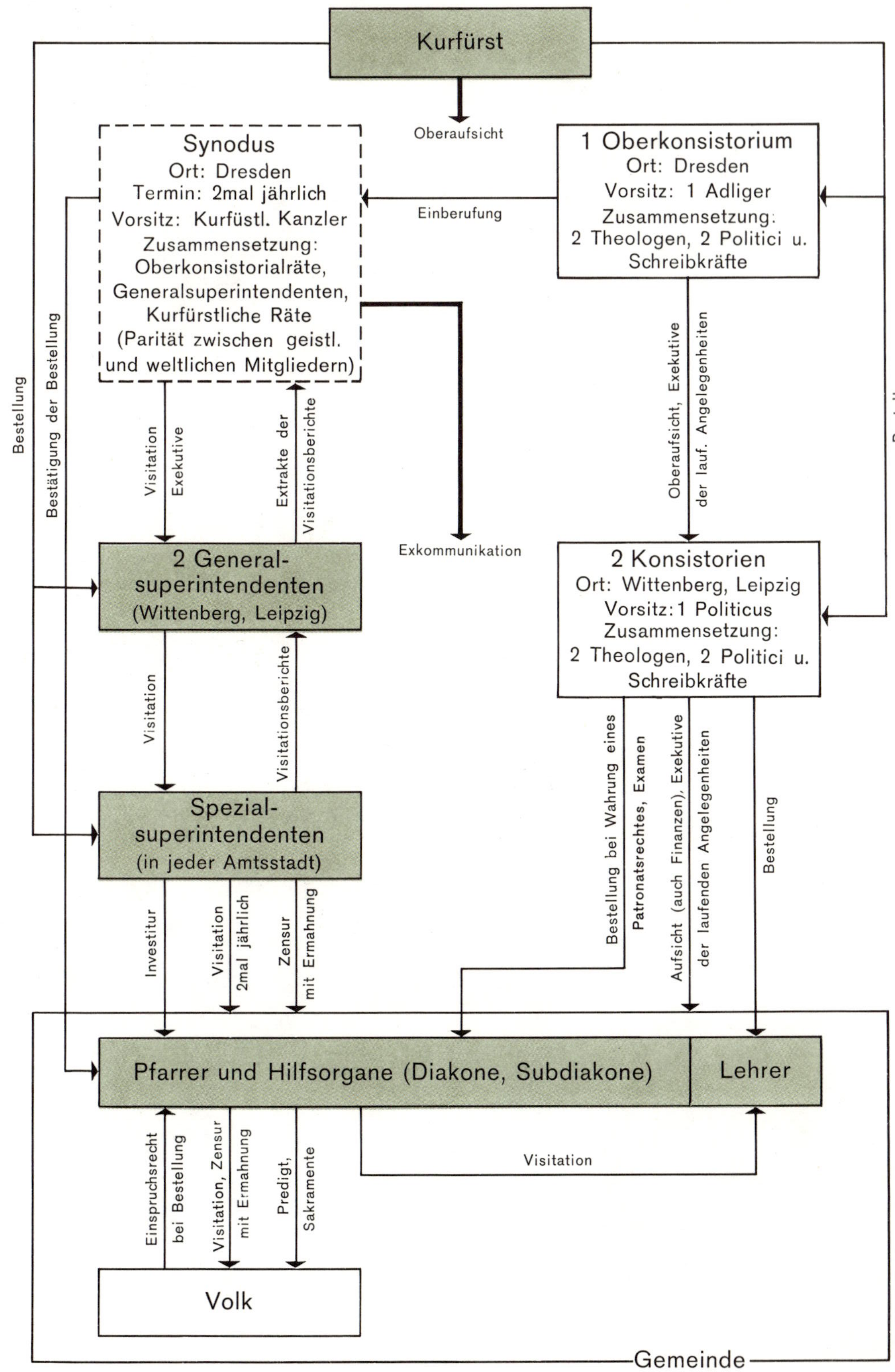

Personen

––– nicht ständig tagend

Reformierte Kirchenverfassung Frankreichs 1559
(vereinfacht)

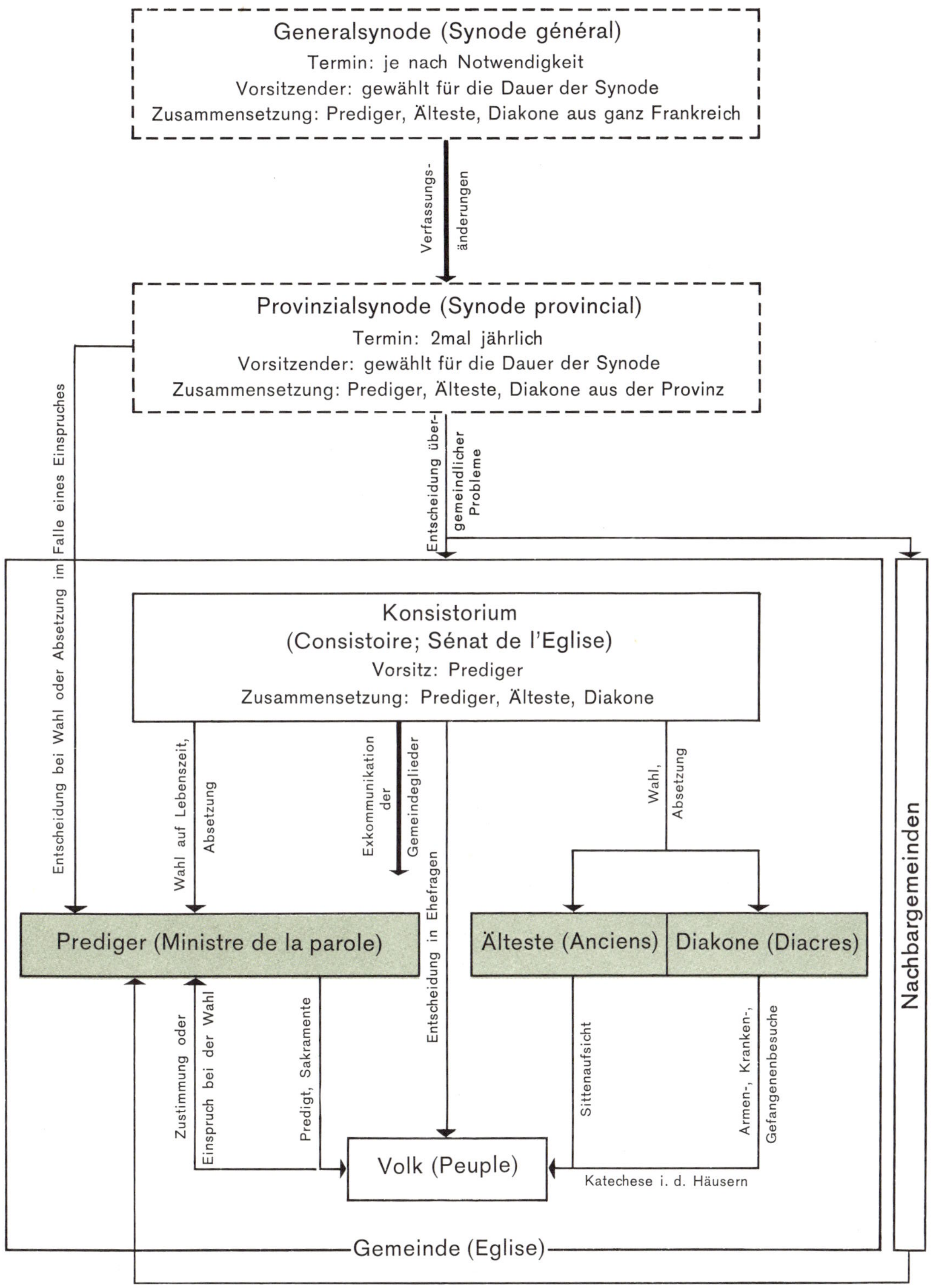

Reformierte Kirchenverfassung der Kurpfalz um 1600
(vereinfacht)

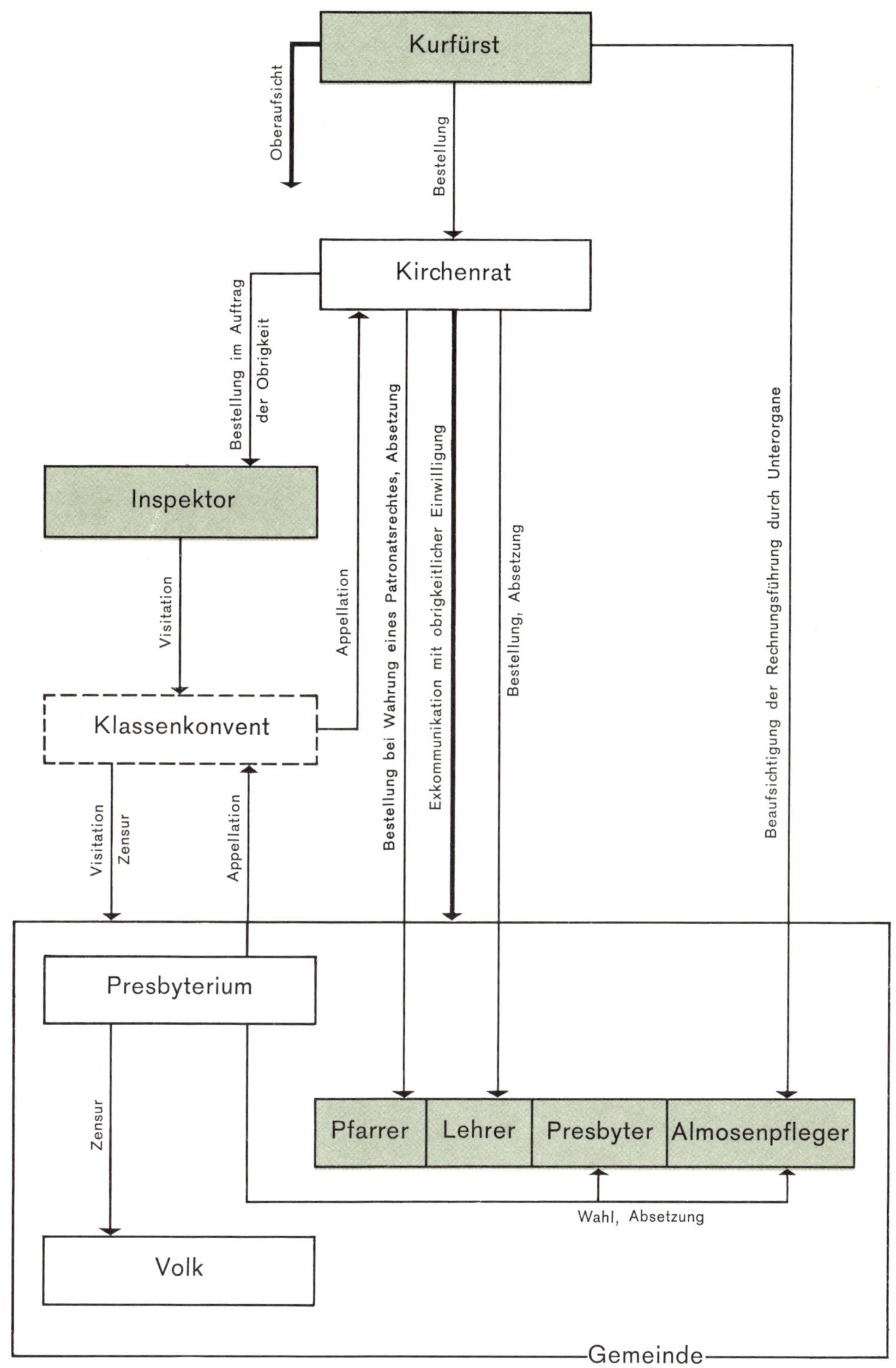

Protestantische Bekenntnisse und Bekenntnisschriften in Mitteleuropa um 1600

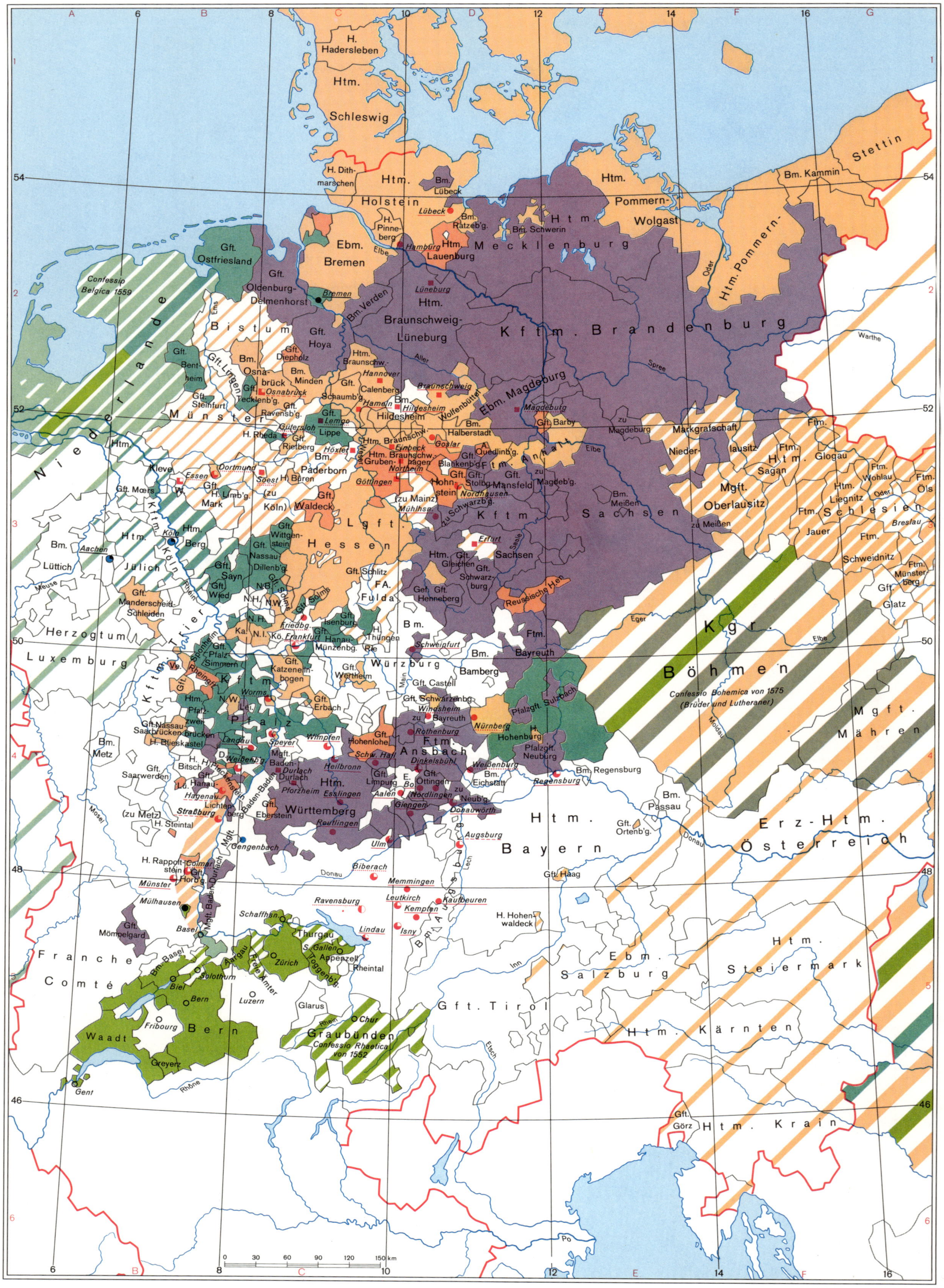

Wichtigste Sicherheitsplätze der Hugenotten in Frankreich um 1600

Legende für die Seiten 76 und 77

Lutheraner:

- *Landau* – Übernahme des Konkordienbuches bis 1580
- *Höxter* – Übernahme des Konkordienbuches bis 1600
- *Colmar* – Lutheraner ohne Konkordienbuch

Reformierte:

- *Bremen* – Heidelberger Katechismus
- Confessio Helvetica Posterior von 1566
- andere reformierte Bekenntnisse
- Anglikaner: 39 Artikeln von 1563
- Misch- und Sonderbekenntnisse

Reichsstädte (landsässige Städte quadratische Signatur):

- lutherisch
- lutherisch mit katholischer Minderheit
- katholisch mit reformierter Minderheit
- reformiert

Bo.	Bopfingen	N. B.	Gft. Nassau-Beilstein
D.	H. Dahn	N. H.	Gft. Nassau-Hadamar-Dietz
E.	Fürstprobstei Ellwangen	N. I.	Gft. Nassau-Idstein-Wiesbaden
Ka.	Gft. Katzenellnbogen	N. W.	Gft. Nassau-Weilburg
Kö.	Gft. Königstein	Rie.	Gft. Rieneck
Lei.	Gft. Leiningen	Ve.	Pfalzgft. Veldenz
Lü.	Gft. Lützelstein	W.	RA Werden

Protestantische Bekenntnisse und Bekenntnisschriften in Mitteleuropa um 1600

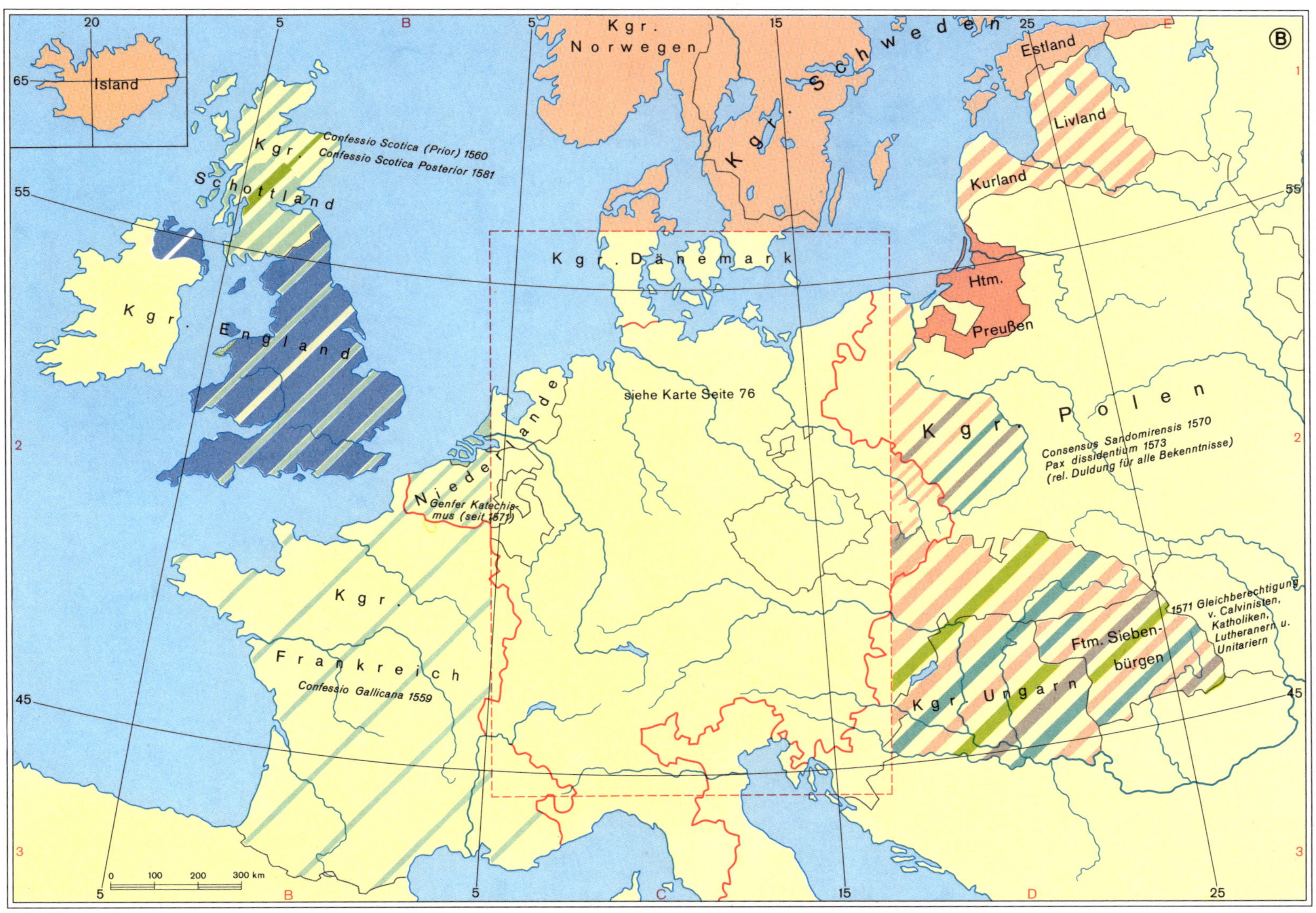

Die Gründungen der Jesuiten in Europa bis 1615

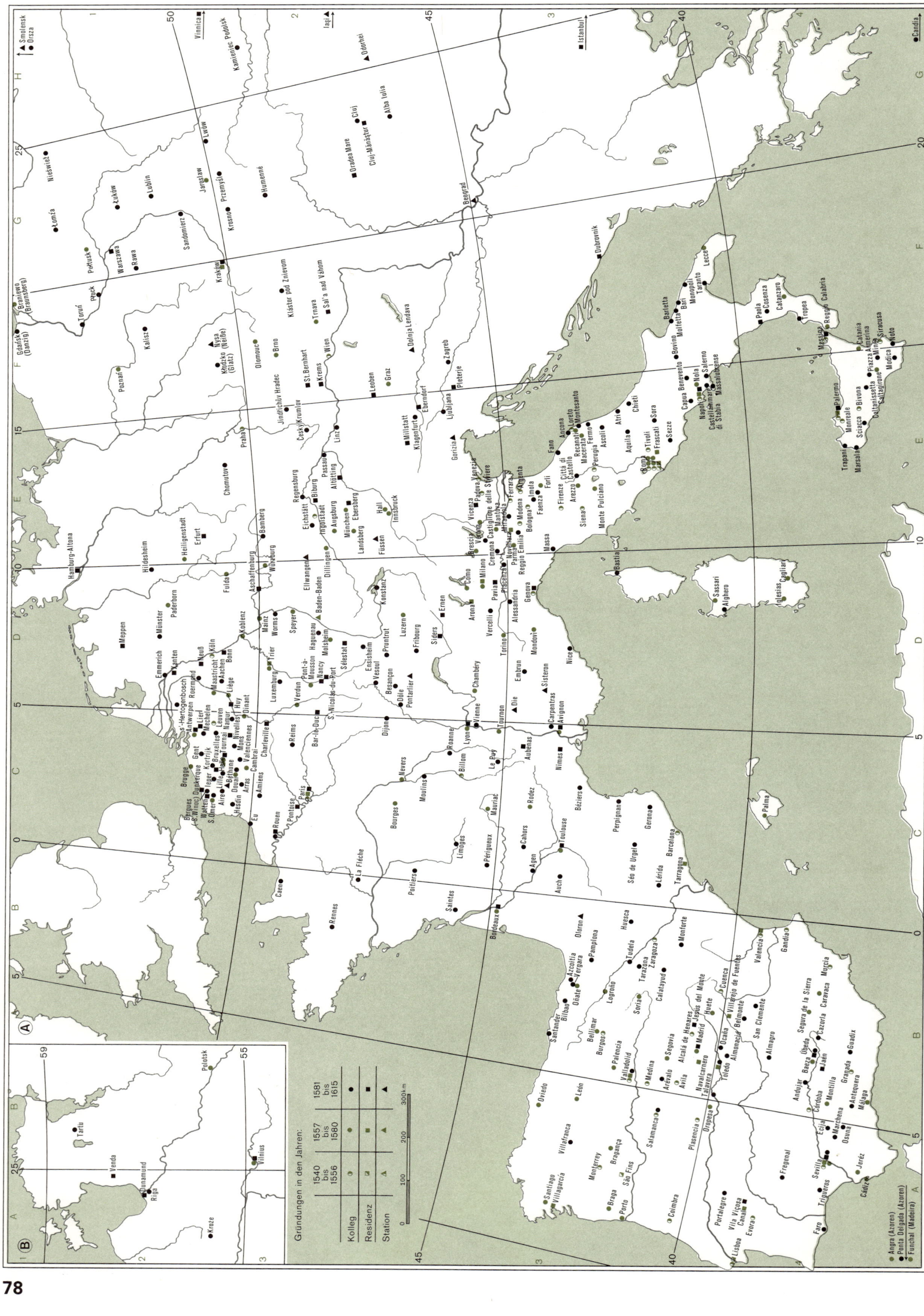

Die Ausbreitung der Kapuziner in Europa im 16.–18. Jahrhundert

C Custodia · L Liége · M Mantova
N Namur · P Provincia · T Trento

1609 Provinzanfänge · ⟷ Provinzteilung
20/490 Klöster/Mitglieder zahl 1761 · ● Hauptsitz

Die Nummern 1-65 in der Karte verweisen auf die Provinzserie in der Randlegende

Zahl der Klöster: Mitglieder	1596	1678
1 Romana P	39:410	41:670
2 Umbra (S.Francisci) P	39:427	41:459
3 Marca (Picena) P	50:486	52:685
4 Bononiensis P	36:430	48:785
5 Lombardiae (Insubriae) P		
6 Veneta (S.Antonii) P	29:414	45:810
7 Mediolanensis P	29:366	53:932
8 Brixiensis P	21:284	33:657
9 Genuensis P	36:367	37:605
10 Pedemontana P		40:657
11 Tusciae P	27:287	38:545
12 Corsicae P	5: 41	16:220
13 Neapolitana P	34:429	38:553
14 Basilicatae (Lucaniae) P	26:235	41:346
15 Rheginensis P	26:236	35:382
16 Consentina (S.Danielis) P	21:162	36:341
17 Fodiensis (S.Angeli) P	17:141	28:340
18 Barensis P	20:182	29:338
19 Hydruntina (Lyciensis) P	25:230	32:409
20 Panormitana P	25:360	33:486
21 Messanensis P	29:389	36:485
22 Syracusana P	25:329	31:382
23 Aprutina (S.Bernardini) P	23:207	30:336
24 Sardiniae Calaritana P	4: 38	20:440
25 Turritana P		
26 Parisiensis P	13:111	42:905
27 Turonensis P		34:675
28 Normandiae P		25:524
29 Britanniae P		27:654
30 Lugdunensis (S.Bonaventurae)	8:100	46:940
31 Sabaudiae P		20:286
32 Burgundiae (S.Andreae) P		21:304
33 Provinciae (S.Ludov.)/Massil. P	7: 86	35:516
34 Avenionensis (S.Ludovici) P		
35 Lotharingiae P		23:280
36 Campaniae P		11:222
37 Tolosana P	7: 59	34:509
38 Aquitaniae P		30:533
39 Catalauniae P	20:226	24:610
40 Valentina P		15:326
41 Aragoniae P		18:430
42 Helvetica P	9: 66	33:501
43 Austriae Anterioris P		25:350
44 Alsatiae P		
45 Flandrica P	10:132	27:700
46 Wallonica P		22:710
47 Leodiensis P		
48 Insulensis P		6:192
49 Tirolis P		17:311
50 Bavariae P		26:470
51 Franconiae P		
52 Austro-Bohema P		20:448
53 Austro-Viennensis (Hungarica)		18:419
54 Styriae P		26:482
55 Castellae P		14:450
56 Baetica (Andalusiae) P		20:453
57 Navarrae P		8:212
58 Rheni/Coloniensis P		25:458
59 Rhenana P		19:306
60 Hiberniae P		2: 64
61 Mantuana-Tridentina P		
62 Alexandrina (S.Josephi) P		
63 Poloniae P		
64 Silesiae C		
65 Melitensis C		

Gesamtüberblick

Jahr	Provinzen	Klöster	Mitglieder	Bereich
1578	21	325	3746	Italien
1596	30	660	7230	Europa
1678	54	1546	26083	Europa
1761	65	1745	34076	Europa
1888	52	670	7628	Welt
1961	69	1251	15849	Welt
1969	73	1328	14395	Welt

0 100 200 300 400 km

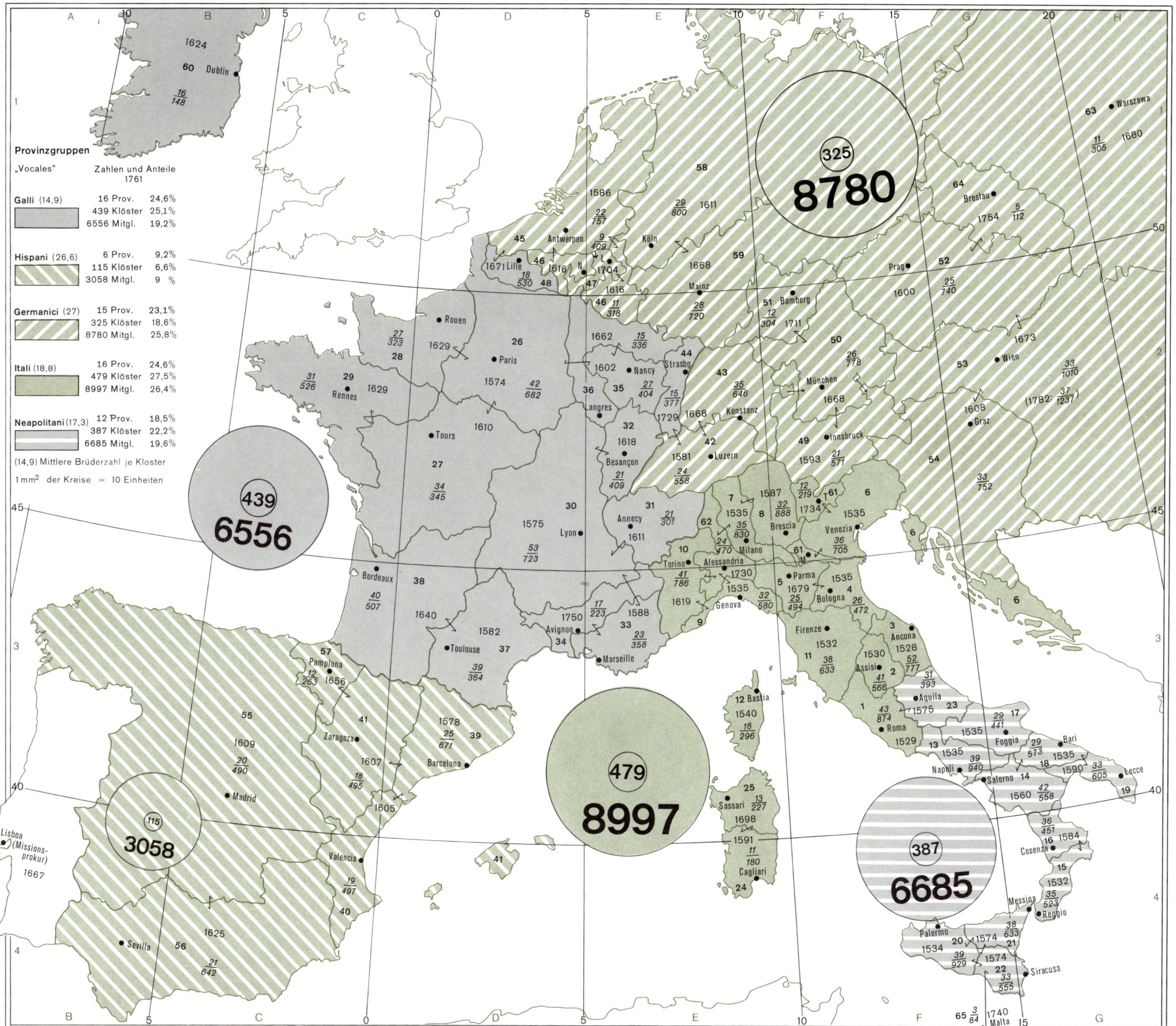

Die kirchliche Neugliederung der Niederlande 1559–1570

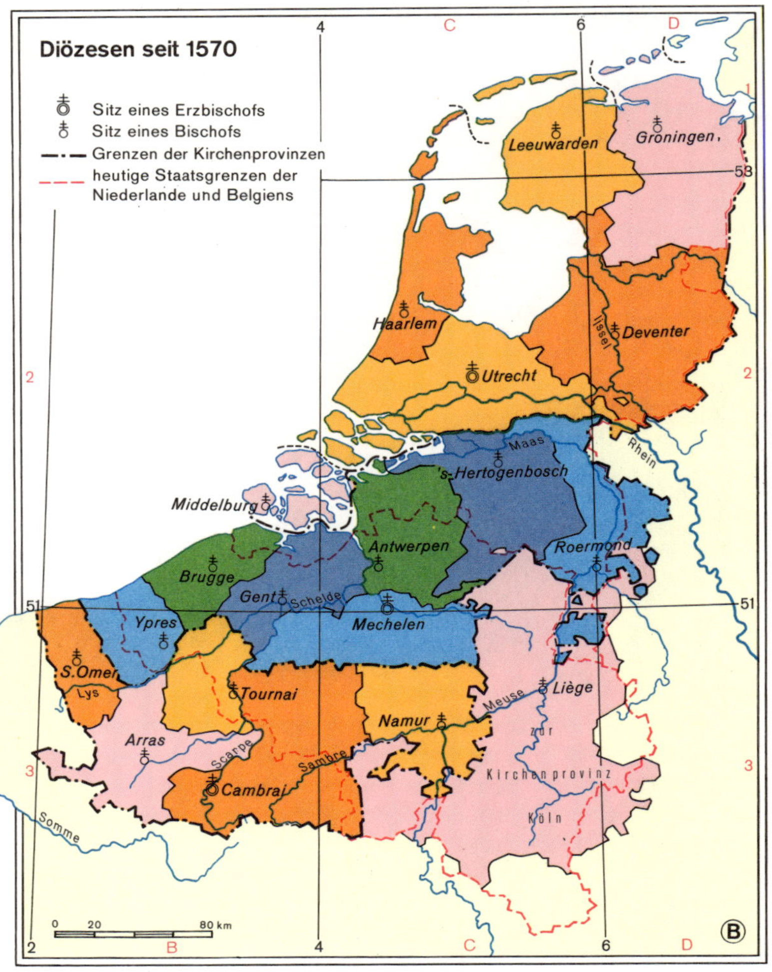

Protestantische und katholische Universitätsgründungen vom Beginn der Reformation bis in die zweite Hälfte des 17. Jahrhunderts

- ● lutherische Universität
- ◬ reformierte Universität
- ▲ reformierte Akademie, Hohe Schule, ref. Kollegium mit wiss. Lehrbetrieb
- ◬ anglikanisch - protest. College mit Universitätsrang
- ▣ katholische Universität, teilweise mit nur zwei oder drei Fakultäten
- ■ katholische Hochschulen, Akademien, wissenschaftliche Anstalten

Russisches Mönchtum 1400–1700

Klostergründungen:

- + bis 1400
- ▲ im 15.Jh.
- ■ im 16.Jh.
- ● im 17.Jh.

B. Bogorodickij
N. Nikolaewskij
P. Preobraschenskij
T. Troickij
U. Uspenskij

Kiew Stadt
Perynskij Klostername

Unterstrichene Städte sind Eparchien

Grenzen Rußlands:
1533
1689

0 100 200 300 km

1 Krasnogorskij Ioanno-Bogoslowskij
2 Putiwl, Moltschenskij Petscherskij
3 Rychlowskij Pustynno-N.
4 Nischnelomowskij Kazanskij B.
5 Makarewskij Scheltowodskij T.
6 Kazanskaja Raifskaja Bogorodickaja
7 Kazanskaja Sedmiozernaja Bogorodickaja
8 Kazanskij Kizitscheskij Wwedenskij
9 Kazanskij Zilantow-U.
10 Mstislawskij Tupitschewskij Swjatoduchow
11 Woskresenskij, Nowyj Ierusalim
12 Nikolaewskaja-Berljukowskaja
13 Moschajskij-Luscheckij Ferapontow
14 Kolomenskij Bogorodice-Roschdestwenskij
15 Nikolo Radowickij [Bobrenew]
16 Rjazanskij U.Olgow
17 T.Belopesockij
18 Serpuchowskij Wladytschij
19 Woznesenskij Dawidowa
20 Serpuchow, Wysockij
21 Malojaroslaweckij Tschernostrowskij N.
22 Kaluga, Kazanskij
23 Belewskaja Wwedenskaja Makarewskaja
24 Kaluschskij Lawrentiew
25 Peremyschlskij T.Ljutikow
26 Lichwinskij Pokrowskij Dobryj
27 N.-Kowschenskij
28 Azatskij-Nikolskij
29 Gennadiewskaja-Preobraschenskaja
30 Blagoweschwenskij
31 Ustschechonskij-T.
32 Ferapontow-Belozerskij
33 Kadnikowskij Dionisiewo-Gluschickij
34 Katromskij N.
35 Lopotow-Grigoriewo-Pelschemskij
36 Belawinskaja Bogojawlenskaja-Einsiedelei
37 Nikitiskij
38 Kirillo-Belozerskij
39 Zaonikiewa Wladimirskaja Bogorodickaja
40 Rostowskij T.-Sergiew-Warnickij
41 Kostroma, Bogojawlenskij-Anastasiinskij
42 N.Babaewskij
43 B.Igrickij Pesoschenskij
44 Jaroslawlskij Tolgskij
45 Scheleznoborowskij Predtetschenskij
46 Ipatiew T.
47 Wologodskij-Spaso-Priluckij Dimitriew
48 Pawlo-Obnorskij-T.Komelskij
49 Poschechonskij P.Sewastianowskij
50 Poschechonskij Isakow Roschdestwo-B.
51 B.Awraamiew
52 Rizpoloschenskij Awraamiew
53 U.Awraamiew
54 Susdal, Spaso-Ewfimiew
55 Pokrowskij
56 Zolotnikowskaja Uspenskaja
57 Wjazniki, Blagoweschtschenskij
58 Swjatoezerskij Spasskij Senegskij
59 Petscherskij Woznesenskij
60 T.Ostrowoezerskij
61 Gorochowec, Znamenskij
62 N. (Krasnogriwskij)
63 Borkowskaja Nikolaewskaja
64 T.Kaljazin
65 Rostow, Roschdestwenskij
66 Spaso-Jokowlewskij Dimitriew
67 Rostowskij Borisoglebskij
68 Rostowskij Bogojawlenskij
69 Rostowskij Petrowskij na Pole
70 Pereslawl, N.
71 T.Danilow
72 Pereslawlskij Feodorowskij
73 Pereslawlskij Nikitskij
74 Jurew, Archangelskij
75 Petropawlowskij
76 N.-Wolosow
77 Kosmin
78 Wladimir, Roschdestwenskij
79 Knjaginin U.
80 Pokrowskij
81 Aleksandrow, U.
82 T.Stefanow Machrischtschkij
83 Smolenskaja Zosimowa
84 Pokrowskij-Chotkow
85 Nikolo Pesnoschskij
86 Uglitsch, Alekseewskij
87 Bogolawlenskij
88 Uglitschskij Nikolo-Ulejminskij
89 Selischarow T.
90 Twer, U.Otrotsch
91 Christoroschdestwenskij
92 Orschin Woznesenskij
93 Woronina-Uspenskaja
94 Wyksinskaja-Nikolaewskaja
95 Woskresenskij-Tscherepoweckij
96 Filippowa Irapskaja Krasnoborskaja
97 Azatskaja-Rodnonowskaja
98 Gorickij Woskresenskij
99 Nikolaewskajastanowischtschach
100 Derewjanskij Woskresenskij
101 Perynskij
102 Nikolaewskij-Wjaschtschtschskij
103 Perekomskij
104 Klopskij-T.Michajlowskij
105 Sawwo-Wierskij
106 Swjatogorskij
107 Uglitschskij Pokrowskij

Die geistlichen Staaten im Zeitalter der Reformation

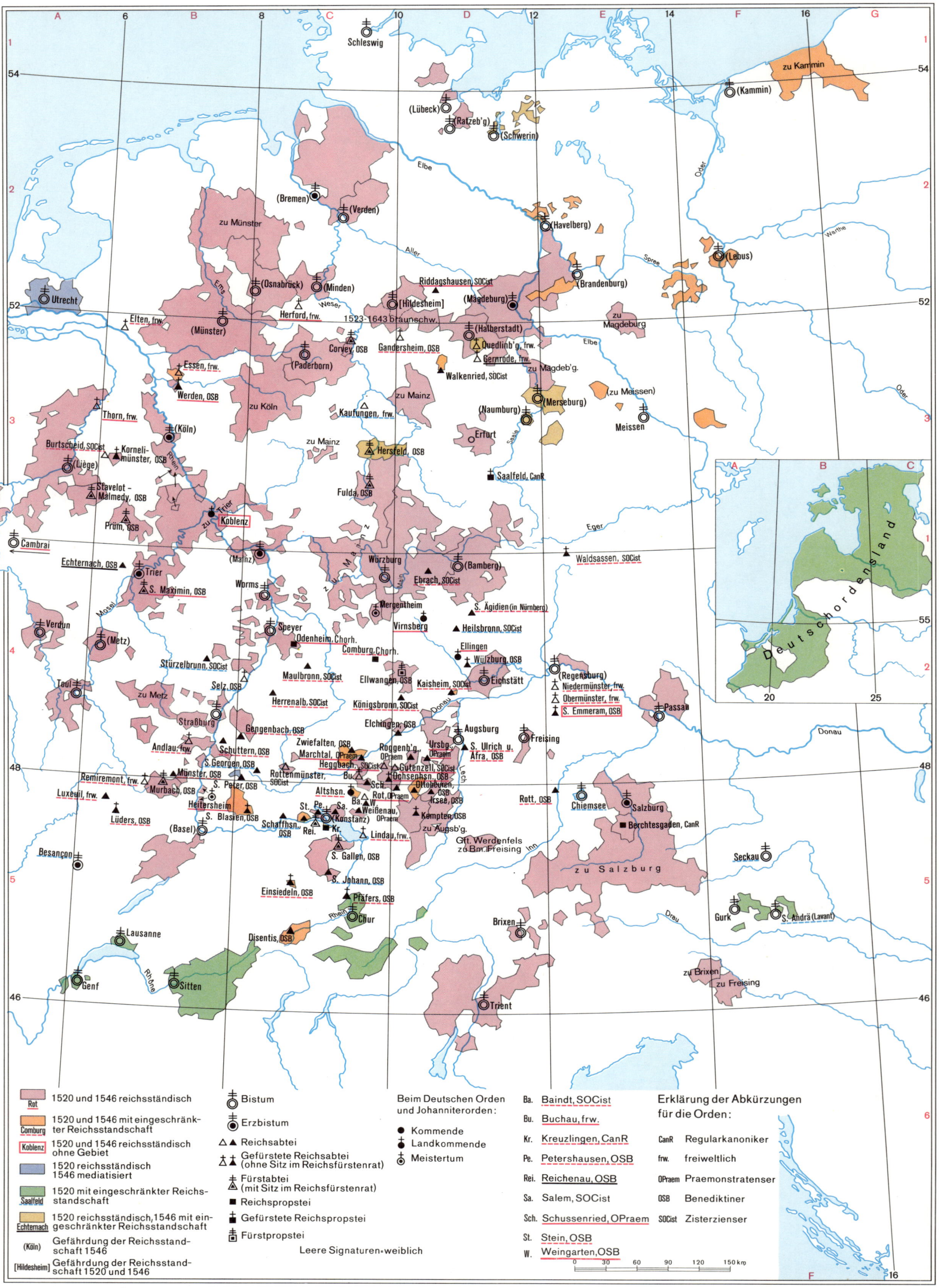

Die geistlichen Staaten vom 17. Jh. bis zum Ende des Alten Reiches

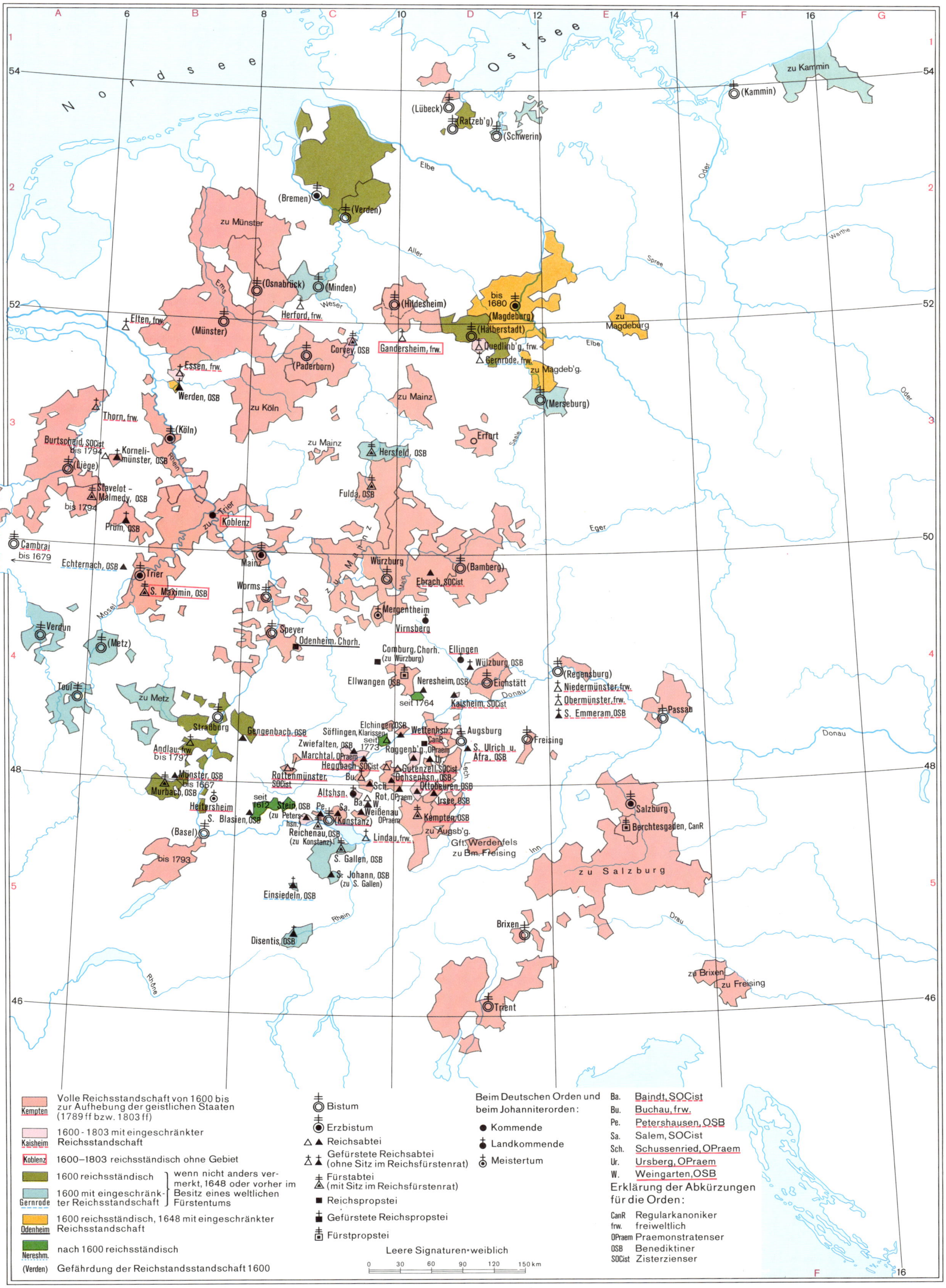

Die Missionen der Jesuiten in Baja California, Sonora, Chilhuahua und Sierra Madre bis um 1720

Niederlassungen:
- ■ der Augustiner
- ▲ der Dominikaner
- ● der Franziskaner

Missionen:
- ▼ der Jesuiten

- ♁ Erzbistum
- ♁ Bistum

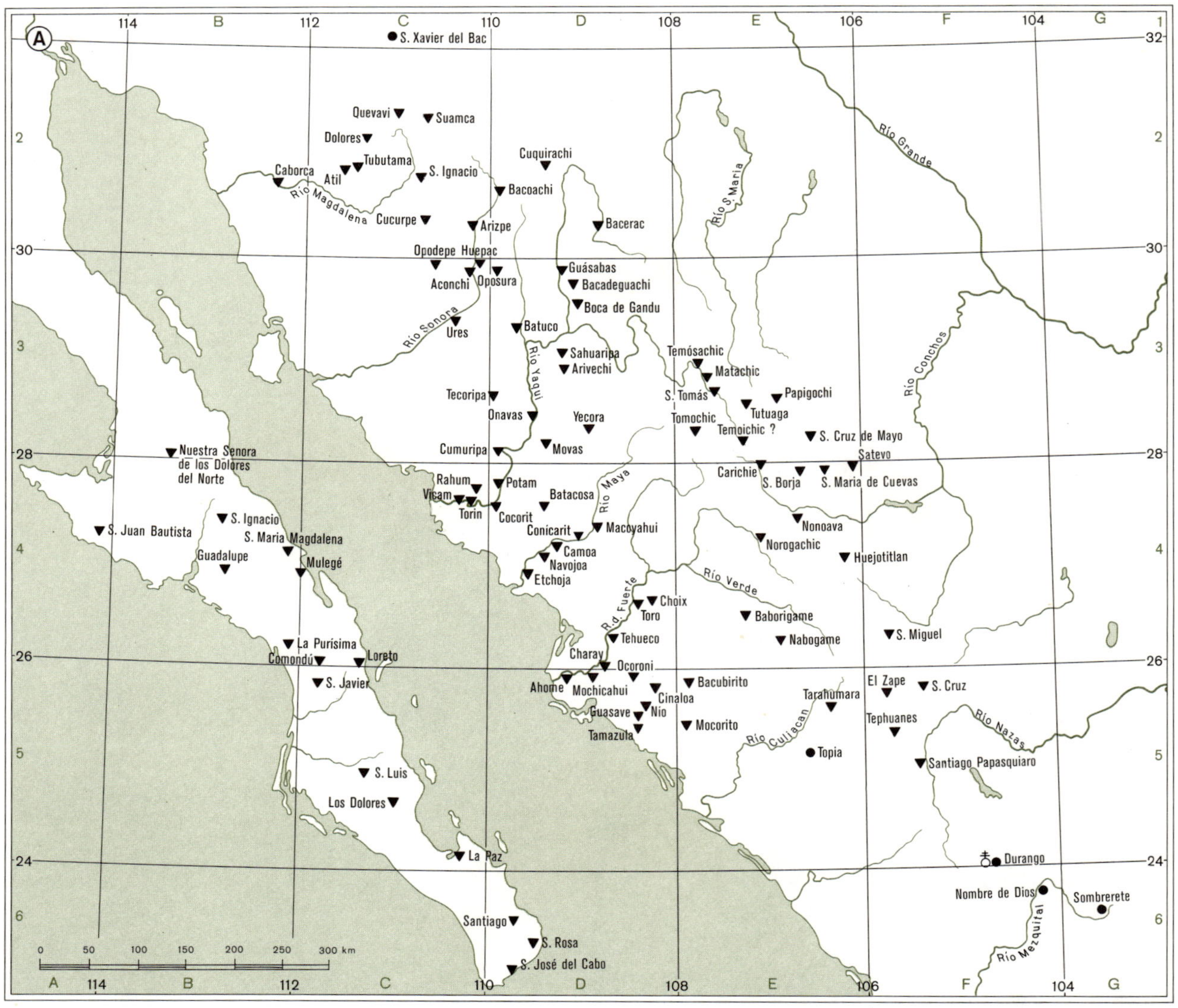

Die Niederlassungen der Mendikantenorden bis 1577

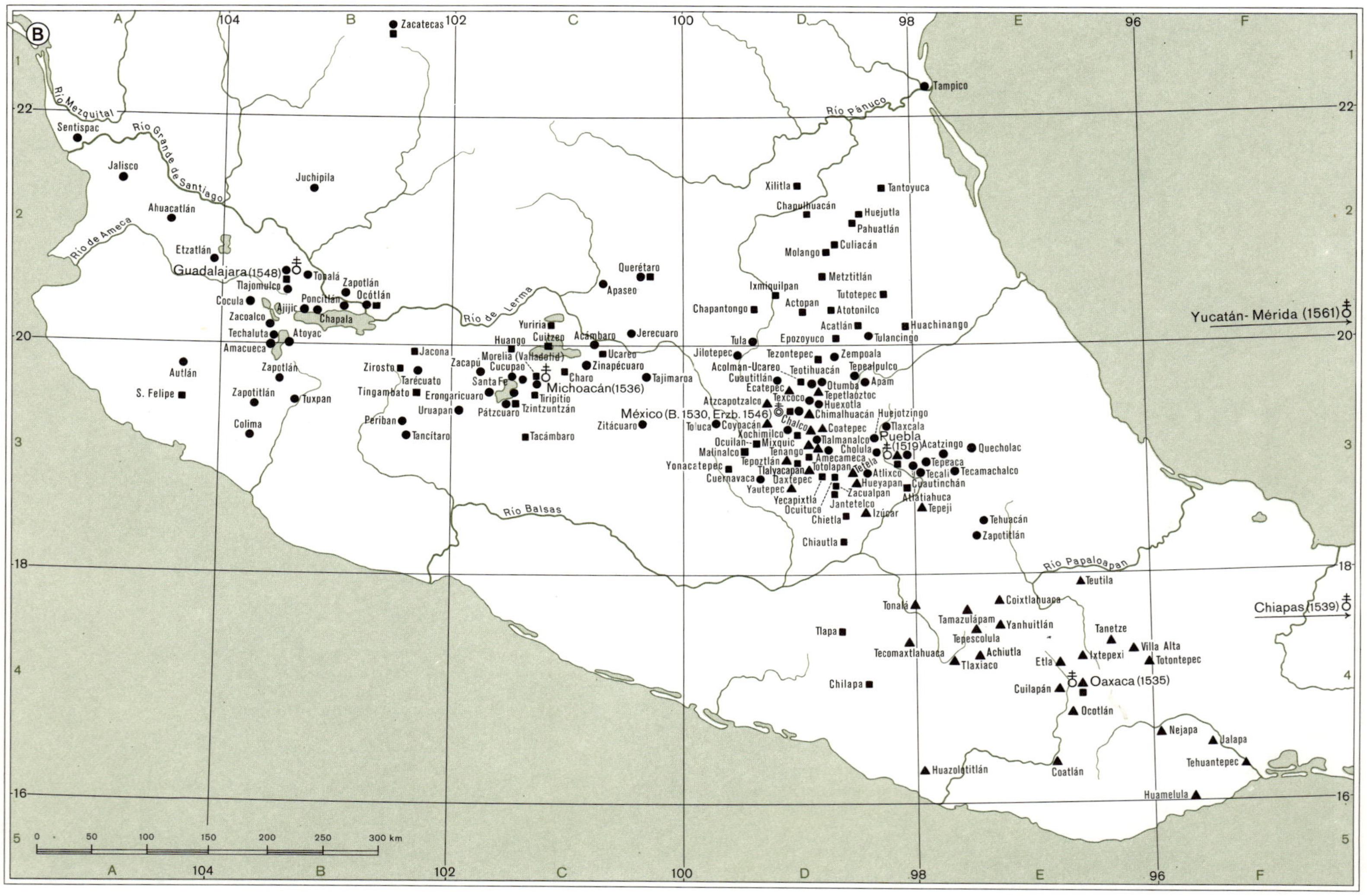

Die Entwicklung der Kirchenorganisation und Mission in Südamerika bis um 1750

Missionen in Venezuela und Kolumbien bis 1817

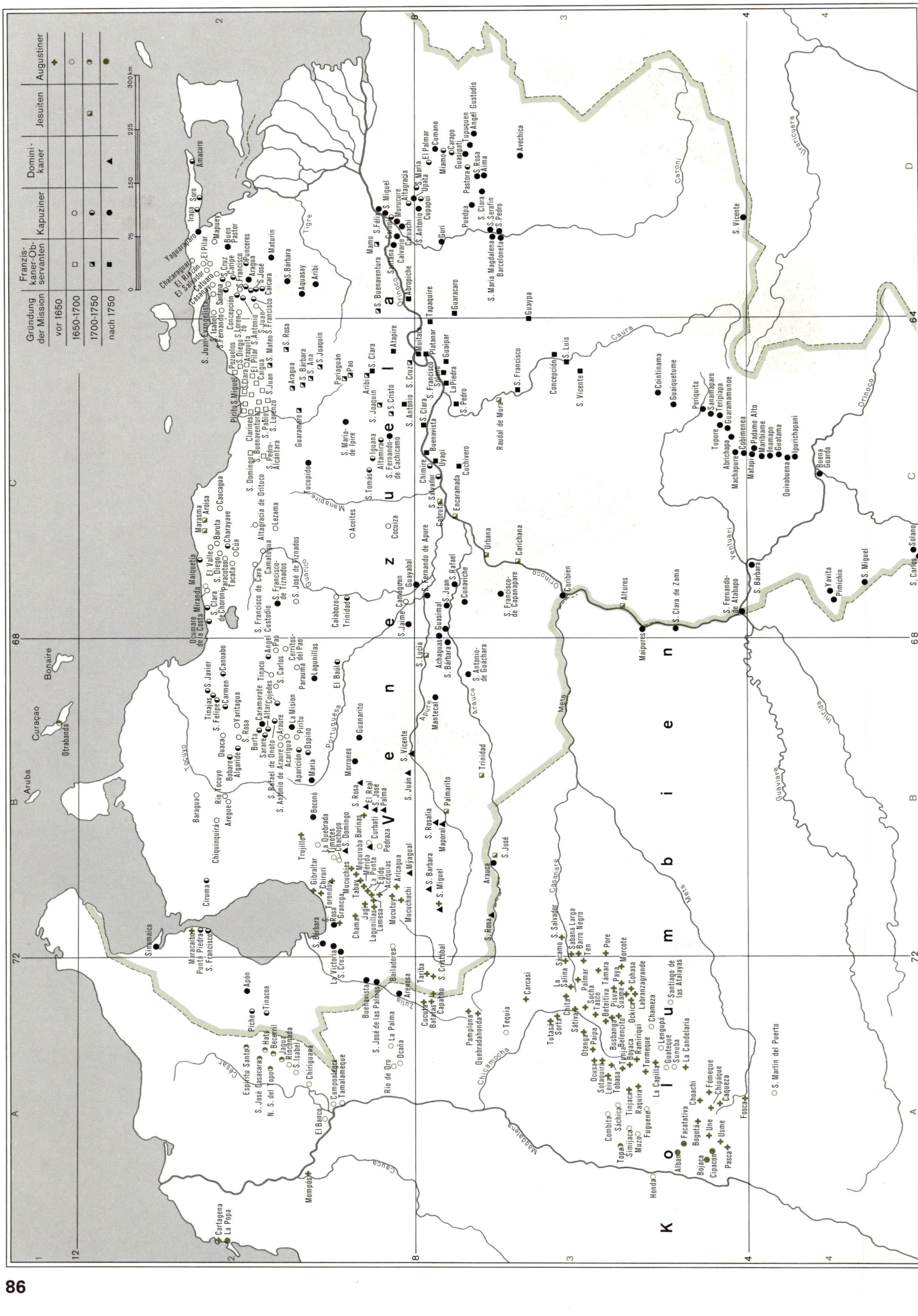

Die Indianermissionen im Gebiet der heutigen USA (1567–1861)

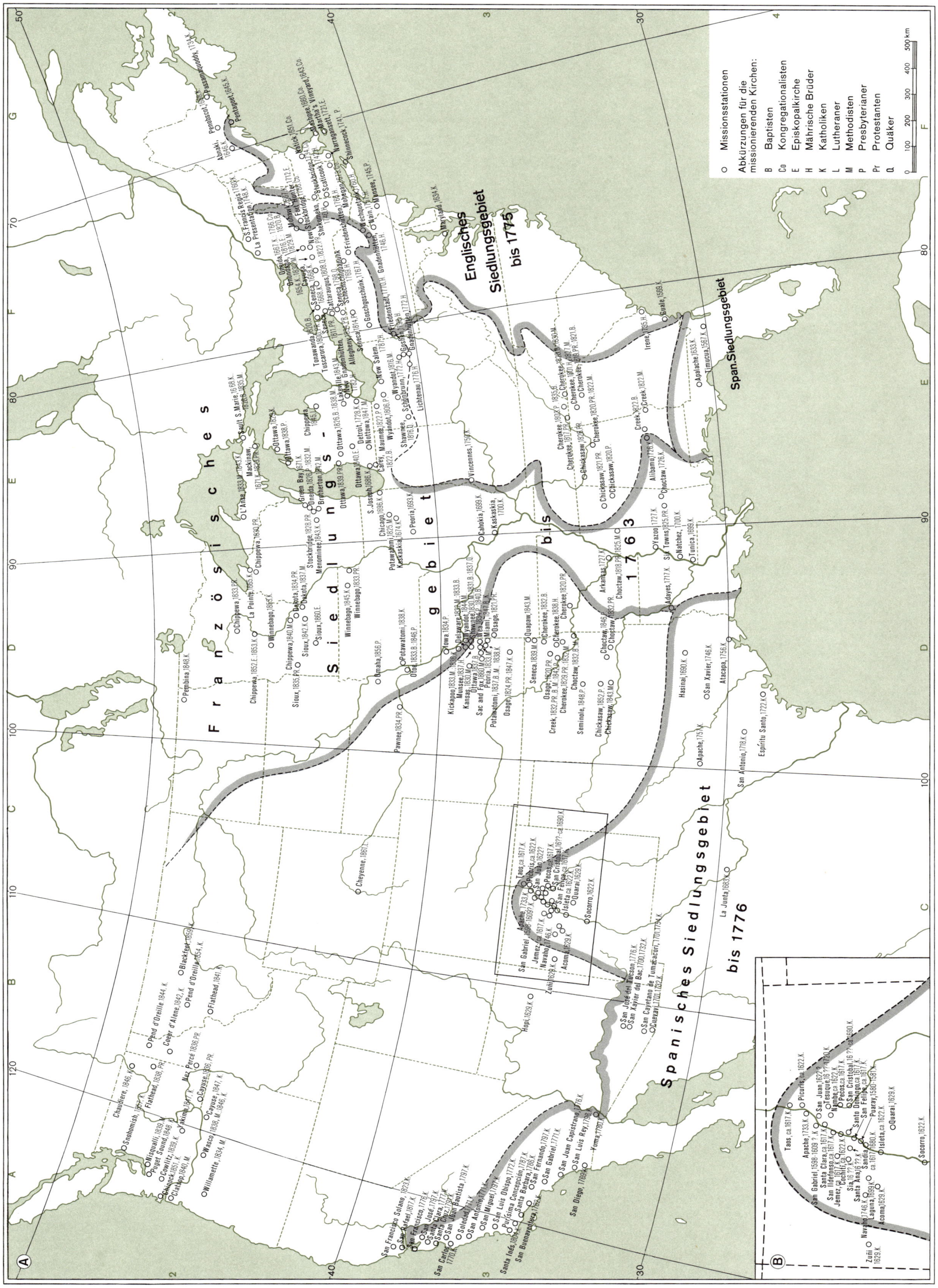

Die kirchliche Situation im Osten Nordamerikas 1650

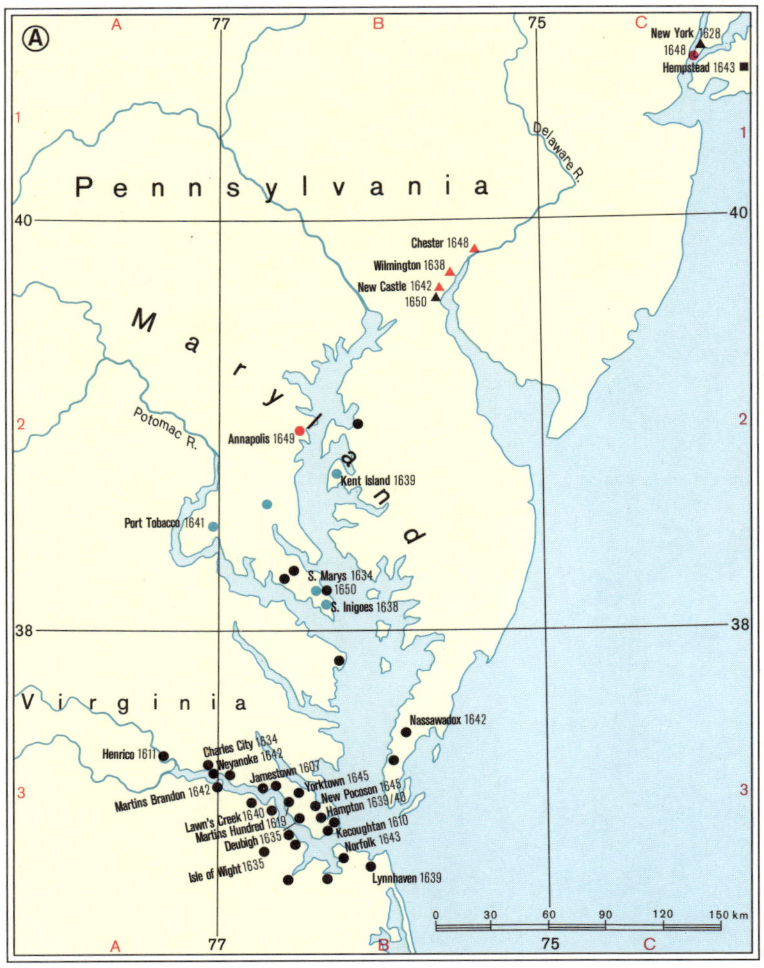

Die kirchliche Situation im Osten Nordamerikas 1750

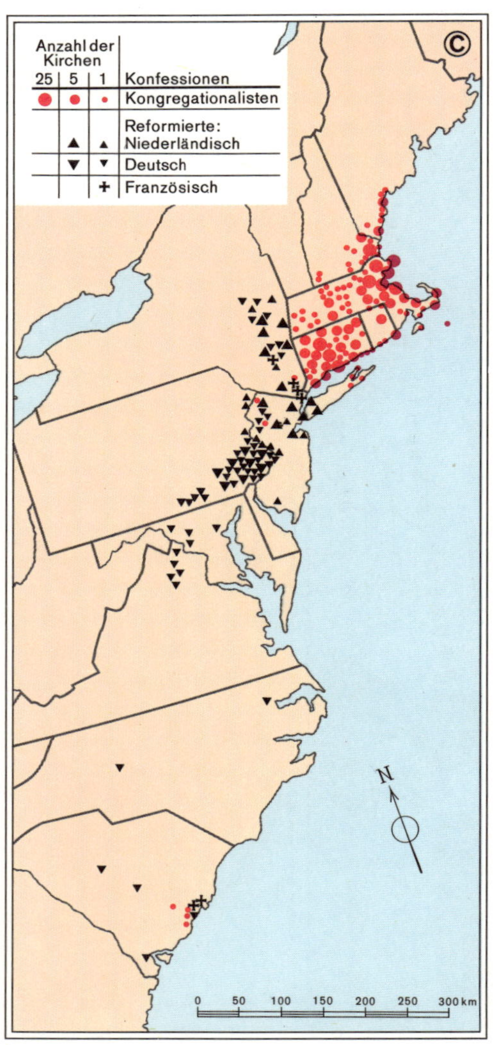

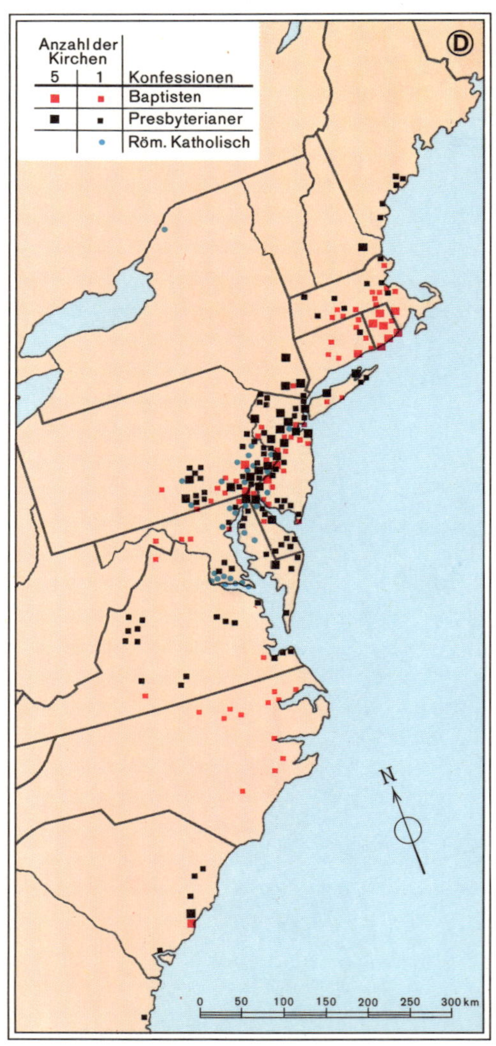

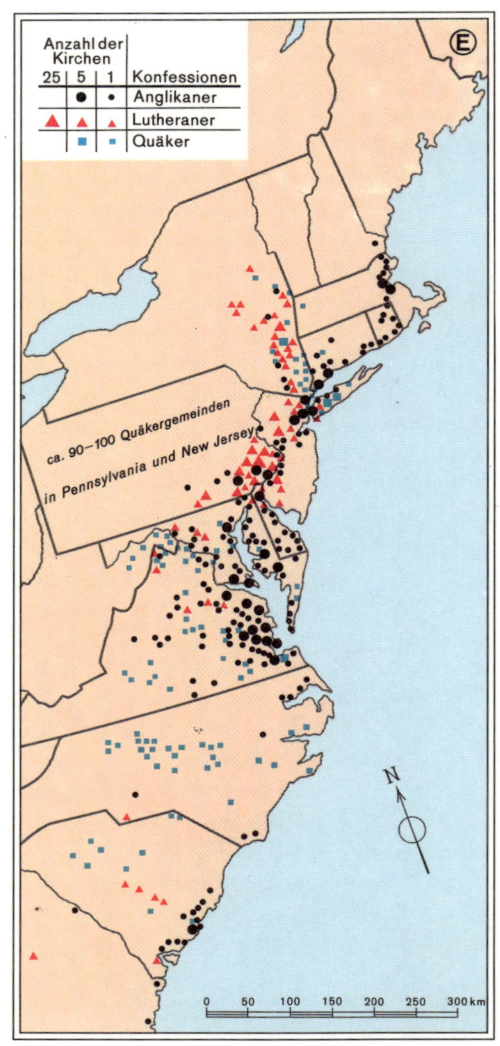

Die Verbreitung des Christentums in Japan 1550–1650

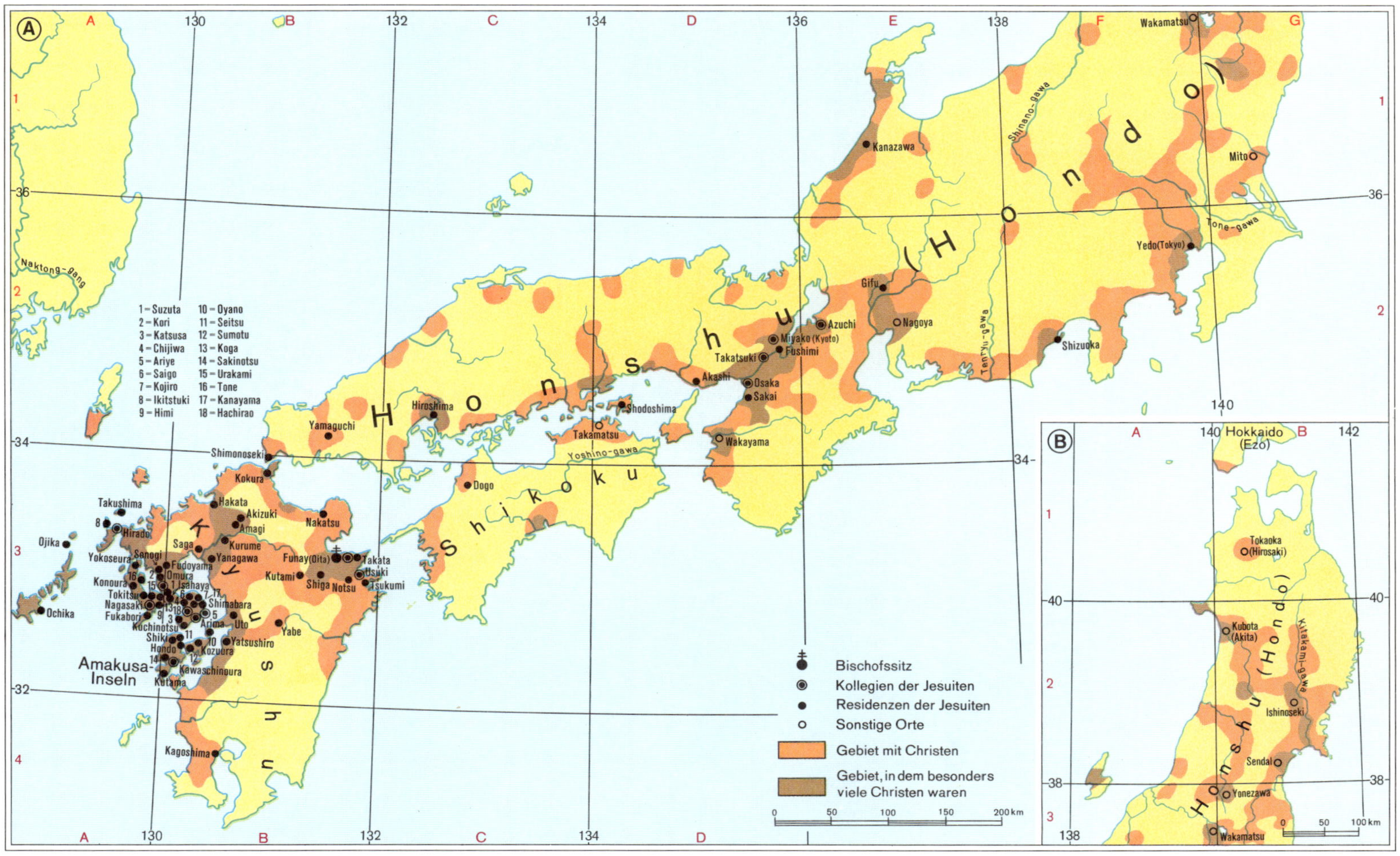

Die Mission und kirchliche Einteilung in Indien und China bis um 1700

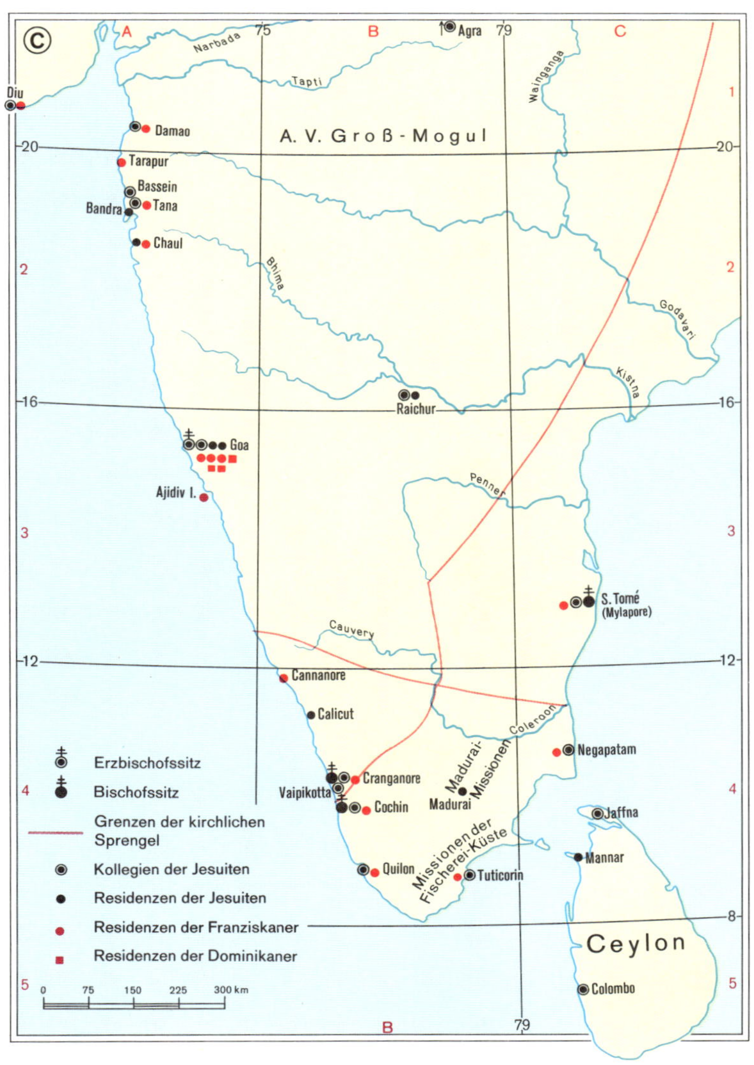

Die katholische Kirche auf den Philippinen bis 1655

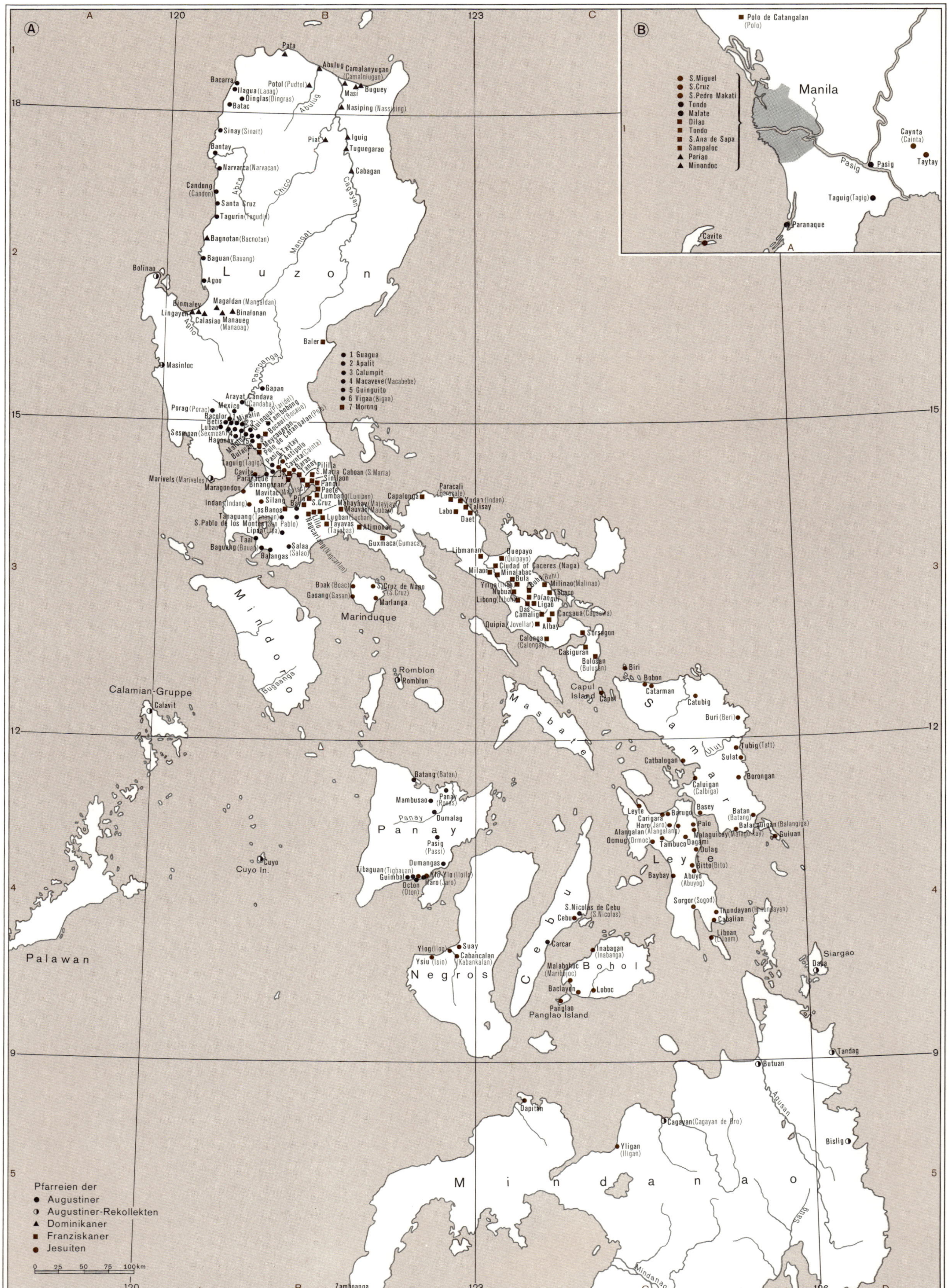

Das Restitutionsedikt von 1629

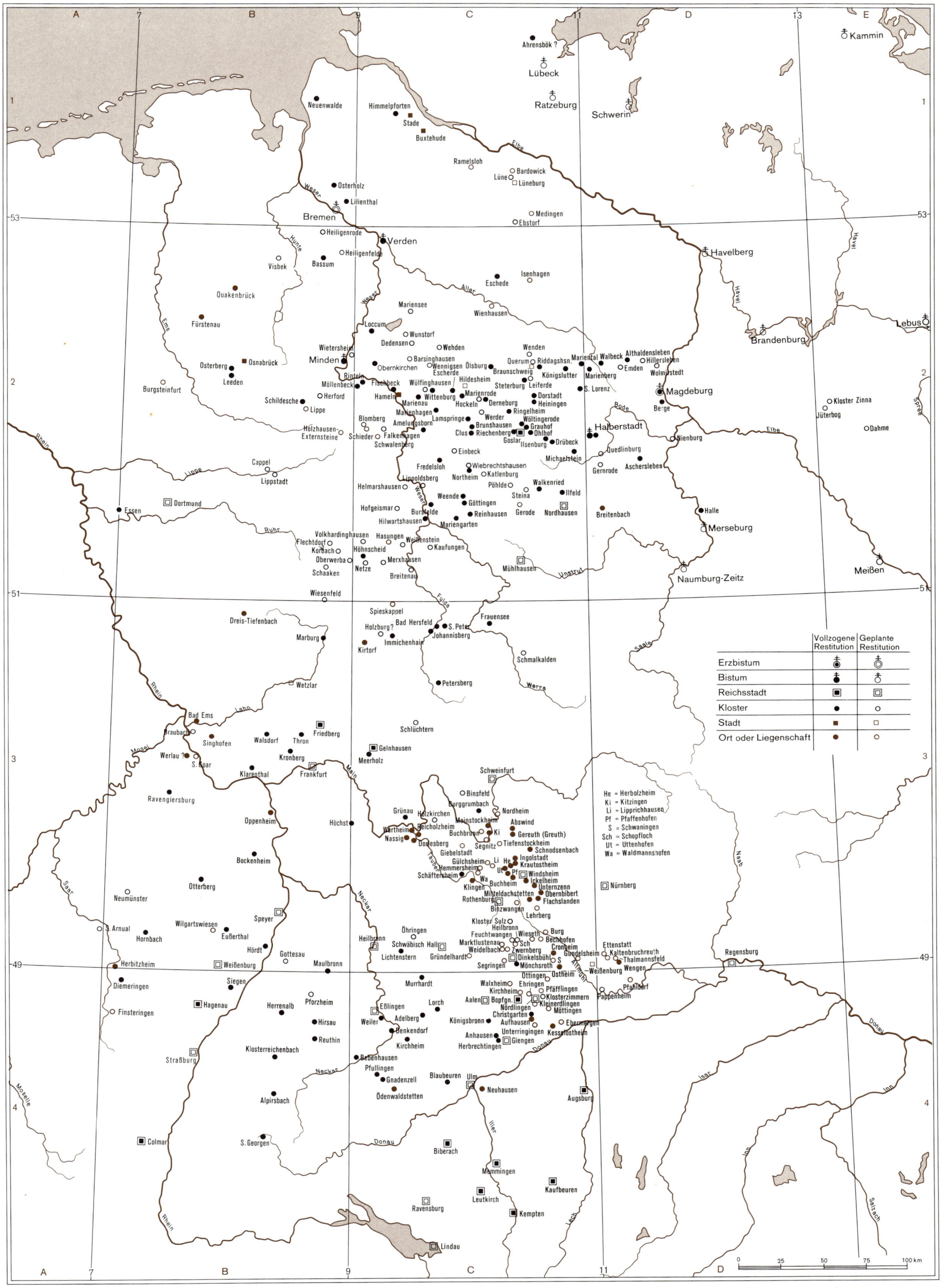

Katholiken in Norddeutschland nach 1648

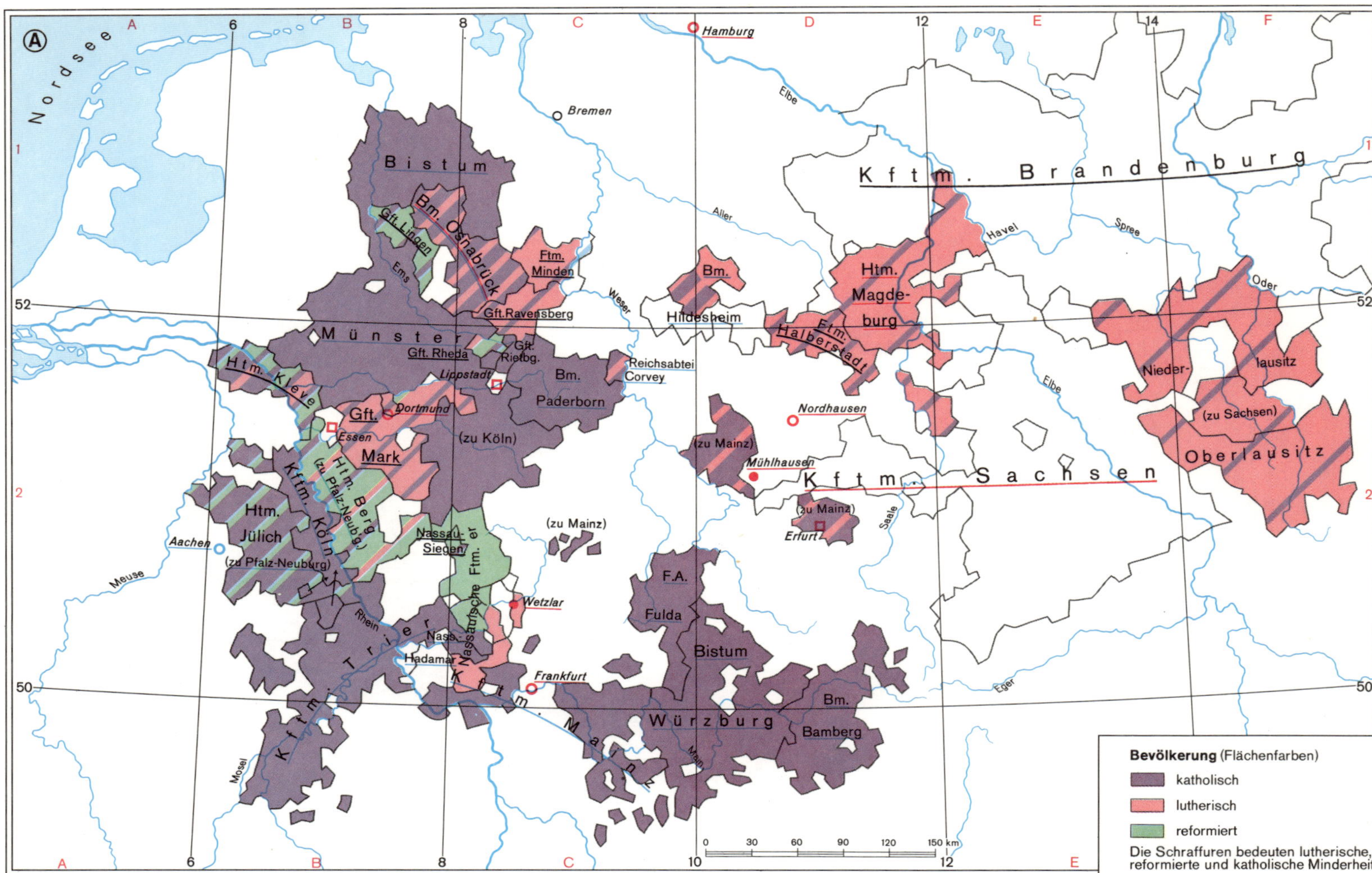

Bevölkerung (Flächenfarben)
- katholisch
- lutherisch
- reformiert

Die Schraffuren bedeuten lutherische, reformierte und katholische Minderheiten

Reichsstädte
- lutherisch
- lutherisch mit katholischer Minderheit
- Parität von Lutheranern und Katholiken
- katholisch
- katholisch mit protestant. Minderheit
- reformiert
- reformiert mit katholischer Minderheit

landsässige Städte
- lutherisch mit katholischer Minderheit

Obrigkeit (Unterstreichungen)

Bm. Münster katholisch
Htm. Sachsen lutherisch
Mülhausen reformiert

zu Doppelunterstreichungen vgl. Kommentar

Sp. Speyer
Bo. Bopfingen

Protestanten in Süddeutschland nach 1648

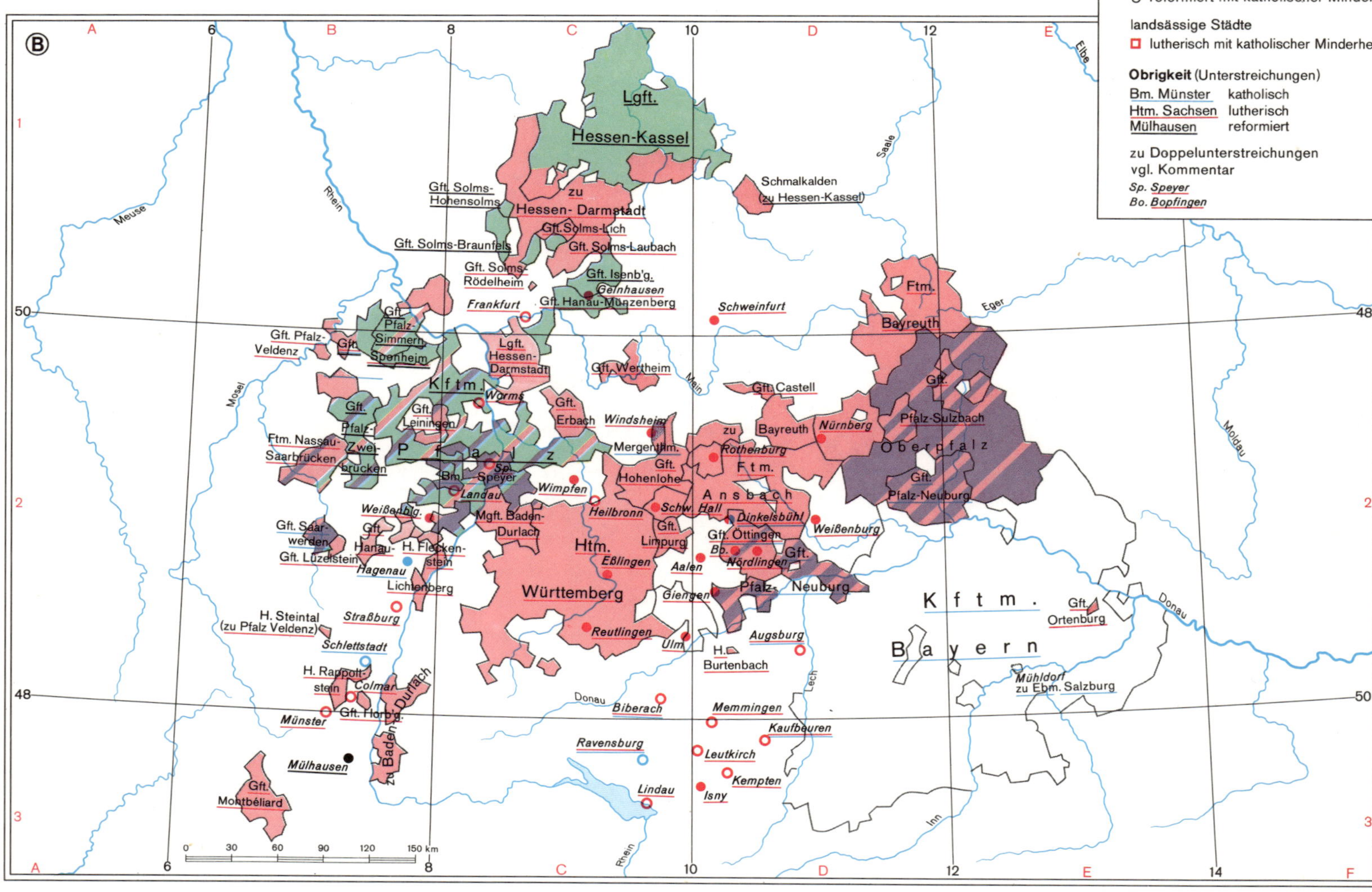

Die konfessionelle Gliederung Europas um 1680

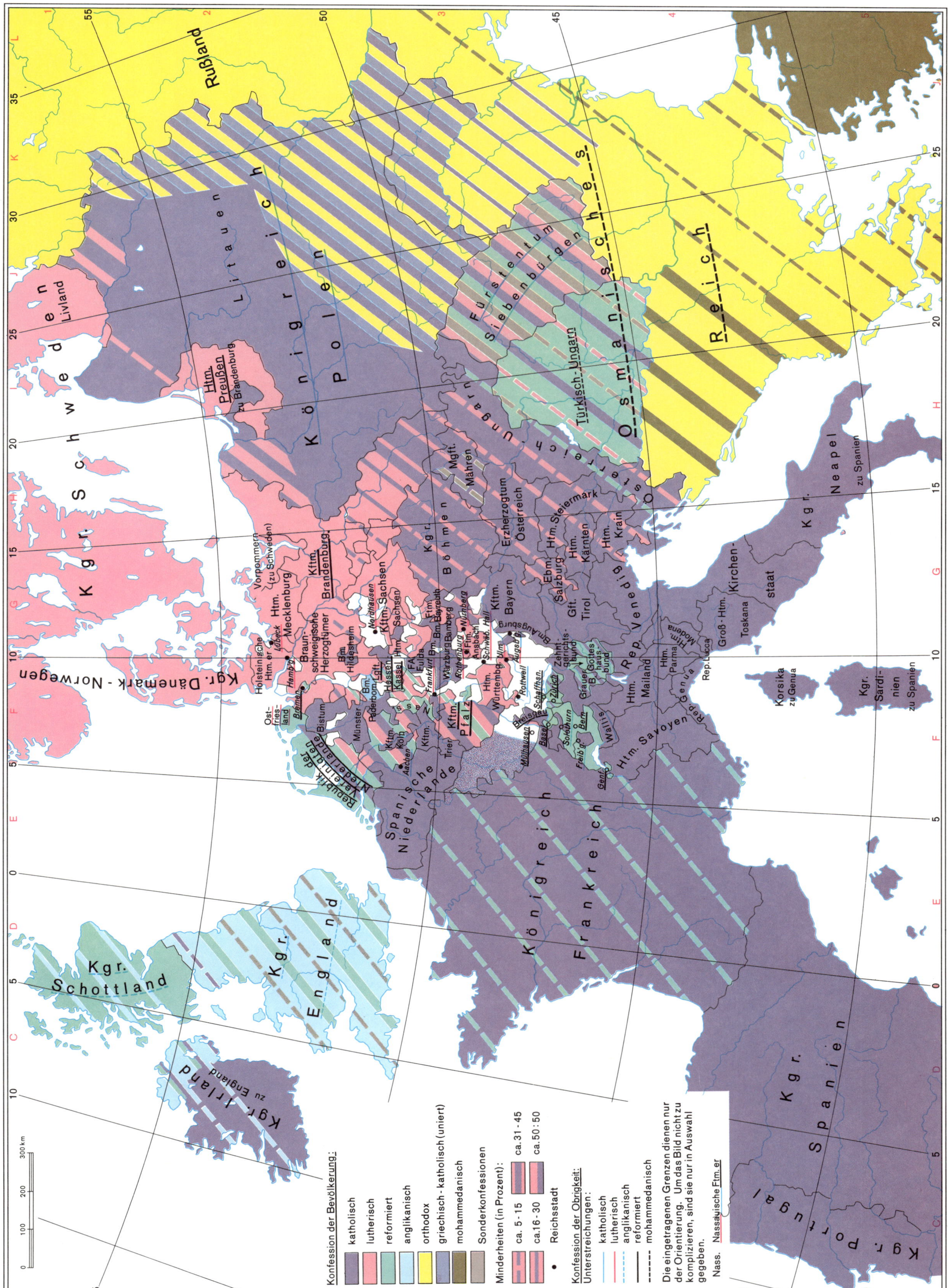

Die Mauriner

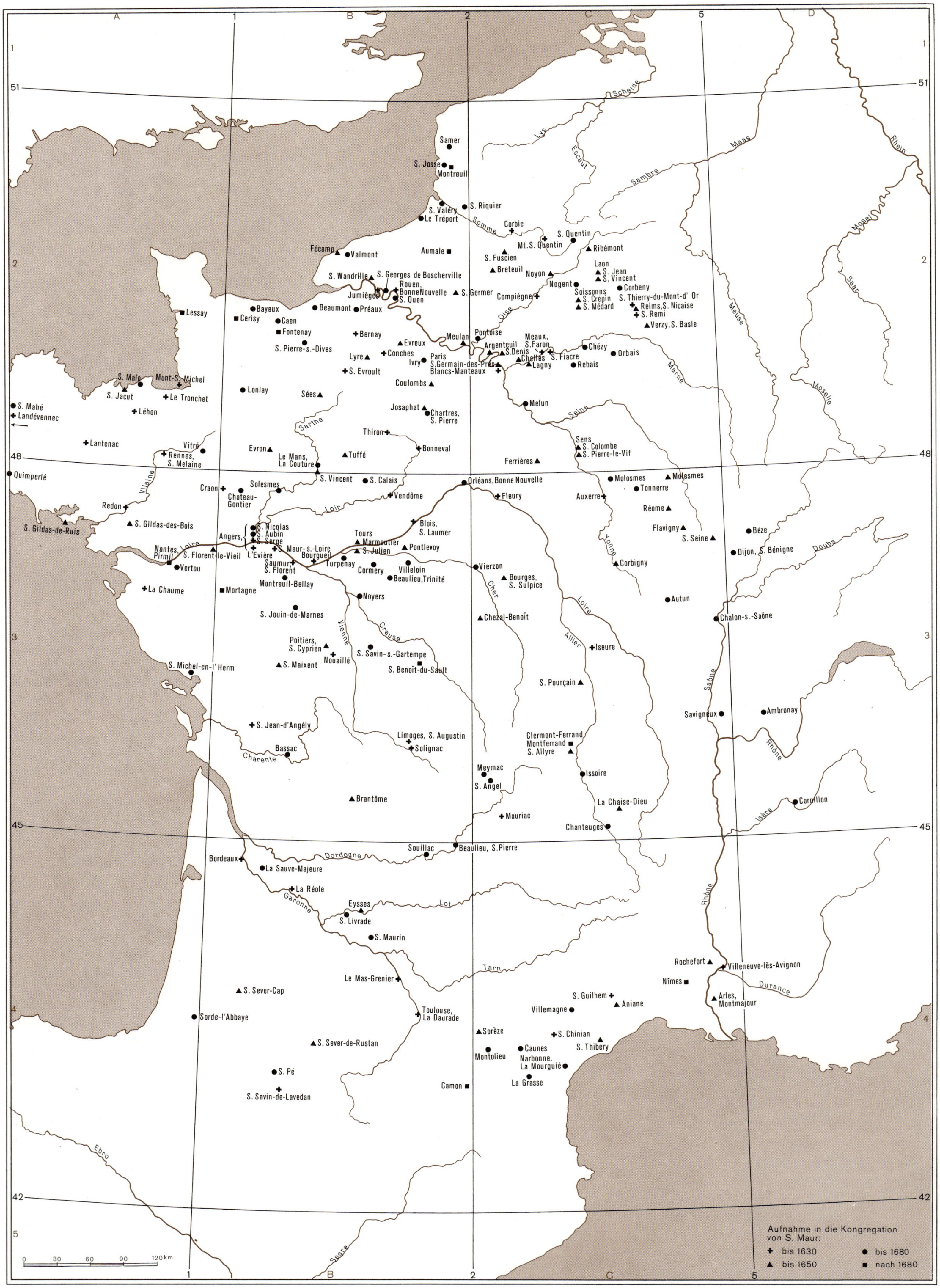

Das Wachstum der evangelischen Kirche in Österreich von 1800 bis 1970

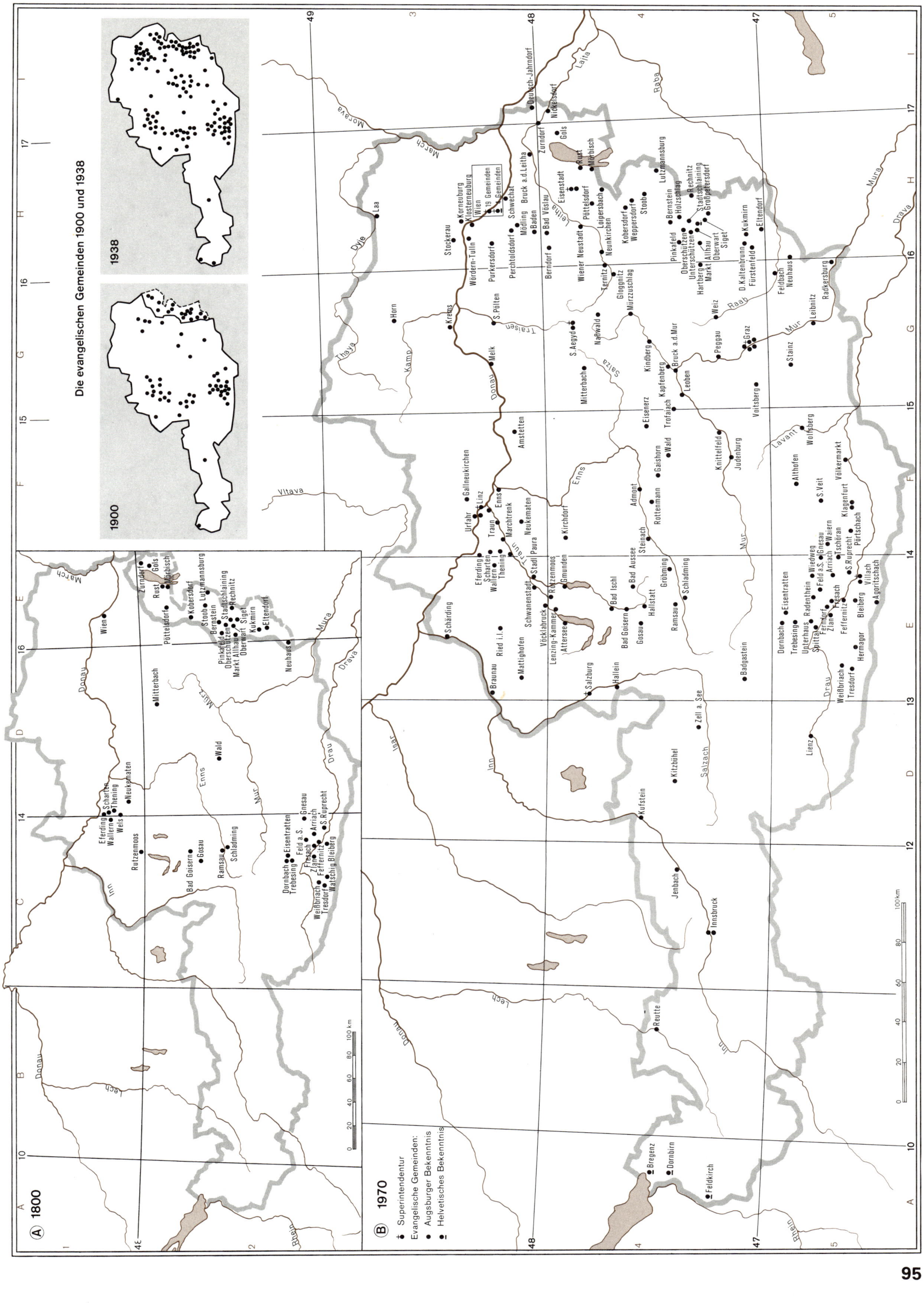

Die Zurückdrängung des Osmanischen Reiches und die Hierarchie in Südosteuropa

Die Neuordnung der österreichischen Bistümer 1782–1859

(Kirchenprovinzen Salzburg und Wien)

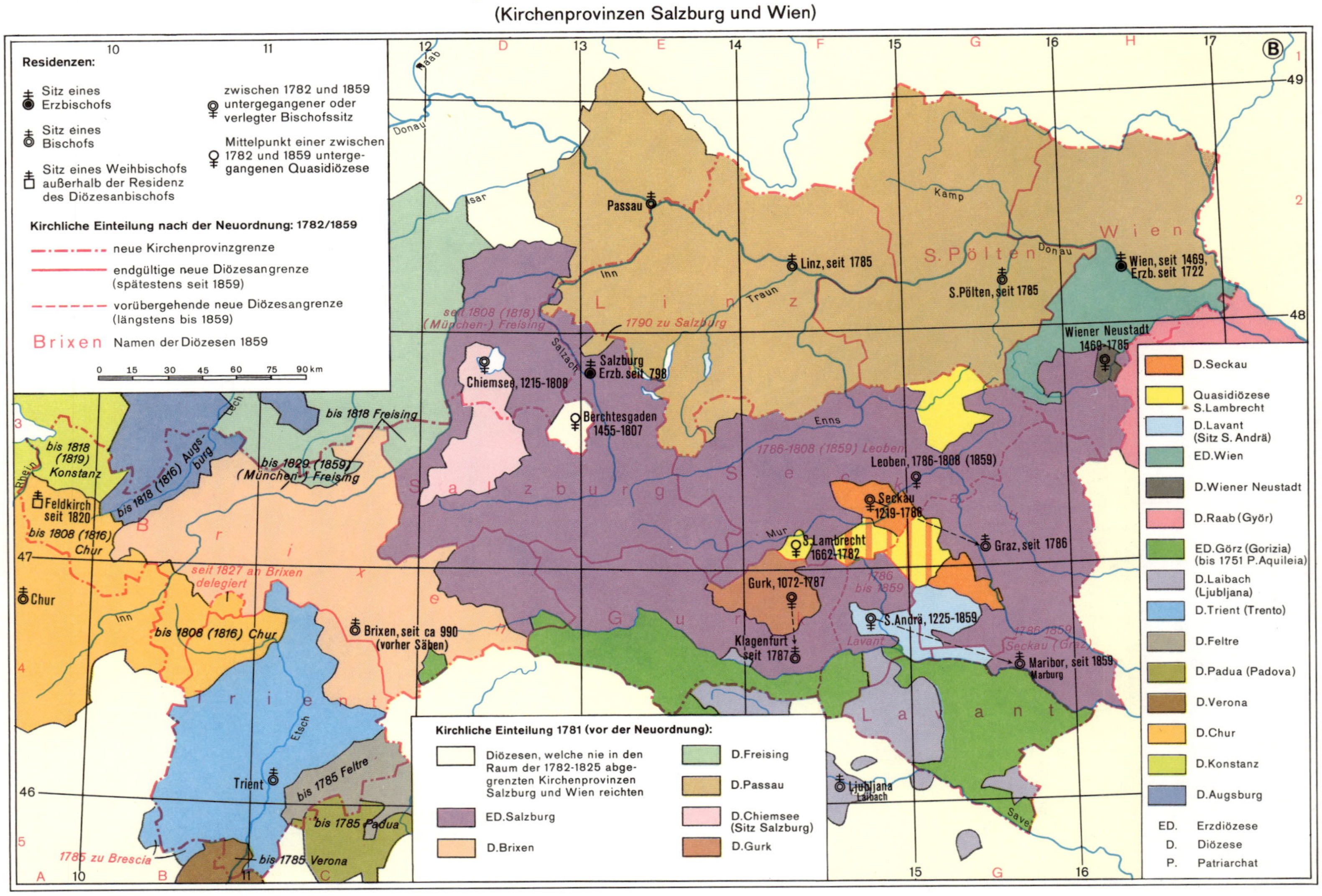

Die Umorganisation der katholischen Kirche in Frankreich 1789–1802/22

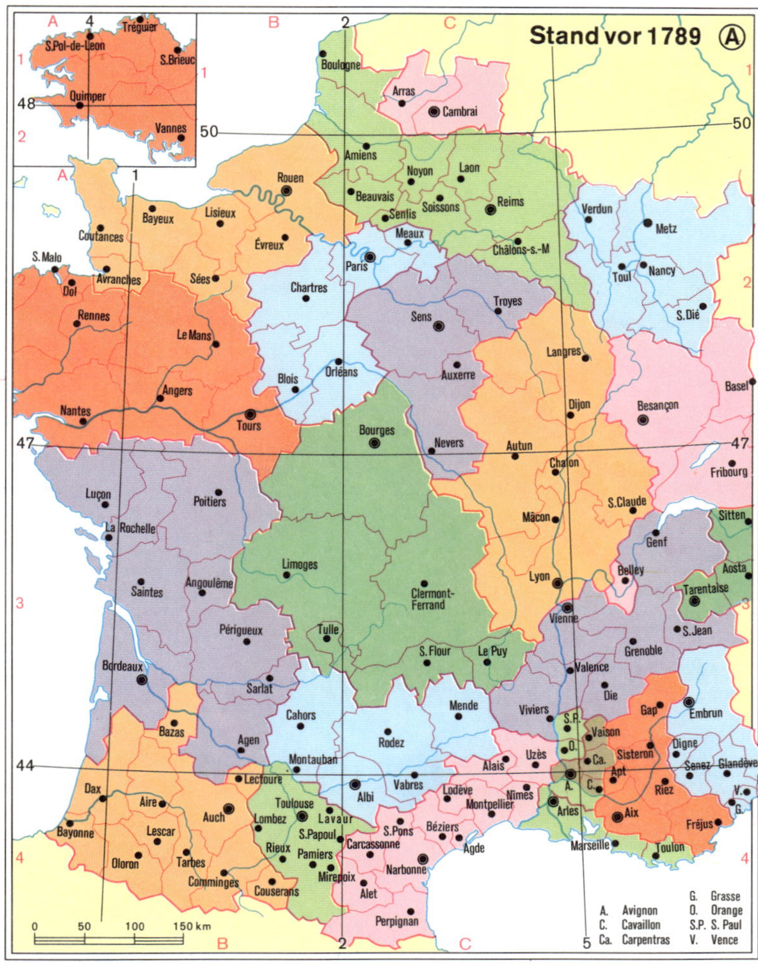

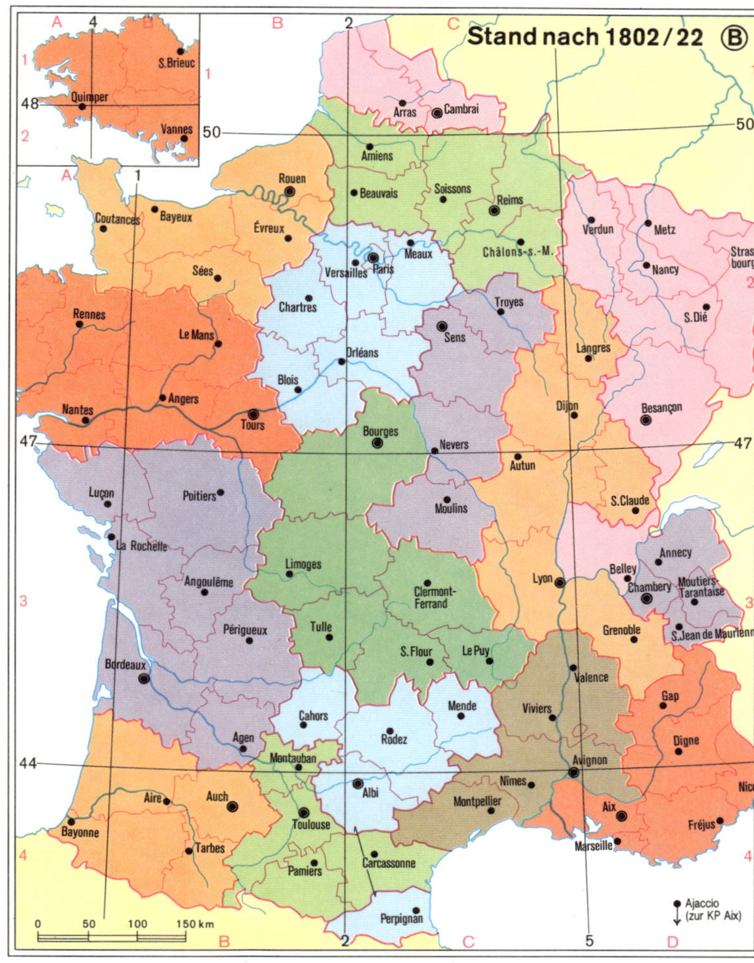

Die Umorganisation der katholischen Kirche in Deutschland 1802–1821/24

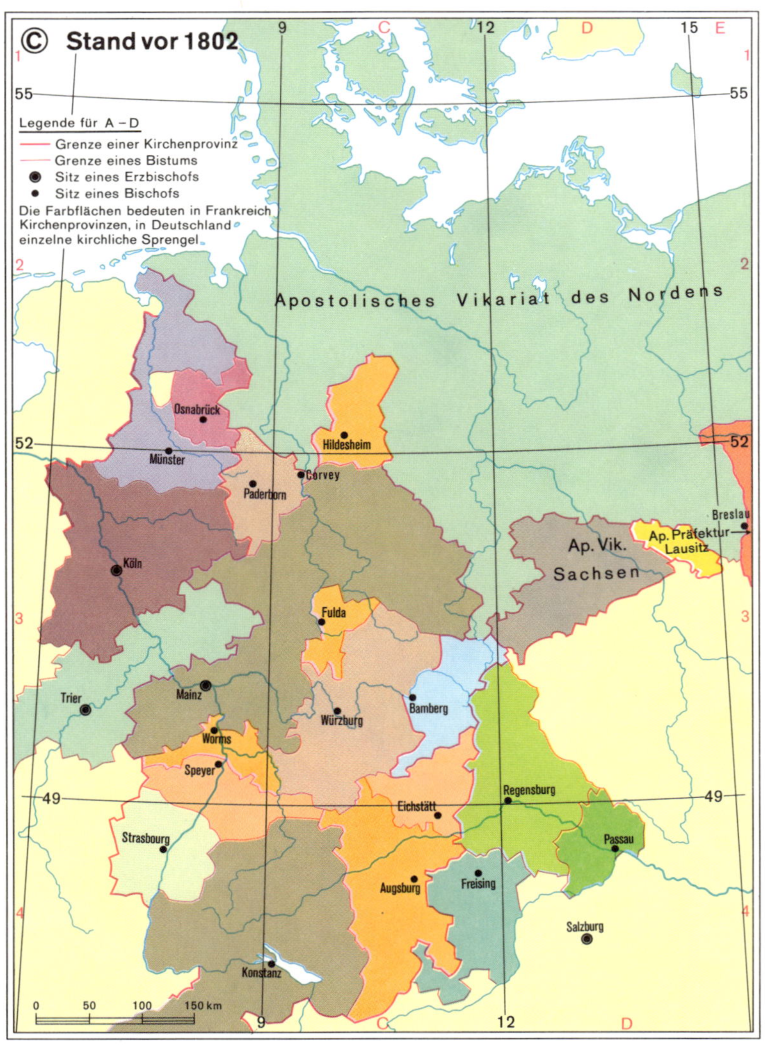

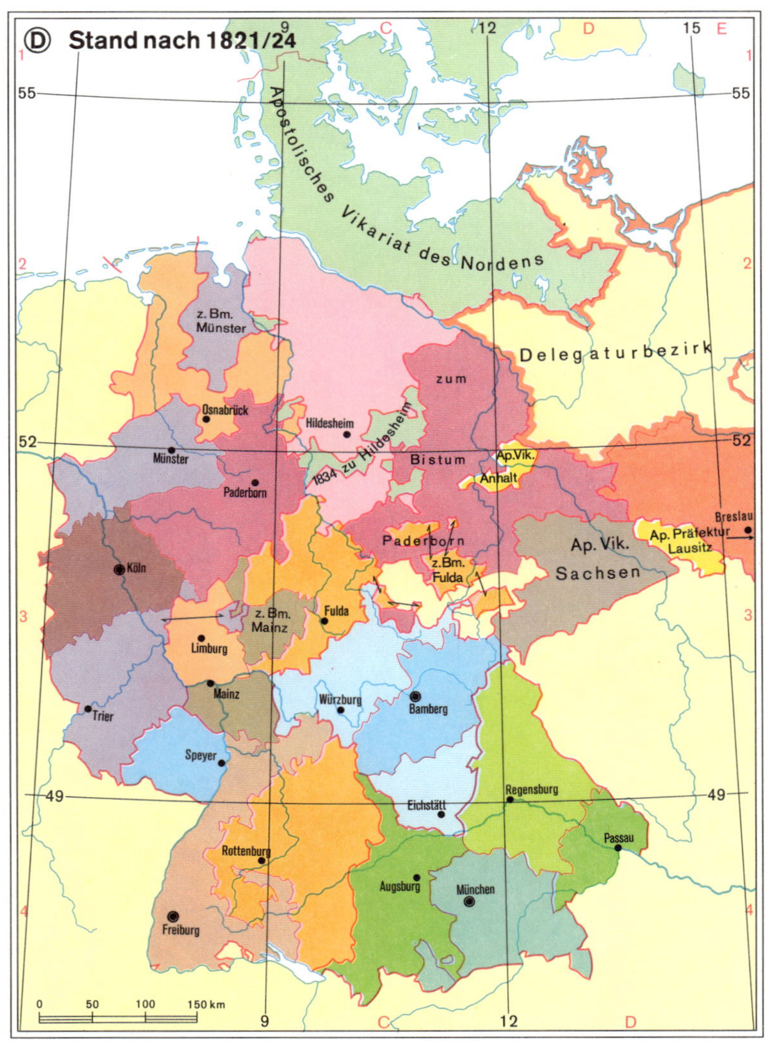

Der Stand der katholischen Missionen in Afrika, Asien und Ozeanien vor dem 1. Weltkrieg

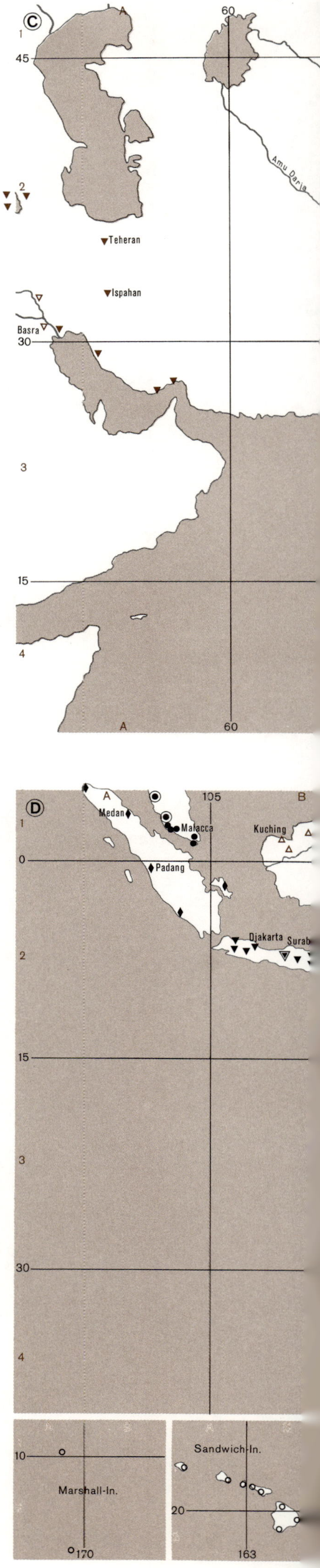

Stationen

5	1	
◉	●	Pariser Missionsseminar (MEP)
▣	■	Mailänder Missionsseminar (PIME)
▲	▲	Lyoner Seminar (SMA)
▼	▼	Jesuiten (SJ)
♦	♦	Kapuziner (OFMCap)
▣	□	Oblaten der Unbefleckten Jungfrau Maria (OMI)
▲	△	Steyler Missionare (SVD)
▽	▽	Weiße Väter (PA)
◉	●	Weltklerus
▣	■	Konventualen (OFMConv)
▲	▲	Patres vom Hl. Geist (CSSp)
▼	▼	Lazaristen (CM)

Stationen

5	1	
♦	♦	Scheutvelder Missionare (CICM)
▣	□	Dominikaner (OP)
△	△	Missionare von Mill Hill (SMSJ)
▽	▽	Unbeschuhte Karmeliten (OCD)
◎	○	Sonstige

Bei China, Japan und Korea wurde wegen der Menge der anfallenden Zeichen auf deren Einzeldarstellung verzichtet. Die Zahl bei einem Zeichen gibt an, wieviele Hauptstationen der missionierenden Gemeinschaft, für die das Zeichen steht, sich in dem betreffenden Gebiet befinden

Mongolei
Mandschurei
Sungari
Hokkaido
Syr Darja
Tarim
Hwang Ho
Chili
Korea
Shansi
Shantung
Srinagar
Shensi
Honan
Kiangnan
Shikoku
Hupeh
Szechwan
Batang
Brahmaputra
Yangtze Kiang
Chekiang
Indus
Lucknow
Kweichow
Hunan
Kiangsi
Karachi
Benares
Ganges
Fukien
Bhopal
Narbada
Kwangtung
Taiwan
Kwangsi
Calcutta
Salween
Hongkong
Moulmein
Kistna
Bangalore
Mekong
Philippinen
Nhatrang
Trichur
Phnompenh
Karolinen-In.
Quilon
Batticaloa

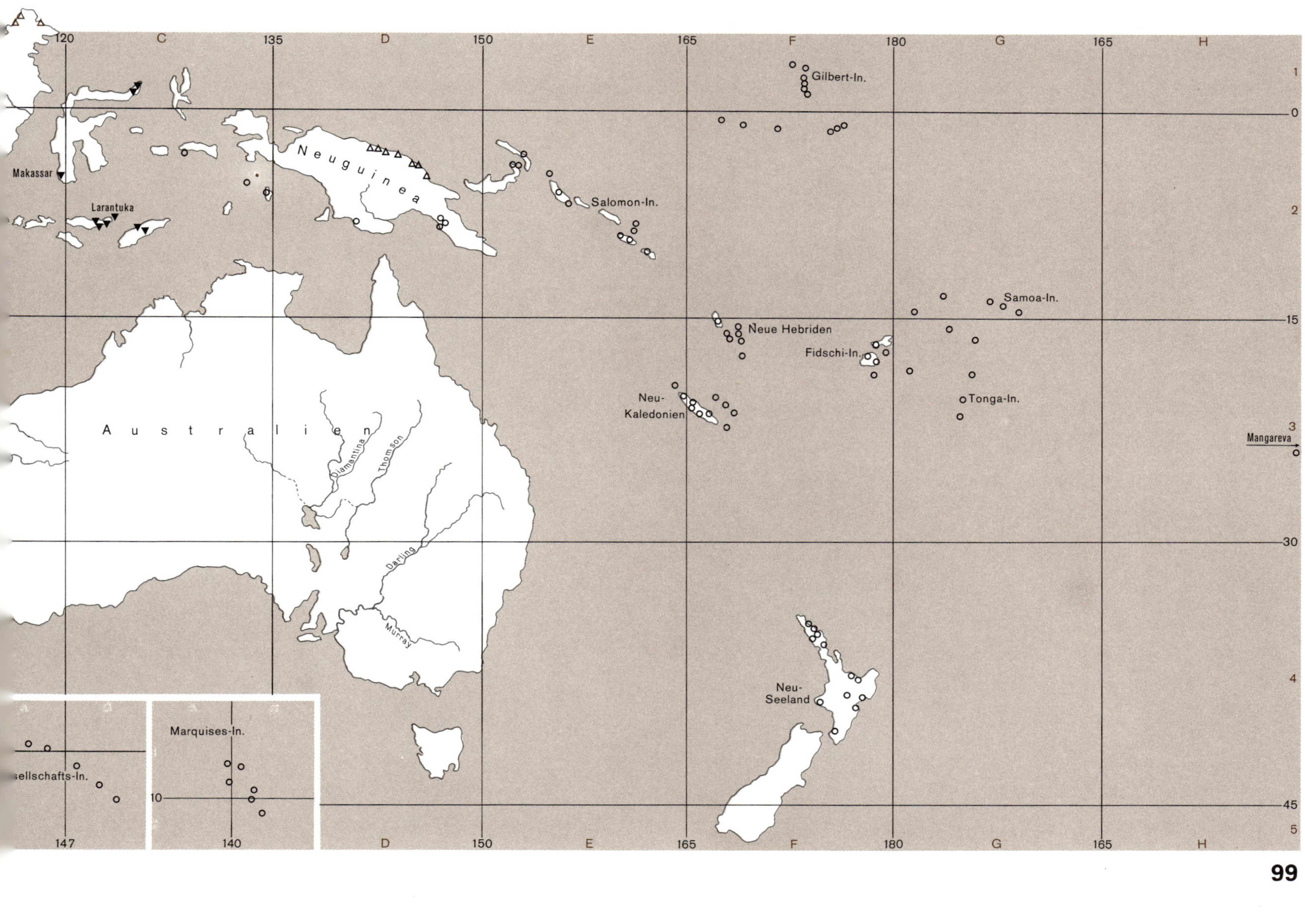

Gilbert-In.
Makassar
Neuguinea
Larantuka
Salomon-In.
Samoa-In.
Neue Hebriden
Fidschi-In.
Neu-Kaledonien
Tonga-In.
Australien
Mangareva
Diamantina
Thomson
Darling
Murray
Neu-Seeland
Marquises-In.
Gesellschafts-In.

Die kirchliche Situation in den USA 1850

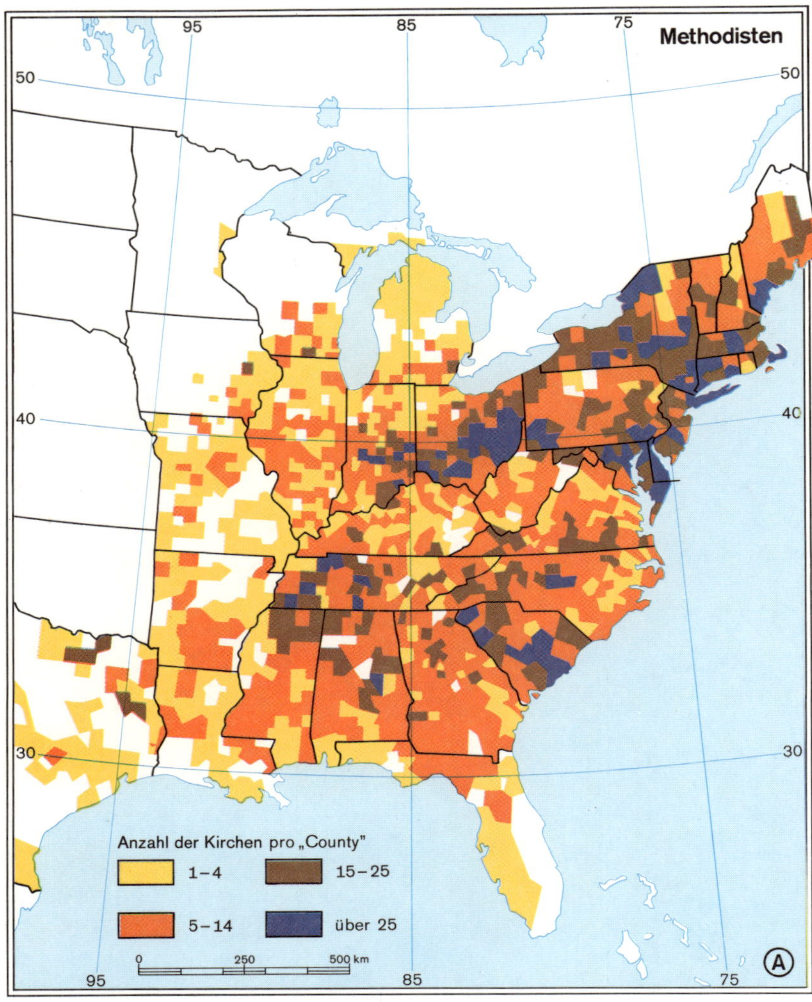

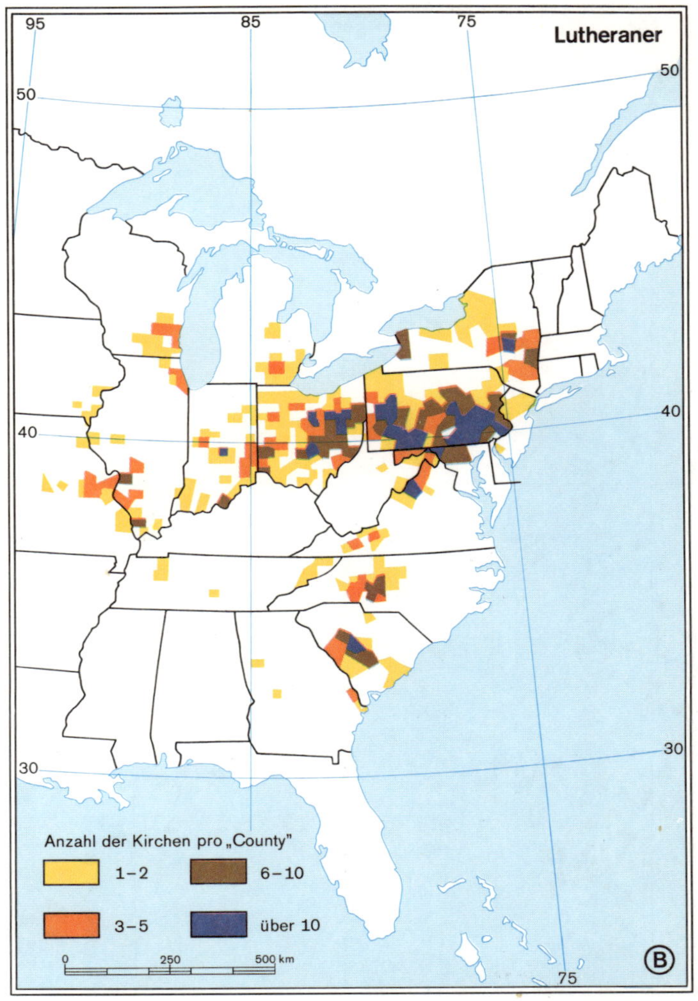

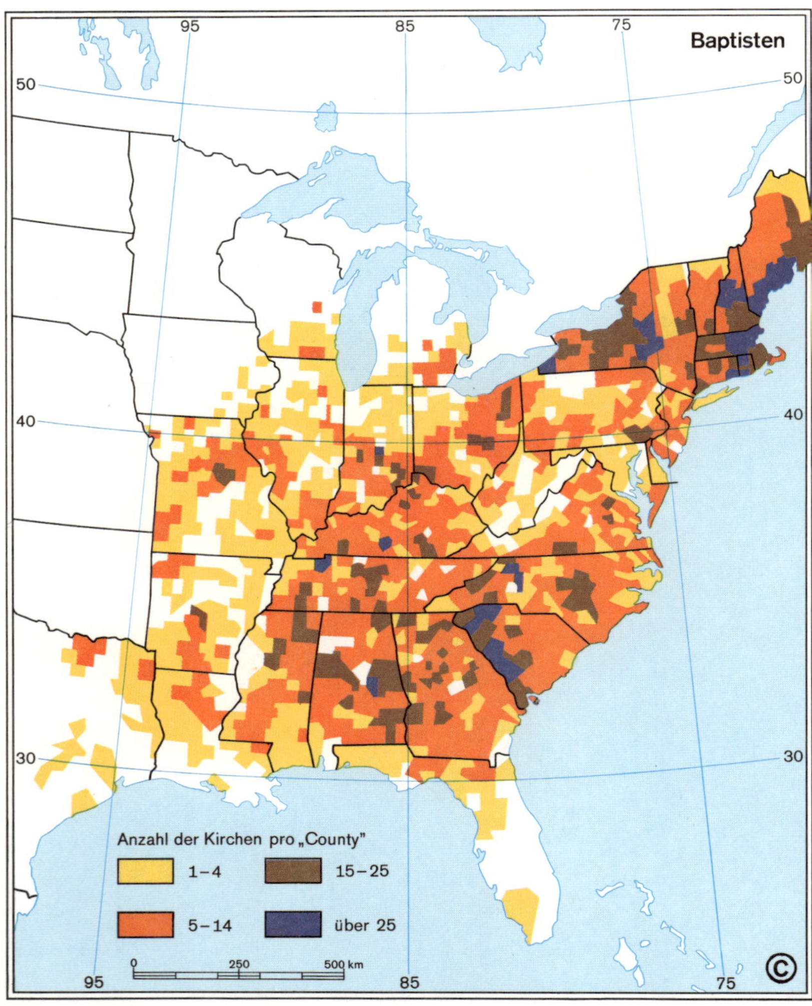

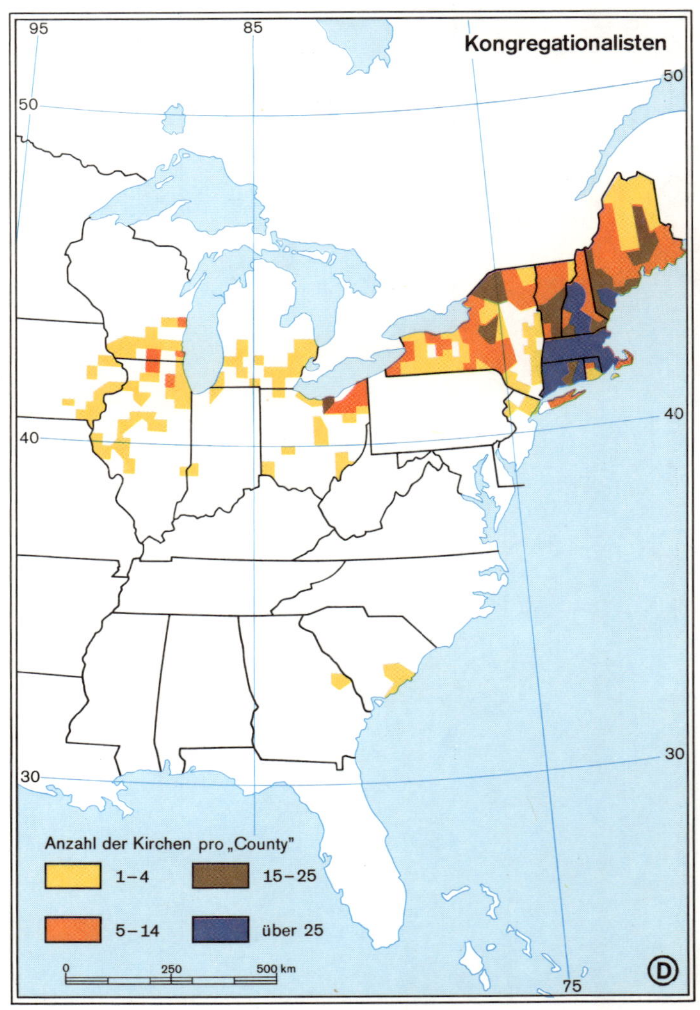

Die kirchliche Situation in den USA 1850

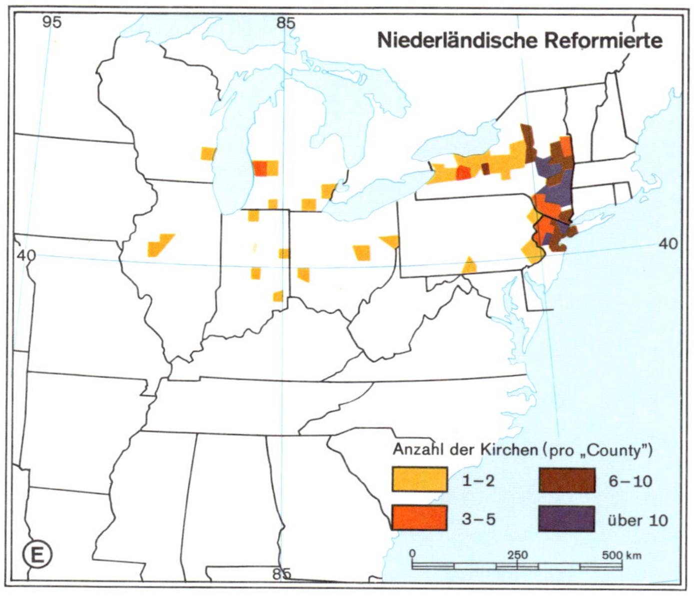

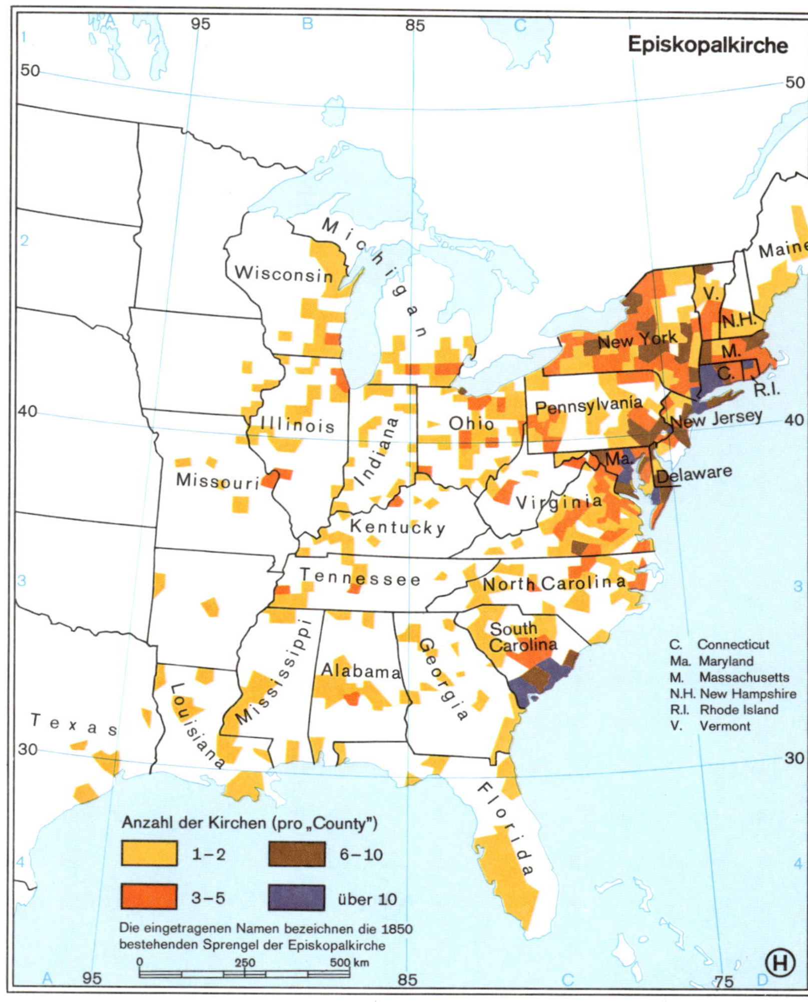

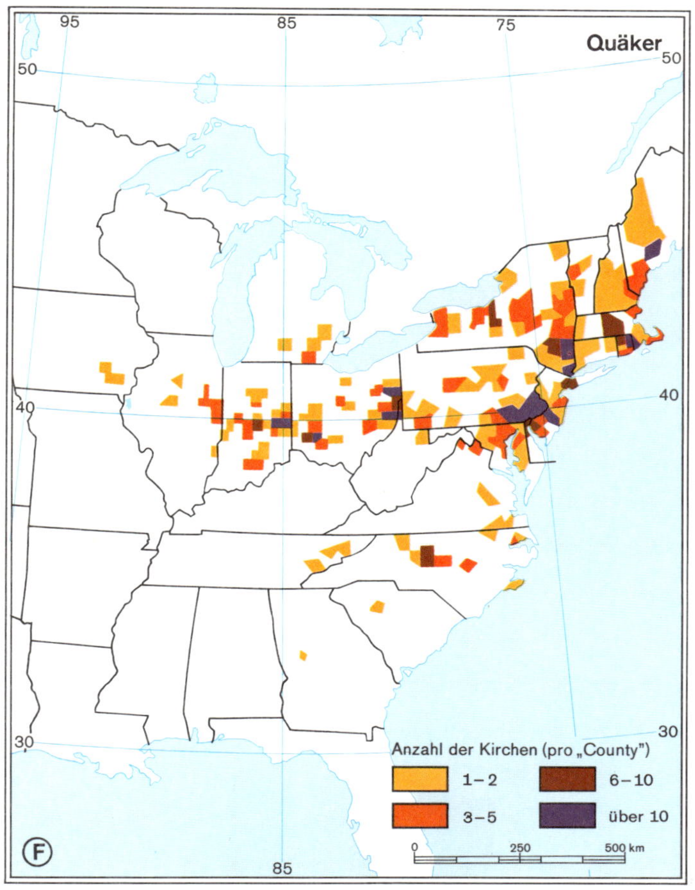

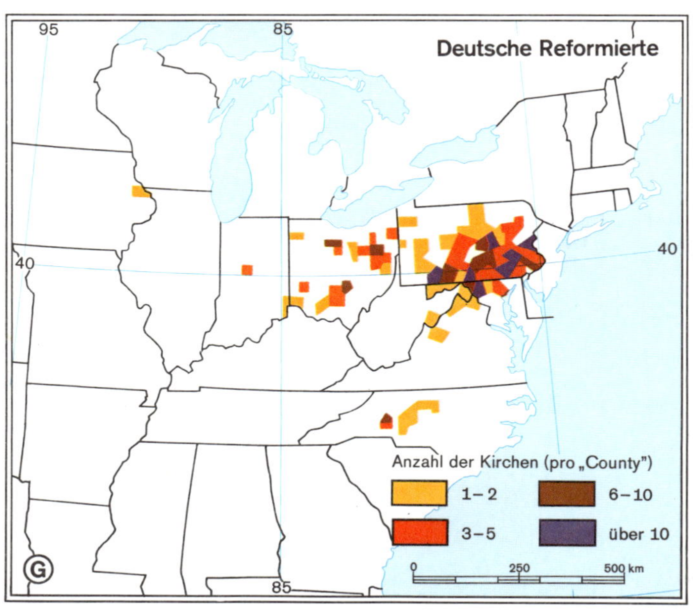

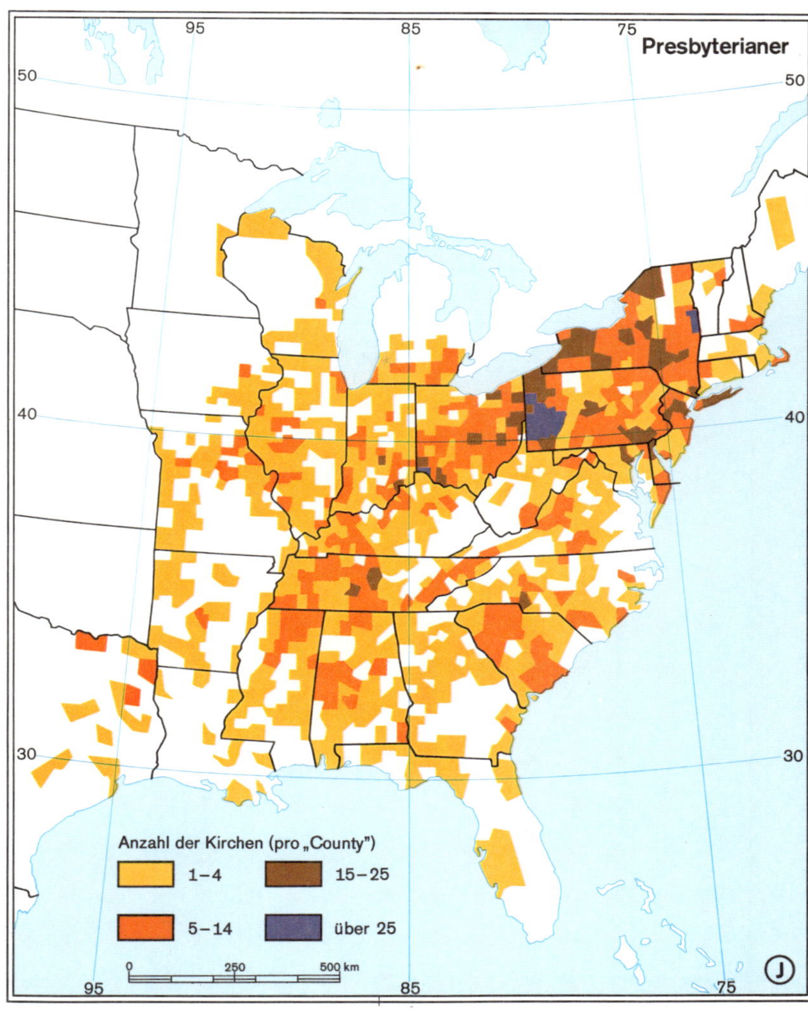

Die kirchliche Situation in den USA 1850

Genealogie der größeren Christlichen Kirchen in den USA

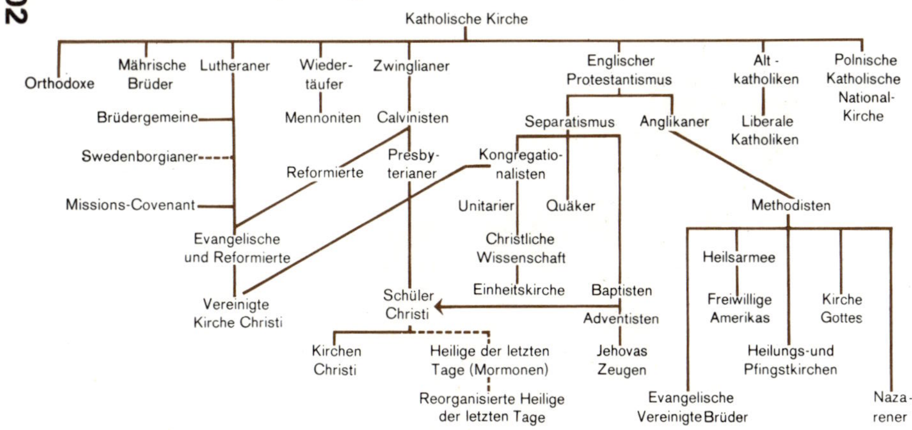

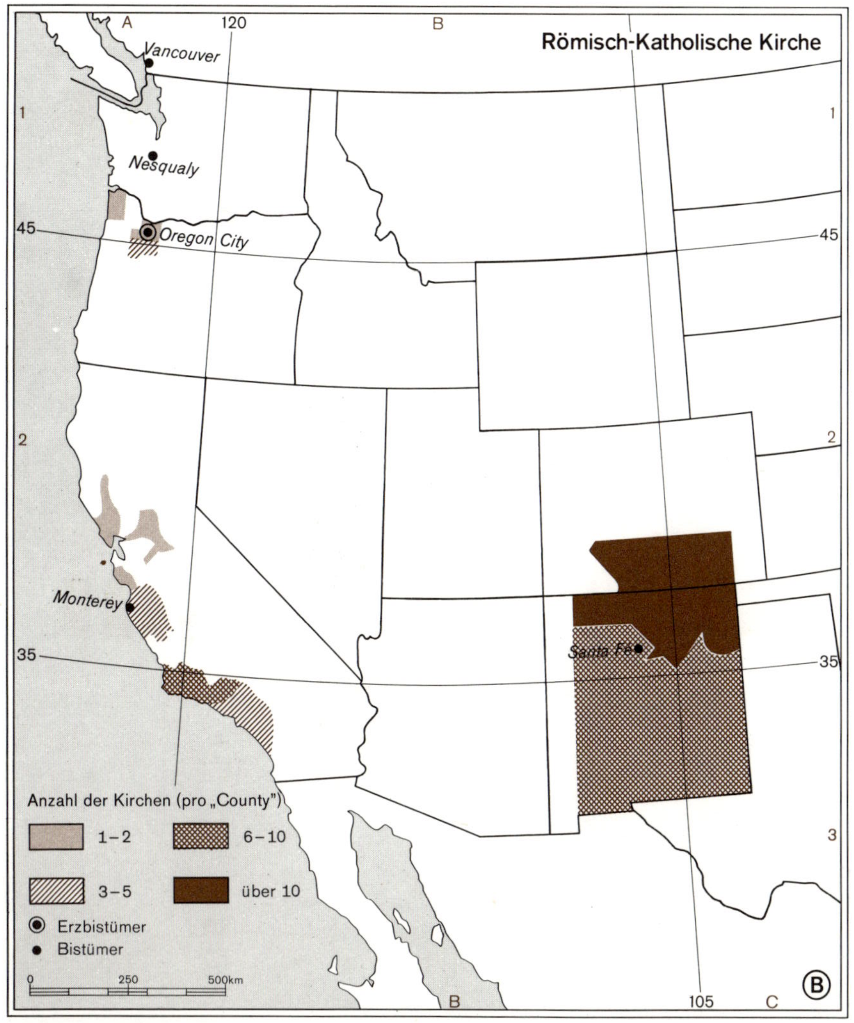

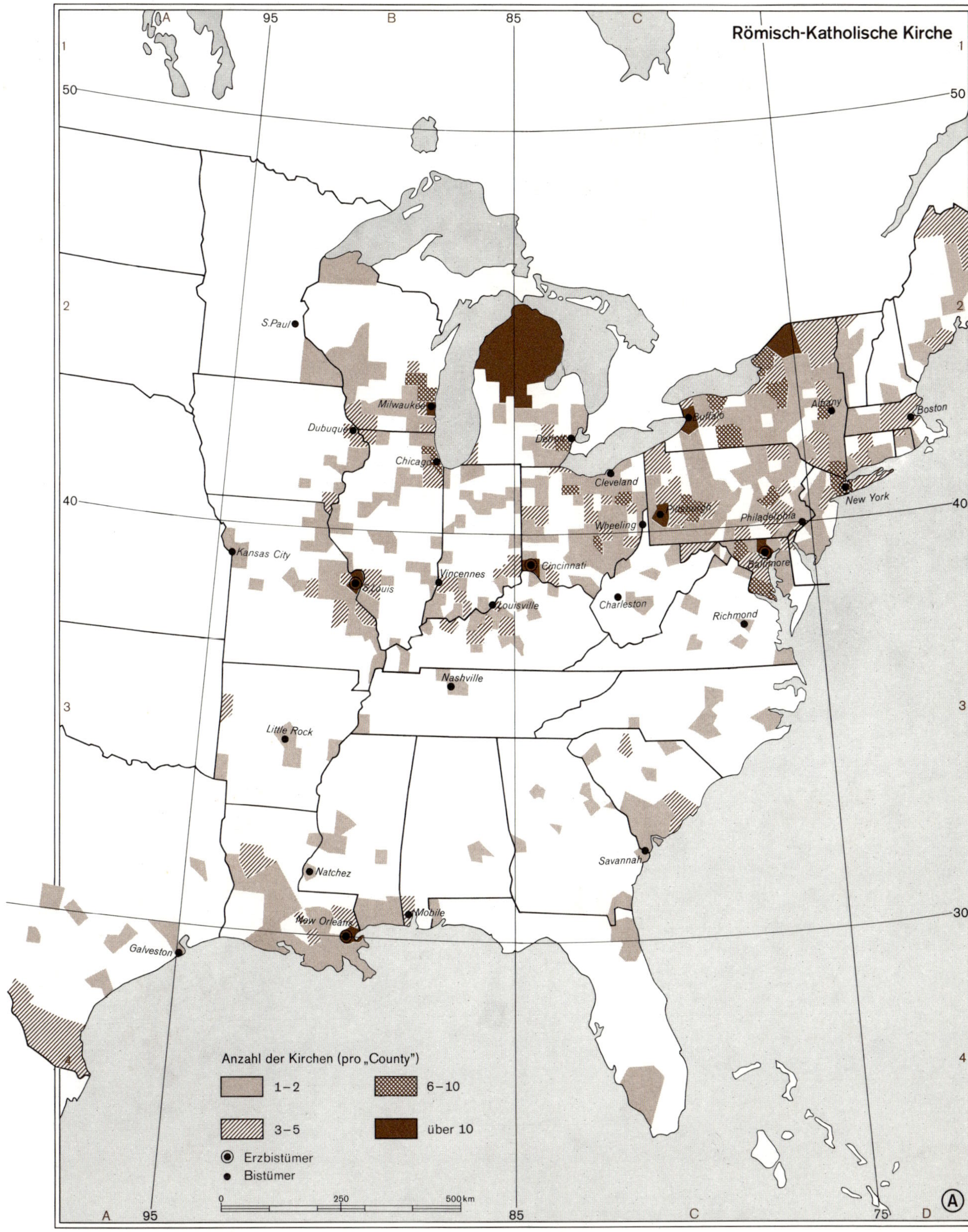

Die protestantischen Missionen bis zum Anfang des 20. Jh.

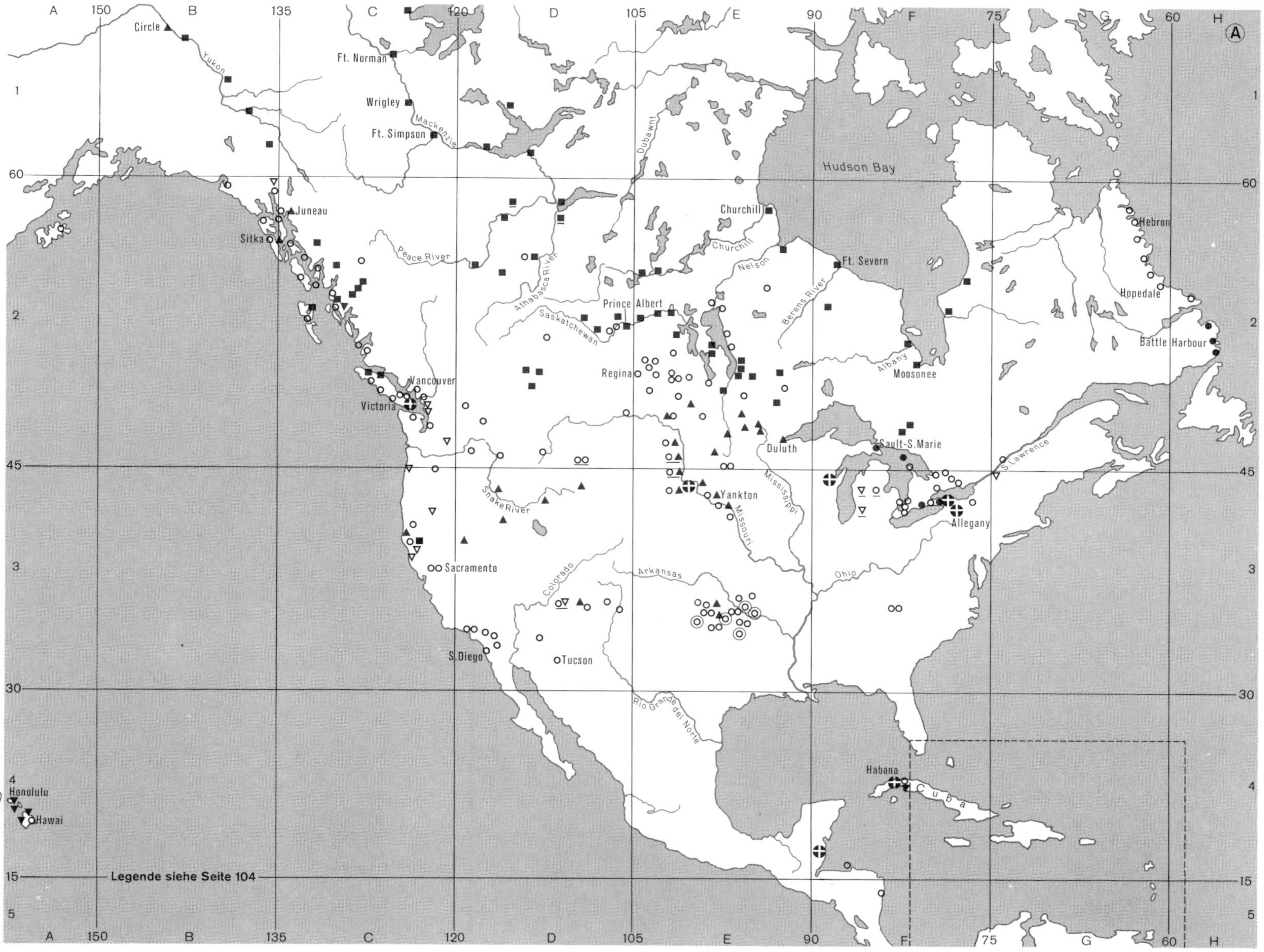

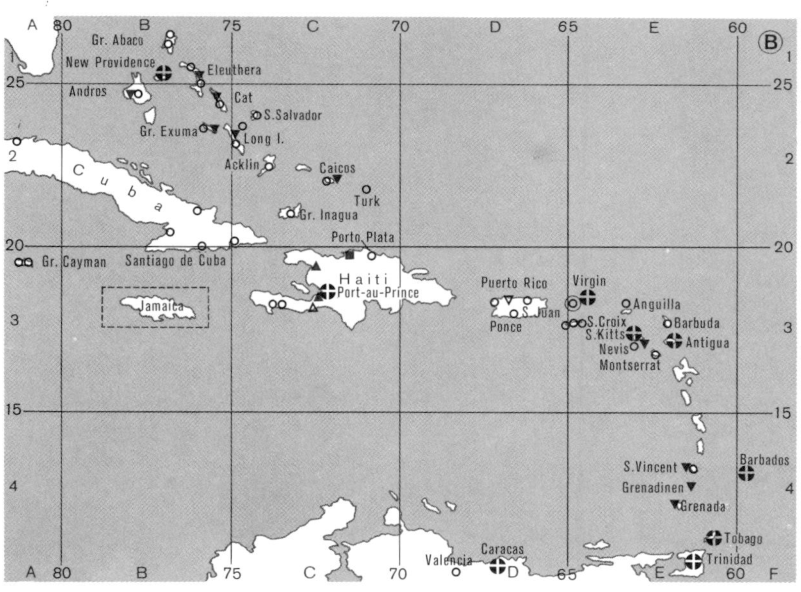

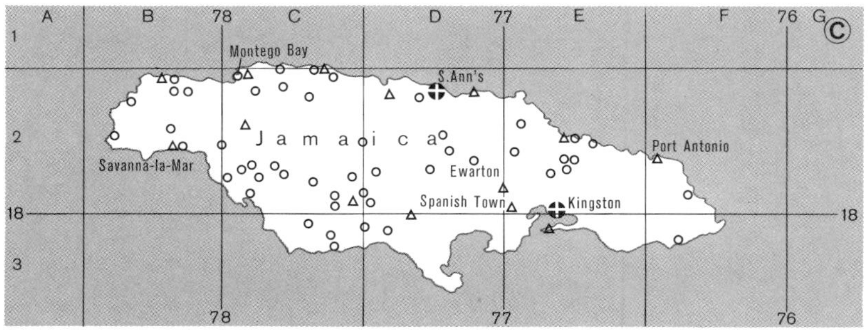

Die protestantischen Missionen bis zum Anfang des 20. Jh.

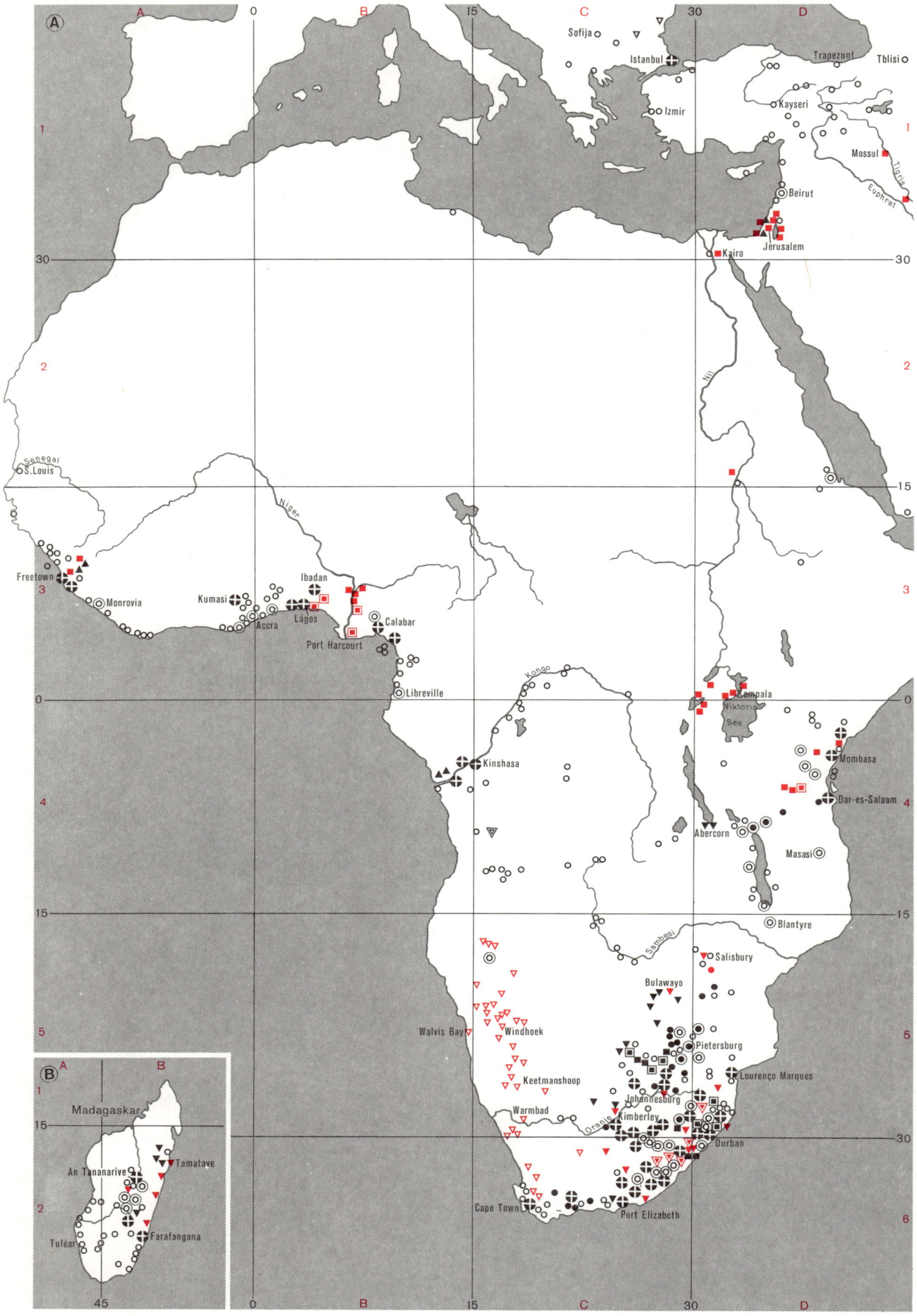

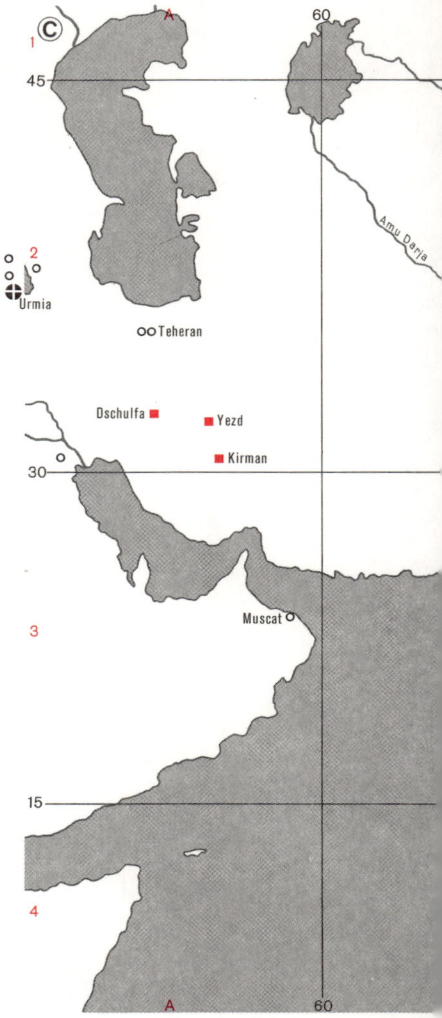

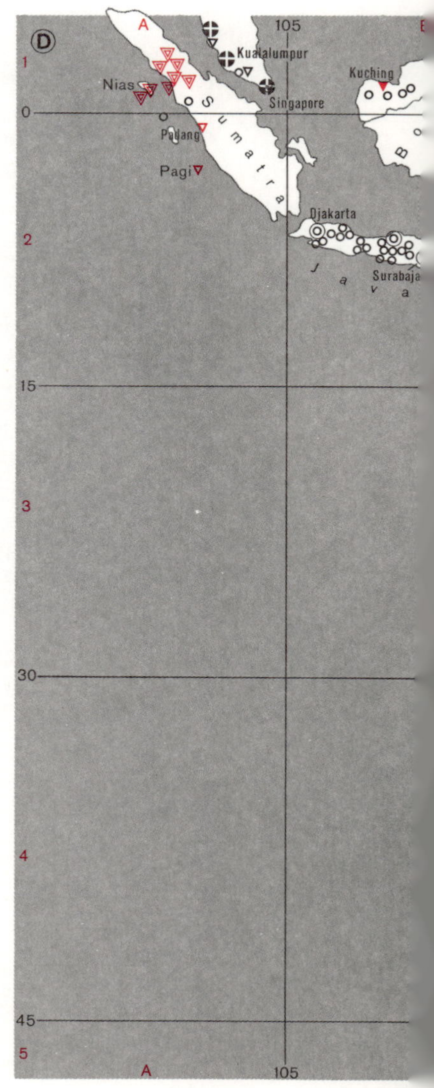

Stationen

5	1	
◉	●	Berliner Mission
▣	■	Hermannsburger Mission
▲	▲	Christian and Missionary Alliance
▼	▼	London Missionary Society
◆	◆	Presbyterianische Mission verschiedener Kolonialkirchen
▣	□	Foreign Mission Board of the National Baptist Convention
△	△	Baptistische Mission der betr. Kolonialkirchen
▽	▽	Methodist Episcopal Missionary Society
◉	●	Anglikanische Mission
▣	■	Church Missionary Society
▲	▲	Protestant Episcopal Mission
▼	▼	Society for the Propagation of the Gospel

Stationen

5	1	
▣	□	Australian Board of Missions
△	△	Allgemeiner Evangelisch-Protestantischer Missionsverein
▽	▽	Rheinische Missionsgesellschaft
◎	○	sonstige Missionsgesellschaften
	⊕	mehrere Missionsgesellschaften an einem Ort

Stationen, die nicht genau lokalisiert werden konnten, sind unterstrichen.

Die roten Signaturen auf Seite 104 haben die gleiche Bedeutung wie die braunen auf den Seiten 103 und 105.

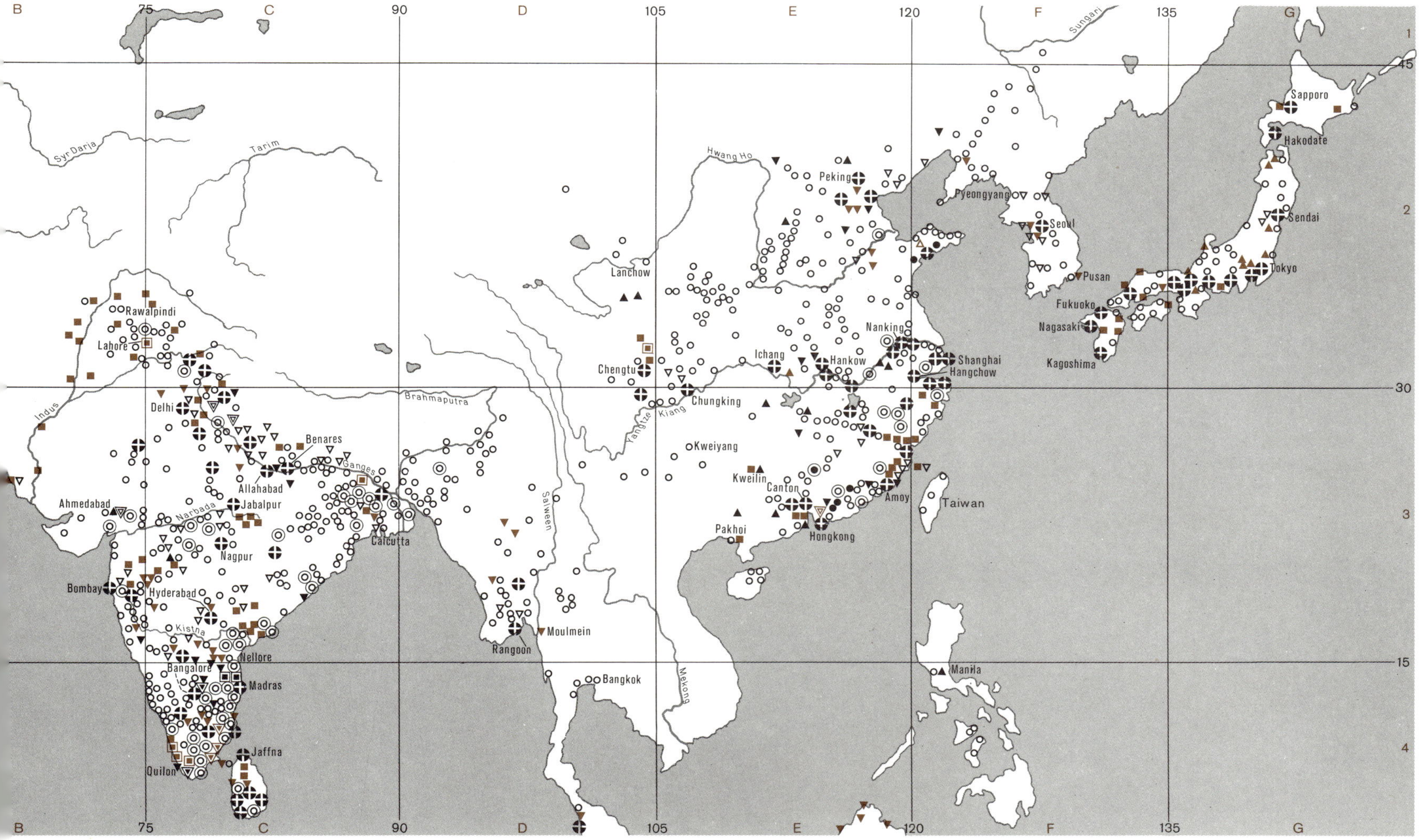
B
75
C
90
D
105
E
120
F
135
G
Sungari
Syr Darja
Tarim
Hwang Ho
Peking
Pyeongyang
Seoul
Sapporo
Hakodate
Sendai
Tokyo
Pusan
Fukuoka
Nagasaki
Kagoshima
Lanchow
Rawalpindi
Lahore
Chengtu
Ichang
Hankow
Nanking
Shanghai
Hangchow
Chungking
Yangtze Kiang
Brahmaputra
Indus
Delhi
Benares
Ganges
Allahabad
Jabalpur
Narbada
Ahmedabad
Nagpur
Calcutta
Kweiyang
Kweilin
Canton
Amoy
Taiwan
Pakhoi
Hongkong
Salween
Bombay
Hyderabad
Kistna
Moulmein
Rangoon
Nellore
Madras
Bangalore
Bangkok
Mekong
Manila
Jaffna
Quilon
1
45
2
30
3
15
4

120
C
135
D
150
E
165
F
180
G
165
H
Sangihe
Talaua
Mindanao
Caroline-In.
Marshall-In.
Celebes
Buru
Ceram
Neu Guinea
Sumba
Savu
S.Cruz
Rotuma
Neue
Hebriden
Fidschi-In.
Tokelau-In.
Samoa-In.
Manihiki
Marquises-In.
Gesellschafts-In.
Nive
Tonga-In.
Hervey-In.
Austral-In.
Neu-Kaledonien
Mackay
Diamantina
Thomson
Bundaberg
Brisbane
Perth
Darling
Sydney
Murray
Melbourne
Tauranga
Neuseeland
Greymouth
Dunedin
1
0
2
15
3
30
4
45
5

Die Entwicklung der Kirchenorganisation in Afrika, Asien und Ozeanien bis 1913

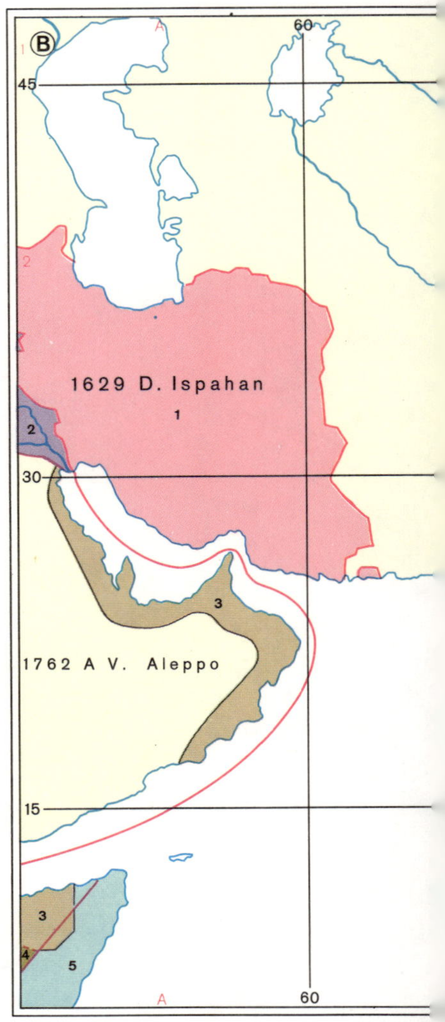

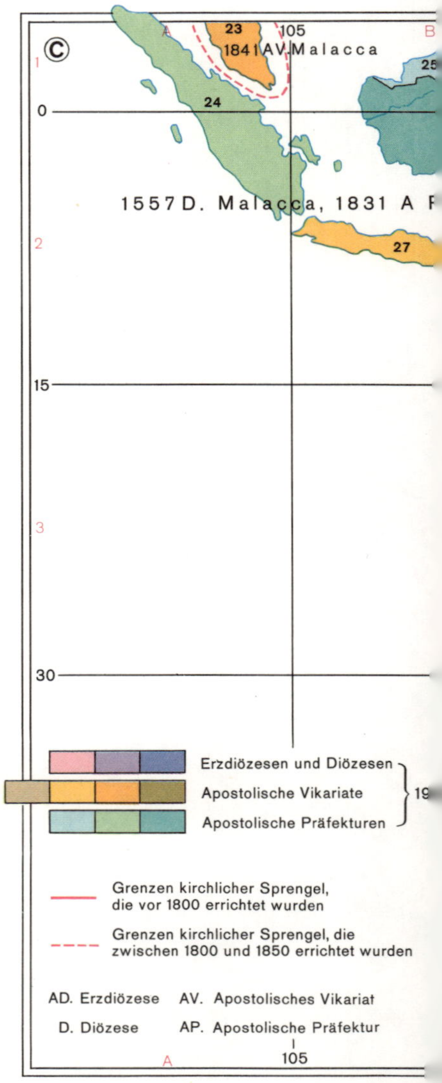

zu Karte B

1 Ispahan 1629 (1910)
2 Bagdad 1632
3 Arabien 1888
4 Galla 1846
5 Benadir 1904
6 Mittel-Mongolei 1874
7 M. Ili (Kuldscha) 1888
8 Südwest-Mongolei 1883
9 Nord-Kansu 1878
10 Tibet 1857
11 Kafiristan u. Kashmir 1887
12 Lahore 1886
13 Bombay 1886
14 Rajputana 1892
15 Simla 1910
16 Agra 1886
17 Allahabad 1886
18 Bettiah 1892
19 Calcutta 1886
20 Krishnagar 1886
21 Vizagapatam 1866
22 Nagpur 1887
23 Hyderabad 1886
24 Poona 1886
25 Damão 1886
26 Goa 1533
27 Madras 1886
28 Mylapore 1606
29 Mysore 1886
30 Mangalore 1886
31 Pondichery 1886
32 Kumbakonam 1899
33 Trichinopoly 1886
34 Verapoly 1886
35 Cochin 1558
36 Quilon 1886
37 Coimbatore 1886
38 Colombo 1886
39 Galle 1893
40 Jaffna 1886
41 Kandy 1886
42 Trincomalie 1893
43 Malacca 1888
44 Süd-Burma 1866
45 Siam 1673
46 Kambodscha 1850
47 West-Cochinchina 1844
48 Ost-Cochinchina 1659
49 Nord-Cochinchina 1850
50 Laos 1899
51 Süd-Tonkin 1846
52 Küsten-Tonkin 1901
53 Mittel-Tonkin 1848
54 West-Tonkin 1659
55 Ost-Tonkin 1848
56 Ober-Tonkin 1895
57 Nord-Tonkin 1883
58 Ost-Burma 1866
59 Nord-Burma 1866
60 Dacca 1886
61 Assam 1889
62 Yunnan 1840
63 Kwangsi 1875
64 Kwangtung 1858
65 Hongkong 1841
66 Macao 1576
67 Amoy 1883
67a Taiwan 1913
68 Fukien 1696
69 Süd-Kiangsi 1879
70 Nord-Kiangsi 1846
71 Ost-Kiangsi 1885
72 Kienchang 1910
73 Süd-Szechwan 1860
74 Nordwest-Szechwan 1696
75 Ost-Szechwan 1856
76 Süd-Hunan 1856
77 Nord-Hunan 1879
78 Südwest-Hupeh 1870
79 Ost-Hupeh 1838
80 Nordwest-Hupeh 1870
81 Kweichow 1846
82 West-Chekiang 1910
83 Ost-Chekiang 1838
84 Süd-Honan 1844
85 West-Honan 1906
86 Nord-Honan 1882
87 Kiangnan 1856
88 Süd-Shensi 1887
89 Mittel-Shensi 1696
90 Nord-Shensi 1911
91 Süd-Shansi 1890
92 Nord-Shansi 1844
93 Süd-Kansu 1905
94 Südost-Chili 1856
95 Küsten-Chili 1912
96 Mittel-Chili 1910
97 Südwest-Chili 1856
98 Nord-Chili 1856
99 Ost-Chili 1899
100 Süd-Shantung 1885
101 Ost-Shantung 1894
102 Nord-Shantung 1839
103 Ost-Mongolei 1883
104 Nord-Mandschurei 1898
105 Süd-Mandschurei 1838
106 Seoul 1831
107 Taiku 1911
108 Hakodate 1891
109 Niigata 1912
110 Tokio 1891
111 Osaka 1891
112 Shikoku 1904
113 Nagasaki 1891
114 Nueva Segovia 1595
115 Tuguegarao 1910
116 Lipa 1910
117 Manila 1579 (1595)
118 Nueva Cáceres 1595
119 Calbayog 1910
120 Jaro 1865
121 Palawan 1910
122 Cebù 1595
123 Zamboanga 1910
124 Labuan u. Brit. Borneo 1855

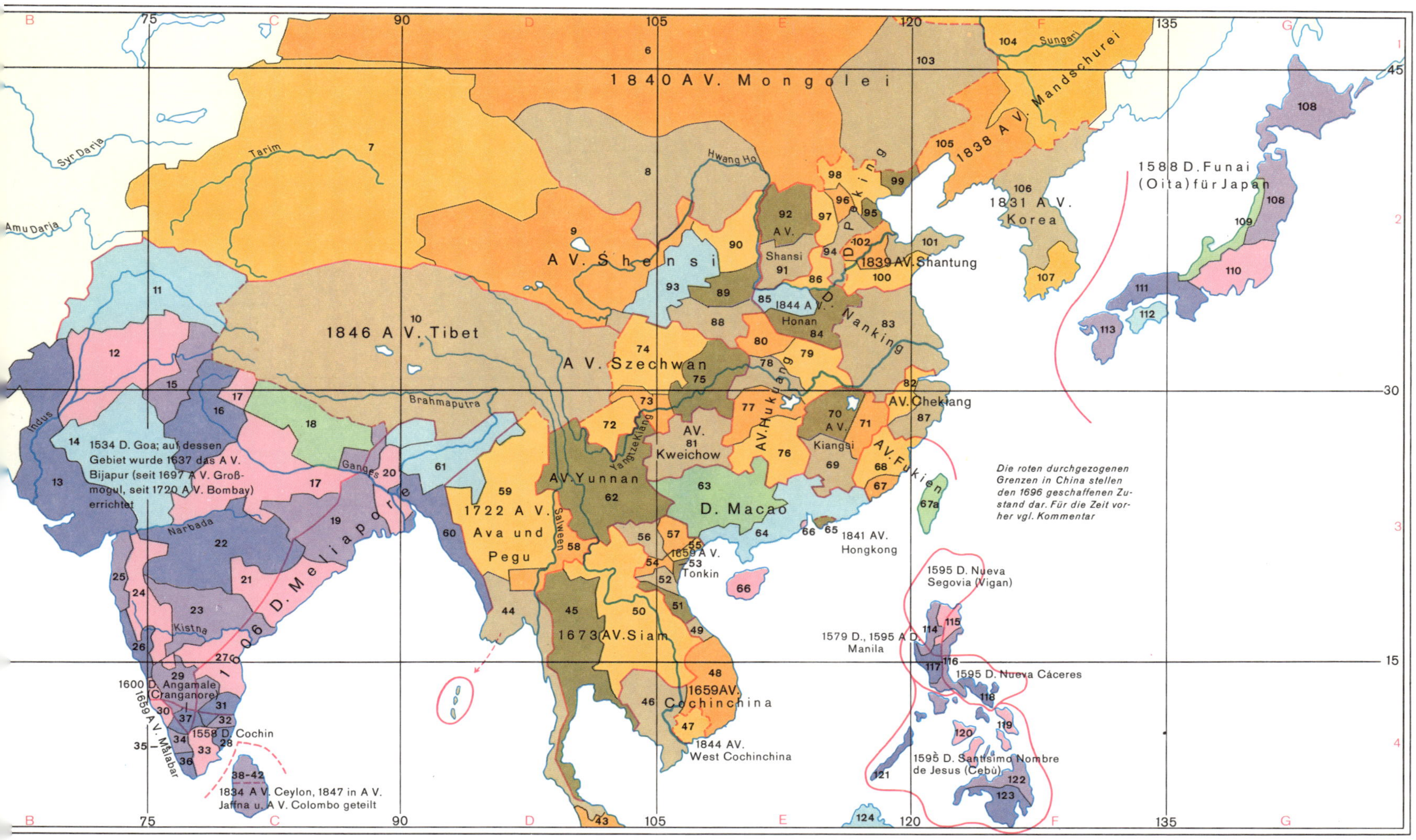
1840 A V. Mongolei
1838 A V. Mandschurei
1831 A V. Korea
1588 D. Funai (Oita) für Japan
A V. Shensi
1839 A V. Shantung
1844 A V. Honan
D. Peking
D. Nanking
1846 A V. Tibet
A V. Szechwan
A V. Chekiang
A V. Hukuang
A V. Kweichow
A V. Kiangsi
A V. Fukien
A V. Yunnan
D. Macao
1722 A V. Ava und Pegu
1534 D. Goa; auf dessen Gebiet wurde 1637 das A V. Bijapur (seit 1697 A V. Groß-mogul, seit 1720 A V. Bombay) errichtet
1606 D. Meliapore
1600 D. Angamale (Cranganore)
1659 A V. Malabar
1558 D. Cochin
1834 A V. Ceylon, 1847 in A V. Jaffna u. A V. Colombo geteilt
1673 A V. Siam
1659 A V. Tonkin
1659 A V. Cochinchina
1844 A V. West Cochinchina
1841 A V. Hongkong
1595 D. Nueva Segovia (Vigan)
1579 D., 1595 A D. Manila
1595 D. Nueva Cáceres
1595 D. Santisimo Nombre de Jesus (Cebú)
Die roten durchgezogenen Grenzen in China stellen den 1696 geschaffenen Zustand dar. Für die Zeit vorher vgl. Kommentar
Tarim
Syr Darja
Amu Darja
Hwang Ho
Sungari
Indus
Ganges
Brahmaputra
Narbada
Kistna
Yangtzekiang
Saluen

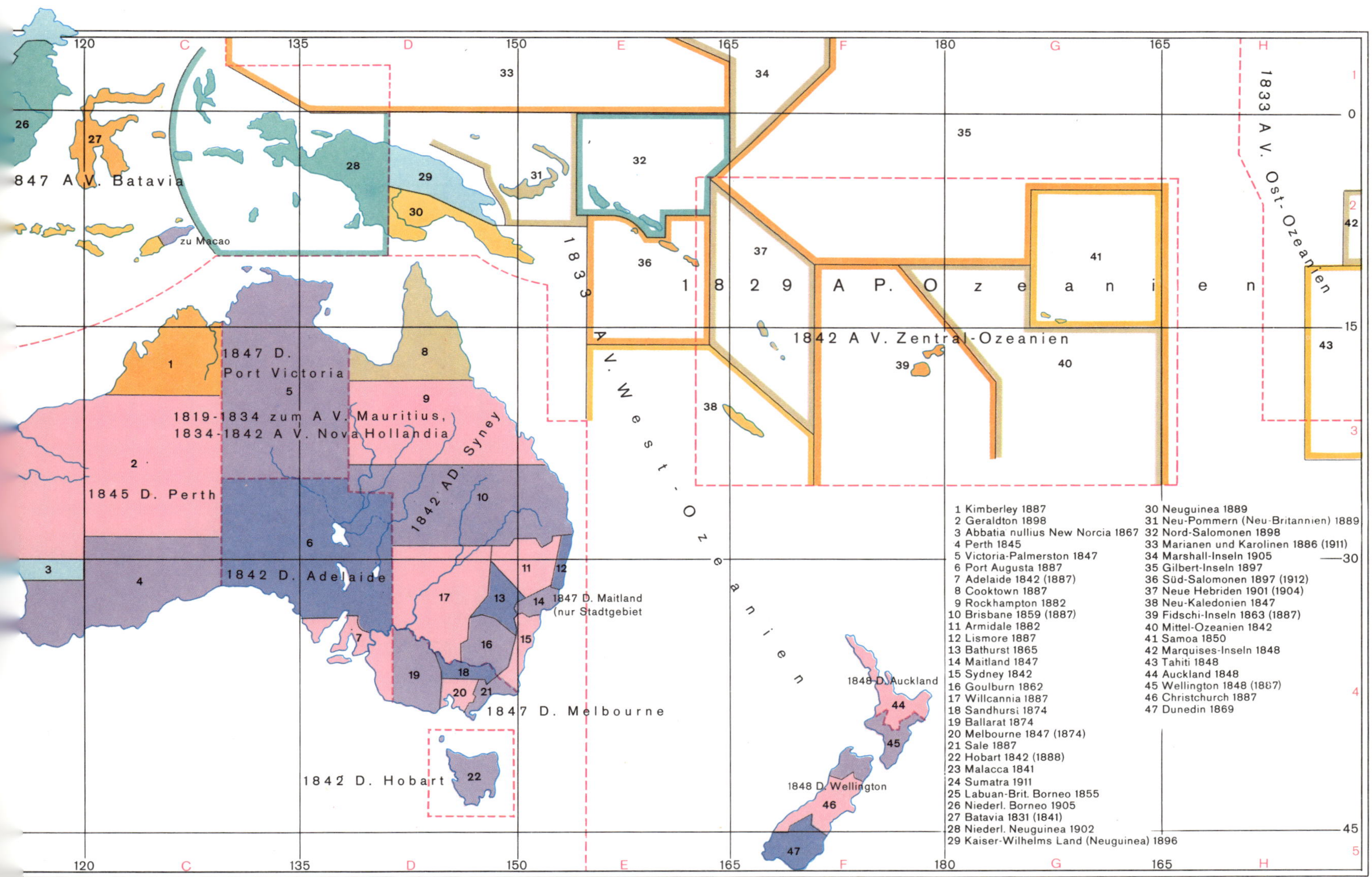
1847 A V. Batavia
zu Macao
1829 A P. Ozeanien
1833 A V. West-Ozeanien
1833 A V. Ost-Ozeanien
1842 A V. Zentral-Ozeanien
1847 D. Port Victoria
1819-1834 zum A V. Mauritius, 1834-1842 A V. Nova Hollandia
1842 A D. Syney
1845 D. Perth
1842 D. Adelaide
1847 D. Maitland (nur Stadtgebiet)
1847 D. Melbourne
1842 D. Hobart
1848 D. Auckland
1848 D. Wellington
1 Kimberley 1887
2 Geraldton 1898
3 Abbatia nullius New Norcia 1867
4 Perth 1845
5 Victoria-Palmerston 1847
6 Port Augusta 1887
7 Adelaide 1842 (1887)
8 Cooktown 1887
9 Rockhampton 1882
10 Brisbane 1859 (1887)
11 Armidale 1882
12 Lismore 1887
13 Bathurst 1865
14 Maitland 1847
15 Sydney 1842
16 Goulburn 1862
17 Willcannia 1887
18 Sandhurst 1874
19 Ballarat 1874
20 Melbourne 1847 (1874)
21 Sale 1887
22 Hobart 1842 (1888)
23 Malacca 1841
24 Sumatra 1911
25 Labuan-Brit. Borneo 1855
26 Niederl. Borneo 1905
27 Batavia 1831 (1841)
28 Niederl. Neuguinea 1902
29 Kaiser-Wilhelms Land (Neuguinea) 1896
30 Neuguinea 1889
31 Neu-Pommern (Neu-Britannien) 1889
32 Nord-Salomonen 1898
33 Marianen und Karolinen 1886 (1911)
34 Marshall-Inseln 1905
35 Gilbert-Inseln 1897
36 Süd-Salomonen 1897 (1912)
37 Neue Hebriden 1901 (1904)
38 Neu-Kaledonien 1847
39 Fidschi-Inseln 1863 (1887)
40 Mittel-Ozeanien 1842
41 Samoa 1850
42 Marquises-Inseln 1848
43 Tahiti 1848
44 Auckland 1848
45 Wellington 1848 (1887)
46 Christchurch 1887
47 Dunedin 1869

Die Kurie vom 12. bis zum 16. Jahrhundert

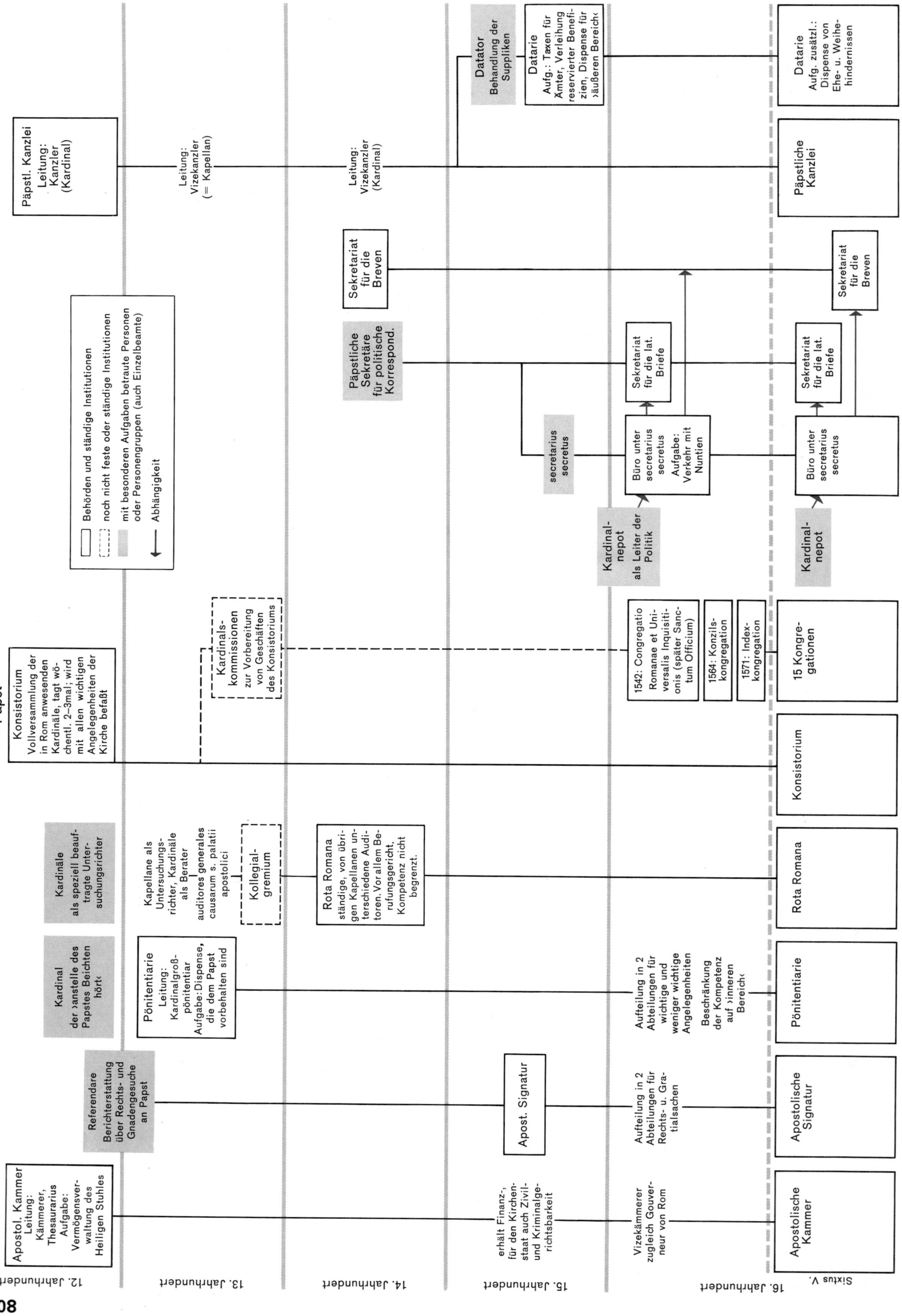

Die Ordnung der Kurie nach der Apostolischen Konstitution Regimini Ecclesiae Universae vom 15. 8. 1967

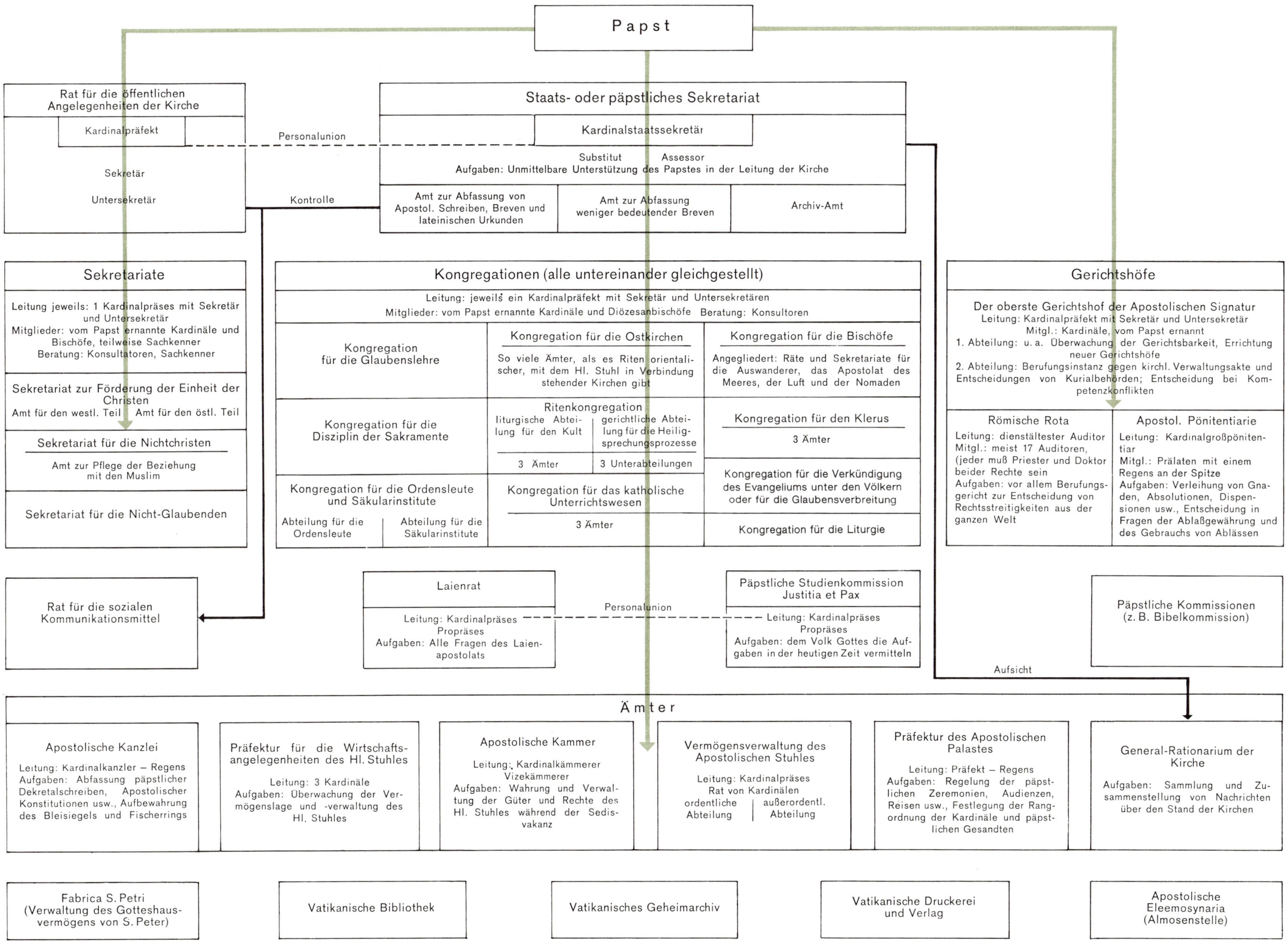

Die russische Kirchenverwaltung bis 1945

Der Aufbau zur Zeit der Patriarchen (1589—1700)

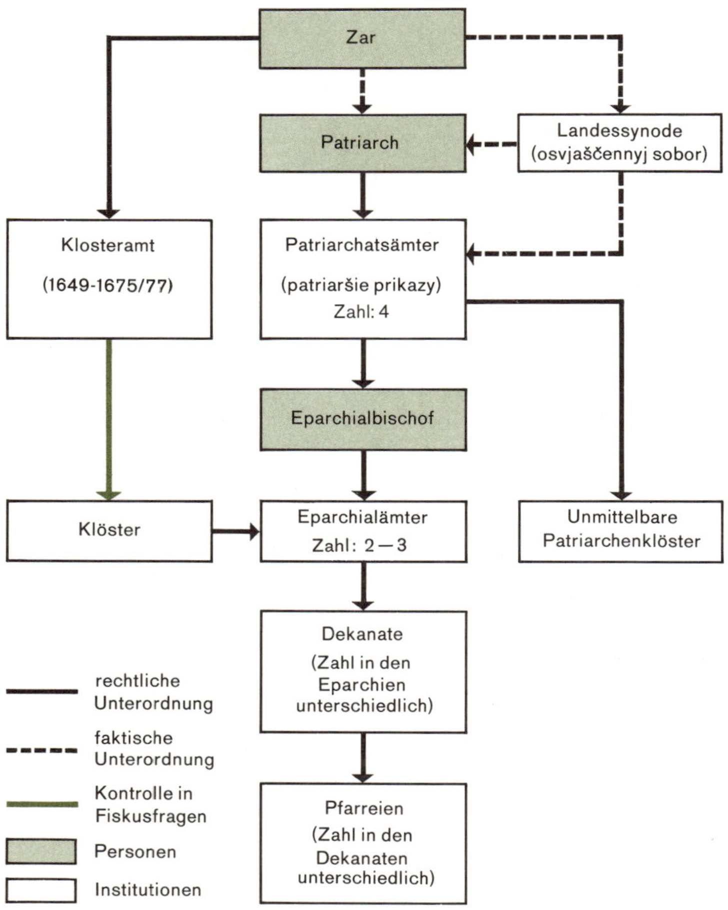

Der Aufbau der Kirchenverwaltung im 18. Jahrhundert

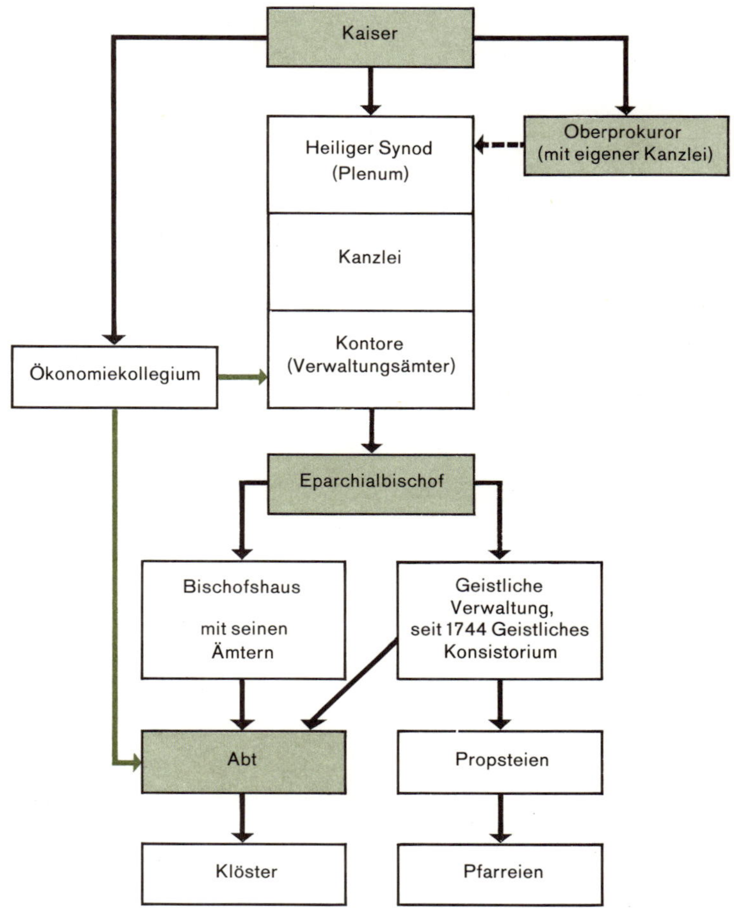

Der Aufbau der Kirchenverwaltung zwischen 1824 bzw. 1836 und 1917

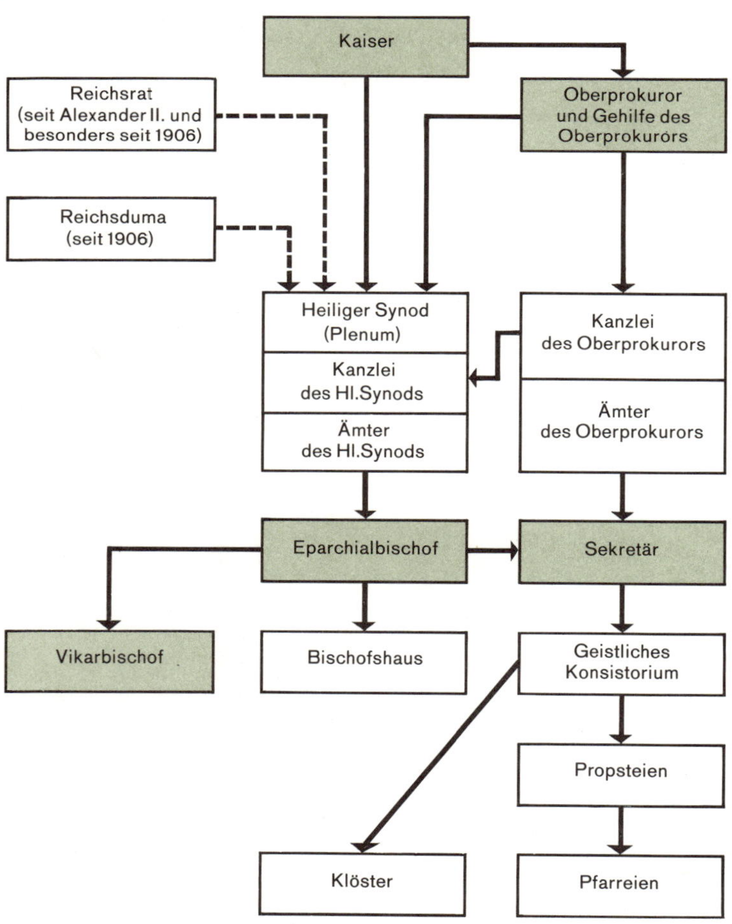

Die Verwaltungsstruktur der Russisch-Orthodoxen Kirche 1917—1945

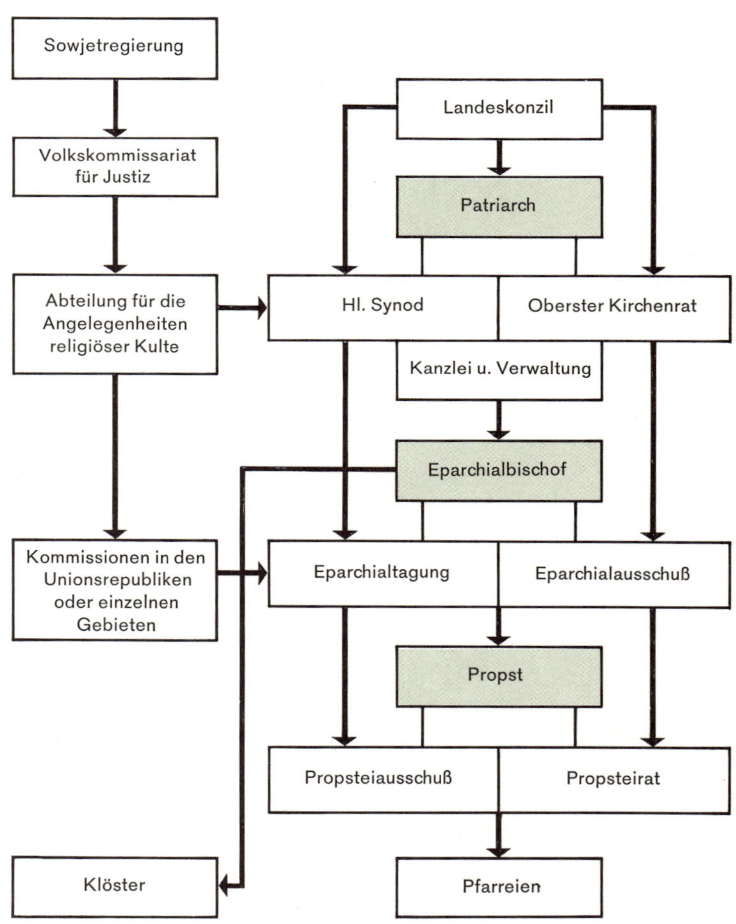

Die Alt-Katholischen Kirchen

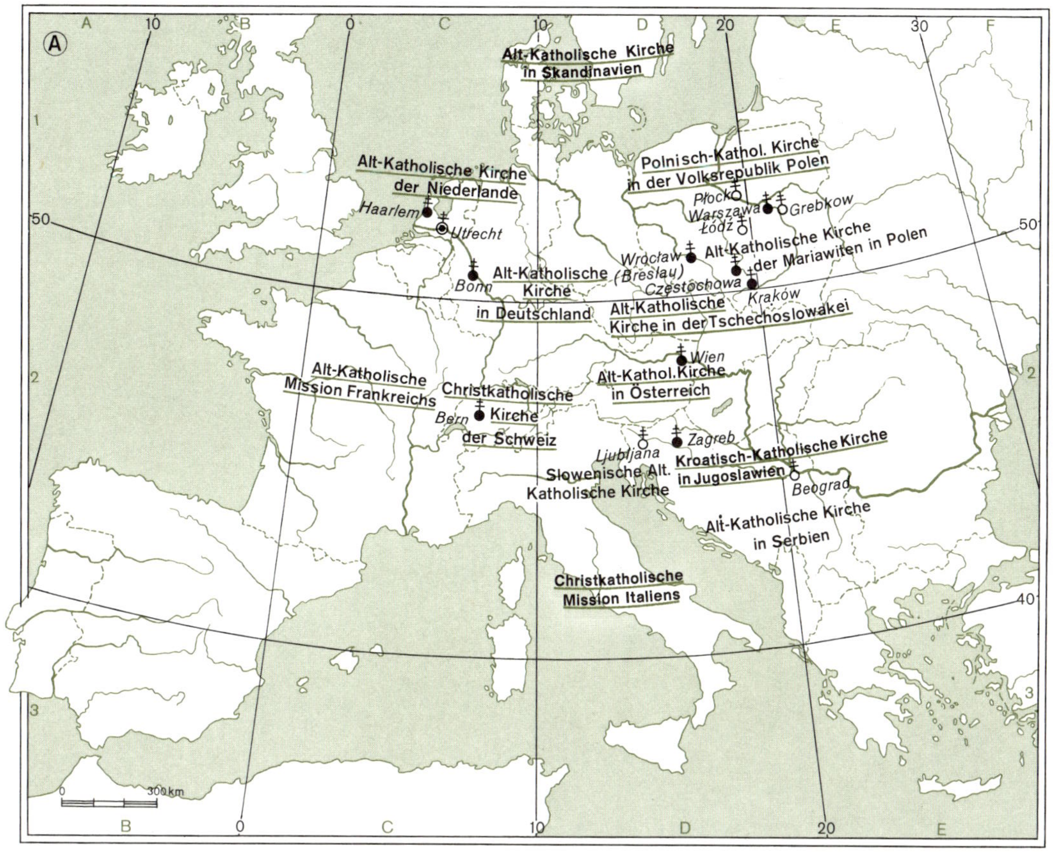

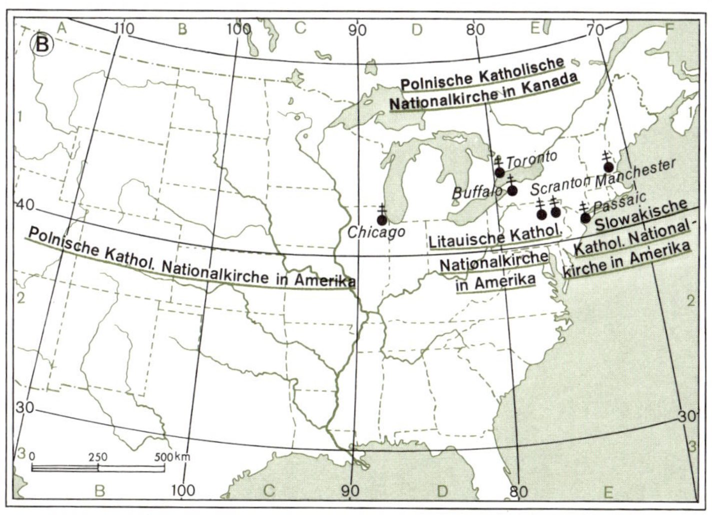

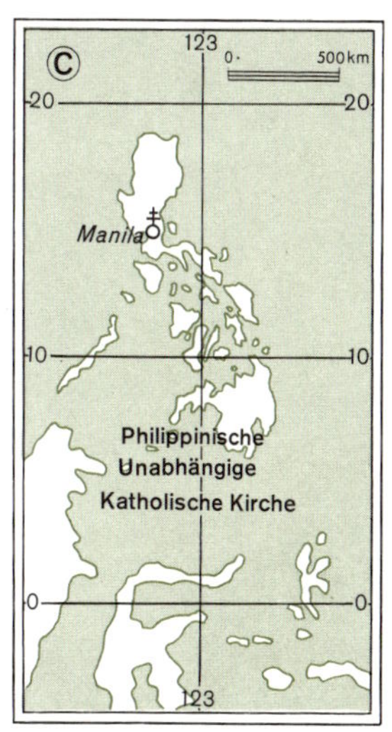

Gliedkirchen der Utrechter Union sind grün unterstrichen

Sitz eines Erzbischofs
Sitz eines Bischofs oder Administrators } einer Gliedkirche der Utrechter Union

Sitz eines Bischofs einer anderen Alt-Katholischen Kirche

Die Anglikanische Gemeinschaft im Bereich der Britischen Inseln

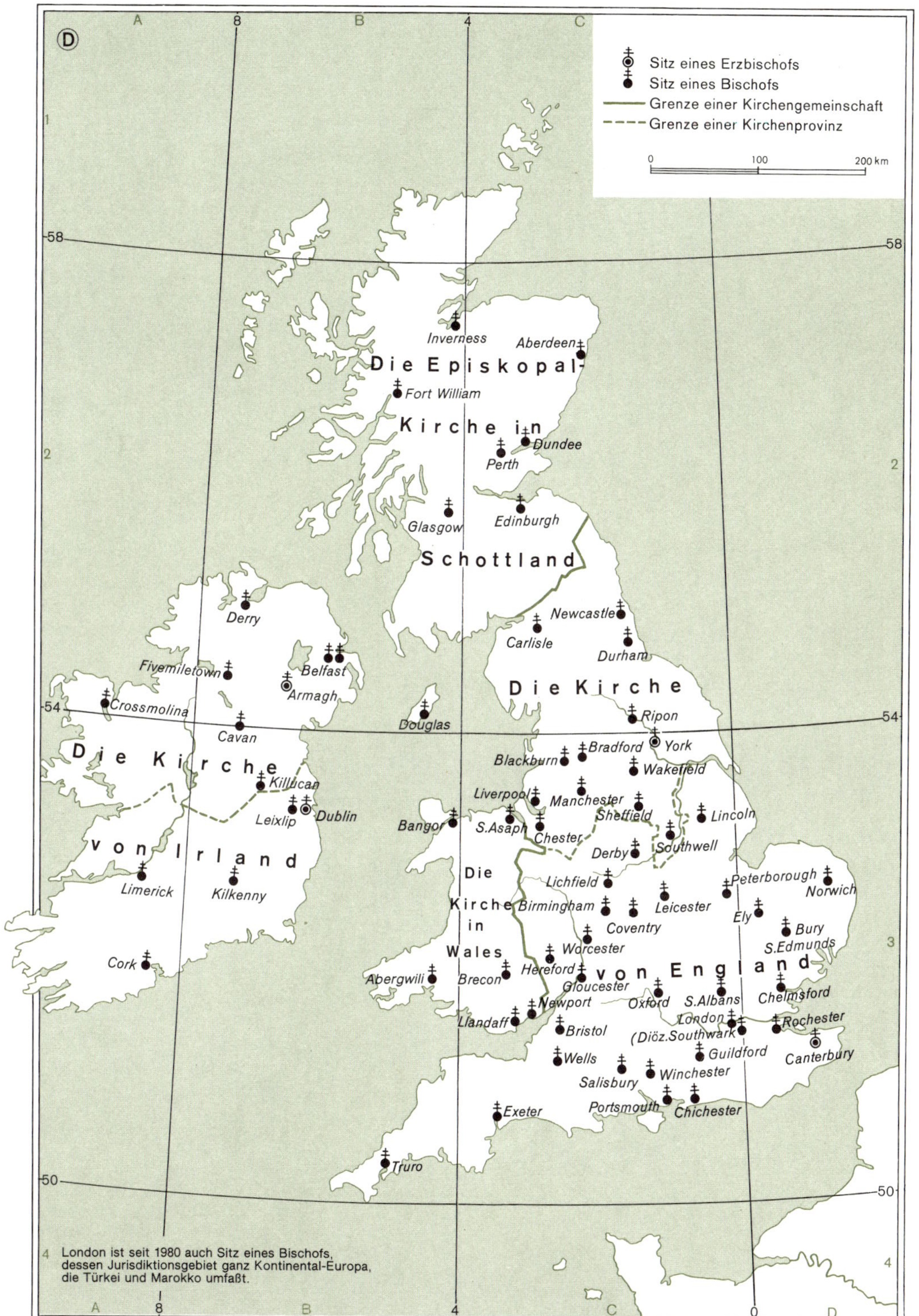

London ist seit 1980 auch Sitz eines Bischofs, dessen Jurisdiktionsgebiet ganz Kontinental-Europa, die Türkei und Marokko umfaßt.

Die Anglikanische Gemeinschaft

Grenze einer Kirchengemeinschaft

Grenze einer Kirchenprovinz

Grenze eines Bistums (nur bei Sprengeln, die nicht innerhalb einer Kirchenprovinz liegen, angegeben)

Staatsgrenzen

◉ Sitz eines Erzbischofs

• Sitz eines Bischofs

(Shantung) • Eingeklammerte Namen bezeichnen nicht einen festen Bischofssitz, sondern ein Bistumsgebiet

• Seoul Bischofssitze bzw. Gebiete, die unter der Jurisdiktion des Erzbischofs von Canterbury stehen

• Monrovia Bischofssitze bzw. Gebiete, die unter der Jurisdiktion der Protestantischen Episkopalkirche in den USA stehen

○ Bischofssitze der Kirche von Südindien (1947 geschlossene Kirchenunion zwischen Anglikanern, Kongregationalisten, Methodisten und Presbyterianern)

Pfeile bezeichnen Staaten, die unter der Jurisdiktion des Bischofssitzes stehen, von dem der Pfeil ausgeht

Aufbau und Arbeitsweise der Anglikanischen Kirche

Der Klerus der Kirche von England

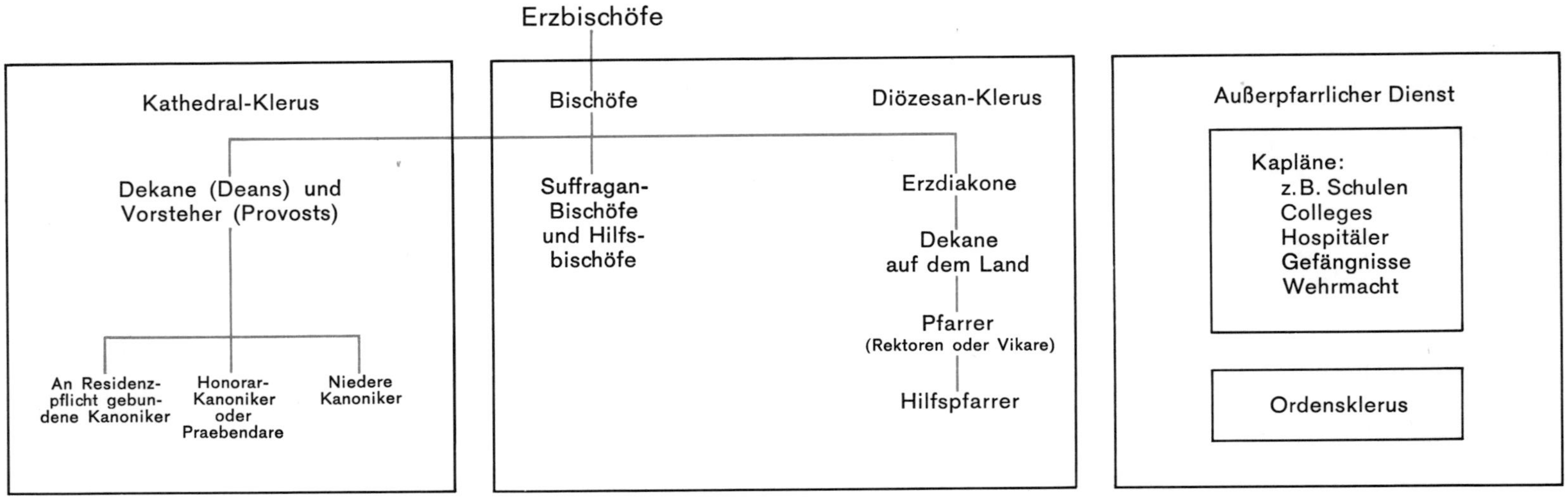

Institutionen und Beamte der Pfarrei

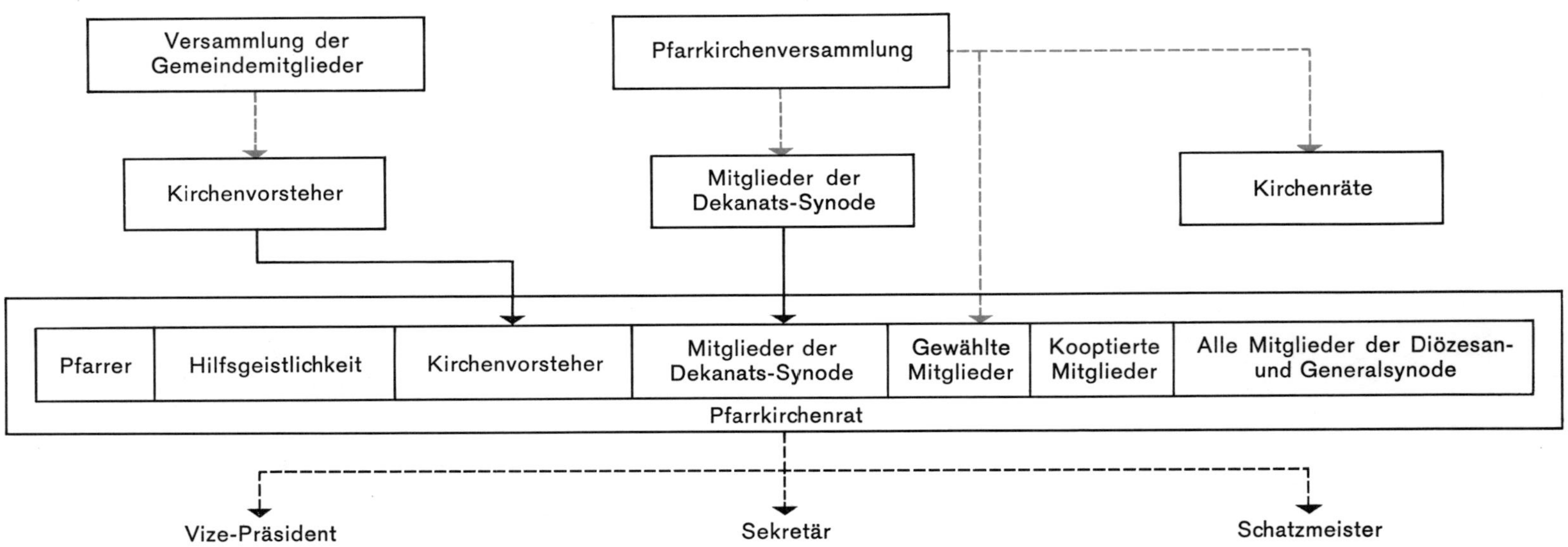

Gesetzgebende Gremien der Kirche

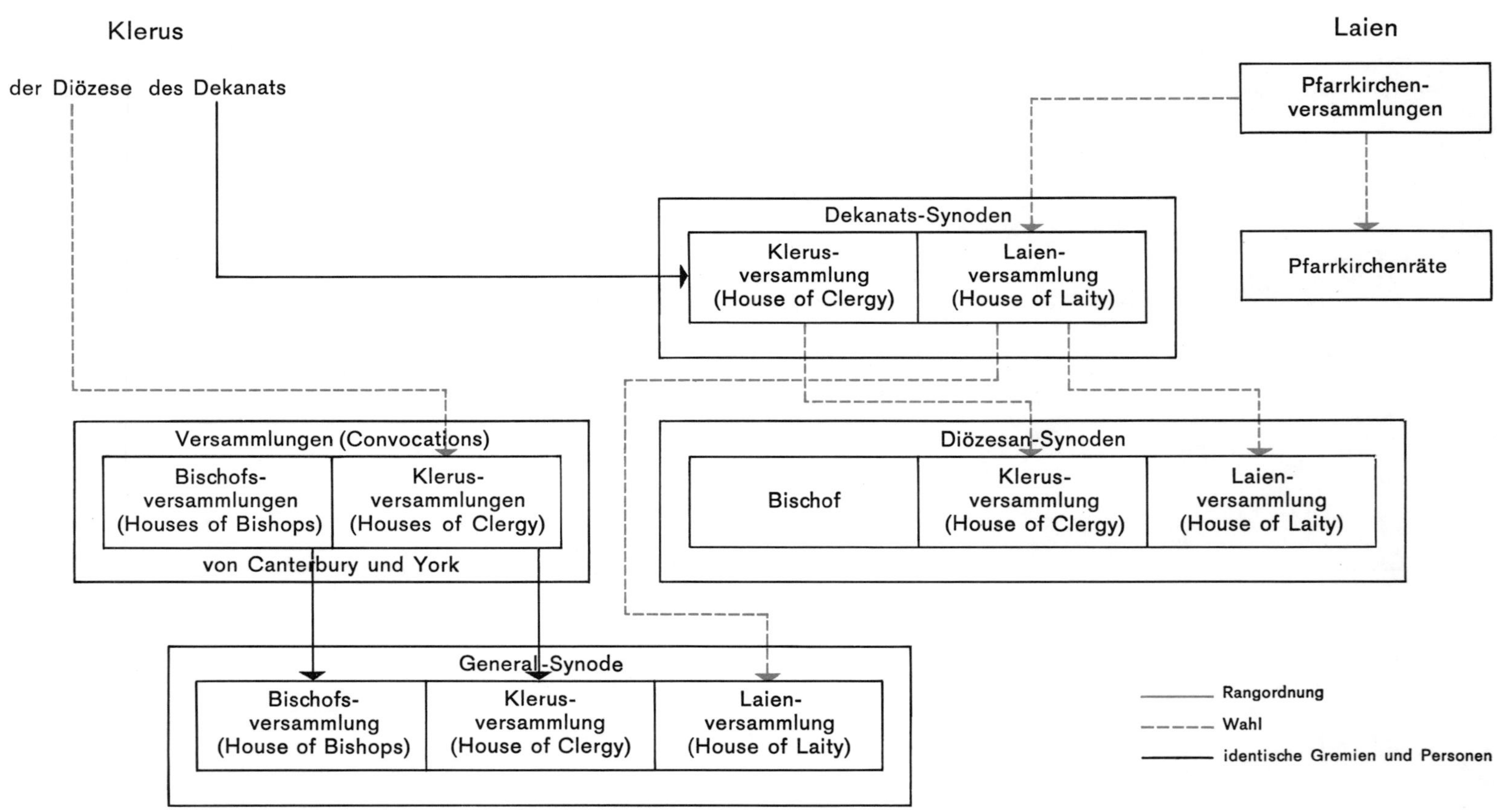

Die Evangelische Kirche in Hessen und Nassau als Beispiel einer synodal geleiteten Kirche

Kirchenleitung
Sitzungen in der Regel einen Tag pro Woche

2 von der Synode gewählte Gemeindemitglieder

- 4 Mitglieder des leitenden geistlichen Amtes: Kirchenpräsident, dessen Stellvertreter, 2 Pröpste im Turnus.
- Der gesamte Kirchensynodalvorstand
- 3 Mitglieder der Kirchenverwaltung: juristischer Leiter der Kirchenverwaltung und 2 Referenten (Oberkirchenräte) im Turnus.

	Geistliche Leitung	Synodales Element	Verwaltung	
Gesamtkirche	**Leitendes geistliches Amt** Kirchenpräsident, Stellvertreter (beide Theologen, von der Synode auf 8 Jahre gewählt), 7 Pröpste. Leitung: Kirchenpräsident. Tagt wöchentlich einen Tag lang. Kein Beschlußgremium	**Kirchensynode** 1 Pfarrer und 2 Gemeindeglieder jedes Dekanats, von Dekanats-Synode gewählt; 25 Berufene, Amtszeit: 6 Jahre. Jährlich 1 ordentliche und 1 außerordentliche Tagung. Leitung: Kirchensynodalvorstand: 2 Pfarrer und 3 Nichttheologen, auf 6 Jahre von der Synode gewählt.	**Kirchenverwaltung** Führt Beschlüsse der Kirchenleitung aus. Vorsitz: Kirchenpräsident. Dessen Stellvertreter ist der theologische, der erste Jurist der juristische Leiter der Kirchenverwaltung. 15 Referate. Viele Ämter.	
Visitationsbezirk	**Propst** Von der Kirchensynode auf 6 Jahre gewählt. Ordinationsrecht.	Kein eigenes synodales Element. Geregelte, aber informelle Zusammenkünfte etwa der Kirchensynodalen eines Bezirks.	**Katechetisches Amt** Zuständig für den Religions- und Konfirmations-Unterricht des Bezirks. **Sozialpfarramt** Zuständig für Industrie- und Arbeitnehmerfragen. **Amt für Mission**	7 Visitationsbezirke
Dekanat	**Dekan** Von der Dekanatssynode auf 6 Jahre gewählt; Wiederwahl zulässig.	**Dekanatssynode** Gemeindepfarrer und pro Pfarrer 2 vom Kirchenvorstand für 6 Jahre gewählte Gemeindemitglieder. Leitung: Dekanats-Synodal-Vorstand, von der Synode für 6 Jahre gewählt.	**Rentamt** Arbeitsgemeinschaften: Dekanatskonferenzen der Pfarrer monatlich; Teilnahme ist Pflicht; Arbeitsgemeinschaften der Lehrer und Pfarrer für den Religionsunterricht; Teilnahme freiwillig. **Spezielle Dienste** z. B. Dekanatsjugendpfarrer und -wart sowie Beirat für Jugendarbeit; Obmann für Öffentlichkeitsarbeit.	60 Dekanate
Kirchengemeinde	**Pfarrer** 3 aufeinanderfolgende Wahlmodi: a) Wahl durch den Kirchenvorstand; b) Wahl durch den Kirchenvorstand: c) Besetzung durch die Kirchenleitung, aber nicht ohne Zustimmung des Kirchenvorstandes.	**Kirchenvorstand** Pfarrer und von den stimmberechtigten Gemeindemitgliedern in direkter Wahl für 6 Jahre gewählte Kirchenvorsteher. Vorsitz: Pfarrer oder ein Kirchenvorsteher. Aufgabe: Leitung und Vertretung der Gemeinde.	**Gemeindeamt** In Städten gibt es jeweils einen Gemeindeverband.	ca. 1000 Gemeinden

Die reformierten (presbyterianischen) Kirchen

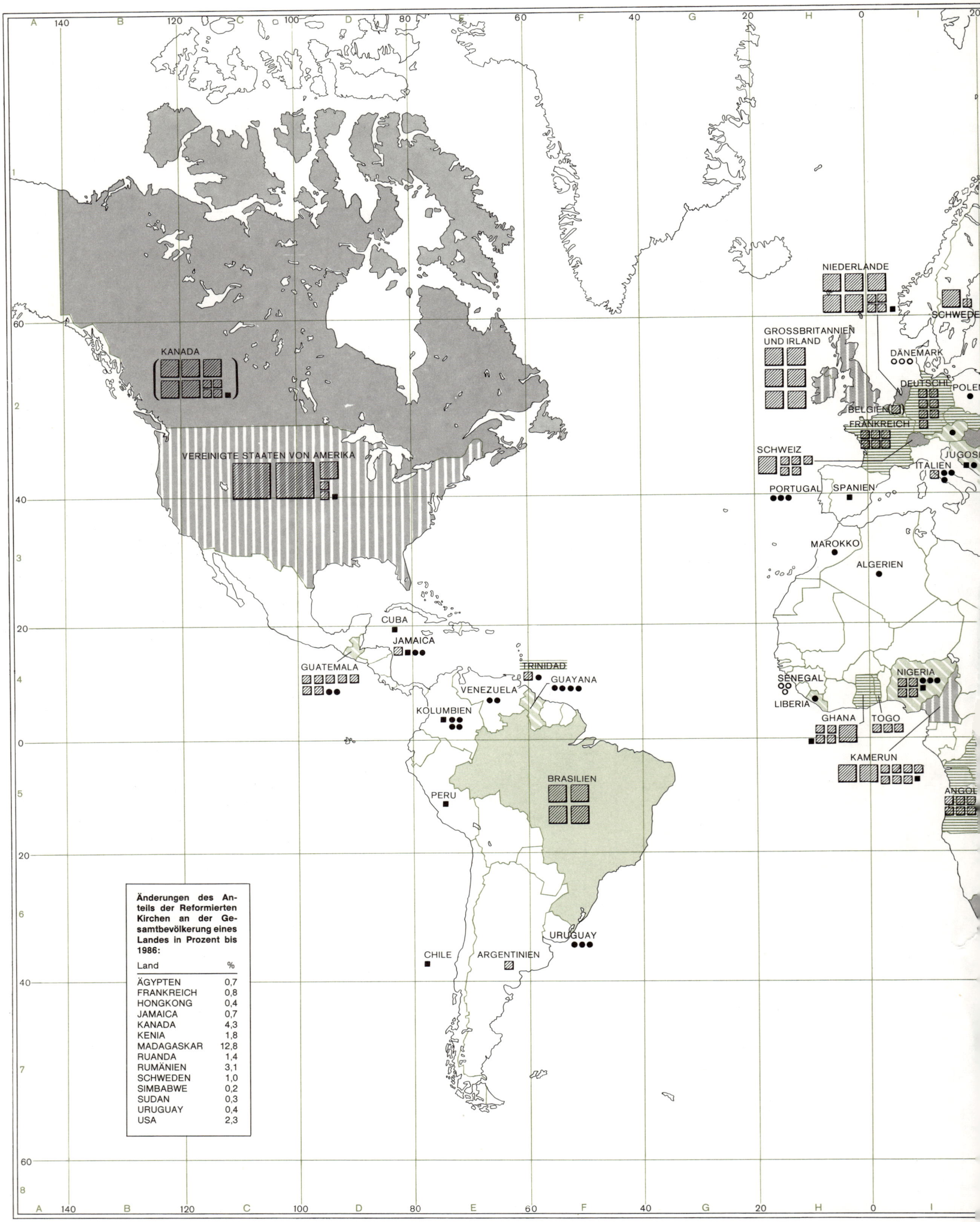

Änderungen des Anteils der Reformierten Kirchen an der Gesamtbevölkerung eines Landes in Prozent bis 1986:

Land	%
ÄGYPTEN	0,7
FRANKREICH	0,8
HONGKONG	0,4
JAMAICA	0,7
KANADA	4,3
KENIA	1,8
MADAGASKAR	12,8
RUANDA	1,4
RUMÄNIEN	3,1
SCHWEDEN	1,0
SIMBABWE	0,2
SUDAN	0,3
URUGUAY	0,4
USA	2,3

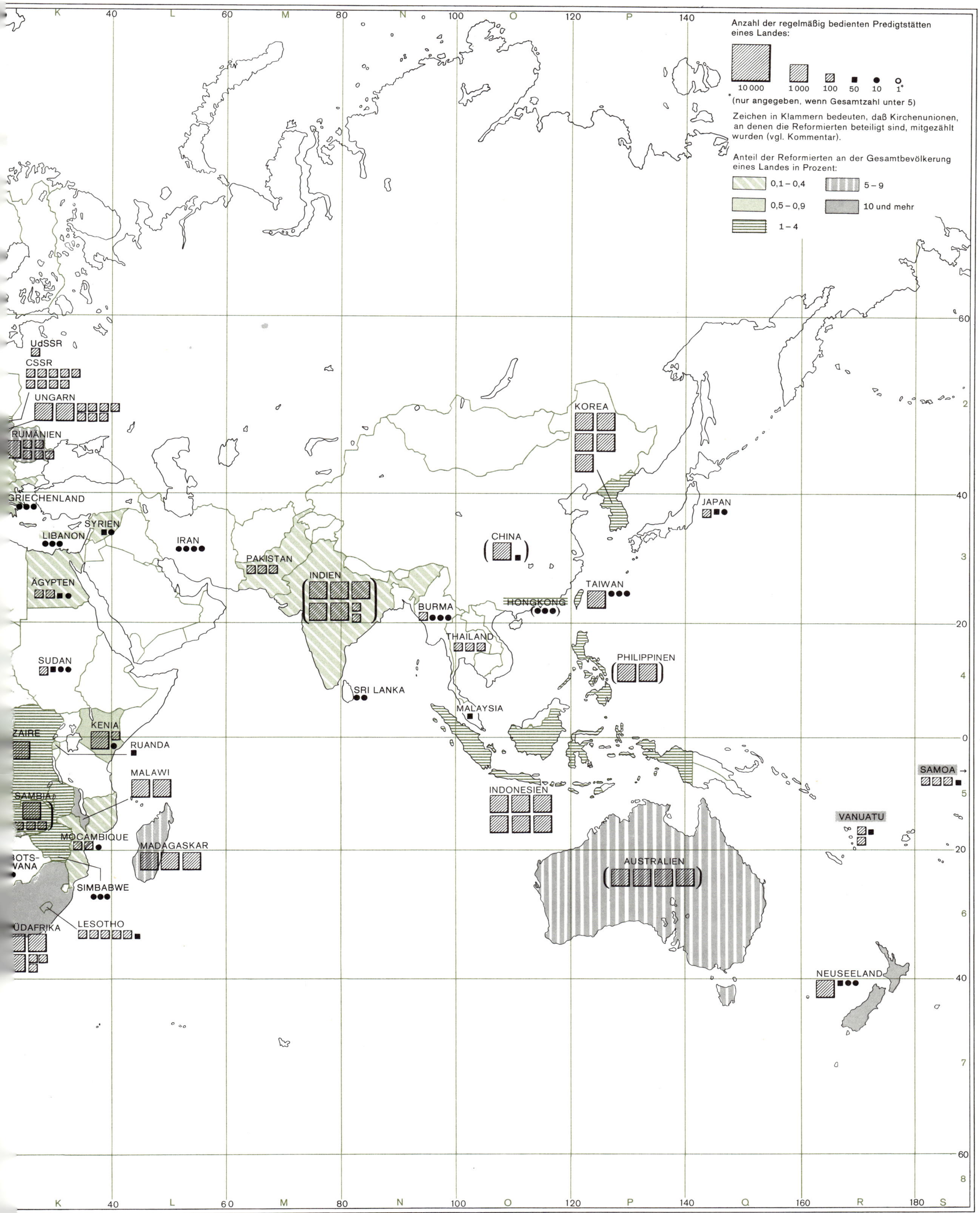

Anzahl der regelmäßig bedienten Predigtstätten eines Landes:
10 000
1 000
100
50
10
1*
* (nur angegeben, wenn Gesamtzahl unter 5)
Zeichen in Klammern bedeuten, daß Kirchenunionen, an denen die Reformierten beteiligt sind, mitgezählt wurden (vgl. Kommentar).
Anteil der Reformierten an der Gesamtbevölkerung eines Landes in Prozent:
0,1 – 0,4
0,5 – 0,9
1 – 4
5 – 9
10 und mehr
UdSSR
CSSR
UNGARN
RUMÄNIEN
GRIECHENLAND
SYRIEN
LIBANON
IRAN
PAKISTAN
ÄGYPTEN
INDIEN
CHINA
KOREA
JAPAN
TAIWAN
HONGKONG
BURMA
THAILAND
PHILIPPINEN
SUDAN
SRI LANKA
MALAYSIA
KENIA
ZAIRE
RUANDA
MALAWI
SAMBIA
MOCAMBIQUE
MADAGASKAR
BOTS-WANA
SIMBABWE
LESOTHO
SÜDAFRIKA
INDONESIEN
AUSTRALIEN
SAMOA
VANUATU
NEUSEELAND

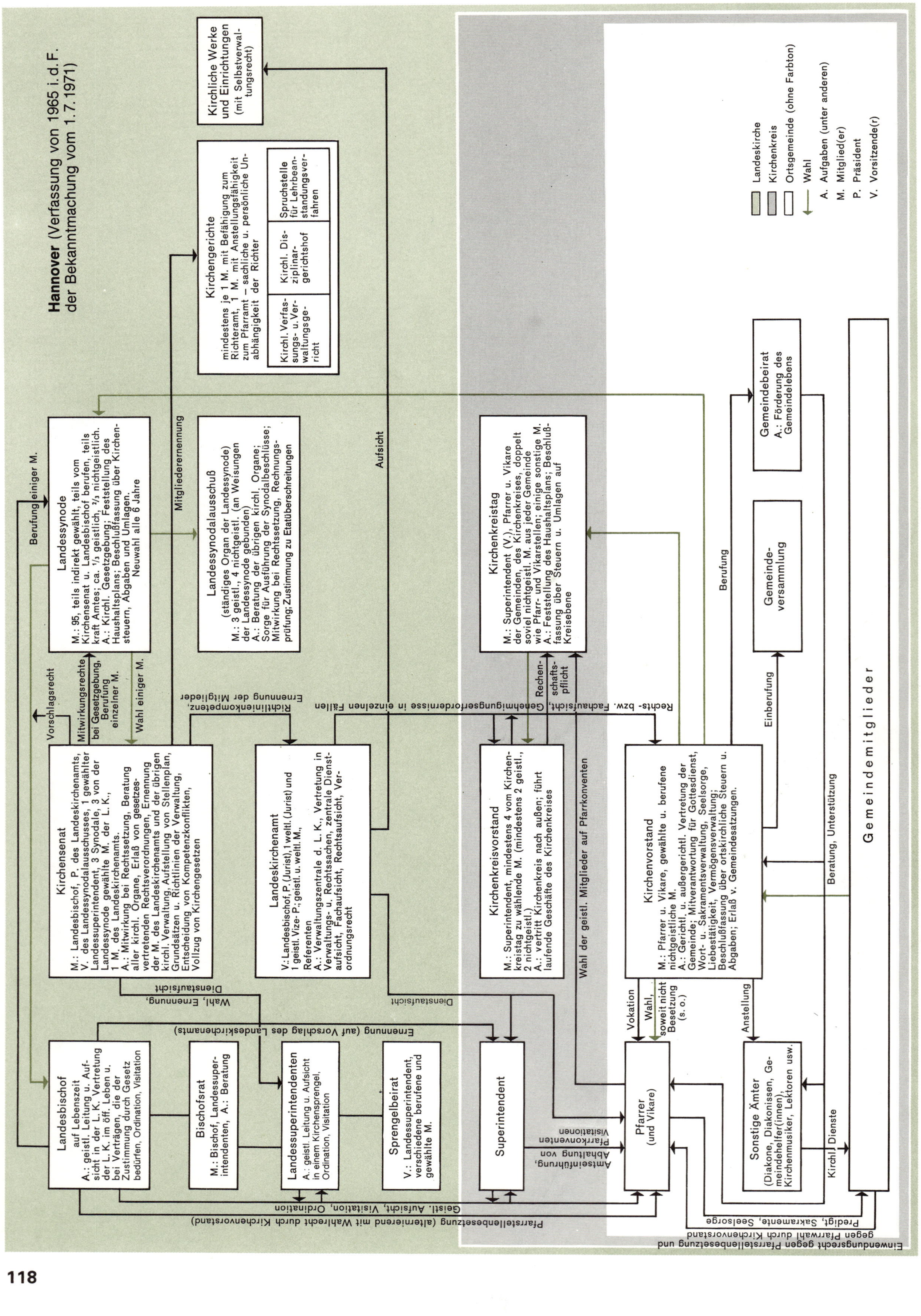
Hannover (Verfassung von 1965 i. d. F. der Bekanntmachung vom 1. 7. 1971)
Kirchliche Werke und Einrichtungen (mit Selbstverwaltungsrecht)
Kirchengerichte
mindestens je 1 M. mit Befähigung zum Richteramt, 1 M. mit Anstellungsfähigkeit zum Pfarramt – sachliche u. persönliche Unabhängigkeit der Richter
Kirchl. Verfassungs- u. Verwaltungsgericht
Kirchl. Disziplinargerichtshof
Spruchstelle für Lehrbeanstandungsverfahren
Landeskirche
Kirchenkreis
Ortsgemeinde (ohne Farbton)
Wahl
A. Aufgaben (unter anderen)
M. Mitglied(er)
P. Präsident
V. Vorsitzende(r)
Landessynode
M.: 95, teils indirekt gewählt, teils vom Kirchensenat u. Landesbischof berufen, teils kraft Amtes; ca. 1/3 geistlich, 2/3 nichtgeistlich.
A.: Kirchl. Gesetzgebung; Feststellung des Haushaltsplans; Beschlußfassung über Kirchensteuern, Abgaben und Umlagen.
Neuwahl alle 6 Jahre
Berufung einiger M.
Mitgliederernennung
Aufsicht
Landessynodalausschuß
(ständiges Organ der Landessynode)
M.: 3 geistl., 4 nichtgeistl. (an Weisungen der Landessynode gebunden)
A.: Beratung der übrigen kirchl. Organe; Sorge für Ausführung der Synodalbeschlüsse; Mitwirkung bei Rechtssetzung, Rechnungsprüfung; Zustimmung zu Etatüberschreitungen
Kirchenkreistag
M.: Superintendent (V.), Pfarrer u. Vikare der Gemeinden, des Kirchenkreises, doppelt soviel nichtgeistl. M. aus jeder Gemeinde wie Pfarr- und Vikarstellen; einige sonstige M.
A.: Feststellung des Haushaltsplans; Beschlußfassung über Steuern u. Umlagen auf Kreisebene
Gemeindebeirat
A.: Förderung des Gemeindelebens
Gemeindeversammlung
Berufung
Vorschlagsrecht
Mitwirkungsrechte bei Gesetzgebung, Berufung einzelner M.
Wahl einiger M.
Richtlinienkompetenz, Ernennung der Mitglieder
Rechts- bzw. Fachaufsicht, Genehmigungserfordernisse in einzelnen Fällen
Rechenschaftspflicht
Einberufung
Kirchensenat
M.: Landesbischof, P. des Landeskirchenamts, V. des Landessynodalausschusses, 1 gewählter Landessuperintendent, 3 Synodale, 3 von der Landessynode gewählte M. der L. K., 1 M. des Landeskirchenamts.
A.: Mitwirkung bei Rechtssetzung, Beratung aller kirchl. Organe, Erlaß von gesetzesvertretenden Rechtsverordnungen, Ernennung der M. des Landeskirchenamts und der übrigen kirchl. Verwaltung, Aufstellung von Stellenplan, Grundsätzen u. Richtlinien der Verwaltung, Entscheidung von Kompetenzkonflikten, Vollzug von Kirchengesetzen
Landeskirchenamt
V.: Landesbischof, P. (Jurist), 1 weltl. (Jurist) und 1 geistl. Vize-P.; geistl. u. weltl. M., Referenten
A.: Verwaltungszentrale d. L. K., Vertretung in Verwaltungs- u. Rechtssachen, zentrale Dienstaufsicht, Fachaufsicht, Rechtsaufsicht, Verordnungsrecht
Kirchenkreisvorstand
M.: Superintendent, mindestens 4 vom Kirchenkreistag zu wählende M. (mindestens 2 geistl., 2 nichtgeistl.)
A.: vertritt Kirchenkreis nach außen; führt laufende Geschäfte des Kirchenkreises
Wahl der geistl. Mitglieder auf Pfarrkonventen
Kirchenvorstand
M.: Pfarrer u. Vikare, gewählte u. berufene nichtgeistliche M.
A.: Gerichtl. u. außergerichtl. Vertretung der Gemeinde; Mitverantwortung für Gottesdienst, Wort- u. Sakramentsverwaltung, Seelsorge, Liebestätigkeit, Vermögensverwaltung; Beschlußfassung über ortskirchliche Steuern u. Abgaben; Erlaß v. Gemeindesatzungen.
Beratung, Unterstützung
Gemeindemitglieder
Wahl, Ernennung, Dienstaufsicht
Dienstaufsicht
Ernennung (auf Vorschlag des Landeskirchenamts)
Vokation
Wahl, soweit nicht Besetzung (s. o.)
Anstellung
Landesbischof
auf Lebenszeit
A.: geistl. Leitung u. Aufsicht in der L. K. Vertretung der L. K. im öff. Leben u. bei Verträgen, die der Zustimmung durch Gesetz bedürfen, Ordination, Visitation
Bischofsrat
M.: Bischof, Landessuperintendenten, A.: Beratung
Landessuperintendenten
A.: geistl. Leitung u. Aufsicht in einem Kirchensprengel, Ordination, Visitation
Sprengelbeirat
V.: Landessuperintendent, verschiedene berufene und gewählte M.
Superintendent
Amtseinführung, Abhaltung von Pfarrkonventen Visitationen
Pfarrer (und Vikare)
Sonstige Ämter
(Diakone, Diakonissen, Gemeindehelfer(innen), Kirchenmusiker, Lektoren usw.
Kirchl. Dienste
Geistl. Aufsicht, Visitation, Ordination
Pfarrstellenbesetzung (alternierend mit Wahlrecht durch Kirchenvorstand)
Predigt, Sakramente, Seelsorge
Einwendungsrecht gegen Pfarrstellenbesetzung und gegen Pfarrwahl durch Kirchenvorstand

Muster lutherischer Kirchenverfassung

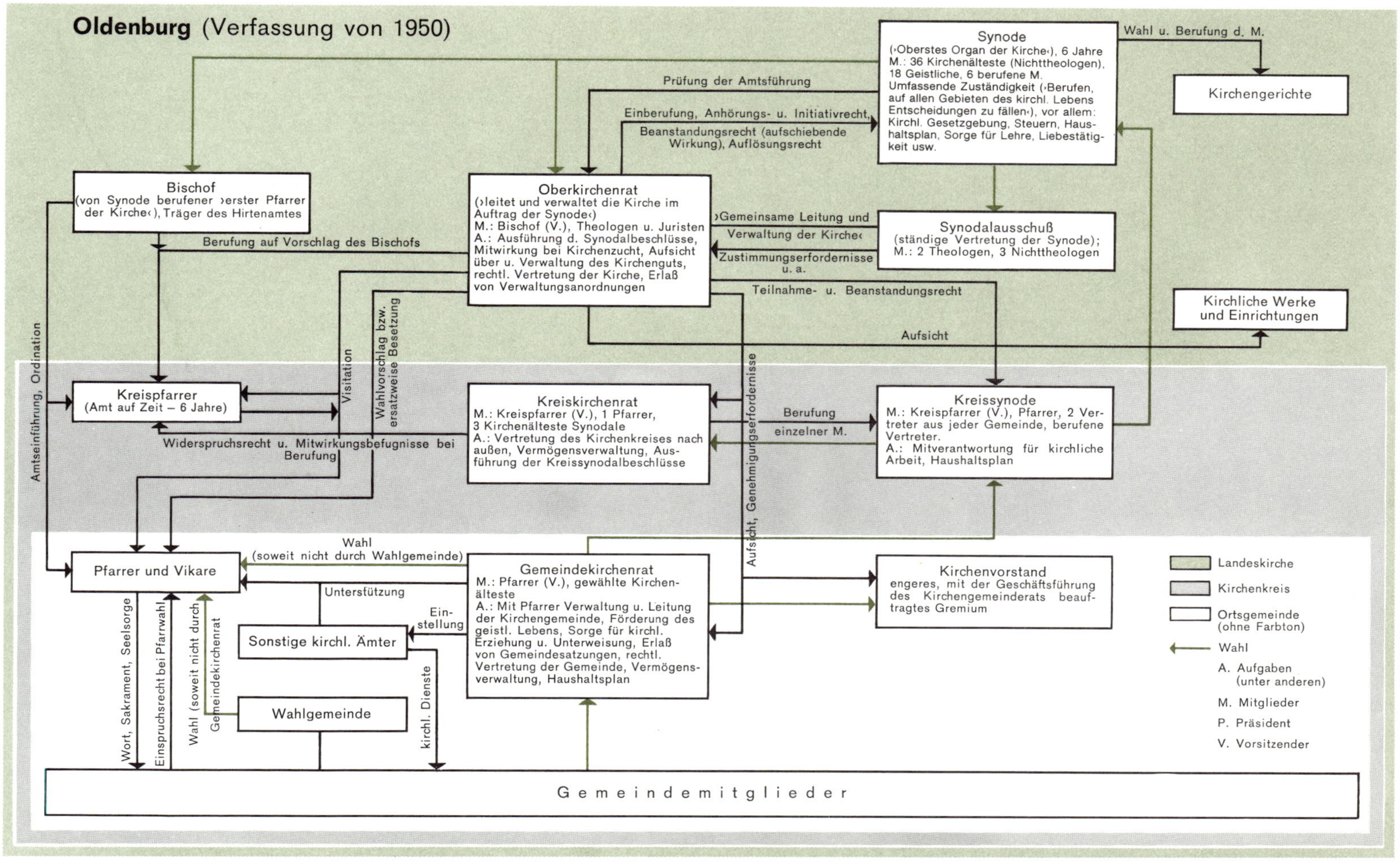

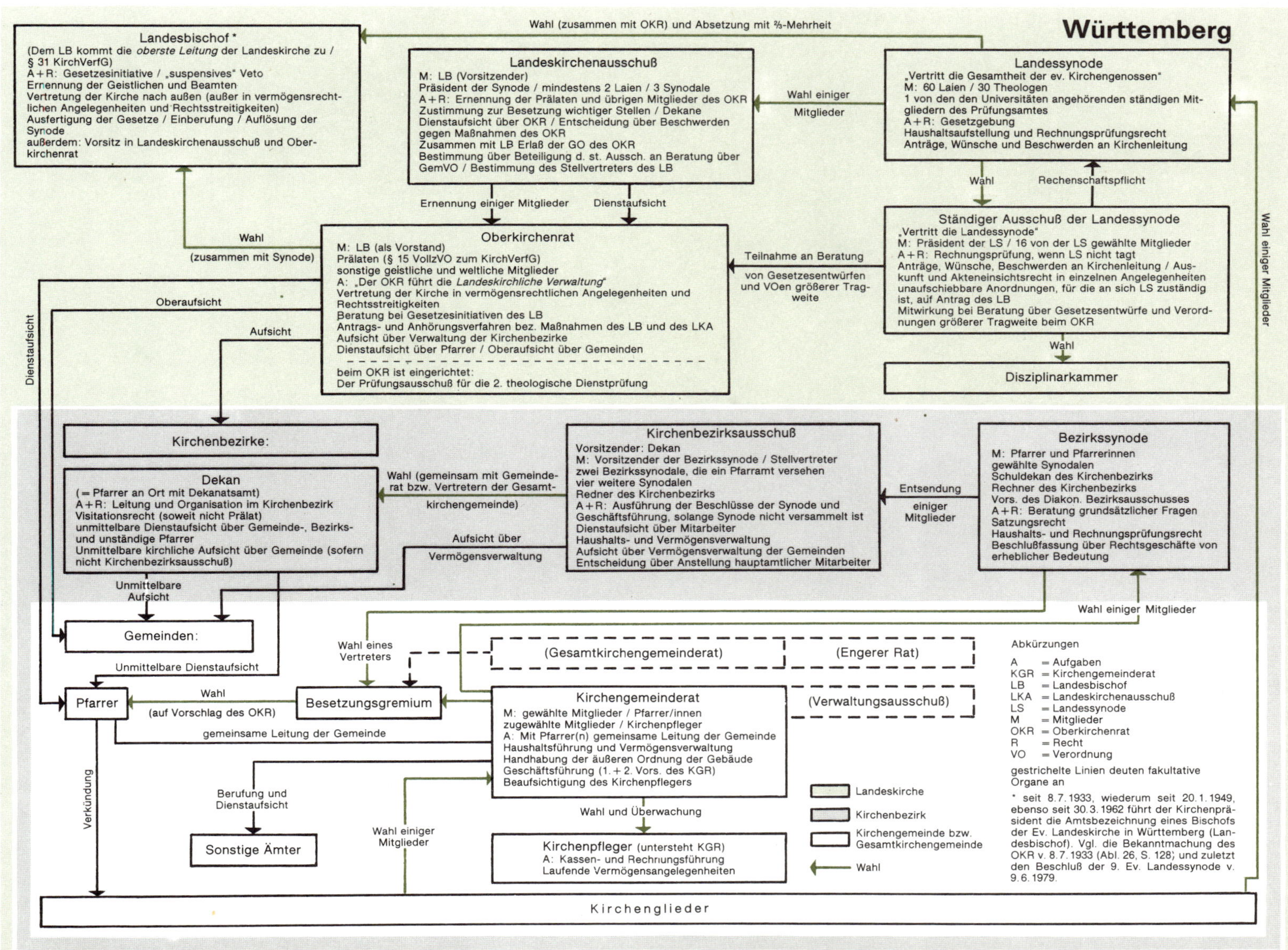

Die Mitgliedskirchen des Internationalen Rates der Kongregationalisten (bis 1970)

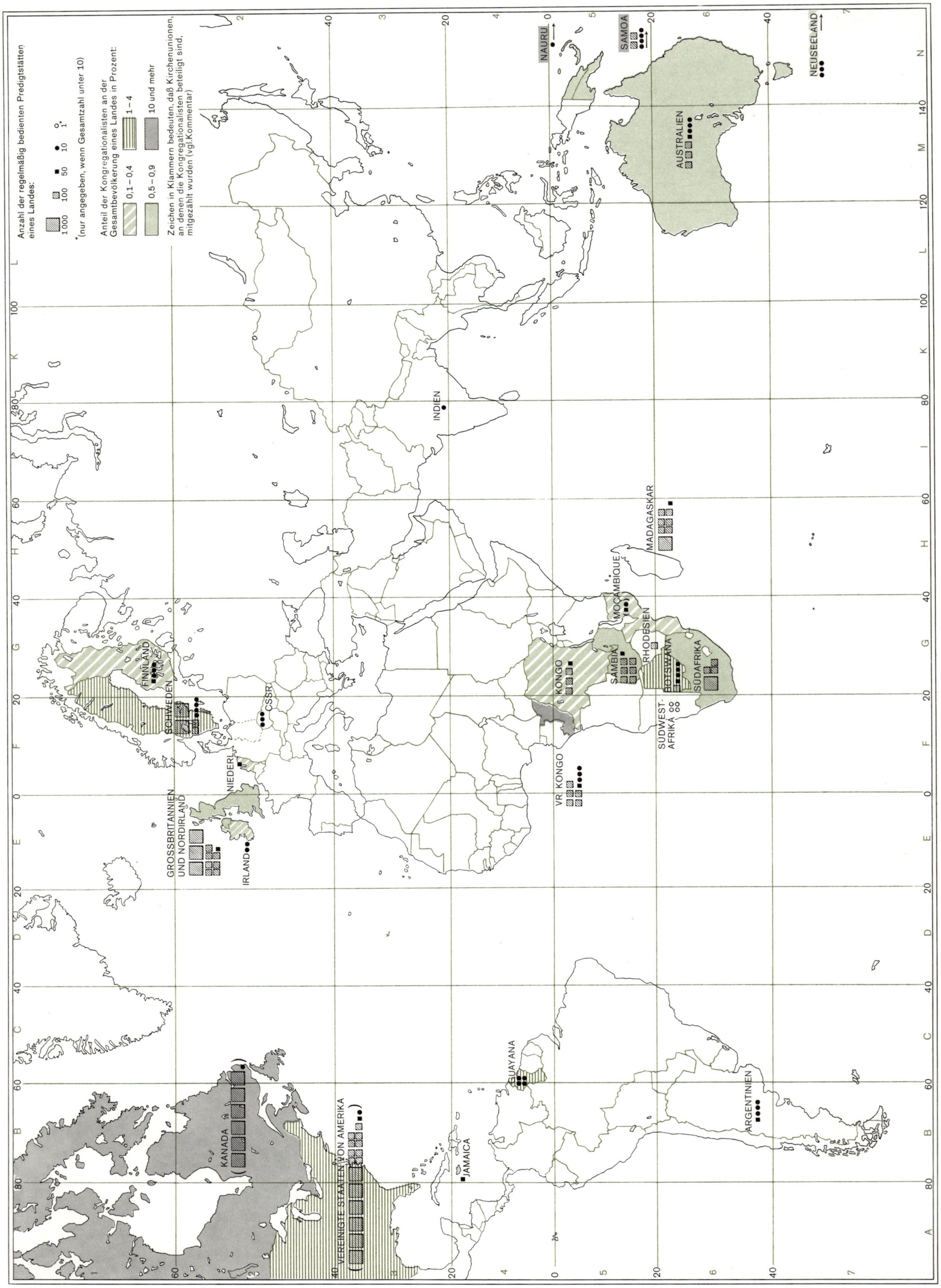

Die evangelischen Kirchen in der Bundesrepublik Deutschland und in der Deutschen Demokratischen Republik

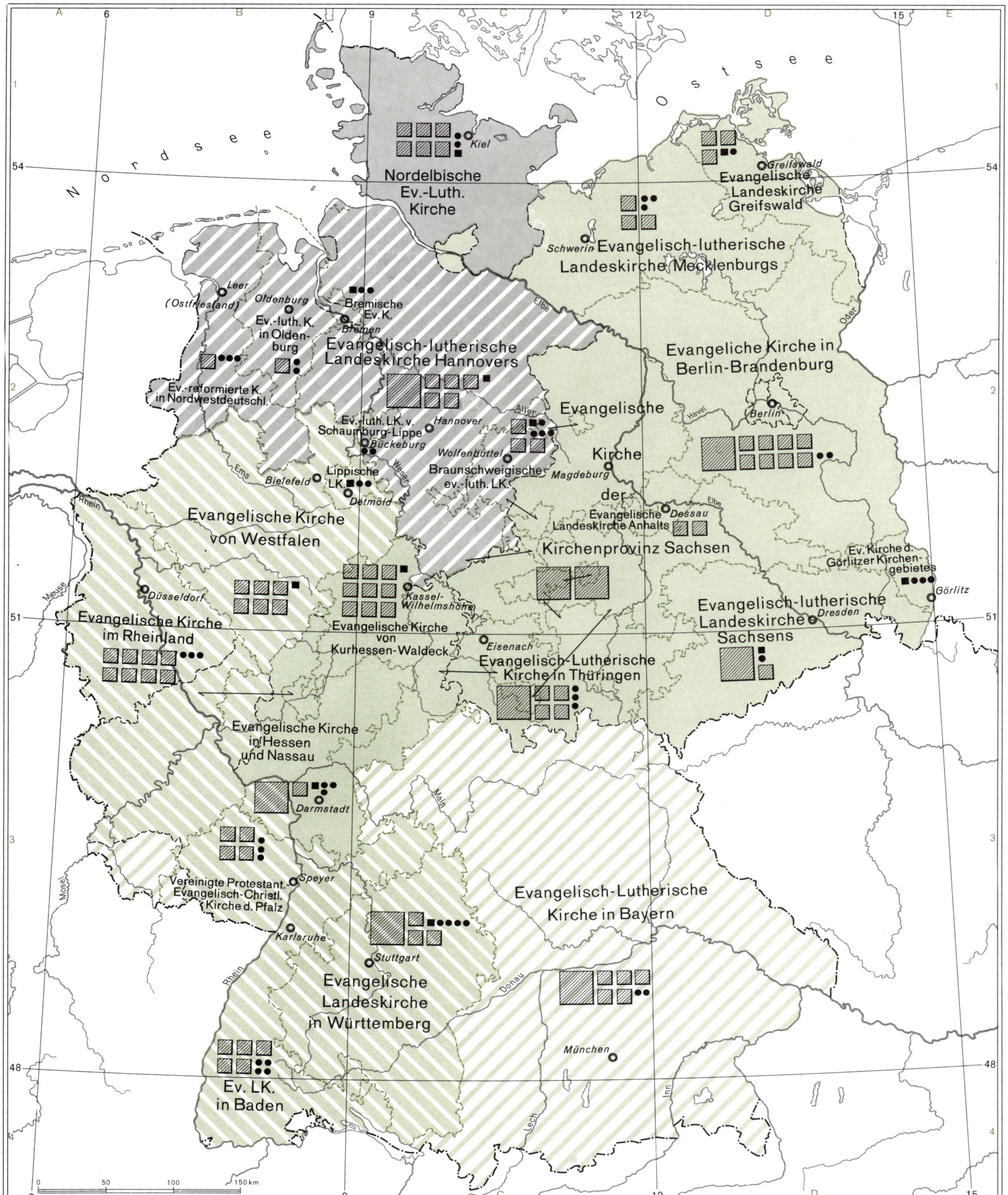

Grenze eines Kirchengebietes
Sitz der Kirchenleitung

Anzahl der Gemeinden in einem Kirchengebiet:

1000 100 50 10

Anteil der Mitglieder der evangelischen Kirchen an der Gesamtbevölkerung eines Bundeslandes (in der BRD) bzw. der DDR in Prozent:

22–23
35–40
51–53
64–66
74

Ev. = Evangelisch(e)
K. = Kirche
Luth. = Lutherisch
LK = Landeskirche

Absolute Mitgliederzahlen (für die BRD Stand 31. 12. 1984, für die DDR geschätzter Stand von 1985):

Die lutherischen Kirchen	
Ev.-Luth. Landeskirche Sachsens	1 800 000
Ev.-Luth. Kirche Hannovers	3 516 000
Ev.-Luth. Kirche in Bayern	2 561 000
Ev.-Luth. Kirche in Thüringen	1 000 000
Ev.-Luth. Landeskirche Mecklenburgs	700 000
Braunschweigische Ev.-Luth. Landeskirche	519 000
Ev.-Luth. Landeskirche Schaumburg-Lippe	70 000
Ev.-Luth. Landeskirche in Württemberg	2 400 000
Ev.-Luth. Kirche in Oldenburg	511 000
Nordelbische Ev.-Luth. Kirche	2 734 000
Die reformierten Kirchen	
Lippische Landeskirche (mit luth. Klasse)	232 000
Ev.-Reform. Kirche in Nordwestdeutschland	195 000

Die unierten Kirchen	
Ev. Kirche in Berlin-Brandenburg	1 951 000
Ev. Kirche der Kirchenprovinz Sachsen	1 500 000
Ev. Landeskirche Greifswald	450 000
Ev. Kirche des Görlitzer Kirchengebietes	105 000
Ev. Kirche von Westfalen	2 965 000
Ev. Kirche im Rheinland	3 258 000
Ev. Landeskirche Anhalts	140 000
Ev. Kirche in Hessen und Nassau	2 079 000
Ev. Kirche von Kurhessen-Waldeck	1 046 000
Ev. Landeskirche in Baden	1 335 000
Vereinigte Prot. Ev.-Christliche Kirche der Pfalz	646 000
Bremische Ev. Kirche	348 000

Die lutherischen Kirchen

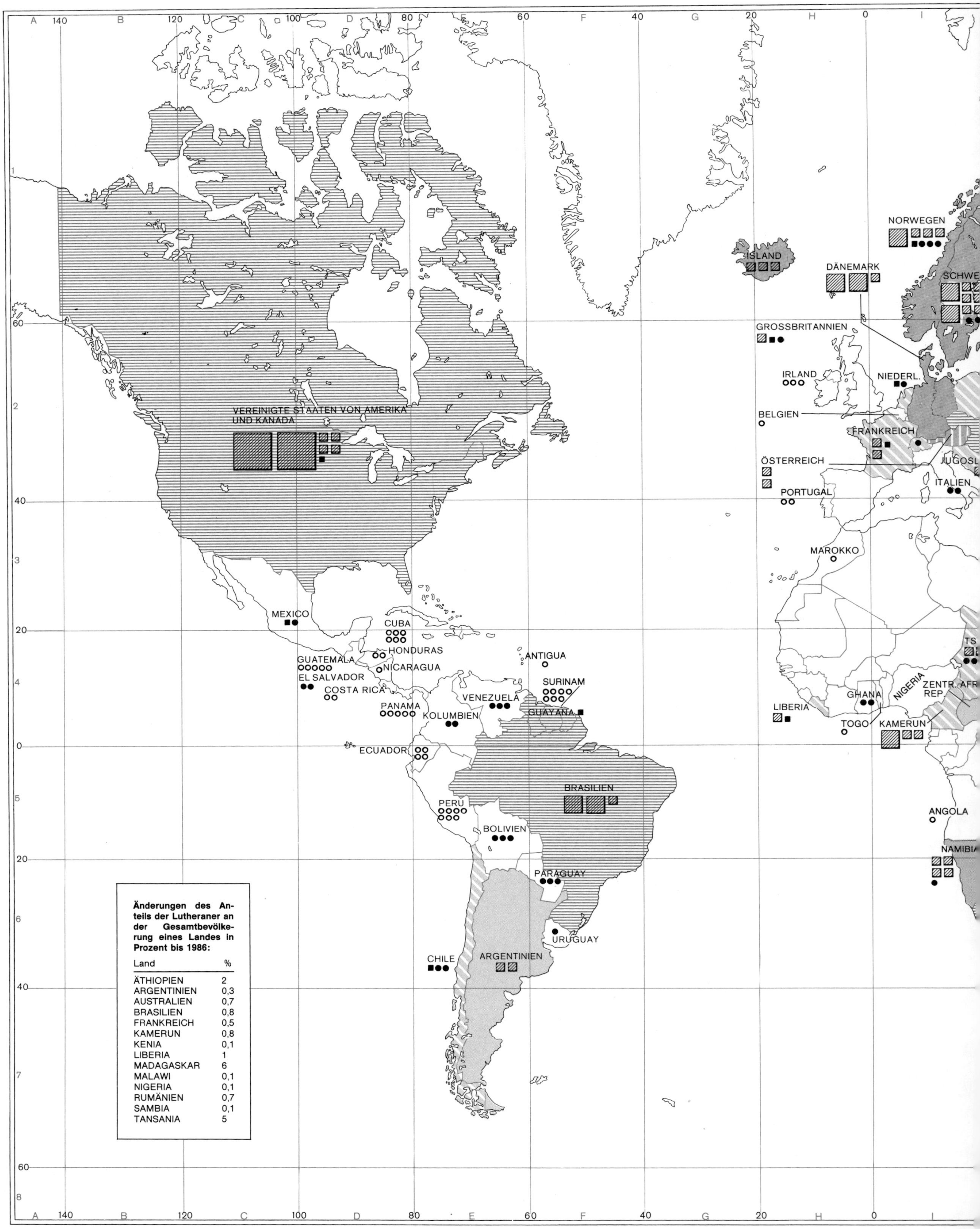

Änderungen des Anteils der Lutheraner an der Gesamtbevölkerung eines Landes in Prozent bis 1986:

Land	%
ÄTHIOPIEN	2
ARGENTINIEN	0,3
AUSTRALIEN	0,7
BRASILIEN	0,8
FRANKREICH	0,5
KAMERUN	0,8
KENIA	0,1
LIBERIA	1
MADAGASKAR	6
MALAWI	0,1
NIGERIA	0,1
RUMÄNIEN	0,7
SAMBIA	0,1
TANSANIA	5

Anzahl der regelmäßig bedienten Gottesdienstplätze eines Landes:
10 000
1 000
100
50
10
1*
*(nur angegeben, wenn Gesamtzahl unter 10)
Anteil der Lutheraner an der Gesamtbevölkerung eines Landes in Prozent:
0,1 – 0,4
0,5 – 0,9
1 – 4
5 – 9
10 und mehr
FINNLAND
USSR
CSSR
UNGARN
RUMÄNIEN
ISRAEL
JORDANIEN
ÄGYPTEN
PAKISTAN
NEPAL
BHUTAN
INDIEN
BANGLADESCH
BURMA
HONGKONG
TAIWAN
KOREA
JAPAN
THAILAND
PHILIPPINEN
SRI LANKA
MALAYSIA
PAPUA-NEUGUINEA
ÄTHIOPIEN
KENIA
ZAIRE
MALAWI
TANSANIA
SAMBIA
SIMBABWE
MADAGASKAR
INDONESIEN
AUSTRALIEN
NEUSEELAND

Die Gliederung der Baptist Union von Großbritannien und Irland

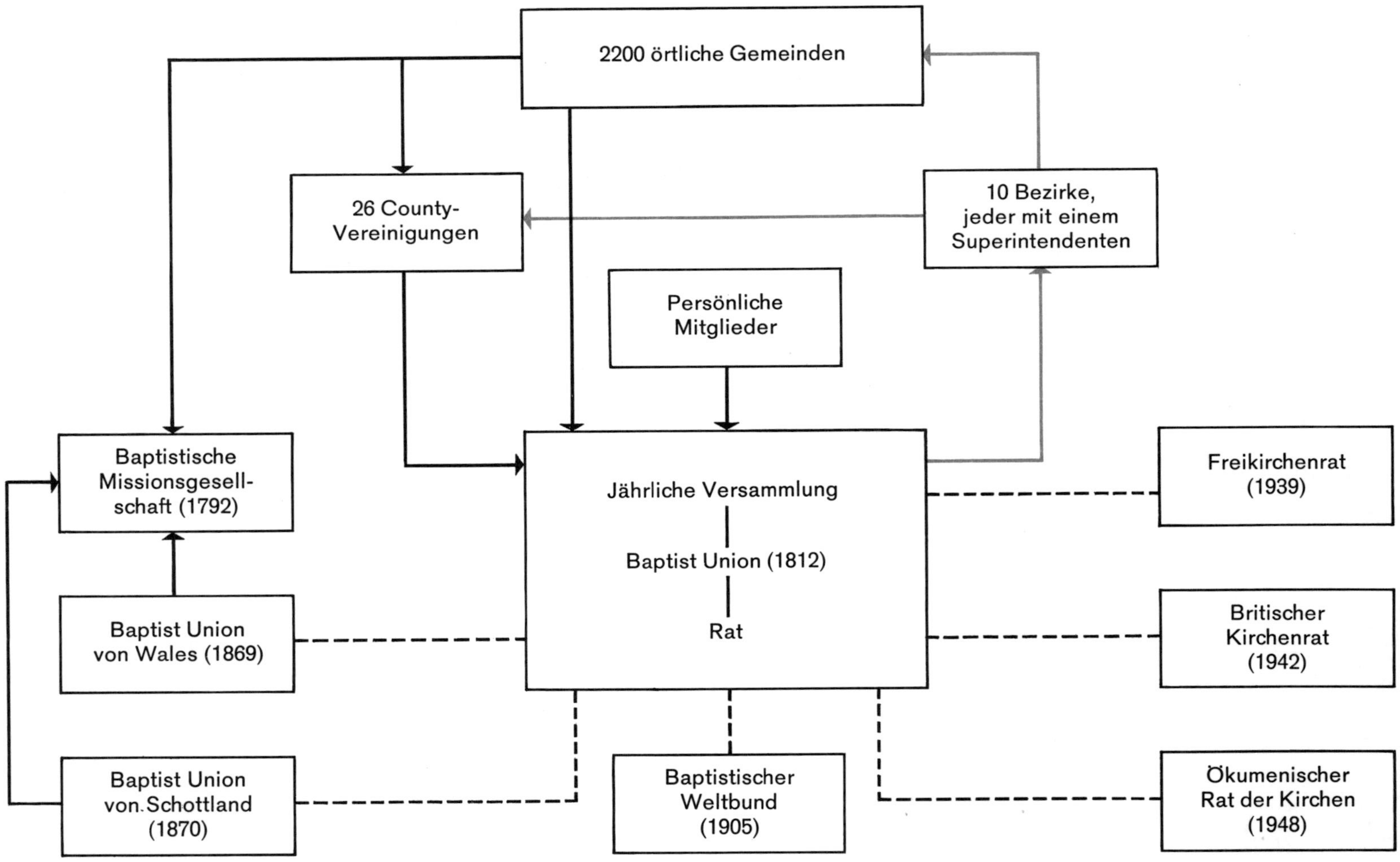

Die Gliederung einer lokalen englischen Baptistenkirche

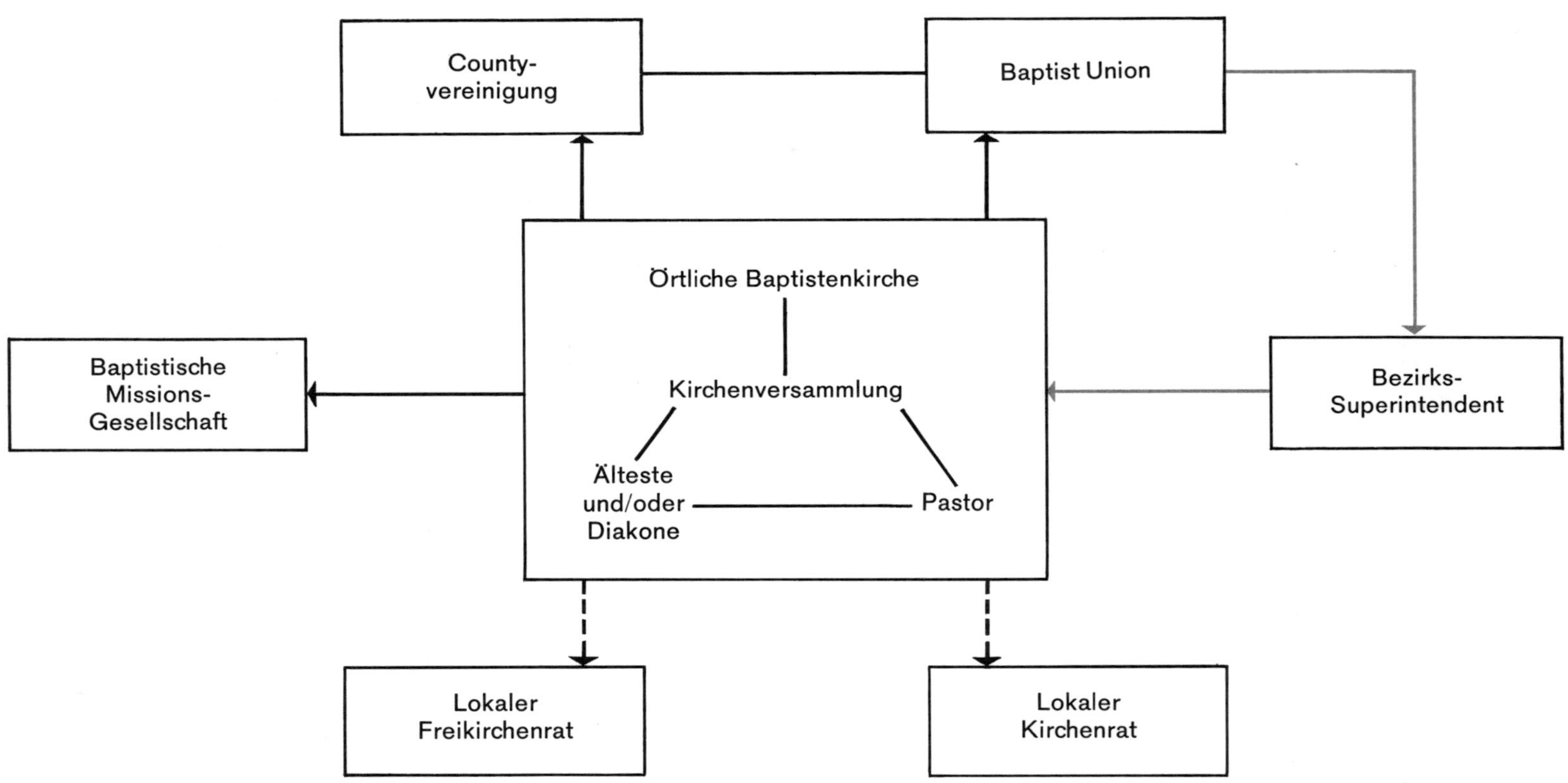

Die 1812 gegr. Baptist Union von Großbritannien und Irland umfaßt etwa 2200 lokale Kirchen mit einer Gesamtmitgliederzahl von 210000. Die Baptist Union von Wales (1869 gegr.; heute 75000 Mitgl.) und die Baptist Union von Schottland (1870 gegr., heute 17000 Mitgl.) sind — obwohl weitgehend autonom — eng mit ihr verbunden, während die Baptist Union von Irland (6500 Mitgl.) heute völlig getrennt ist.

Die „Strikten" und „Partikularen" Baptistenkirchen in England haben keine Verbindungen mit der Baptist Union. Sie bilden drei Bezirks-Assoziationen und sind in einer Federation vereinigt (Gesamtmitgliederzahl etwa 120000). — In den Baptistengemeinschaften anderer Länder — ausgenommen Amerika — haben die lokalen Kirchen weniger Autonomie als in England, da historische Umstände den nationalen Vereinigungen mehr Einfluß gegeben haben.

Der Aufbau der Armenischen Kirche
(Katholikat von Cilicien)

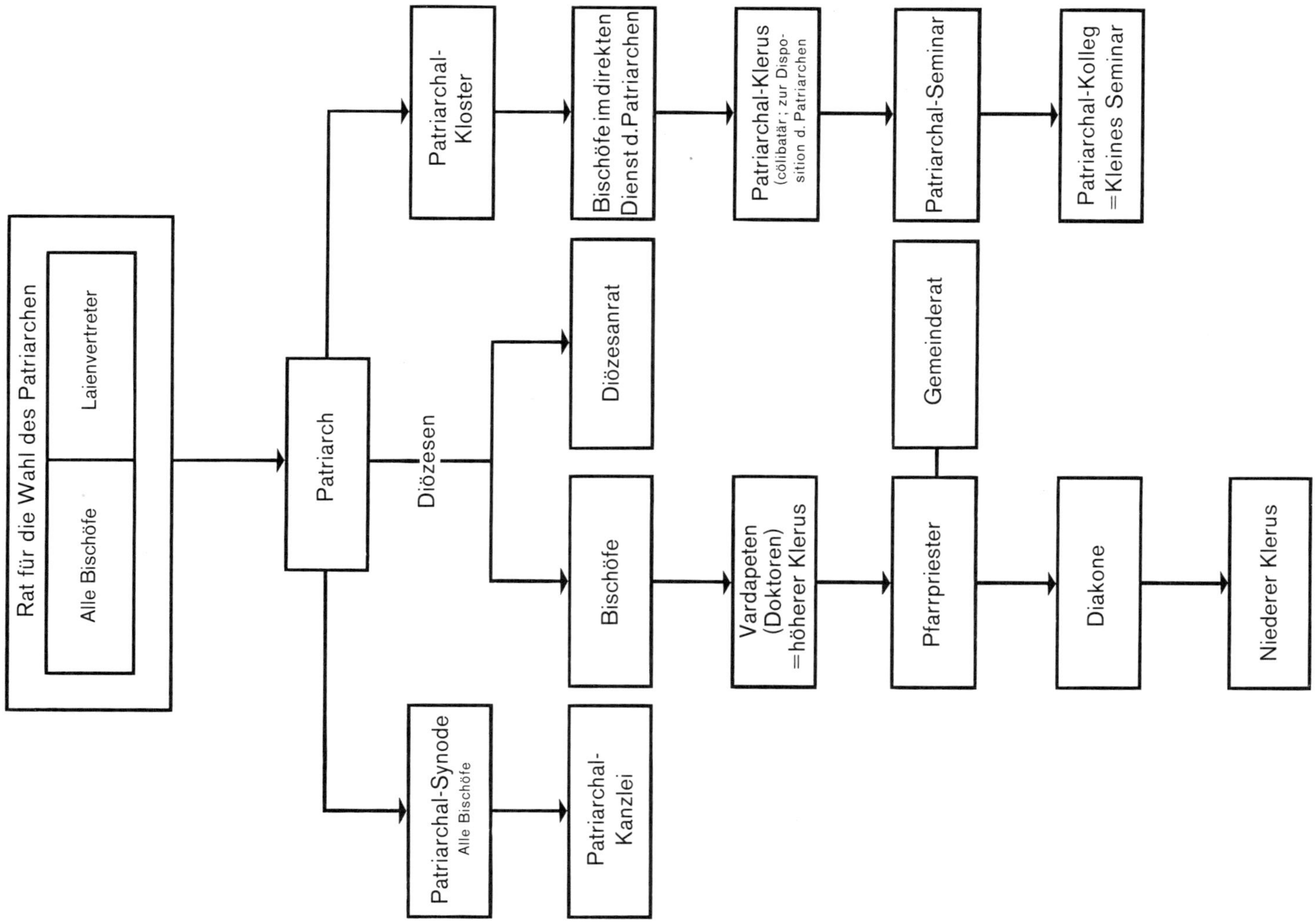

Der Aufbau der Koptischen Kirche

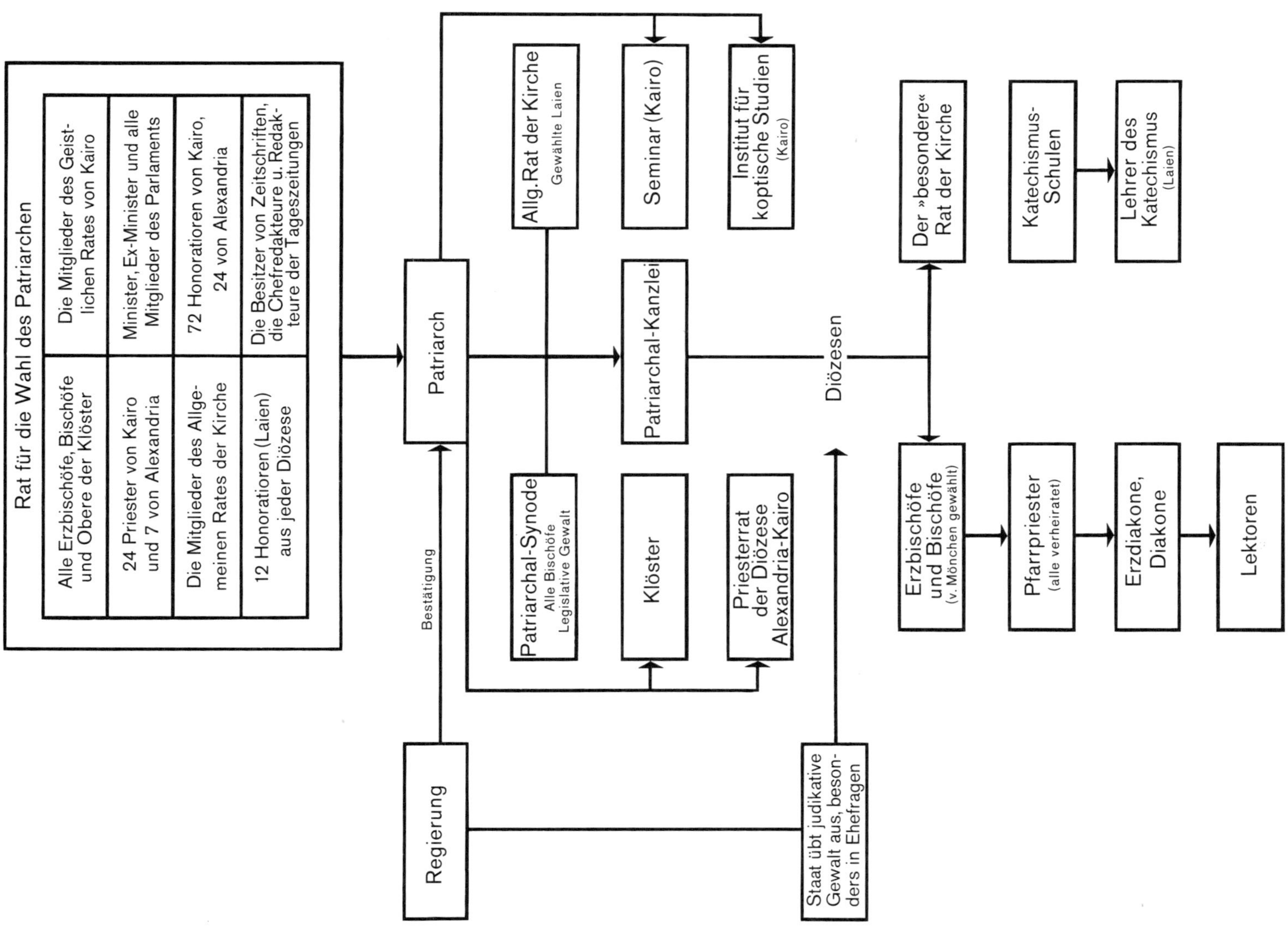

Die methodistischen Kirchen

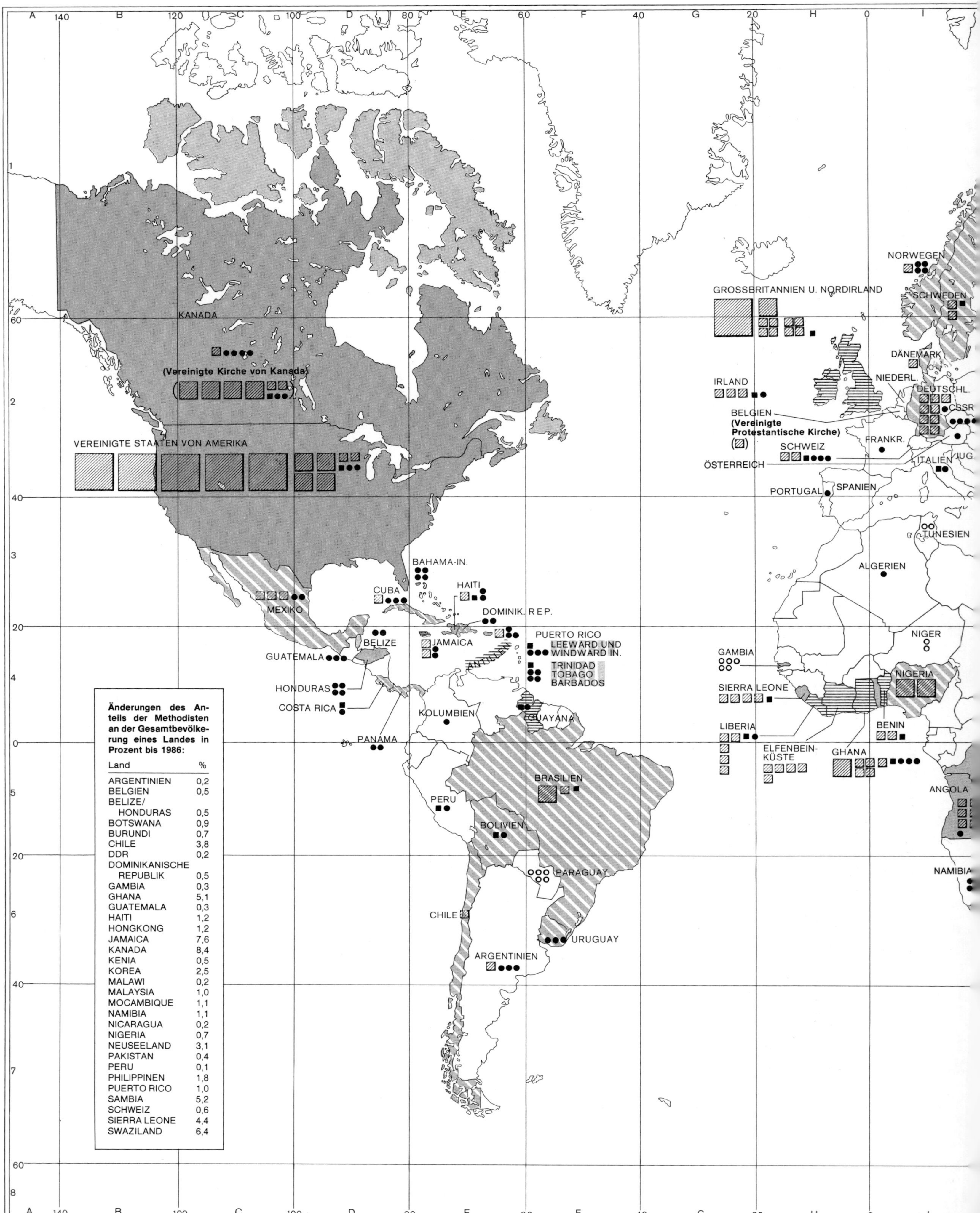

Änderungen des Anteils der Methodisten an der Gesamtbevölkerung eines Landes in Prozent bis 1986:

Land	%
ARGENTINIEN	0,2
BELGIEN	0,5
BELIZE/HONDURAS	0,5
BOTSWANA	0,9
BURUNDI	0,7
CHILE	3,8
DDR	0,2
DOMINIKANISCHE REPUBLIK	0,5
GAMBIA	0,3
GHANA	5,1
GUATEMALA	0,3
HAITI	1,2
HONGKONG	1,2
JAMAICA	7,6
KANADA	8,4
KENIA	0,5
KOREA	2,5
MALAWI	0,2
MALAYSIA	1,0
MOCAMBIQUE	1,1
NAMIBIA	1,1
NICARAGUA	0,2
NIGERIA	0,7
NEUSEELAND	3,1
PAKISTAN	0,4
PERU	0,1
PHILIPPINEN	1,8
PUERTO RICO	1,0
SAMBIA	5,2
SCHWEIZ	0,6
SIERRA LEONE	4,4
SWAZILAND	6,4

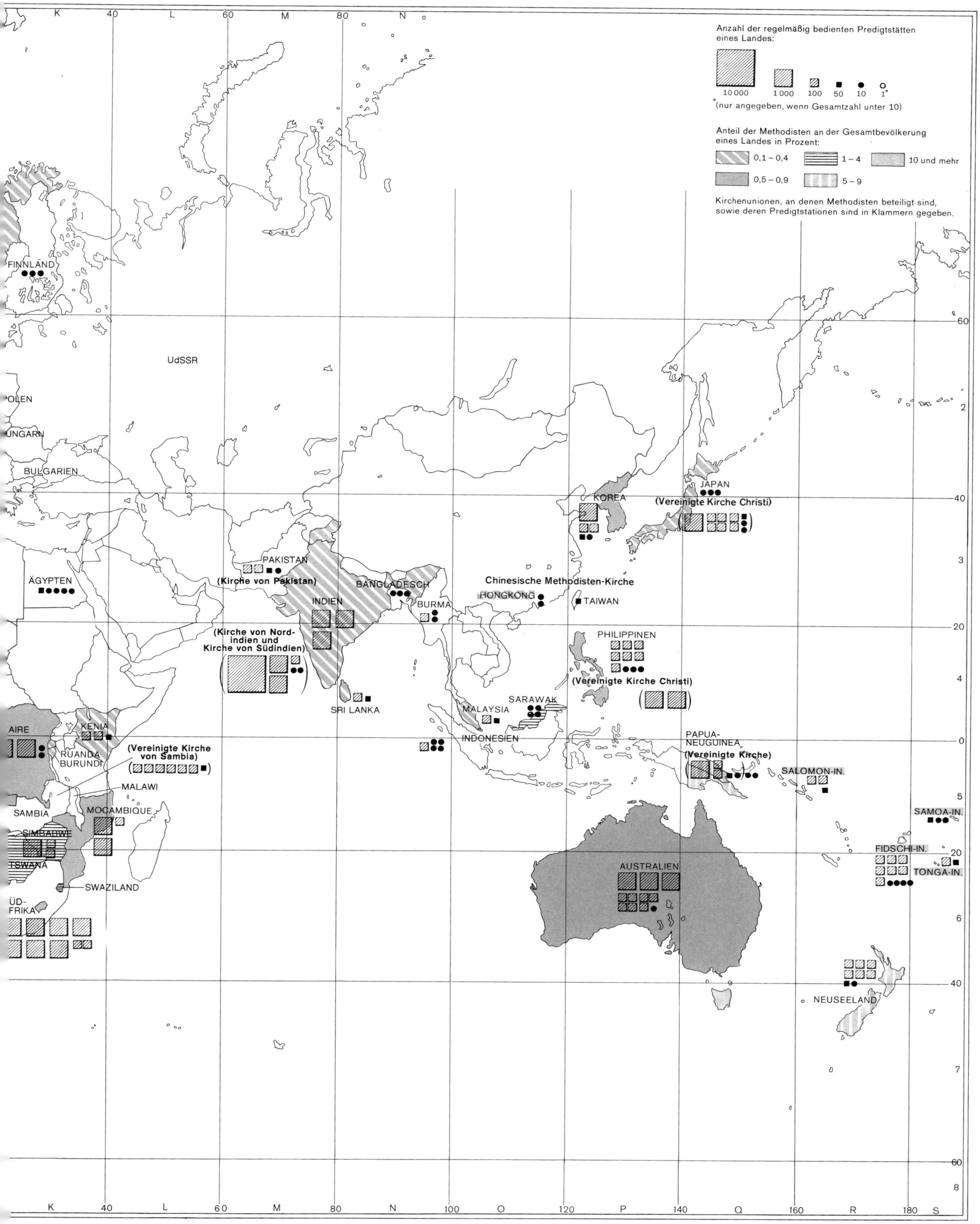
Anzahl der regelmäßig bedienten Predigtstätten eines Landes:
10 000
1 000
100
50
10
1*
*(nur angegeben, wenn Gesamtzahl unter 10)
Anteil der Methodisten an der Gesamtbevölkerung eines Landes in Prozent:
0,1 – 0,4
1 – 4
10 und mehr
0,5 – 0,9
5 – 9
Kirchenunionen, an denen Methodisten beteiligt sind, sowie deren Predigtstationen sind in Klammern gegeben.
FINNLAND
UdSSR
POLEN
UNGARN
BULGARIEN
ÄGYPTEN
PAKISTAN
(Kirche von Pakistan)
INDIEN
(Kirche von Nord-indien und Kirche von Südindien)
BANGLADESCH
BURMA
SRI LANKA
Chinesische Methodisten-Kirche
HONGKONG
TAIWAN
KOREA
JAPAN
(Vereinigte Kirche Christi)
PHILIPPINEN
(Vereinigte Kirche Christi)
SARAWAK
MALAYSIA
INDONESIEN
PAPUA-NEUGUINEA
(Vereinigte Kirche)
SALOMON-IN.
SAMOA-IN.
FIDSCHI-IN.
TONGA-IN.
AUSTRALIEN
NEUSEELAND
ZAIRE
KENIA
RUANDA
BURUNDI
(Vereinigte Kirche von Sambia)
MALAWI
SAMBIA
MOCAMBIQUE
SIMBABWE
BOTSWANA
SWAZILAND
SÜDAFRIKA
K
40
L
60
M
80
N
100
O
120
P
140
Q
160
R
180
S

Die baptistischen Kirchen

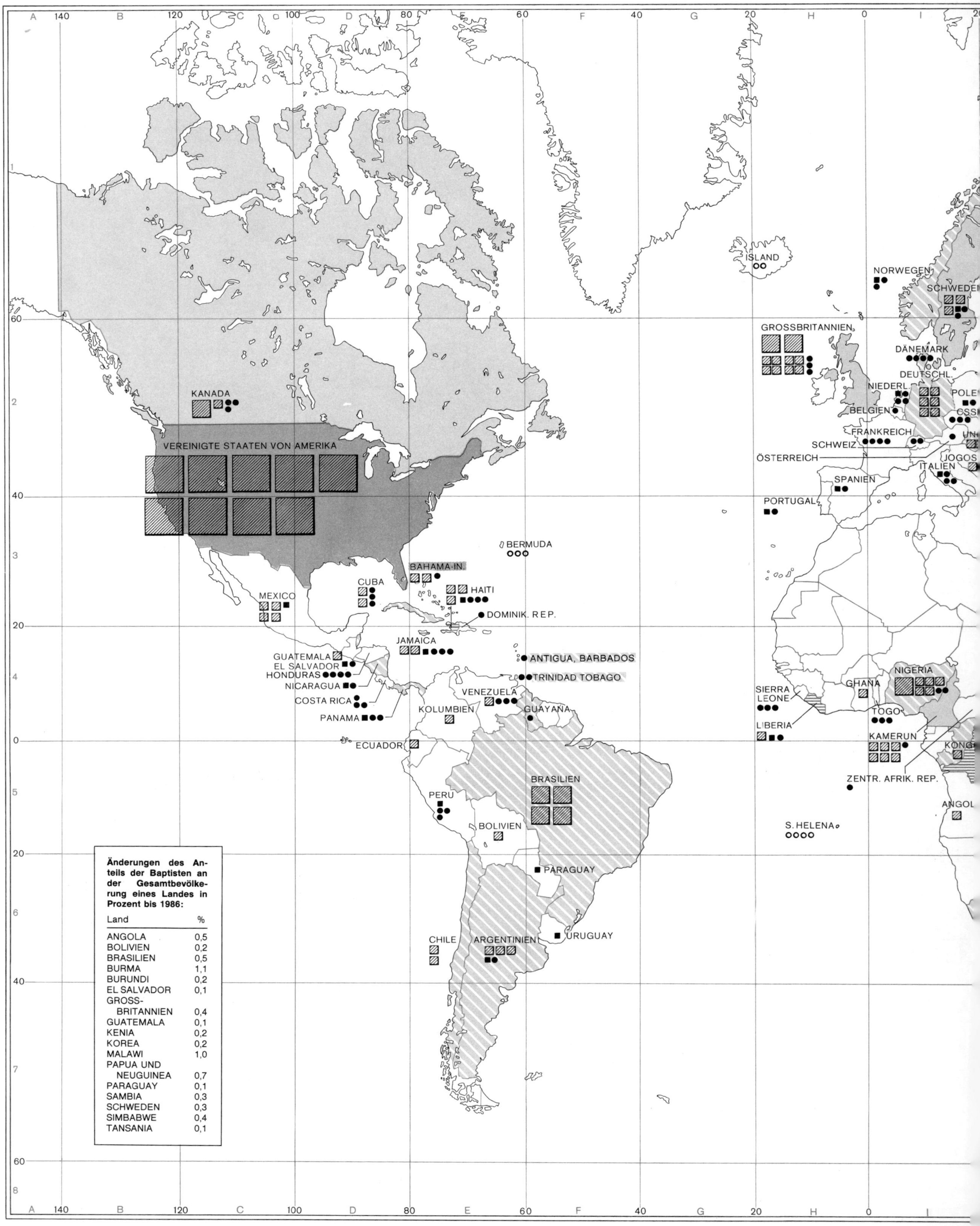

Änderungen des Anteils der Baptisten an der Gesamtbevölkerung eines Landes in Prozent bis 1986:

Land	%
ANGOLA	0,5
BOLIVIEN	0,2
BRASILIEN	0,5
BURMA	1,1
BURUNDI	0,2
EL SALVADOR	0,1
GROSS-BRITANNIEN	0,4
GUATEMALA	0,1
KENIA	0,2
KOREA	0,2
MALAWI	1,0
PAPUA UND NEUGUINEA	0,7
PARAGUAY	0,1
SAMBIA	0,3
SCHWEDEN	0,3
SIMBABWE	0,4
TANSANIA	0,1

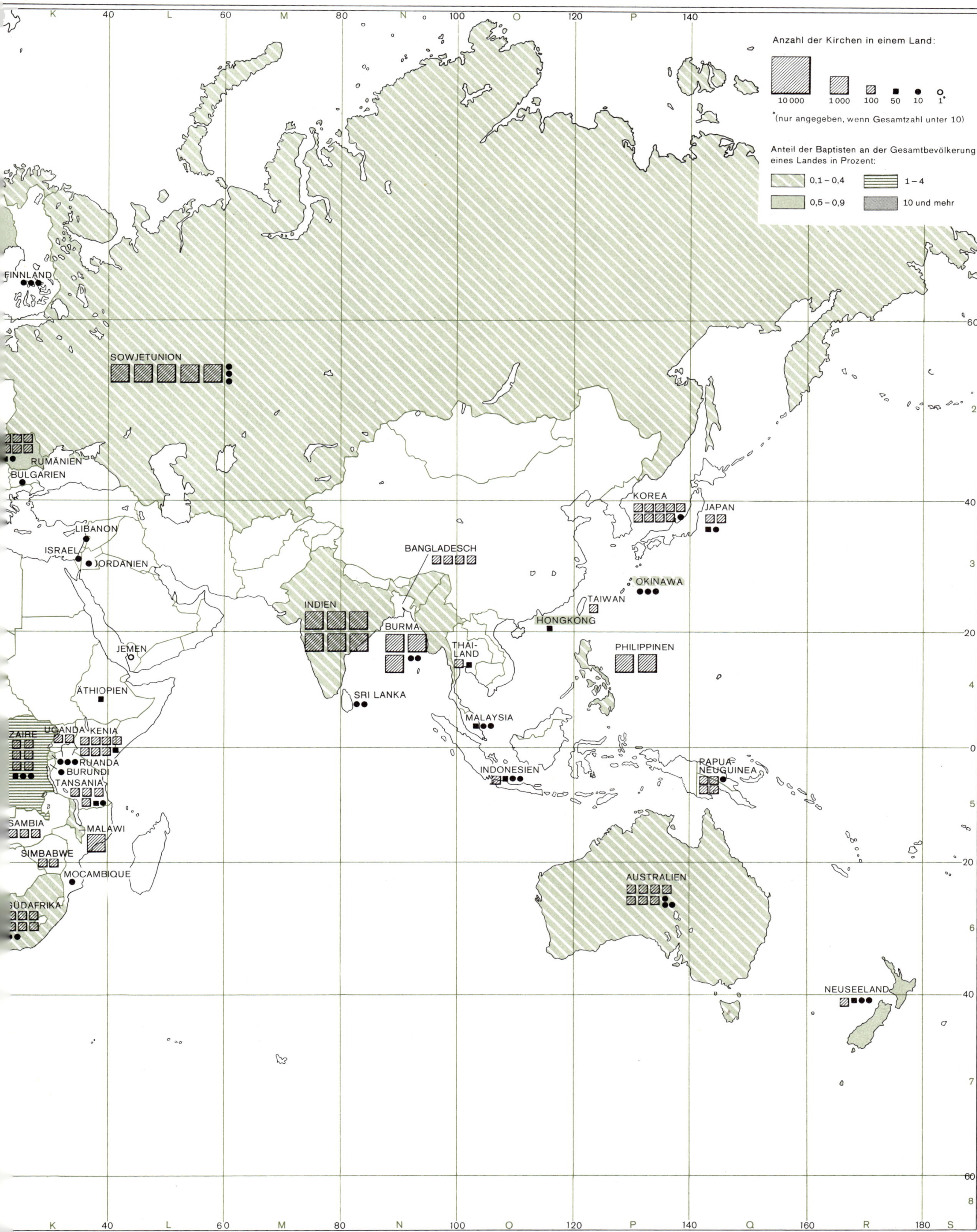

Anzahl der Kirchen in einem Land:
10 000
1 000
100
50
10
1*
*(nur angegeben, wenn Gesamtzahl unter 10)
Anteil der Baptisten an der Gesamtbevölkerung eines Landes in Prozent:
0,1 – 0,4
0,5 – 0,9
1 – 4
10 und mehr
FINNLAND
SOWJETUNION
RUMÄNIEN
BULGARIEN
LIBANON
ISRAEL
JORDANIEN
JEMEN
ÄTHIOPIEN
ZAIRE
UGANDA
KENIA
RUANDA
BURUNDI
TANSANIA
SAMBIA
MALAWI
SIMBABWE
MOCAMBIQUE
SÜDAFRIKA
INDIEN
SRI LANKA
BANGLADESCH
BURMA
THAI-LAND
MALAYSIA
INDONESIEN
HONGKONG
TAIWAN
OKINAWA
KOREA
JAPAN
PHILIPPINEN
PAPUA-NEUGUINEA
AUSTRALIEN
NEUSEELAND
K
L
M
N
O
P
Q
R
S
40
60
80
100
120
140
160
180
20
0

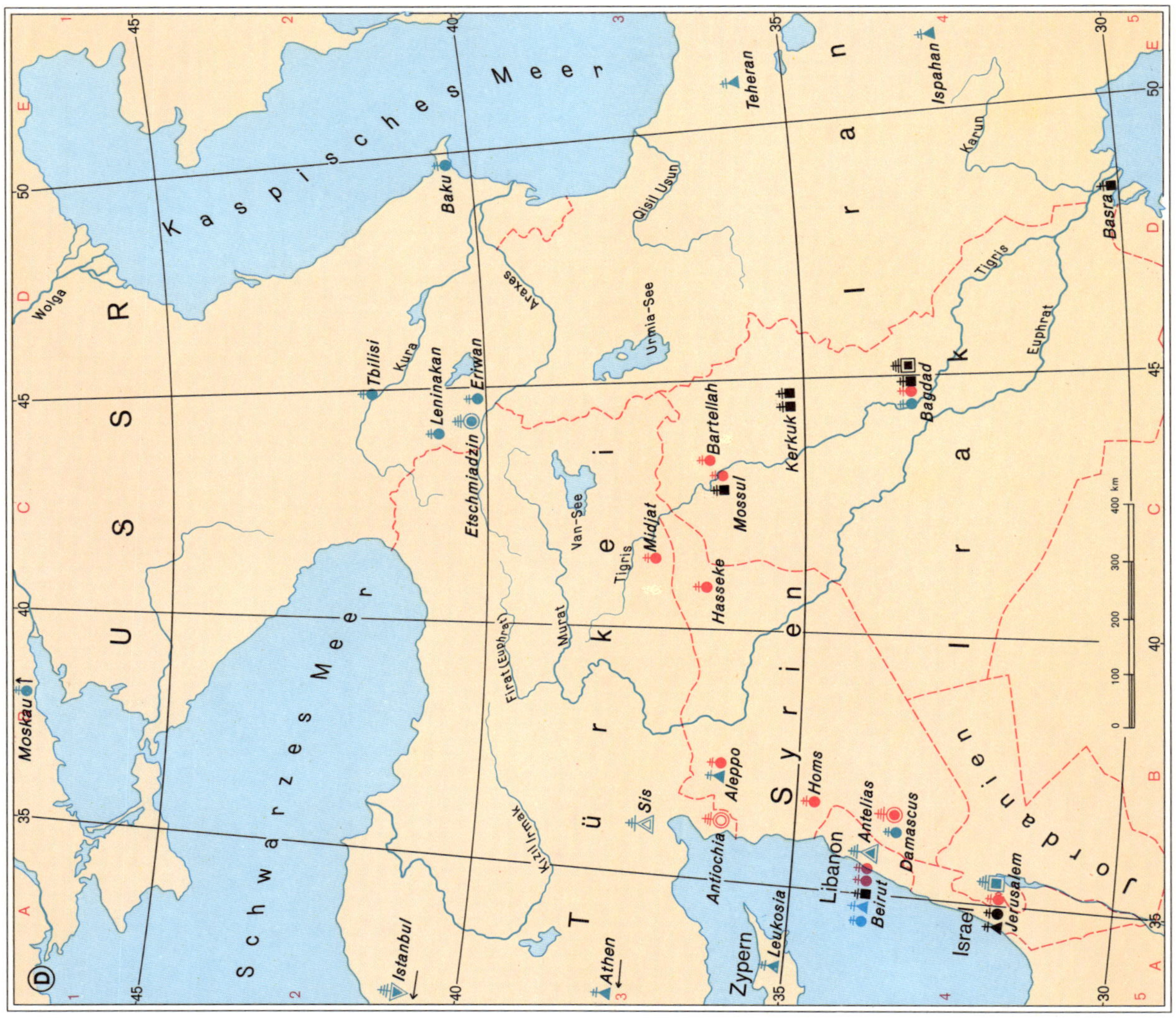

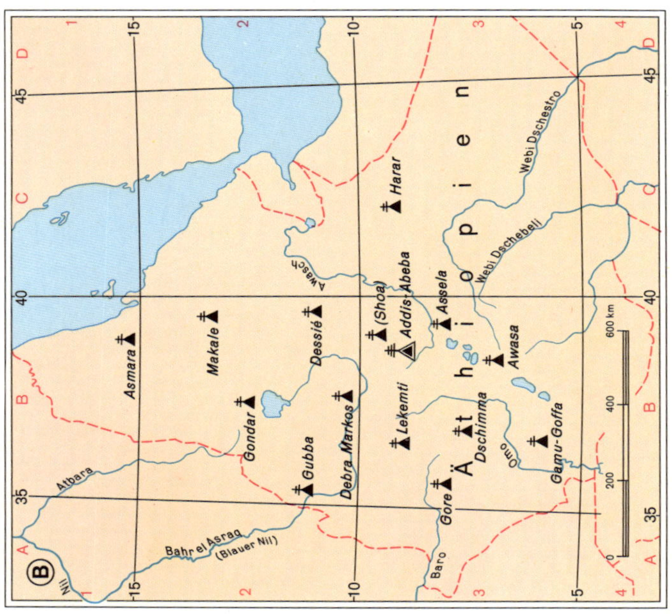

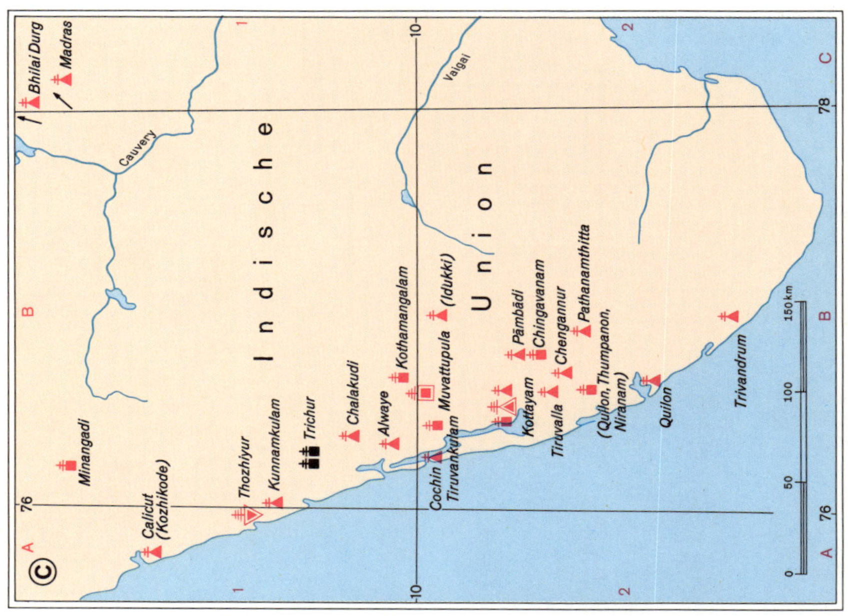

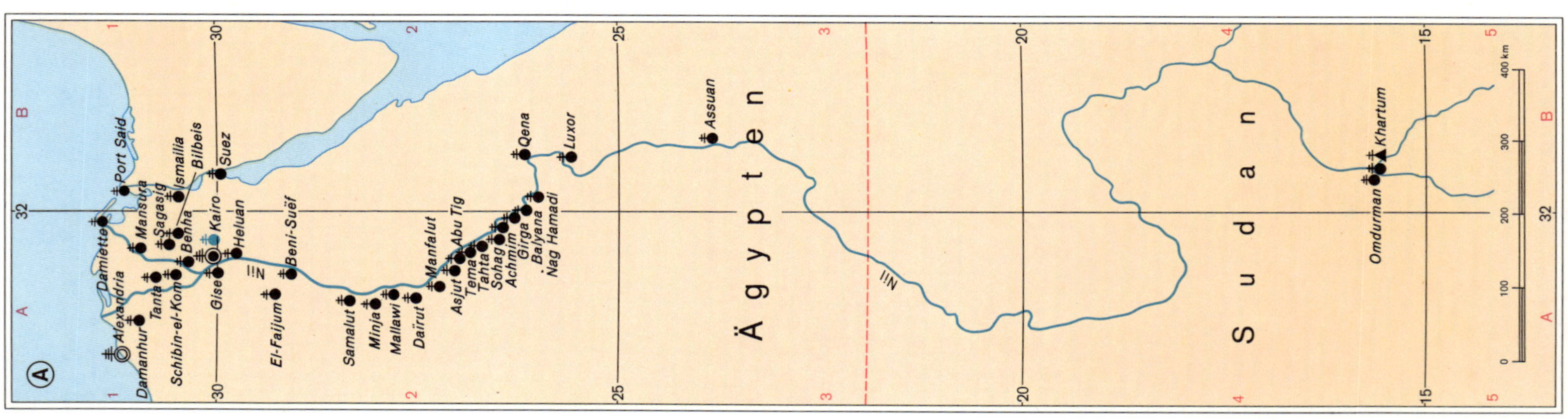

		Patriarchat, Katholikat T	Patriarchat, Katholikat R	Metropole	Diözese
Armenische Kirche	Katholikat von Etschmiadzin	blau ◎	blau ● (R)		blau ●
	Katholikat von Cicilien	blau △	blau ▲ (R)		blau ▲
	Patriarchat von Jerusalem		blau ■ (R)		
	Patriarchat von Istanbul		blau ▼ (R)		
Westsyrische (Jakobitische) Kirche		rot ◎	rot ● (R)		rot ●
Orthodoxe Syrische Kirche des Ostens			rot ▲ (R)		rot ▲
Syrische Mar-Thoma-Kirche von Malabar				rot ■	rot ■
Unabhängige Syrische Kirche von Malabar				rot ▼	
Koptische Kirche		schwarz ◎	schwarz ● (R)		schwarz ●
Äthiopische Kirche			schwarz ▲ (R)		schwarz ▲
Heilige Apostolische und Katholische Kirche des Ostens (Nestorianer)			schwarz ■ (R)		schwarz ■

T = Titularsitz, R = Residenz eines Patriarchen oder Katholikos

Die Auslandsjurisdiktionen der orthodoxen und nicht-chalkedonischen Ostkirchen

Katholikat | Erzbistum | Metropolie, Bistum oder Eparchie

Unter der Jurisdiktion des Oekumenischen Patriarchats:

Griechisch-Orthodoxes Erzbistum von Nord- und Südamerika

Sonstige (vgl. Kommentar)

Unter der Jurisdiktion des Griechisch-Orthodoxen Patriarchats von Antiochien

Unter der Jurisdiktion der Serbischen, Bulgarischen und Rumänischen Kirchen

Unter der Jurisdiktion des Russisch-Orthodoxen Patriarchats von Moskau:

Amerikanische, mittel- und westeuropäische Exarchate des Moskauer Patriarchats

Unabhängige Orthodoxe Auslandskirchen:

Russisch-Orthodoxe Griechisch-Katholische Kirche von Amerika

Russisch-Orthodoxe Auslandskirche (Karlowitzer Synodalkirche)

Ukrainisch-Orthodoxe Auslandskirchen

Auslandsjurisdiktionen der nicht-chalkedonischen Ostkirchen:

Armenische Katholikate von Etschmiadzin und Cilicien

Sonstige (vgl. Kommentar)

Zeichen in Klammern stehen für Bischöfe ohne Diözese

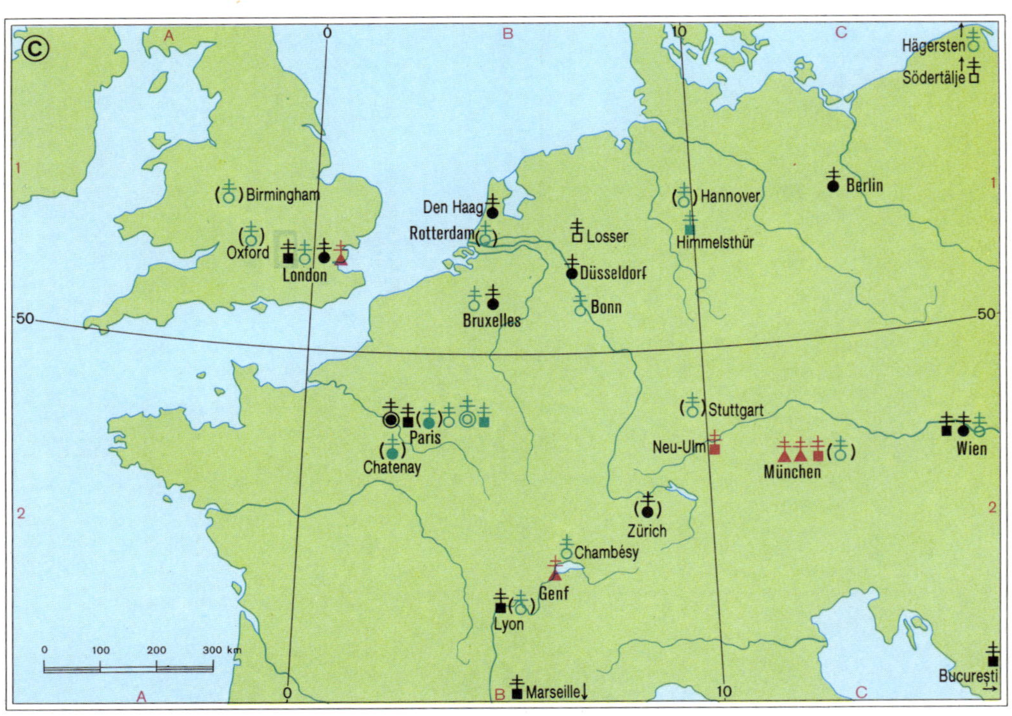

Die Thomaschristen von Malabar

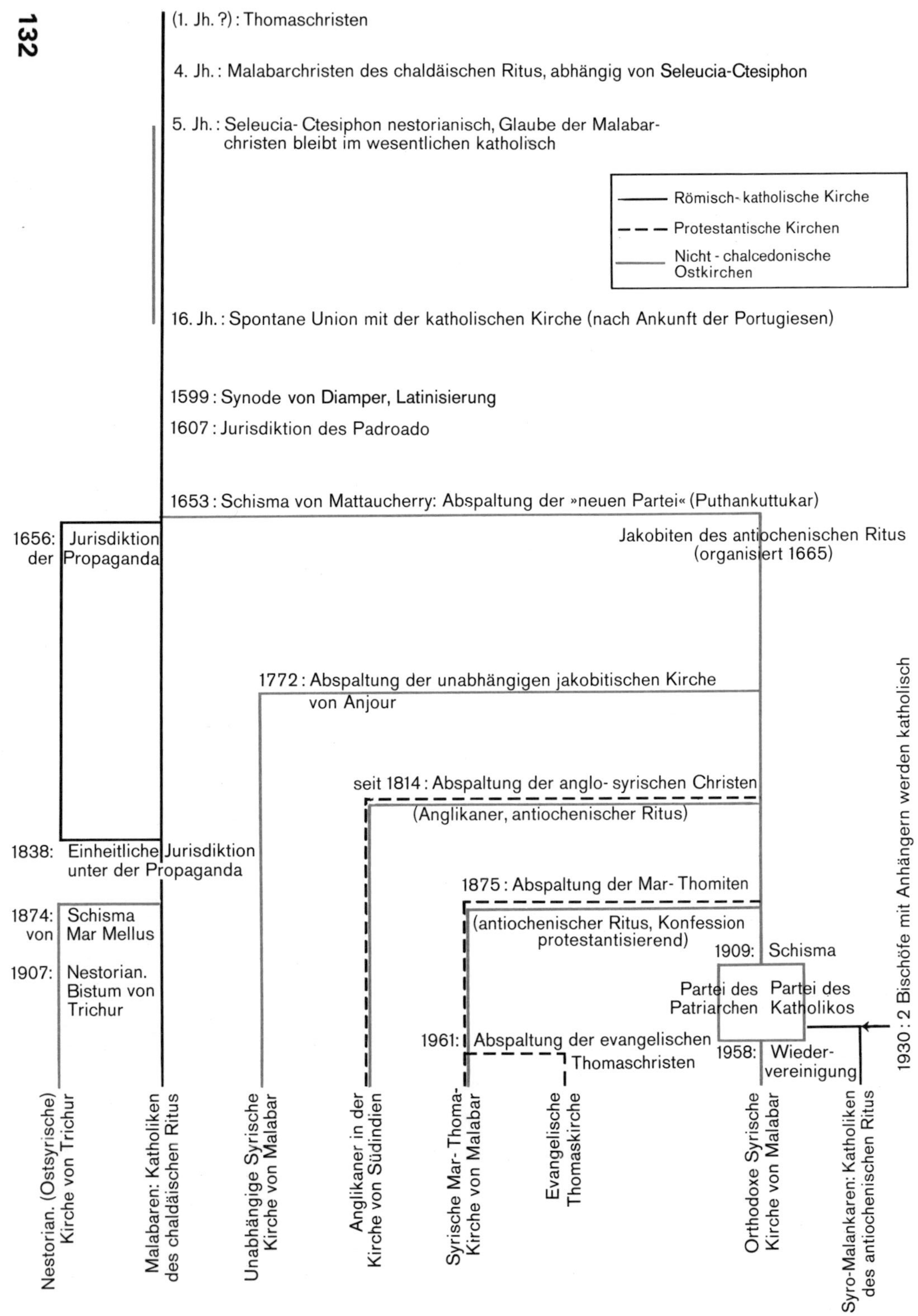

Die Entstehung der katholischen Ostkirchen und die wichtigsten Unionsversuche

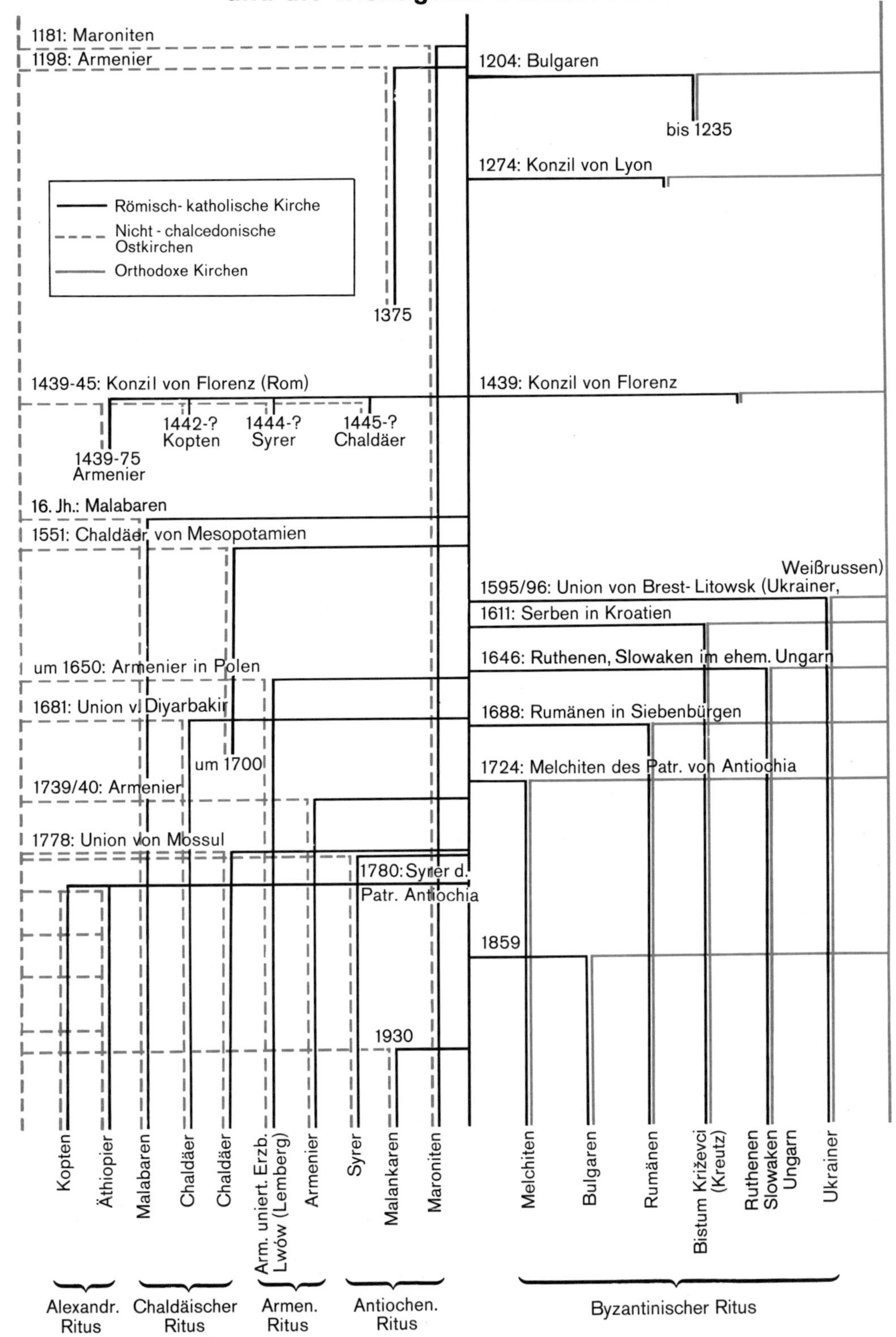

Die Verwaltungsstruktur der Russisch-Orthodoxen Kirche in der USSR seit dem 31. 1. 1945

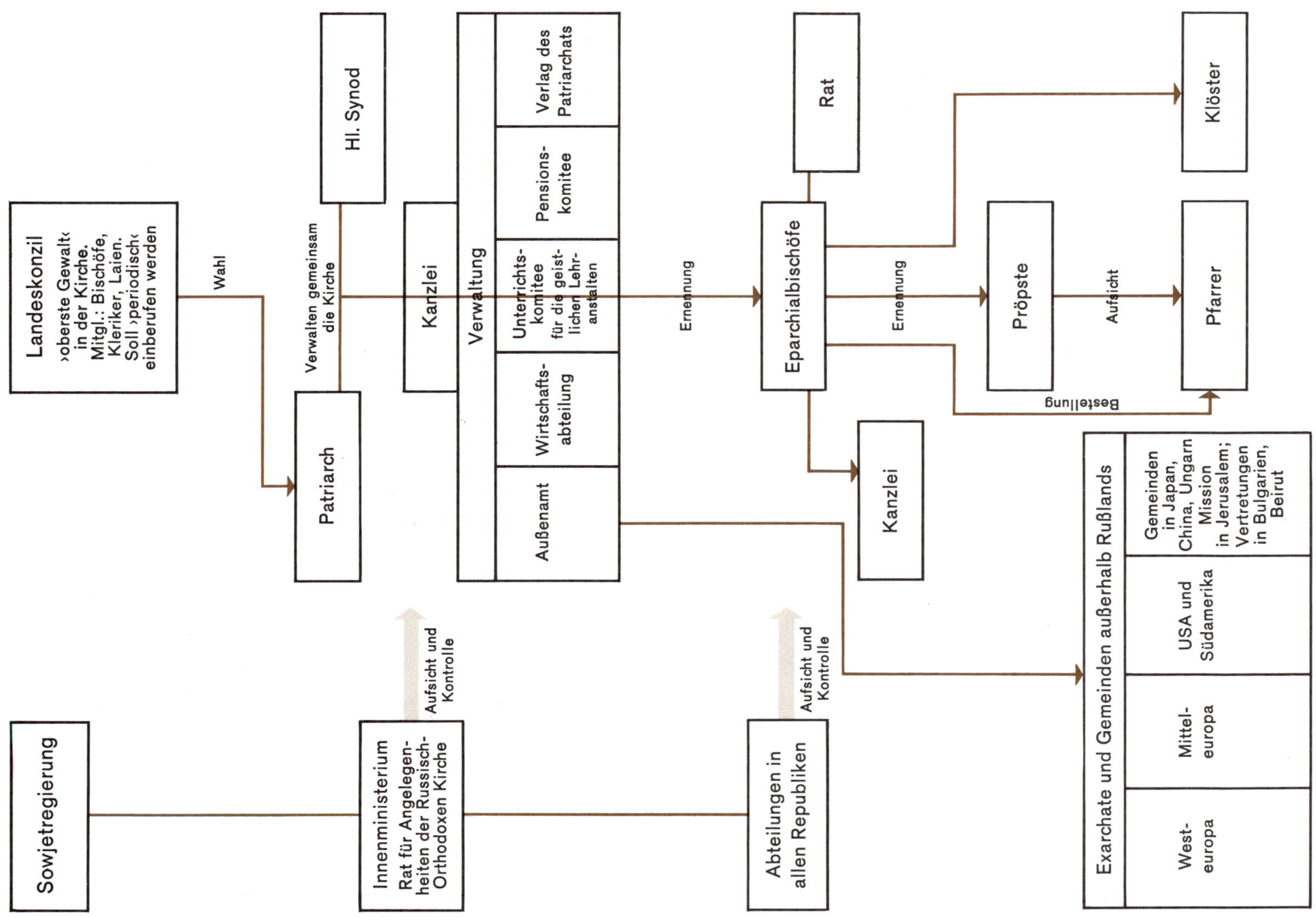

Die Verfassung der Kirche von Griechenland (1986)

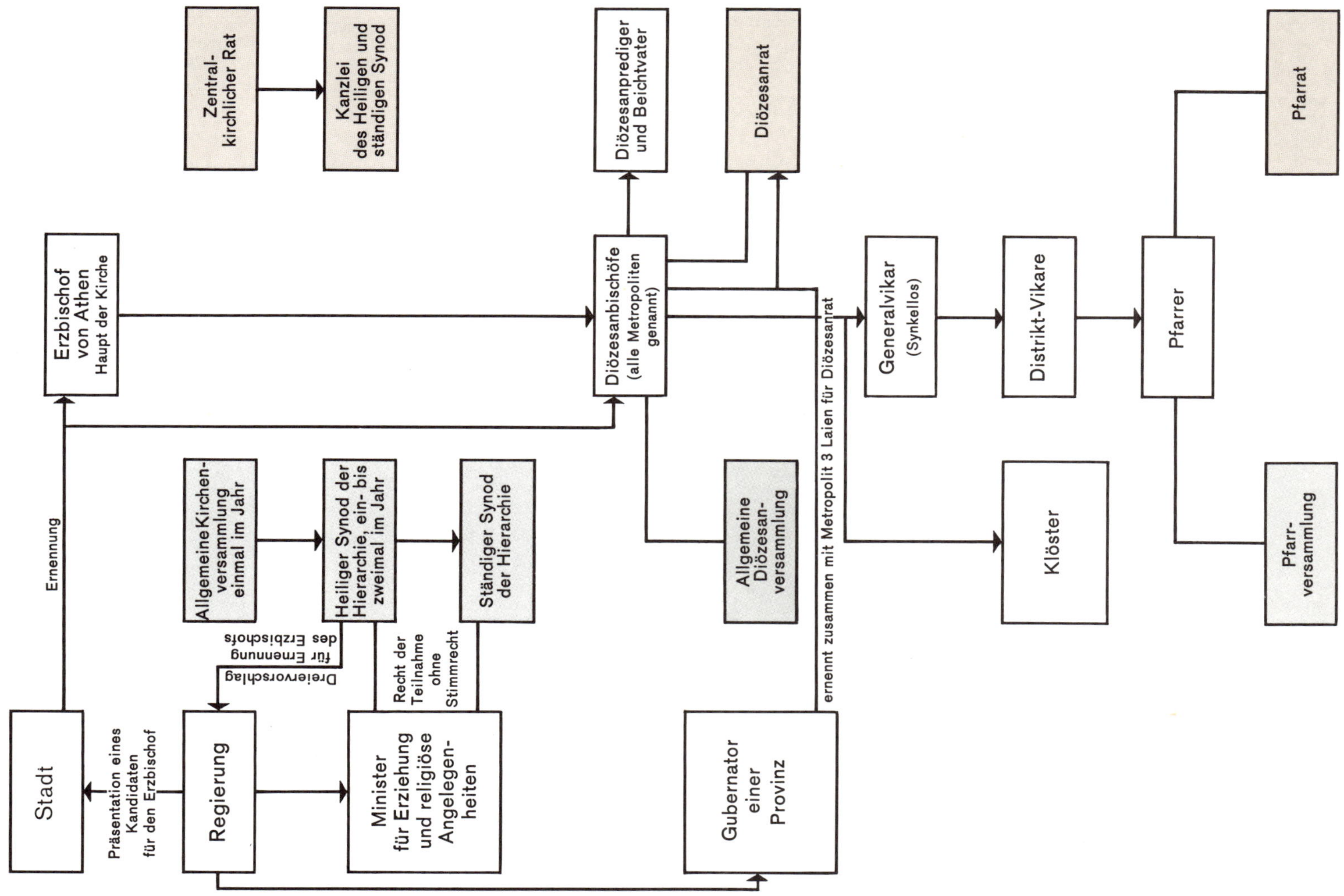

Die orthodoxen Kirchen

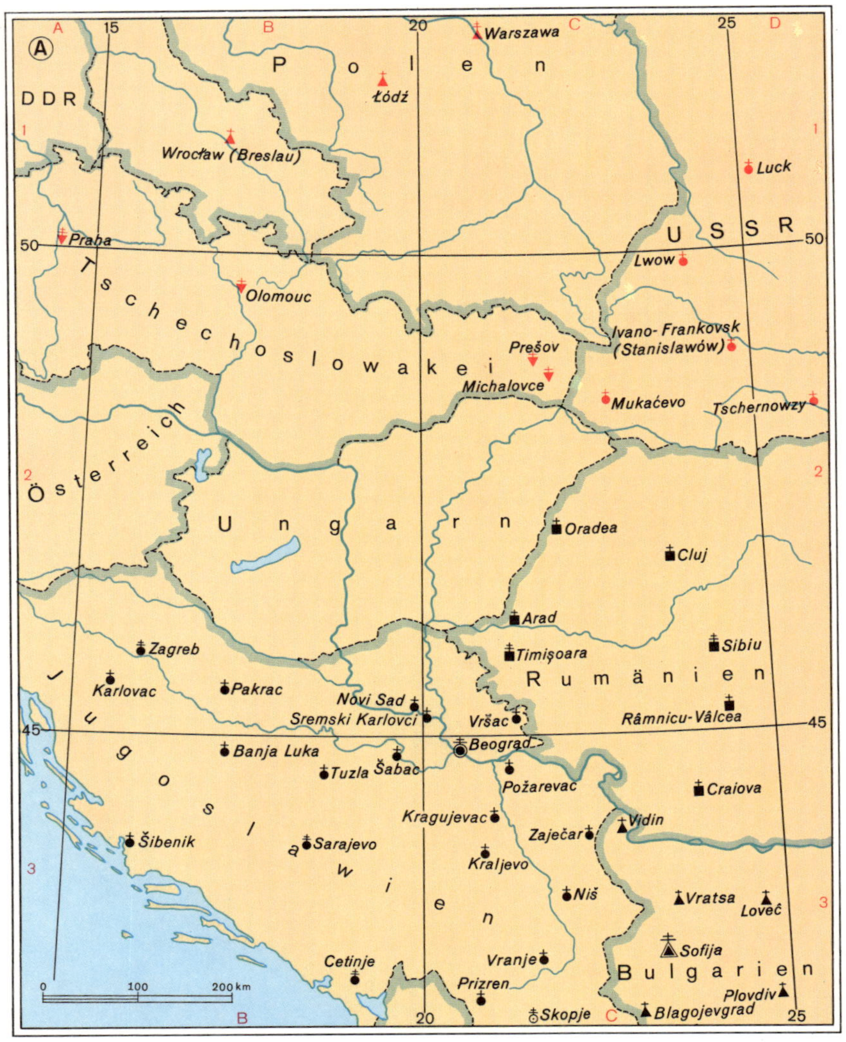

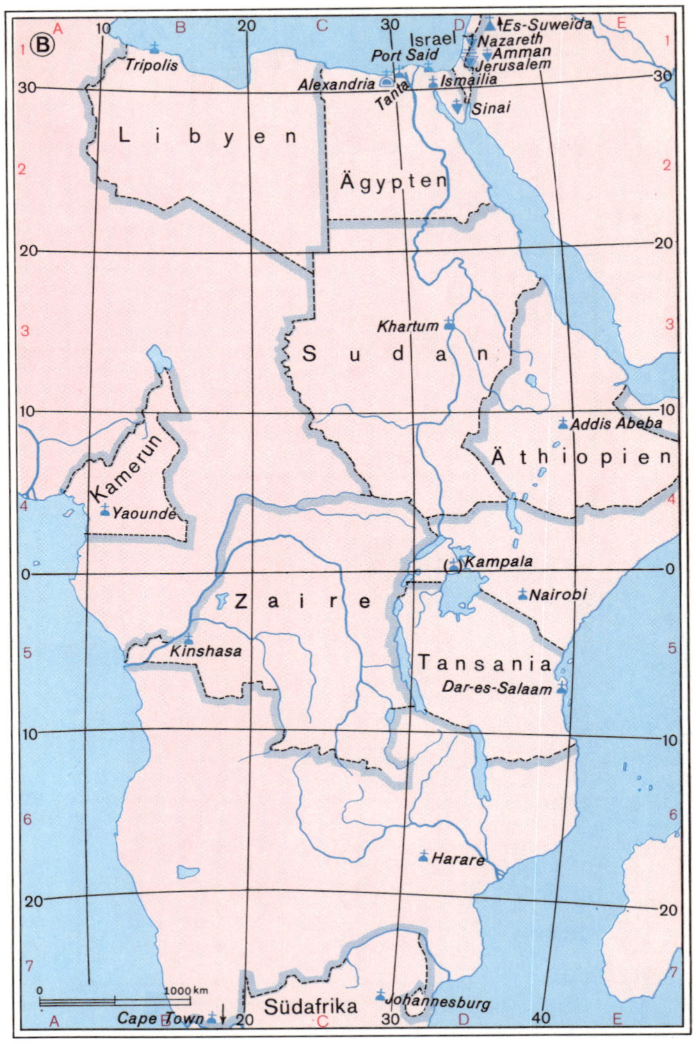

Patriarchat Katholikat	Erzbistum	Metropole Eparchie Bistum	Kirchen
			Ökumenisches Patriarchat von Konstantinopel
			Orthodoxe Kirche von Kreta
			Orthodoxe Kirche von Finnland
			Griechisch-Orthodoxes Patriarchat von Alexandrien
			Griechisch-Orthodoxes Patriarchat von Antiochien
			Griechisch-Orthodoxes Patriarchat von Jerusalem
			Orthodoxe Kirche von Griechenland
			Russisch-Orthodoxes Patriarchat von Moskau
			Orthodoxe Kirche von Georgien
			Orthodoxe Kirche in Polen
			Orthodoxe Kirche in der Tschechoslowakei
			Orthodoxes Patriarchat von Serbien
			Orthodoxe Kirche von Mazedonien
			Orthodoxes Patriarchat von Rumänien
			Orthodoxe Kirche von Albanien
			Orthodoxes Patriarchat von Bulgarien
			Orthodoxe Kirche von Zypern

Die orthodoxen Kirchen

Organisationsschema einer katholischen Diözese

dargestellt am Beispiel des Bistums Limburg (Stand 1.1.1987)

Als Beispiel wurde, wie in der Vorauflage, das Bistum Limburg ausgewählt. Die Limburger Leitungs- und Synodalstruktur wollen kein Paradigma sein. Sie verstehen sich als *eine* mögliche Form der Verwirklichung der Beschlüsse des Zweiten Vatikanischen Konzils (1962–1965) und ihrer Konkretisierung durch die Gemeinsame Synode der Bistümer in der Bundesrepublik Deutschland (1971–1975) unter Berücksichtigung der zwingenden Vorschriften des Codex Iuris Canonici von 1983. Diözesanbischof, Priester, Ordensleute und Laien sollen in den synodalen Gremien einen gemeinsamen Weg suchen, um den Heilsauftrag Christi zu erfüllen.

Zur Leitungsstruktur. Dem Diözesanbischof unmittelbar zugeordnet sind für die Verwaltung der Generalvikar und der Bischofsvikar für den synodalen Bereich. Im *Bischofsrat* berät er mit ihnen die wichtigen Leitungsfragen. Das *Domkapitel* wählt den Bischof und berät ihn auf besonderen Wunsch. Als Konsultorenkollegium hat es Mitwirkungsrechte in der Vermögensverwaltung. Die Rechtsprechung liegt beim *Diözesangericht.* In der vom Generalvikar geleiteten *Dezernenten- und Plenarkonferenz* werden, in der Regel in Anwesenheit des Diözesanbischofs, dezernatsübergreifende Angelegenheiten beraten, soweit sie nicht abschließend durch die vom Generalvikar geleitete *Pastoral- oder Verwaltungskammer* oder durch die vom Bischof geleitete *Personalkammer* behandelt wurden. In den Kammern sind die entsprechenden Dezernenten geborene Mitglieder.

Jedem *Dezernat* und den beiden Stabsstellen des Generalvikars korrespondiert ein Hauptausschuß des Diözesansynodalrates. Jeder Hauptausschuß kann dem Diözesansynodalrat Anregungen geben und erstellt für ihn Arbeitsunterlagen. Er berät den betreffenden Dezernenten bzw. den Generalvikar.

Zur Synodalstruktur. Auf der Ebene der Pfarrei/Kirchengemeinde ist der gewählte *Pfarrgemeinderat (PGR)* – in Missionen für Katholiken anderer Muttersprache der Gemeinderat – sowohl Pastoralrat des Pfarrers als auch Gremium des Laienapostolates. Er wählt seinen Vorsitzenden und Vorstand sowie die Mitglieder des *Verwaltungsrates.* Gegen die Beschlüsse des PGR hat der Pfarrer ein suspendierendes Vetorecht.

Auf der Ebene des Bezirks gibt es die *Bezirksversammlung* als ein Gremium des Erfahrungsaustausches der Pfarrer des Bezirks mit den Vorsitzenden der Pfarrgemeinderäte. Die synodale Beratung des Bezirksdekans geschieht im gewählten *Bezirkssynodalrat;* gegen dessen Beschlüsse hat der Bezirksdekan ein suspendierendes Vetorecht.

Auf der Ebene der Diözese ist die *Diözesanversammlung* (Katholikenrat der Diözese) ein nicht kirchenamtliches Gremium des Laienapostolates, das zu kirchlichen und gesellschaftlichen Angelegenheiten Stellung nehmen und Anregungen geben kann. Das den Diözesanbischof beratende synodale Gremium ist der *Diözesansynodalrat* (Diözesanpastoralrat). Seine Mitglieder sind überwiegend gewählt, und zwar von den anderen Gremien auf Diözesanebene. Seine Beschlüsse sind Empfehlungen an den Diözesanbischof. Der mehrheitlich vom Diözesansynodalrat gewählte *Diözesankirchensteuerrat* hat u.a. über den Haushaltsplan zu beschließen.

Ein weiteres Beratungsgremium für den Diözesanbischof ist der *Priesterrat.* Etwa die Hälfte seiner Mitglieder wird von den Priestern gewählt. Für die von ihm zu berufenden Mitglieder erbittet der Diözesanbischof von bestimmten Gruppen Vorschläge. Der Priesterrat hat gewisse Beispruchsrechte und ist bei Angelegenheiten von größerer Bedeutung anzuhören. Aus eigenem Entschluß befaßt er sich hauptsächlich mit Angelegenheiten, die Dienst und Leben der Priester betreffen, und wirkt im übrigen durch drei seiner Mitglieder bei den Beratungen des Diözesansynodalrates mit.

Der *Ordensrat* ist eine Arbeitsgemeinschaft der Orden und geistlichen Gemeinschaften im Bistum.

Der *Rat der Gemeinden von Katholiken anderer Muttersprache* vertritt deren Belange gegenüber den synodalen Gremien und dem Bischöflichen Ordinariat.

Leitungsstruktur auf der Ebene der Diözese: Der Bischof, seine Mitarbeiter und Beratungsgremien

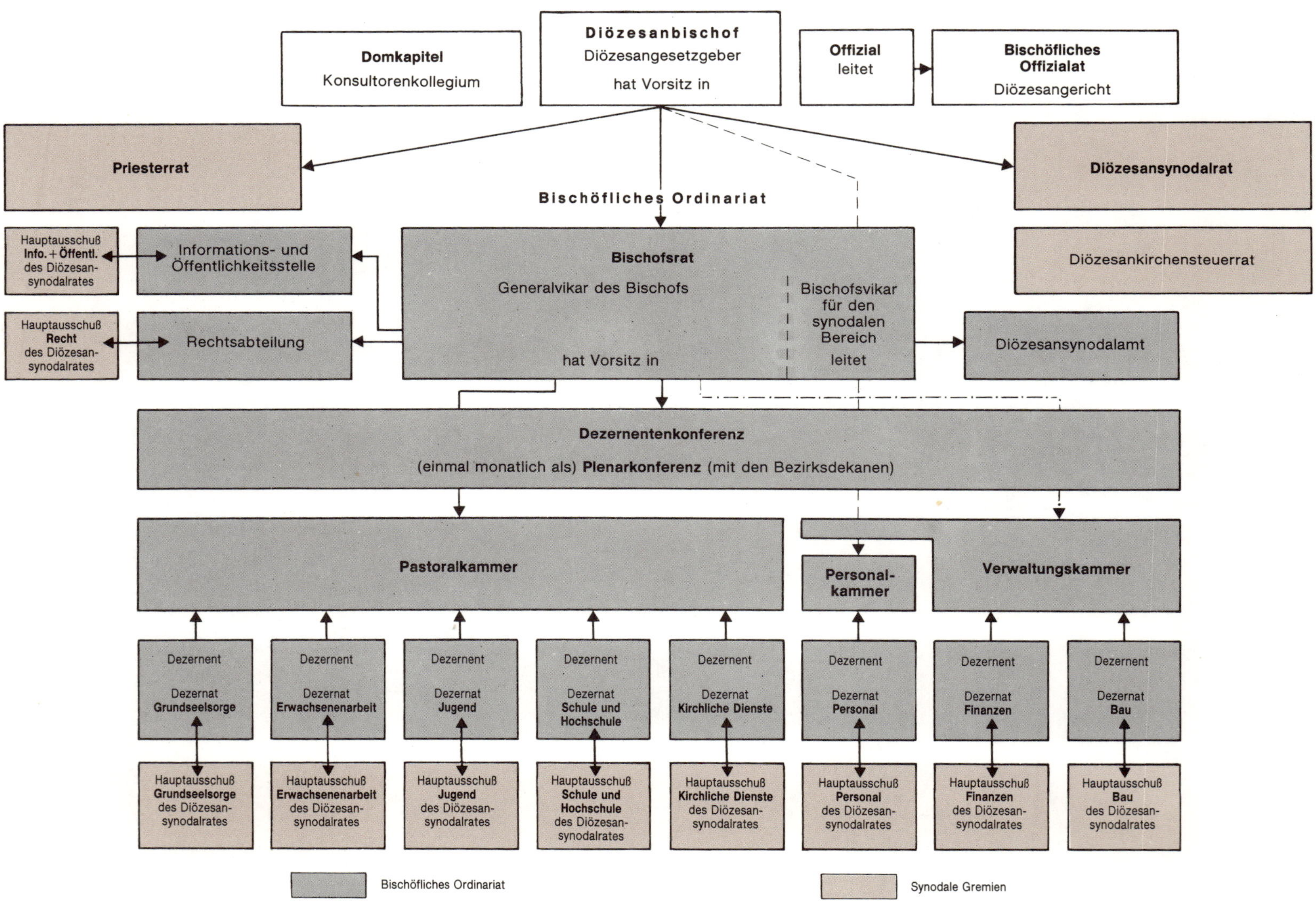

Synodalstruktur in der Diözese:
Die Amtsträger und die Gremien der Mitverantwortung

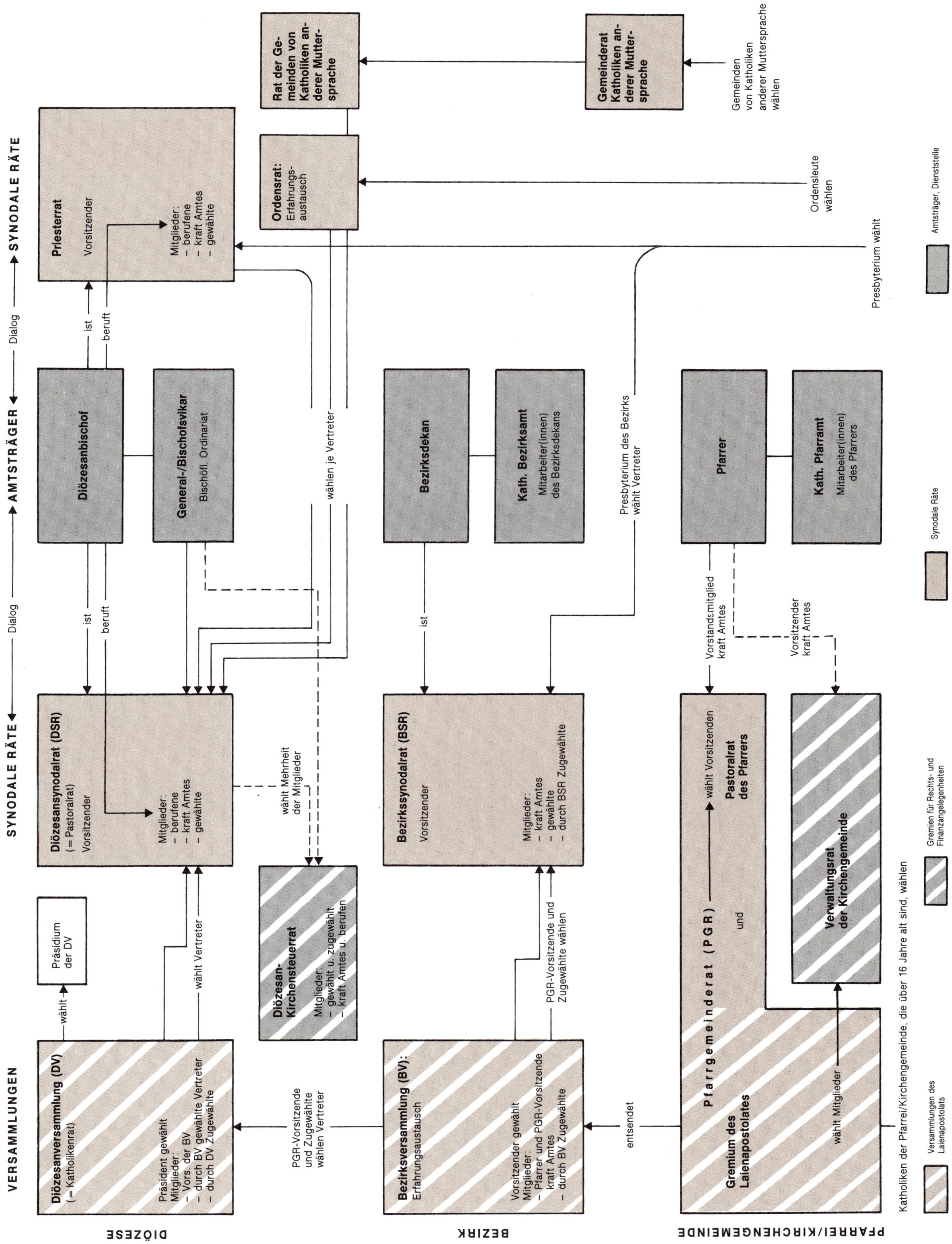

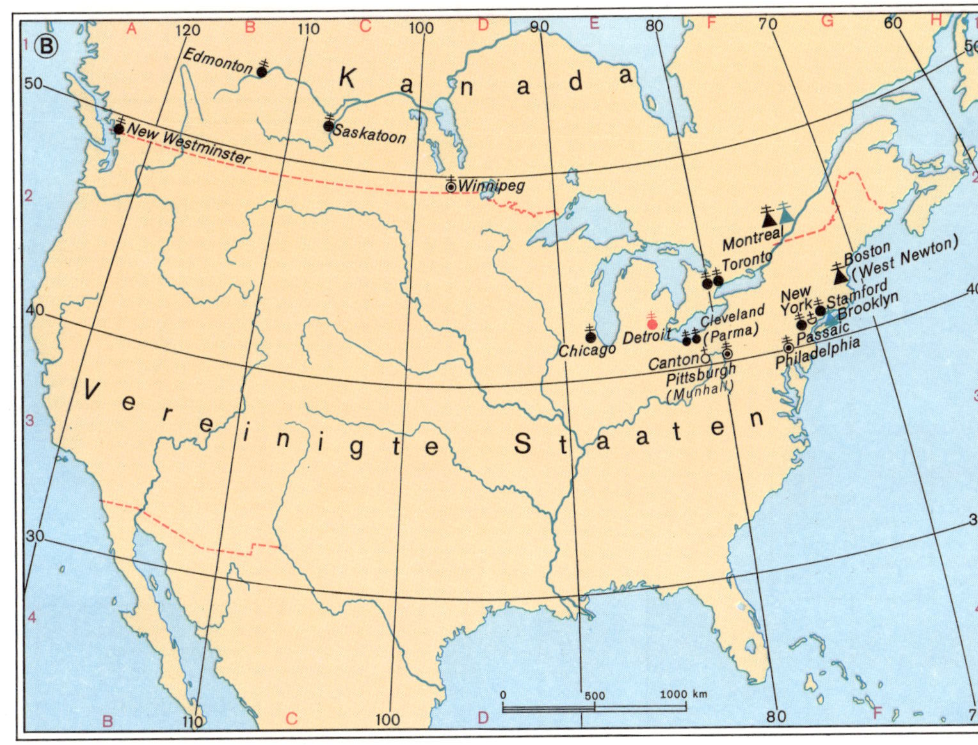

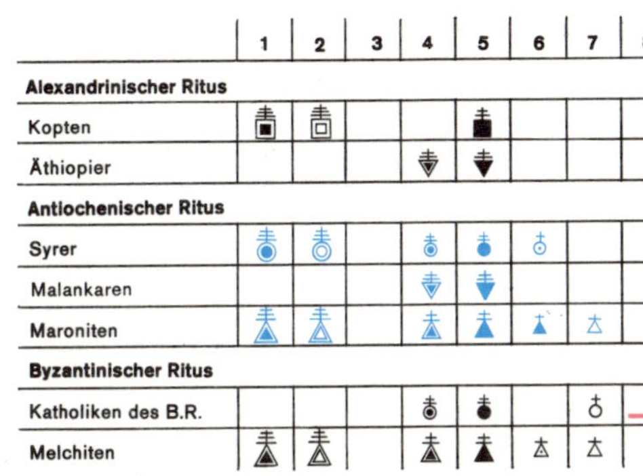

1 Titularsitz eines Patriarchats, 2 Residenz eines Patriarchen, 3 Titularsitz und Residenz eines Patriarchats, 4 Metropole oder Erzbistum, 5 Eparchie oder Bistum, 6 Vikariat eines Patriarchats, 7 Apostolisches Exarchat oder Apostolische Administratur, 8 Ordinariatus (Mission eigenen Rechts)

Bei den Metropolen (Erzbistümern) und Eparchien (Bistümern) sind nur die derzeitigen Residenzen, nicht die Titularsitze aufgenommen

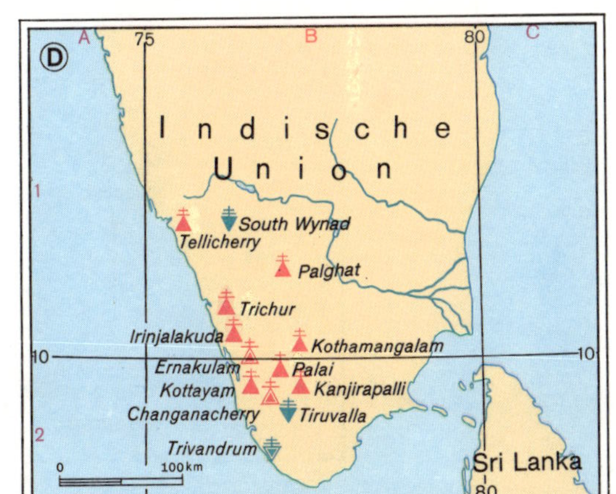

Kaspisches Meer
Teheran
Iran
Karun
Ahwaz
Kuwait
Basra
Qisil Usun
Araxes
Kura
Urmia-See
Rizaijeh
Salmas
Sulaimanija
Aqra
Ainkava
Kerkuk
Amadija
Alqosch
Zakhu
Mossul
Van-See
Tigris
Euphrat
Bagdad
Irak
Qamischlije
Hasseke
Murat
Firat (Euphrat)
Türkei
Syrien
Aleppo
Homs
Latakia
Antakya (Antiochia)
Seyhan
Kelkit
Yesil
Kizil Irmak
Sakarya
Gediz
Menderes
Göksu
Istanbul
Zypern
(Libanon siehe Nebenkarte)
Beirut
Damascus
Khabab
Haifa
Israel
Jerusalem
Amman
Jordanien
Alexandria
Ismailia
Kairo
Nil
Minja
Asjut
Sohag
Luxor
Ägypten
Tripolis
Aramun
Bkerké
Baalbek
Zahleh
Sarba
Ante-lias
Libanon
für Zypern
Saida
Merdschujun
Sur
0 100 200 300 km

Grenze einer Kirchenprovinz
Staatsgrenze
Patriarchat
Erzbistum
Bistum
Territorial- (Freie) Prälatur
Freie Abtei
Apostolische Administratur
Apostolisches Vikariat
Apostolische Präfektur
Kirchlicher (Missions-)Oberer
(ex.) exemt
Die leeren Zeichen der rechten Spalte bedeuten, daß Sitze seit 1968 entweder neu eingerichtet oder im Status verändert wurden.
A
B
Schweiz
Österreich
Ungarn
Jugoslawien
Korsika
Sardinien
Sizilien
Elba
Malta
Alle Diöz. exemt
Solothurn (ex.)
Einsiedeln
Feldkirch
Innsbruck
Graz
Szombathely
Veszprém
Székesfehérvár
Kalocsa
Fribourg (ex.)
Chur (ex.)
Klagenfurt
Maribor
Pécs
S. Maurice
Sitten (ex.)
Bolzano
Lugano (ex.)
Trento
Belluno
Vittorio Veneto
Udine
Gorizia
Ljubljana
Zagreb
Aosta
Como
Bergamo
Pordenone
Biella
Ivrea
Novara
Vercelli
Milano
Brescia
Crema
Vicenza
Treviso
Venezia
Trieste
Koper
Rijeka
Djakovo
Lodi
Verona
Padova
Vigevano
Pavia
Susa
Torino
Casale
Mantova
Chioggia
Poreč
Krk
Cremona
Rovigo
Piacenza
Pinerolo
Asti
Alessandria
Tortona
Bobbio
Fidenza
Guastalla
Carpi
Parma
Reggio
Modena
Nonantola
Ferrara
Saluzzo
Alba
Acqui
Banja Luka
Fossano
Cuneo
Mondovì
Comacchio
Bologna
Imola
Faenza
Ravenna
Genova
Chiavari
Savona
Pontremoli
Forlì
Albenga
La Spezia
Massa
Cesena
Bertinoro
Sarsina
Rimini
Zadar (ex.)
Sarajevo
Monaco (ex.)
Nice
Ventimiglia
Pescia
Pistoia
Prato
Modigliana
Lucca (ex.)
Fiesole
Firenze
Pennabilli
Pesaro
Fano (ex.)
Senigallia
Šibenik
Split
Mostar
Pisa
S. Miniato
Urbino
Urbania
Fossombrone
Cagli
Ancona
Livorno
Colle di Val d'Elsa
Sansepolcro
Jesi
Osimo
Recanati
Loreto
Volterra
Arezzo (ex.)
Città di Castello
Fabriano
Cortona (ex.)
Siena
M. Oliveto
Magg. Montepulciano (ex.)
Perugia
Gubbio
Nocera
S. Severino
Macerata
Hvar
Massa Marittima
Montalcino (ex.)
Pienza (ex.)
Chiusi (ex.)
Città d. Pieve
Assisi
Camerino
Fermo
Grosseto
Foligno
Montalto
Ascoli Piceno
Orvieto
Todi
Spoleto
Norcia
Dubrovnik
Kotor
Acquapendente
Sovana-Pitigliano
Bagnoregio
Montefiascone
Terni
Teramo
Viterbo
S. Martino
Rieti
L'Aquila
Pescara
Civita Castellana
Nepi
Poggio Mirteto
Chieti
Tarquinia
Farfa in Sab.
Lanciano
S. Paolo
Tivoli
Avezzano
S. Vincenzo ed Anastasio
Subiaco
Sulmona
Termoli
Roma
Palestrina
Porto
Frascati
Anagni
Alatri
Trivento
Larino
Ostia
Grottaferrata
Albano
Velletri
Segni
Ferentino
Veroli
Sora
S. Severo
Manfredonia
M. Cassino
Isernia
Campobasso
Lucera
Foggia
Troia
Terracina
Gaeta
Alife
Teano
Caiazzo
Cerreto Sannita
Bovino
Trani
Molfetta
Bari
Sessa
Ariano
Andria
Capua
Ascoli
Bitonto
Monopoli
Benevento
Lacedonia
Melfi
Venosa
Altamura
Conversano
Avellino
Conza
Acerenza
Gravina
Napoli
Nusco
Muro Lucano
Brindisi
Ischia
Sorrento
Salerno
Castellaneta
Matera
Taranto
Amalfi
Campagna
Potenza
Tricarico
Oria
Lecce
Teggiano
Tursi
Nardò
Otranto
Vallo di Lucania
Gallipoli
Ugento
Policastro
Cassano all'Ionio
Rossano (ex.)
S. Marco (ex.)
Cariati
Cosenza (ex.)
S. Severina (ex.)
Crotone
Nicastro
Catanzaro (ex.)
Squillace (ex.)
Tropea
Mileto (ex.)
Oppido Mamertina
Lipari
Messina
Locri
Palermo
Trapani
Monreale
Patti
S. Lucia del Mela
Reggio
Bova
Cefalù
zur KP Palermo
Nicosia
Mazara del Vallo
Acireale (ex.)
Catania (ex.)
Caltanisetta
Piazza Armerina
Agrigento
Caltagirone
Siracusa
Ragusa
Noto
Victoria
La Valletta
Caiazzo
Capua
Caserta
S. Agata dei Goti
Benevento
Ariano
Aversa
Acerra
Nola
M. Vergine
Avellino
Pozzuoli
Napoli
Nusco
Sarno
Nocera de' Pagani
Ischia
Pompei
Castellammare
Badia di Cava
Cava dei Tirreni
Salerno
Campagna
Sorrento
Amalfi
0 15 30 45 60 km
0 50 100 150 200 km

A
Groß-britannien
Nordirland
Irland
Nieder-lande
Frankreich
Aberdeen
Dundee
Oban
Edinburgh
Glasgow
Motherwell
Ayr
Newcastle
Middlesborough
Derry
Letterkenny
Belfast
Sligo
Ballina
Monaghan
Armagh
Newry
Ballaghaderreen
Cavan
Longford
Mullingar
Galway
Tuam
Loughrea
Dublin
Ennis
Thurles
Carlow
Kilkenny
Limerick
Wexford
Killarney
Cork
Cobh
Waterford
Lancaster
Leeds
Salford
Sheffield
Liverpool
Wrexham
Nottingham
Shrewsbury
Birmingham
Norwich
Northampton
Cardiff
Clifton-Bristol
Brentwood
Plymouth
Arundel
Portsmouth
Groningen
Haarlem
Utrecht
Rotterdam
Breda
Brugge
Antwerpen
Gent
Mechelen
Hasselt
Tournai
Liège
Köln
Aachen
Lille
Arras
Namur
Cambrai
Amiens
Rouen
Beauvais
Soissons
Reims
Le Havre
Bayeux
Coutances
Évreux
Verdun
Metz (ex.)
Paris
Meaux
Châlons-s.-Marne
Nancy
Créteil
Sées
S.Brieuc
Quimper
Rennes
Laval
Le Mans
Chartres
Troyes
Sens
Pontigny
Langres
Orléans
Vannes
Angers
Nantes
Tours
Blois
Bourges
Nevers
Dijon
Autun
Besançon
0 100 200 km

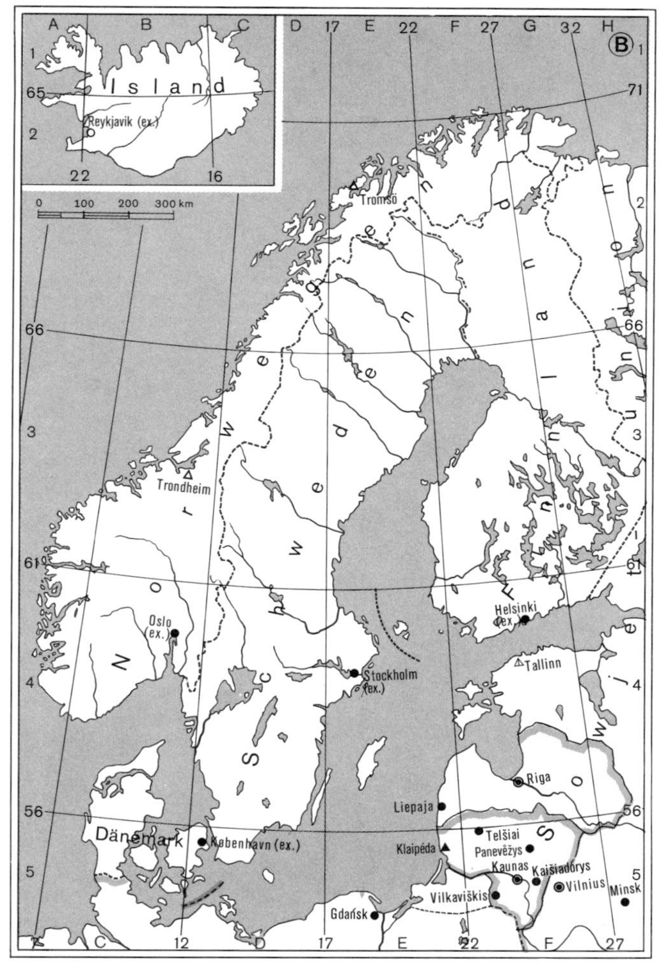
B
Island
Reykjavík (ex.)
0 100 200 300 km
Norwegen
Schweden
Finnland
Dänemark
Sowjetunion
Tromsø
Trondheim
Oslo (ex.)
Stockholm (ex.)
Helsinki (ex.)
Tallinn
Riga
Liepaja
København (ex.)
Klaipéda
Telšiai
Panevėžys
Kaunas
Kaišiadorys
Vilnius
Vilkaviškis
Minsk
Gdańsk

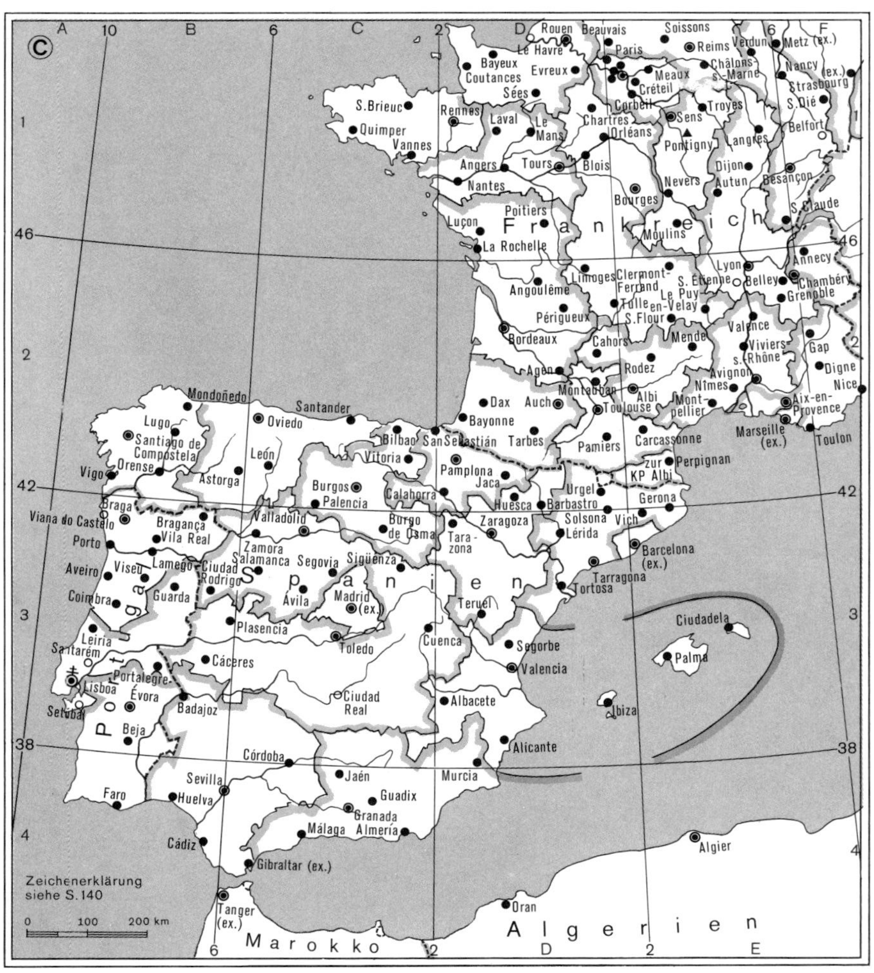
C
Frankreich
Spanien
Portugal
Marokko
Algerien
Rouen
Beauvais
Soissons
Le Havre
Paris
Reims
Verdun
Metz (ex.)
Bayeux
Coutances
Évreux
Meaux
Châlons-s.-Marne
Nancy (ex.)
Strasbourg
Créteil
Sées
Corbeil
S.Dié
S.Brieuc
Rennes
Laval
Le Mans
Chartres
Sens
Troyes
Belfort
Quimper
Vannes
Orléans
Pontigny
Langres
Angers
Tours
Blois
Dijon
Nantes
Nevers
Autun
Besançon
Bourges
Poitiers
Luçon
La Rochelle
Moulins
S.Claude
Annecy
Limoges
Clermont-Ferrand
Lyon
S. Étienne
Belley
Chambéry
Angoulême
Le Puy-en-Velay
Grenoble
Tulle
Périgueux
S.Flour
Bordeaux
Cahors
Mende
Valence
Viviers
Gap
Rodez
Agen
Avignon
Digne
Montauban
Albi
Nîmes
Nice
Dax
Auch
Toulouse
Montpellier
Aix-en-Provence
Bayonne
Tarbes
Pamiers
Carcassonne
Marseille (ex.)
Toulon
Perpignan
Mondoñedo
Santander
Lugo
Oviedo
Santiago de Compostela
Bilbao
San Sebastián
Orense
León
Vitoria
Pamplona
Jaca
Vigo
Astorga
Burgos
Palencia
Calahorra
Huesca
Barbastro
Urgel
Gerona
Braga
Viana do Castelo
Bragança
Vila Real
Valladolid
Burgo de Osma
Zaragoza
Solsona
Vich
Lérida
Porto
Zamora
Tarazona
Barcelona (ex.)
Aveiro
Viseu
Lamego
Salamanca
Ciudad Rodrigo
Segovia
Sigüenza
Tarragona
Tortosa
Coimbra
Guarda
Ávila
Madrid (ex.)
Teruel
Ciudadela
Palma
Leiria
Plasencia
Toledo
Cuenca
Segorbe
Santarém
Valencia
Lisboa
Portalegre
Cáceres
Évora
Ciudad Real
Setúbal
Badajoz
Albacete
Ibiza
Beja
Córdoba
Alicante
Sevilla
Jaén
Guadix
Murcia
Faro
Huelva
Granada
Almería
Málaga
Cádiz
Gibraltar (ex.)
Algier
Tanger (ex.)
Oran
Zeichenerklärung siehe S. 140
0 100 200 km

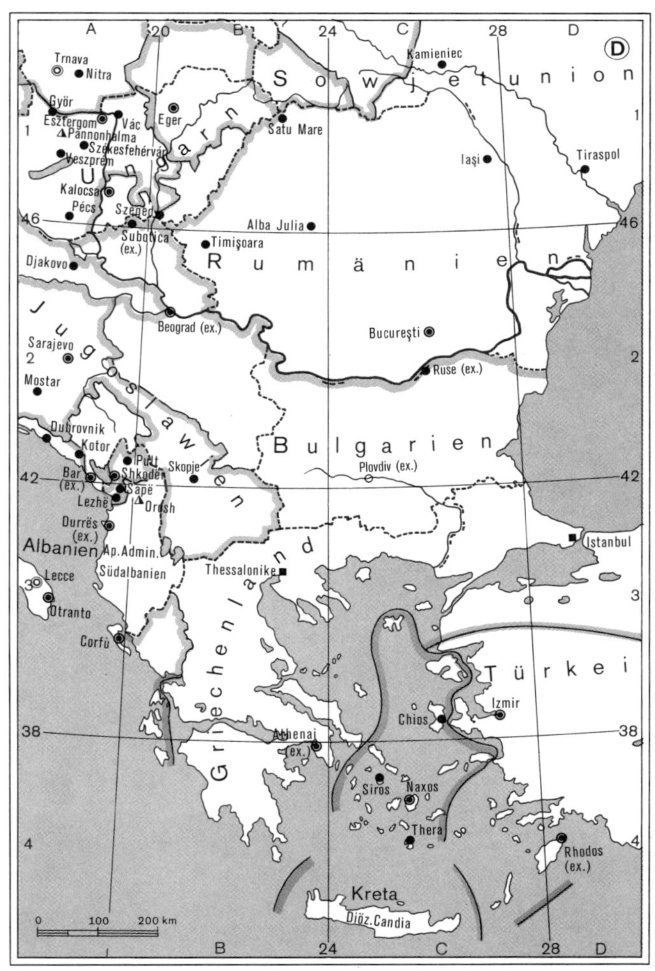
D
Sowjetunion
Ungarn
Rumänien
Jugoslawien
Bulgarien
Albanien
Griechenland
Türkei
Trnava
Nitra
Kamieniec
Győr
Esztergom
Vác
Eger
Satu Mare
Pannonhalma
Székesfehérvár
Veszprém
Iaşi
Tiraspol
Kalocsa
Pécs
Szeged
Alba Julia
Subotica (ex.)
Timişoara
Djakovo
Sarajevo
Beograd (ex.)
Bucureşti
Mostar
Ruse (ex.)
Dubrovnik
Kotor
Pult
Shkodër
Skopje
Bar (ex.)
Sapë
Plovdiv (ex.)
Lezhë
Orosh
Durrës (ex.)
İstanbul
Ap.Admin. Südalbanien
Lecce
Thessaloniki
Otranto
Corfù
Izmir
Chios
Athenai (ex.)
Siros
Naxos
Thera
Rhodos (ex.)
Kreta
Diöz.Candia
0 100 200 km

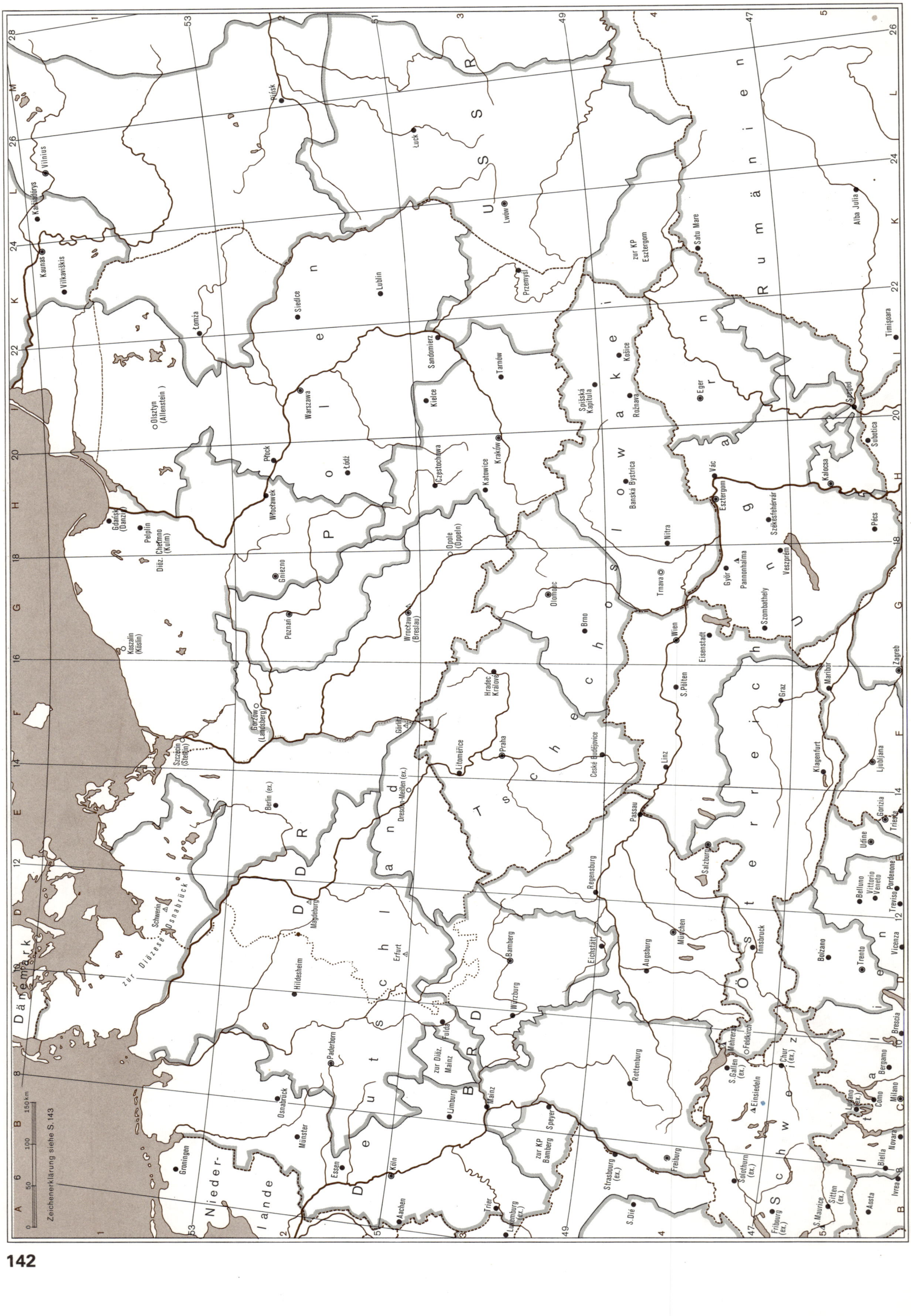
Dänemark
Nieder-
lande
D D R
B R D
Deutschland
Polen
U d S S R
Tschechoslowakei
Ungarn
Rumänien
Österreich
Schweiz
Italien
Vilnius
Kaliningrad
Kaunas
Vilkaviškis
Pińsk
Łuck
Lwów
Przemyśl
Siedlce
Lublin
Łomża
Sandomierz
Tarnów
Olsztyn (Allenstein)
Warszawa
Kielce
Płock
Łódź
Częstochowa
Katowice
Kraków
Włocławek
Gdańsk (Danzig)
Pelplin
Diöz. Chełmno (Kulm)
Gniezno
Opole (Oppeln)
Poznań
Wrocław (Breslau)
Koszalin (Köslin)
Gorzów (Landsberg)
Szczecin (Stettin)
Görlitz
Berlin (ex.)
Dresden-Meißen (ex.)
Litoměřice
Praha
Hradec Králové
České Budějovice
Olomouc
Brno
Spišská Kapitula
Košice
Rožňava
Banská Bystrica
Nitra
Trnava
zur KP Esztergom
Satu Mare
Alba Julia
Timișoara
Eger
Szeged
Subotica
Kalocsa
Vác
Esztergom
Székesfehérvár
Pécs
Győr
Pannonhalma
Veszprém
Szombathely
Wien
Eisenstadt
St. Pölten
Graz
Maribor
Zagreb
Linz
Klagenfurt
Ljubljana
Gorizia
Trieste
Udine
Passau
Salzburg
Regensburg
München
Innsbruck
Augsburg
Eichstätt
Bamberg
Würzburg
Erfurt
Magdeburg
Hildesheim
Fulda
Schwerin
Osnabrück
zur Diözese Osnabrück
Paderborn
zur Diöz. Mainz
Mainz
Limburg
Münster
Essen
Köln
Aachen
Trier
Luxemburg (ex.)
zur KP Bamberg
Speyer
Strasbourg (ex.)
Freiburg
Rottenburg
St. Gallen (ex.)
Mehrerau
Feldkirch
Chur (ex.)
Einsiedeln
Solothurn (ex.)
Sitten (ex.)
St. Maurice
Fribourg (ex.)
S. Dié
Groningen
Belluno
Vittorio Veneto
Pordenone
Treviso
Bolzano
Trento
Vicenza
Brescia
Bergamo
Como
Lugano (ex.)
Milano
Novara
Biella
Ivrea
Aosta
Zeichenerklärung siehe S. 143
0 50 100 150 km

Die Römisch-Katholische Kirche

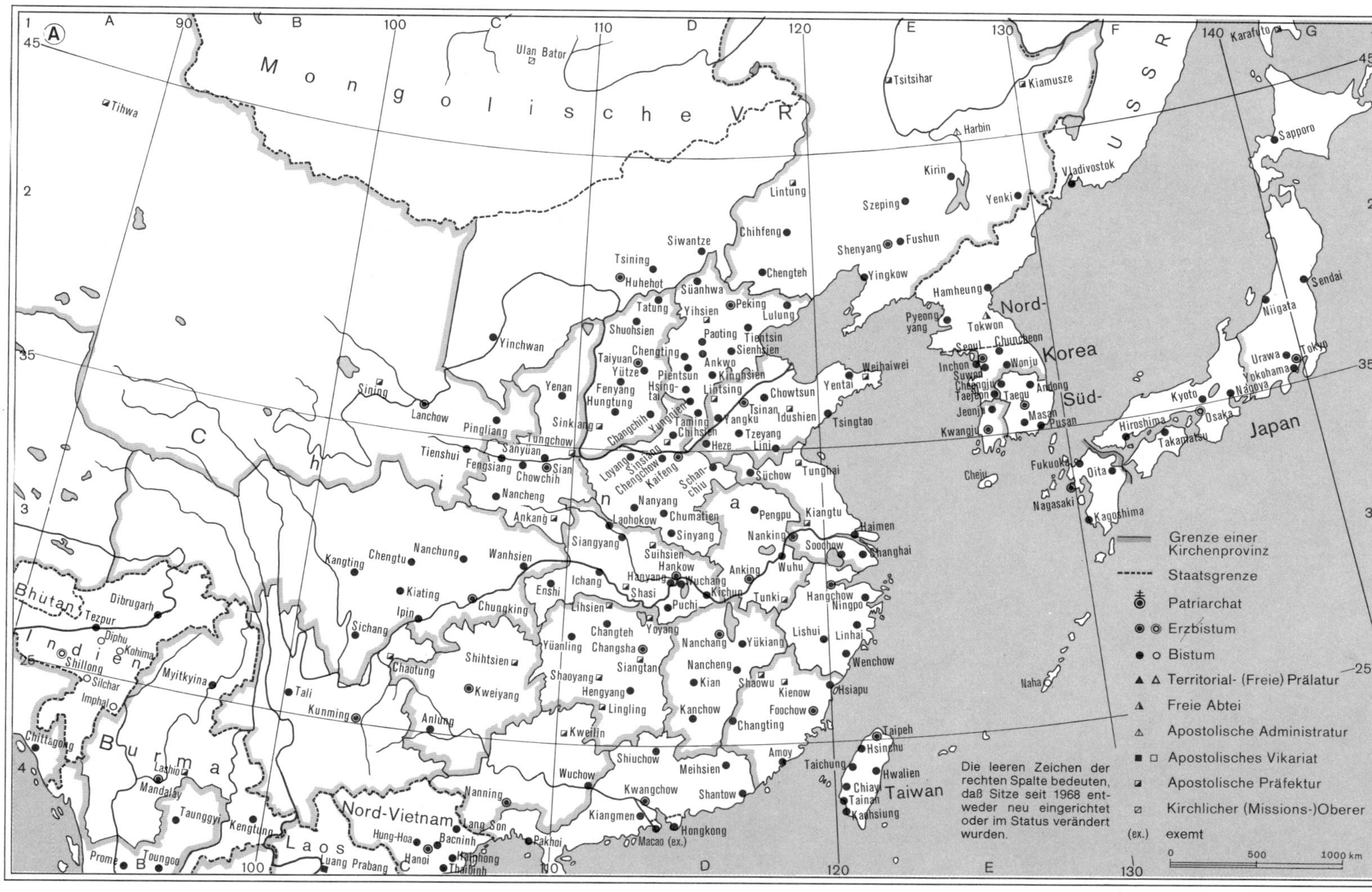

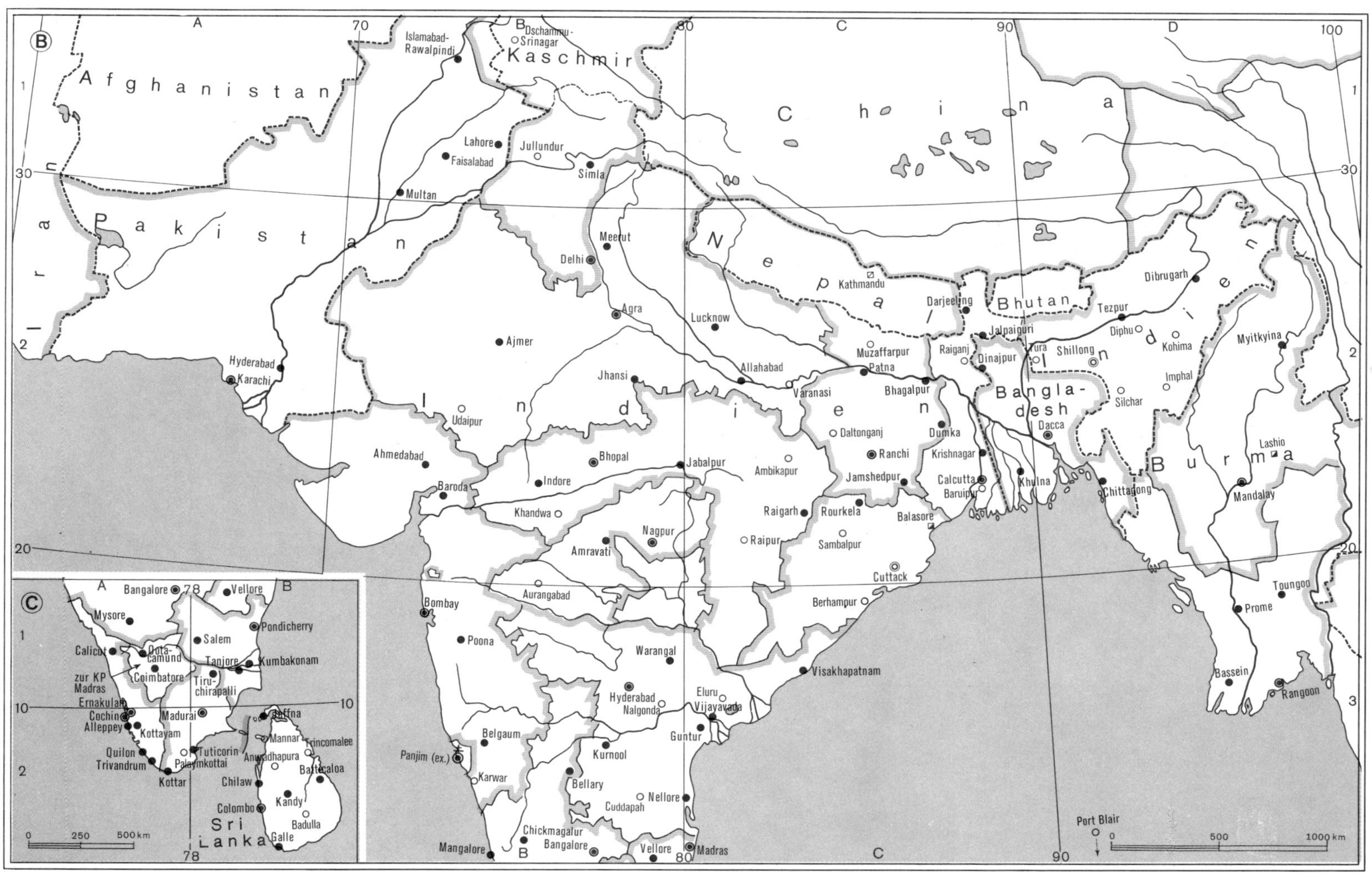

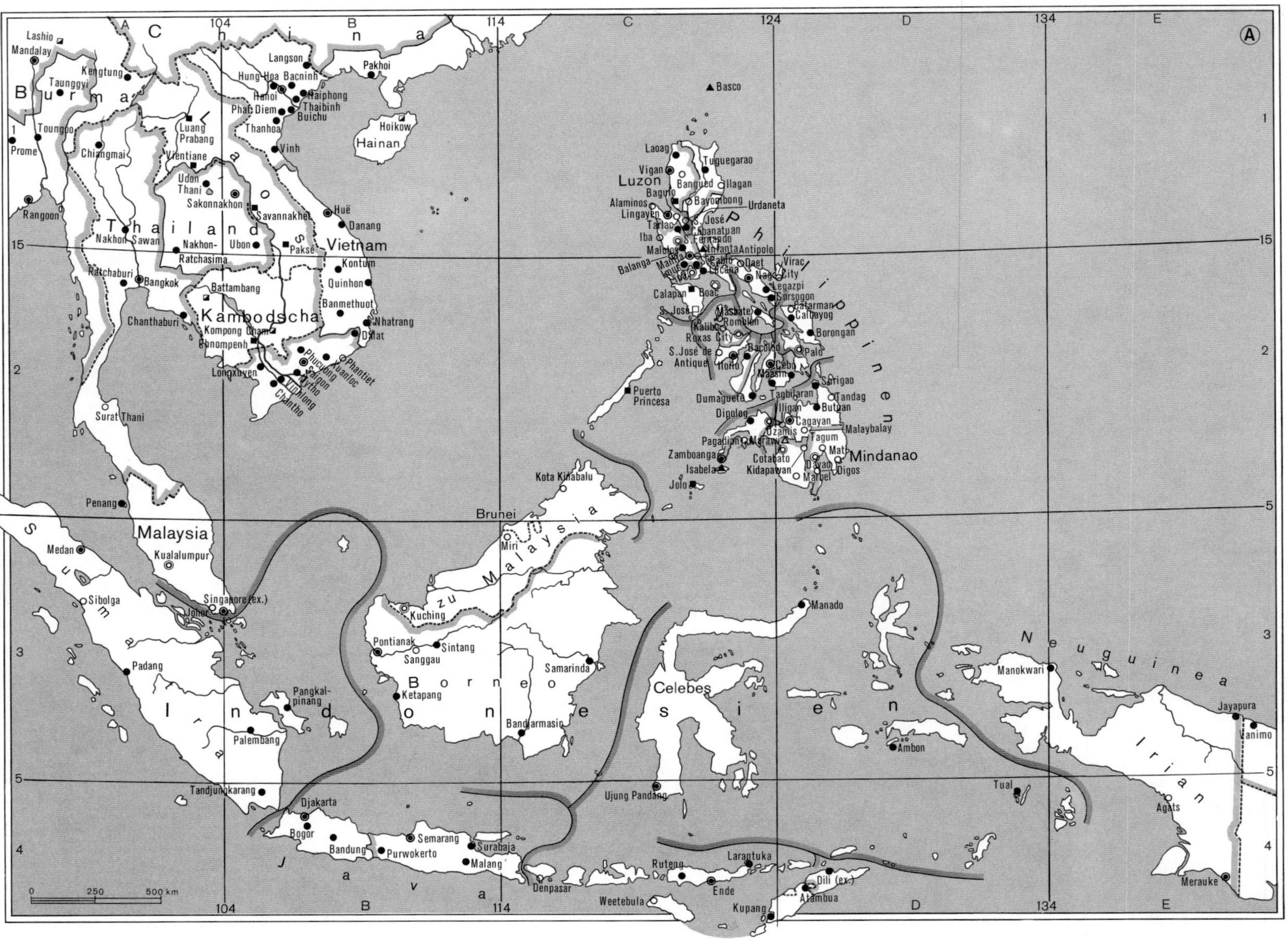
A
China
Burma
Laos
Thailand
Kambodscha
Vietnam
Hainan
Malaysia
Sumatra
Borneo
Indonesien
Celebes
Java
Luzon
Philippinen
Mindanao
Brunei
Neuguinea
Irian
Lashio
Mandalay
Kengtung
Taunggyi
Toungoo
Prome
Rangoon
Chiangmai
Luang Prabang
Vientiane
Udon Thani
Sakonnakhon
Savannakhet
Nakhon Sawan
Nakhon-Ratchasima
Ubon
Pakse
Ratchaburi
Bangkok
Battambang
Chanthaburi
Kompong Cham
Phnompenh
Longxuyen
Surat Thani
Langson
Pakhoi
Hung-Hoa
Bacninh
Hanoi
Haiphong
Phat Diem
Thaibinh
Buichu
Thanhoa
Vinh
Hoikow
Huë
Danang
Kontum
Quinhon
Banmethuot
Nhatrang
Dalat
Phantiet
Basco
Laoag
Tuguegarao
Vigan
Bangued
Ilagan
Baguio
Bayombong
Urdaneta
Alaminos
Lingayen
Tarlac
Iba
Malolos
Balanga
Antipolo
Virac
Daet
Naga City
Legazpi
Calapan
Boac
Sorsogon
S. José
Masbate
Romblon
Catarman
Calbayog
Kalibo
Roxas City
Borongan
S. José de Antique
Iloilo
Bacolod
Palo
Cebu
Maasin
Surigao
Puerto Princesa
Dumaguete
Tagbilaran
Tandag
Dipolog
Iligan
Butuan
Cagayan
Malaybalay
Ozamis
Tagum
Pagadian
Marawi
Mati
Zamboanga
Cotabato
Davao
Digos
Isabela
Kidapawan
Marbel
Jolo
Kota Kinabalu
Miri
Kuching
Pontianak
Sintang
Sanggau
Ketapang
Samarinda
Banjarmasin
Penang
Medan
Kualalumpur
Singapore (ex.)
Johor
Sibolga
Padang
Pangkal-pinang
Palembang
Tandjungkarang
Djakarta
Bogor
Bandung
Purwokerto
Semarang
Surabaja
Malang
Denpasar
Manado
Ujung Pandang
Ambon
Manokwari
Jayapura
Vanimo
Tual
Agats
Merauke
Ruteng
Larantuka
Ende
Weetebula
Kupang
Dili (ex.)
Atambua
0 250 500 km

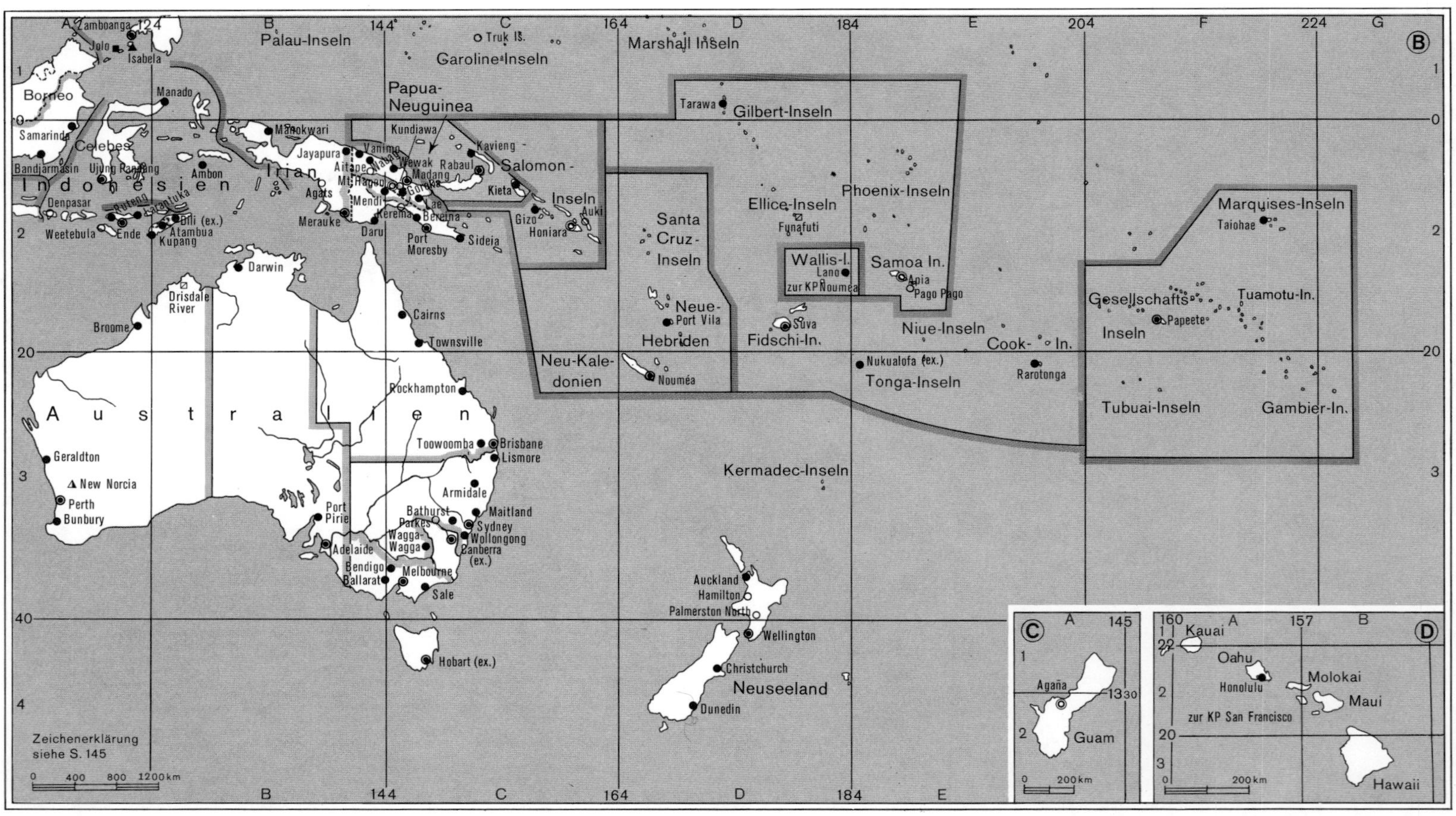
B
Palau-Inseln
Truk Is.
Garoline-Inseln
Marshall Inseln
Papua-Neuguinea
Gilbert-Inseln
Tarawa
Salomon-Inseln
Phoenix-Inseln
Ellice-Inseln
Funafuti
Santa Cruz-Inseln
Neue-Hebriden
Port Vila
Wallis-I.
Lano
zur KP Nouméa
Samoa In.
Apia
Pago Pago
Fidschi-In.
Suva
Neu-Kaledonien
Nouméa
Niue-Inseln
Cook-In.
Rarotonga
Nukualofa (ex.)
Tonga-Inseln
Kermadec-Inseln
Marquises-Inseln
Taiohae
Gesellschafts-Inseln
Papeete
Tuamotu-In.
Tubuai-Inseln
Gambier-In.
Zamboanga
Jolo
Isabela
Borneo
Manado
Samarinda
Celebes
Banjarmasin
Ujung Pandang
Indonesien
Ambon
Manokwari
Irian
Denpasar
Weetebula
Ende
Dili (ex.)
Atambua
Kupang
Jayapura
Vanimo
Wewak
Aitape
Mt. Hagen
Madang
Kundiawa
Kavieng
Rabaul
Kieta
Gizo
Honiara
Auki
Agats
Mendi
Merauke
Daru
Kerema
Bereina
Port Moresby
Sideia
Darwin
Drisdale River
Broome
Cairns
Townsville
Rockhampton
Australien
Toowoomba
Brisbane
Lismore
Geraldton
New Norcia
Perth
Bunbury
Armidale
Port Pirie
Bathurst
Maitland
Parkes
Sydney
Wagga-Wagga
Wollongong
Canberra (ex.)
Adelaide
Bendigo
Ballarat
Melbourne
Sale
Hobart (ex.)
Auckland
Hamilton
Palmerston North
Wellington
Christchurch
Neuseeland
Dunedin
Zeichenerklärung siehe S. 145
0 400 800 1200 km
C
Agaña
Guam
0 200 km
D
Kauai
Oahu
Honolulu
Molokai
Maui
zur KP San Francisco
Hawaii
0 200 km

Die Römisch-Katholische Kirche

A
Churchill
Mc Lennan
Prince George
S.Paul
Edmonton
Prince Albert
Le Pas
Kamloops
Calgary
S.Peter
Saskatoon
Vancouver
Victoria
Nelson
Seattle
Gravelbourg
Regina
Winnipeg
S.Boniface
Moosonee
Hearst
Timmins
Amos
Chicoutimi
Quebec
Rimouski
Gaspé
Hauterive
Schefferville
Corner Brook
Grand Falls
S.John's
S.Pierre
Charlottetown
Antigonish
Halifax
Yarmouth
Moncton
Edmundston
Sherbrooke
Portland
Manchester
Boston
Providence
Fall River
Hartford
Springfield
Burlington
Ogdensburg
Albany
Syracuse
Rochester
Buffalo
Toronto
Hamilton
Peterborough
Kingston
Ottawa
Pembroke
Mont-Laurier
North-Bay
Yakima
Spokane
Portland
Baker
Helena
Great Falls
Boise
Bismarck
Crookston
Fargo
Fort William
Duluth
Superior
Marquette
S.Cloud
S.Paul
New Ulm
Winona
Green Bay
La Crosse
Gaylord
Saginaw
Grand Rapids
Lansing
Detroit
London
Cleveland
Erie
Pittsburgh
Scranton
Allentown
Harrisburg
Altoona
Brooklyn
Rockville Centre
Philadelphia
Camden
Wilmington
Baltimore
Washington
Greensburg
Wheeling
Steubenville
Youngstown
Toledo
Columbus
Cincinnati
Covington
Louisville
Owensboro
Evansville
Indianapolis
Lafayette
Ft. Wayne
Gary
Chicago
Joliet
Peoria
Rockford
Madison
Milwaukee
Kalamazoo
Dubuque
Davenport
Des Moines
Sioux City
Sioux Falls
Rapid City
Omaha
Lincoln
Grand Island
Cheyenne
Denver
Colorado Springs
Pueblo
Salina
Kansas City
Kansas
Jefferson City
Springfield
S.Louis
Belleville
Wichita
Dodge City
Salt Lake City
Reno
S.Rosa
Sacramento
Oakland
San Francisco
Stockton
Los Altos
Monterey
Fresno
Los Angeles
S. Bernardino
S. Diego
Tijuana
Mexicali
Gallup
Santa Fe
Phoenix
Tucson
Las Cruces
El Paso
Ciudad Juárez
Amarillo
Oklahoma City
Tulsa
Lubbock
Dallas
Fort Worth
S.Angelo
Austin
S.Antonio
Victoria
Corpus Christi
Brownsville
Matamoros
Houston
Beaumont
Lafayette
Lake Charles
Baton Rouge
Alexandria
Little Rock
Memphis
Nashville
Jackson
Birmingham
Mobile
Biloxi
Pensacola
Houma
New Orleans
Atlanta
Charlotte
Raleigh
Richmond
Charleston
Savannah
S. Augustine
Orlando
S. Petersburg
Palm Beach
Venice
Miami
Hermosillo
Ciudad Obregón
Madera
Chihuahua
Sisoguichi
Torreón
Saltillo
Monterrey
Culiacán
La Paz
K a n a d a
V e r e i n i g t e   S t a a t e n
M e x i c o
0 250 500 km
B
Bridgeport
Paterson
New York
Newark
Brooklyn
Rockville Centre
Metuchen
0 50 km

C
Culiacán
Torreón
Monterrey
Matamoros
Brownsville
Saltillo
Linares
El Salto
Mazatlán
Durango
Ciudad Victoria
Zacatecas
El Nayar
S.Luis Potosi
Ciudad Valles
Tampico
Aguascalientes
Tepic
S. Juan de los Lagos
León
Huejutla
Guadalajara
Querétaro
Celaya
Tuxpan
Ciudad Guzmán
Autlán
Zamora
Tula
Tulancingo
Teziutlán
Colima
Morelia
Tlalnepantla
Jalapa
Enriquez
Veracruz
Apatzingán
Tacámbaro
Toluca
Mexico
Texcoco
Tlaxcala
Puebla
Cuernavaca
Ciudad Altamirano
S.Andrés Tuxtla
Chilapa
Tehuacán
Huajuapan de León
Huautla
Coatzacoalcos
Villahermosa
Acapulco
Oaxaca
Tuxtepec
Ayutla
Tuxtla Gutiérrez
Tehuantepec
S.Cristóbal
Campeche
Mérida
Chetumal
Belize
Flores
Belize
Miami
Nassau
Habana
Matanzas
Pinar del Rio
Cienfuegos
C u b a
Camagüey
Holguín
Santiago de Cuba
Montego Bay
Jamaica
Kingston
Les Cayes
Huehuetenango
Guatemala
Cobán
Tapachula
S.Marcos
Quezaltenango
Sololá
S.Cruz del Quiché
Izabal
Escuintla
Jalapa
Zacapa
S. Pedro Sula
H o n d u r a s
S.Rosa
Juticalpa
Comayagua
Tegucigalpa
S.Miguel
S.Salvador
S.Vicente
Santiago de María
El Salvador
Choluteca
Nicaragua
Jinotega
Estelí
León
Matagalpa
Managua
Juigalpa
Bluefields
Granada
S.Andrés
Tilarán
Alajuela
S.José
Limón
Costa Rica
S.Isidro de El General
Bocas del Toro
Colón
Panama
David
Santiago
Chitré
P a n a m a
S.Marta
Barranquilla
Cartagena
Montería
S.Marcos
Kolumbien
S.Rosa
Antioquia
Medellín
Zeichenerklärung siehe S. 147
0 50 100 km
D
Cuba
Santiago de Cuba
Port-de-Paix
Monte Cristi
Cap Haïtien
Santiago de los Caballeros
Les Gonaïves
Haiti
Hinche
S.Juan
Dominikan. Rep.
La Vega
Higüey
Jamaica
Port-au-Prince
Jérémie
Santo Domingo
Kingston
Les Cayes
Barahona
S. Francesco de Macoris
San Juan
Arecibo
Ponce
Caguas
Mayagüez
Puerto Rico
S.Thomas
S.John's
Basse-Terre
Roseau
Fort-de-France
Castries
Willemstad
S.George's
Barranquilla
Cartagena
Kolumbien
Maracaibo
Venezuela
Barquisimeto
Caracas
Cumana
Port-of-Spain
0 300 km

Die Römisch-Katholische Kirche

Spaltungen und Einigungsbewegungen innerhalb einer Kirche im 19. und 20. Jh.: Die Methodisten

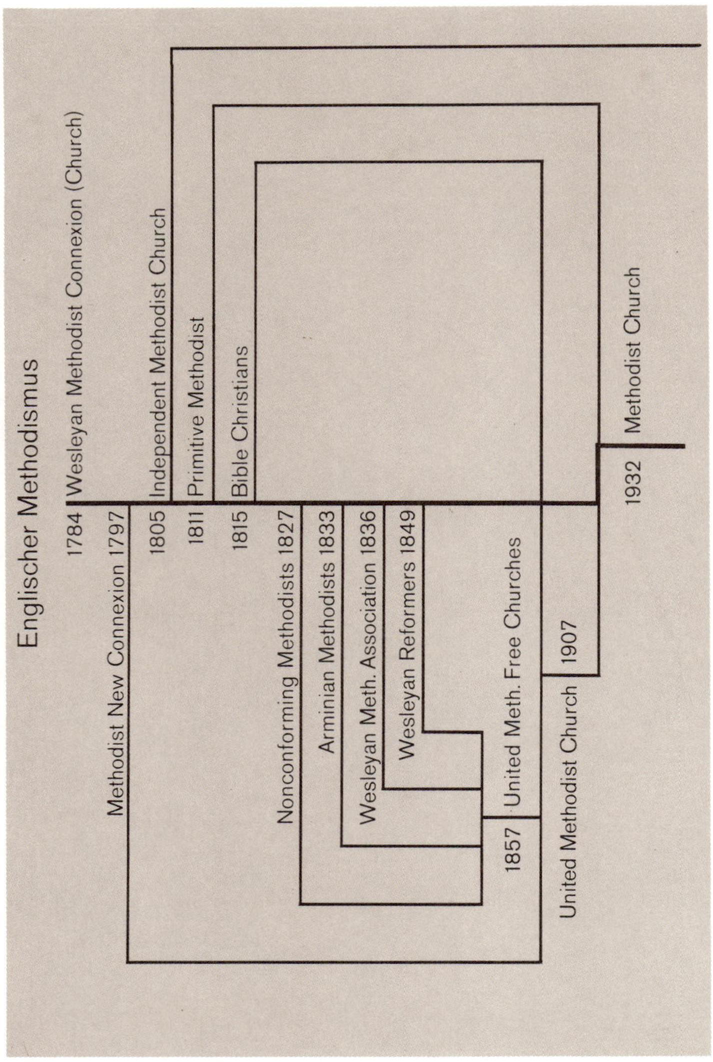

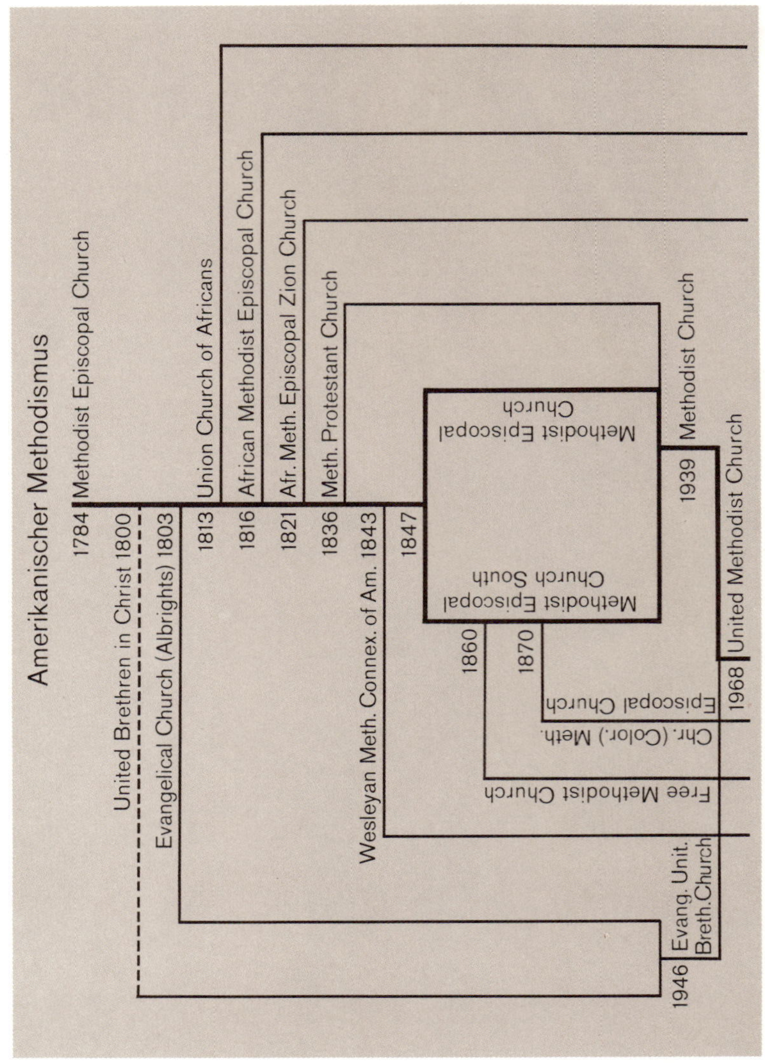

Die Entstehung der größeren, gegenwärtig bestehenden Kirchen

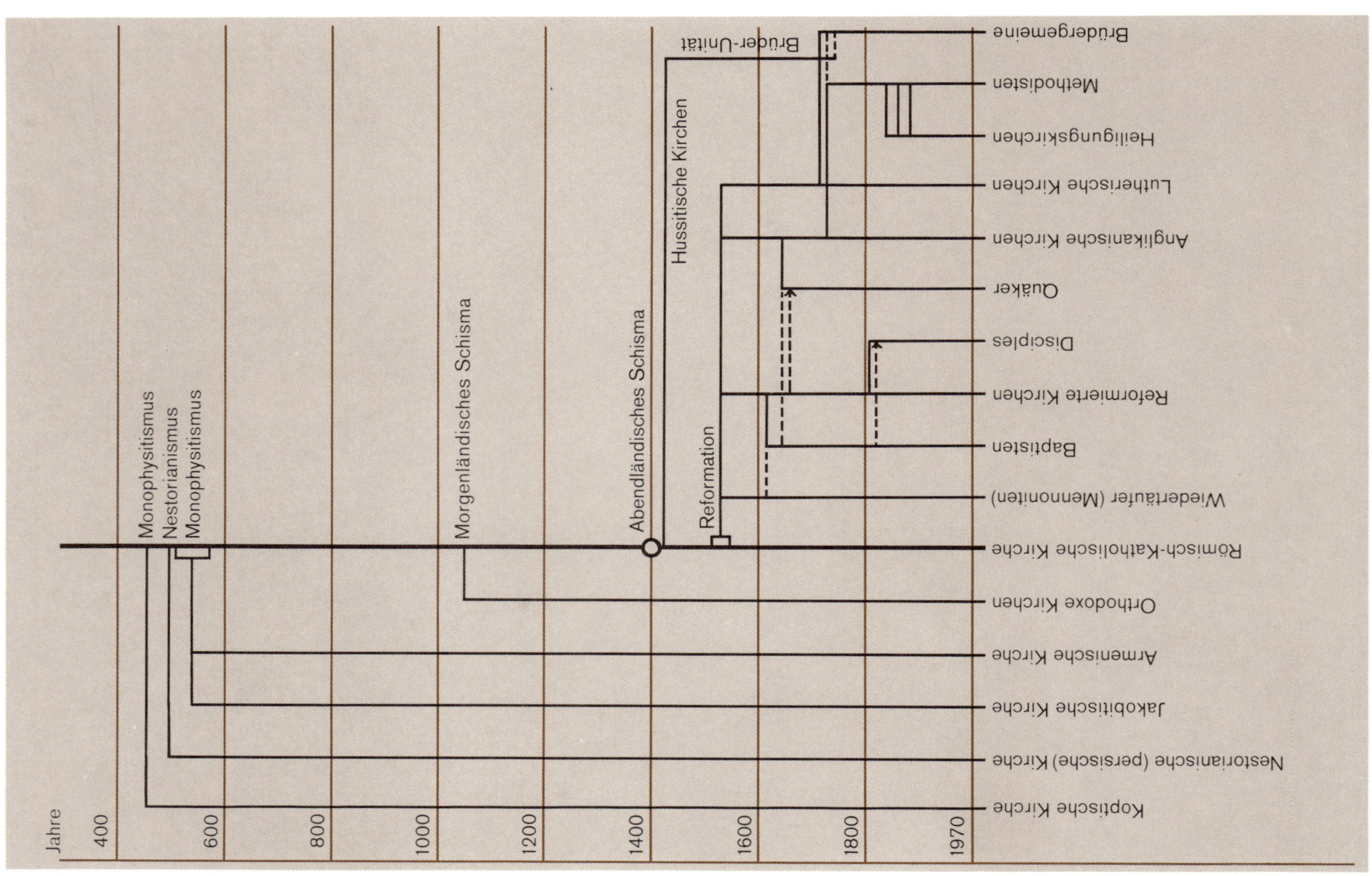

Die bis 1981 geschlossenen Unionen und die daran beteiligten Kirchen

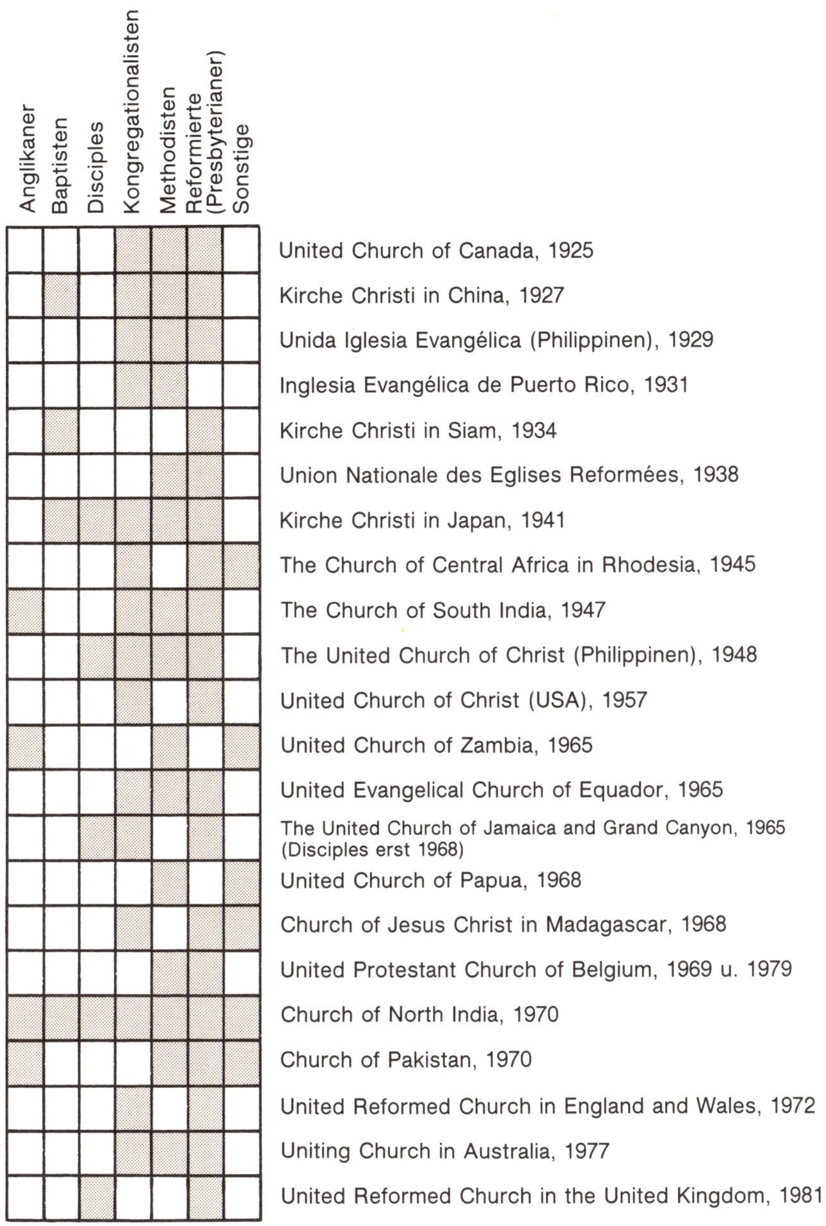

Unionsverhandlungen 1967–1985

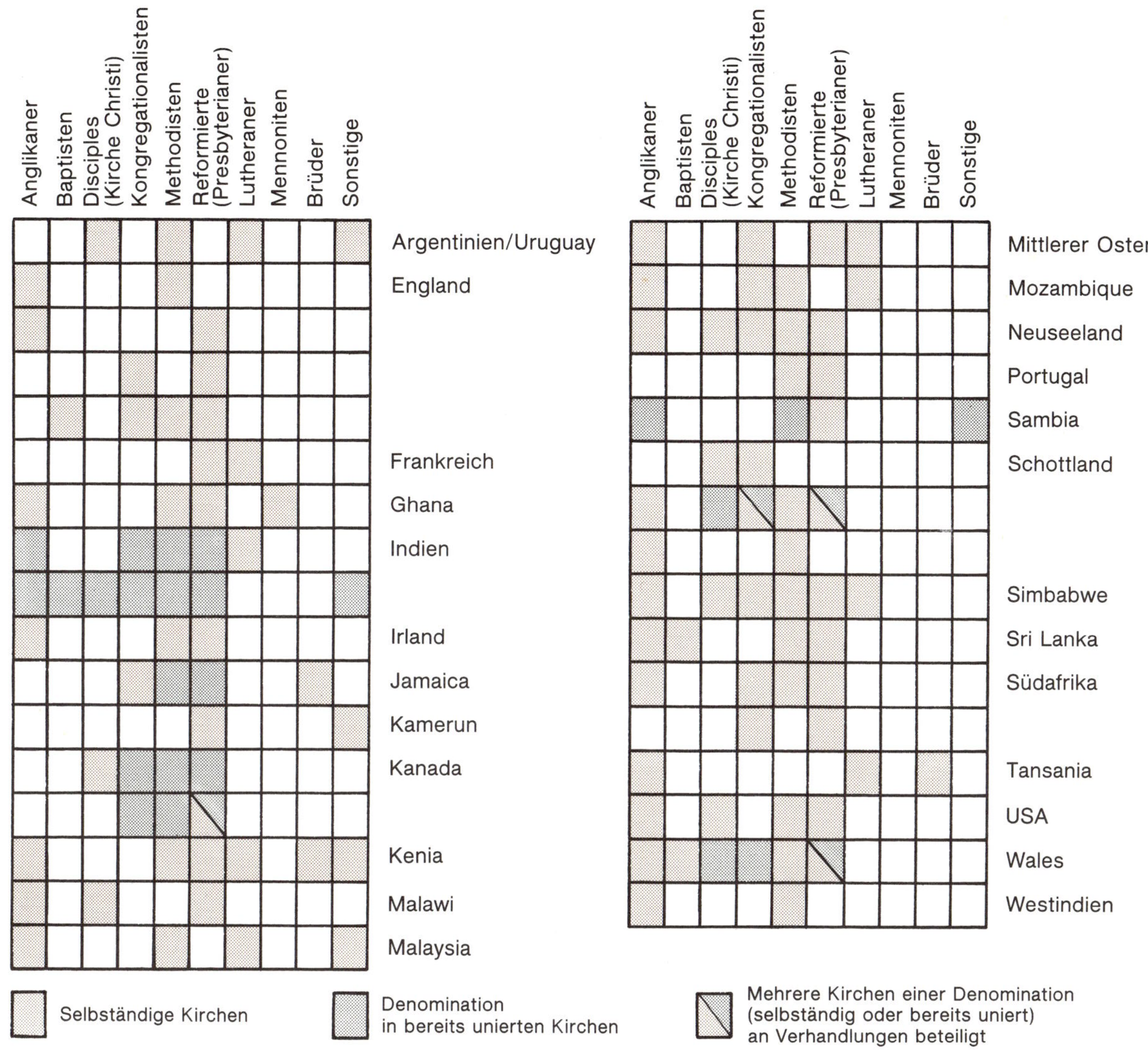

Anteile der Kontinente an den Unionen

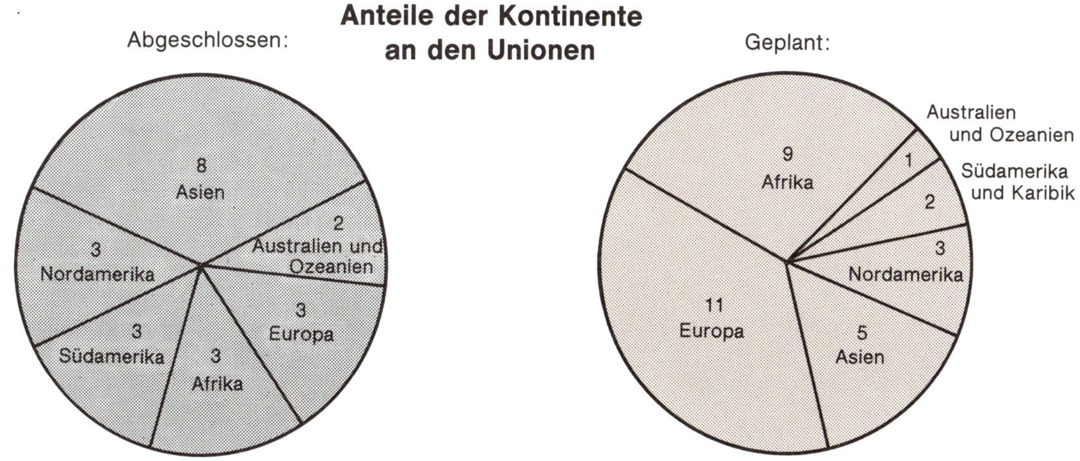

Die Mitgliedskirchen des Ökumenischen Rates der Kirchen

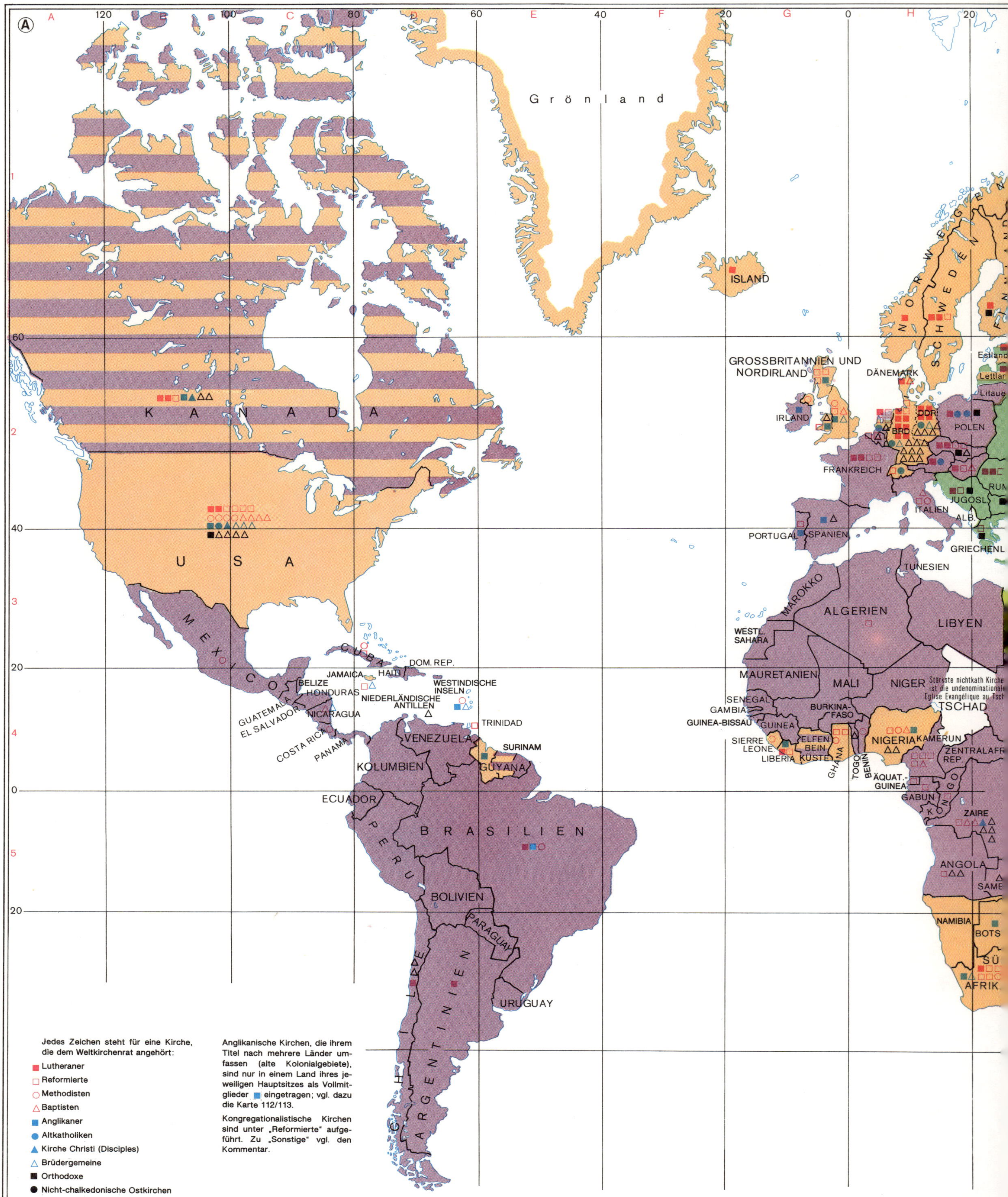

Jedes Zeichen steht für eine Kirche, die dem Weltkirchenrat angehört:

- ■ Lutheraner
- □ Reformierte
- ○ Methodisten
- △ Baptisten
- ■ Anglikaner
- ● Altkatholiken
- ▲ Kirche Christi (Disciples)
- △ Brüdergemeine
- ■ Orthodoxe
- ● Nicht-chalkedonische Ostkirchen
- △ Sonstige

Anglikanische Kirchen, die ihrem Titel nach mehrere Länder umfassen (alte Kolonialgebiete), sind nur in einem Land ihres jeweiligen Hauptsitzes als Vollmitglieder ■ eingetragen; vgl. dazu die Karte 112/113.

Kongregationalistische Kirchen sind unter „Reformierte" aufgeführt. Zu „Sonstige" vgl. den Kommentar.

Die Farbraster geben einen groben Überblick über die Verteilung der christlichen Kirchen. Falls die Katholiken mehr als 50% der Christen eines Landes ausmachen, ist das Land violett eingefärbt. Falls die nichtkatholischen Christen mehr als 50% ausmachen, ist das Land entsprechend den jeweiligen Konfessionsverhältnissen mit der Farbe entweder für Protestanten oder für Orthodoxe oder für die nicht-chalkedonischen Ostkirchen eingefärbt. Paritäten sind durch Schraffuren wiedergegeben.
Gebiete, in die das Christentum bisher kaum Eingang gefunden hat, sind weiß gelassen, ebenso China, für das kein zuverlässiges Zahlenmaterial vorliegt.

1 : 90 000 000

- Katholiken
- Protestanten
- Orthodoxe
- Nicht-chalkedonische Ostkirchen

AFRIKA

Gesamtbevölkerung	536 589 000
Altkatholiken	—
Anglikaner	19 570 000
Baptisten	1 295 000
Lutheraner	3 908 000
Methodisten	
Vollmitglieder	2 658 000
ganze Gemeinschaft	4 802 000
Reformierte	5 600 000
Orthodoxe	114 000
Nicht-chalkedonische Ostkirchen	16 035 000
Katholiken	89 722 000

NORDAMERIKA (USA und Kanada)

Gesamtbevölkerung	261 190 000
Altkatholiken	286 000
Anglikaner	7 616 000
Baptisten	27 800 000
Lutheraner	8 811 000
Methodisten	
Vollmitglieder	15 243 000
ganze Gemeinschaft	34 210 000
Reformierte	17 300 000
Orthodoxe	2 984 000
Nicht-chalkedonische Ostkirchen	148 000
Katholiken	86 507 000

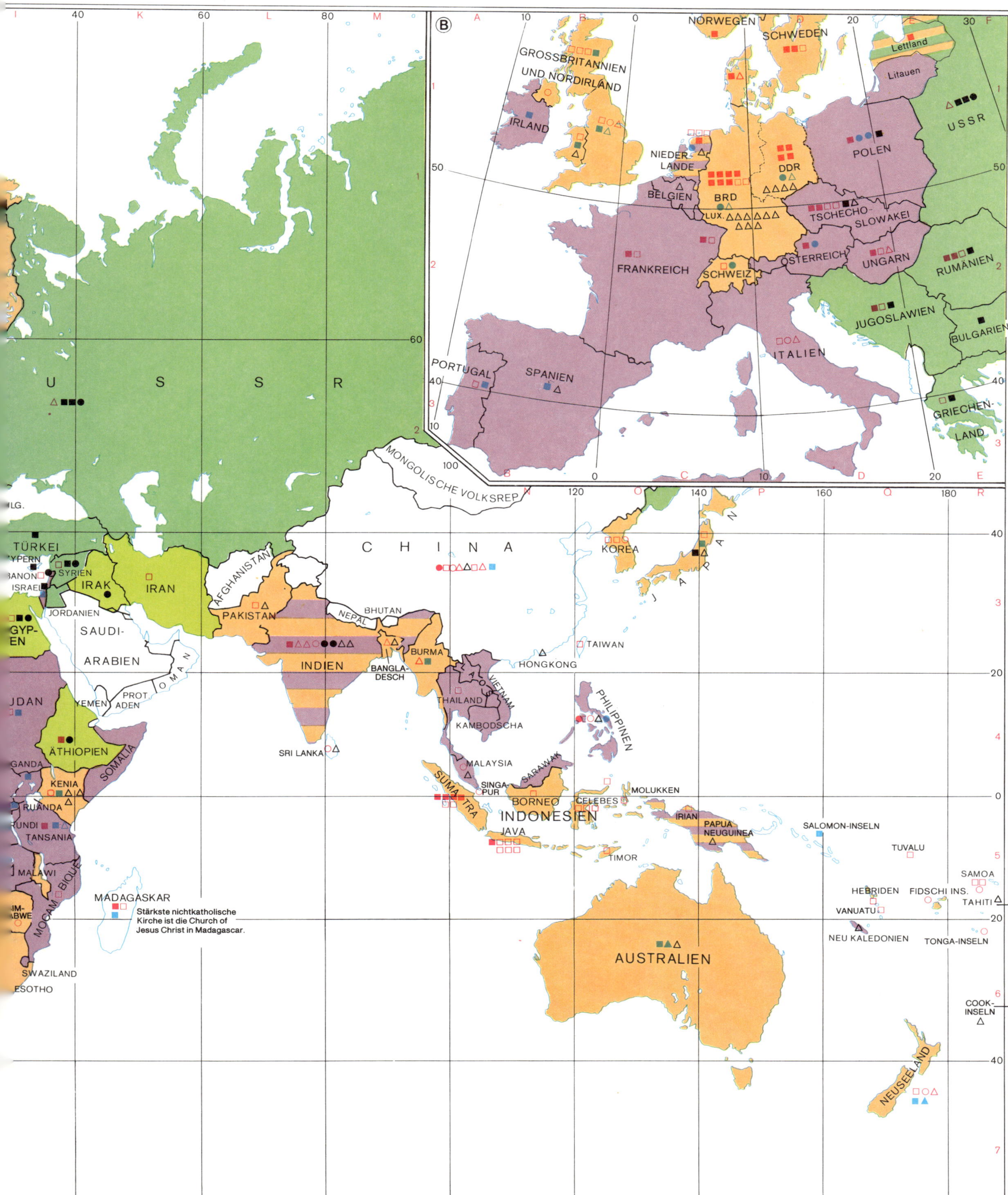

MITTEL- und SÜDAMERIKA

Gesamtbevölkerung	397 138 000
Altkatholiken	—
Anglikaner	1 201 000
Baptisten	1 090 000
Lutheraner	1 207 000
Methodisten	
Vollmitglieder	518 000
ganze Gemeinschaft	1 372 000
Reformierte	1 050 000
Orthodoxe	365 000
Nicht-chalkedonische Ostkirchen	20 000
Katholiken	369 118 000

ASIEN (mit Türkei)

Gesamtbevölkerung	2 777 385 000
Altkatholiken	4 000 000
Anglikaner	588 000
Baptisten	1 794 000
Lutheraner	3 820 000
Methodisten	
Vollmitglieder	3 587 000
ganze Gemeinschaft	7 139 000
Reformierte	7 500 000
Orthodoxe	488 000
Nicht-chalkedonische Ostkirchen	1 673 000
Katholiken	76 467 000

AUSTRALIEN und OZEANIEN

Gesamtbevölkerung	24 458 000
Altkatholiken	—
Anglikaner	5 565 000
Baptisten	103 000
Lutheraner	784 000
Methodisten	
Vollmitglieder	942 000
ganze Gemeinschaft	2 349 000
Reformierte	1 800 000
Orthodoxe	165 000
Nicht-chalkedonische Ostkirchen	—
Katholiken	7 447 000

EUROPA (mit USSR)

Gesamtbevölkerung	766 325 000
Altkatholiken	160 000
Anglikaner	33 507 000
Baptisten	1 109 000
Lutheraner	49 840 000
Methodisten	
Vollmitglieder	749 000
ganze Gemeinschaft	1 864 000
Reformierte	19 250 000
Orthodoxe	72 000 000
Nicht-chalkedonische Ostkirchen	1 101 000
Katholiken	254 961 000

Die Genese, Gliederung und die Aktivitäten des Ökumenischen Rates der Kirchen

Die Genese des Ökumenischen Rates

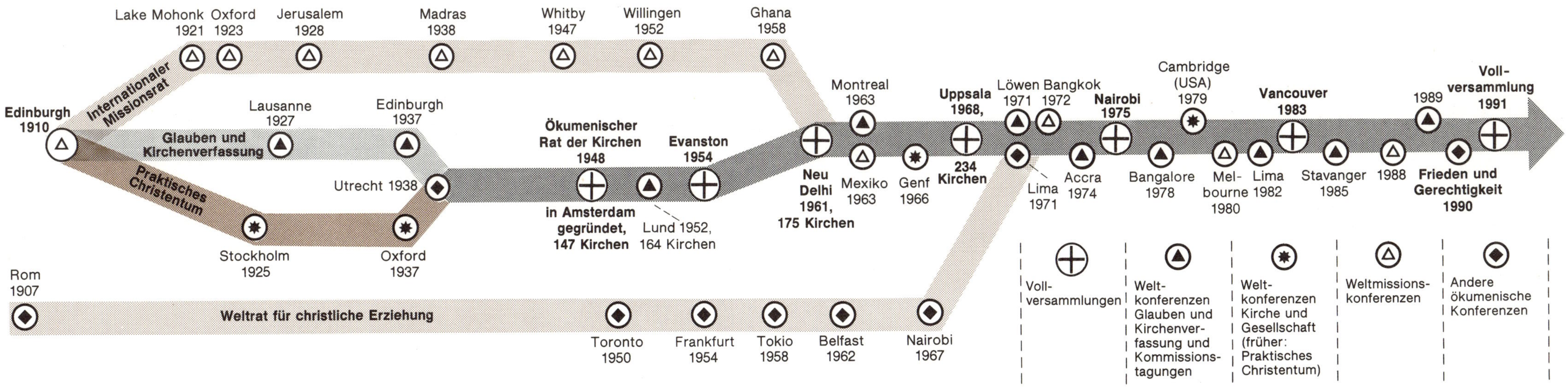

Die Gliederung und die Aktivitäten des Ökumenischen Rates

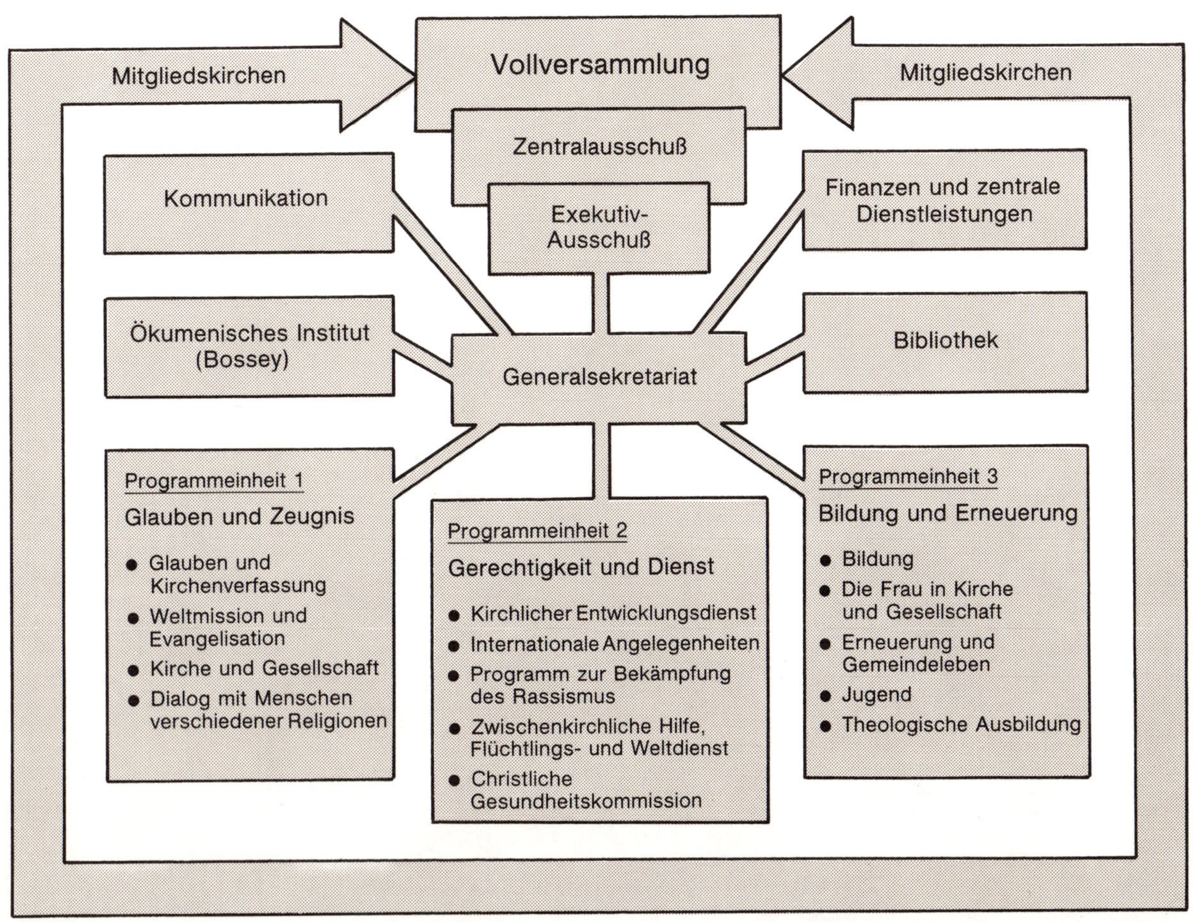

Die Verteilung der Mitgliedskirchen nach Kontinenten

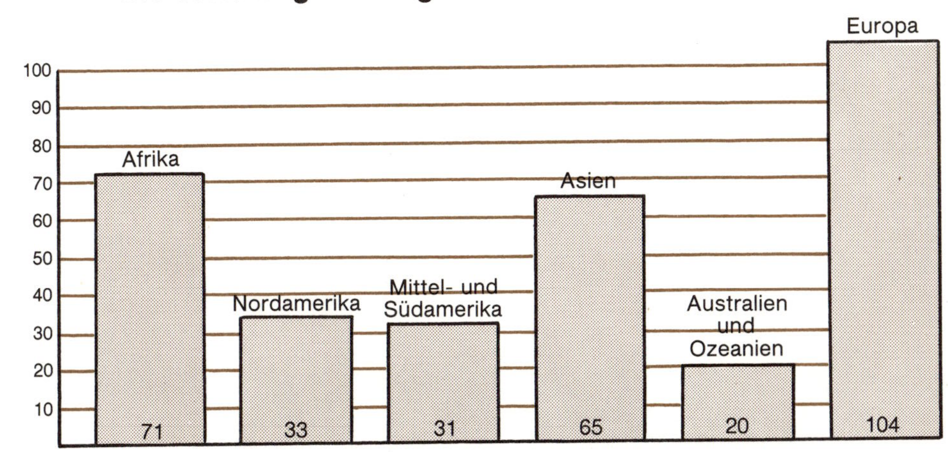

Die Verteilung der Mitgliedskirchen nach Konfessionen

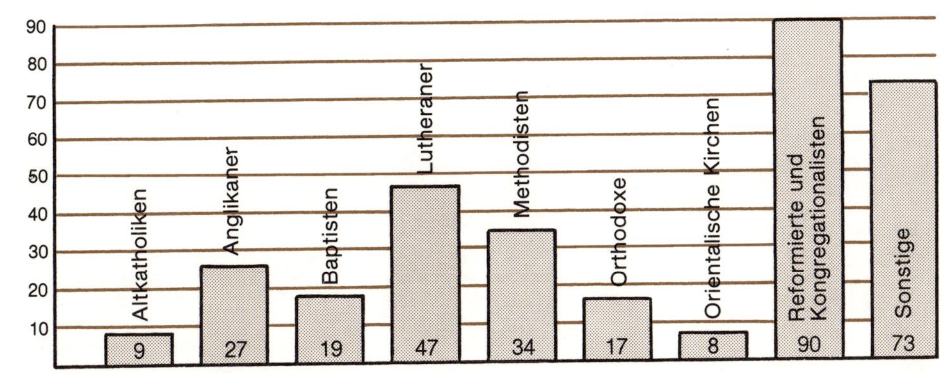

REGISTER

Das Register berücksichtigt nur die Karten des Atlas, nicht die Kommentare und die schematischen Darstellungen. Mit Ausnahme der Gewässernamen verzeichnet es sämtliche in den Karten vorkommende Namen.

Die Angaben zu Orten, die im Atlas unter verschiedenen (z. B. antiken und modernen) Namen vorkommen, sind im Register an einer Stelle zusammengefaßt – und zwar normalerweise unter dem heutigen Namen –, wobei jedoch an dieser Stelle in runden Klammern alle im Atlas gebrauchten Namen angeführt werden und zusätzlich diese Namen als Verweisstichworte ins Register aufgenommen sind. Im übrigen sind im Register auch möglichst für alle antiken und mittelalterlichen Orte, die nicht mit ihrer modernen Namensform im Atlas auftauchen, diese Namensformen genannt (falls es solche gibt). Die Angaben sind in diesen Fällen allerdings unter der antiken oder mittelalterlichen Form zusammengefaßt: hier erscheint dann die moderne Form in runden Klammern; zugleich ist sie als Verweisstichwort aufgenommen. Beispiele: Arles erscheint im Atlas unter den Formen Arelate und Arles. Die Angaben finden sich unter Arles (Arelate). Unter Arelate findet sich ein Verweis auf Arles. – Amisus, das moderne Samsun, erscheint im Atlas nur unter der Form Amisus. Folglich stehen die Angaben unter Amisus (Samsun), unter Samsun findet sich ein Verweis auf Amisus.

Bei verschiedenen Orten gleichen Namens werden in eckigen Klammern differenzierende Zusätze gegeben. Dazu wurden bei antiken Namen die Provinzen des Römischen Reiches, bei modernen Namen Länder oder, falls notwendig, Landschaften, Bezirke und Flüsse benutzt. Beispiele:

Caesarea [Cappadocia II] (Kayseri)
Caesarea [Palaestina] (Qaisariye)
Bathurst [Australien]
Bathurst [Gambia]

Buchstaben mit diakritischen Zeichen (z. B. ğ, ş) sind im Register wie Buchstaben ohne diese Zeichen eingeordnet. Ae, oe und ue sowie ä, ö und ü sind wie a, e und u eingeordnet, und zwar ohne Rücksicht darauf, ob das e jeweils gesprochen wird oder nicht. Die arabischen Artikel al, el, es usw. blieben für die Einordnung ins Register unberücksichtigt (Al Basra ist also z. B. wie Basra eingeordnet). Dagegen sind die Artikel la, le, les bei der Einordnung mitberücksichtigt, weil sie, wie z. B. bei La Paz, Le Mans usw., auch in der Umgangssprache feste Namensbestandteile sind.

Zur leichteren sachlichen Orientierung sind verschiedene Bedeutungen, die Orts- oder Gebietseintragungen in den einzelnen Karten haben, im Register durch Abkürzungen wiedergegeben. Folgende Abkürzungen wurden verwendet:

AA. Apostolische Administratur (Administratura Apostolica)
AD. Erzdiözese, Erzbistum, Erzstift, Metropole (Archidioecesis)
AN. Freie Abtei (Abbatia nullius)
AP. Apostolische Präfektur (Praefectura Apostolica)
AV. Apostolisches Vikariat (Vicariatus Apostolicus)
D. Diözese, Bistum, Eparchie (Dioecesis)
E. Kirche als Gemeinde und Kirche als Bauwerk (Ecclesia)
M. Kloster, Ordensniederlassung (Monasterium)
Mi. Mission (Missio)
P. Patriarchat (Patriarchatus)
Pe. Wallfahrtsort (von Peregrinatio)
PN. Territorial-(Freie) Prälatur (Praelatura nullis)
R. Reliquien (Reliquiae)
U. Universität, Akademie, Hochschule (Universitas)

Alle anderen Bedeutungen, die Orts- oder Gebietseintragungen in den Karten haben können (z. B. Herzogtum; Vorkommen von Häresien), sind im Register nicht differenziert. Falls zu einem Ort oder Gebiet mehrere Stellen vorhanden sind, werden im Register zunächst die angeführt, die nicht unter die oben genannten Abkürzungen fallen. Dann folgen in der alphabetischen Reihenfolge der Abkürzungen die Stellen, die unter die Abkürzungen einzuordnen sind. Innerhalb jeder Gruppe wird nach Seitenzahlen geordnet. Die Abkürzungen und die Buchstaben der Planquadrate können deshalb nicht verwechselt werden, weil die Abkürzungen grundsätzlich einen Punkt, die Buchstaben der Planquadrate nie einen solchen haben.

Bei den Orts- und Klosternamen wurden noch folgende Abkürzungen verwendet:

B. = Beit, Bet
D. = Deir, Der
H. = Hagia, Hagios, Hagiai, Hagioi
Hr. = Henchir
M. = Mar
S. = Sankt, Sankta, Saint, San, Santo usw.

Die so mit B., D., H., M., S. beginnenden Orts- und Klosternamen sind sämtlich am Anfang des jeweiligen Buchstabens, die mit Hr. beginnenden Namen unter Hr eingeordnet.

Klöster oder Kirchen in Städten sind unter der betreffenden Stadt eingeordnet.

Für die Angabe der Planquadrate wurde jeweils die Beschriftung, nicht das Ortszeichen zugrunde gelegt.

C

D

E

H

N

O

P

Q

R

T

U

V

X

Y

Z